KB050709

왜 서번트 리더십인가

한국행정연구원
세종리더십총서 제1호

Why Servant Leadership

# 왜
# 서번트 리더십인가

안성호 · 임도빈 편저

박영사

# 서문

# 포용한국과 서번트 리더십

안성호

"우리가 좀 더 도덕적인 사회를 만들고 싶다면 도덕적 인간이 되어 제도도 함께 돌봐야 한다. …(중략)… 계층제의 최정상에 한 명의 수장이 앉아 있는 모델은 낡았다. 그 결과 우리는 지금 중요한 기관들에서 신뢰상실의 위기에 처해 있다."

― 로버트 K. 그린리프

"내가 박덕한 사람으로서 외람되이 군주가 되었습니다. …(중략)… 대소 신료들은 나의 잘못과 정령(政令)의 결함, 그리고 백성이 좋아하고 싫어하는 것을 거리낌 없이 마음껏 직언하여 하늘을 두려워하고 백성을 걱정하는 나의 지극한 생각에 부응해주시오."

― 세종

"진정으로 위대한 조직의 최고위층 인사들은 서번트-리더들이라는 것이 일반적으로 나의 경험이었다."

― 스티븐 코비

"공무원은 국민전체에 대한 봉사자이며, 국민에 대하여 책임을 진다."

― 대한민국헌법 제7조 제1항

## '2020년 피크 코리아'의 경고

한국은 해방 후 분단과 전쟁의 아픔을 딛고 산업화와 민주화에 성공하여 마침내 선진 민주국가에 진입했다. 1950년대 절대빈곤에 허덕이며 미국원조로 연명하던 세계 최빈국에서 2020년 GDP 세계 10위와 수출액 세계 7위의 경제 대국이 되었다. 한국전쟁 중 한 외신기자가 "한국에서 민주주의를 기대하는 것은 쓰레기통에서 장미꽃이 피기를 열망하는 것과 같다."[1]고 조롱하던 한국은 그동안 치열한 민주화 시민항쟁으로 군부독재 등 권위주의 지배를 극복하고 민주국가의 반열에 올라섰다.

2021년 1월 한국은 보리스 존슨 영국총리로부터 올 6월 영국에서 열리는 G7 정상회의에 호주, 인도, 남아공과 함께 초청을 받았다. 한국은 작년에도 코로나19 위기로 취소된 G7 정상회의에 미국 대통령의 초청을 받은 바 있다. 한국은 2020년 GDP 규모로 G7국가인 이탈리아와 캐나다를 넘어서기 시작했다. 아울러 한국은 작년 보리스 존슨 영국총리가 제안한 D10(민주주의 10개국) 연합체의 회원국에 포함되었다. 2021년 2월「이코노미스트」의 부설 조사기관(EIU)은 한국을 분석대상 167개국 중 민주주의 지수 23위의 "완전한 민주국가"로 분류했다.

그러나 한국의 놀라운 성취는 위기를 동반했다. 고속 경제성장의 이면에 가려진 사회경제적 약자의 형편은 대다수 지수에서 OECD 회원국 중 하위권에서 맴돌고 있다. 선거민주주의를 달성한 한국은 권력투쟁에 몰두하는 정당들의 이전투구 정글정치를 벗어나지 못하고 있다. 이를 그저 멀찍이 바라보는 국민은 불평불만을 공허하게 늘어놓는 구경꾼－대중의 처지에 길들여 있다.

최근 성경륭(2021) 교수는 한 기고문에서 한국의 국력은 2020년을 정점으로 하강할 조짐이 보인다고 경고했다. 그는 그 구체적 증거로 출산율의 하락과 정원미달 대학의 급증 및 생산가능인구의 급감을 지적했다. 이를테면 2020년 한국은 출산율이 0.84명으로 급락하며 처음으로 사망자가 출생아를 3만3천 명이나 상회하는 인구감소를 보였다. 2020년 소멸의 위험에 직면한 시·군·구는 226개 중 105개로 늘어났

---

1) 이 인용구는 1952년 부산 피난국회에서 국회의원 간선으로는 재선될 수 없다고 판단한 이승만 대통령이 집권 연장을 위해 폭력배 동원, 관제데모, 국회의원 강제연행과 체포 등으로 공포상황을 조성하고 직선제 발췌개헌안을 통과시킨 폭거에 실망한「더 타임즈」종군기자가 송고한 보도문에 포함된 글귀다.

고, 대학의 미충원 인원은 2만 6천 명을 넘어 정원미달 대학이 339개 중 무려 175개에 달했다. 2017년 3,757만 명으로 정점에 도달한 생산가능인구는 2020년부터 매년 33만 명씩 감소할 것이다. 이런 추세는 머지않아 부동산시장 붕괴, 주식시장 위축, 경제규모의 축소로 이어지고, 마침내 국민연금과 건강보험 재정을 고갈시키고 조세 수입 감소를 초래해 국가재정을 큰 혼란에 빠뜨릴 수 있다. 마치 브래드 글로서만 (2020)이 「일본 피크, 마지막 정점을 찍은 일본」에서 제2기 아베 정부에서 정점을 찍은 일본의 국력이 기득권 연합의 저항에 부딪혀 혁신동력을 상실한 후 하강할 것을 예견한 것처럼, 성경륭 교수는 비상조치를 취하지 않으면 한국의 국력은 2020년을 정점으로 이후 내리막길을 걷게 될 것이라고 우려했다. 이 우려를 재확인하듯 최근 IMF는 한국정부에게 출산율 격감과 고령화 심화로 인해 발생할 국가재정 악화를 막을 비상조치 강구를 권고했다.

## 포용국가의 탐색과 전환시도

선진국 문턱에 오른 한국이 당면한 이 엄중한 난제를 해결하려면 국가발전 패러다임의 대전환이 필요하다는 각성이 학계와 시민사회에서 꽤 오래전부터 있었다. 1997년 IMF 외환위기가 이런 각성을 크게 증폭시켰다. 기업이 줄도산하고 외환보유액이 바닥을 드러내자, 정부는 IMF에 긴급 융자를 요청했다. IMF 외환위기는 기존의 발전국가모델의 소멸시효를 보여주는 상징적인 사태였다. IMF 외환위기를 어떻게 극복할 것인지 고심하고 있을 때 미래학자 토플러는 2001년 6월 7일 김대중 대통령을 만나 「대한민국을 위한 자문보고서」를 제출했다. 이 보고서의 요지는 정부시스템을 과감하게 분권화해야 한다는 것이었다.

> "한국은 지금 선택의 기로에 서 있다. 그 선택은 현재의 모든 한국인뿐만 아니라 향후 수십 년 동안 자손들에게도 영향을 미칠 것이다. 한국인이 스스로 선택하지 않는다면, 타인에 의해 선택을 강요당할 것이다. …(중략)… 기업, 노동조합, 시민사회, 그리고 학교를 변화시킴으로써 신경

제가 가능한 새로운 사회의 기반을 다질 수 있다. 그러나 이 변화조차 정부 자신이 새롭게 변하지 않으면 불가능하다. 각국 정부는 근대화에 적응해왔다. 표준화, 전문화, 동시화, 집중화, 그리고 무엇보다 중앙집권의 산업화 핵심원리가 정부에 적용되어 관료제를 낳았다. …(중략)… 이 시스템은 잘 알려진 결점에도 불구하고 한국의 경제개발시대에 적절히 작동될 수 있었다. 하지만 산업시대에 대응해 고안된 정부시스템은 지식기반경제와 사회에서는 적절하게 기능할 수 없다. …(중략)… 만약 기업이 위계적 조직구조를 평평하게 하고, 수평적 네트워크를 지향하며, 관료적 운영형태를 줄이고, 권한을 이양하며, 신속하게 운영되더라도 정부가 그렇게 하지 않으면 둘 사이의 격차가 벌어져 둘 모두 비효율적이 된다. 요컨대 정부시스템의 근본적 변화가 절실하다."

토플러의 분권화 헌법개혁과제는 토플러 부부(1994)가 저술한 「신문명 창조: 제3물결 정치」에 구체적으로 제시된 바 있다. 결정권 분산(지방분권), 준직접민주제(직접민주제 확대), 그리고 소수권력(소수보호 비례제 강화)이 그것이다. 그러나 토플러의 분권국가 권고는 IMF의 긴급구제 금융을 받아 경제위기를 탈출하려고 안간힘을 쓰던 김대중 정부의 큰 관심을 끌지 못했다. 오히려 김대중 정부는 IMF가 강요한 신자유주의적 구조조정과 노동유연화에 골몰했고, 그 결과 비정규직 증가와 불평등 확대로 이어졌다. 이 무렵 지방분권과 지역균형발전을 통해 지방의 소외와 배제의 문제를 해결하려는 연구자들과 시민운동가들은 전국적 지역연합체인 지방분권국민운동을 결성했다.

이어 지방포용의 시대정신을 반영한 3대 지방화 개혁과제, 즉 지방분권과 지역균형발전 및 신행정수도 건설을 약속한 노무현 후보가 집권했다. 노무현 정부는 이른바 지방화3법을 제정하고 지방을 포용하는 정책을 추진했다. 노무현 정부의 지방포용정책은 기득권연합의 격렬한 저항으로 파행을 거듭했다. 그러나 제주특별자치도의 출범과 주민투표법 제정을 비롯한 지방분권, 중앙부처가 이전된 세종행정도시와 공공기관 지방이전을 통한 혁신도시 건설 등의 성과가 있었다. 아울러 노무현 정부는 2006년 8월 성장과 복지의 동반발전을 위해 사회안전망 강화, 혁신경제 건설, 인적자본 고도화 등의 핵심과제를 설정한 「비전2030」을 발표했다. 애석하게도 이 계획은 임기 말 수립된 데다 발표와 동시에 증세논쟁에 휘말려 실효적 집행으로 연결되지 못했다.

이어 이명박 정부와 박근혜 정부는 개발연대의 중앙집권적 발전국가 노선으로 복귀하여 지방포용에 소극적으로 대응하거나 심지어 역행하는 반(反)지방화정책을 추진했다. 더욱이 이명박 정부와 박근혜 정부는 성장 위주의 신자유주의 노선을 강화하고 분배와 복지를 경원시하는 시장주의적 정책을 펼쳤다. 이로 인해 고용의 불안정과 불평등은 한층 더 심화되었고, 삶의 질은 더 추락했다. 설상가상으로 2014년 304명의 생명을 앗아간 세월호참사가 발생했고, 2016년~2017년 엄동설한에 대통령의 국정농단을 규탄하는 연인원 1천7백만 명의 촛불집회가 열렸다. 또다시 기존 발전국가 패러다임의 대전환을 촉구하는 경종이었다.

이즈음 새로운 국가발전 패러다임을 고민해온 연구자들은 기존 발전국가론을 대신할 다양한 대안을 제시했다. 연구자들의 시선은 주로 유럽에 집중되었다. 특히 노르딕 복지국가와 스위스 및 독일에 주목했다. 이런 분위기에서 2016년 필자는 포용적 헌법질서의 개혁과제와 실현방안을 논의한 「왜 분권국가인가: 리바이어던에서 자치공동체로」를 발간했고, 2년 후 개정판을 냈다. 그리고 2017년 성경륭 교수를 비롯한 12명의 연구자들은 약자를 포용하는 국가정책과제를 논의한 「새로운 대한민국의 구상, 포용국가」를 출간했다.

이어 '연방제에 버금가는 강력한 지방분권'과 '모두가 누리는 포용적 복지국가'의 실현을 공약한 문재인 정부가 들어섰다. 문재인 대통령은 2018년 3월 제1조 제3항에 "대한민국은 지방분권국가를 지향한다."고 천명하고, 법률에 대한 국민발의권과 국회의원에 대한 국민소환권 등을 규정한 헌법개정안을 발의했다. 하지만 이 헌법개정안은 국회에서 제1야당의 표결 불참으로 무산되었다. 2019년 12월 양당제의 폐해를 완화하고 소수정당을 포용하는 준연동형 비례대표제를 규정한 공직선거법 개정안이 제1야당의 극렬한 반대 속에 가까스로 가결되었다. 그러나 이 연동형 비례대표제는 거대 양당이 편법의 위성정당을 창당함으로써 2020년 6월 치러진 국회의원선거의 결과에서 오히려 소수정당의 입지를 더욱 위축시키는 역효과를 초래했다. 2020년 3월 시민단체의 주선으로 148명의 여·야의원은 유신헌법 개정으로 폐지된 헌법국민발의제를 부활시키는 원 포인트 개헌안을 발의했다. 하지만 이 개헌안 역시 제1야당의 표결 불참으로 무산되었다. 이처럼 포용적 헌법질서의 도입을 위한 노력이 기득권세력의 저항에 부딪혀 연이어 수포로 돌아갔다. 그러나 다행히 2020년 12월 국회에서 지방자치법 전면개정안과 전국적 자치경찰제 도입을 규정한 경찰법이 통과됨으로써 포용적 헌법질서를 향한 의미 있는 진전이 있었다. 지방자치법은 32년 만에 전면개정이 이루어졌고, 전국적 자치경찰제 도입은 논의가 시작된 지 73년, 제주 자치경찰제가 시행된 지 15년 만이다. 아울러 문재인 정부는 2018년 9월 '혁신적 포용국가'를 새로운 국가비전으로 선포하고 성장과 분배 및 복지의 병행발전을 위해 소득주도성장, 최저임금인상, 비정규직의 정규직화 등 사회보장체제를 강화해왔다. 2020년 코로나 팬데믹 이후 정부는 코로나19 검진·치료·백신접종 비용을 전액 부담했고, 총 46조 원의 재난지원금을 제1차로 모든 국민에게 또 제2~4차에 소상공인 등 피해국민에게 지급했다. 이밖에 많은 지방정부들이 제각기 형편에 따라 재난기본소득이나 선별적 재난지원금을 지급했다. 그리고 포스트 코로나 시대의 역점 정책패키지로서 친환경 에너지산업으로 이행하는 그린뉴딜과 국민의 역량을 강화하는 휴먼뉴딜을 채택하고 그 첫발을 내디뎠다.

## 한국행정연구원의 포용국가 연구

한국행정연구원은 2018년부터 정부의 포용국가 실현을 지원하기 위한 연구에 착수했다. 2021년 4월까지 약 3년간 132명의 국내외 연구자들이 6개 연구과제에 참여했다. 그동안 포용국가의 이론과 전략 및 정책에 관한 상당한 연구성과가 축적되었다.

은재호 등(2019) 18명의 연구자들이 집필한 「한국의 새로운 국가모델 탐색: 포용국가 이론과 쟁점」은 기존 발전국가모델을 평가하고 이를 대신할 새로운 국가모델로서 포용국가론을 탐색한 연구다. 이 연구는 발전국가를 제1기 반공국가(해방-1950년대), 제2기 발전국가(5·16쿠데타-1987년 민주화 이전), 제3기 포스트 발전국가(1987년 민주화 이후-현재)로 구분하고 그 공과를 평가했다. 발전국가모델은 그동안 급속한 경제성장과 민주주의 공고화에 기여했으나 과도한 권력집중과 낮은 정부신뢰, 경제력집중과 경제적 양극화, 극심한 사회갈등과 높은 자살률 및 낮은 출산율, 수도권 집중 등 많은 문제를 야기했다. 국민인식조사의 결과는 데이터를 통한 분석결과와 대체로 일치했다. 특히 다수 국민(61%)은 한국사회를 차별과 소외의 사회로 인식했다. 대다수 국민(81%)이 여·야의 협치를, 다수 국민(57%)이 직접민주제 확대를 시급히 해결해야 할 과제로 꼽았다. 지방분권체제(39%)를 중앙집권체제(23%)보다 더 선호했다. 아울러 높은 수준의 복지국가(68%)를 원하지만 중간 수준의 조세부담(47%)을 선호했다. 2015년 데이터를 기준으로 국가포용성지수를 산출한 결과, 스위스가 1위, 뒤이어 덴마크·스웨덴·뉴질랜드·네덜란드·핀란드·아이슬란드·독일 순으로 평가되었다. 한국은 35개 OECD국가 중 32위였다. 그리고 국가포용성지수가 높을수록, 혁신과 지속가능성이 더 높게 나타났다. 이 연구는 새로운 국가모델로서 스위스와 노르딕국가 형태의 '혁신적 포용국가'를 제안하고, 이를 실현하기 위한 시스템 이행과 사회적 대화의 중요성을 강조했다.

김정해 등(2019) 21명의 연구자들이 집필한 「포용국가의 이론과 사례, 그리고 정책」은 포용을 혁신의 원천인 다양성을 촉진하는 전략적 선택으로 이해하고, 포용국가의 핵심 임무를 발전국가의 '선택과 집중'으로 배제된 시민을 포용하여 이들의 역량을 강화하는 것으로 파악했다. 이 연구는 그동안 정치·행정, 경제·산업, 사회·복지 분야에서 배제된 정책대상자들을 확인하기 위해 델파이기법과 AHP기법, 전문가인터뷰 등을 통해 16개 이슈영역을 발굴하고, 각 이슈영역별 현황을 분석하고 배제된 정책대상자들을 포용하는 구체적 방안을 제시했다. 이 연구가 도출한 16개 이슈영역은 '지역균형발전 제고, 노동의 대표성 강화, 신산업 규제 합리화, 불공정 거래관행 해소, 고용보험 강화, 연금 사각지대 해소, 생애주기별 취업 및 창업지원, 사회적 약자의 권익신장, 군소정당의 정치적 대표성 강화, 지방분권 및 주민자치 확대, 지역기반 복지전달체계 구축, 시민의 참정권 확대, 교육격차 해소, 시민교육 강화, 평생교육 및 직업교육의 다변화와 품질 제고, 4차 산업시대 대비 공교육 개혁'이다. 이 연구는 무엇보다 교육을 통해 배제된 시민의 역량을 강화하는 것이 포용국가 실현의 열쇠임을 강조했다.

박준 등(2021) 16명의 연구자들이 집필한 「국가포용성지수 개발연구」는 앞서 소개한 은재호 등(2019)의 연구에서 고안된 국가포용성지수를 이론적·경험적으로 더 정교하고 치밀한 지수로 발전시키기 위해 기획된 연구다. 이 연구는 서울대 사회발전연구소와 OECD 거버넌스센터와 협약을 맺고 공동으로 추진되었다. 이 연구에 참여한 피츠버그대의 가이 피터스 교수는 포용국가를 "모든 시민의 웰빙과 참여의 극대화를 목표로 시민을 최대한 정치적·경제적·사회적 삶의 일원으로 포함하기 위해 노력하는 정치체제"로 정의했다. 이 연구는 국가포용성지수 지표체계를 정치·경제·사회·글로벌의 4개 영역으로 구성했다. 정치적 포용은 정치적 선호의 자유로운 형성과 투입, 권력의 공유, 실질적 참여 등 3개 하위영역으로 구성했다. 경제적 포용은 인적자본 형성의 포용성, 노동시장의 포용성, 금융시장의 포용성, 기업생태계의 포용성 등 4개 하위영역으로 구성했다. 사회적 포용은 거시적 포용, 제도적 불배제, 사회적 관계 등 3개 하위영역으로 구성했다. 그리고 글로벌 포용은 국제정치, 국제경제, 국제사회, 국제환경, 국제협력 등 5개 하위영역으로 구성했다. 이어 각 하위영역을 대표하는 66개 지표를 선정하여 OECD 36개국을 대상으로 4개 영역별 포용성지수와 종합 국가포용성지수를 측정했다. 그 결과, 국가포용성지수는 노르웨이 1위를 필두로 덴마크·아이슬랜드·스웨덴·핀란드·뉴질랜드·스위스 순위로 평가되었다. 은재호 등(2019)의 연구에서 1위를 기록한 스위스의 순위가 이 연구에서 7위로 하락했지만, 두 연구에서 모두 스위스와 노르딕국가가 수위권을 석권했다. 이 연구에서 독일은 11위를, 한국은 31위를 차지했다. 두 연구에서 독일과 한국의 순위도 비슷하다. 그리고 2010년부터 2019까지 한국의 데이터로 4개 영역별 포용성지수의 시계열 변화를 측정한 결과, 4개 영역의 포용성이 완만하게 상승하는 추세를 보였다.[2] 아울러 국가포용성이 높은 나라일수록 혁신 성과가 더 크고, 혁신 효율성도 더 높은 것으로 밝혀졌다. 특히 사회적 포용성이 혁신 효율성에 미치는 영향이 두드러졌다. 이는 포용이 이미 혁신인자를 내포하고 있음을 뜻한다. 사회안전망은 혁신의 기회를 제공한다. 「해리 포터」의 저자인 조앤 롤링은 이렇게 말했다. "나는 실업수당 덕을 봤다. 실업수당을 받으며 「해리 포터」를 썼다. 연구자들은 포용국가 앞에 '혁신적'이라는 수식어를 굳이 붙일 필요가 없다고 보았다.

이종한 등(2021) 37명의 연구자들이 집필한 「포용국가와 혁신경제: 이론, 사례, 이행전략」은 포용과 혁신의 관계를 좀 더 분명하게 규명하고 포용국가로의 이행전략을 모색하기 위해 기획된 연구다. 이 연구는 포용의 증진을 통해 높은 혁신을 산출하는 포용국가 실현의 가능성을 이론적·경험적으로 논증했다. 스웨덴·덴마크·노르웨이·핀란드·스위스·아일랜드·독일 등 7개국 사례분석을 통해 포용정책은 약자의 교섭력을 강화하고 시민의 혁신역량을 높임으로써, 또 엘리트의 지대추구행위를 제어하고 주요 국정과제에 대한 사회적 합의를 이루어 혁신경제를 촉진할 수 있음을 확인했다. 연구자들은 특히 포용적 정치제도의 중요성에 주목했다. 이 연구에 참여한 스위스 프리부르대 라이너 아이헨베르거 교수와 독일 바이로이트대 다비드 슈타델만 교수는 스위스와 노르딕국가의 경제적 번영을 대부분 포용적 정치제도로 설명할 수 있다고 강조했다. 이들은 정치시장의 경쟁을 비롯해 학습을 촉진하는 권력공유제, 즉 동질적 스칸디나비아의 국가 간 경쟁과 함께 고도의 지방분권, 직접민주제, 비례대표제와 다수대표제를 접목한 선거제 등이 스위스와 노르딕국가의 혁신경제를 뒷받침한다고 분석했다.

권호성 등(2021) 25명이 집필한 「포용국가를 지향하는 분권형 정부체제 수립에 관한 연구」는 포용적 정치제도를 구축하기 위한 자치분권 개혁방안을 제시하였다. 이

---

2) 단, '사회적 유대' 하위지표로 측정된 사회적 포용성은 상승추세가 확인되지 않았다.

연구는 광역지방정부와 기초지방정부의 입법권, 기본권으로서의 국민투표권, 법률안과 헌법개정안의 국민발의권, 국회에 지역대표형 상원 설치, 지방세자치법률주의 천명 등을 포함한 헌법개정안을 제안했다. 이 밖에 지방민주주의와 풀뿌리자치 활성화, 재정분권, 정부간관계(IGR), 자치경찰제, 국가균형발전과 관련된 구체적 개혁방안을 제시했다.

이광희 등(2020) 15명의 연구자들이 집필한 「포용국가의 거버넌스와 공공리더십」은 포용적 정치제도와 공공리더십의 관계를 천착한 연구다. 이 연구에 동참한 스위스 로잔대의 안드레 라드너 교수는 스위스 정치제도의 특징을 '권력공유를 통한 포용'으로 이해했다. 이 연구는 포용적 정치제도를 엘리트-시민 간, 중앙-지방 간, 그리고 소수-다수 간 권력공유를 실현한 정체(政體)로 정의하고, 포용적 정치제도와 서번트 리더십 사이의 친화성을 한국과 스위스의 경험적 자료로 검증했다. 분석결과, 양자 간에 친밀성이 확인되었다. 이를테면 포용성이 높은 정치제도(강한 민주주의)에 사는 스위스인은 포용성이 낮은 정치제도(빈약한 민주주의)에 사는 한국인보다 서번트 리더십에 더 친화적인 것으로 밝혀졌다.[3]

## 포용적 정치제도와 서번트 리더십

막강한 권력을 행사하고 많은 금전적 보상을 원하는 사람에게 스위스와 북유럽국가의 선출직 공직은 매력이 없는 직업이다. 스위스와 북유럽국가에서 선출직 공직은 다소의 희생정신이 없이 감당하기 어려운 자리이다.

스위스의 선출직 공직은 권력투쟁자의 욕망을 채워주지 못한다. 스위스 직접민주제에서 시민은 의회가 외면하는 의안을 발의하고 투표로 직접 결정할 수 있다. 시민은 의회의 의결사항도 시민투표를 청구할 수 있다. 아울러 과세와 같은 중대 사안은

---

3) '강한 민주주의(strong democracy)'와 '빈약한 민주주의(thin democracy)' 개념은 벤자민 바버(1984)의 「강한 민주주의: 새 시대의 참여정치」에서 빌린 것이다. 다만 이 글에서 사용된 강한 민주주의는 바버의 개념보다 다소 확장된 것이다.

의무적으로 시민투표로 결정한다. 이와 같은 스위스 준(準)직접민주제는 연방주의적 지방분권과 짝을 이룬다. 캔톤정부의 권한은 그동안 1848년 건국 때보다 다소 줄었지만 지금도 주권국가에 버금가는 막강한 권한을 행사한다. 캔톤 소속의 평균인구 4천 명 미만의 코뮌정부 역시 소득세·법인세·재산세 등의 과세권을 행사한다. 게다가 연방의회는 국민을 대표하는 하원과 26개 캔톤을 대표하는 상원으로 구성된다. 하원의원은 동트식 비례대표선거제로 선출되며, 상원의원은 캔톤별로 1~2명씩 다수제로 선출된다. 연방내각은 상·하원 합동회의가 선출하는 4개 여당의 7명의 대표들로 늘 대연정(grand coalition)을 형성한다. 7명의 각료가 돌아가며 1년씩 맡는 대통령직은 '동료 중 수석(primus inter pares)' 역할을 수행한다. 캔톤과 코뮌의 집행부는 중선거구 다수제로 선출된 5~10명의 행정위원으로 구성되어 캔톤과 코뮌의 수장 역시 '동료 중 수석'으로 역할을 수행한다.

노르딕국가의 선출직 공직도 권력투쟁자의 관심을 끌지 못하기는 마찬가지다. 역사적·문화적으로 밀접히 연결된 스웨덴·노르웨이·덴마크·아이슬란드는 법률적 전통이 같고 언어가 유사한 스칸디나비아에 소속된 독립된 국가들이다. 이들은 제각기 스칸디나비아 안에서 미국이나 독일의 개별 주보다 훨씬 더 큰 자치권을 누리며 서로 경쟁하고 학습한다. 스칸디나비아 내 개별 국가의 내부 정치제도의 권력공유 수준도 매우 높다. 지방정부는 재산세의 과세권을 포함해 광범위한 자치권을 행사하고 직접참정권도 적극적으로 활용한다. 중앙과 지방의 의회는 비례성이 높은 선거제도를 통해 정당득표에 비례해 의석수를 배정받는 다당제를 이룬다. 따라서 제1당은 함께하기로 동의한 여러 개의 정당과 연정을 구성한다.

스위스의 선출직 공직은 높은 소득을 갈망하는 사람에게 실망스런 직업이다. 스위스의 선출직 공직은 원칙적으로 보수가 없는 명예공직이기 때문이다. 물론 연방각료와 대규모 캔톤과 코뮌의 행정위원처럼 보수를 받는 선출직 전업 공직자가 있다. 그러나 스위스의 대다수 선출직 공직자는 생업을 유지하며 필요경비만 받는 공직자원봉사자다. 예컨대 연방의회의원은 명예직이다. 2019년도 하원의원은 연간 총 1억 5

천만 원을 받았고, 상원의원은 이보다 조금 더 많은 1억 8천만 원을 받았다. 외형상 우리나라 국회의원 연봉과 별 차이가 없다고 생각할지 모른다. 그러나 스위스 연방의원이 받는 금전적 보상에는 의정활동준비 수당 2만 6천 프랑, 회의수당 5만-5만 6천 프랑과 함께 인건비와 사무용품비 3만 3천 프랑, 회의식비, 숙박비용, 외국출장비, 교통수당 등 의정활동비가 포함된다. 연방의회의원은 개인별 의정보좌인력이 없다. 개인적 의정보좌인력이 필요한 경우 본인의 의정활동비로 시간제 인력을 활용하는 방법밖에 없다. 개인용 출퇴근 차량과 운전기사도 없다. 수당을 보수로 간주하는 경우 연방하원의원의 월 세전(稅前) 보수는 약 700만 원이다. 이는 구매력평가지수(PPP)로 계산된 스위스 1인당 평균소득과 거의 같다. 상원의원은 이보다 조금 더 받는다. 한때 주말도 없이 격무에 시달리는 연방의원에게 보수가 너무 적다는 비판이 제기되었다. 연방의회의원들은 이를 계기로 세비를 올렸지만, 1992년 스위스국민은 연방의회의 의원세비 인상결정을 국민투표에 회부해서 72.4%의 압도적 반대로 부결시켰다.

노르딕국가의 선출직 공직도 높은 보수와는 거리가 먼 직업이다. 스웨덴 국회의원에게도 개인적 지원인력은 따로 없다. 4명의 국회의원은 정당이 국고보조금으로 고용한 1명의 정책보좌관 1명과 전문가집단의 입법보조를 받을 뿐이다. 개인 운전기사는 물론 업무용 차량도 배정받지 못한다. 다만 대중교통을 무료로 이용할 수 있다. 공무 출장 때 1등석 기차를 이용할 수 있지만, 1등석 비행기는 탈 수 없다. 비즈니스석 비행기를 이용하는 경우 합당한 이유로 소명해야 한다. 그렇지 못하면 이코노미석과의 차액을 자비로 충당해야 한다. 업무용 차량은 국회의장과 3명의 부의장단이 공식행사 때 쓸 수 있다. 스웨덴에서 업무용 차량을 상시 이용할 수 있는 사람은 오직 총리뿐이다. 국회의원은 스톡홀름 의사당에서 50km 이상 떨어진 곳에 집이 있는 경우 월 약 90만 원까지 임대지원금을 받는다. 스웨덴 국회의원의 월 세전 보수는 약 810만 원이다. 구매력평가지수로 계산된 스웨덴 월 1인당 평균소득 530만 원보다 약 280만 원을 더 받는 셈이다. 그러나 공직 수행의 보람과 희생정신이 없이는 이 정도 보수를 받고 야근과 특근이 줄을 잇고 주말도 없이 일하는 국회의원직을 선택하기는 어렵다. 스웨덴에서는 종종 우스갯소리로 국회의원직을 3D업종에 포함하는 사람들이 많다. 사실 1957년까지 스웨덴 국회의원에게는 월급이 없었다. 당시 국회의원은 정당원들의 모금으로 의정활동경비를 충당했다. 지금도 스웨덴 지방의원의 94%는 무급의 공직 자원봉사자다.

권력과 보수 유인이 적은 스위스와 스웨덴에서 정치인은 무엇 때문에 공직을 맡는가? 스위스와 스웨덴의 정치인은 권력과 돈보다 대의(大義) 또는 공동체를 위해 헌신하는 보람과 구성원의 존경으로 보상받는다. 정치인에 대한 구성원의 존경은 국민의 정부신뢰 수준을 통해 간접적으로 확인할 수 있다. 2020년 스위스 국민의 정부신뢰도는 85%로 OECD국가 중 1위였다. 스웨덴의 정부신뢰도는 67%로 OECD국가 평균 45%보다 22%나 높았다. 한국은 지난 몇 년 동안 꾸준히 올라 39%를 기록했다.

필자는 오래전부터 스위스와 노르딕국가의 공공리더십을 어떤 이론모형으로 설명할 수 있을지 궁금했다. 이 궁금증을 풀기 위해 새로운 이론모형을 창안하기보다 기존 리더십이론모형 중에서 발견법(heuristics)으로 찾아보기로 했다. 어느 날 로버트 K. 그린리프(1977)의 「서번트 리더십: 정당한 권력과 위대함의 본질을 향한 여정」을 읽고 무릎을 쳤다. 그린리프는 "우리가 좀 더 도덕적인 사회를 만들고 싶다면 도덕적 인간이 되어 제도도 함께 돌봐야 한다."고 역설했다. 이어 한 명의 수장이 이끄는 위계조직의 결함을 지적하며, 섬기는 조직을 만들기 위해서는 고대 로마시대부터 시작된 '동료 중 수석(primus inter pares)'을 갖는 구조, 즉 동료제(collegial system)를 채택해야 한다고 강조했다. 그린리프의 제안은 '포용적 정치제도와 서번트 리더십 사이의 친화성'에 대한 필자의 기존 생각에 자신감을 더했다. 게다가 그린리프의 서번트 리더십 이론모형은 강하고 의로운 나라를 만드는 도덕적 호소력까지 지닌다고 생각했다. 이후 기회 있을 때마다 국내외 스위스 및 노르딕국가 전문가들에게 필자의 아이디어에 대한 의견을 물었다. 이들은 경험적 연구가 필요한 흥미로운 가설이라고 공감했다. 2018년 한국행정연구원의 연구진은 이 가설을 한국과 스위스의 경험적 데

이터를 통해 검증하기로 동의했다. 이 연구의 결과가 앞서 언급한 이광희 등(2020)의 「포용국가의 거버넌스와 공공리더십」이다. 이 연구에는 스위스 로잔대 행정대학원의 연구진도 참여했다. 연구결과, 이 가설은 채택되었다.[4]

이 연구결과는 포용적 정치제도와 서번트 리더십 사이의 필연적 인과관계를 증명한 것은 아니지만, 양자 간에 특별한 관계가 있음을 시사한다. 양자가 특별한 관계를 맺는 이유는 다음과 같다. 첫째, 정치제도의 포용성을 높이기 위해서는 서번트 리더십이 필요하다. 이를테면 포용성이 낮은 빈약한 민주주의를 포용성이 높은 강한 민주주의로 전환하려면 깨어 있는 시민의 힘과 함께 기득권을 내려놓는 서번트 리더십이 필요하다. 오늘날 권위주의적 리더가 세계 도처에서 독버섯처럼 번지고 있는 상황에서 구성원의 복리와 성장을 촉진할 정치제도를 도입하기 위해 자신의 기득권을 내려놓을 리더를 기대하기는 어렵다. 포용적 정치제도를 갖춘 나라가 드문 이유다. 그래도 한국이 진정 G7시대 포용한국을 향한 권력공유 헌법개혁을 실현하려면 자신의 기득권을 내려놓는 도덕적 용기를 지닌 공직 서번트-리더들이 필요하다.

둘째, 포용적 정치제도는 서번트 리더십을 발휘할 소양이 없거나 부족한 사람을 걸러낸다. 스위스와 노르딕국가의 포용적 정치제도에서 권력과 돈을 탐하는 사람들은 아예 공직 진출을 단념한다. 이런 상황에서 스위스와 노르딕국가의 선출직 공직은 공동체를 위해 기꺼이 봉사할 의지를 지닌 사람들로 충원될 개연성이 높아진다. 반면 포용성이 낮은 빈약한 민주주의나 권위주의적 정체의 선출직 공직은 흔히 권력과 돈을 탐하는 출세주의자들의 소굴이 되기 쉽다. 이를 간파한 루소(1762)는 「사회계약론」에서 포용성이 지극히 낮은 군주제의 고위직에는 아첨꾼·사기꾼·협잡꾼 등 저질 관리들이 득실거린다고 기술했다.[5]

---

4) 향후 정교하고 치밀한 연구설계로 한국과 스위스 및 노르딕국가 등의 국제적 데이터를 활용한 후속연구를 기대한다.

5) 루소는 군주정이 공화정보다 못한 본질적 결함은 고위 공직이 공화정에서는 공중의 의견(the public voice)에 따라 유능한 인재로 채워지지만, 군주정에서는 비열한 인간으로 채워지는 것이라고 지적했다. 그는 "사람을 고르는 일에서 인민은 군주보다 실수를 덜 범한다. 공화정 정부의 공직자 중 멍청이를 찾기 어려운 것처럼, 군주정 정부의 행정관 중 정말 유능한 인재를 찾아보기

셋째, 선거공학과 인기몰이 및 흑색선전을 어렵게 만드는 포용적 정치제도의 선거과정과 공직 임용절차 역시 권력과 돈을 추구하는 출세주의자를 걸러내는 기능을 수행한다. 예컨대 2007년 스위스 상·하원 합동회의는 권위주의적 성향을 보이며 튀는 언행을 일삼던 연방각료 크리스토프 블로흐를 연임 선출의 관행을 깨고 퇴출시켰다.

넷째, 포용적 정치제도는 서번트 리더십 문화를 촉진한다. 서번트 리더십을 발휘하는 정치인의 솔선수범은 오늘날 스위스와 북유럽국가의 정치문화로 자리를 잡았다. 스위스와 노르딕국가의 선출직 공직에서 서번트-리더의 희생과 헌신은 정부를 비롯해 대학과 기업 등 사회 전반에 감화력을 발휘해 섬김의 리더십 문화를 형성했다.

## 서번트 리더십을 통해 '좋음에서 위대함으로'

38년 전 일본의 역사학자들은 한국의 학계가 미처 예상치 못한 놀라운 연구결과를 발표했다. 이토 준타로(伊東俊太郎) 등(1983)은 「과학사기술사사전」에서 세종이 왕위에 있던 1418년부터 1450년까지 32년 동안 과학기술 혁신이 조선 21건, 중국 4건, 일본 0건, 동아시아 이외의 세계 19건이었다고 밝혔다. 16세기 중반 율곡(栗谷) 이이(李珥) 선생이 "우리나라 만년의 운이 세종에게서 처음 그 기틀이 잡혔다."고 썼던 세종시대 조선은 그야말로 세계 최고의 과학기술 선진국이었던 것이다.

세종시대의 경이로운 번영이 탁월한 세종리더십에 기인한다는 견해에 이의를 제기할 사람은 없을 것이다. 이 놀라운 성과를 거둔 세종리더십은 과연 어떤 리더십인가? 한국행정연구원의 최근 연구는 이 의문을 푸는 실마리를 제공했다. 윤종설 등(2021) 6명이 저술한 「세종리더십의 현대적 해석」은 60개의 세종실록의 리더십 사례를 대표적 리더십유형에 따라 서번트 리더십 17개, 변혁적 리더십 15개, 윤리적 리더십 13개, 진정성 리더십 10개 등으로 분류했다. 이들은 세종리더십이 서번트 리더십 속성을 가장 많이 내포한 것으로 분석했다. 2021년 연구자들은 후속 연구과제로

---

어렵다."고 썼다.

'세종의 서번트 리더십'을 선정하고 연구를 진행 중이다. 세종은 그 누구보다도 겸손했고, 백성과 나라의 발전을 위해 평생 공부하며 헌신하는 삶을 살았다. 세종리더십의 위대한 산물인 한글창제의 목적은 백성을 일깨워서 '백성의 인권을 보호하고 백성의 품격을 높이는 것'이었다.[6] 한글창제 목적은 세종리더십의 서번트 리더십 속성을 분명히 보여준다.

스탠포드대 짐 콜린스(2001)는 「좋음에서 위대함으로」에서 포브스 500대 기업 1,435개를 5년간 심층 조사한 결과 15년 이상 시장의 평균보다 3배 이상 수익을 올린 11개 기업의 경영자가 개인적 겸손과 강인한 직업적 의지를 겸비한 '제5수준 리더십'을 발휘한다는 사실을 밝혔다. 콜린스는 "좋음에서 위대함으로의 전환"은 정상의 자리에 '겸손과 단호한 결의(humility and fierce resolve)'의 역설적 조합을 실천하는 제5수준 리더들이 없는 조직에서는 발생하지 않는다고 단언했다. 위기든 안정된 상황이든, 서비스 제공 기업이든 생산기업이든 아무런 차이가 없다. 이런 의미에서 "좋음은 위대함의 적이다." 이것은 윤리적 설득이 아니라 경험적 데이터가 증명하는 사실이라고 콜린스는 역설했다. 이후 콜린스(2009)는 「어떻게 강력한 기업이 몰락하는가: 그리고 왜 일부 기업들은 포기하지 않는가」에서 한때 탁월한 성과를 낸 위대한 기업일지라도 정상의 자리에 앉은 리더들이 자만에 빠질 때 몰락의 길에 들어선다고 경고했다.

콜린스의 연구팀은 웬만큼 잘 운영되는 "좋은" 기업을 탁월한 성과를 올리는 "위대한" 기업으로 변화시키는 힘이 통념과 달리 영웅적 경영자의 카리스마가 아니라 "소박하고 온화하며 과묵하고 자기를 숨기며 심지어 수줍음 타는" 경영자의 대의 또는 공동체 헌신[7]임을 발견했다. 이들은 그것이 서번트 리더십임을 단박에 깨달았다.

---

6) 「세종실록」에 기록된 세종의 한글창제 이유는 법조문과 관련된 백성의 억울함을 해소하고, 무질서한 사회기풍과 풍속의 변화를 유도하는 것이었다(박현모, 2014: 52).

7) 제5수준 리더는 믿기 어려울 정도로 야심적이지만, 그 야심의 초점은 리더 자신이 아니라 대의와 조직에 맞추어진다(콜린스 & 한손, 2011). 에이브러햄 링컨은 노예제를 폐지하고 통합된 미국을 실현하기 위해 자신의 생명을 바친 서번트-리더였다.

그러나 '서번트 리더십'이라는 호칭이 유약한 이미지를 풍긴다는 이유로 좋은 기업을 만드는 제1수준~제4수준을 뛰어넘는 경영진 역량8)이라는 의미를 담아 '제5수준 리더십'으로 부르게 되었다. 근래 라이드 3세 등(2014)은 문헌조사를 통해 제5수준 리더십과 서번트 리더십이 같은 개념요소를 내포하고 있음을 밝혔다. 이어 측정도구의 경험적 분석을 통해 두 리더십이 통계적으로 같은 개념임을 확인했다.

그동안 서번트 리더십의 긍정적 효과에 관한 경험적 연구가 꽤 많이 축적되었다. 이에 관해서는 이 책 제1장에서 살펴볼 것이다. 포용적 정치제도를 채택한 스위스와 노르딕국가의 경이로운 번영 역시 상당 부분 고위 공직자, 특히 선출직 공직자의 서번트 리더십 효과로 설명될 수 있다.

서번트 리더십의 효과에 관한 경험적 연구의 메시지는 분명하다. 그것은 선진국 문턱에 올라섰지만 '2020년 피크 코리아'의 경고에 직면한 한국이 날로 첨예화되고 있는 미·중 신냉전의 최전선에서 G7시대의 '위대한' 포용한국으로 도약하기 위해서는 서번트 리더십을 솔선수범하는 공직자들, 특히 선출직 공직자들이 필요하다는 것이다.

## 본서의 구성

이 책은 9개 장(章)으로 구성되었다.

제1장은 '왜 한국은 포용한국으로 거듭나야 하는가, 그리고 왜 포용한국으로 거듭나기 위해 서번트 리더십이 필요한가'에 관해 좀 더 자세히 논의했다. 필자는 발전국가가 초래한 한국병의 구조적 원인을 시민·지방·소수를 소외시킨 빈약한 민주주의에 있다고 진단하고, 빈약한 민주주의를 강한 민주주의로 전환시키는 헌법개혁의 필요성을 역설했다. 아울러 헌법개혁의 성공은 깨어 있는 시민과 함께하는 공직 서번

---

8) 제1수준부터 제5수준에 이르는 경영진 역량은 ① 유능한 인재 확보역량, ② 목표달성에 기여하는 팀원 형성역량, ③ 효과적·효율적 목표달성을 위한 인재 및 자원의 관리역량, 그리고 ④ 분명하고 절실한 비전과 높은 성과기준에 대한 구성원의 헌신 유도역량을 말한다.

트-리더에 의해 실현될 수 있다고 강조했다.

제2장에서 이광훈 교수는 스위스와 한국의 공공리더십 특징을 두 나라 국민의 리더십 인식조사 결과를 통해 비교분석했다. 이어서 스위스 지방정부 공직자가 생각하는 공직 리더의 요소를 통해 강한 민주주의와 서번트 리더십의 관계를 설명했다. 이 장 부록에서 스위스 로잔대의 장-루 샤플레 교수는 스위스의 대표적 공직 서번트-리더로서 스위스국립은행(SNB)의 은행장을 역임한 피에르 랑그땅의 리더십을 소개했다.

제3장에서 박상철 교수는 스웨덴의 타게 에를란데르 수상과 올로프 팔메 수상의 서번트 리더십을 소개했다. 에를란데르 수상과 그의 후계자 팔메 수상은 '국민의 집 (Folkhemmet)'을 짓기 위해 대화로 사회적 합의를 이끈 서번트-리더였다. 스웨덴은 2차 세계대전 후 이들의 희생과 헌신으로 사회·경제적 혼란을 극복하고 오늘날의 포용적 복지국가의 기초를 다졌다.

제4장에서 서울장신대 김한호 소장은 독일의 디아코니아 운동의 창시자 비헤른의 삶을 통해 서번트-리더의 소명의식과 한결같은 헌신이 유럽 복지국가 형성에 끼친 영향을 논의했다. 비헤른은 국가 디아코니아, 교회 디아코니아, 사적 디아코니아의 삼중 섬김을 몸소 솔선수범함으로써 유럽 복지의 토대를 놓았다.

제5장에서 신용하 교수는 도산 안창호 선생의 삶을 서번트 리더십의 관점에서 재조명했다. 도산은 당시 가망이 없어 보이는 조선독립을 삶의 비전으로 삼고 정직을 제일의 가치로 견지하면서 섬김의 자세로 독립운동에 일생을 바쳤다. 도산은 신민회 (新民會)를 조직하고, 미주 한인사회를 변화시켰다. 상해 통합대한민국 임시정부 수립과 독립당의 조직과 활동에서 주도적 역할을 감당하면서도 말석을 마다하지 않은 서번트-리더였다.

제6장에서 박재순 소장은 남강 이승훈 선생의 서번트 리더십을 분석했다. 남강은 조선 중후기 가난한 상민으로 태어나 교육을 받지 못했으나 사업수완을 발휘하여 큰 재산을 모았다. 그는 40대 초 도산 선생의 강연을 듣고 조선독립을 위해

오직 정직과 성실로 원칙을 지키며 살기로 작정했다. 남강은 민족운동의 인재와 국민교육의 사표(師表) 양성을 목표로 오산학교를 세워 학생을 섬긴 스승이 되었고, 일제에 의해 서대문형무소에 갇혀서는 변기 청소를 도맡아 하며 수형자들의 영혼을 일깨운 서번트-리더였다.

제7장에서 이준호 교수는 가난한 사람들의 건강과 생명을 살리는 일에 일생을 바친 장기려 박사의 서번트 리더십을 다루었다. 장기려 박사는 소년시절 "대학시험에 붙으면 평생 의사를 보지 못하는 사람들에게 봉사하겠다."는 자신과의 약속을 올곧게 지켰다. 그는 조선 최고의 명의로서 편안한 삶을 살 수 있었지만 월남하여 이북에 남겨둔 부인을 그리워하며 독신으로 살면서 가장 힘들고 낮은 자리를 찾아다니며 인술(仁術)을 베풀었다. 그가 가난한 사람들을 위해 창립한 부산청십자의료보험조합은 오늘날 국민건강보험제도의 토대가 되었다.

제8장에서 노부호 교수는 유한양행의 창업자 유일한 회장의 서번트 리더십을 분석했다. 유일한 회장은 반짝이는 아이디어로 기업을 일구어 돈을 많이 번 통상적인 기업가가 아니었다. 그는 한국 최초로 직원참여제도를 도입하고 전문경영인제를 유산으로 남긴 혁신적 기업가였다. 그는 속이지 말고 좋은 제품을 만들어 국민을 이롭게 하고, 나아가 사업을 통해 나라에 봉사하는 것을 일생의 소명으로 삼고 몸소 실천한 서번트-리더였다.

마지막으로 제9장에서 임도빈 교수는 한국사회와 서번트 리더십의 관계를 논의했다. 임도빈 교수는 공직자가 민주화와 정보화로 변화된 사회변화를 읽고 새로운 상황에 부응하는 서번트 리더십을 실천할 것을 역설했다. 그는 이태석 신부, 이종욱 박사, 장영희 교수, 나태주 시인 등 비교적 최근의 서번트-리더들을 소개하고, G7시대 포용한국의 실현을 위해 이들처럼 자기이익의 집착에서 벗어나 공동체를 위해 헌신하고 솔선수범하는 공직 서번트-리더들이 나타날 것을 염원했다.

## 감사의 말씀

이 책이 탄생하기까지 많은 분들의 노고가 있었다. 먼저 이 책의 각 장을 집필해 주신 신용하 서울대 명예교수님, 노부호 서강대 명예교수님, 박재순 한국씨알사상연구소 소장님, 이준호 나사렛대 명예교수님, 박상철 한국산업기술대 교수님, 임도빈 서울대 교수님, 김한호 서울장신대 디아코니아연구소 소장님, 이광훈 강원대 교수님께 감사드린다. 특히 임도빈 교수님은 필자와 함께 이 책의 기획부터 출간까지 수고해주셨다.

아울러 이 자리를 빌려 한국행정연구원의 포용국가 연구과제를 협동과제로 선정해주신 성경륭 경제인문사회연구회 전 이사장님께 감사드린다. 포용국가 연구과제의 책임을 맡아 마무리해 준 한국행정연구원 윤종설·권오성·은재호·이광희·이종한·박준 박사님의 노고에 사의를 표한다. 그리고 이 연구과제에 참여한 국내외 공동연구자들께 감사한다. 특히 이 연구과제에 논문을 기고해주시고 격려를 아끼지 않으신 미국 피츠버그대의 가이 피터스 교수님과 스위스 프리부르대 라이너 아이헨베르거 교수님께 감사드린다.

이 책의 기획부터 출간까지 행정적으로 뒷받침해준 윤종설 한국행정연구원 세종국가리더십센터 소장님과 김윤희 팀장님 및 문명 박사님에게 감사한다. 끝으로 이 책의 출간을 맡아주신 박영사 안종만 회장님과 임재무 이사님, 그리고 이 책을 정성껏 제작해주신 박영사의 편집부 직원 여러분께 감사드린다.

2021년 5월 화사한 봄
북한산 기슭 원장실에서

# 참고문헌

김정해 등. (2019). 「포용국가의 이론과 사례, 그리고 정책」. 서울: 한국행정연구원.

박현모. (2014). 「세종이라면: 오래된 미래의 리더십」. 서울: 미다스북스.

성경륭. (2021). 백척간두에 선 대한민국. 「경사연 리포트 5」(경제인문사회연구회, 한국행정연구원). 34: 1−7.

성경륭 등. (2017). 「새로운 대한민국의 구상, 포용국가」. 파주: 21세기북스.

성경륭 등. (2021). 「포용한국으로 가는 길」. 서울: 시사저널.

안성호. (2005). 「분권과 참여: 스위스의 교훈」. 서울: 다운샘.

안성호. (2018). 「왜 분권국가인가: 리바이어던에서 자치공동체로」(개정판). 서울: 박영사.

윤종설 등. (2021). 「세종 리더십의 현대적 해석」. 서울: 한국행정연구원.

이기우·안권욱. (2021). 「스위스의 지방분권과 자치」(서울시 지방분권 총서2). 서울: 서울특별시.

한국행정연구원 권오성 등. (2021). 「포용국가를 지향하는 분권형 정부체계 수립에 관한 연구」(협동연구총서 21−21−01). 세종: 경제·인문사회연구회.

한국행정연구원 박 준 등. (2021). 「국가포용성지수 개발연구」(협동연구총서 21−24−01). 세종: 경제·인문사회연구회.

한국행정연구원 은재호 등. (2019). 「한국의 새로운 국가모델 탐색: 포용국가의 이론과 쟁점」(협동연구총서 19−22−01). 세종: 경제·인문사회연구회.

한국행정연구원 이종한 등. (2021). 「포용국가와 혁신경제: 이론, 사례, 이행전략」(협동연구총서 21−05−01). 세종: 경제·인문사회연구회.

한국행정연구원 이광희 등. (2020). 「포용국가의 거버넌스와 공공리더십」(협동연구총서 20−26−01). 세종: 경제·인문사회연구회.

Barber, B. R. (1984). *Strong Democracy: Participatory Politics for a New Age*. Berkely, Los Angeles: University of California Press.

Collins, J. (2001). *Good to Great: Why Some Companies Make the Leap ... and Others Don't*. New York: HarperCollins Publishers.

Collins, J. (2009). *How The Mighty Fall: And Some Companies Never Give In*. New York: Collins Business.

Eichenberger, R. & D. Stadelman. (2021). 포용국가와 혁신경제: 스위스와 스칸디나비아 사례의 정치경제분석. 「행정포커스」. 2021(1+2): 54−69.

Frey, B. S. (2010). *Happiness: A Revolution in Economics.* Cambridge: The MIT Press.

Greenleaf, R. K. (2002<1977>). *Servant Leadership: A Journey into the Nature of Legitimate Power and Greatness.* Edited by L. C. Spears with a Foreword by S. R. Covey & An Afterword by P. M. Senge. New York: Paulist Press.

Glosserman, B.(김성훈 역). (2020). 「피크 재팬, 마지막 정점을 찍은 일본」. 서울: 김영사.

Reid III, W. A. et als. (2014). An Instrument to Measure Level 5 Leadership. *Journal of Leadership Studies.* 3(1): 17−32.

Rousseau, J.−J. (2020). *A Discourse on Political Economy <1755> and The Social Contract <1762>.* From the Online Library Sources of the ISN in ETH Zurich.

# 차례

# Ⅰ.

# 포용한국의 길:
# 강한 민주주의와 서번트 리더십[*]

## 안성호

> "우리는 우리시대의 갖가지 위기에 직면해 너무 많은 민주주의가 아니라 너무 적은 민주주의 때문에 고통받고 있다."　　　　　　　　　　　　　 – 벤자민 바버
>
> "저급한 영혼들은 위대한 인간에 대한 믿음이 없다. 비천한 노예들은 자유라는 말을 조롱한다."　　　　　　　　　　　　　　　　　　　 – 장-자크 루소
>
> "서번트 리더십은 정당한 권력과 위대함의 본질을 추구하는 여정이다."
> 　　　　　　　　　　　　　　　　　　　　　　　　 – 로버트 K. 그린리프

## 1. 한국 발전국가의 명암

해방 후 70여 년 동안 한국은 산업화와 민주화에 성공해 선진국 문턱에 들어섰다. 일제강점과 민족분단의 고통을 견디며 전쟁의 잿더미 속에서 해외원조로 연명하던 최빈국에서 2020년 GDP규모 세계 10위, 1인당 GNI 3만 1천 달러로 G7에 진입했

---

[*] 이 글은 (성경륭 등, 2021: 411 – 430)에 실린 필자의 '포용한국으로 가는 길: 강한 민주주의와 서번트 리더십'을 전면 수정·보완한 것이다.

다. 1964년 수출 1억 달러 달성을 경축하던 한국은 2020년 수출 5천억 달러를 상회한 세계 7위의 수출대국으로 성장했다. 아울러 치열한 민주화 투쟁의 결실로 권위주의 지배와 군사독재를 극복하고 민주주의 국가의 반열에 올라섰다.

근래 K팝과 드라마 등의 한류 확산에 이어 K방역의 선방으로 한국은 세계인의 주목을 받고 있다. 미래학자 데이토 교수는 지금의 한국을 이렇게 평가했다.

> "일부 분야지만 한국은 현재 역사적으로 가장 높은 명성을 얻었다. 세계 곳곳에서 한류가 소비되고 한국의 음식·패션·영화·음악·드라마가 많은 비평가로부터 찬사를 받았다. 그 중에서 특히 바이러스에 대한 민주적 통제는 세계적으로 선망의 대상이 됐다. 한국은 지금이 기회다."

그러나 곰곰이 살펴보면 한국 발전국가의 화려한 성과 이면에는 그늘이 짙게 드리워져 있다. 무엇보다도 한반도는 위태로운 평화를 유지하고 있다. 여전히 분단의 멍에를 짊어진 채 북한 핵무기와 생화학무기의 위협 속에서 살고 있다. 미 − 중 패권경쟁이 격화되고 한·일 역사분쟁이 지속되는 가운데 동아시아 국가들의 군비경쟁이 가열되고 있다. 2~3%의 저성장에 이어 코로나 팬데믹 충격으로 경제적 양극화가 날로 심화되고 있다. 청년실업률이 10%에 달하고, 청년확장실업률[1]은 25.6%에 달한다. 급격한 노령화가 진행되는 가운데 노인빈곤율은 44.0%에 이른다. 수도권 초과밀과 지방소멸이 현실로 다가왔다. 2020년 한국에 사는 사람 두 명 중 한 명은 면적 11.8%의 수도권에 산다. 지역내총생산 51.8%가 수도권에서 이루어진다. 출산율은 2019년 0.92명에서 2020년 0.84명으로 OECD국가 중 가장 낮다. 자살률은 10만 명당 26.9명으로 OECD국가 평균의 2배가 넘는다. 2020년 UN의 세계행복보고서는 한국의 행복지수를 153개국 중 61위로 평가했다.

이런 국가적 난제 앞에서 정치권은 정쟁을 일삼고 있다. 한국의 민주주의 품질은 낮다.[2] 정부신뢰도는 2017년 24%에서 2019년 39%로 향상되었지만 OECD국가 평

---

1) 청년확장실업률은 매년 7월 기준으로 실업자 외에 취업을 원하는 잠재구직자 등을 포함한 체감 실업률을 뜻한다.

균보다 6%나 낮고 세계 1위 스위스(85%)의 절반에도 미달한다. 특히 정치와 정치인에 대한 국민의 불신이 심각하다. 2021년 한국행정연구원 사회조사센터의 조사결과에 의하면, 6점 척도로 측정된 국회에 대한 국민의 신뢰도는 2.12점에 불과하다. 이는 중앙부처와 청와대 및 지방정부에 대한 국민신뢰도 3.09－3.28점보다 현저히 낮은 것이다.

## 2. 자유민주주의 위기

한국정치는 진보와 보수 양대 진영으로 갈라져 줄곧 싸우고 있다. 권력투쟁의 장으로 전락한 국회는 국정의 발목을 잡고 국민을 불안하게 만들기 일쑤다. 협치를 위해 국회선진화법이 만들어졌지만 싸우는 정치는 계속되고 있다. 지난 20대 국회는 무려 1만 5천여 건의 법률안을 처리하지 않고 끝냈다. 이전투구의 정당정치는 국론분열과 정치적 양극화를 부추기고, 정글정치의 기능장애는 정치의 사법화와 사법의 정치화를 조장하고 있다. 언론의 상업화와 진영편향 보도는 국론을 분열시키고 정당간 갈등을 부추기고 있다. 소셜 미디어는 종종 과장·허위정보를 쏟아내는 돈벌이 수단으로 전락하고 있다. 가족과 친구 사이에도 분란을 일으키는 정치이야기를 삼가는 것이 예의가 되었다.

2018년 3월 시진핑 장기집권체제를 구축한 중국은 "중국 특색의 사회주의로 중국의 꿈을 실현하겠다."고 호언장담했다. 때맞추어 「환구시보」는 "끝없는 언쟁과 모함과 정책 뒤집기로 점철"된 자유민주주의를 조롱했다. 2019년 6월 필자가 북경에서 만난 중국공산당 중앙당교(中央黨校)의 부교장은 "대통령마다 철창에 가두는 한국정치가 제대로 된 것이냐?"며 따지듯 물었다. 이어 모스크바에서 만난 푸틴 대통령의 측근 국가경제아카데미 원장 역시 공교롭게도 똑같은 질문을 필자에게 던졌다. 이들

---

2) 2012년 조사된 한국의 실효민주주의지수(EDI)는 100점 만점에 53점으로 조사대상 180국 중 53위였다(알렉산더 등, 2012). 그동안 저급한 한국 민주주의 품질은 크게 개선되지 못했다.

의 눈빛에는 자유민주주의에 대한 강한 회의와 냉소가 역력했다.

19세기 산업혁명은 기존 봉건주의와 군주제로는 해결할 수 없는 난제들을 양산했다. 그래서 그 대안으로 자유민주주의, 공산주의, 파시즘이 대두해 경쟁하면서 1세기 동안 대량학살과 전쟁과 혁명을 치렀다. 20세기 말 역사는 자유민주주의의 승리로 결말이 난 것처럼 보였다.

그러나 21세기 초 자유민주주의는 중대한 고비를 맞고 있다. 난폭한 개발로 환경 붕괴와 팬데믹 위기가 엄습하는 가운데 정보·생명기술의 발달은 자유민주주의가 감당하기 어려운 상황을 조성하고 있다. 프리덤 하우스(Freedom House)는 코로나 팬데믹 이후 80개국에서 민주주의 쇠퇴가 있었다고 발표했다. 고삐 풀린 시장자본주의 세계화 속에서 세계를 엄습한 코로나 팬데믹은 경제적 양극화와 계급의 세습을 더욱 심화시키고 있다. 과도한 중앙집권화와 국가주의가 기승을 부리는 가운데 강대국들의 패권경쟁과 배타적 자국중심주의가 고개를 들고 있다. 소외감을 느끼는 개인들의 냉소와 분노가 정치적 양극화와 정글정치를 부추기고 있다. 극우 포퓰리즘의 확산에 따른 브렉시트(Brexit) 소란과 트럼피즘(Trumpism) 혼돈은 자유민주주의 병세의 위중함을 드러냈다. 이 와중에 홍콩시민의 민주화 항쟁은 가차 없이 짓밟혔고, 벨라루스와 태국의 민주화 시위는 강경 진압되고 있다. 이어 미얀마에서는 군부 쿠데타에 저항하는 민주화 투쟁에 대한 유혈탄압이 자행되어 수백 명이 살육되었지만, UN 안전보장이사회는 중국과 러시아의 반대로 강 건너 불구경하듯 방관하다가 사태발생 40일 만에야 고작 솜방망이 규탄 성명서를 발표했다.

설상가상으로 권위주의적 지배자들이 세계 도처에서 독버섯처럼 번지고 있다. 미국의 트럼프, 중국의 시진핑, 러시아의 푸틴, 헝가리의 오르반, 터키의 에르도안, 필리핀의 두테르테, 이집트의 엘시시, 시리아의 알아사드, 벨라루스의 루카센카, 인도의 모디, 이스라엘의 네타냐후 등이 나타나 자유민주주의의 생존을 위협하고 있다.

## 3. 발전국가에서 포용국가로

문재인 정부는 발전국가의 이런 도전에 능동적으로 대처하기 위해 새로운 국가비전으로서 포용국가를 천명했다. 성경륭(2021)은 1960년대 이후 한국정부가 대기업과 대자본 중시의 대외지향 성장정책을 추구한 결과 양적 성장을 이룩했지만, 불평등과 저출산, 낮은 행복감, 높은 자살률 등 "한국의 비극"을 초래했다고 진단했다. 이 비극을 해결하기 위해 사회보장국가·창의역량국가·평화번영국가를 지향하는 혁신적 포용국가로 전환할 것을 제안했다. 그는 국민의 역량강화를 발전의 지렛대로 삼는 혁신적 포용국가가 국가론의 관점에서 노르딕 복지국가와 신자유주의 발전국가의 중간지점에 있다고 보았다.

피터스(2021) 교수는 포용국가를 "모든 시민의 웰빙과 참여의 극대화를 목표로 시민을 최대한 정치·경제·사회적 삶의 일원으로 포함하기 위해 노력하는 정치체제"로 정의했다. 그는 포용성을 확대하기 위한 두 가지 수단으로 "장벽 제거(removing barriers)"와 "다리놓기(building bridges)"을 제시했다. 장벽제거란 포용을 가로막는 구조적이고 행태적인 장애물을 제거하는 것이며, 다리놓기란 집단들 간에 협력적 관계를 형성하는 것을 뜻한다.

저명한 발전경제학자인 애쓰모글루와 로빈슨(2012)은 15년 간 공동연구를 통해 국가성쇠가 결국 정치제도의 포용성과 착취성에 달려 있음을 입증했다. 이들의 연구결과는 보잘것없던 도시국가 로마가 지중해의 최강국가로 번영한 제일의 원인이 혼합정(mixed polity) 채택에 있다고 지적한 고대그리스의 역사학자 폴리비우스의 발견을 재확인한 것이다. 이후 마키아벨리와 몽테스키외, 루소, 스미드, 노스 등은 국가의 성쇠를 견인하는 정치제도를 지적해왔다. 애쓰모글루와 로빈슨은 자신들의 연구결과를 「국가는 왜 실패하는가: 권력과 번영 및 빈곤의 기원」에서 이렇게 요약했다.

"국가실패의 원인은 경제성장을 저해하거나 심지어 발목을 잡는 착취적 정치제도를 시행하기 때문이다. …(중략)… 일부 사회는 경제성장을 촉진하는 포용적 정치제도를 발전시킨 반면, 오늘날까지 대다수 사회는 엘리트의 이익증진을 위해 경제성장의 숨통을 죄는 착취적 정치제도를 선택해왔다."

애쓰모글루와 로빈슨의 연구는 정치제도를 선거민주주의를 기준으로 크게 포용적 정치제도와 착취적 정치제도로 나눈 후 국가실패가 착취적 정치제도를 가진 나라들임을 설득력 있게 논증했다. 그러나 이들의 연구는 정치제도의 포용성 수준이 국가 발전에 미치는 효과를 세밀하게 파악하고 설명하는 데 소홀했다.[3]

한국행정연구원의 박준 등(2021)은 국가포용성지수(State Inclusiveness Index)를 개발해 OECD 36개국의 국가포용성 수준을 측정했다.[4] 특히 정치영역의 국가포용성 측정결과, 노르웨이(1위), 스웨덴(2위), 핀란드(3위)에 이어 스위스(4위)와 덴마크(5위)가 뒤를 이었다. 스위스와 노르딕국가가 정치적 포용성 수준이 가장 높은 나라들임이 확인된 것이다. 네덜란드와 독일은 각각 6위와 7위를 차지했다. 미국과 영국은 각각 17위와 21위로 중위권에, 한국은 32위로 하위권에 머물렀다. 그나마 한국의 정치적 포용성 수준은 촛불시위에 뒤이은 대통령탄핵으로 문재인정부가 들어선 2017년 크게 높아진 후 완만한 상승세를 보였다. 아울러 이 연구는 국가포용성 수준과 정책성과(혁신, 환경의 질, 소프트 파워 등) 사이에 통계적으로 높은 상관관계가 있음을 확인했다. 표본상관계수와 산포도 및 회귀분석의 결과, 국가포용성지수가 높을수록 혁신성과(지적 재산권 수익/GDP)의 규모가 크고 혁신의 효율성(연구인력 1인당 지적 재산권 수익)이 높은 경향이 있음을 확인했다.[5]

---

3) 애쓰모글루와 로빈슨(2019)은 최근 저서 「좁은 회랑: 국가와 사회, 그리고 자유의 운명」에서 나라의 발전과 안전의 토대를 이루는 정치적 자유는 국가와 사회가 정교한 균형을 유지하는 좁은 회랑에서 생성되고, 이 좁은 자유회랑의 확보를 위해 국가와 사회 간 긴장과 견제가 필요하다고 보았다. 이들은 이 시스템에서 작동하는 정부를 "족쇄를 찬 리바이어던(shackled leviathan)"으로 이해했다. 그러나 이들의 '좁은 회랑' 논의도 자유민주주의 국가들 간 정치제도와 발전격차의 관계 설명에 구체성을 결여하고 있다.

4) 2020년 3월부터 2021년 2월까지 한국행정연구원은 서울대학교 사회과학연구소와 OECD의 거버넌스연구팀과 함께 국가포용성지수의 개발과 측정을 위한 연구를 진행했다.

5) 특히 정치·경제·사회·글로벌 영역 중에서 사회영역의 국가포용성(사회안정망 구축, 고등교육기회 제공 등)이 혁신성과에 미치는 긍정적 영향이 두드러졌다(한국행정연구원 박 준 등, 2012: 제7장).

한편 정치경제학자 아이헨베르커와 슈타델만(2021)은 스위스와 노르딕국가의 우수한 경제적 성과가 무엇보다 연방적 지방분권과 직접민주주의 및 중선거구 다수선거제 등과 같이 경쟁을 촉진하는 정치제도에 기인한다고 진단했다.

## 4. 포용국가의 정책성과: 스위스와 노르딕 미러클

정치적 포용성 수준이 가장 높은 스위스와 노르딕국가의 정책성과는 거의 모든 정책영역에서 세계정상을 다툰다. 실로 스위스와 노르딕 미러클이라고 일컫는 것이 과장이 아니다.

UN이 발표한 2020년 세계행복지수(WHI)는 1위부터 7위까지 네덜란드(6위)를 제외하면 모두 스위스와 노르딕국가가 차지했다. 핀란드, 덴마크, 스위스, 아이슬란드, 노르웨이, 네덜란드, 스웨덴 순이었다. 한국은 61위였다.

국제투명성기구(TI)가 발표한 2019년 부패인식지수(CPI)는 덴마크 1위, 핀란드 2위, 스위스와 스웨덴 공동3위, 노르웨이 7위, 아이슬란드 11위였다. 한국은 39위였다.

미국 SPI가 발표한 2020년 사회진보지수(SPI)[6]는 세계 1위에서 8위까지 뉴질랜드(4위)와 캐나다(7위) 및 호주(8위)를 제외하면 모두 스위스와 노르딕국가가 차지했다. 노르웨이 1위, 덴마크 2위, 핀란드 3위, 스웨덴 5위, 스위스 6위, 아이슬란드 9위였다. 한국은 17위를 기록했다.

2019년 출산율은 노르딕국가 평균 1.63명, 스위스 1.52명이었다. 한국은 0.92명으로 OECD국가 중 최하위를 기록했다. 2020년 한국의 출산율은 0.84명으로 더 떨어졌다.

2019년 정부신뢰도는 스위스가 세계 1위를 차지했다. 스위스의 정부신뢰도 85%는 OECD국가 평균 45%의 거의 두 배에 달했다. 노르딕국가 평균은 63%로 OECD

---

6) 미국의 비영리단체인 사회진보명령(Social Progress Imperative)이 개발한 사회진보지수는 기본인간욕구, 웰빙기반, 기회의 세 차원에서 각국의 사회·환경의 건강성을 측정한 지수이다.

국가 평균보다 18%나 높았다. 한국은 39%였다.

스위스 IMD가 발표한 2019년 국가경쟁력 순위는 싱가포르에 뒤이어 덴마크 2위, 스위스 3위, 스웨덴 6위, 노르웨이 7위, 핀란드 13위, 아이슬란드 21위였다. 한국은 23위를 차지했다.

2019년 1인당 GDP는 스위스가 83,716달러로 룩셈부르크에 이어 2위를 차지했다. 노르딕국가 평균은 60,983달러로 노르웨이 3위, 아이슬란드 6위, 덴마크 9위, 스웨덴 12위, 핀란드 14위를 기록했다. 한국은 31,430달러로 27위였다.

2019년 실업률은 스위스가 2.9%였다. 그동안 스위스는 이웃 선진국들이 7−8% 이상의 높은 실업률로 고통 받은 상황에서도 3% 미만의 낮은 실업률로 구조적·자발적 실업을 제외하면 사실상 완전고용을 달성해왔다. 노르딕국가 평균은 5.2%, 한국은 3.8%였다.

2020년 최고소득세율은 스위스 36%, 노르딕국가 평균 52%다. OECD국가 평균은 43%이고, 한국은 이보다 2% 높은 45%다.

2019년 GDP 대비 정부지출 비율은 스위스 34%, 노르딕국가 평균 50%였다. OECD국가 평균은 39%, 한국은 이보다 훨씬 낮은 23%였다.

2019년 GDP 대비 국가부채 비율은 스위스 40.5%, 노르딕국가 평균 41.9%로서 OECD국가 평균 109.2%의 37−8% 미만이었다. 한국은 37.2%였다. 한국은 2020년 3차 추경을 통해 GDP 대비 국가부채 백분비가 43.5%로 늘었다. IMF는 한국을 포함한 선진국들이 코로나19에 대응하기 위해 국가부채비율을 전년 대비 17.2%포인트 올릴 것으로 예측했다.


## 5. 포용적 정치체제가 열쇠다

마르크스는 경제적 힘, 곧 생산력과 생산관계가 빚어내는 경제발전과 그것이 초래한 계급갈등에 의해 역사가 진전된다고 주장했다. 마르크스는 경제가 풍요로워지면 정치는 필요하지 않게 되리라 믿었다. 그러나 스위스와 노르딕국가의 기적은 그의 역사적 유물론의 오류를 명백히 드러냈다.

레닌은 한때 네 차례 6년 반 동안 망명객으로 스위스에 체류하면서 가정마다 총기를 소지한 스위스를 공산주의 혁명의 전초기지로 삼기로 작정하고 비밀리에 7명의 노동자를 포섭했다. 그러나 결국 스위스에서 공산주의 혁명의 꿈을 접고 1917년 러시아로 떠나면서 베른사민당 대표 로버트 그림을 "뻔뻔한 악당놈"이라고 비난하며 "스위스 사회가 혁명하기에 너무 부르주아적"이라고 불만을 터뜨렸다. 레닌이 보기에 너무 부르주아적이었던 20세기 초 스위스는 계급투쟁 선동에 부화뇌동하지 않을 만큼 이미 포용적 정치체제의 얼개를 갖추고 번영의 길에 들어서고 있었다.

양차 세계대전 와중에 경제마비와 사회혼란에 빠진 북유럽에서 정치적 힘이 역사의 동력이 될 수 있으며, 정치적 수단으로 근대화가 무너뜨린 사회통합을 재창조할 수 있다고 믿는 사민주의가 자리를 잡기 시작했다. 사민주의는 자유주의와 정통 마르크스주의의 경제결정론을 거부하고 파시즘과 민족사회주의의 폭력성에 저항하면서 정치개혁으로 경제적 불평등을 완화하려고 시도했다. 20세기 후반 마침내 사민주의는 이제까지 공존이 불가능할 것처럼 보였던 자본주의와 민주주의를 융화시키는 포용적 정치체제를 구축하고 노르딕 미러클을 일구었다.

제2차 세계대전 이후 스위스와 노르딕국가의 사례가 다른 나라에서도 재현될 수 있음을 보여주는 경험적 연구가 축적되었다(안성호, 2018). 첫째, 그동안 실로 방대한 분량의 지방분권연구는 지방분권과 민주주의가 적절히 결합될 경우 민주적 효율성 향상, 정책혁신과 정책실험 고무, 정부신뢰와 정책만족도 제고, 지역갈등 완화, 그리고 국민통합 촉진에 기여하는 구조요인임을 확증했다.

둘째, 레입하트 등의 합의민주제연구는 정당들 간 및 중앙-지방 간 권력공유를 제도화한 합의민주제(consensus democracy: 비례제＋연방제)가 승자독식의 다수결민주제보다 경제성장, 실업과 노사분규 및 재정적자 감소, 정치안정과 산업평화 촉진에 더 유력함을 확인했다.

셋째, 직접민주제연구는 대의민주제에 적절히 접목된 직접민주제가 민주적 효율성과 조세도의 및 정부신뢰 향상, 경제성장과 정치안정 촉진, 낮은 세금과 양질의 공공서비스 제공, 행복증진, 중앙집권화 차단의 효과가 있음을 확증했다.

## 6. 시민을 창출하는 강한 민주주의

포용국가가 번영하는 까닭은 무엇보다 포용적 정치체제가 시민을 창출하는 힘을 발휘하기 때문이다. 제네바 태생의 민권사상가 루소(1758)는 「정치경제론」에서 다음과 같이 지적했다.

> "길게 보면 인민은 정부가 만드는 대로 만들어지는 존재임이 분명하다. …(중략)… 자유 없는 애국심, 미덕 없는 자유, 시민 없는 미덕은 있을 수 없다. 시민을 창출하라. 그러면 그대가 얻고자 하는 모든 것을 얻을 것이다. 시민이 없으면, 국가 지배자들 아래 노예들만 갖게 될 것이다."

스탠포드대 사회심리학자 짐바르도는 모의교도소 실험을 통해 수감자와 교도관의 관계처럼 구성원들 간 현격한 권력격차가 선량한 사람들을 사악한 사람들로 돌변시키는 것을 관찰했다. 한나 아렌트는 예루살렘의 아이히만 전범재판에서 이런 현상을 목격하고 '악의 평범성'을 경고했다. 심한 권력격차가 고착된 착취적 정치체제는 인간성을 파괴하고 악을 창궐시키는 주범이다.

착취적 정치체제가 피라미드 위계질서로 이끄는 지배권력(power over others)에 기초한다면, 시민을 창출하는 포용적 정치체제는 결사질서로 이끄는 공유권력(power with others)에 기초한다. 착취적 정치체제가 획일성과 단일중심주의를 촉진한다면, 포용적 정치체제는 다양성과 다중심주의를 촉진한다.

우리는 거대한 제도실패의 시대, 곧 포용성이 낮은 빈약한 민주주의의 시대에 살고 있다. 현행 '87년 헌법은 엘리트 지배 대의민주제, 과잉 중앙집권제, 승자독식 다수제를 규정하고 있다. 우리는 이 빈약한 민주주의가 용인하는 불간섭의 자유에 심취해 공적인 일을 온통 정치계급에게 맡기고 구경하며 불평불만을 토로하고 선처를 애걸하는 구경꾼—대중의 신세를 면치 못하고 있다.

우리가 "사적 관심보다 공적인 일을 더 소중히" 여기고 자유주의적 자유를 넘어 공화주의적 자유를 누리는 주권자—시민으로 거듭나기 위해서는 포용성 수준이 높은 강한 민주주의를 제도화해야 한다.

강한 민주주의를 실현하는 헌법개혁의 과제는 크게 세 가지다. 첫째, 엘리트 지배 대의민주제를 엘리트와 시민이 권력을 공유하는 준직접민주제를 도입하는 것이다. 그리하여 엘리트들이 시민의 다수의사에 반하여 결정을 미루거나 결정을 내린 경우에 시민이 직접 정책의제를 제기하고 결정하는 기회를 활짝 열어야 한다. 유신헌법에서 폐지된 헌법국민발안제의 부활부터 필요하다. 20대 국회 말 국민의 79%가 원하는 헌법국민발안제 도입이 국회의 태만으로 무산된 것은 유감이다. 아울러 다수 국민의 의사에 반하는 정책과 법률을 교정할 수 있는 국민투표제의 도입이 필요하다. 지방의 주민투표제와 주민발안제(조례제정·개폐청구제) 개혁과 읍면동 수준의 풀뿌리 직접참정제도의 확충도 시급하다.

둘째, 과잉 중앙집권제를 중앙과 지방이 권력을 공유하는 지방분권제로의 전환이 필요하다. 중앙—광역—기초—읍면동 간 보충성원칙에 따른 지방분권개혁은 준직접민주제의 원활한 작동을 위해서도 필요하다.

셋째, 승자독식 다수제를 소수의 권익을 보호하는 권력공유 비례제로 전환해야 한다. 20대 국회 말 우여곡절 끝에 도입된 낮은 수준의 연동형 비례대표제는 제1 야당의 저항과 여당의 소극적 대응으로 오히려 소수당의 입지를 위축시켰다. 권력공유 비례제를 강화하기 위해서는 집행부와 의회에 동료제(collegial system)를 도입하고, 총 인구의 50% 이상이 사는 수도권 다수에 소외당하는 비수도권 소수의 권익을 보호하는 지역대표형 상원제도를 도입할 필요가 있다.

21세기 우리가 경험하는 자유민주주의의 위기 증상은 국민이 민주주의를 반대하거나 민주주의의 과잉 때문이 아니라 선거참여만 허용하는 빈약한 민주주의 때문에 발생했다. 자유민주주의 위기는 빈약한 민주주의가 권력공유 헌법질서와 결합되어 강한 민주주의로 거듭날 때 극복될 수 있다. 자유로 가는 유일한 길이 있다. 그 길은 강한 민주주의를 통해 나 있다. 강한 민주주의는 지금까지 인간이 발견한 최선의 유일한 희망이다.

## 7. 절반만 성공한 미국혁명과 평의회민주주의

인류역사에서 자유민주주의 헌법질서의 새 장을 연 미국혁명은 근대적 연방제를 창안하고 대륙적 규모의 대의민주제를 시행한 혁신을 이루었지만, 대다수 국민을 공적 자유의 공간에서 쫓아내 구경꾼—대중으로 전락시킨 잘못을 저지른, 절반의 성공을 거둔 혁명이었다. 아렌트(1963)는 「혁명론」에서 미국혁명이 가져온 자유민주주의 헌법질서가 국민을 정치에서 배제하고 권력을 엘리트의 특권으로 만든 오류를 다음과 같이 지적했다.

> "미국혁명은 국민에게 자유를 제공했지만, 이 자유가 행사될 수 있는 공간을 제공하지 못했다. 국민 자신이 아니라 국민의 대표자들만이 '표현하고 논의하며 결정하는' 행위, 즉 적극적 의미의 자유행위에 참여할 기회를 얻었다. …(중략)… 다시금 국민은 공공영역에 참여하는 것을 인정받지 못하게 되었고, 정부의 임무는 오직 — 제퍼슨이 인간의 정치적 재능이라 부른 — 고매한 기질을 발휘하는 소수의 특권이 되었다. …(중략)… 헌법은 국민들 자신이 아니라 국민의 대표자들만을 위해 공적 영역을 제공했기 때문에 국민을 공적 문제에 대한 무기력과 무관심으로부터 구출할 수 없었다."

미국의 건국자들은 민주주의 운용규모의 문제와 국민의 정치적 능력에 대한 불신을 대표제로 해결하려고 시도했고, 그 대표제를 구성하는 인물들의 지명권을 정당이 행사하는 헌법질서를 구상했다. 그 결과 정치는 여전히 소수 엘리트들의 손에 맡겨졌고, 대다수 국민은 정치에서 배제되었다. 아렌트는 미국혁명이 초래한 이런 빈약한 자유민주주의가 '정치' 개념의 심각한 왜곡에 기인한다고 보았다. 아렌트는 "정치의 존재이유는 자유"라고 생각했다. 정치는 공직 쟁탈을 위한 정치인들의 권력투쟁이 아니라 국민이 공적 문제를 다루기 위해 공적 자유공간에 "참여해서 논의하고 결정하는" 인간의 활동이다. 현실주의자들은 아렌트의 이런 관점을 현실정치와 동떨어진 이상론으로 치부할 것이다. 그러나 도덕적 보편주의에 기초한 아렌트의 정치적 자유 개념은 포용적 헌법질서를 갖춘 스위스와 노르딕국가의 정치현실에서 의미 있게 적용되고 있는 것으로 보인다.

공적 자유의 공간에서 배제된 인간은 불행하다. 역사적으로 지배자들은 백성을 배부르게 먹이고 등 따습게 해주는 것으로 자신들이 행사하는 권력의 정당성을 주장해왔다. 그러나 지배자들의 약속은 좀처럼 지켜지지 않았다. 더욱이 인간의 행복은 불간섭과 비지배의 사적 자유만으로도 충분히 채워지지 않는다. 사적 자유는 행복의 중요한 요소지만 공적 자유의 체험에서 느끼는 공적 행복을 대체할 수 없다. 건강을 잃고 나서 건강의 소중함을 깨닫듯이, 공적 행복의 기회를 빼앗긴 사람은 공적 행복의 소중함을 특별히 절감한다. 아렌트는 히틀러의 핍박을 피해 17년 동안 무국적자로 살면서 공적 행복의 소중함을 뼈저리게 성찰했다. 경험적 연구는 공적 행복의 중요성을 일깨운다. 스위스 취리히대학 프라이(2010) 등은 대의민주제와 직접민주제 및 연방제가 행복증진에 미치는 긍정적 영향을 확인했다. 예상대로 포용적 헌법질서를 갖춘 스위스와 노르딕국가는 세계행복지수의 최상위권을 석권하고 있다.

미국혁명은 뉴잉글랜드 타운미팅에서 구현된 자유공간의 유산을 연방과 주의 헌법질서로 제도화하는 데 실패했다. 아렌트는 미국의 건국자들이 뉴잉글랜드 타운미팅(평의회 council)의 정치적 중요성을 제대로 인식하지 못하고 연방정부와 주정부에 접목시키지 못한 실책이 혁명 이후 정치발전의 비극적 실패를 초래한 주요 원인이라고 진단했다.[7] 뉴잉글랜드 타운미팅은 미국혁명을 절반의 성공에 그치게 만든 "잃어

---

7) 미국 전역에 건강한 타운미팅 민주주의가 시행되었다면 노예해방을 둘러싼 남북전쟁, 인종차별, 트럼피즘 등 비극적 사건들이 예방되었거나 크게 완화되었을 것이다. 반세기 동안 뉴잉글랜드의 타운미팅을 연구한 브라이언(2004)은 "만일 20세기 초 독일에 타운미팅이 존재했다면, 히틀러의 만행은 자행될 수 없었을 것"으로 보았다.

버린 보석"이었다.

아렌트의 평의회민주주의는 동네 수준의 "기초공화국(elementary republics)"에 머물지 않는다. 평의회민주주의는 동네 수준에서 연방 수준에 이르는 다중심거버넌스체제(polycentric governance system)를 포괄한다. 물둔(2016)은 평의회민주주의의 세 가지 설계원리를 1) 정치적 자유, 2) 임파워먼트, 3) 연방주의로 요약했다. 이 세 가지 설계원리는 필자가 앞서 지적한 세 가지 포용적 헌법개혁과제, 즉 시민, 지방, 소수의 권력을 강화하는 헌법개혁과제에 상응한다. 이를테면 평의회민주주의는 아렌트 판의 강한 민주주의다.

## 8. 포용혁명의 주체: 깨어 있는 시민과 섬기는 리더

현재의 빈약한 민주주의를 강한 민주주의로 전환하는 헌법개혁의 본질은 권력공유를 통한 포용이다. 이를테면 빈약한 민주주의에서 괄시받은 시민과 지방과 소수가 각각 엘리트와 중앙과 다수와 권력을 공유하는 포용적 헌법질서를 만드는 것이다. 이 권력공유 헌법개혁은 엘리트에서 시민으로, 중앙에서 지방으로, 다수에서 소수로 권력의 이동을 요구한다.

권력이동은 권력투쟁을 수반한다. 미래학자 토플러와 토플러(1994)는 「신문명 창조: 제3물결정치」에서 산업사회의 제2물결정치(빈약한 민주주의)로부터 정보사회의 제3물결정치(강한 민주주의)로의 전환과정에서 기득권을 유지하려는 정치세력과 새로운 문명을 추구하는 정치세력 간에 벌어질 "슈퍼투쟁"을 예견했다.

권력공유 헌법개혁은 이 슈퍼투쟁에서 기득권자들의 저항과 반격으로 좌초되기 쉽다. 2016년 가을에서 2017년 봄까지 연인원 1천 7백만 명이 운집한 촛불집회는 대통령탄핵과 정권교체를 이뤘지만, 아직 새로운 헌법질서 구축에 성공하지 못해 미완의 혁명에 그쳤다.

촛불집회 이후 지금까지 포용적 헌법질서의 구축을 위한 시도가 세 차례 있었다.

그러나 정치계급의 소극적 자세와 반대로 모두 실패했다. 첫째, 2017년 대통령선거에서 후보들이 모두 포용적 헌법개혁을 공약했지만, 야당 국회의원들은 2018년 3월 대통령이 국회에 발의한 헌법개정안을 제대로 심의하지 않은 채 트집을 잡으며 표결에 불참하여 국민투표에 부칠 개헌안의 의결정족수인 재적 국회의원 3분의 2를 채우지 못하게 만들었다. 이 헌법개정안에는 미흡하지만 법률국민발의권과 국회의원의 국민소환권, 조례를 통한 지방세 과세권과 법률안에 대한 지방정부의 의견제시권 및 국가자치분권회의 설치, 그리고 투표자의 의사에 비례하는 국회의석 배분 등의 포용적 헌법개혁안이 포함되었다.

둘째, 2020년 3월 20대 국회 말 25개 시민단체 주선으로 국회의원 148명이 유권자 100백만 명이 발의하는 헌법국민발의제의 도입을 위한 원 포인트 개헌안을 발의했다. 이어 국무회의는 이 개헌안을 의결하고 공고했다. 그러나 국회는 공고일 후 60일 이내에 재적 국회의원 3분의 2 이상 찬성을 요구하는 개헌절차를 밟지 않았다. 국회가 79% 유권자들의 희망(2019년 11월 한국리서치의 여론조사결과)을 저버린 것이다. 진보와 보수를 가리지 않고 유권자의 절대다수(진보유권자 85%, 중도유권자 79%, 보수유권자 70%)가 원하는 헌법국민발안제 도입개헌은 이렇게 무산되었다.

셋째, 20대 국회 말 또 하나의 권력공유 개혁인 국회의원 비례대표선거제도의 도입도 실패했다. 여당인 더불어민주당과 3개 군소정당이 합의하여 국회선진화법이 규정한 패스트 트랙에 올린 낮은 수준의 연동형 비례대표제 선거법개정안은 자유한국당의 극렬한 반대 속에서 입법되었다. 그러나 새로운 선거법으로 치러진 21대 국회의원선거는 자유한국당의 비례대표선거 용도의 유령정당 창당과 뒤이은 여당의 모방으로 오히려 소수정당을 크게 위축시키는 결과를 초래했다. 그동안 정당의 비례대표성을 높이는 국회의원선거법 개정은 고질적 지역주의투표와 이전투구의 정당정치를 극복하는 유력한 방안으로 인정되어 중앙선거관리위원회까지 권고안을 제안할 정도로 광범위한 국민적 지지를 받아온 개혁과제였다.

포용적 헌법질서는 자연적으로 주어지지 않는다. 포용혁명은 자유를 위한 투쟁을 요구한다. 뒤돌아보면 지금 우리가 누리는 빈약한 자유민주주의도 깨어 있는 시민의 민주화 투쟁의 대가로 얻은 것이다. 1960년의 4·19혁명, 1979년의 부마민주항쟁, 1980년의 5·18민주화운동, 1987년의 6·10시민항쟁과 이 기간에 민주열사들의 헌신과 희생이 없었다면, 지금도 우리는 독재의 속박 속에서 숨죽이며 살고 있을 것이다.

아울러 포용혁명이 성공하기 위해서는 자신의 정치적 비전을 관철하는 카리스마적 리더가 아니라 시민주권을 옹호하고 시민정치토크를 촉진하는 섬기는 리더가 필요하다. 미국혁명이 절반의 성공을 거둔 혁명으로 평가되는 까닭은 프랑스혁명과 러시아혁명과 달리[8] 건국의 리더들이 필라델피아에 모여 포용적 헌법질서를 제정하는 일에 집중했고, 이들을 이끈 서번트-리더인 조지 워싱턴의 솔선수범이 있었기 때문이다.

1782년 5월 워싱턴 독립군 사령관은 전쟁 승리를 눈앞에 두고 있었다. 당시 그는 거의 신적 존재였다. 워싱턴을 새로운 나라의 왕으로 추대하려는 계획이 공개적으로 거론되었다. 어느 날 워싱턴은 부관 루이스 니콜라 대령으로부터 새로운 나라의 왕으로 추대할 예정이니 수락해 달라는 편지를 받았다. 니콜라는 이것이 장교들과 병사들의 일치된 견해임을 강조했다. 니콜라의 주장을 마냥 과욕으로 치부할 일은 아니었다. 당시 세계의 모든 나라는 왕이 지배하는 시대였다. 그러나 워싱턴은 역사에 나타난 다른 전쟁영웅들과 다르게 행동했다. 워싱턴은 니콜라에게 다음과 같은 요지의 답신을 보냈다.

"나는 귀관의 편지를 받고 놀라움과 비통한 마음을 가눌 길이 없습니다. 전쟁 중에 군대 안에 귀관이 말한 그런 생각을 한 사람들이 있다는 사실을 알게 된 것보다 나를 더 고통스럽게 만든 것은 없습니다. 그런 가증한 생각을 한 사람들을 꾸짖지 않을 수 없습니다. 나의 어떤 행동이 이 나라에 가장 큰 불행을 가져올 그런 생각을 하게 만들었는지 몹시 당혹스럽습니다. 진심으로

---

8) 프랑스혁명의 로베스피에르와 러시아혁명의 레닌은 혁명의 목적을 포용적 헌법질서의 구축이 아니라 빈곤과 불평등 문제를 해결하는 데 두었고, 이 목적을 달성하기 위해 권력을 각각 자코뱅당과 볼셰비키 당에 고도로 집중시켜 폭력과 테러를 불사하는 공포정치와 프롤레타리아 독재를 자행했다.

나는 당신의 계획에 대해 그 누구보다도 불쾌합니다. 간곡히 부탁합니다. 만일 당신이 나라를 걱정하고 당신과 자손을 염려하며 나를 존중한다면, 그런 생각을 당신의 마음에서 말끔히 지워 버리세요. 그리고 그 생각을 아무에게도 전달하지 마시오."

니콜라 대령은 답신을 받은 후 워싱턴의 질책에 놀라 반성하며 세 번 이상 워싱턴에게 사과의 편지를 쓴 것으로 알려졌다. 워싱턴은 자신이 원했더라면 자신의 머리 위에 왕관을 씌울 수 있었다. 그러나 그는 유혹을 물리치고 1783년 사령관직에서 물러났다. 이 소식을 들은 영국의 윌리엄 3세는 "그것이 사실이라면 그는 이 세상에서 가장 위대한 사람"이라고 말했다.

워싱턴은 2500년 전 로마공화정 시대 애국적 공화주의자 킨키나투스를 닮고자 열망했다. 티베르 강 건너 작은 농장에서 일하던 킨키나투스는 두 차례 원로원의 부름을 받고 독재관으로 임명되어 외적의 침입으로 풍전등화에 처한 나라를 구한 후 곧장 농장으로 돌아갔다. 그리고 워싱턴은 오늘날 미국인들이 가장 존경하는 대통령 에이브러햄 링컨이 젊은 시절 어렵게 구한 그의 전기를 읽고 닮기로 작정한 인물이다.

워싱턴은 총사령관직과 대통령직을 수행하면서 업무추진경비만을 받았을 뿐 일절 봉급을 받지 않았다. 워싱턴은 당시 연방헌법이 금지하지 않은 3선 연임을 마다하고 장기집권에 대한 우려를 불식시키기 위해 두 번째 임기가 끝나기 9개월 전 고별연설을 발표했고, 약속대로 1797년 3월 4일 대통령직에서 물러났다. 워싱턴은 무오류의 완벽한 리더는 아니었지만 "자유의 헌법질서"(constitutio libertatis)를 이해했고 실천했다.

## 9. 강한 민주주의와 서번트 리더십의 친화력

헌법질서의 포용성 수준에 따라 어울리는 리더십모형이 존재한다. "사람은 건축을 만들고, 그 건축은 사람을 만든다."는 말이 있다. 우리는 정치건축을 만들고, 그 정치

건축은 우리를 만든다. 이를테면 16세기 마키아벨리는 권위주의적 지배(군주제, 독재)에 유용한, 여우의 꾀와 사자의 포악함을 구사하는, 군주통치술을 제안했다. 20세기 초 막스 베버는 대중민주주의(빈약한 민주주의)에서 자신의 정치적 목적을 관철하고 그 결과에 대해 책임지는 카리스마적 리더십을 제시했다. 21세기 포용국가의 강한 민주주의는 시민을 창출하는 서번트 리더십을 요구한다.

시민의 자치공동체를 지향하는 강한 민주주의는 강한 리더에 회의적이다. 카리스마를 구사하는 강한 리더는 구경꾼-대중을 양산한다. 강한 민주주의는 시민의 자치공동체를 세우고 북돋우는 "도덕적이고 영감을 주는 리더"를 필요로 한다. 강한 민주주의는 시민·지방·소수의 권력을 강화하기 위해 자신의 기득권을 내려놓을 용기와 겸손과 절제의 미덕을 발휘하고, 시민의 자치공동체에 대한 충성과 헌신을 솔선수범하는 서번트-리더를 요구한다. 로버트 그린리프(1977)는 자신의 저서인 「서번트 리더십」의 부제를 "정당한 권력과 위대함의 본질을 추구하는 여정"으로 달았다.

2400년 전 플라톤은 「국가(政體)」에서 "통치하는 것이 쟁취의 대상이 되면, 이 싸움은 동족 간의 내란으로 치달아 당사자들은 물론 다른 사람들마저 파멸시킬" 것이기 때문에, "통치하기를 가장 덜 열망하는 사람들이 다스리는 나라가 가장 잘 그리고 반목하지 않고 운영될 것"이라고 역설했다.[9] 플라톤의 이 통찰은 오늘날 합의제 연구를 비롯해 지방분권과 연방주의 연구 및 직접민주주의 연구를 통해 직간접적으로 입증되었다.

매너와 미드(2010)는 강한 민주주의와 서번트 리더십의 친화력을 추론할 수 있는 사회실험 연구결과를 발표했다. 이들의 연구결과를 빈약한 민주주의와 강한 민주주의에 적용하여 재해석하면 다음과 같다. 첫째, 지배욕이 강한 권력추구자들(power-

---

9) 플라톤은 「국가(政體)」에서 통치자와 수호자 계층에게 재산과 가족의 사적 소유를 금지하는 공동생활을 요구했다. 말년의 저술인 「법률」에서는 이를 크게 완화해 통치자와 수호자 계층은 그가 기획한 가상적 도시국가인 마그네시아에서 배정받은 토지의 4배 이상 축적하지 못하도록 제한했다. 플라톤은 국가의 정의를 실현하기 위해서 이처럼 엄격하게 권력의 사유화를 예방하는 제도와 함께 공익을 실현하기 위해 솔선수범하는 공직 리더들이 필요하다고 생각했다.

mongers)은 국민신뢰와 권력공유를 특징으로 하는 강한 민주주의보다 국민불신과 권력격차가 큰 빈약한 민주주의를 더 선호한다.[10] 얄궂게도 권력을 남용할 우려가 가장 큰 사람들은 권력을 가장 탐하는 사람들이다. 이들은 권력투쟁을 통해 정치계급에 진입한 후 기득권을 빼앗는 포용적 헌법개혁에 저항하고 기존의 권력거리를 유지·확대하려고 때로 반격한다. 이들은 권력과 물질적 보상이 적은 강한 민주주의의 공직에 큰 매력을 느끼지 않는다. 따라서 강한 민주주의의 공직은 권력과 물질적 보상보다 존경과 대의(大義)를 중시하는 사람들로 충원되는 경향이 있다. 일반적으로 스위스와 노르딕국가에서 선출직 공직은 존경으로 보상받는 봉사의 자리로 간주된다. 포용성 수준이 높은 헌법질서를 갖춘 스위스와 노르딕국가의 공직에서 희생정신을 발휘하는 서번트-리더들이 적지 않은 것은 우연이 아니다.

둘째, 리더의 권력과 지위의 심한 불안정성은 리더들의 이기적 행동을 부추긴다. 특히 권력욕이 강한 리더들은 자신들의 권력과 지위가 위협받을 때 공익에 반하는 이기적 행동을 서슴지 않는다. 적지 않은 특권을 누리는 우리나라 국회의원직은 선거 때마다 거의 절반씩 물갈이된다. 국회의원직의 이런 심한 불안정성은 이전투구의 정글정치를 조장하는 주요 요인이다. 반면 스위스와 노르딕국가에서는 선출직 공직자들은 특권이 거의 없는 데다 직무수당만 받는 명예직이거나 적은 보수를 받으며 주말도 없이 일해야 한다. 아울러 이들은 재임 중 중대 실책을 범하거나 개인 사정으로 출마하지 않는 한 거의 재신임을 받는다. 따라서 스위스와 노르딕국가에서 선출직 공직자들은 권력과 지위를 잃을 공포감과 상실감을 여느 나라 공직자들보다 덜 느낀다. 한국행정연구원 이광희 등(2021)은 빈약한 민주주의가 시행되는 한국의 공직자들은 카리스마 리더십을, 강한 민주주의를 시행하는 스위스의 공직자들은 서번트 리더십을 더 선호하는 경향이 있음을 확인했다.

셋째, 강한 민주주의에서 시민, 지방, 소수의 포용으로 촉진된 경쟁은 리더들의 이

---

10) 다만 권력격차는 서번트 리더십의 결정적 장애요인이 아니다(리 등, 2020). 빈약한 민주주의와 심지어 권위주의 지배 하에서도 서번트 리더십을 발휘한 사례들이 존재한다.

기적 행동을 제어하고 공익적 행동을 고무한다. 이런 점에서 강한 민주주의는 카리스마적 리더십보다 서번트 리더십에 더 어울린다. 강한 민주주의를 시행하는 스위스와 노르딕국가가 빈약한 민주주의를 시행하는 나라에 비해 탁월한 성과를 내는 까닭은 부분적으로 이기적 행동을 제어하고 공익적 행동을 고무하는 서번트 리더십에 친화적인 정치제도 때문이다. 스위스 프라이부르크 대학의 아이헨베르거와 슈타델만(2021)은 스위스와 노르딕국가의 탁월한 성과가 무엇보다 정치계급의 권력독점과 지대추구 행동을 제어하고 경쟁을 촉진하는 연방주의적 분권화, 직접민주제, 중선거구 다수제 집행부 등의 포용적 정치제도에 기인한다고 진단했다.

## 10. 서번트 리더십의 긍정적 효과

강한 민주주의를 세우고 유지하기 위해서 서번트 리더십이 필요하다는 주장만으로 서번트 리더십의 장점을 모두 설명할 수 없다. 서번트 리더십의 특별한 장점은 서번트 리더십이 조직운영에 미치는 긍정적 효과다. 리든 등(2008)에 의해 서번트 리더십의 측정도구가 개발된 이후 서번트 리더십의 효과에 관한 경험적 연구가 상당히 많이 축적되었다. 최근 리 등(2020)과 장 등(2021)은 그동안 수행된 경험적 연구에 기초해 서번트 리더십 효과의 경험적 증거를 종합적으로 재검토했다.

리 등(2020)은 기존 연구의 130개 표본을 대상으로 계량적 메타분석을 수행하여 다음과 같은 사실을 확인했다. 첫째, 서번트 리더십은 개인적 과업성과와 팀 성과를 높이고, 개인과 팀의 조직시민행동(OCB)을 촉진하며, 개인적 창의성과 발언권 행사를 북돋우지만, 일탈행동(규칙위반, 절도, 공격성 등)을 제어하는 효과가 있음이 밝혀졌다. 특히 서번트 리더십이 조직시민행동에 미치는 영향이 두드러지게 나타났다. 이는 서번트 리더십이 강한 민주주의와 더불어 시민성을 강화하는 힘이 있음을 의미한다.

둘째, 서번트 리더십은 변혁적 리더십, 진정성 리더십, 윤리적 리더십 등 다른 리더십유형을 넘어서는 증분의 예측타당성을 지니고 있음이 확인되었다.[11] 서번트 리더십은 다른 리더십유형보다 모든 결과변인에 더 강한 영향을 미치지만, 개인의 과업성과와 조직시민행동에 미치는 영향이 특히 두드러진 것으로 밝혀졌다.

셋째, 서번트 리더십의 긍정적 효과는 리더에 대한 신뢰, 절차적 정의, 리더-구성원 관계(LMX)를 개선함으로써 향상될 수 있음도 확인되었다. 특히 서번트 리더십은 조직시민행동과 창조성 및 발언권에 유의미한 직접적인 영향을 미쳤는데, 이는 리더에 대한 신뢰, 절차적 정의, 리더-구성원 관계에 의해 부분적으로 매개되었음을 시사한다.

장 등(2021)이 125개의 기존 연구에 근거한 계량적 메타분석을 통해 서번트 리더십의 효과를 검증한 결과는 다음과 같다. 첫째, 서번트 리더십의 긍정적 효과에 관한 모든 가설은 확증되었다. 이를테면 서번트 리더십은 개인 수준의 심리적 임파워먼트와 몰입 및 내재동기유발을 촉진하고, 구성원 신뢰와 조직헌신 및 조직일체감을 높이며, 이직 의도를 약화시킨다. 서번트 리더십은 개인의 역할 내(in role) 성과와 서비스의 질을 향상시키고, 조직시민행동을 고무한다. 서번트 리더십은 구성원의 직무요구와 정서적 탈진에 대응하는 능력을 향상시키고, 업무지지감과 만족도를 높인다. 서번트 리더십은 리더-구성원 관계(LMX)와 리더십 효과성 향상에 기여한다. 그리고 서번트 리더십은 집단 수준의 봉사분위기를 조성하고 서비스 성과를 높인다.

둘째, 장 등(2021)은 서번트 리더십이 변혁적 리더십보다 리더-구성원 관계(LMX)를 매개로 직무성과 향상과 조직시민행동 촉진에 더 유력한 리더십유형임을 밝혀냈다. 이는 서번트 리더십이 앞서 언급한 리 등(2020)의 연구결과와 마찬가지로 리더십

---

11) ① 서번트 리더십과 변혁적 리더십은 모두 개인의 성장과 발전을 강조한다. 그러나 변혁적 리더십은 조직의 목표달성에 일차적 관심을 두는 데 비해, 서번트 리더십은 팔로워의 성장에 일차적 관심을 둔다. ② 서번트 리더십과 진정성 리더십은 모두 정직·성실·겸손의 덕목을 중시한다. 그러나 진정성 리더십은 진정성 자체에 초점을 맞추는 데 비해, 서번트 리더십은 특별히 사회와 이해당사자들에 대한 책임을 강조한다. ③ 서번트 리더십과 윤리적 리더십은 모두 사람에 대한 보살핌·성실성·진실성·공공선을 중시한다. 그러나 윤리적 리더십은 명령적·규범적 행동을 강조하는 데 비해, 서번트 리더십은 구성원의 발전욕구를 강조한다.

효과를 설명하는 데 있어서 변혁적 리더십을 능가하는 예측타당성을 지닌 리더십유형임을 재확인한 것이다.

셋째, 장 등(2021)은 권력거리가 먼 나라일수록, 서번트 리더십이 구성원들에게 더 약한 영향을 미치는 것을 확인했다. 아울러 구성원에 대한 서번트 리더십의 긍정적 효과가 남성성이 강한 나라일수록 약화되었다. 이는 빈약한 민주주의에서 강한 민주주의로 이행하면서 보살핌·공감·친밀성 등의 여성적 가치가 중시되는 포용한국에 가까워질수록 서번트 리더십의 영향력이 증대할 것임을 시사한다.

## 11. 그린리프와 센게의 서번트 리더십

그린리프(1977)는 서번트-리더의 특성을 다음과 같이 설명했다.

"서번트-리더는 먼저 섬기는 사람이다. 섬김은 먼저 섬기고 싶은 자연스러운 마음에서 시작된다. 그런 다음 의식적 선택이 그를 리더의 삶을 살고 싶은 열망으로 이끈다. 서번트-리더는 먼저 비상한 권력욕이나 물질적 소유욕을 충족시키기 위해 리더로 출세하려는 사람과 명백히 다르다."

그린리프는 권력·부·명성과 같은 세속적 욕구를 죄악시하지 않았다. 우리는 인간으로서 이런 욕구들에 관심이 많다. 문제는 우선순위다. 그린리프가 말하는 서번트-리더는 자신을 먼저 섬기는 사람으로 자각하고 솔선수범하는 사람이다.

그린리프는 서번트-리더를 식별하는 방법으로 다음과 같은 질문들을 제기하고 응답해볼 것을 제안했다.

"섬김을 받는 구성원들이 인격적 존재들로 성장했는가? 그들이 섬김을 받는 동안 더 건강해지고, 더 현명해지며, 더 자유로워지고, 더 자율적으로 행동하며, 그들 스스로 섬기는 사람들로 변화했는가? 그리고 사회의 최약자들에게 어떤 영향을 미쳤는가? 그들에게 도움을 주었거나 적어도 그들의 형편이 더 나빠지지는 않았는가?"

구성원의 성장을 돕는 서번트 리더십을 실천하기 위해서는 섬김의 능력을 개발하는 학습이 필요하다. 조직학습협회(SOL)의 창립자 피터 센게는 대다수 조직에서 학습에 실패하는 두 가지 요인을 지적했다. 그 하나는 학습에 충분한 시간을 투자하지 않는 것이다. 새로운 능력을 배우는 중요한 학습은 흔히 운영되는 3일 훈련프로그램이 아니라 적어도 몇 달 또는 몇 년 이어지는 훈련이 필요하다. 다른 하나는 제일 먼저 변해야 할 리더가 학습을 회피하는 것이다. "우리는 우리가 갈망하는 바로 그 변화가 되어야 한다."는 간디의 조언은 새로운 능력을 학습하는 원리다.

왜 학습에 충분한 시간을 투여하지 않고 학습을 회피하는가? 열망이 없기 때문이다. 열망은 근본적 학습을 추동한다. 아기가 걸음마를 배우는 것은 걷지 못할 두려움 때문이 아니라 걷고 싶은 열망 때문이다. 그린리프는 묻는다. "당신은 무엇을 하려고 노력하는가? 모든 성취는 어떤 목적이 아니라 하나의 목적에서 시작된다." 우리 자신을 넘어서는 그 무엇, 우리의 가슴을 설레게 만드는 "더 큰 대의"는 열망의 원동력이다. 열망의 힘을 활용하지 않으면 심층 학습과 변화는 사실상 불가능하다.

서번트 리더십은 헌신을 요구한다. 자신을 변화시키는 것보다 더 어려운 일은 없다. 서번트-리더로 변화하기 위해서는 헌신의 본질을 이해해야 한다. 동의와 지지는 헌신의 피상적 양태에 불과하다. 헌신의 본질을 이해하기 위해서는 헌신과 광신의 차이를 알아야 한다. 헌신과 광신은 사심없음, 공감, 가치추구를 공유한다. 이를테면 태극기부대의 순국결사대도 사심이 없고 동지들과 서로 공감하며 어떤 가치를 추구한다. 그러나 헌신은 한 가지 점에서 광신과 다르다. 헌신과 광신의 근본적 차이는 불확실성이다. 센게는 "모든 진정한 헌신은 의심의 영역에서 존재한다. 불확실성, 즉 의심이 없으면 관용의 근거가 사라지며, 따라서 견해가 다른 사람들과 공감할 수 없고, 그들에게 겸손할 필요도 없다. …(중략)… 의심의 그늘에 있을 때 학습의 기회를 얻는다."고 썼다. 서번트-리더는 "100% 헌신하면서 그릇될 가능성에 대비해야 한다." 서번트-리더는 자신의 무오류를 주장하거나 가정하지 않는다.

그렇다면 서번트-리더는 머뭇거리며 결정을 미루는가? 그렇지 않다. 행동하지 않는 것은 리더십이 아니다. 리더십이 의미를 갖는다면, 그것은 두려움에도 불구하고 앞으로 나아가는 용기 때문이다. 그린리프는 말한다. "모든 것을 말하고 행한 다음에 리더가 해야 할 한 가지 일이 더 있다. 리더는 담대하게 '제가 앞서가겠습니다. 원하는 분은 저와 함께 갑시다.'"라고 말해야 한다. 진정한 헌신은 구성원들이 선택할 기회의 문을 활짝 연다.

서번트-리더는 문제의 복잡성을 이해하고 문제에 대한 단순한 해법이 있다고 자만하지 않는다. 리더들은 흔히 문제의 복잡성을 하찮게 생각하고 그 문제를 풀 간단한 해답을 알고 있다고 선전한다. 이들이 문제의 복잡성을 대수롭지 않게 여기는 까닭은 자신을 명쾌한 해답을 가진 능력자로 인정받고 싶어 하기 때문이며, 그리고 구성원들이 복잡한 문제를 다룰 능력이 없다고 믿기 때문이다. 그러나 우리가 직면한 거의 모든 문제는 간단한 해법이 없는 난제다. 기후위기, 탈원전, 주택투기, 북한 핵 등과 같이 간단한 해법이 존재하지 않는 난제의 해결에는 구성원들의 지혜와 참여가 필수적이다. 서번트-리더는 난제의 복잡성을 이해하고 구성원들에게 설명함으로써 난제의 해결에 구성원들의 동참을 유도한다. 그린리프는 문제의 복잡성을 이해하는 "개념화 능력"을 최상의 리더십 재능으로 간주했다.

서번트 리더십의 지위에 서는 것은 취약성을 드러내는 것이다. 서번트-리더는 절대 진리가 아니라 이론, 좀 더 정확하게 가정(假定)에 기초해 구성원들을 이끈다. 구성원들이 확실성을 기대할 때, 가정에 기초해 이끄는 서번트-리더는 취약함을 스스로 드러내는 것이다. 그러나 취약함은 서번트-리더의 효과적 권력을 증진시킬 수 있다. 구성원들은 줄곧 자기를 탐구하며 겸손하게 진실을 말하는 서번트-리더를 발견할 때 그를 진심으로 따를 마음이 생긴다. 그 결과는 구성원들의 헌신과 창의성, 그리고 조직의 탁월한 성과다. 이런 의미에서 취약성은 리더십의 아주 중요한 요소이다. 취약성을 드러낼 마음이 없다면, 당신은 좋은 리더십을 발휘할 수 없을 것이다.

센게는 서번트 리더십을 "인간 공동체의 미래를 형성하는 구성원의 역량"으로 정의한다. 이 정의는 먼저 우리가 왜 서번트 리더십에 관심을 가져야 하는지 그 이유를 제시한다. 숙명론적 허무주의에서 벗어나 위기에 처한 인간공동체의 더 나은 미래를 개척하기 위해 우리는 무엇인가 의미 있는 일을 할 수 있다. 그러기 위해 우리는 섬기는 능력을 개발하는 리더십 학습에 진지한 관심을 가져야 한다. 아울러 이 정의는 리더십이 개인적 현상을 넘어 집단적 현상임을 함축한다. 진정한 리더십은 심층적으로 개인적이며 근원적으로 집단적이다. 서번트 리더십은 정상에 자리한 한 사람의 서번트-리더가 아니라 조직 내 곳곳에 다수의 서번트-리더들이 존재하는 것을 상정한다. 서번트-리더는 인간 공동체의 문제를 혼자의 힘으로 해결할 수 있다고 생각지 않는다. 서번트-리더는 불완전한 존재로서 다른 구성원들이 더 나은 인간 공동체의 미래를 개척하는 서번트-리더들로 성장하도록 돕는다.

## 12. 포용국가 스위스와 스웨덴의 서번트-리더

스위스에서 공직자는 다소 희생정신이 요구된다. 공직자원봉사(Milizverwaltung)가 광범위하게 활용될 뿐만 아니라, 선출직 공직자는 주말도 없이 공무에 바쁜 데다 사기업보다 낮은 수준의 보수를 받는다. 이런 의미에서 스위스에서 성공한 정치인이 되려면 서번트-리더의 품격을 갖추어야 한다. 강한 민주주의의 스위스는 서번트-리더의 품격을 갖추지 못한 정치인을 도태시킨다. 예컨대 2007년 연방의회는 카리스마적 리더를 자처하며 튀는 행동을 서슴지 않은 스위스 국민당 소속의 연방각료 크리스토프 블로흐를 연임 결정의 관행을 깨고 퇴출했다. 필자는 2015년 12월 19일 스위스 취리히에서 은퇴정치인 한스 스퇴클링 씨를 만났다. 그는 변호사로서 연방공무원에 이어 30여 년 동안 선출직 지방공무원으로 봉직하다가 은퇴한 노인이었다. 필자는 그에게 일생의 황금기를 지방정치인으로 살아온 삶에 대한 소회를 물었다. 그는 이렇게 대답했다.

"나는 베른대학을 졸업한 후 서베를린 자유대학 법대를 나와 변호사가 되었다. 얼마 후 연방정부 외무장관의 비서로 인한 것이 공직생활의 시작이었다. 이후 30여 년간 장크트갈렌 캔톤의회

의원과 집행부의 행정위원 및 라펠스빌-요나 코뮌의 시장을 역임했다. 보수는 변호사로 개업
한 시절 수입의 약 3분의 1로 줄었다. 스위스에서 공직, 특히 정치인으로 사는 것은 높은 보수
나 권력을 누리는 것과는 관계가 없다. 그러나 지금 75세가 되어 은퇴한 후 지난 세월을 뒤돌아
볼 때 매우 보람 있는 삶이었다고 생각한다. 만일 내가 젊어져 직업을 선택한대도 다시 정치인
이 되고 싶다. 스위스에서 정치인은 비교적 적은 보수를 받고 매우 바쁜 일정으로 때로 시달리
지만 주민과 친밀하게 지내면서 주민의 소망을 정책으로 구현하면서 지역사회를 발전시킨 보람
을 무엇과도 바꿀 수 없다. 나의 정치인 삶은 행복했다. 이제 변호사인 나의 아들도 내가 걸었던
길을 걷고 있다."

스웨덴의 타게 에를란데르 전 총리는 노르딕국가의 대표적 서번트-리더였다. 그는
23년(1946년~1969년) 동안 총리로 재임하는 동안 기업과 노조의 대표들을 포함한 주
요 인사들을 초대해 대화하는 목요만찬을 열었고, 주요 현안이 있을 때마다 스톡홀
름 하가성(城)에 정당대표들을 초청해 경청하고 그들과 허심탄회하게 국정을 논의했
다. 이른바 '목요클럽'과 '하가협상'을 통한 대화정치로 스웨덴을 그 누구도 천대나
특혜받지 않고 모든 사람이 가족처럼 환영받는 "국민의 집(Folkhemmet)"으로 만들었
다. 에를란데르는 퇴임 직전 해인 1968년 총선을 제외하면 단 한 번도 과반의석을
차지하지 못했지만 "작은 보폭의 정치"로 기적을 일구었다. 그는 20세기 초 유럽에
서 가장 잦은 파업으로 고통받던 스웨덴을 합의민주주의를 실천하는 모범적 복지부
국으로 이끌었다.

에를란데르는 1968년 득표율 50.1%로 국회 과반의석을 차지하는 사민당 역사상
최대 승리를 이룬 직후 주변의 만류에도 불구하고 "새로운 리더십이 새 시대를 열어
야 한다."며 총리직에서 물러났다. 2017년 에를란데르의 며느리는 KBS기자에게 "나
는 피곤해 지쳤다. 허리가 끊어지는 줄 알았다. 마지막 해에는 정말 많은 일을 했다."
고 적힌 시아버지의 일기장 일부를 공개했다. 이어 며느리는 "아버님은 총리 재임
중 공관을 마다하시고 임대주택에 사셨어요. 월세를 어머니가 내셨지요."라고 털어
놓았다. 23년 간 '국민의 집'을 짓기 위해 헌신한 에를란데르는 퇴임 후 자신이 살
개인 소유의 집이 없었다. 스웨덴 국민은 크게 놀랐다. 그는 사회당이 지어준 통나무

집에서 여생을 보내다 84세에 타계했다.

에를란데르는 전임 총리 페르 알빈 한손의 유산을 이어 받았다. 에를란데르의 '국민의 집' 국정기조는 초등학교 4학년을 마치고 상점 점원에서 시작해 총리에 오른 한손이 주창한 "국가는 국민이 행복을 누리는 집"이라는 국가비전을 이어받은 것이다. 에를란데르의 '목요클럽'과 '하가협상'은 노사협상의 교과서인 짤츠요바덴협약 (Saltsjöbaden Agreement)을 성사시킨 한손의 대화정치를 제도화한 것이다. 에를란데르의 정치인생은 일과를 마치고 전차로 귀가하던 중 심장마비로 급서하기 전까지 개인 소유의 집 한 채 없이 살았던 한손의 헌신과 청빈까지 닮았다.

에를란데르의 서번트 리더십 유산은 후임 총리들에 의해 계승되었다. 에를란데르의 보좌관 출신으로 42세에 총리에 오른 올로프 팔메는 1968년 에를란데르처럼 경호원 없이 부인과 함께 연극을 보고 귀가하던 중 괴한의 총격을 맞고 서거하기 전까지 11년 동안 총리직을 수행하면서 대화정치 전통을 이어가며 '스웨덴 모델'을 완성했다. 국제정치에도 남다른 열정을 쏟았던 팔메는 평화와 인권을 위한 적극적 외교정책을 펼쳤다. 베트남전쟁을 반대한 미국청년들을 스웨덴으로 이주해 살게 했고, 남아공의 인종차별(apartheid)을 격렬히 비판했다. 팔메의 후임 총리 잉바르 칼손은 비서실장으로서 모셨던 에를란데르의 리더십을 '겸손' 한마디로 요약했다. 그는 1990년대의 경제위기를 기회로 바꾼 정치인생의 정점에서 정치스승 에를란데르를 본받아 7년의 총리직 수행을 자진해서 마감하고 사임했다. 칼손은 "권력은 그 자체가 목적이 아니라 나라발전을 위한 개혁에 사용하기 위해 잠시 빌린 것임을 명심해야 한다."고 강조했다.

에를란데르의 감화력은 동심원을 그리는 물결처럼 다른 정당의 정치인들에게도 퍼져나갔다. 사민당과 경쟁하는 국민당 소속의 한 국회의원은 "국민의 목소리를 경청하고 국민의 걱정을 찾아내 집중하시오. 문제를 만들지 말고 문제를 해결하는 데 힘쓰시오."라는 에를란데르의 충고를 자신의 정치신조로 삼고 있음을 자랑했다.

## 13. 제도를 돌보는 서번트-리더

우리는 거대한 제도실패의 시대에 살고 있다. 우리는 우리 사회 곳곳에 감춰진 제도의 질병으로 고통을 받고 있다. 경영사상가 에드워드 데밍은 인간문제의 90% 이상은 나쁜 사람이 아니라 나쁜 체제에 기인한다고 진단했다. 무엇보다 우리가 당면한 자유민주주의 위기는 주로 빈약한 민주주의에서 비롯된 것이다. 그러나 빈약한 민주주의는 결국 사람이 만든 것이다. 빈약한 민주주의는 잠자는 시민정신의 실패이며 강한 민주주의 헌법개혁을 가로막는 정치계급의 리더십 실패다.

서번트-리더는 자신의 도덕적 각성과 함께 구성원을 섬기는 기관으로 전환시키는 제도개혁에 관심을 기울여야 한다. 그린리프(1977)는 섬기는 기관을 만드는 제도개혁[12]을 서번트 리더십의 본질적 요소로 간주했다.

> "라인홀드 니부의 '도덕적 인간, 비도덕적 사회'라는 흥미로운 주제는 사람만 보살펴 개인의 도덕적 품성을 향상시키려는 우리의 성향에서 비롯된다. 우리가 좀 더 도덕적 사회를 만들고 싶다면, 도덕적 인간이 되어서 제도도 함께 돌봐야 한다. 우리는 곧잘 비인격적 체제를 비판하지만, 정작 비판받고 개선되어야 할 것은 '체제'가 아니라 체제에 대한 우리의 태도와 보살핌이다."

하버드대 나이(2008)는 "선량한 리더의 가장 중요한 기량 중 하나는 제도를 설계하고 유지하는 것"임을 강조했다. 서번트-리더는 우리의 삶에 항구적으로 영향을 미칠 제도개혁에 힘쓰는 "제도리더십"(institutional leadership)을 발휘한다.

독립유공자 유일한 선생은 1926년 일제치하에서 사업보국(事業報國)의 신념으로 유한양행을 창업했다. 1936년 유한양행은 한국 최초로 종업원지주제를 도입했다. 1971년 75세에 별세하기 전 손녀에게 학자금으로 줄 1만 달러를 제외한 전 재산을 사회에 기부했다. 외아들에게는 "대학까지 졸업시켰으니 앞으로 자립해서 살아가

---

12) 그린리프는 섬기는 조직을 만들기 위해서 피라미드구조의 1인 수장체제를 수장이 "동료들 중 수석(primus inter pares)"으로 역할하는, 고대로마 시대에서 기원한, 동료체제로 전환할 것을 제안했다.

라."는 유언을 남기고 지금 돈으로 1조 원이 넘는 대기업의 경영권을 외아들이 아닌 전문경영인에게 물려주었다. 이로써 한국 최초의 전문경영인 CEO가 탄생했다. 2020년 현재 유한양행은 제약업계 1위의 우량기업으로서 한국에서 가장 존경받는 기업이다. 최근 폐암치료제 리이저티닙 등 신약의 개발로 세계적 명성을 얻고 있다.

장기려 박사는 외과 명의로서 1950년 월남하여 한국전쟁 중 부산영도에 천막진료소(복음병원의 모태)를 세워 행려병자들을 치료하고 가난한 사람들에게 무료로 인술(仁術)을 베풀었다. 그가 복음병원 초창기 직원의 월급을 식구수대로 나눠주어 아들 하나뿐인 자신은 운전기사와 동일한 월급을 받은 일, 그리고 병원재정에 어려움을 겪으면서도 치료비가 없는 가난한 사람들을 몰래 뒷문으로 도망시킨 일화는 유명하다. 장기려 박사의 서번트 리더십은 특별히 제도혁신에서 빛을 발했다. 그는 1968년 가난한 환자의 구제와 조합원 상부상조를 위해 한국 최초의 의료보험조합인 부산청십자의료협동조합을 설립해 운영했다. 1989년 국민의료보험제도의 도입으로 해산되기 직전 조합원 수는 무려 23만 명에 달했다. 부산청십자의료보험협동조합은 사실상 국민의료보험제도를 태동시킨 모태역할을 수행했다.

권력정치에서 이처럼 높은 도덕성을 요구하는 것은 베버적 현실주의자들이 보기에 지나치게 순진한 견해일 수 있다. 베버는 민주정치의 건강성이 정당 간 경쟁의 역동성에 달려 있다고 생각했다. 그는 정당 간 경쟁이 대의를 추구하는 투쟁인 동시에 관직을 얻기 위한 투쟁이지만, 정당들이 대의실현보다 관직쟁취에 더 연연하는 현실을 관찰했다. 베버는 이런 빈약한 민주주의에서는 정당머신(political party machine)을 이용해 의회정치를 주도하면서 자신의 정치적 소신을 관철하는 비범한 카리스마적 지도자가 필요하다고 보았다. 오늘날 한국사회에는 베버의 관점에 동조하는 사람들이 적지 않다.

인간의 잠재력을 낮게 평가하는 베버는 존재(Sein)로 당위(Sollen)를 규정하는 자연주의적 오류를 범했다. 존재와 당위는 서로 영향을 주고받으며 뒤섞여 있지만, 두 범주 사이에 내재적 인과관계가 있는 것은 아니다. 저급한 시민의식은 빈약한 민주주의를 정당화할 수 없다. 시민의식이 낮은 것은 저질 인간본성 때문이 아니라 빈약한 민주주의에서 살아왔기 때문이다. 노예근성은 인간본성이 아니라 폭력적 정치체제가 심어놓은 마음의 습성이다. 거꾸로 좋은 제도는 좋은 인간을 만든다. 강한 민주주의는 건강한 시민을 만든다.

인간은 학습하는 존재다. 학습의 본질은 새로운 능력의 계발에 있다. 진정한 학습은 열망을 통해 추동된다. 희망은 열망의 연료다. 오직 희망을 통해서만 희망을 넘어선 고지에 오를 수 있다. 공동체의 희망을 실현하기 위해 헌신하는 서번트-리더들이 우리 사회의 주역으로 등장할 때, G7시대 포용한국의 꿈은 현실로 다가올 것이다. 겸손과 섬김과 포용(包容), 그 "영원한 여성성이 우리를 높은 곳으로 인도한다." 담대하게 창조하라!

# 참고문헌

박준 등. (2021). 「국가포용성지수 개발연구」(협동연구총서 21−24−01). 세종: 경제·인문사
회연구회.

서형식. (2021). 플라톤의 「국가」와 손자의 「손자병법」에 나타난 군사적 리더상. CNU리더십연
구회. 「고전의 창으로 본 리더 스피릿」. pp. 27−49. 대전: 충남대학교출판문화원.

사회조사센터. (2021). 「데이터로 본 코로나19 이후의 한국사회와 행정의 변화」. 서울: 한국행
정연구원.

성경륭 등. (2017). 「새로운 대한민국의 구상, 포용국가」. 서울: 21세기북스.

_____. (2021). 「포용한국으로 가는 길」. 서울: 시사저널.

안성호. (2005). 「분권과 참여: 스위스의 교훈」. 서울: 다운샘.

_____. (2018). 「왜 분권국가인가: 리바이어던에서 자치공동체로」(개정판). 서울: 박영사.

이광희 등. (2021). 「포용국가의 거버넌스와 공공리더십」(협동연구 대표보고서). 세종: 경제·
인문사회연구회.

Acemoglu, D. & J. A. Robinson. (2012). *Why Nations Fail: The Origins of Power,
Prosperity, and Poverty*. New York: Random House Books.

Acemoglu, D. & J. A. Robinson. (2019). *The Narrow Corridor: States, Societies, and the
Fate of Liberty*. London: Penguin Books.

Alexander C. A., R. Inglehart & C. Welzel. (2012). Measuring Effective Democracy: A
Defence. *International Political Science Review*. 33(1): 41−62.

Altman, D. (2019). *Citizenship and Contemporary Direct Democracy*. Cambridge:
Cambridge University Press.

Arendt, H. (1963). *On Revolution*. London: Penguin Books.

Barber, B. R. (1984). *Strong Democracy: Participatory Politics for a New Age*. Berkely, Los
Angeles: University of California Press.

Bryan, F. M. (2004). *Real Democracy: The New England Town Meeting and How It
Works*. Chicago: The University of Chicago Press.

Christoffersen, H. et al. (2013). *Good Society: A Comparative Study of Denmark and
Switzerland*. New York: Springer.

de Tocqueville, A. (2003). *Democracy in America and Two Essays on America*. Translated by G. E. Bevan with an Introduction and Notes by I. Kramnick. London: Penguin Books.

Eichenberger, R. & D. Stadelman. (2021). 포용국가와 혁신경제: 스위스와 스칸디나비아 사례의 정치경제분석. <행정포커스>. 2021(1+2): 54-69.

Frey, B. S. (2010). *Happiness: A Revolution in Economics*. Cambridge: The MIT Press.

Greenleaf, R. K. (2002<1977>). *Servant Leadership: A Journey into the Nature of Legitimate Power and Greatness*. Edited by L. C. Spears with a Foreword by S. R. Covey & An Afterword by P. M. Senge. New York: Paulist Press.

Hiruta, K. (2019). *Arendt on Freedom, Liberation, and Revolution*. New York: Palgrave Macmillan.

Lee, A. (2020). Servant Leadership: A Meta-Analytic Examination of Incremental Contribution, Moderation, and Mediation. *Journal of Occupational and Organizational Psychology*. 93: 1-44.

Liden, R. C. et al. (2008). Servant Leadership: Development of a Multidimensional and Multilevel Assessment. *The Leadership Quarterly*. 19: 161-177.

Lijphart, A. (2008). *Thinking about Democracy: Power Sharing, Majority Rule in Theory and Practice*. New York: Routledge.

Maner, J. K. & N. L. Mead. (2010). The Essential Tension Between Leadership and Power: When Leaders Sacrifice Group Goals for the Sake of Self-Interest. *Journal of Personality and Social Psychology*. 99(3): 482-497.

Matsusaka, J. G. (2020). *Let the People Rule: How Direct Democracy Can Meet the Populist Challenge*. Princeton: Princeton University Press.

Muldoon, J. (2016). *Hannah Arendt and Council Democracy*. Ph.D. Thesis at the Department of Philosophy, Monash University and the University of Warwick.

Nye, J. S. (2010). *The Powers to Lead*. Oxford: Oxford University Press.

Ostrom, V. (2008). *The Intellectual Crisis in American Public Administration* (3rd Ed.). Tuscaloosa: The University of Alabama Press.

Peters, B. G. (2020). Inclusive Governance in the Era of Covid-19: A Search for Community. *KIPA Public Policy Review*. 1(1): 1-6.

Platon. 박종현 역주. (2016). 「국가(政體)」. 파주: 서광사.

Platon. 박종현 역주. (2009). 「법률」. 파주: 서광사.

Rousseau, Jean-Jacques (2020). *A Discourse on Political Economy* <1755> and *The Social Contract* <1762>. From the Online Library Sources of the ISN in ETH Zurich.

Senge, P. M. (1990). *The Fifth Discipline: The Art and Practice of Learning Organization*. New York: Currency Doubleday.

Tang, S. & R. Tang. (2018). Democracy's Unique Advantage in Promoting Economic Growth: Quantitative Evidences for a New Institutional Theory. *Kyklos*. 71(4): 642−666.

Toffler, A. & H. Toffler. (1994). *Creating a New Civilization: The Politics of the Third Wave*. Atlanta: Turner Publishing, Inc.

Weber, M. (2015 >). *Weber's Rationalism and Modern Society*. Translated and Edited by T. Waters & D. Waters. New York: Palgrave Macmillan.

Zimbardo, P. G. (2008). *The Lucifer Effect: Understanding How Good People Turn Evil*. New York: Random House Books.

Zhang, Y. et al. (2021). A Meta−Analytic Review of the Consequences of Servant Leadership: The Moderating Roles of Cultural Factors. *Asia Pacific Journal of Management*. 38: 371−400.

# II.
# 스위스의 서번트 리더십

이광훈

## 1. 스위스 지방자치의 성공요인과 리더십

스위스는 지방자치의 '천국'이다. 전 세계적으로 지방자치 연구자들이나 실무가들은 스위스를 지방자치의 준거 혹은 롤모델로 꼽는데 주저하지 않으며, 일반시민들도 스위스의 '동화'를 꿈꾸며 찬사를 보내는 이들이 적지 않다. 우리나라의 지방자치와 지방분권을 주창하는 학자들이나 정책결정자들 역시 예외가 아니다. 특히 정부이념과 여러 시민들이 중앙집중식 권력 및 권한을 지양하고 지방의 자율성을 지향하며 '연방제에 준하는 지방분권'을 표명하는 현 상황에서 스위스는 많은 지방행정개혁가들이 성공적인 지방자치 모델로 제시하는 이념형(ideal type) 중 하나이다.

실제로 스위스 지방자치는 근대국가의 형성 이래 지방자치의 원형(原形)으로 추앙되어 왔다. 스위스의 마을공동체 구성원들이 모두 한날한시 한곳에 모여 정부관료들 앞에서 마을의 공공정책에 대해 공동으로 의사결정을 하는 모습은 지방자치의 순기능을 믿는 이들에게는, 반드시 지금 여기 내가 발 딛고 있는 곳에 임하기를 기원하는 지상낙원 그 자체로 신봉되기도 한다. 노벨경제학상 수상자인 엘리너 오스트롬(Elinor Ostrm)이 '공유지의 비극' 해결의 대안 모델 중 하나로 스위스의 작은 마을공동체를 사례로 든 것에서도 알 수 있듯이, 스위스 지방자치 모델에 대한 학문적 조명과 이론적 논거도 상당히 축적되어 왔다.

국가운영의 중심이 지역 수준의 분권적인 자치에 기반하고 있는 스위스는 지역적 자치단위의 자율성이 극대화됨으로써, 국가 차원의 통치 권력이 상대적으로 약함에도 불구하고 글로벌 경쟁력 제고와 높은 수준의 경제성과 및 국민행복을 이룩해냄으로써 소위 "스위스 패러독스"로 일컬어지며 일견 역설적인 성공모델로 손꼽히고 있다.

하지만 이와 같은 스위스 성공신화가 우리나라의 학계는 물론 일반시민에게 얼마나 제대로 알려져 있는가? 정말 스위스의 지방자치 제도를 직수입하면 이 땅에도 지방자치의 '천국'이 임할 수 있을 것인가? 선진국의 좋은 제도를 들여와 우리 것으로 소화해보려 했던 많은 개혁의 시도들이 의도하지 않은 결과로 종국에는 용두사미식으로 귀결되는 것을 너무나 자주 목도해 온 우리의 지난 기억들을 소환해 본다면, 스위스 지방자치 제도의 시공간을 초월한 한국적 맥락의 착근화 혹은 토착화 가능성에 대한 근본적인 회의론은 타당한 측면이 존재한다. 예컨대 단순하게 스위스의 연방헌법에 규정된 지방자치 관련 문구들을 본 따, 대한민국의 새로운 헌법조문에 '지방분권국가' 조항을 삽입하는 것만으로는 지방자치 개혁의 길은 요원하다.

이에 본고에서는 지금까지 국내의 스위스 지방자치 관련 연구가 단순한 제도 소개나 현황 기술에 머물러 왔다는 한계를 인식하고, 스위스 지방자치의 작동원리에 대한 심층적 탐구 및 실증분석을 시도하고자 한다. 즉, 스위스 민주주의 제도의 기반이 되는 자원은 무엇이며, 제도의 생성, 지속, 변화 과정에서 행위자의 리더십은 어떠한 영향을 주고받는지, 그 메커니즘을 규명하는 것이다. 신제도주의 관점에서, 제도를 온전히 이해하기 위해서는 가시적이고 성문화된 법조항들의 분석만으로는 불충분하다. 제도는 자원(資源)의 제약 하에 배태된 제도 자체가 갖는 무형의 비가시적이고 불문법적인 특성과, 제도가 영향을 주고받는 행위자(行爲者)와의 상호관계를 통해 생성, 변화, 지속되기 때문에 살아있는 생물과 같은 복잡성을 갖기 때문이다. 따라서 복잡한 실타래와 같은 인과관계의 다양한 요소들 간 메커니즘을 설명해내기 위하여

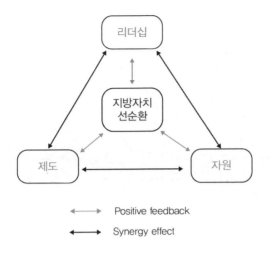

〈그림 1〉 지방자치의 선순환 트라이앵글 모형

본고는 '행위자(Actor) − 제도(Institution) − 자원(Resource)'으로 구성되는 'A − Ⅰ−R 분석틀(Knoepfel 외, 2011)'의 3요소를 지방자치의 핵심적 영향요인으로 파악하고, 각 요소들 간 상호관계를 탐구하는 것을 목적으로 한다. 이를 통해 우리나라에서 부지불식간에 일종의 '신화화'되어 지방행정개혁의 '보급판' 또는 '만병통치약'으로 인용되어 온 스위스 지방자치 '신화'의 오·남용된 언어의 묵은 얼룩을 벗겨냄으로써, '행위자−제도−자원' 요인의 삼각형이 선순환되는 메커니즘을 실증분석 한다. 구체적으로 스위스 지방자치의 성공요인을 탐색하기 위한 개념적 분석틀인 <그림 1> 지방자치의 선순환 트라이앵글 모형에서는, '행위자 차원'에서의 리더십 요인 외에 '구조적 차원'에서의 제도적 요인, 그리고 행위자와 제도 간 상호작용, 즉 '관계적 차원'의 토대가 되는 자원 요인이 각각 시너지효과를 일으킴으로써, 이러한 지방자치의 3자 요소 간 긍정적인 피드백을 주고받으면서 선순환 관계를 이루는 메커니즘이 제시되어 있다.

반면, <그림 2>에는 지방자치의 트릴레마(Trilemma), 즉 리더십−제도−자원의 3요소 중 어느 하나를 추구하려다 보면, 다른 두 가지를 이룰 수 없는 삼각 딜레마

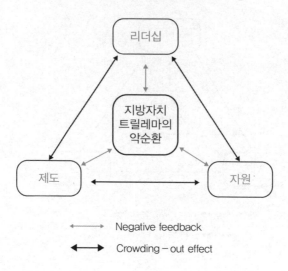

〈그림 2〉 지방자치의 악순환 트릴레마 모형

리더십

지방자치
트릴레마의
악순환

제도

자원

⟷ Negative feedback
⟷ Crowding – out effect

상황을 보여주고 있다. 우리나라는 오랜 중앙집권국가의 역사를 경험했으며, 위로부터 아래로 지방자치제도가 이식되었다. 지방자치 관련 법제화로 공식적 제도가 도입된 이래 지방의회, 지방자치단체장 등 리더의 선출 및 교체가 이루어져왔으나 이들은 지방자치의 성공적인 제도화에 기여하지 못한 채 교체가 반복되었다. 이러한 제도와 리더십의 탈동조화(de–coupling)는 지방자치의 유무형적 토대가 되는 자원의 부족과 밀접한 상관관계를 갖는다. 지방자치의 토대 요소로서 자원은 유형의 인적·물적 자원(예: 인구 규모 와 노동의 질, 경제적 자본, 지리적·자연 자원, SOC 등 인프라)은 물론 무형의 자원인 정치체제에 대한 구성원들의 정당성, 신뢰, 규범, 네트워크 등 사회적 자본을 포함한다. 충분한 지방자치 자원은 행위자와 제도 간 긍정적 상호작용의 토대가 된다. 그러나 부족한 자원은 제도–리더십의 탈동조화를 초래할 뿐만 아니라 지방자치 자원의 고갈을 심화시켜 악순환을 가속화 한다. 이러한 트릴레마 상황의 악순환 고리는 제도–리더십–자원 간 상호 구축효과를 파생시킴으로써 부정적 피드백이 반복되어 결국 지방자치의 위기가 고착화되는 것이다.

이에 본고는 리더십–제도–자원 간 트릴레마 상황에서 악순환의 삼중고를 끊어낸 스위스 지방자치의 선순환 모형을 연구대상으로 하여 실증적인 데이터를 기반으로 체계적인 분석을 시도한다. 특별히 본고는 행위자 차원의 리더십 요인에 주목하여 스위스 공직 리더들의 서번트 리더십 수준을 살펴보고, 스위스의 권력공유 제도가 공직 리더의 서번트 리더십을 촉진하는지를 알아보고자 한다. 또한 스위스가 보유한 지방자치 자원과 스위스 리더들의 서번트 리더십이 스위스 지방자치 활성화에 긍정적인 영향을 미치는지를 탐색하기 위하여 스위스인들을 대상으로 한 인식조사 자료를 분석한다. 이를 통해 스위스 국민이 생각하는 공직 리더십과 지방정부 리더들이 생각하는 공직 리더십의 모습은 각각 어떠한지를 알아보고, 이러한 공직 리더십이 스위스 지방자치의 성공요인들과 어떠한 상호영향을 주고받는지를 분석한다.

## 2. 리더십에 관한 스위스 국민의 인식: 한국과의 비교분석

본 절에서는 스위스 국민 500명과 한국 국민 500명을 각각 대상으로 공직 리더십 및 관련 요인들에 관한 인식조사를 통해 수집된 설문자료[1]를 분석하였다. 이하에서는 앞 절에서 제시한 리더십－제도－자원의 지방자치 3요인 관련 문항들을 구체적으로 살펴본다.

### 1) 리더십 요인

우선, 스위스와 한국 국민들이 자국의 공직 리더가 현재 보여주고 있는 모습이나 행동이 서번트 리더십과 부합한다고 인식하는지를 비교하기 위하여, Spears(2010)가 제시한 서번트 리더십의 하위 요인들을 5가지로 조합하여 각각 ① 경청과 설득, ② 공감과 치유, ③ 미래비전과 해결책 제시, ④ 청렴성과 자기희생, ⑤ 공동체 형성과 성장지원 관련 설문들(<표 1>)로 5점 척도를 활용하여 측정하였다.

---

1) 설문 대상은 대한민국과 스위스 전역 20세 이상 남녀로서, 한국행정연구원이 의뢰하여 전문조사 기관(KANTAR KOREA)을 통해 2019년 12월 2일부터 13일까지 이메일을 활용한 온라인 응답방식으로 조사가 이루어졌다(한국행정연구원, 2020).

〈표 1〉 서번트 리더십 인식 조사 항목: 정치권 및 행정부 리더가 현재 보여주고 있는 모습이나 행동

| 개념 | 요인 | 설문내용 |
|---|---|---|
| 서번트<br>리더십 | 경청과 설득 | 리더들은 다른 사람들의 의견을 무시하지 않고 경청하며 설득한다. |
| | 공감과 치유 | 리더들은 고통 받는 타인의 처지에 공감하고 이를 치유하려 노력한다. |
| | 미래비전과 해결책 제시 | 리더들은 미래에 나아갈 비전과 문제에 대한 해결책을 제시한다. |
| | 청렴성과 자기희생 | 리더들은 높은 수준의 청렴함과 도덕성을 가지고 타인을 위해 자신을 희생한다. |
| | 공동체 형성과 성장 지원 | 리더들은 사회구성원들이 공익을 위해 자발적으로 기여하고 봉사하도록 장려한다. |

자료: 한국행정연구원(2020: 179)

양국 국민들에게 자국 정치권 리더의 서번트 리더십 수준에 대해 질문한 결과 (〈그림 3〉), 스위스가 한국보다 서번트 리더십의 5가지 요인들이 모두 더 높다고 인식하는 것으로 나타났다. 구체적으로 경청과 설득의 경우 스위스 2.83, 한국 2.44이

〈그림 3〉 정치권 리더의 서번트 리더십

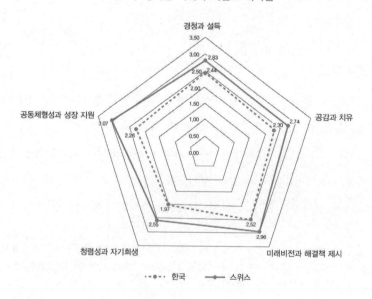

었고, 공감과 치유는 스위스 2.74, 한국 2.30이었으며, 미래비전과 해결책 제시는 스위스 2.96, 한국 2.52였고, 청렴성과 자기희생은 스위스 2.55, 한국 1.97이었으며, 공동체 형성과 성장 지원의 경우 스위스 3.07, 한국 2.26인 것으로 나타났다.

이러한 결과는 행정부 리더를 대상으로 한 조사 결과(<그림 4>)에서도 동일하게 나타났다. 즉, 행정부 리더의 서번트 리더십 수준에 대해 스위스와 한국 국민들에게 질문한 결과 역시, 서번트 리더십의 5가지 요인들 모두 스위스가 한국보다 더 높다고 답변하였다. 구체적으로 경청과 설득의 경우 스위스 2.86, 한국 2.60이었고, 공감과 치유는 스위스 2.72, 한국 2.53이었으며, 미래비전과 해결책 제시는 스위스 2.94, 한국 2.67였고, 청렴성과 자기희생은 스위스 2.67, 한국 2.37이었으며, 공동체 형성과 성장 지원의 경우 스위스 3.00, 한국 2.59인 것으로 나타났다.

〈그림 4〉 행정부 리더의 서번트 리더십

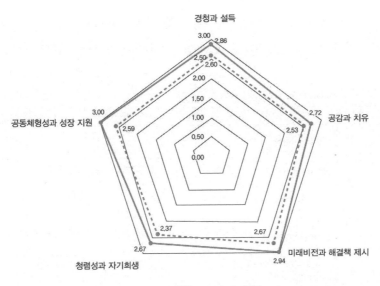

## 2) 제도 요인

스위스는 권력공유에 기초한 국가로서 연방주의, 직접민주주의, 합의민주주의라는 3가지 제도를 축으로 분권, 참여, 합의가 높은 수준으로 제도화되어 있다(Linder, 1994; Linder and Iff, 2011; Ladner, 2013; 안성호, 2001, 2005, 2018; 이기우, 2014). 다시 말해, 연방주의에 기초하여 '구조적 차원'에서 연방정부와 캔톤, 꼬뮌 간 수직적 권력분립이 바탕이 되고, 그 근저에는 "모든 권력은 궁극적으로 국민으로부터 나온다."는 직접민주주의 방식에 의해 '행위자 차원'의 권력분산이 이뤄짐과 동시에, 다양한 정치세력 간 '관계적 차원'의 권력분점 속에서 화합과 타협을 통해 국가 주요 의사결정이 이루어지는 합의민주주의 원리가 구현되어 있다.

스위스와 한국 국민들이 인식하는 자국의 제도적 권력공유 수준을 비교하기 위하여 권력공유의 3가지 차원을 분권(Decentralization), 참여(Participation), 합의(Consensus) 요인들로 각각 구분하여 권한의 자율성, 재정의 자립성(이상 분권 요인), 참여절차의 제도화, 참여의 영향력(이상 참여 요인), 사회약자 대의성, 정당의 적극적 대표성, 정당

〈표 2〉 제도적 권력공유 수준 인식 조사 항목

| 개념 | 요인 | 변수 | 설문내용 |
|---|---|---|---|
| 제도적 권력공유 | 분권 | 권한의 자율성 | 지방자치단체가 중앙정부로부터 독자적인 권한과 자율성을 가지고 있다고 보십니까? |
| | | 재정의 자립성 | 지방자치단체가 재정수입 측면에서 중앙정부로부터 자립해 있다고 생각하십니까? |
| | 참여 | 참여절차의 제도화 | 국가의 중요한 정책 변화가 이루어질 때, 일반 시민이 참여할 수 있는 제도가 구축되어 있다고 생각하십니까? |
| | | 참여의 영향력 | 시민들의 참여가 국가의 중요한 정책 변화에 영향을 미친다고 생각하십니까? |
| | 합의 | 사회약자 대의성 | 국가의 중요한 정책 결정 과정에서 사회적 약자의 의견이 반영된다고 생각하십니까? |
| | | 정당의 적극적 대표성 | 현재 의회에서 의석을 가진 정당 중에 귀하의 생각을 대변하는 정당이 있습니까? |
| | | 정당의 소극적 대표성 | 귀하께서는 현재 의회에서 정당들의 의석수가 유권자들의 실제 선호나 지지를 정확히 반영한다고 생각하십니까? |

자료: 한국행정연구원(2020: 170)

의 소극적 대표성(이상 합의 요인) 관련 설문들(<표 2>)로 5점 척도를 활용하여 측정하였다.

　스위스와 한국의 분권·참여·합의의 제도화에 대해 양국 국민들에게 질문한 결과(<그림 5>), 스위스가 한국보다 권력공유를 구성하는 모든 요인들에서 높은 것으로 나타났다. 구체적인 조사결과를 살펴보면, 지방자치단체가 중앙정부로부터 독자적인 권한과 자율성을 얼마나 갖고 있는지에 대해 스위스(평균 3.35)가 한국(2.94)보다 권한의 자율성이 높다고 인식하였다. 지방자치단체가 재정수입 측면에서 중앙정부로부터 얼마나 자립해 있는지에 대해서는 스위스(3.19)가 한국(2.48)보다 재정의 자립성이 높다고 응답하였다. 일반 시민이 국가의 중요한 정책 변화가 이루어질 때 참여할 수 있는 제도가 어느 정도 구축되어 있는지에 대해 스위스(3.67)가 한국(2.84)보다 참여 절차의 제도화 수준을 높게 인식하는 것으로 나타났다. 시민들의 참여가 국가의 중요한 정책 변화에 어느 정도 영향을 미치는지에 대하여 스위스(3.64)가 한국(3.57)보다 참여의 영향력이 높다고 응답하였다. 국가의 중요한 정책 결정 과정에서 사회적

〈그림 5〉 분권·참여·합의의 제도화 수준

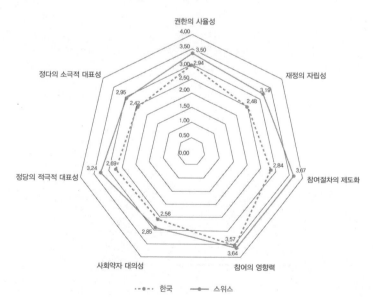

약자의 의견이 어느 정도 반영되고 있는지에 대해서는 스위스(2.85)가 한국(2.56)보다 사회약자 대의성 수준이 높다고 인식하였다. 현재 의회에서 의석을 가진 정당들이 응답자의 생각을 얼마나 대변하는지에 대하여 스위스(3.24)가 한국(2.69)보다 정당의 적극적 대표성 수준을 높게 인식하는 것으로 나타났다. 현재 의회에서 정당들의 의석수가 유권자들의 실제 선호나 지지를 얼마나 정확히 반영하고 있는지에 대해서는 스위스(2.95)가 한국(2.42)보다 정당의 소극적 대표성 수준을 높게 인식하는 것으로 나타났다.

### 3) 자원 요인

한편, 지방자치의 자원인 사회적 자본 수준을 비교하기 위해 스위스와 한국 국민들을 대상으로 정치체제의 정당성에 대한 인식을 민주주의 만족도로 측정하였고, 동시에 정치권 및 행정부 리더에 대한 신뢰도를 각각 조사하였다. 그 결과, <그림 6>과 같이 스위스가 한국보다 민주주의 만족도와 정치권 리더 및 행정부 리더 신뢰도

<그림 6> 민주주의 만족도와 리더 신뢰도

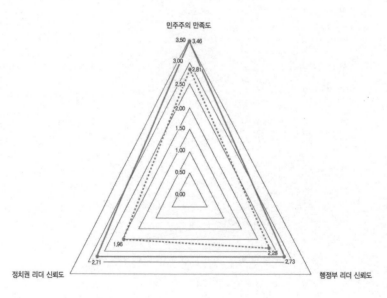

모두 높은 것으로 나타났다. 구체적으로 민주주의 만족도의 경우 스위스는 3.46인데 비해 한국은 2.81이었고, 정치권 리더에 대한 신뢰도는 스위스 2.71, 한국 1.96이었으며, 행정부 리더 신뢰도는 스위스 2.73, 한국 2.28인 것으로 나타났다.

## 4) 통계적 검증

이상에서 살펴본 지방자치의 리더십, 제도, 자원 요인들 모두 스위스가 한국보다 높게 나타난 결과를 바탕으로, 양국민이 인식하는 평균값의 차이에 대한 통계적 검증을 수행하였다. <표 3>에 제시된 독립표본 t-검정(Levene의 등분산)을 통해 서번트 리더십, 제도적 권력공유(분권, 참여, 합의), 자원(민주주의 만족도, 리더 신뢰도)의 수준에 대해 스위스가 한국보다 평균적으로 높게 인식한 결과는 통계적으로 유의미한 것으로 나타났다(p<.001).

〈표 3〉 한국과 스위스 국민 인식 간 평균 차이 검정결과

| 요인 | 변수 | | 국적 | 평균 | 표준편차 | t값 |
|------|------|---|------|------|----------|-----|
| 리더십 | 서번트 리더십 | | 스위스 | 2.83 | 0.65 | 8.81*** |
| | | | 한국 | 2.42 | 0.81 | |
| 제도 | 권력공유 | 분권 | 스위스 | 3.27 | 0.76 | 11.29*** |
| | | | 한국 | 2.71 | 0.8 | |
| | | 참여 | 스위스 | 3.65 | 0.85 | 8.44*** |
| | | | 한국 | 3.21 | 0.81 | |
| | | 합의 | 스위스 | 3.01 | 0.74 | 9.44*** |
| | | | 한국 | 2.56 | 0.78 | |
| 자원 | 민주주의 만족도 | | 스위스 | 3.46 | 0.99 | 10.44*** |
| | | | 한국 | 2.81 | 0.97 | |
| | 리더 신뢰도 | | 스위스 | 5.45 | 1.9 | 9.41*** |
| | | | 한국 | 4.24 | 2.14 | |

주 : * p<.05 ; ** p<.01 ; *** p<.001; N=500; 유의확률(p)은 독립표본 t-검정(Levene의 등분산) 결과임; 각 변수들은 세부 문항 값들의 평균으로 계산함. 서번트 리더십과 리더 신뢰도의 경우 정치권 리더와 행정부 리더 값의 평균임.

특별히 스위스 국민 샘플만을 대상으로 리더십과 제도 및 자원 요인 간 상관관계 (Pearson's Correlation)를 검증한 결과(<표 4>), 각각의 요인들 간에는 통계적으로 유의미한 상관관계가 존재하는 것으로 나타났다(p<.001). 이는 스위스의 높은 서번트 리더십 수준은 제도적 권력공유 및 사회적 자본 수준이 높은 것과 관련이 있음을 시사한다.

<표 4> 스위스 국민 인식 상의 리더십, 제도, 자원 요인 간 상관관계

| 요인 | 변수 | 분권 | 참여 | 합의 | 민주주의 만족도 | 리더 신뢰도 |
|---|---|---|---|---|---|---|
| 제도 | 분권 | 1 | | | | |
| | 참여 | 0.38*** | 1 | | | |
| | 합의 | 0.27*** | 0.41*** | 1 | | |
| 자원 | 민주주의 만족도 | 0.28*** | 0.43*** | 0.43*** | 1 | |
| | 리더 신뢰도 | 0.23*** | 0.34*** | 0.44*** | 0.54*** | 1 |
| 서번트 리더십 | | 0.20*** | 0.26*** | 0.51*** | 0.46*** | 0.57*** |

주 : * p<.05 ; ** p<.01 ; *** p<.001; N=500.

## 3. 스위스 지방정부 리더의 인식: 설문조사 결과분석

본 절에서는 스위스 지방정부(꼬뮌, commune)의 리더인 집행내각위원[2] 7,954명을 대상으로 공직 리더십 및 관련 요인들에 관한 인식조사를 통해 수집된 설문자료[3]를

---

2) 꼬뮌의 집행내각은 유권자가 직접 선거를 통해 선출하거나 꼬뮌의회를 통해 간선되는 일정 수(최소 3명 – 최대 30명)의 위원들로 구성되고, 집행내각의 의사결정은 합의민주주의 전통에 따라 합의제 방식으로 이루어지며, 산하에는 집행을 담당하는 행정부서(또는 위원회 형태)가 존재한다 (Ladner, 2005).

3) 취리히 응용과학대학교(Zurich University of Applied Sciences: ZHAW)와 스위스 행정대학원 (Swiss Graduate School of Public Administration: IDHEAP)이 2234개 꼬뮌들 소속 각각 최소 1명~최대 10명의 집행내각 위원들(municipal executive councillors)을 대상으로 2018년 실시한 국민설문조사(national survey) 결과(2017년 12월 31일 기준 응답률 60.5%)이다(ZHAW and IDHEAP, 2018).

분석하였다. 이하에서는 앞 절에서 제시한 리더십ㅡ제도ㅡ자원의 지방자치 3요인 관련 문항들을 구체적으로 살펴본다.

### 1) 리더십 요인

공직 리더에게 요구되는 자질과 역량이 무엇이고 어느 정도로 필요한지[4]를 조사한 결과(〈그림 7〉), 단순한 지식이나 전문기술보다는 주로 원활한 대인관계를 위해 필요한 능력이나 태도가 더 요구된다고 응답하였다. 구체적으로 의사소통 역량(4점 만점에 3.72)이 가장 높았고, 타협·협상 능력(3.59), 조직운영 기술(3.49), 사교적(social) 기술(3.44), 일반적인 리더십 기술(3.40) 등 순으로 필요성이 높은 것으로 인식되었다. 이에 비해, 프로젝트 관리능력(3.03), 재무·회계 지식(2.97), 법률적 지식(2.72), 기술적 지식(2.64), 외국어 능력(1.84) 등 교육·훈련을 통해 개인적으로 습득이 용이한 지식, 기술 등에 대해서는 상대적으로 필요성이 낮다고 인식하는 것으로 나타났다.

〈그림 7〉 공직 리더에게 요구되는 자질과 역량

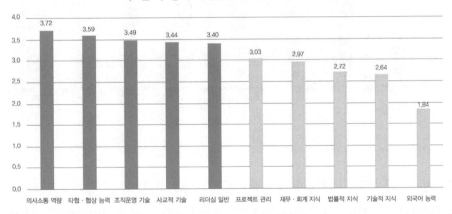

실제 공직 리더로서 본인의 중대한 의사결정 시 중요하게 고려하는 요인은 무엇이

---

4) 설문항: How do you feel about the importance of the following qualities for your practice as an executive?

고 얼마나 비중을 두는지5)를 조사한 결과(<그림 8>), 가장 높은 개인적 신념 및 가치(4점 만점에 3.44) 다음으로 주민 전체의 의견(3.33)이 중요 고려사항이라고 응답하였다. 이는 스위스 지방정부 리더가 공적 의사결정을 할 때 집행부나 위원회 등 공식적 행정기관(3.06)은 물론 지역기업(2.87), 기타 사회단체(2.66) 등 지역 내의 개별 집단의 이익보다는, 리더 개인이 추구하는 이상이나 지역주민 전체를 위한 공익을 우선순위로 둔다는 것을 보여주는 결과이다. 반면, 사적인 친분관계(2.24)나 소속 정당의 입장(2.22)을 대변하거나 타 지방정부를 모방(2.40)하여 의사결정을 내리는 경우는 상대적으로 비중이 낮은 것으로 나타났다.

<그림 8> 의사결정 시 중요 고려요인

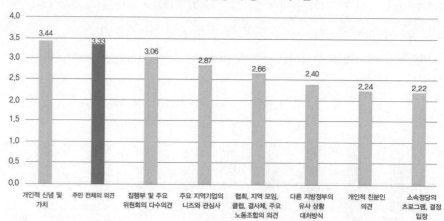

### 2) 제도 요인

지방자치의 제도적 권력공유 차원에서 분권 요인을 살펴보기 위해, 자신이 소속된 지방정부가 상위정부로부터 갖는 자율성 수준6)에 대한 스위스 지방자치 리더의 인식을 조사한 결과(<그림 9>), 10점 척도 기준 7점으로 응답한 비율(22.7%)이 가장 높았고, 평균 6.35점의 자율성 수준인 것으로 나타났다.

---

5) 설문항: How important are you to the following factors in your important decisions?
6) 설문항: In general, how independent do you think your municipality is?

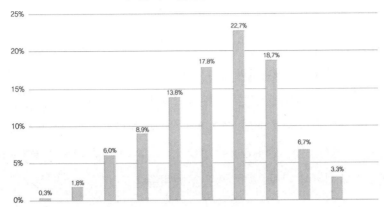
〈그림 9〉 지방정부 자율성 수준

지방자치의 제도적 권력공유 차원에서 참여 요인을 살펴보기 위해, 지역정책에의 주민이익 반영 정도7)에 대한 스위스 지방정부 리더의 인식을 조사한 결과(〈그림 10〉), 7점 척도 기준 보통(4점)으로 응답한 비율(30.1%)이 가장 높았고, 평균 4.06점의 수준인 것으로 나타났다.

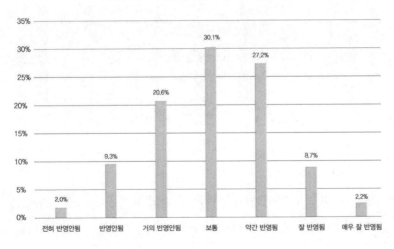
〈그림 10〉 지역정책에의 주민이익 반영 정도

---

7) 설문항: How do you generally judge the interest of the people of your commune in the municipal policy?

다음으로, 지역정치에 영향을 미치는 참여자8)에 대한 스위스 지방정부 리더의 인식을 조사한 결과(<그림 11>), 집행내각이 7점 척도 기준 5.88점으로 가장 높았고 이는 지방정부의 장(5.52)보다도 영향력이 큰 것으로 나타나, 집행부 내에서 최고위직의 단독 결정보다는 집행내각의 합의제 방식 의사결정이 일반적으로 이뤄지는 것으로 해석된다. 흥미롭게도 집행부 외에 지역정치에 영향력이 가장 큰 집단은 일반시민(4.84)인 것으로 나타나 직접민주주의적 참여가 활발하게 이루어지고 있음을 시사하며, 지역 협회(4.49), 동네(4.28)의 영향력도 높은 것으로 나타나 풀뿌리(grass-root) 민주주의 기반이 활성화되어 있음을 보여준다.

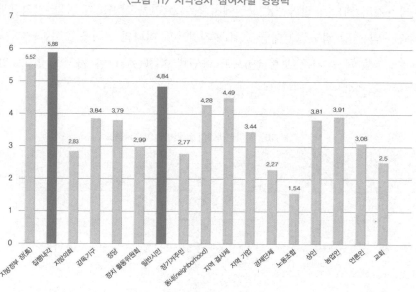

〈그림 11〉 지역정치 참여자별 영향력

한편, 지방자치의 제도적 권력공유 차원에서 합의 요인을 살펴보기 위해, 정치활동상의 협력 풍토(climate)9)에 대한 공직 리더의 인식을 조사한 결과(<그림 12>), 집행

---

8) 설문항: In your opinion, what is the influence of the organizations, groups and committees mentioned below on local politics in your municipality?

내각위원으로서 일선공무원과 협력(4.58)이 가장 원활한 분위기인 것으로 나타났으며, 다음으로 동일 정당소속의 내각위원과 협력(4.56), 집행내각의 전반적 풍토(4.43) 순인 것으로 나타났다. 이에 비해 집행내각과 행정부서 간 협력(4.27)이나 타 정당소속 내각위원과의 협력(4.16)의 경우는 상대적으로 낮은 것으로 인식하고 있었다.

<그림 12> 정치활동 상의 협력 풍토

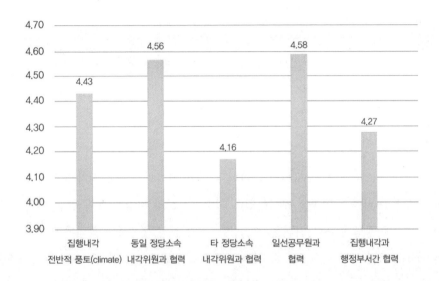

## 3) 자원 요인

지방자치의 자원인 사회적 자본 수준을 비교하기 위해 스위스 지방정부 리더들을 대상으로 정치체제에 대한 구성원들의 정당성 인식을 민주주의에 대한 만족도로 조사한 결과, <그림 13>과 같이 10점 척도 기준 8점으로 응답한 비율(31.9%)이 가장 높았고, 평균 8.08점으로 민주주의에 대해 상당히 만족하는 것으로 나타났다.

---

9) 설문항: How do you judge the climate in which you engage in your political activity?

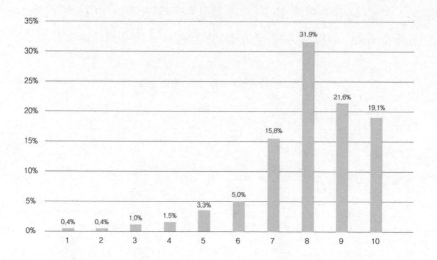

〈그림 13〉 민주주의 만족도

다음으로, 스위스 공직 사회의 기반이 된다고 일컬어지는 '공직자원봉사[10]'에 대한 지방정부 리더의 인식을 조사하였다. 먼저, 자신의 지역에 공직자원봉사가 활성화되어 있는 정도에 대한 인식은 <그림 14>와 같이 매우 활성화되어 있다고 응답한 비율(29%)이 가장 높았고, 7점 척도 기준으로 평균 5.29점인 것으로 나타나, 지방자치 자원으로서 공직자원봉사가 상당히 보편화된 것으로 인식하고 있음을 보여주고 있다.

---

10) 우리말로 '명예공직' 또는 '민병제'로도 번역되는 Milizverwaltung은 18세기 프랑스 혁명기에서 유래한 스위스의 전통으로서, 장 자크 루소(1712~1778)가 '적극적인 시민'이라 명명한 바와 같이, 모든 시민이 공직을 명예로 알고 자신의 일상적인 직업을 유지하면서 자발적으로 능력 범위 내에서 무보수나 최소한의 보상만으로 공직을 수행함으로써 공동체에 기여하는 정치문화를 말한다(Ladner, 2005; 안성호, 2001; 이기우, 2014). 현행 스위스 연방헌법(제58조 제1항)에서 본질적으로 militia를 원칙으로 규정한 군대는 물론 연방의회, 칸톤 및 코뮌에서도 스위스 국민은 본인의 직업을 유지한 채 공직을 자원봉사 형태의 시간제(part-time)로 수행하고 있다.

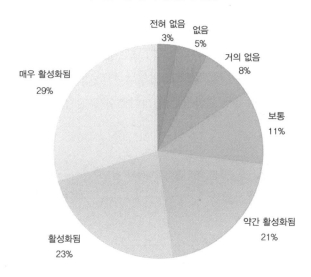

〈그림 14〉 공직자원봉사 활성도

전혀 없음 3%
없음 5%
거의 없음 8%
보통 11%
약간 활성화됨 21%
활성화됨 23%
매우 활성화됨 29%

지방정부 리더로서 실제 공직자원봉사로 활동하고 있는지를 질문한 결과(<그림 15>), 69%가 그렇다고 응답하였고 지방정부에 의해 고용직으로 근무하고 있다고 답한 비율은 31%인 것으로 나타났다.

〈그림 15〉 공직자원봉사 활동여부

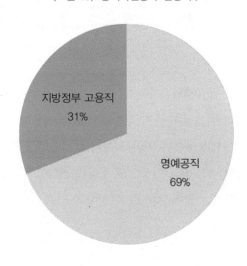

지방정부 고용직 31%
명예공직 69%

추가적으로 공직자원봉사로 활동 중인 지방정부 리더들에게 활동시간이 얼마나 되는지를 질문하였다(<그림 16> 참고). 결과를 살펴보면, 자신의 총 업무시간 중 20% 이상~30% 미만 동안 공직자원봉사 활동을 한다는 응답이 29.5%로 가장 많았고, 100% 공직자원봉사 활동을 하고 있다는 비율도 7.6%에 이르렀다. 평균적으로는 총 업무시간의 34.5%를 투입하여 지방정부의 리더로서 공직자원봉사 활동을 하는 것으로 나타났다.

〈그림 16〉 공직자원봉사 활동시간

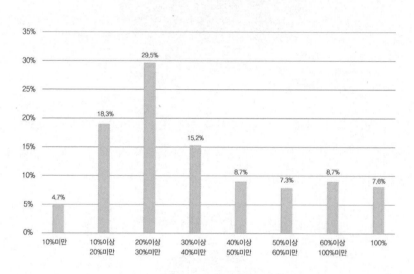

일반적으로 스위스의 공직자원봉사는 일종의 자원봉사 개념으로 실비 정도의 정산만 이루어지는데 이러한 보상 수준이 적정한지를 조사한 결과(<그림 17>), 적정하다고 인식하는 비율은 41.1%였으나 약간 적거나(37.9%) 매우 적다고(20%) 응답한 비율도 절반 이상이었으며, 5점 척도 기준으로 평균 2.23점인 것으로 나타나, 공직자원봉사에 대한 보상이 많지는 않은 것으로 인식하고 있음을 보여주고 있다.

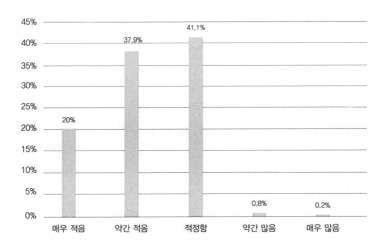

〈그림 17〉 공직자원봉사에 대한 보상수준

지방정부 리더들이 생각하는 공직자원봉사의 장점을 조사한 결과(6가지 항목들 중에서 중복선택 가능), 주민에 밀접한 정치 가능(90%)이라는 의견이 가장 많았고, 다음으로 행정에 유용한 전문지식 제공(83%), 공공서비스제공 비용절감(82%), 실용적 의사결정 (80%) 등의 순이었다(<그림 18>).

〈그림 18〉 공직자원봉사의 장점

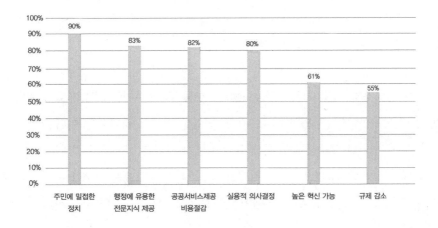

### 4) 통계적 검증

이상의 스위스 지방정부 리더의 인식조사 결과로 나타난 리더십과 제도 및 자원 요인 간 상관관계를 검증한 결과(<표 5>), 각각의 요인들 간에는 통계적으로 유의미한 상관관계가 존재하는 것으로 나타났다(p<.001). 이는 자신의 지역 주민 전체의 이익을 중시하는 지방정부 리더는 높은 제도적 권력공유 및 사회적 자본의 수준과 관련이 있음을 시사하는 것으로 해석해 볼 수 있다.

<표 5> 스위스 지방정부 리더 인식 상의 리더십, 제도, 자원 요인 간 상관관계

| | | 분권 | 참여 | 합의 | 민주주의 만족도 | 공직자원봉사 활성도 |
|---|---|---|---|---|---|---|
| 제도 | 분권 | 1 | | | | |
| | 참여 | 0.21*** | 1 | | | |
| | 합의 | 0.10*** | 0.14*** | 1 | | |
| 자원 | 민주주의 만족도 | 0.21*** | 0.27*** | 0.42*** | 1 | |
| | 공직자원봉사 활성도 | 0.05*** | 0.15*** | 0.19*** | 0.25*** | 1 |
| 공익지향 리더십 | | 0.06*** | 0.09*** | 0.09*** | 0.10*** | 0.06*** |

주 : * p<.05 ; ** p<.01 ; *** p<.001; 결측치는 제외함; 변수별 측정문항: 분권(지방정부 자율성), 참여(지역정책에의 주민이익 반영 정도), 합의(정치활동 상의 협력 풍토), 공익지향 리더십(주민 전체 의견을 중요하게 고려하는 정도)

## 4. 스위스 지방자치와 서번트 리더십

스위스 지방자치 제도의 기저에 존재하는 작동원리는 무엇인가? 제도의 기반이 되는 자원은 무엇이며, 제도의 생성, 지속, 변화 과정에서 리더십은 어떠한 영향을 주고받는가? 이러한 연구문제에 대하여 앞 절에서 살펴본 실증분석 결과를 통해 스위스 지방자치의 성공요인으로서 리더십과 제도 및 자원 간에는 선순환 관계가 존재한다는 것을 알 수 있었다. 우선, 지방자치의 행위자로서 스위스의 공직 리더가 보여

주는 서번트 리더십 지향성은 스위스 국민들의 인식을 통해 드러날 뿐만 아니라[11], 리더 스스로도 주민 전체 및 공동체의 이익을 중시하는 것으로 나타나고 있다. 또한, 많은 연구자들이 지적하는 바대로 스위스의 권력공유 제도는 분권, 참여, 합의에 기반을 둔 공적 의사결정을 촉진함으로써, 강력한 지도자나 카리스마적 위인 혹은 파워 엘리트 집단의 '영도'를 지양하고[12], 동등한 권한을 보유한 일반시민이 공동으로 결정하고 함께 책임을 지는 게임의 규칙(rules of game)으로 작동한다.[13].

나아가 스위스에서는 공직 리더와 팔로워 간 엄격한 구별 자체가 존재하지 않는다고 할 수 있을 정도로, 공직은 '누구나', '언제나', '어디서나' 할 수 있고 해야 하는 의무이자 권리이다. 따라서 리더가 섬기는 자리라는 관념은 공직자만이 갖추어야 할 덕목이나 자질을 넘어, 일반시민이 당연하게 준수하게 되는 일종의 생활윤리나 공중도덕과 같은 불문율로서, 삶 속에서 체화된 문화로 볼 수 있다. 즉, 스위스 지방자치의 토대가 되는 자원으로서 공직자원봉사는 공동체의 일이 바로 나의 일이라는 주인의식이 기본이 되며, 집단행동 논리(The Logic of Collective Action)와 무임승차(Free Riding) 문제를 해결할 수 있는 호혜성 규범 차원의 사회적 자본이라 할 수 있다. 또

---

11) 정치권과 행정부를 막론하고 스위스 공직 리더가 보여주고 있는 모습과 행동은 한국의 공직 리더보다 더 서번트 리더십에 가까운 것으로 조사되었다.

12) 스위스 리더십 문화의 가장 중요한 핵심 가치는 개인이 배타적 권한을 독점하면 안 되며 스위스 리더의 권력은 항상 제한적이고 일시적이라는 관념이다. 권력은 국민이 단지 리더에게 빌려 준 것이며, 리더에게 권력을 빌려주는 국민은 각자 자율성과 평등을 유지한다는 생각이 저변에 깔려 있다. 이는 역사적으로 스위스가 어떤 형태의 외국 통치에도 반대하는 지속적인 공동의 저항에서 비롯된 것으로서, 스위스 국민은 특정 개인이나 집단의 영향력이 지속적으로 증가하는 것을 경계하고 그러한 영향에 저항한다는 것을 의미한다(Russenberger, 2010: 662).

13) 스위스 연방주의의 정치적으로 심오한 가치는 양 당사자의 자유를 보장하기 위해 평등하고 완전히 독립적인 파트너 간 느슨한 동맹에 대한 이해이다. 스위스인은 자신이나 자기 집단이 가능한 한 자율적으로 행동하기 원하지만 동시에 자신을 다른 관련 그룹이나 상위 기관과 협력하는 동등한 구성원으로 간주한다. 스위스인은 발언권을 갖고 결정에 기여하고 참여하기를 원한다. 개인들의 중요한 결정에 대한 공동 결정 수단으로서의 민주주의는 스위스 리더십 문화의 또 다른 핵심 가치로서, 스위스인들은 어린 나이 때부터 다수의 결정을 받아들이도록 훈련을 받는다. 아이들은 학교에서 토론 후 손을 들고 민주적으로 투표하도록 요청받으며, 자신의 선호와는 다른 투표 결과일지라도 이에 따른다(Russenberger, 2010: 662).

다른 차원의 사회적 자본인 리더(행위자)에 대한 높은 신뢰와 민주주의(제도)에 대한 높은 만족도 역시 스위스 지방자치의 바탕이 되고 있다.

이와 같은 스위스 지방자치의 3자(triad) 요소인 서번트 리더십, 권력공유 제도, 사회적 자본 간 선순환은 앞 절의 통계적 상관관계에 대한 검증 결과를 통해서도 유추해 볼 수 있다. 물론, 3자간 관계는 명확한 인과관계를 가지고 있다기보다 상호 연관관계로 해석을 한정해야 하지만, 리더십을 시발점으로 볼 경우 리더십은 제도에서 나오고 제도는 자원으로부터 나오며, 자원은 피드백을 통해 리더십과 제도의 연쇄 순환고리로 이어지는 관계로 포착될 수 있다. 이와 같은 스위스 지방자치의 리더십-제도-자원 트라이앵글은 개별 요인 간 선순환을 넘어, 각 요인들은 나머지 요인들의 내포이자 외연으로서 상호 필요충분조건 역할을 함으로써 삼위일체의 시너지 효과를 일으키는 지방자치 트리니티(trinity) 모형(<그림 19>)으로 도식화해 볼 수 있다.[14]

<그림 19> 스위스 지방자치의 선순환 트리니티(trinity) 모형

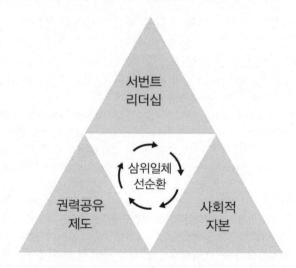

---

14) 이러한 삼위일체 관계는 서번트 리더십은 개인의 특성(trait)이나 행태(behavior) 차원을 넘어, 상황(contingency) 요인으로서 권력공유 제도에 배태되어 있으며, 나아가 리더십과 제도의 매개 변수로서 사회적 자본에 의해 발현되는 것임을 보여주고 있다.

이러한 스위스 지방자치 성공요인의 트리니티는, 지난 30년간 한국 지방자치의 권력집중과 위계질서 속에서 켜켜이 축적된 악순환 트릴레마에 대한 해법으로서 여하히 적용될 수 있을 것인가? 그 하나의 실마리로서 서번트 리더십이란 리더의 행위 윤리나 개인 도덕 차원의 문제를 넘어, 권력 구조 및 사회적 관계와 삼위일체임을 인식하는 것이 지난한 지방자치 개혁의 첫걸음일 것이다.

## 참고문헌

안성호. (2001). 「스위스연방 민주주의 연구」. 서울: 대영문화사.

안성호. (2005). 「분권과 참여－스위스의 교훈」. 서울: 다운샘.

안성호. (2018). 「왜 분권국가인가 － 리바이어던에서 자치공동체로」. 서울: 박영사.

이기우. (2014). 「분권적 국가개조론」. 서울: 한국학술정보.

한국행정연구원. (2020). 「포용국가의 거버넌스와 공공리더십」. 경제인문사회연구회 협동연구 총서. 세종: 경제·인문사회연구회.

Knoepfel, P., Larrue, C., Varone, F., & Hill, M. (2011). *Public policy analysis*. Bristol: Policy Press.

Ladner, A. (2005). *Laymen and executives in Swiss local government. Transforming Local Political Leadership*. 101－115.

Wolf Linder, S. D. (1994). *Swiss Democracy: Possible Solutions to Conflict in Multicultural Societies*. London: Macmillian Press.

Olson, M. (1971). *The Logic of Collective Action: Public Goods and the Theory of Groups* (2nd Ed.).. London: Harvard University Press.

Ostrom, E. (1990). *Governing the Commons: The Evolution of Institutions for Collective Action*. Cambridge: Cambridge University Press.

Russenberger, M. (2010). Leadership style in Swiss evangelical churches in the light of their historically shaped leadership culture. *Koers* 75(3): 651－673.

Spears, L. C. (2010). Character and servant leadership: Ten characteristics of effective, caring leaders. *The Journal of Virtues & Leadership*. 1(1): 25－30.

### Online Publication

Ladner, A. (2013). *Party system and parties, Swiss politics and political institutions*. www. andreasladner.ch

Linder, W., & Iff, A. (2011). *Swiss political system*. http://www.swissworld.org/media/political_system_2011.

ZHAW & IDHEAP. (2018). Nationale Befragung Der Gemeindeexekutivmitglieder. http://www.andreasladner.ch/uebersicht.htm

# [부록]

# 스위스의 서번트-리더 피에르 랑그땅

장루 샤플래


서번트 리더십 철학은 로버트 그린리프와 동료 연구자들에 의해 1970년대 도입된 이후, 기존의 권위적 리더십과 지시적 리더십에 대한 대안으로 많은 학자들에 의해 연구되었다. 스위스에서는 1990년대 초, 신공공관리의 물결이 시작되면서 "명령과 통제"로 대표되던 기존의 관리방식 대신 "방향잡기와 노젓기" 개념이 주목받기 시작했다.

신공공관리의 개념은 스위스의 행정 각 분야의 기반이 되고 있다. 서번트 리더십의 가장 큰 특징은 구성원들의 더 많은 참여를 이끌어내며 구성원들을 더 포용하는 것이다. 공공부문과 민간부문을 막론하고 서번트-리더는 관리자가 고려해야 할 여러 가지 사항 중 사람을 중요하게 여긴다. 따라서 스위스의 서번트-리더는 구성원들과 조직의 목표를 달성하기 위해 봉사하는 리더이자 팀 내 구성원들의 코치라는 의미를 지닌다.

〈그림 1〉 피에르 랑그땅

이 장에서는 스위스 공공 부문에서의 서번트 리더십 개념을 살펴보고, 스위스의 서번트 리더라 할 수 있는 피에르 랑그땅(Pierre

Languetin)의 생애를 서술한다. 피에르 랑그땅은 스위스 경제분야에서 외교관으로 근무한 후, 1976년 초 스위스국립은행(Banque nationale suisse: BNS)의 사무총국의 수장을 역임하고 1985년부터 1988년까지 스위스국립은행 총재를 지냈다. 그리고 은퇴후 여러 이사회와 재단을 포함하여 로잔대학교의 스위스 행정대학원에서 10년간 재단 이사회 의장을 역임했다. 스위스의 주요 기관인 스위스국립은행에서 10년 이상 훌륭한 리더십을 보여준 피에르 랑그땅의 인품과 행적은 서번트-리더의 특성에 대한 경험적 증거를 발견하는 데 유용할 것이다.

## 1. 스위스 공공서비스의 특징

스위스는 26개 캔톤으로 구성된 유럽 중부의 연방국가이다. 현대 스위스 헌법은 3가지 수준의 영토주권의 존재를 인정하며, 이는 연방, 광역지자체 차원의 26개 캔톤과 반(半)캔톤, 기초지자체 차원의 2,172[1])개 꼬뮌으로 구성된다. 자치권을 갖는 캔톤들은 경찰, 교육, 건강 및 사법 등을 포함한 대부분의 공공서비스의 집행에 책임을 진다. 연방은 국가 차원의 사무(국방, 외교, 연방 법률 등)를 관할하며, 캔톤과 협력·조율(대학 교육, 연구, 공중 보건, 경제, 실업 등)된 사무를 처리한다. 꼬뮌은 상위 수준(연방 및 캔톤)에 위임되지 않은 모든 공공서비스(스포츠, 문화, 사회 부조 등)를 책임지며 자율성이 높지만, 캔톤 또는 연방 의회에 의해 채택된 캔톤 법률 및 연방 법률을 준수하고, 연방 및 캔톤과 상호 협력·조율한다.

꼬뮌, 캔톤 및 연방은 각각 스위스 국적의 주민에 의해 대표를 선출한다(일부 꼬뮌과 캔톤들은 자신의 영역에 거주하는 외국인이 투표를 할 수 있는 권리를 인정한다). 입법부인 연방의회는 스위스 국민에 의해 4년마다 선출되며, 양원으로 구성된다. 연방하원은 총 200명의 의원을 캔톤별 인구 수(10년마다 이뤄지는 연방 인구 조사 결과)에 비례하여 선출

---

1) 이 숫자는 2021년 2월 기준이나 모든 캔톤에서 꼬뮌들 간 수많은 합병으로 인해 그 숫자는 꾸준히 감소하고 있다(참조: www.chgemeinden.ch/fr/verband/mitglieder/index.php).

하며, 연방상원은 각 캔톤이 2명(6개의 반캔톤은 1명) 씩 총 46명의 의원을 선출한다.[2]

연방 의회는 연방각료라 불리는 7명의 장관을 4년마다 선출한다. 그리고 7명의 연방 장관은 행정부인 연방내각을 구성한다. 의회에서 선출하는 연방내각은 1년 임기의 스위스 연방 대통령을 연방각료들이 선출된 순서대로 돌아가면서 맡는 윤번제 방식으로 운영되며 이것을 '동료 중 수석(primus inter pares)' 원칙이라 한다. 대통령은 1년 동안 국가원수의 역할을 맡으며, 연방내각의 결정은 동료제(collegial) 방식으로 이루어지나, 필요한 경우 과반수 투표로 결정된다. 연방내각의 결정은 비록 연방각료가 찬성하지 않았더라도 모든 각료들의 공통된 의견으로 간주되어야 한다. 이러한 동료제의 원리는 연방, 캔톤, 꼬뮌 수준의 모든 합의체 기관에 적용된다.

정부는 의회에 법안을 제안하고 이에 대한 논의를 거쳐 개정안을 채택한다. 일반적으로 정당과 관련 당사자 집단이 협의를 거쳐 법안에 대해 일정 수준의 넓은 합의(consensus)에 도달했을 때 해당 법안이 제안된다. 다양한 정당이 참여하는 연방내각의 구성은 다양한 의견을 취합하여 합의 형성을 용이하게 하여 "마법의 공식"이라 불린다(Ineichen, 2015).

연방의회가 통과시킨 연방법들은 5만 명의 시민이 특정 기간 내에 국민투표를 요청할 경우 국민투표의 대상이 될 수 있다. 10만 명의 시민은 또한 연방헌법에 대한 수정안을 제안 할 수 있으며, 이것은 정부와 의회에 제출되어 조언을 구하고 최종적으로 국민이 이에 대해 찬성이나 반대 여부를 투표한다. 국민투표나 국민발안을 개시하여 국민이 직접 투표로 결정하는 직접민주주의는 연방 수준은 물론 캔톤 및 꼬뮌 수준에서도(유권자 서명이 요구되는 수는 적지만) 유사한 시스템을 갖고 있다. 또한 정부는 의회에 토론의 대상이 되는 역제안을 제출할 수 있다. 그런 다음 국민투표 또는 국민발안에 대해 전 인구가 참여할 투표일을 설정해야 한다. 매년 4번의 일요일(2월, 6월, 9월, 11월)에 투표가 이루어지며 우편투표도 가능하다. 유권자 과반수의 투표로

---

2) 이 의회와 유사한 미국식 양원제도 모든 미국 시민의 대표인 연방하원(House of Representatives) 과 각 주당 두 명의 상원 의원을 선출하는 연방상원(Senate)으로 구성된다.

〈그림 2〉 스위스의 국민투표

결정되며 헌법개정을 위한 국민발안의 채택을 위해서는 캔톤의 다수결 찬성이 필요하다.

7명의 연방장관(연방각료)이 각자 이끌고 있는 연방집행부 구성은(다른 나라에서는 보통 하나의 부에 할당되는 다양한 업무를 다루는) 10여 개의 연방기관 및 때로는 스위스가 국제 수준에서 협상해야 하는 사안(예: 피에르 랑그땅이 다뤘던 국제 무역 협정)을 다루기 위한 한두 개의 국가사무국으로 이루어진다. 따라서 각 연방장관은 정치적 리더이자 연방의 직원(3만 명 이상)을 고용하는 다양한 연방사무소 및 사무국의 장이 된다. 연방기관의 장은 일반적으로 여러 부기관장 또는 부서장과 함께 동료제(collegial) 리더십을 형성한다. 각 부처 장관의 제안에 대한 연방내각의 중요 결정은 동료제 방식으로 이뤄지며, 타 부처 장관들은 역제안을 할 수 있다.

장관(선출직)과 공무원(고용직) 등은 정치생활에서 물러나거나 공직에서 은퇴할 때 "봉사하고 사라진다"는 좌우명(moto)을 일반적으로 갖고 있다. 이것은 국민을 위해 봉사하는 공직자들(혹자는 스위스 국민 전체)의 주요 사명을 강조하고 있다.

이상과 같은 스위스 연방 공공부문에 대한 간략한 개관을 통해서, 연방정부기관 등 통치기관의 동료제 원리, 의사결정 상 합의 원칙, 공공리더의 특징 및 공공서비스의 개념을 알아보았다. 이상의 논의는 연방 고위공무원이 공직에 어떻게 복무하였으며, 복무기간과 은퇴 이후에 어떠한 서번트 리더십을 보여주었는지에 대한 이하 절의 내용을 이해하는 데 유용할 것이다.

## 2. 스위스국립은행의 주요 역할

스위스국립은행은 국가의 중앙은행이다.[3] 본사는 스위스의 정치수도인 베른과 경제수도인 취리히에 있다. 스위스국립은행은 스위스의 통화(스위스 프랑: CHF) 가치를 유지하고 최적의 경제상황을 발전 및 유지하기 위한 정책 수행을 목적으로 설립되었다. 스위스국립은행은 세계화의 심화와 스위스 프랑 가치에 높은 수준으로 의존하고 있는 스위스의 경제발전을 위협하지 않는 한계(현재 스위스 소비자 물가 지수의 2% 미만의 인플레이션으로 정의됨) 내에서 인플레이션(및 가능한 디플레이션)을 유지하는 것을 목표로 한다.

스위스통화정책을 구현하기 위해 스위스국립은행은 매 분기마다 다음 3년간의 인플레이션율을 추정한다. 또한 다른 은행에 빌려주는 이자율인 주요 이자율을 설정한다. 스위스국립은행은 스위스 프랑 단기대출의 가장 대표적인 이자율인 SARON (Swiss Average Rate Overnight) 당좌금리에 중점을 두고 있다. 그리고 스위스 프랑의 가치가 안전한 통화 피난처로서 다른 통화에 비해 과대평가되어 수출에 불이익을 주는 것을 방지하기 위해 외환 시장에 정기적으로 개입(즉, 스위스 프랑으로 외환 구매)한다. 예를 들면, 최근 몇 년 동안 스위스 프랑과 유로화 사이의 하한 율을 시행했으며, 이에 따라 프랑에 비해 가치가 너무 많이 떨어지면 유로를 체계적으로 매수했다. 2015년에는 은행 및 기타 금융 시장 참여자가 스위스국립은행에 보유하고 있는 요구불 예금에 대해 마이너스 금리도 도입했다.

스위스국립은행은 예방 조치역할을 할 뿐만 아니라 금융위기 해결에도 적극적인 역할을 한다. 스위스국립은행은 은행 등의 대출기관 역할을 하며, 더이상 시장에서 스스로는 재융자할 수 없는 은행에 특별한 유동성 지원을 제공할 수 있다. 이를 위해서는 관련 은행이 스위스 금융 시스템의 안정성을 위해 체계적으로 중요하며, 빚을

---

3) 스위스국립은행은 공공 유한회사(Société Anonyme : SA)로서 법적 근거는 현행 스위스 연방헌법 제99조 및 1906년 제정 이후 여러 번 개정된 특정한 법률(현행 2003년 10월 3일 기준이며 연방 명령에 의해 보완됨)이다. 스위스의 통화정책을 시행·책임지는 독립기관이지만, 정기적으로 정부와 상호작용 및 기관활동을 의회에 보고할 의무가 있다. 또한 연방법(스위스국립은행 2020)에 의해 명시된 미션 이행 및 관련 활동에 대한 정보를 공개해야 한다. 스위스 지폐발행에 대한 독점권을 가지고 있으며, 스위스 은행 간 청산(Swiss Interbank Clearing : SIC) 시스템의 관리자로서 스위스의 현금 없는 결제 트래픽에 크게 관여하고 있다(스위스 화폐는 스위스국립은행이 결정한 요구에 따라 다른 기관인 Swissmint의 책임 하에 발행된다).

〈그림 3〉 스위스 국립은행

청산할 수 있는 능력을 가져야 하고 (solvent), 충분한 보증을 제공할 수 있어야 한다. 이와 관련하여 가장 큰 스위스 은행인 UBS SA에서 최근 발생한 문제로 인해 2008년 10월, 스위스국립은행은 UBS부실자산 분리기금이자 배드뱅크인 StabFund를 설립했다. 이 펀드는 UBS의 대차대조표에 의존하는 부실서브프라임 증권 387억 달러를 모금했다. 5년 후 스위스국립은행은 이 기금을 UBS에 매각하여 30억 달러 이상의 수익을 올렸다. 국제 통화 협력의 맥락에서 스위스국립은행은 국제통화기금(IMF), 국제결제은행(BIS), 금융안정위원회(FSB), 경제협력 및 개발기구(OECD) 및 최근에는 금융 시스템 녹색화를 위한 네트워크(NGFS)에서 적극적인 역할을 하고 있다.4)

주주총회는 매년 열리지만, 스위스국립은행법에 의해 스위스국립은행에 부여된 업무의 공공성으로 인해 민간회사에 비해 주주의 권한이 매우 약하다. 감독권은 스위스국립은행의 경영을 총괄하는 11명의 은행위원회에 속하며, 스위스 정부가 6명의 위원을 임명하고 주주총회에서 5명이 선출된다. 은행위원회 위원들은 감사위원회, 위험관리위원회, 보상위원회 및 임명위원회의 구성원이 된다. 사무총국은 스위스 국립은행의 최고 집행기관이며 3명의 수장과 3명의 차장으로 구성되어 모든 통화정책 결정에 대한 리더십을 가지고 있다. 총무처장은 대외적으로 스위스 국립은행을 대표하며, 동료제 원칙에 입각한 3개의 지부로 나뉘어 경영 관련 전략적 원칙을 설정한다. 3개 지부의 각 처장은 각각 제1부서(사무총장 역할, 경제문제, 국제통화협력, 통계, 인사, 법무 등 담당), 제2부서(재무안정성, 지폐 및 통화, 회계, 리스크관리 등 담당) 및 제3부서(화폐 및 외환시장, 자산운용, 은행, IT, 분석, 연구 등 담당)을 이끌고 있다. 1부서의 장은 스

---

4) 스위스국립은행과 스위스 연방정부가 협력하여IMF, FSB, OECD에 참여하는 것에 대한 상세한 설명은 Languetin(1991)을 참조할 수 있다.

위스국립은행 은행장이며, 2부서의 장은 부행장이다. 세 부서의 차장은 스위스국립은행의 관리업무를 담당하고 모든 운영 및 부서 간 이슈에 대한 조정을 맡는다. 각 부서의 3명의 수장 및 차장은 은행위원회의 제안에 따라 스위스정부에 의해 6년 임기(연임 가능)로 임명된다. 2020년 스위스국립은행은 약 950명의 정규직 및 파트타임 직원을 고용했으며, 이 직원들은 연방 소속 직원은 아니지만 연방인사법에 따라 공법상 규약으로 높은 고용 안정성을 누리고 있다.[5]

스위스국립은행이 이끄는 스위스의 통화정책은 정치권과 대중 사이에 강력한 합의에 기반을 둔다. 그러나 금주식 매각, 고정 환율 또는 이익분배 정책은 과거에 큰 논란의 대상이 되었다. 2020년, 세 명의 경제학자들은 감시기구를 설립하여 스위스국립은행 조직과 그 결정에 대한 공개 토론을 촉진했다. 그들은 정기적으로 통화 정책 주제에 대한 보고서를 게시하였는데, 예를 들면, 미국 트럼프 행정부에 의한 스위스 프랑의 환율조작 비난 또는 특히 2020년 보건 위기 속에서 선호되는 은행 이윤의 재분배 문제 등이다.

## 3. 스위스국립은행 재직 전 피에르 랑그땅의 경력

1976년 스위스국립은행의 3명의 리더들 중 하나가 되기 전에 피에르 랑그땅은 국제 경제정책의 기치 아래 스위스의 외교 분야에서 오랜 경력을 쌓았다. 그는 1923년에 로잔에서 태어나 스위스의 프랑스어권 지역에서 어린 시절을 보낸 후, 1946년 로잔 대학교에서 경제학 학위(오늘날 석사 학위에 해당)를 받고 런던 정경대학(LSE)에서 인턴을 하였으며, 1949년부터 1954년까지 파리의 OECD사무국 스위스대표부에 처음 임명되었다. 1955년 그는 연방공공경제부(당시 연방각료인 토마스 홀른스타인이 장관직 수행)에 합류하여 1957년부터 1961년까지 스위스 무역부를 이끌었다. 또한 1966년까지 OECD, 유럽자유무역협회(ELE), UNCTAD(유엔 무역개발회의)와 스위스의 관계를

---

5) 영문으로 된 더 자세한 정보는 스위스국립은행 홈페이지(www.스위스국립은행.ch/en)를 참조.

담당하는 책임자이기도 했다. 같은 해 정부는 제네바의 유럽자유무역연합(EFTA)과 GATT(관세 및 무역에 관한 일반협정, 현재 세계무역기구(WTO)의 전신)의 스위스대표단 책임자로 그를 임명하였고, 랑그땅은 10년간 책임자로서 재직했다. 또한 1968년부터 1976년까지 그는 EEC(유럽 경제 공동체, 현재의 유럽 연합)와 자유 무역 협정에 관한 협상을 위한 스위스대표단의 대사 겸 부단장을 역임했다.

피에르 랑그땅은 보호무역주의의 한계를 극복하기 위해 노력한 무역외교관 중 한 명이었다. 그는 1960년에 EEC 회원국이 되기를 원하지 않는 다른 여러 유럽국가들과 함께 EFTA를 만드는 데 핵심적인 역할을 했다. 또한 피에르 랑그땅은 1971년부터 1972년까지 자유무역협상부 차관으로서 스위스 기업의 유럽시장 접근을 촉진하는 데 중요한 역할을 했다. EFTA는 오늘날에도 스위스에 큰 중요성을 지니는 협정이다. 이 협정에 기여한 그의 결정적인 공헌을 인정하여 1979년 로잔대학은 피에르 랑그땅에게 명예박사의 칭호를 수여했다. 이러한 경제외교의 모든 기간 동안 피에르 랑그땅은 스위스정부와 스위스국립은행협상 팀의 서번트-리더였다. 그의 공감 노하우, 지혜, 경청의 품격 덕분에 많은 구성원들이 성장할 수 있었고, 이들은 나중에 OECD와 GATT 모두에서 중요한 직책을 맡을 수 있었다.


## 4. 스위스국립은행 재직 시의 임원활동

피에르 랑그땅은 1976년 정부에 의해 스위스국립은행 사무총장에 임명되어 1988년에 은퇴할 때까지 재직했다. 처음에 그는 제 3 부서의 장으로 합류했고, 1981년부터 1984년까지 제2부서의 장과 부행장직을 맡았다. 1985년부터 1988년까지 총무처장이자 제1부서의 장을 역임한 그는 특히 인사부를 이끌면서 서번트 리더십 스타일로 스위스국립은행 직원들을 위해 봉사했다. 그는 Kanter(1993)가 제시한 권한부여(empowerment)의 개념을 목표로 자신의 동료 및 협력자들과 함께 동료제 방식에 따라 자신의 권한을 공유했다. 그는 전통적으로 독일어권 출신이 맡았던 스위스국립은행의 장을 역임한 최초의 프랑스어권 출신이었다. 스위스국립은행 은행장으로서 그는 "중앙은행들의 은행"으로 알려진 바젤의 국제결제은행 이사회의 일원이었다.

랑그땅은 스위스국립은행 모든 직원들의 개인적 성장에 관심을 기울였으며, 이는 결과적으로 은행 서비스에 대한 구성원들의 헌신을 통해 성장을 가능하게 하였다. 그의 은행장 재임기간 동안 스위스국립은행은 스위스 공공부문에서 대표적인 기관이 되었으며, 공공 또는 민간 기업들이 뒤따를 수 있는 모범이 되었다. 또한 피에르 랑그땅은 구성원들의 의견을 경청하고, 합의를 통해 의사결정을 하였다. 그리고 스위스국립은행의 의사결정사항의 시행을 공동협력자들과 스위스 정치권 및 언론에 효과적으로 설득할 수 있는 훌륭한 리더였다.

피에르 랑그땅이 스위스국립은행에 합류하기 몇 년 전, 스위스국립은행은 다른 중앙은행들과는 독립적으로 변동환율 및 통화정책을 도입하였기 때문에 중대한 변화 국면에 접어들었다. 피에르 랑그땅의 합류 후, 그가 이끄는 제3부서는 분석 및 연구 서비스 팀을 새롭게 설립하였으며 이를 통해 스위스국립은행은 화폐공급 측면에서 통화경제에 근거한 연간목표를 설정하여 안정적인 화폐공급 연간 목표를 수립할 수 있게 되었다. 이에 따라 스위스국립은행은 총통화량을 통제하는 정책에 따라 우려할 만한 수준에 도달한 인플레이션을 신속하게 억제할 수 있었다. 그러나 환율의 과도한 변동이라는 새로운 문제가 발생했다. 피에르 랑그땅이 1975년 스위스국립은행에 입사하기 전 당시 스위스 프랑(CHF) 대비 달러가 크게 하락하면서, 1977년 6월 1.00 달러 대비 CHF 2.46에서 1978년 2월 CHF 1.79에 이르러 스위스의 수출이 큰 위험에 처하게 된 것이다.

전 세계가 변동환율 정책으로 전환할 때, 독일이 스위스의 매우 중요한 경제 파트너임에 따라 스위스 프랑과 독일 마르크 간 고정환율 목표(CHF 80 대 DEM 100)를 채택했다(이것은 유로화가 도입되어 2011년부터 2015년까지 프랑스와 고정 환율이 적용되기 전 상황임).

피에르 랑그땅은 개입주의가 아닌 시장의 수단에 기반을 둔 통화정책 이행을 확고히 옹호했다. 따라서 그는 인플레이션을 억제하기 위해 1960년대에 도입된 행정조치의 해제를 단호히 가속화했다. 또한 스위스 통화당국이 발행한 통화에 대한 배출 통제를 폐지하고 자본수출 요건을 줄였다. 특히 미국달러의 매우 강력한 환율변동에 따라 요구되는 다른 중앙은행들과의 협력의 맥락에서, 피에르 랑그땅은 경제외교관으로서 그의 경력을 통해 획득한 협상기술로 스위스의 국익을 확보하는 데 기여했다. 또한 그는 스위스국립은행에 합류하기 전부터 보여준 서번트 리더십 원리에서 영감을 받아, 자신이 리더로 연달아 임명된 스위스국립은행의 세 부서 모두를 이끌수 있었다. 그는 함께 일한 직원들의 훌륭한 역할모델이었다. 랑그땅에게 리더십은 체계적인 관리기법이 아닌, 일상의 자연스러운 생활방식이었다. 경제외교관과 중앙은행 총재를 역임했던 그는 제2차 세계대전 이후 스위스의 대표적 서번트-리더였다.

## 5. 스위스국립은행 퇴임 이후의 피에르 랑그땅

피에르 랑그땅은 스위스국립은행을 떠난 후에도 스위스국립은행과 긴밀한 교류를 유지했으며 신념을 갖고 기관의 발전에 지속적으로 기여했다. 노년까지 그는 이전 동료들 및 협력자들과 함께 경영진 회의에 참석했다. 또한 그는 정기적으로 스위스국립은행 총회에 참석했다. 그는 동료들과 협력자들을 위해 일하는 서번트 리더십 스타일을 지속적으로 보여주었다. 피에르 랑그땅의 토론은 항상 즐거웠으며 그의 후임자들은 그의 귀중한 경험으로부터 많은 것들을 배울 수 있었다.

피에르 랑그땅은 은퇴 기간 동안 스위스 재보험 회사와 파르게사(Pargesa) 홀딩스의 이사회 멤버였다. 그는 또한 제네바의 파리바스(Paribas) 스위스은행의 이사회 부의장(1989–1996)과 Sandoz SA[6]의 이사회(1988–1995)에 참여했다.

1988년부터 1997년까지 피에르 랑그땅은 스위스행정대학원(IDHEAP)의 재단[7] 이

---

6) 이 대형 스위스 제약회사는 1996년 시바–가이지(Ciba–Geigy)와 합병하여 호프만–라로쉬 (Hoffman–LaRoche)와 함께 두 개의 주요 스위스 제약그룹 중 하나인 노바티스 그룹(Novartis Group)을 설립했다.
7) 로잔에 있는 스위스 연방 공과대학(EPFL)의 재단이었고 이후 2012년에는 로잔대학교 법학, 형사

사회 의장으로 재임했다. 그는 이사회 의장으로서 주로 로잔대학 공동체와 특히 행정대학원 교수 및 기타 협력자들에 대해 서번트 리더십을 솔선수범했다.

또한 항상 피에르 랑그땅에게 영감을 준 서번트 리더십 원칙에 따라 스위스행정대학원은 랑그땅의 재임 기간 동안 "공공서비스를 위한 대학"이라는 비전을 설정하고 다양한 연구활동과 교육을 통해 글로벌 및 스위스연방, 캔톤, 꼬뮌 수준에서 공공활동에 봉사하는 모범적 대학기관이 되었다.[8]

피에르 랑그땅은 스위스의 서번트-리더로서 자신의 주변을 설득하고 공동의 목표달성을 위해 구성원들을 이끌었을 뿐 아니라 오늘날 스위스의 국가경제 및 통화정책에 대한 비전을 구축하였다. 그가 보여준 공직 윤리, 적극적인 마인드, 동료와 협력자에 대한 자비, 성품과 목표달성을 위해 적극적으로 정책을 추진하던 모습은 스위스인들이 그를 훌륭한 서번트-리더로 기억하는 이유이다.

---

과학 및 행정학부에 완전히 통합되었다.
8) IDHEAP에서 Pierre Languetin의 후임자는 GATT의 전 이사였던 Arthur Dunkel 대사이다.

# III.

# 스웨덴 사회민주당 정치리더십

박상철

## 1. 스웨덴 사회민주당 창당 및 발전배경

스웨덴은 강한 민주국가 정치체제를 유지하면서 모든 국민이 행복하게 사는 모범 국가 중 하나이다. 오늘날의 스웨덴이 있기 위해, 누가 어떤 노력을 했는지 살펴보는 것은 중요하다. 대부분의 유럽국가와는 달리 스웨덴 사회주의 정당은 20세기 초부터 안정적인 연합정당으로 발전하고 이를 조기에 정착시키는 데 성공하였다. 이처럼 스웨덴의 사회민주주의가 초기에 성장할 수 있었던 결정적인 이유는 1920년 사회민주당 출신 최초의 수상인 얄마르 브란팅(Hjalmar Branting)의 정치리더십이 커다란 역할을 하였으며, 그 핵심은 마르크스주의를 유연하고 실용적 관점에서 해석하고 받아들였기 때문이다(Berman, 2006; Esping-Andersen, 1990).

실용주의적 접근방식에 근거하여 사회민주당은 사회주의 정당이면서도 보수집단을 대변하는 자유주의 및 농부 정당과도 상호 연립정당을 추구하기도 했다. 또한 사회주의 정당은 1920년대 말에서 시작된 대공황 기간에 공공투자를 통한 경제위기를 극복한 케인즈식 경제정책을 채택하여 신속하게 경제위기를 극복하게 된다. 이는 케인즈식 경제정책을 거부한 독일의 사회주의 정당과 커다란 차이를 보이고 있다. 스웨덴 사회주의 정당의 유연하고 실용주의적 접근방법은 독일 사회민주당에 대한 국민들의 정치적 지지가 급격하게 감소한 것과 달리 스웨덴에서는 사회민주당 정부가 1932년부터 44년 간 지속적으로 집권할 수 있는 결정적인 계기가 되었다(Berman, 2006).

사회주의 정당은 1970년대 중반 과도한 사회복지제도 확대와 1990년대에 경제위기로 인하여 중도보수 연합정당에게 정권을 넘겨주는 정치적 이변도 경험하였지만 1982년과 1994년 재집권에 성공하였다. 그러나 2006년에 중도보수연합정당에게 재차 정권을 넘겨주면서 2009년 환경정당인 녹색당과 좌파정당과 정치연합을 형성하여 2010년 선거에 임하였으나 패하였다. 이후 좌파정당을 제외한 녹색당과 연합하여 2014년 선거에 승리하여 2021년 현재에 이르고 있다.

사회민주당은 1914년 이후 지금까지 스웨덴 의회 내의 최대정당으로 자리 잡고 있다. 사회민주당은 일반노동자와 공공부문 근로자들의 적극적인 지지를 받고 있다. 사회민주당은 전통적으로 스웨덴의 최대노동조합인 스웨덴노동조합과 뿌리 깊은 정치적 유대관계를 유지하고 있다. 동시에 경영인연합회와는 정치적 타협점을 추구하는 협력관계를 통해 노동조합과 경영인연합회 간 상호 이해관계의 대척점을 조정하는 협동조합주의 조직체의 기능을 수행하고 있다. 이처럼 지지기반을 광범위하게 형성하여 정치적 이해관계를 조정하는 유연한 실용주의적 접근방법이 스웨덴 사회민주당의 특징이다.

의회민주주의를 기반으로 유연한 실용주의 접근을 채택한 사회민주당은 1930년 대부터 1980년대 중반까지 스웨덴 국민으로부터 적극적인 지지를 받는 정치적 황금기를 경험하였다. 사회민주당은 이 기간 동안 평균 45.3%의 지지율을 기록하며 자유 민주세계에서 가장 성공적인 정당으로 자리 잡게 되었다. 특히, 사회민주당은 1940년과 1968년 스웨덴 국민 과반 이상의 지지를 받아 의회 내 절대 다수당이 되었다. 첫 번째는 세계 제2차 대전 중 전쟁시기의 국가위기 상황 때문이었고 두 번째는 구소련의 체코슬로바키아 침공으로 공산주의에 대한 국민적 거부반응이 국내 공산당에 대한 지지율 저하로 이어진 것이다. 전쟁 중 위기상황 극복과 공산주의

정권의 민주주의 및 개인의 자유에 대한 탄압을 거부하고 의회민주주의를 지지한 스웨덴 국민의 선택은 노동자 집단뿐만 아니라 스웨덴 내의 다양한 정치집단이 사회민주당을 지지하고 있음을 보여준다(Therborn, 1996).

그러나 사회민주당은 1991년 선거 당시, 경제위기와 과도한 사회복지제도 운영으로 인한 심각한 재정 부담으로 인하여 37.7%의 지지율로 중도보수 연합정당에 패하였다. 이후 1994년 선거에서 45.2%의 지지율을 획득하여 정권을 재창출하고 2000년대 중반까지 의회 내 의석 수 과반에 미치지 못하는 소수정부를 구성하였다. 그러나 2006년 선거에는 35%의 낮은 지지율을 획득하여 중도보수 연합정당에 다시 패하였다. 중도보수 연합정부는 2006년부터 2014년까지 두 번 연속적으로 집권하는데 성공하여 사회민주당에 커다란 정치적 타격을 가하였다. 이처럼 중도보수 연합정당이 두 번 연속 집권할 수 있었던 가장 커다란 이유는 중도정당의 프레드릭 라인펠트 (Fredrik Reinfeldt) 수상이 추구하는 중도 자유주의 정책이 사회민주당 지지층을 흡수할 수 있었기 때문이다.

이후 2014년 선거에서 31%의 지지율로 녹색당과 연합하여 정권을 재탈환하였으나 사회민주당에 대한 지지율은 지속적으로 하락하였다. 2018년 최근 선거에는 지지율이 더욱 하락한 28.3%를 획득하여 1902년 이후 가장 낮은 정당지지율을 기록하였다. 낮은 지지율로 인하여 약 3개월 간 정부구성을 하지 못하였으나 중도보수 연합정당과의 정책적 타협과 녹색당과 협력하여 연합정부를 구성할 수 있었다. 당시 사회민주당은 중도보수 연합정당과 협력하여 거대 연합정부를 구성할 것이라는 전망도 있었으나 정당이 추구하는 이념 및 철학의 기조가 확연하게 상이하기 때문에 중도보수 연합정당이 절대적으로 반대하는 정책은 추진하지 않는다는 전제조건으로 타협하였다. 이처럼 2006년 이후 사회민주당에 대한 지지율이 지속적으로 감소하는 가장 커다란 이유는 유럽에서 빠르게 성장하고 국내에서도 성장하고 있던 극우정당인 스웨덴 민주주의당에 사회민주당 지지층이 크게 잠식당했기 때문이다 (Statistics Sweden, 2007; Kelly, 2018; Ahlander, 2019). (<그림 1> 참조)

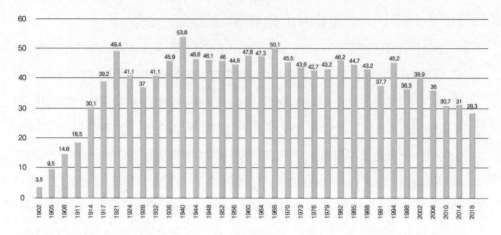

〈그림 1〉 사회민주당 연대선거 지지율(1902년~2018년, %)

출처: Statistics Sweden, 2020

## 2. 스웨덴 사회민주당과 사회복지국가 건설

### 1) 스웨덴 사회민주당

사회민주당 정강 제1조에는 "정당의 설립목적으로 모든 국민이 자신의 능력에 따라 자신의 필요성을 해결하는 사회주의 원칙에 기반을 둔 민주적 경제체제로 운영되는 사회를 건설하는 민주적 사회주의를 추구한다."라고 명시하고 있다. 이러한 사회민주당의 기본 정치철학은 1889년 설립 이후 현재까지 가장 오랜 기간 집권한 정당의 철학으로, 스웨덴 국내정치에 강력한 영향력을 미치고 있다(Socialdemokraterna Framtidspartiet, 2017).

사회민주당의 정치철학은 창당 초기인 1880년대 및 1890년대 노동자 계급 해방 및 절제, 종교적 국민운동 등을 거치면서 탄생하였다. 따라서 노동자 조직의 영향력이 국가구조 형성에 영향을 미치고, 선거정책의 기초를 마련하였다. 사회민주당의 정치철학 바탕에 있는 노동자들의 영향력을 통해 사회주의는 폭넓게 확산되어 사회민주주의 철학을 형성하고, 국민 개개인의 발전에 직접적인 영향을 미치게 되었다(Samuelsson, 1968).

사회민주당은 평등주의를 강력하게 지지하며 사회 내 차별과 인종주의를 강력하게 반대한다. 또한 사회민주당은 누진과세를 기초로 재정 지원되는 사회복지제도를 강력하게 추진하고 있다. 이외에도 사회민주당은 자본과 노동 간 이해당사자 들의 사회적 동반관계를 기초로 제도화되고 운영되는 사회협동조합주의 체제를 지지하고 있다. 이러한 경제체제에서, 자본과 노동 간 이해관계 충돌에서 발생하는 분쟁에 대해서 사회당 정부는 이해당사자 간 대화와 타협을 통해서 해결될 수 있도록 관리 및 감독하는 기능만을 수행한다(Gerassimos, 2002).

사회민주당은 누진세, 공정거래, 최저실업률, 적극적 노동시장정책을 기초로 세계 제 2차 대전 이후부터 발전하기 시작한 스웨덴 복지제도의 주체이다. 스웨덴은 1929년에 발생한 세계경제 위기인 대공황을 공공부문 투자확대를 통하여 극복한 이후 적극적 노동시장정책을 도입하였다. 이후 1940년대 및 1950년대 스웨덴 최대 노동조합(Landsorganisationen i Sverige: LO)과 함께 노동시장정책을 발전시켰다. 사회민주적 노동정책의 핵심은 임금협상이고 노동자의 임금은 기업의 효율성과 생산성을 기초로 결정되고 있으며 정부는 이에 직접적으로 관여하지 않는다. 사회민주당 정부는 자본가와 노동자 간 임금협상을 통해 동일노동에 대한 동일임금 지급을 통하여 노동자들의 실업을 최소화 하고 누진세를 적용하여 노동자들의 임금을 지속적으로 창출 및 인상할 수 있는 정책을 추진하고 있다. 또한 생산과 소비를 통하여 창출된 사회적 부(Social Wealth)를 지방정부를 통하여 공공서비스 형태로 국민에게 공정하고 평등하게 제공하는 것이 사회민주당의 최종 목표이다(Berman, 2006; Abrahamson, 1999).

사회민주당은 정당철학인 '유연한 실용주의적 사고'를 기초로 보수층을 대변하는 자유주의(Liberalism)를 흡수하였다. 상대적으로 소규모의 국가체제를 유지하고 있는 스웨덴은 지리적으로 근접한 공산국가인 구소련의 안보위협으로부터 독자적으로 국가 안보를 확보 및 유지하는 것이 현실적으로 불가능하다. 사회민주당의 자유주의 채택은 스웨덴의 사회 민주적 가치와 국가안보를 유지하기 위한 선택이었다(Erlander, 1956).

따라서 냉전체제 하에서 자유주의를 사회민주당 내에서 일정부문 용인하는 유연하고 실용주주의적 접근방법을 채택하였다. 이후 1980년대 자유주의가 신자유주의로 발전하자 이를 노동과 자본의 협력관계를 강화하여 경제성장을 통한 사회적 갈등을 해소하는 것으로 활용하였다. 즉 사회민주당 내 다수는 전통적 사회주의를 바탕으로 세상을 변화시키고 더 발전된 미래를 건설하는 방향에는 전적으로 동의를 하지만 이를 실현시키는 방법으로는 극단적이며 파괴적인 사회변화보다는 의회민주주의를 기반으로 하는 점진적인 변화를 채택하는 현실적이며 실용주의적 가치를 실현하는 것을 목표로 한다(Berman, 2006).

## 2) 사회복지국가 건설과 스웨덴 모델

현대 스웨덴의 복지제도는 교회가 주도하였던 빈곤구제 활동에서 시작되었다. 교회의 빈곤구제활동으로 1642년 구걸금지법이 제정되고 1743년에는 빈민구호소 설립을 의무화한 민법이 제정되어 시행되었다. 이후 19세기 중반인 1847년 빈곤방지법이 제정되어 빈곤문제 해결이 교회활동의 영역에서 국가업무 중 하나로 정식으로 이전되었다. 그러나 현실적으로 빈곤방지법은 1871년 그 수혜자를 고아, 노인 등 최소한을 대상으로 설정하는 방향으로 개정되었기 때문에 기존의 교회 및 민간이 시행하였던 빈곤구제 활동에서 크게 진전되지 못하였다.

이러한 상황이 20세기 초인 1918년까지 지속되었다. 근대 복지체제가 구축되기 시작한 시점은 기존의 빈곤방지법이 1918년 빈곤보호법으로 개정되면서 빈곤의 대상이 사회적 약자인 노인층을 중심으로 확대된 이후부터다. 즉 빈곤보호법의 대상이 빈곤층에서 퇴직 후인 노인층에게 적용되는 연금개념이 도입되기 시작하였다. 이후 인간적이며 현대적인 사회복지제도를 정착시키기 위하여 1956년, 보다 발전된 제도인 사회지원법을 제정하게 되었다(Engberg, 2005; Dahlberg, et al., 2009).

세계 제2차 대전이 종식된 후인 1945년부터 1976년까지 사회민주당이 단독정부를 수립하면서 다양한 사회개혁을 추진하여 사회복지국가를 건설하였다. 주요 사회적 개혁시기로 불리는 1946년부터 1950년까지 노년연금, 아동수당, 건강보험, 월세공제 등에 관한 전반적인 법률이 제정되었다. 이외에도 교육개혁을 통하여 고등교육기관 및 연구 활동 보장 등에 관한 법률도 강화되었다.

사회개혁을 통한 사회복지제도를 정착시킨 전후 사회민주당의 개혁프로그램은 산업의 국유화를 실행하는 극단적 사회주의 노선을 선택하지 않았다. 사회민주당은 국유화를 통한 부의 국가통제 대신에 사회민주당은 세금제도를 통한 정부의 통제력을 강화하여 부의 분배효과를 극대화 시키는 제 3의 길을 실천하는 혁신적이고 창의적인 사회복지국가 건설에 핵심적인 역할을 수행하였다. 즉, 민간의 소유권을 보장하여 경제활동을 적극적으로 권장하면서 세금제도를 통하여 국가의 통제력을 강화하는 혼합된 경제체제를 유지하였다. 그 결과 1930년대부터 1960년대까지 사회복지국가를 건설하고 사회복지국가의 대명사인 스웨덴 모델을 창출하였다(Brodin, 1980).

스웨덴 모델 사회복지국가를 건설한 사회민주당은 자본주의체제의 근간인 소유권구조 인정과 공정경쟁을 기반으로 하는 사회적 시장을 결합하는 매우 독특한 방향을 설정하였다. 그 결과 규제받지 않는 자본주의 경제체제와 계획경제를 기반으로 하는 사회주의 경제체제와는 상이한 제 3의 길을 선택하여 지속적인 경제성장과 사회적 형평성을 동시에 달성하였다. 이처럼 괄목할 만한 성과를 창출한 사회민주당의 접근방법은 복지자본주의로 평가되고 정책적 효율성과 가치가 인정되어 진보 및 보수진영에 동시에 환영받게 되었다.

이로서 자본주의 체제를 기반으로 하는 사회복지 정부라는 사회민주당 정부를 구성하는 새로운 형태로 인정받게 되었다. 이 모델은 의회 내 민주적인 절차를 통하여 결정되어 사회민주주의의 기본가치인 평등, 정의, 자유, 연대의식 등을 모두 달성하였으며, 1950년부터 1980년까지 복지자본주의를 발전시켜 사회복지국가를 건설하는 황금기를 맞이하게 되었다(Esping—Andersen, 1990; Ankarloo, 2009).

스웨덴 모델 사회복지국가의 기본목표는 요람에서 무덤까지 전 국민에게 보편적인 복지제도를 제공하는 것이다. 이를 실현하기 위해서는 높은 경제적 비용이 수반된다. 그러나 정부의 주요 경제적 수입은 세금과 사회적 서비스 제공에 대한 비용지불에 불과하다. 따라서 사회복지제도 운영을 위해서는 경제적 비용을 지불하기 위한 높은 세금제도가 요구되고 있으며 세금제도의 기초는 소득에 대한 높은 세금비율과 누진세금제도이다.

그 결과 1970년대 말 스웨덴 국내총생산에서 공공부문에 투자되는 비율이 최고 64%까지 증가하였고 소득에 관계없이 모든 임금노동자의 임금 중 50%에서 60%까지 기본소득세를 지불하였다. 이외에도 간접세금의 주요 원천 중 하나인 소비세인 부가가치세 비율이 22.5%에 이르게 되었다.[1] 이는 당시 세계 최고의 세금비율이다 (Brodin, 1980; Bergh, 2011).

스웨덴은 국가정책의 최종 목표가 사회복지국가의 기본방향인 국민의 복지체제 향상이며 이를 위한 실행수단으로 지속가능한 경제성장을 추구하고 있다. 즉, 경제정책의 기조가 정부정책의 최종 목표인 국민복지 향상을 위한 복지경제 체제를 구축하는 것이다. 그러나 1970년대 이후 과도한 복지비용 지출로 1990년대 초에 경제위기를 경험한 이후 경제성장의 범위 내에서 복지정책을 실행하는 것이 필요하다는 주장이 제기되었다. 따라서 경제, 금융, 노동, 복지부분의 개혁을 통하여 국가경제 및 사회구조를 사회적 합의에 의해서 개편하였다. 또한 이러한 경제위기를 신기술 창출을 바탕으로 하는 기술혁신을 통해서 극복하고 생산적 복지체제를 구축하는 대표적 사례를 남기기도 하였다. 생산적 복지체제를 바탕으로 하는 경제정책의 결과 스웨덴은 일인당 국민소득이 2007년 말 약 49,300달러에 달하여 세계 최고의 고소득 국가군으로 재 진입하였다(Bergh, 2011; Park, 2020).

스웨덴 모델인 생산적 복지제도의 진가는 2008년 글로벌 금융위기를 극복하는 과

---

1) 부가가치세는 22.5%에서 1993년 25%로 인상되어 현재까지 유지되고 있다. 이는 덴마크, 노르웨이 등과 함께 세계에서 가장 높은 부가가치세 비율이다.

정에서도 발휘되었다. 글로벌 경제위기의 영향으로 2008년 마이너스 경제성장에서 2009년에는 OECD 회원국 중 한국 다음으로 높은 경제성장률을 달성하여 국가경제의 신속한 회복능력을 보여 주었다. 이후 지속적인 경제성장을 달성하여 2013년 일인당 국민소득이 약 61,200 달러에 달하는 최고 고소득 국가를 유지하였다. 이로서 사회복지국가의 안정성, 지속가능한 경제성장성, 신속한 경제위기 극복능력 등을 입증하였다.

## 3. 사회복지국가 건설과 서번트 리더십

### 1) 사회민주당의 서번트-리더의 활동

스웨덴 사회민주당은 사회민주노동당(SAP)으로 발전하였고 정당의 기본가치를 자유(Freedom), 민주주의(Democracy), 평등(Equality), 연대(Solidarity)로 설정하여 정치철학을 확립하고 이를 목표로 정당정책을 추구하였다. 이러한 정당가치를 기초로 사회민주당은 1920년 최초로 사회민주당 정부를 구성할 수 있었다. 당시 사회민주당 출신 최초의 수상인 얄마르 브란팅(Hjalmar Branting)은 정치리더십을 발휘하여 정당의 핵심가치를 기반으로 현실정치에 대응하였다(<그림 2>).

<그림 2> 얄마르 브란팅 수상(1920년)

브란팅 수상의 리더십 핵심은 사회주의자들이 신봉하는 급진적 사회주의를 유연한 실용주의적 관점에서 해석하고 실천하는 것이었다. 따라서 의회민주주의를 무시하고 급진적인 형태로 마르크스주의를 실행하는 과정에서 발생하는 사회적 불안은 정당의 기본가치인 개인의 자유와 민주주의에 막대한 피해를 주는 것으로 판

단하였으며, 시간이 오래 걸리더라도 점진적 변화와 개혁을 통한 사회민주주의 가치
확산의 중요성을 강조하였다.

브란팅 수상은 사회민주당이 추구하는 네 가지 기본가치를 정립하고 이를 달성하
는 방법으로 유연한 실용주의와 대화와 타협을 통한 점진적 변화를 추구하는 두 가
지 원칙을 확립하였다. 브란팅 수상이 제시한 두 가지 원칙은 사회민주당 내에서 전
적으로 지지를 받았으며 이후 사회민주당 지도자들도 동일한 가치와 원칙을 기반으
로 정당정치 및 정책수행을 추진하는 가이드라인이 되었다.

브란팅 수상의 리더십은 사회민주당이 추구하는 가치와 이를 달성하는 방법은 모
두 국가구성원의 핵심인 국민의 행복을 극대화시키고, 사회적 안정을 기초로 국가의
지속적인 발전을 목표로 한다. 브란팅 수상은 이러한 목표를 바탕으로 국민에게 무
덤에서 요람까지 행복한 삶을 보장하는 복지제도를 건설 및 발전시키고 이를 기초
로 사회적 안정과 경제적 풍요를 제공할 수 있는 계기를 만들었다. 동시에 사회복
지국가를 지속적으로 유지 및 발전시킬 수 있는 정치, 경제, 사회체제를 확립하는
데 사회민주당 정치리더십이 중요한 역할을 수행하였다.

### 2) 타게 프리토프 에어란더 수상

타게 에어란더(Tage Fritjof Erlander)는 1901년에 스웨덴 중서부지방인 뵈름란드 주
에서 출생하였고 핀란드에서 조부가 이민 온 삼림체취 노동자계급 가정의 배경을 갖
고 있다. 부친은 중등학교 교사로 평범한 중산층에서 성장하였다. 이후 당시 교육상
황으로는 매우 소수만이 진학할 수 있었던 고등교육을 받았다. 에어란더는 북구에서
가장 오래된 대학 중 하나이며 남서부에 위치한 룬드대학에서 정치학과 경제학을 수
학하였다. 졸업 후 정치에 입문하여 1946년부터 1969년까지 23년 간 지속적으로 사
회민주당 당수 및 스웨덴정부 수상으로 모든 민주국가에서 가장 오랜 기간 국가지도
자로 재직한 정치인 중 한명이 되었다. 이로서 에어란더는 6척 거구(약 192센티미터)의
최장신이면서 약관 45세에 수상이 된 이후 정치적으로는 최장수 정치지도자의 입지

를 확고하게 하였다(<그림 3>).[2]

〈그림 3〉 타게 에어란더 수상(1967년)

에어란더는 1946년 10월 당시 사회민주당 당수이면서 수상이었던 페르 알빈 한손이 갑자기 사망하면서 당내에서 후계자가 되어 연합정부를 이끄는 수상이 되었다. 에어란더가 후계자로 선택된 가장 중요한 이유는 당시 한손수상의 후계자로 자타가 인정한 부수상이며 사회복지부장관 이었던 구스타프 묄러의 정치적 성향이 사회개혁을 급진적으로 추진하려던 것이 당내 중진 중 일부의 반대에 부딪쳤기 때문이다. 특히 당시 재무장관인 에른스트 뷕포르스가 강력하게 반대하였고 사망한 한손수상과 동일한 세대보다는 젊은 세대가 정권을 이어받아 지속적이면서 점진적인 사회개혁을 추진하여야 한다고 주장하였다. 이로서 에어란더는 사회민주당 제 3세대 지도자로 선출되었고 이는 사회민주당 내에서 매우 경이로운 선택으로 인정받고 있다 (Ruin, 1990).

에어란더 수상은 학창시절부터 학생 정치활동에 적극적이었고 졸업 후 룬드시에서 빈곤문제 해결을 위한 사회활동을 경험하면서 실질적인 정치활동을 시작하였다. 졸업과 동시에 1928년에 사회민주당 당원이 되었고 1930년 룬드시 위원회 위원으로 선출되었다. 2년 후 1932년 사회민주당 후보로 국회의원에 당선되었다. 이후 당시 복지부장관이었던 묄러의 정책고문, 지방행정비서 등을 역임한 후 1944년에 한손수상 내각에서 무임소장관으로 임명되었고 1년 후 교육부장관이 되었다. 즉, 한손정부에서 장관으로 임명된 지 약 2년 만에 사회민주당 제 3세대의 지도자로 그리고 사회민주당 정부를 이끄는 차기수상으로 선출되는 정치드라마의 주인공이 되었다.

---

2) 스웨덴어로 롱(lång)은 영어로 롱(long)과 톨(tall)의 의미를 모두 갖고 있다. 따라서 에어란더 수상은 6척 거구의 장신이기 때문에 23년이라는 최장기 수상을 역임하였다고 스웨덴 언론 등이 보도하면서 국민들에게 이러한 정치적 이미지가 각인되었다.

이러한 정치적 경험을 통하여 에어란더 수상은 실용주의자이면서 역설적인 정치지도자라는 명성을 얻게 되었다. 그 이유는 사회민주당의 정책적 기본 가치를 추구하기 위해서 보편적 건강보험 및 연금제도 등을 실시하였으나 자유 및 중도보수진영이 반대한 광범위한 국유화 정책에는 중도보수진영의 반대의견을 수용하여 이를 저지하였기 때문이다. 또한 공공부문의 투자를 지속적으로 증가시키면서도 세금수준은 당시 선진국 평균(현재 OECD 국가 회원국)보다 조금 상회하는 수준으로 유지하였다. 에이란더 재임기간 중 1960년대까지 스웨덴의 소득세 비율은 미국보다 낮았으며, 스웨덴의 소득세 비율이 미국보다 높게 징수된 시기는 1970년대 이후이다 (Bergh, 2011; Cohn, 2011). (<그림 4> 참조).

에어란더 정부는 첫 번째 선거에서 자유주의 진영의 강력한 반대에 직면하였고 1951년부터 1957년까지는 보수진영인 농민연합과 연대하여 연합정부를 구성하였다. 사회민주당은 1956년 총선에서 보수정당에게 다수의석을 넘겨주었으나 당시 상하원

〈그림 4〉 미국과 스웨덴 고소득층의 소득세 변화추이(1900~2005년)

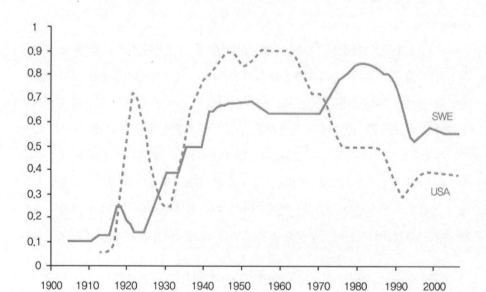

출처: Bergh, 2011

으로 구성된 양원제도 하에서 상원에서 다수의석을 차지하게 되어서 정권을 유지할 수 있었다. 이 선거로 에어란더 정부는 정치적으로 위기를 맞았으나 농민연합과의 연대로 위기를 극복하였고 이후 1958년에 시행된 조기선거를 통해서 상하원에서 다수의석을 다시 확보할 수 있었다(Erixon, 2006).

에어란더가 집권한 1946년부터 1969년까지는 세계 제 2차 세계대전 이후 세계경제가 지속적인 성장을 달성하는 경기 확장기였다. 따라서 스웨덴 국내경제도 이에 편승하여 지속적인 성장을 달성하였다. 그 결과 스웨덴 경제는 적은 인구에도 불구하고 1960년대에 세계 10대 경제 강국으로 성장하였다. 지속적인 경제성장을 바탕으로 사회민주당의 전통적인 외교 및 국방정책인 중립국정책을 유지하기 위하여 국방비도 대폭 증가하여 1960년대 국민 1인당 국방비 지출비중이 미국, 구소련, 이스라엘 다음으로 높은 국가가 되었다. 동시에 구소련으로부터 영공을 방어하기 위하여 세계 제 3위의 강력한 공군을 보유한 국가로 성장하였다(SIPRI, 2019).

에어란더 정부는 일곱 번째 선거인 1968년 총선에서 대승을 달성하여 1940년 총선 이후 두 번째로 절대다수 정당이 되었다. 다수당 정부를 구성한 에어란더 수상은 헌법 개정을 완수한 후 사회민주당 제 4세대 지도자이며 후계자인 올로프 팔메에게 정권을 이양하고 자발적으로 사임하였다. 에어란더가 자발적으로 수상에서 사임한 이유는 23년 간 장기집권 하에서 사회민주당 및 정부의 체질개선과 세대교체가 이루어져야 한다고 생각했기 때문이다.

에어란더 수상은 1950년대부터 헌법 개정에 커다란 관심을 보이고 헌법개정위원회 위원장을 직접 맡으며 이를 1960년대까지 지속하였다. 이처럼 헌법 개정에 깊은 관심을 갖게 된 이유는 더욱 효율적이며 강력한 정부를 구성하여 사회민주당 정책수행을 원활하게 하기 위함이다. 이를 위해 5개 주요 정당으로 구성된 스웨덴 다수정당 체제를 영국과 유사하게 양당체제로 변화시킬 수 있는 방법도 고민하였다.

에이란더 수상이 바라는 '효율적이고 강력한 정부', 즉 양당체제를 위해서는 선거체제를 기존의 비례대표제가 아닌, 각 선거구에서 최대지지를 얻은 후보자가 당선되는 소선거구제도로 변경하고, 이를 통해 3개 정당으로 구성된 중도보수진영을 한 개의 정당으로 편입해야 했다. 사회민주당 내 급진주의자들은 지속적인 정권창출을 위하여 이러한 양당체제 구성을 강력하게 주장하였다. 그러나 에어란더 수상은 급진적인 선거제도 변화를 통한 양당체제로의 전환은 의회민주주의 발전을 저해하고 다양한 국민의 정치적 의견을 수용하는 데 한계를 갖게 될 수 있는 것으로 판단하였다 (Ruin, 1990).

따라서 선거 후 정부구성을 제도적으로 용이하고 효율적으로 추진하기 위해서 1809년에 제정된 헌법을 개정하여 양원제를 단원제로 전환하고 국회의원 수를 350명으로 규정하였다. 이 제도는 1971년부터 시행되었으며 개정헌법이 발효되기 시작한 1975년 1월 1일부터는 350명 국회의원 수로는 의결동수로 인하여 의사결정이 원활하지 못할 가능성에 대비하여 국회의원 수를 349명으로 한 명 감소하였다(박상철, 2019b).

에어란더 수상의 집권기 정치적 구호는 강한 사회 구축이었다. 이를 위해 경제적으로 부강한 사회를 만드는 과정에서 발생하는 다양한 사회적 수요에 적극적으로 부응하고 공공의 영역을 확대해 나가는 것이 필수적이었다. 그럼에도 불구하고 에이란더 수상은 당시 최대 야당이었던 자유당의 공공부문 국유화 반대를 존중하여 국유화 과정을 확대하지 않았다. 에어란더는 중도실용주의자로 수상으로 취임한 직후 1946년에서 1947년 사이에 사회복지정책의 기틀을 확고하게 마련하였다. 이 정책의 핵심은 기본연금, 아동일반수당, 병가 시 현금 환급제도이며 이를 시행하기 위한 세 가지 주요 개혁이 실행되었다. 또한 국가노동시장위원회가 설치되어 지역노동청과 협력하고 실업자 보조기금을 감시하게 하였다. 이외에도 국가주택위원회를 설립하여 중앙차원에서 주택임대 현황과 주택대출을 조절하여 전 국민의 주택문제를 해결하는 데 크게 기여하였다. 또한 1947년에는 세제개혁을 통하여 저소득층 세율을 낮추고 고소득층 및 상속세를 증가시켰다.

이러한 사회개혁 및 세제개혁을 통해 1947년까지 자녀가 있는 가정에게만 지급되던 주택수당의 지급범위가 확대되어 1948년부터는 16세 이하의 자녀가 있는 모든 가정에 아동수당을 지급하였다. 이후 1954년부터는 주택수당의 지급범위를 연금수령자까지 확대하였다. 이외에도 교육개혁도 추진하여 1962년부터 기존의 3－3－3 제도로 운영되던 교육시스템을 통합하여 9년 간 의무교육으로 전환하였다. 의무교육 이후의 교육과정은 고등학교 과정인 김나지움, 고등교육기관인 지역거점 종합대학 등을 설립하여 고등교육에 혁신을 가하였다.

이외에도 1964년 고등학교 과정을 보완하는 직업예비학교가 도입되었고 1967년에는 지방자치단체가 운영하는 성인교육기관이 설립되었다. 이는 2021년 현재까지 운영되고 있다. 이로서 에어란더 수상은 사회개혁, 세제개혁, 교육개혁을 통하여 지속발전이 가능한 사회복지체제를 구축하는 기반을 형성하였고 사회복지국가를 대변하는 스웨덴모델을 구축하였다(Flora, 1987).

에어란더 수상은 야당인 자유주의 보수층과도 대화와 타협을 통하여 상이한 이해관계를 조정하면서 스웨덴 모델을 발전시켰다. 그는 상대적으로 미국보다 낮은 소득세율을 적용하면서 1955년에 채택한 소득연동형 의료보험을 전 국민에게 적용하는 보편적 의료보험과 연금확대 등을 실현하기 위하여 자유주의 보수정당과 합의를 이끌어 내 1960년대에 정착시켰다(Mares, 2010; Cohn, 2011).

에어란더는 23년간 사회민주당 당수 그리고 정부를 대표하는 수상으로 재직하면서 사회, 세제 및 교육개혁을 통하여 스웨덴 사회복제도의 기반을 확립한 위대하고 존경받는 정치지도자였다. 그러나 1969년 사회민주당 내 차세대의 발전을 위해서 자진해서 사임한 에어란더 수상은 퇴임 후 정작 본인은 수도인 스톡홀름에서 거주할 주택을 보유하지 못해서 사회민주당 당원이 자발적 모금을 통해 거주할 주택을 마련해 주어야만 했다. 1972년부터 1976년까지 4편으로 구성된 자서전을 저술하였다.

그는 서번트 리더십을 행동으로 실천한 정치지도자로 평가받고 있다. 에이란더가 이처럼 사회복지국가 건설을 위한 기반을 마련한 가장 커다란 목적은 노인 및 퇴직자, 환자, 그리고 실업자에게 사회안전망을 제공하고 교육을 통해 개인이 발전할 수 있는 기회를 제공하기 위함이라고 설명하였다. 에어란더 수상은 생전에 정의, 평등, 그리고 연대의식을 추구하는 사회주의가 자신에게는 가장 이상적인 사회라고 주장하였다. 그러나 이러한 가치를 개인이 단독으로 추구한다면 너무나 커다란 문제에 직면하기 때문에 사회 내 모든 구성원이 상호 협력하여 추구하여야 하며 이를 달성하기 위해서 공공부문의 국유화라는 독단적인 사고에 갇히는 것보다는 국민이 필요로 하는 것을 해결할 수 있는 방향으로 전진하여야 한다고 주장하였다(Pace, 1985).

### 3) 올롭 요아힘 팔메 수상

팔메(Olof Joachim Plame) 수상은 파란만장한 정치인생을 살았다. 팔메센터는 올로프 팔메 수상에 관하여 "올로프 팔메는 세상을 변화시켰으며 이러한 그의 업적은 현재에도 지속되고 있다. 민주주의, 인권, 평화를 지향한 그의 언어와 행동은 현재까지도 많은 사람에게 영감을 주고 있다."고 하였다.

팔메는 세계 제1차 대전이 끝난 후 유럽이 불완전한 평화 시기를 구축한 1927년 1월 30일 스웨덴의 상류층 집안에서 삼남매 중 막내로 태어났다. 어린 시절의 팔메는 신체가 매우 허약하여 친구들과 집밖에서 뛰어 노는 것보다 집 안에서 독서에 집중하였다. 팔메의 아버지는 그가 일곱 살 때 갑자기 사망하였지만, 상류층인 집안의 영향으로 다양한 언어(영어, 프랑스어, 독일어, 스페인어, 러시아어)를 습득한 총명한 학생이 될 수 있었다.

이후 성장하여 17세 때 유명 사립학교인 시그투나 후만이스카 레로베르크를 졸업하고 제2차 세계대전이 한창인 1944년 징병으로 군대에 입대하여 기갑부대 중위로 제대하였다. 군대제대 후 미국 오하이오 케년 대학에 장학생으로 유학하여 1948년까지 정치학 및 경제학을 공부하였다. 대학 졸업 후 팔메는 4개월 간 히치하이킹과 버스 등을 이용하여 미국 내 50개 중 34개 주를 여행하였다. 이러한 미국장학생 유학 배경과 미국 내 광범위한 지역의 여행은 팔메를 스웨덴에서 미국을 가장 폭넓고 깊게 이해하는 정치인으로 인정받게 하였다.

팔메의 미국여행은 팔메에게 많은 충격을 주었다. 34개 주를 여행하면서 다양한 미국인을 만나고 경험하면서 20대 초반의 청년은 세계 최고의 부국인 미국의 인종 간, 개별 주 별 경제적 격차와 빈곤을 목격하였다. 이는 아이러니하게도 팔메가 상류 층 집안의 정치 및 경제적 배경에도 불구하고 합리적이며 실용주의적인 사회주의자로 전환하는 데 중요한 역할을 하였다. 팔메는 미국 여행을 통해서 스스로 세계 최고의 부자나라에서 빈곤에 처한 사람들의 삶이 얼마나 힘든지를 느낄 수 있었으며, 이는 팔메가 미국식 자유민주주의 정치체제 및 자유 시장주의 경제체제의 문제점을 인식하게 하였으며 자신의 정치인생에서 사회민주주의 및 사회적 시장경제체제를 신봉하는 계기로 작용하였다(McFadden, 1986).

지속적인 여행은 팔메의 정치인식에 커다란 변화를 이끌었다. 팔메는 미국에서 귀국한 후 1949년 공산국가인 체코슬로바키아 수도인 프라하에서 현지 여대생과 급작스럽게 결혼을 하게 된다. 그러나 이는 자유를 갈망하는 여대생을 개인의 자유가 보장되는 서유럽 국가로 이주시키기 위한 선택이었으며 스웨덴에 도착 이후 이들은 계획한 것처럼 이혼을 하게 된다. 팔메의 첫 번째 결혼은 팔메가 개인의 자유를 보장하는 민주주의에 대한 굳건한 신념을 보여주는 일화이다. 이로서 개인의 자유는 팔메의 정치철학 중 중요한 요소 중 하나가 되었다.

귀국 후 팔메는 스톡홀름대학에서 법학을 전공하여 1951년 석사학위를 취득하고 학생시절 사회민주당(Social Democratic Party: SDP)의 당원으로 가입하여 활동하였다. 당시 사회당 당원으로 활동하던 팔메는 사회당정부의 수상실 비서에게 자신은 평생 사회당 당원으로 헌신할 것을 맹세하였다. 이후 팔메는 1952년 전국학생노조 대표로 선출되었다. 그리고 1954년 당시 수상인 타게 에어란더의 개인비서로 발탁되면서 정치적 리더십을 발휘할 수 있는 계기를 마련하게 된다. 그의 업무는 연설문작성, 일정 조정 등에 집중되었으나 팔메는 자신의 폭넓은 지식을 최대한 활용하여 수상에게 개인적으로 매우 가까운 조언자의 역할을 성실하게 수행하였다. 이로서 팔메는 에어란더 수상과 매우 유사한 정치경로를 수행하게 된다.

팔메는 사회당 내 정치적 입지를 강화하고 에어란더 수상의 지속적인 관심과 지지를 바탕으로 국회의원, 장관, 수상으로 선임되고 사회당 당수로 선출되며 순탄한 정치적 가도를 달리게 된다. 사회당 당원으로 그리고 당내 정치적 입지를 강화하는 과정에서 팔메의 상류층 출신이라는 사회적 편견으로 인해서 그를 오만한 인물로 평가하는 사람들도 있었다. 그러나 팔메가 사회당 당원이 되면서 스스로 고백한 말은 그의 정치철학의 일면을 정확하게 보여준다. 그는 분명 상류층에서 출생하였으나 노동운동 세대에 속한다고 생각했다. 따라서 노동운동을 수행하면서 노동자계급을 위해서 일하였으며 민중들 속에서 자유, 평등, 형제애를 위한 운동에 참여하게 되었다.

팔메는 1956년 약관인 29세에 처음으로 의회에 진출하였으며 자신의 정치적 관심사인 학생복지, 성인교육, 국제협력부문의 입법 활동에 전념하였다. 팔메의 관심분야는 당시 정치상황 하에서는 의회의 많은 관심을 받기 힘든 의제임에도 불구하고 팔메는 장기 국가발전을 위한 측면에서 팔메는 의회에서 자신의 강점인 웅변과 토론을 통하여 다양한 법률을 제정하는 데 크게 기여하였다.

의회 내에서 눈부신 활약을 바탕으로 1961년 에어란더 수상은 자신의 정치여정과 유사하게 팔메를 무임소 장관에 임명하고 2년 후에는 통신부장관에 임명하였다. 1963년 36세에 정부 내 최연소 장관이 되고 이를 거쳐서 1967년에는 교육 및 종교부 장관에 임명되면서 교육 및 종교정책에 개혁가의 자질을 유감없이 실행하였다. 팔메는 통신부장관 시절에는 유럽 내에서 영국과 동일하게 좌측차선 주행체제에서 미국과 동일한 유럽대륙 교통체제인 우측차선 주행체제로 전환시켰다. 또한 영화 및 텔레비전에서 상영된 동영상에서 폭력적 장면은 금지한 반면에 이성 간 애정행위는 허락하는 조치를 단행하였다. 또한 교육 및 종교부 장관이 되어서는 교육과정에 마르크스 사상을 교육하는 것을 허용하였는데, 이는 스웨덴 내 보수진영의 강력한 반대를 초래하였다.

1968년에는 러시아 주재 북베트남 대사와 함께 스톡홀름에서 베트남 전쟁에서 미국의 역할에 대한 반대 데모에 직접 참여하였다. 팔메는 북베트남 수도인 하노이

폭격을 명령한 리차드 닉슨 미국 대통령의 행위는 독일의 아돌프 히틀러의 행위와 동일하다고 강력하게 비난하였다. 이후 팔메는 미국의 반전주의자들에게 스웨덴에 정치적 난민을 허용하는 조치를 단행하는 책임 있는 행동을 취하였다(McFadden, 1986). 이를 계기로 팔메는 국제

〈그림 5〉 올로프 팔메 수상(1970년)

무대에서 베트남 전쟁의 미국 참여를 비판하는 주요 정치인으로 자리 잡게 되었다.

1년 후인 1969년 9월 에어란더 수상은 명예로운 은퇴를 결정하였으며 후계자로 팔메를 지지하였다. 따라서 팔메는 사회민주당 전당대회에서 전원합의하에 수상으로 선출되었으며 동년 10월 14일 국왕인 구스타프 6세 앞에서 정식으로 수상직무를 수행할 것을 선서하였다. 당시 팔메의 나이 42세이었으며 유럽 내 최연소 수상이었다(<그림 5>).

팔메가 수상으로 임명된 1969년 말은 정치, 경제, 사회적으로 다양한 문제와 새로운 도전이 기다리고 있던 시기였다. 경제적으로는 실업률 증가, 국제수지 적자 등이 시작되었다. 사회적으로는 무모한 파업행위, 약물 및 알코올 중독문제 심화, 정치적으로는 뉴스미디어를 지배하고 있는 진보적 정치세력과 산업과 금융계를 지배하여 경제계를 장악하고 있는 보수적 정치세력 간 갈등이 증폭되고 있던 시기였다.

이처럼 혼란스러운 상황 하에서 팔메수상은 야당들과 지속적인 대화와 타협을 통하여 의회 내에서 민주적 의사결정 원칙을 기본으로 하는 정책조정에 대한 합의를 이끌어 스웨덴의 산업경쟁력을 강화시켰으며 무역증진을 성취하였다. 동시에 의회 내에서 야당과 협력하여 사회 및 노동부문에 대한 수정 및 개정을 달성할 수 있었다. 그 결과 스웨덴은 1970년대 이후 지구상에서 국내총생산 대비 가장 높은 세금지출

을 통하여 가장 발전된 사회복지체제를 구축하였다. 이를 기반으로 에어란더 수상이 구축한 스웨덴 모델을 지속적으로 발전시키는 데 성공하였다. 동시에 미국, 스위스와 더불어 세계에서 가장 높은 국민소득을 달성하여 경제적으로 가장 부유한 국가로 자리매김하였다.

팔메는 20세기 스웨덴뿐만 아니라 유럽에서 가장 극적인 삶을 영위한 정치가 중 한명답게 마지막 모습도 영화 같았다. 그는 1986년 2월 28일 휴일에 스웨덴 수도이며 자신이 태어난 고향인 스톡홀름에서 한 국가의 수상 신분으로 경호원도 없이 부인과 영화를 보고 귀가하던 중 젊은 청년의 총격으로 사망하였다. 팔메의 죽음은 냉전시기였던 당시 서방세계뿐만이 아니라 사회주의 진영인 공산국가를 포함한 세계에 커다란 충격을 주었다.

20대 말부터 중앙정치무대에서 적극적으로 활약하여 40대 초반에 한 국가의 수상으로 선출된 팔메의 정치활동은 단순히 성공만이 존재하지는 않았다. 팔메는 수상으로 당선된 이후 다양한 정치, 경제, 사회적 문제를 극복하여야 했으며 1932년 이후 44년 간 사회민주당의 정권이 지속되는 가운데 1976년 총선에서 농민의 지지를 받는 중앙당(Center Party)을 중심으로 하는 중도보수연합에게 처음으로 44년간 지속된 사회당정권을 내주는 참담한 경험도 겪게 된다. 이후 1982년 총선에서 다시 승리하여 사망할 때까지인 1986년 제2기 팔메 정부를 이끌게 된다.

팔메가 성장하여 정치가로 전문적인 삶을 영위한 모든 기간인 1927년부터 1986년까지 세계는 세계 제2차 대전, 민주주의와 공산주의의 대립관계인 냉전체제, 세계 2차 대전 이후 각 식민지 독립, 민주주 확산 등 격동의 시기이었다. 이러한 시대적 상황 속에서 팔메는 인류 역사상 새로운 방향 대두와 시대정신에 대한 통찰력 등과 같은 두 가지 역사적 방향성과 시대적 정신을 정확하게 인식하였다.

팔메는 자신의 출신배경으로 인하여 정치적으로 보수적 영향을 깊게 받은 것은 분명한 사실이나 청년시절 학습과 여행을 통하여 스스로 목격하고 경험한 인식을 통하여 사회민주적인 정치적 방향을 선택하게 된다. 이는 특히 여행을 통하여 세계 각

지역에 가난과 억압, 심한 차별이 존재하고 있는 현실을 직시하게 된다. 팔메가 자신의 출신배경을 무시하고 사회민주당에 입당하여 정치를 시작한 것을 1932년 이후 사회민주당의 장기집권 때문으로 인식하고 개인적으로 팔메를 이러한 정치적 환경에 적응하기 위한 기회주의자 비판하고 있는 집단도 존재하고 있다. 그러나 1950년대 초에는 그 어느 누구도 사회민주당이 1976년까지 지속적으로 장기집권을 할 줄은 예상하지 못했다. 따라서 팔메의 사회민주당 입당과 정치활동은 개인의 신념에 의해서 선택한 것으로 판단하는 것이 합리적인 판단이다(Berggren, 2010; Eklund, 2010).

팔메의 보수 부르조아 출신배경에도 불구하고 자신의 정치적 신념을 기초로 사회민주당을 선택하여 당내 사회민주당 당원 및 정치가들에게 커다란 파장과 동시에 높은 희망을 제공한 것은 분명한 사실이다. 이는 1969년 당시 에어란더 수상의 직접적인 지원이 있었지만 사회민주당 전당대회에서 전 당원이 만장일치로 팔메를 사회민주당 당수 및 수상으로 선출한 것으로 분명하게 증명된다. 즉, 팔메는 당시 스웨덴 정치 환경에서 매우 특이한 선택을 하였으며 이는 자신의 정치철학 및 경험을 기초로 형성된 선택으로 이해될 수 있다.[3]

이처럼 자신의 출신배경과 정치철학 및 신념을 기초로 선택한 사회민주주의 정치노선은 팔메의 정치여정에서 지속적으로 희망과 실망을 동시에 제공하면서 진보 및 보수진영에게 정치적 비판을 제공하는 계기로 작용하게 된다. 즉, 팔메가 자신의 정치여정에서 본인의 경험 및 학습을 통한 신념 및 철학을 정치를 통하여 구현하겠다는 목표는 국제정치에서는 극단주의를 선택해서 국제적인 정치인으로 성장하는 데 매우 중요한 역할을 하는 데 기여하였다.

그러나 국내정치에서는 노동운동과 자본과의 관계에서 상호협력과 이해충돌의 사이를 지속적으로 반복하는 과정에서 필수적으로 각 이해당사자들에게 희망과 실망을 제공하게 된다. 이는 본인의 출신배경 및 성장과정에서 생성된 무의식적 영향

---

3) 이 내용은 2019년 8월 27일 및 2020년 11월 27일 스웨덴 고텐버그대학교 정치학과 욘 삐에레 (Jon Pierre) 교수와 인터뷰한 내용임.

력과 학습 및 경험을 통하여 형성된 의식 간 차이에서 발생되는 매우 자연적인 현상으로 팔메의 정치철학 및 리더십을 이해하는 데 중요한 요소로 작용하고 있다 (Österberg, 2008).

팔메의 정치철학과 리더십은 설명한 것처럼 자신의 출신배경에 의한 영향을 기반으로 형성된 것보다는 학습과 광범위한 지역을 여행한 개인적 경험을 통해서 현실세계를 목격하면서 형성되었다. 이는 반제국주의, 개혁주의, 반공산주의와 같은 세 가지 요소로 설명할 수 있다. 이를 기초로 팔메는 전 정치인생에서 국제 및 국내정치에서 반제국주의자, 개혁가, 반공산주의자로 자신의 철학과 리더십을 실행하려고 노력하였다. 그 과정에서 진보세력 및 보수 세력에게 다양한 논란을 제공하는 수정주의자로 비난을 받았으나 실질적이며 현실적인 변화를 주도한 합리적이며 유연한 실용주의자로 평가받고 있다.

스웨덴 사회민주당은 1920년대부터 노동자계급을 위한 노동운동을 지원하고 전개해 왔으나 1920년대 말 발생한 세계적 경제공황으로 노동계급의 막대한 고통과 피해 속에서도 공산당이 주장하는 의회 밖에서의 격렬한 투쟁은 의회민주주의를 파괴하는 것으로 인식하여 반대하였다. 사회민주당은 의회 민주주의를 존중하여 의회 밖에서의 정치적 투쟁을 전개하는 공산당과의 정치적 협력을 1930년대 이후 지속적으로 거부하여 왔으며 이는 사회민주당의 전통으로 정착되었다. 따라서 팔메가 반제국주의, 개혁주의와 함께 반공산주의를 정치철학 중 하나로 인식하게 된 것은 매우 자연스러운 것이다.

팔메가 공산주의를 반대한 것은 스웨덴 사회민주당 전통에 의해 직접적인 영향을 받은 것도 있지만 냉전체제가 정착된 이후 1949년 체코슬로바키아 공화국 등 동유럽 국가들을 여행하면서 개인의 자유를 억압하는 공산주의는 진정한 민주주의를 실현할 수 없다고 판단하였기 때문이다. 현실적으로 제국주의도 식민지 국가에서 개인의 자유를 억압하고 인종주의를 기초로 하는 심각한 인종차별이 자행되고 있는 현실을 목격한 팔메에게는 개인의 자유를 억압하는 공산주의는 제국주의와 동일한 결과를 나타낼 것으로 간주하였다.

이외에도 팔메는 개인의 자유를 매우 중요하게 인식하였다. 팔메는 자유는 민주시민으로 거듭나는 가장 중요한 요소이며, 민주주의를 발전시키고 수호할 수 있는 전제조건이라고 생각했다. 따라서 자연스럽게 제국주의 및 공산주의를 반대하게 되었으며 사회민주주의 가치관을 기초로 초강대국인 미국 및 소련의 정책 중 개발도상국에 대한 억압적 정책과 해당국가 국민의 자유를 침해하는 정책에 절대적으로 반대하였다. 이는 중립국가의 수상으로 서방 세계에 긴밀하게 연결되어 있으며 동유럽 국가들과 상이한 체제 간 연결을 주선하는 가교의 역할을 수행하는 측면에서도 팔메에게는 커다란 정치적 부담이 되었다. 그럼에도 불구하고 팔메는 자신의 정치철학과 리더십에 의하여 초강대국가의 정책이 극단적 제국주의 및 공산주의 방향으로 진행되어 개발도상국의 인권을 침해한다고 판단하면 자신의 정치적 위험을 기꺼이 감수하였다(Derfler, 2011).

세계 제2차 대전 이후 형성된 냉전체제는 중립국을 국가정책으로 실행하고 있는 스웨덴으로서는 매우 커다란 도전이었다. 지정학적으로 스웨덴은 핀란드를 사이에 두고 소련과 직접적인 국경을 맞대고 있지는 않지만 매우 근접거리에 위치하고 있다. 또한 역사적으로 현재의 세인트 페터스부르그를 중심으로 하는 소련의 서부지역은 스웨덴이 19세기 중엽까지 지배하고 있었으며 제정 러시아와의 전쟁에서 패배하면서 핀란드와 소련의 서부지역을 상실하게 되었다. 이러한 역사적 배경으로 인하여 스웨덴과 소련은 적대관계는 아니지만 긴장관계를 형성하고 있었다. 따라서 팔메는 냉전 이후 자국의 중립국 가치를 지속적으로 유지하기 위해서는 서방세계와 정치 및 경제적으로 긴밀하게 연계되어야 했다. 이러한 정치 및 경제현실은 팔메의 정치철학 중 반공산주의를 강화하는 계기로 작용하였다.

팔메가 정치가로 진출한 1950년대 스웨덴 국내 상황은 세계 제2차 대전 이후 경제는 전후부흥기를 맞이하여 장기간 높은 경제성장을 달성하는 경기확장기를 지속하였으며 이를 기초로 사회복지체제를 구축할 수 있는 여건을 마련할 수 있었다. 동시에 냉전체제의 시작으로 변화된 국제정치 및 경제상황 하에서 친 서유럽 그룹에 속하고 반공산주의를 주장하기 위해 국가체제 내 공동의 가치관 정립이 중요한 상황이었다. 이러한 정치 및 경제적 환경은 보수주의 확산이 최소화되고 문화적으로 급진주의가 확산되는 계기가 되었다. 또한 경제적으로 지속적인 고도 성장기에 도달하면서 정치적으로 의사결정 방식이 소수의 특정 이해관계 기관이 최종결정을 이루는 협동조합주의 중심의 체제가 구축되었다. 그 결과, 의회의 영향력이 상대적으로 취약하게 되었다(Österberg, 2001).

이러한 상황 하에서 팔메는 대화와 타협을 통한 합리적이고 유연한 실용주의를 통해 국내정치에 접근하였다. 즉 야당의 대화와 타협뿐만이 아닌 산업계와도 지속적인 대화와 타협을 통하여 국가발전에 실용적인 결과를 도출하였다. 팔메의 대화와 타협을 통한 결과도출 방식은 특히 정책결정이 자신의 판단에 만족스럽지 않다고 판단할 때 주로 행해졌다. 이로써 팔메는 사회민주주의가 공산주의를 대체할 수 있는 최고의 선택이라는 점을 가능한 확산시키는 데 주력하였다.

대화와 타협을 통하여 국내정치를 운영하였음에도 불구하고 팔메는 장관시절부터 사회 및 교육부문에서 과감한 개혁을 실시한 경험을 보유하고 있다. 이미 설명한대로 팔메는 통신부장관시절에는 좌측운행 주행제도를 우측차량 주행제도로 개혁하였다. 이는 당시 유럽 내 영국과 스웨덴에서 시행하던 제도이었으나 절대 다수의 유럽국가 및 미국이 우측차량 주행제도를 운행하였기 때문에 차량 주행제도의 대세를 따르는 것은 바람직한 결정이라고 국민들에게 인식되었다. 또한 산업계도 더욱 커다란 시장에 접근하고 수출을 증대하기 위해서는 거대시장에서 운행하는 차량운행 제도를 따르는 것이 더 높은 이익을 창출할 수 있었기 때문에 찬성하였다.

이외에도 교육부장관시절 교육부문의 개혁으로 마르크스의 사상을 보수진영의 강력한 반대에도 불구하고 수업과정에 채택하고 동시에 당시에는 상대적으로 생소한 개념인 성인교육제도를 발전시켰다. 마르크스 사상을 정규교육 과정에서 직접 학습함으로 자본주의 및 공산주의의 한계를 논리적으로 이해시키고 동시에 사회민주주의의 필요성을 강조하기 위한 목적을 달성하였다. 또한 성인교육을 강조하여 노동인력에게 직업교육의 중요성을 인식하게 하였으며 국가산업이 지속적인 경쟁력을 확보하는 데도 크게 기여하였다.

팔메는 보수진영의 거센 반대에도 타협하지 않고 자신의 정책을 과감하게 추진하였다. 그러나 팔메가 집권 제 1기(1969년~1976년) 수상이 되면서 국내정치 수행방식은 대화와 타협을 통한 정책적 개혁을 추진하는 방향전환을 채택하게 된다. 그럼에도 불구하고 국내정치 중 국민이 절대적으로 지지하고 스웨덴 모델을 구축하는 데 필수적이며 이러한 이미지를 강화시키는 부문인 양성평등, 복지국가 건설, 노동시장 등에서는 과감한 개혁을 추진하였다.

그러나 이외의 부문에서는 대화와 타협을 기초로 정책결정을 수행하여 팔메의 정치철학과는 상충적이라는 평가도 동시에 받고 있다. 대표적인 사례로, 합리적인 노동운동은 사회민주당 차원에서 지원을 하였으나 과격하고 급진적인 노동운동과는 항상 일정한 거리를 두고 국가적 차원에서 이를 견제하였으며 국내정치 사안 중 야당이 절대적으로 반대하는 사안에는 지속적인 대화와 정치적인 타협을 통해서 문제를 해결해 나가려 노력하였다. 즉, 국내정치에서 국민의 절대적인 지지를 받고 스웨덴 모델을 구축하는 정치 사안에 대해서는 지속적인 개혁을 추진하였다. 그러나 국민의 절대적인 지지를 받지 못하고 야당의 절대적인 반대에 부딪치는 사안에 대해서는 대화와 타협을 통하여 문제를 해결하는 합리적이며 유연한 실용주의를 채택하였다.

팔메가 에어란더 정부의 교통부장관, 교육부장관 등을 수행하고 수상 집권 1기가 시작된 1960년대 사회적 상황은 문화적 급진주의가 확대되었다. 경제적으로는 1950년대 전후 시작된 경제성장이 지속되면서 국제적으로 식민지 건설에 대한 착취, 경제적 격차로 인하여 발생하는 남북문제 등에 대하여 신세대들의 기성세대의 이율배반적인 도덕적 행위에 대한 비판이 등장하였다. 스웨덴에서는 이미 1950년 대 초 타 서유럽국가보다 일찍 기성세대에 저항하는 학생운동도 확산되었다. 즉, 국제 도덕적 규범을 기초로 하는 학생운동이 확산되면서 도덕적 극단주의가 대두되었고 이는 국제적으로 확산되었다.

　이러한 저항운동은 1960년대 서유럽 및 동유럽에 동시에 확산되면서 정부지도자의 신뢰에 심각한 균열을 초래하였다. 특히 국제정치에서 미국의 역할이 자유민주주의를 수호한다는 명분하에서 독재정권을 지원하여 개발도상국의 국민을 억압하는 현실을 지적하였다. 이러한 상황 하에서 스웨덴 국내정치도 직접적인 영향을 받지 않을 수 없었으며 신세대의 도덕적 요구 및 진보적 정치집단의 지속적인 국민복지 향상, 노동시장 개혁, 환경문제 개선, 과도한 상업주의 억제, 소수집단의 경제력 집중해소 등과 같은 문제들을 합리적이며 현명하게 대처해야 할 상황에 직면하게 되었다(Österberg, 2001).

　이러한 상황에서 팔메가 과감한 개혁을 추진하기보다는 대화와 타협을 통해서 문제를 해결한 대표적인 사례로 1975년부터 1983년까지 지속한 고용인기금(Employee Fund: Löntagarfond)이 있다. 이 기금이 기업의 경영권 참여에 활용된다면 이는 노동운동의 일부이며 동시에 경제정책, 사회정책 및 법률체계와 긴밀한 관계를 갖고 있은 복합적이며 매우 민감한 사안이다. 그 이유는 1950년대 및 1960년대 확산된 사회적 급진주의를 기초로 자본과 노동의 관계에서 필수적으로 발생하는 자본가와 고용인 사이에 과도한 소득격차를 해결하는 것이 핵심이기 때문이다.

　이를 위하여 1950년대 이후 스웨덴 경제정책의 핵심인 자본가와 고용인의 연대를 기초로 시행하는 임금정책 하에서 고용인의 경영 참여를 고용인기금을 통하여 시행하면 과도한 소득격차를 감소시킬 수 있다는 임금정책을 일반노동조합의 수석경제분석가인 루돌프 마이드너가 주장한 렌－마이드너모델을 기반으로 하고 있다. 이처럼 마이드너가 1975년부터 1976년까지 2년 간 작성하여 고용인기금을 활용하는 방법을 제시한 이유는 스웨덴 정부의 핵심임금정책인 자본가와 고용인 간 연대를 기초로 시행하는 정책이 자본가와 고용인 간 임금격차를 해결하는 것이 아니라 지속적으로 임금격차가 증가하고 있다는 판단에서 시작되었다.

　이처럼 자본가와 고용인 간 지속적인 임금격차가 확대되는 이유는 고용인 간 임금격차가 확대되는 것을 방지하기 위하여 동일노동 동일임금원칙을 적용하여 실시하였으나 이 제도를 적용하여 이윤을 창출한 기업은 적정수준의 이윤을 고용인 간 임금격차 감소를 위하여 재사용하는 것이 아니기 때문에 지속적으로 고용인 간 임금격차가 발생하고 이는 결과적으로 자본가와 고용인 간 임금격차가 확대되는 것으로 인식하였다.

이러한 상황이 발생하는 것은 궁극적으로 자본가가 기업의 이익을 자율적으로 활용할 수 있는 기업의 소유권 문제와 직접적인 관계가 있기 때문에 고용인기금을 창출하여 해당 기업을 직접 일정부분 소유하고 경영권에 관여할 수 있다면 고용인 임금에 재분배 되는 부분이 증가하여 임금격차가 감소할 수 있을 것으로 판단하였다. 즉 고용인의 소유권 및 경영권 직접 참여가 임금격차 확대라는 문제를 근본적으로 해결할 수 있는 것으로 판단하였다(Berggren, 2010; Meidner, 1978; Eklund, 2010).

마이드너의 고용인기금 창출을 통한 기업의 소유권 및 경영권 참여방식은 당시 사회민주당 내 가장 중요한 논쟁주제 중 하나였다. 그러나 1976년은 팔메집권 제 1기의 마지막 시기였으며 총선이 예정된 상태이었다. 당연히 당시 핵심야당인 중앙당의 반대뿐만이 아니라 경영자협회는 고용인기금을 통한 기업의 소유권 및 경영권 침해는 동유럽 사회주의 도입과 동일한 것으로 자본주의 재산권 침해 및 개인의 자유를 침해하는 민주주의의 커다란 도전으로 인식하여 이를 절대적으로 반대하는 상황이었다. 따라서 팔메는 전략적으로 마이드너 계획은 사회경제적으로 논란이 매우 큰 사안이기 때문에 1976년 총선 이후에 결정하는 것이 바람직하다고 판단하였다(Quirico, 2011).

고용인기금 창출을 통한 중견기업 및 대기업의 소유권이 점진적으로 자본가에서 노동자에게 이전될 수 있도록 하는 마이드너 계획은 1960년대 및 1970년대 초 스웨덴 사회에 팽배하였던 문화 및 도덕적 극단주의에 기초를 두고 있다. 당시 노동운동을 주도하던 노동조합은 모든 은행의 국유화까지 요구하는 극단주의 주장을 공론화하였다. 사회민주당 지도부는 이러한 극단주의 주장을 단호히 거절하였다. 이러한 정책적 연장선에서 팔메는 마이드너 계획을 지지하는 정치세력에게는 모호한 대응으로 일관하였으며 이 계획에 반대하는 야당의 정치적 공세에 대해서는 소극적으로 대응하였다.

팔메는 정치철학적으로 사회민주주의를 신봉하는 정치지도자 이었으며 스웨덴 사회가 개인의 자유를 억압하고 사유재산권을 침해하는 사회주의화되는 것을 근본적으로 반대하였다. 따라서 팔메는 마이드너 계획에 대해서 정치적 이념을 손상시키지 않는 범위 내에서 정치적 전략을 강화하여야 할 입장이었다. 기본적으로 팔메의 정치철학을 기초로 한 신념은 자본과 노동 사이에서 발생하는 모순은 마이드너 계획과 같은 자본주의 및 민주주의의 기본원칙을 손상시키는 방법보다는 세제, 법률제정, 복지체제 구축 등을 통하여 해결하는 것이 최선의 방법으로 인식하였다.

즉, 세제정책 및 합리적 법률제정 등을 통하여 생산적이며 경쟁력을 확보하는 복지체제 건설이 자본의 부정적인 요소에 효과적으로 대응하는 중요한 방법으로 인식하였다. 이러한 방식이 스웨덴 모델을 구축하고 국내 경제체제를 유지하고 강화시키는 것으로 굳게 믿었다. 따라서 팔메는 노동조합이 지지하고 적극적으로 추진하던 마이드너 계획이 지속되지 않을 것으로 판단하여 사회민주당 지도부와 함께 모호한 대응을 지속하게 된다.

그러나 노동조합의 지속적이며 적극적인 지원으로 고용인기금은 노동조합원에 확산되기 시작하였다. 이러한 현상에 대해서 팔메는 고용인기금의 중립화에 대한 당시 노동조합대표인 군나르 닐손과의 토론에 참여하는 것을 주저하게 되었다. 노동조합 측에서는 마이드너 계획은 자본가와 노동자 간 연대를 통한 임금정책이 제대로 기능을 다하지 못하고 있기 때문에 고용인 스스로 기금을 조성하여 자신들이 고용된 기업의 소유권을 획득하여 자본과 노동 간 발생하는 모순이 악화되는 것을 억제할 수 있고 이는 경제민주화를 달성할 수 있는 지름길이라 주장하였다(Österberg, 2001).

이러한 노동조합의 지속적인 주장에도 불구하고 팔메는 정치철학을 기반으로 하는 자신의 신념을 굽히지 않고 마이드너 계획을 집권 1기에 채택하지 않고 집권 2기인 1983년 제한적인 형태로 승인하게 된다. 즉, 마이드너 계획이 주장하는 고용인기금 창설을 인정하되 기업의 소유권 확보 비율을 최고 5%로 제한하여 운영하도록 조정하였다. 이로서 자본가는 기업경영권에 커다란 지장을 받지 않고 고용인은 제한된 기업소유권 확보를 통하여 정기이사회에서 주주로서 특히 임금인상과 관련된 기업 결정에 영향력을 행사할 수 있는 기회를 확보할 수 있게 되었다(Pierre, 1995).

이러한 결정은 자본가와 노동자 모두에게 윈－윈 할 수 있는 계기로 작용하였으며 팔메정부는 자본과 노동 사이에 발생할 수 있는 고용인 간 과도한 임금격차 발생이라는 모순을 억제할 수 있는 경제정책을 추진할 수 있게 되었다. 이는 집권 제 2기에 적용되는 팔메정부 재무장관인 셀 올로프 펠트의 핵심경제정책인 제 3의 선택의 일환으로 불리고 있다.

마이드너 계획에 대한 전략적 모호한 대응과는 달리 팔메는 집권 제 1기 수상으로서 다양한 사회적 개혁을 추진하여 스웨덴 모델을 더욱 발전시키는 데 커다란 기여를 하였다. 설명한 것처럼 1960년대 스웨덴 사회는 문화 및 사회적 급진주의를 경험하고 있던 시기였으며 젊은 신세대들의 과격한 요구도 증가하였다. 동시에 급진좌파 정당인 공산당은 이러한 사회현상을 활용하여 이상주의에 현혹된 청년층에 호감과 지지를 획득할 수 있는 극단적 사회보장제도 요구 및 국제연대 부족 등에 대한 팔메정부를 지속적으로 비난하였다. 이외에도 급진좌파 정당은 사회주의 기초를 건설할 수 있는 사회적 틀을 형성하려고 노력하였으며 사회민주당 정부가 추진하는 개혁을 억압적인 스탈린주의적 방식이라 비난하였다.

이러한 정치적 상황 하에서 사회민주당은 1965년에 저소득층 분석에 대한 지원에 관하여 논의하기 시작했다. 또한 1960년대부터 1970년대 초까지 전당대회에서 계층 간 형평성 강화, 계획경제 측면을 포함한 적극적인 정부의 경제정책 수행, 직장 내 민주주의 확산, 국제협력 강화 등을 정부정책으로 추진할 것을 주장하였다. 이러한 상황 하에서 1969년－1970년 사이에 말름펠텐에 위치한 광산에서 노동자들의 파업이 발생하였으며 이를 계기로 타 지역에서도 다수의 과격한 파업이 발생하였다. 이처럼 급진주의가 확산하는 과정에서 사회민주당은 이러한 사회적 현상을 통제할 수 있는 역량을 확보해야만 하는 상황이었다.

이러한 사회 및 경제적으로 엄중한 상황에서 팔메는 1969년 집권 제 1기를 맞으면서 전반적인 사회개혁을 추진하였으며 그 결과 공공부문이 국내총생산에서 차지하는 부분이 획기적으로 증가하였다. 사회개혁 추진에서 대표적인 부문은 가족정책과 연관된 사항이 가장 광범위하다. 이외에도 직접적으로 연관된 정책은 부모보험제도, 주택보조금제도, 유치원건설제도 등이 있으며 이 정책들은 실제로 계층 간 소득격차를 감소하고 형평성을 강화시키는 데 매우 중요한 역할을 하였다.

또한 팔메는 여성의 낙태자유를 1975년 인정하고 여성인력의 취업을 최대한 보장함으로써 노동계에 여성인력 활용 비율을 획기적으로 증가시켰다. 이로서 직장 내양성평등 활성화 등 여성인력의 권리가 대폭 신장되었다. 노동계뿐만이 아니라 여성의 전반적인 사회진출을 촉진하여 정치참여 비율을 향상시키는 역할을 하여 정치적의사결정에 여성의 참여비율이 증가하기 시작하였다. 대표적으로 이 시기에 환경문제해결 프로젝트에 다수의 여성이 참여하였다.

노동시장에도 개혁을 통한 커다란 변화가 생기게 되었다. 즉 자본가 중심의 노동시장에서 고용인의 노동에 대한 권리가 강화되었으며 각 부문별 노동조합의 활동도크게 활성화되었다. 이러한 연장선에서 고용인기금 창출 및 역할에 대한 가치가 사회민주당 내에서 논의되기 시작하였으며 장기간 사회민주당, 야당, 산업계 및 노동계의 의견을 수렴하여 1983년에 제한적으로 경제민주화의 일환으로 채택하게 된다. 이처럼 1970년대 사회민주당과 노동조합은 전반적인 노동법 개정 등 노동문제에 대해서 특정사항에 대해서는 의견불일치 혹은 정치적 대립관계를 나타내기도 했으나양측이 노동문제와 관련된 이슈에 대해서는 스웨덴 모델을 구축하여 자본과 노동과의 관계에서 발생하는 모순을 합리적으로 해결하려는 접근방식에는 공통인식을 갖게 되었다(Åmark, 1988).

팔메정부는 다양한 부문의 사회개혁을 추진하고 계층 간 격차해소에 전념하여 스웨덴 복지체제 기초 하에서 양성평등, 복지국가 구현, 노동시장 개혁 등 스웨덴 모델을 한 단계 더욱 발전시켰다. 그러나 1976년 총선에서 중도우파 정당인 중앙당을 중심으로 하는 보수연합인 야당에 패하여 사회민주당 44년 집권 이후 최초로 정권을 야당에 넘겨주는 비운을 맞게 된다. 이처럼 예상 이외의 총선패배에 대한 이유와 원인에 대해서는 다양한 해석과 분석이 존재하지만 그 핵심은 지속적인 사회개혁과 복지체제를 확립해 나가는 과정에서 중앙집권화가 비대해지면서 지방분권이 약화되고 중앙정부의 영향력이 극대화되는 과정에서 지역주민의 자유가 실질적으로 제한되는 상황에 이르렀기 때문이라는 견해가 일반적이다.

이는 민주주의가 보장하는 개인의 자율권을 침해하는 것으로 팔메의 정치철학과도 배치되는 결과이다. 따라서 결과적으로 과도한 사회복지체제 구현이 지역의 자율권을 침해하여 국민의 생활을 제한한 것이 총선패배의 핵심요인으로 간주되었다. 이 점을 간파한 중앙당 중심의 보수연합 정치세력은 과도한 중앙정부 통제를 지향하고 작은 중앙정부 운영으로 지역의 자율권을 최대한 보장한다는 선거공약을 통하여 총선을 승리하는 계기로 만들었다.[4]

1976년 총선에 패한 팔메는 제 1 야당 사회민주당 당수로 지내면서 활발한 활동을 거쳐 1982년 총선에 승리하면서 집권 제 2기를 맞게 된다. 팔메는 철저한 분석을 통해 집권 제 1기에 추진한 사회개혁이 결과적으로 중앙정부의 과도한 행정력 집중을 가져왔으며, 이로 인해 지역의 자율권이 축소되고 지역주민에 대한 과도한 통제를 발생시켰기 때문에 선거에 패배하게 되었다고 분석하였다. 따라서 지방분권을 확대하면서 자본과 노동의 모순을 최소화하고 경제를 성장시키고 그 결과가 사회에 재환원될 수 있는 정책을 추진하는 데 중점을 두었다. 그러나 역설적으로 팔메 집권 제2기의 국내정치는 사회민주주의 정책보다는 자유주의 정책에 근접하고 있다는 평가를 받게 된다. 그럼에도 불구하고 팔메는 자신의 정치철학과 사회민주당 핵심가치를 구현하기 위하여 최선을 다했으며 이는 에너란더 수상의 서번트 리더십을 지속시

---

4) 이 내용은 욘 뻬에르 교수와 2019년 8월 27일 및 2020년 11월 27일 인터뷰한 내용임.

킨 대표적 사례로 인정받고 있다(Österberg, 2001).

## 4. 사회복지국가, 포용사회, 지속가능 발전국가

스웨덴의 사회복지국가 모델은 기독교를 국교로 사회발전을 이룬 유럽국가에서 경제적으로 빈곤한 어려운 이웃을 지원하는 인간성을 기초로 시작되었다. 이후 사회적으로 빈민구제라는 명칭으로 정부가 공권력을 사용하면서 제도화된 공통성을 갖고 있다. 근대적 복지제도의 시작은 19세기 말인 1889년 독일의 오토 폰 비스마르크 수상이 노인사회보장 프로그램 제정에서 시작되었다. 비스마르크 수상은 노동자의 복지향상이 국가경제 운영에 효율성을 극대화시킬 수 있고 당시 사회적으로 확산되고 있는 급진좌파의 영향력을 억제하여 사회를 안정시킬 수 있다는 확신을 가지고 노인사회보장제도를 주장하였다.

비스마르크 사회보장제도는 퇴직연금제도와 장애급여로 구성되었다. 직장을 갖은 모든 고용인은 의무적으로 가입하여야 했으며 고용인, 고용주, 정부가 일정부문 부담하여 퇴직 후 연금을 수령하는 제도이다. 이 제도는 1884년에 시행된 고용인 보상제도로 운영된 상해보험과 함께 사회보장원칙을 근거로 한 고용인에게 전반적인 소득확보를 제공하기 위한 제도로 정착되었다. 그러나 퇴직연금 수령시기를 만 65살로 결정하여 당시 이보다 훨씬 낮은 평균수명을 고려할 때 퇴직연금을 실질적으로 수령할 수 있는 노인층은 매우 제한적이었다(Social Security, 2020).

독일의 비스마르크 사회보장제도를 받아들인 스웨덴은 19세기 말부터 20세기 초에 빠른 속도로 산업화에 성공하면서 자본가인 기업과 노동자인 고용인 간 갈등이 심화되었으나 1932년에 사회민주당 정부가 집권하면서 자본과 노동 간의 갈등을 해결하려고 노력하였다. 이는 노사 간 격렬한 의견충돌을 해결하여야 지속적인 경제성장을 창출할 수 있다는 것을 인식하였기 때문이다. 따라서 1938년에 스톡홀름 외곽에 위치한 살츠쇼바덴에서 정부의 개입이 없이 경영인과 고용인 간 대화와 타협을 통하여 노사 간 합의를 다룬 샬트쇼바덴합의를 달성하게 된다.

　이를 기반으로 스웨덴 정부는 국민의 납세의무와 국방의무를 요구하는 동시에 국가는 모든 국민에게 사회적 권리로서 사회보험과 사회서비스를 제공하는 사회복지국가를 건설하여 진정한 의미의 국민의 집(고향, Folketshemet)을 건설하는 것을 국가존재의 최고 목표로 설정하였다. 이는 스웨덴 국민으로서 사회에서 그 누구도 천대나 특혜 받지 않고 모든 사람이 가족처럼 환영 받는 것을 의미한다. 따라서 스웨덴이 추구하는 사회복지체제는 시장의 경쟁원칙에 의해서 작동되는 것이 아니라 국민의 필요성에 의해서 제공되는 보편적 복지제도로 발전하였다.

　스웨덴은 사회복지제도를 발전시키는 방법으로서는 사회적 혼란을 야기시키지 않고 대화와 타협을 중시하는 의회민주주의를 기초로 하고 있다. 따라서 의회민주주의를 부정하면서 과격한 사회개혁을 요구하는 공산주의식 변화를 절대적으로 반대하고 시간이 장기간 걸리더라도 대화와 타협을 기초로 하는 점진적이며 안정적인 사회개혁을 통한 사회민주주의 방식을 선택한 것이다.

　사회민주주의를 기반으로 하는 스웨덴 사회복지제도는 공정한 경쟁체제에서 사회적 시장자본주의 형태로 개인의 재산권을 보장하고 경제활동을 장려하고 있다. 따라서 이를 복지자본주의라고 명명하는 학자도 존재하지만 스웨덴의 사회민주주의는 자유 시장경쟁만을 주장하는 신자유주의 경제학자와는 다르게 공정경쟁을 기반으로 하는 사회적 시장경쟁 체제를 주장하고 있다. 이로서 스웨덴 사회복지제도는 미국과 영국이 주도하는 신자유주의 경제노선과 구소련을 중심으로 하는 동유럽국가가 시행하였던 사회주의 계획경제 체제와도 상이한 제3의 길을 추구하여 합리적이며 유연한 실용주의를 기초로 스웨덴 모델의 사회복지국가를 발전시키게 된다. 지금까지도 스웨덴은 사회민주주의의 기본이념이자 목표인 평등, 공정, 자유, 연대의식을 달성하기 위하여 긴 여정을 1930년대부터 시작하여 1970년대에 완성하고 2000년대 이후에 지속발전이 가능한 사회복지체제를 유지하고 있다.

　사회복지국가를 건설하는 주된 목적은 사회적 약자를 사회 내에서 공동으로 보호 및 지원하고 모든 사회 구성원에게 동등한 기회와 가치를 부여하여 이들이 자신의 가치와 능력을 사회를 위해서 활용할 수 있도록 제도적으로 지원하는 것이다. 따라서 사회복지국가는 사회적 약자를 포용하는 사회적 포용성이 매우 높다. 특히 보편적 사회복지체제를 구축하고 발전시킨 스웨덴 모델은 1950년대 이후부터 사회적 약자를 지원하기 위하여 노동시장에서 여성의 권리를 향상시킨 양성평등을 주장하고 이를 실천하였고 장애인이 교육 및 사회활동에 불이익을 받지 않고 자신의 능력을 발휘할 수 있도록 다양한 제도적 지원을 실행하고 있다. 또한 외국인 근로자가 스웨덴 사회에 적응하고 사회적 활동을 수행할 수 있도록 동화정책 및 포용정책을 추진하고 있다(European Commission, 2020).

그 결과 스웨덴은 유럽연합 회원국과 OECD 회원국 중 가장 높은 혁신성과 포용성을 동시에 창출하는 국가모델로 선정되고 있다. 이는 보편적 사회복지제도를 운영하면서 OECD 회원국 중 가장 높은 수준의 사회적 형평성을 유지하고 동시에 유럽연합 회원국 중 자장 높은 기술혁신을 통한 생산성 향상을 지속하여 경제성장을 창출하는 고효율의 사회복지 모델로 인정받고 있는 것이다(OECD, 2016: European Commission, 2020).

스웨덴 모델로 발전하고 정착된 보편적 사회복지국가 체제가 국가모델로 지속가능한 것인가에 대한 의문과 관심은 지속적으로 제기되어 왔고 현재에도 지속적으로 질문을 받는 현재진행형 이슈이다. 특히 주요 이슈로 제기되는 점은 과도한 사회복지비용을 지불하면서 동시에 국가경제가 지속적으로 성장할 수 있는 점과 사회복지제도가 지속적인 경제성장에 기여할 수 있는 점이 논쟁의 핵심이다.

스웨덴의 경우 1950년대부터 1970년대까지 경제성장의 황금기에 사회복지제도를 발전시키면서 1980년대에는 공공부문 투자비율이 국내총생산의 50%를 상회하는 최초의 국가가 되었다. 동시에 1970년대에 발생한 두 차례에 걸친 세계석유파동으로 인한 외생적 경제변수와 국내 산업구조의 경쟁력 저하로 인하여 1990년대 초에 심각한 경제위기를 경험하게 되었다. 이를 극복하기 위하여 자본시장 자유화 및 규제 완화, 복지제도 효율화, 산업구조조정 등을 통하여 적정수준의 사회복지제도가 경제성장을 지원하는 선순환의 구조로 전환시켰다. 즉, 사회복지제도는 보편적 사회복지체제를 유지하면서 일정부문 민간부문의 시장진입을 허용하여 독점적 공공부문의 사회복지제도에서 발생하는 비효율을 개선시키려고 노력하였다.

이러한 노력을 통해 스웨덴은 2000년대 이후 공공부문 투자비율이 국내총생산의 40% 초반까지 감소하였음에도 불구하고 효율성을 높인 보편적 사회복지제도를 통하여 사회적 약자를 보호하고 이들에게 경제활동을 지원하는 사회적 포용을 유지하며 지속적으로 수준 높은 포용사회를 유지하고 있다. 이처럼 사회적으로 고비용을 유발하는 보편적 사회복지제도를 유지하지만 지속적 경제성장을 창출하는데 기여하고 있는 고효율의 국가모델은 1990년대 초 경제위기, 2008년 글로벌 금융위기, 2020년 세계적으로 확산된 코로나 유행병으로 인한 경제위기를 타 국가보다 더욱 빠르게 극복할 수 있는 계기로 작용하였다.

이는 전반적인 사회 및 경제개혁을 성공적으로 마치고 고비용 고효율의 사회복지제도를 유지하고 있는 2000년대 중반 이후의 스웨덴 경제성장률이 미국 및 서유럽국가보다 높은 것으로 증명할 수 있다. 따라서 과도한 사회복지제도가 경제성장을 저해하고 국민에게 정부의존도를 높이게 한다는 신자유주의 집단의 지속적인 비판을 극복하고 고비용 고효율의 사회복지제도가 지속가능한 국가모델로 정착되는데 스웨덴 모델이 기여한 것으로 인정받고 있다(Bergh, 2011; RobecoSAM AG, 2018; World Bank, 2020a, 2020b).

## 5. 결론

스웨덴 사회민주당 정치리더십은 유럽 내에서도 독특한 특징이 있다. 1902년 3.5%의 지지율로 의회에 진출한 이후 1921년 49.5%의 지지율로 사회민주당 정부를 탄생시키면서 주요 정당으로 등장하였다. 또한 1920년대 말에 발생한 대공황 시기에 독일의 사회민주당과는 상이하게 케인즈 경제정책을 받아들여 경제위기를 극복하는 합리적이며 유연한 실용주의 정당으로 발전하였다. 또한 국민의 지속적인 지지를 기반으로 1932년부터 1976년까지 44년 간 사회민주당 정부를 유지하여 서구 민주주의 국가에서 가장 오랜 기간 정권을 유지한 역사적 경험을 갖고 있다.

사회민주당이 정당의 기본가치인 자유, 평등, 공정, 연대를 바탕으로 장기간 정권을 유지하며 사회복지국가를 건설할 수 있었던 것은 앞서 서술한 에어란더와 팔머의 정치리더십이 큰 역할을 하였다. 스웨덴 모델인 사회복지국가를 건설하기 위하여 1946년부터 1967년까지 23년 간 수상으로 재직한 에어란더는 정치경제뿐만이 아니라 사회적으로도 강한 사회를 구축하기 위하여 최선의 노력을 다하였다. 이 시기는 스웨덴 경제가 고도성장을 달성하는 기간으로 사회복지제도를 확대하는 것이 용이하였고 보수 및 진보진영에서 정치적 충돌이 상대적으로 매우 낮았다. 또한 에어란더의 정치리더십도 보수진영과 대화와 타협을 통하여 정치적 합의를 존중하는 방향을 선택하는 합리적이며 유연한 실용주의를 지속하였다. 그 결과 1960년대 중반 인구 약 750만 명으로 세계 10대 경제대국으로 성장할 수 있었으며 자유민주주의와 국가안보를 수호하기 위하여 서방세계와 긴밀한 외교관계를 구축하고 당시 세계 제 3위의 공군력을 보유하게 되었다. 즉, 에어란더의 정치리더십을 사회복지국가 스웨덴 모델을 정착시키고 자신의 정치적 목표인 '강한사회'를 구축하였다.

에어란더의 후계자인 팔메수상의 정치리더십은 스웨덴 모델을 완성하고 국제사회에서 자유와 평화를 상징하는 중립국의 가치를 극대화 시켰다. 팔메수상은 자신의 정치철학인 자유민주주의 수호, 반공산주의, 반제국주의를 기반으로 제 3세계를 비롯한 개발도상국을 실질적으로 지원하여 세계적인 문제를 해결하려는 정치지도자로 부상하였다. 그는 국내정치와 국제정치 접근법을 이원화하여 문제를 해결하려고 노력하였다. 또한 지속적인 개혁을 통하여 사회를 발전시키고 각 부문에서 스웨덴 모델을 정립하였다. 이러한 과정에 지속적으로 사회민주당 정치리더십의 핵심은 합리적이며 유연한 실용주의적 접근방식이다.

즉, 1920년 스웨덴 사회민주당정부 최초의 수상인 브란팅이 채택한 유연한 실용주의 노선을 지속적으로 발전시켜 사회주의 이념에 치우치기 보다는 합리적이며 실용적인 정책선택을 통하여 사회민주주의를 발전시키고 복지제도를 확대하면서 국가발전에 기여하는 전략을 채택하였다. 이러한 전통은 이후의 사회민주당정부 후계자에게 지속적으로 계승되어 사회민주당 정치리더십으로 정립되었다. 이러한 합리적이며 유연한 실용주의를 기반으로 하는 사회민주당 지도자들의 서번트 리더십은 스웨덴을 높은 수준의 사회복지국가로 발전시키고 포용적 사회를 구축하였으며 21세기에도 지속발전이 가능한 국가체제를 정립하였다.

# 참고문헌

박상철. (2019). 「올로프 팔메의 정치철학과 리더십」(제13차 세종국가리더십포럼 발표자료). 세종: 경제·인문사회연구회.

박상철 등. (2018). 「비교정치행정: 국가의 국가운영 체제 및 방식에 관한 연구」. 서울: 박영사.

Ahlander, J. (2019). *Populist Sweden Democrats ditch Swexit ahead of EU elections*. Reuters:7.

Berman, S. (2006). *The Primacy of Politics: Social Democracy and Making of Europe's Twentieth Century*. New York: Cambridge University Press

Berggren, H. (2010). *Underbara Dagar Framför Oss, En Biografi Over Olof Palme*. Stockholm: Norstedts

Dahlberg, M., Edmark, K., Hansen, J., & Mörk, E. (2009). Fattigdom i folkhemmet. *IFAU Rapport*. (4).

Derfler, L. (2011). *The Fall and rise of Political Leaders: Olof Palme, Olusegun Obansanjo, and Indira Gandhi*. New York: Palgrave Macmillan.

Eklund, E. (2010). *Plame*. Stockholm: Bonnier

Engberg, E. (2005). *I fattiga omständigheter, Fattigvårdens former och understödstagare i Skellefteå socken under 1800−talet*. Doctoral Dissertation. Umeå.

Engström, C. (1995). *Nationalencyklopedin*. Höganäs: Bra Böcker

Erlander, T. (1956). *SAP Congress Protokoll*. Stockholm: SAP

Esping−Andersen, G. (1990). *The Three Worlds of Welfare Capitalism*. Princeton: Princeton University Press

European Commission. (2020). *European Innovation Scoreboard 2020*. Luxembourg: European Commission

Flora, P. (1987). *Growth to Limits: The Western European Welfare States Since World War II*, (Vol. 4). Berlin & New York: Walter de Gruyter.

Moschonas, G. (2002). *In the Name of Social Democracy: The Great Transformation, 1945 to the Present*. London & New York: Verso

Kelly, B. (2018). *Sweden Democrats: How a Nationalist, Anti−Immigrant Party Took Root in a Liberal Nordic Haven*. The Independent. 8.

Larm, P. & Docherty, J. C. (2006). *Historical Dictionary of Socialism* (2nd Ed.). New York: Scarecrow Press

Mares, I. (2010). *Taxation, Wage Bargaining and Unemployment.* California: Stanford University

McFadden, R. D. (1986). *Olof Palme, Aristocrat Turned Socialist, Dominated the Politics of Sweden.* The New York Times, March 1.

Meidner, R. (1978). *Employee Investment Funds: An Approach to Collective Capital Formation.* London: George Allen & Unwin.

Myrdal, A. & Myrdal, G. (1932). *Kris I Befolknings Frågan.* Stockholm: Bonniers.

Österberg, K. (2001). *Olof Palme i sin tid, Huddinge: Samtidshistoriska institutet.* Flemingsberg: Södertörns högskola.

Pace, E. (1985). Tage F. Erlander Dies at 84: Swedish Leader for 2 Decades. *The New York Times.* June. 22.

Park, S. C. (2020). Swedish Economic Integration into the European Union as a Latecomer: Policy Recommendations for Asian Economic Integration. *ADBI working Paper Series,* No. 1134, May, Tokyo: ADBI.

Pierre, J. (1995). *Bureaucracy in the Modern State: An Introduction Comparative Public Administration.* Cheltenham & Northhampton: Edward Elgar.

Ruin, O. (1990). *Tage Erlander, Serving the Welfare State, 1946-1969.* Pittsburgh: University of Pittsburgh Press.

Samuelsson, K. (1968). *From Great Power to Welfare State: 300 Years of Swedish Social Development.* London: George Allen and Unwin.

Stockholm International Peace Research Institute (SIPRI). (2019). *Military Expenditure per Capita Spending.* Stockholm: SIPRI.

Statistics Sweden (2007). *Historisk Statistik över Valåren 1910-2006.* Stockholm: Statistics Sweden.

Åmark, K. (1988). *Sammanhålling och Intressepolitik: Socialdemokratik och Fackföreningsrörelsen i Samarbete och Skilda Vägar, i Misgeld, Molin och Åmark, K.* (eds.) Socialdemokratins Samhälle. Stockholm: Norstedts.


Online Publication

Abrahamson, P. (1999). The Scandinavian Model of Welfare. https://angkaberita.id/wp-content/uploads/2019/06/The_Scandinavian_model_of_welfare-2.pdf (2020.12.24.).

Ankarloo, D. (2009) The Swedish Welfare Model: Counter-Arguments to Neoliberal Myths and Assertions. https://www.mah.se/PageFiles/98343/Microsoft%20Word%20-%20the%20swedish%20 welfare%20modelneolib.pdf(2020.12.25).

Bergh, A. (2011). The Rise, Fall, Revival of the Swedish Welfare State: What are the Policy Lessons from Sweden?. https://www.ifn.se/wfiles/wp/wp873.pdf(2020.12.25.).

Brodin, E. (1980). Sweden's Welfare State: A Paradise Lost. https://fee.org/articles/swe−dens−welfare−state−a−paradise−lost/(2020.12.24.).

Cohn, J. (2011). Can We Tolerate Higher Taxes? Heed the Swedish Chef. https://newrepublic. com/article/88856/sweden−denmark−us−high−taxes−welfare (2020.12.26.).

Erixon, D. (2006). Swedish Prime Ministers in History. https://web.archive.org/web/ 20141102234737/ http://web.comhem.se/dier/Swedish%20Prime%20Ministers.htm (2020.12.27.).

OECD. (2016). Promoting Well−Being and Inclusiveness in Sweden. https://www.oecd. org/sweden/promoting−well−being−and−inclusiveness−in−sweden.pdf

_____. (2020). OECD Economic Outlook http://www.oecd.org/economic−outlook/june− 2020/(2020.12.25.).

Quirico, M. (2011). Olof Palme's Politics, Nordicum−Mediterraneum. 6(1). https://pdfs. semanticscholar.org/ 1286/d563c9d9d312be10bfc243f7d998adec5522.pdf(2020.12.31.).

RobecoSAM AG. (2018). Country Sustainability Ranking. https://www.robecosam.com/ media/9/7/2/97240b9afc893d103d558ce50f066bc5_2018−11−robecosam−country− sustainability−ranking−en_tcm1011−16188.pdf(2020.12.31.).

Socialdemokraterna Framtidspartiet. (2017). Stadgar: Sveriges Socialdemokratiska Arbetareparti Antagna av Partikongressen 2017. https://www.socialdemokraterna.se/ download/18.12ce554f16be946d046409e2/ 1568881589729/stadgar−antagna− 2017.pdf, (2020.12.23.).

Social Security (2020) Social Security History. https://www.ssa.gov/history/ottob.html (2020.12.31.).

World Bank (2020a) The World Bank Data. https://data.worldbank.org/indicator/NY.GDP. PCAP.CD? locations=SE(2020.12.25.).

World Bank. (2020b). The World Bank Data. https://data.worldbank.org/indicator/SI.POV. GINI? locations=SE(2020.12.31.).


Website

https://sweden.se/society/gender−equality−in−sweden/(2020.12.24.).
https://www.britannica.com/biography/Tage−Erlander/(2020.12.29.).
https://www.palmecenter.se/eng/(2020.12.30.).

# IV.

# 비헤른의 서번트 리더십: 유럽복지의 뿌리

김한호

## 1. 들어가며

### 1) 국가와 리더십

국가(nation)를 정의할 때, "일정한 지역, 영토 내에 거주하는 사람들로 구성되고, 그 구성원들에 대해 최고의 통치권을 행사하는 정치단체이자 개인의 욕구와 목표를 효율적으로 실현시켜줄 수 있는 가장 큰 제도적 사회조직"[1]이라고 말한다. 인류의 역사만큼이나 오래된 국가의 역사와 그 형태는 시대마다 큰 차이가 있지만, 이를 구성하는 3요소, 즉 국민·영토·주권은 불변하며, 이것에 의하여 국가는 정의된다. 그렇다면 여기에서 말하는 '최고의 통치권'이란 무엇을 의미하는 것일까? 국가가 국민 위에서 군림하고, 강력하게 휘어잡는 리더십을 말하는 것일까? 그렇지 않다. 국가의 가장 중요한 기능 중 하나는 국민의 기본권을 보장하는 것이다. 어떠한 경우에라도 인간의 존엄성은 침해될 수 없다. 따라서 진정한 국가는 강력한 통치권으로 국민을 억압하고, 통제하는 것이 아닌 국민을 국가의 주인으로 여기며, 국민을 섬겨야 한다. 종이 주인을 섬기듯 국가가 국민을 대하는 리더십, 국가가 국민의 주권을 인정하고

---

1) 이세윤, 순천만국가정원 방문자의 기대, 경기대학교 관광전문대학원, 2016, p.5

수용하며, 그 주인을 포용하는 리더십, 이것이 국가가 국민에게 행해야 하는 '서번트 리더십'이라고 정의할 수 있다. 서번트 리더십을 통해 국가는 국민을 대상으로 본연의 올바른 기능을 수행할 수 있으며, 진정한 '포용국가'로 거듭날 수 있다. 즉, 국민을 섬기는 서번트 리더십을 통해 국가는 국민을 진정한 주인으로 여기는 '포용국가'가 될 수 있다.

리더십이란 무엇인가? 리더십은 Leader와 Ship의 합성어 '길을 만들어가는 여정'을 이끄는 사람을 의미하는 leader와 '배'를 의미하는 ship의 합성어로, '배의 경로를 알려주고 자신을 따르는 follower들을 이끄는 인도자의 영향력'을 의미한다. 한 마디로 리더십이란 사람을 따르게 하는 권위를 말한다. 때문에 훌륭한 리더란 이러한 기술이 뛰어난 사람, 다시 말해 사람을 따르게 하는 권위를 타고난 사람임에는 분명하다. 이를 사회학자 막스 베버는 지도자의 조건으로 말하며, 이를 갖춘 리더의 자질을 카리스마 리더십이라고 정의한다. 그러나 이는 단순히 항거할 수 없는 영향력으로서 권위가 아니다. 베버는 민주주의에서의 이상적인 리더의 덕목인 카리스마는 주권자인 국민으로부터 갈채를 받는 지도자임을 분명히 밝힌다. 즉 진정한 리더십이란 그 권위가 리더 자신의 카리스마와 더불어 이를 동조하는 팔로워의 인정에 의해 결정된다. 따라서 리더십은 리더에게 속한 팔로워에 의해 그 유형과 강조점이 변한다.

18세기 이후 세계는 신자유주의 주창 아래 많은 변화가 일어났다. 특별히 시대가 원하는 리더 상(象)의 변화가 두드러졌다. 리더로부터 팔로워가 모여드는 시대가 막을 내리고 이제는 팔로워가 리더를 세우는 시대가 시작됐다. 팔로워를 의식하는 리더십, 그 권위를 팔로워를 통하여 인정받는 시대가 도래했다. 때문에 진정한 리더와 리더십의 조건에도 변화가 일어났다. 이 때 등장한 리더십이 바로 서번트 리더십이다.

서번트 리더십 모델을 처음으로 주창한 인물은 미국의 세계적인 경영 컨설턴트로 알려진 로버트 그린리프(Robert K. Greenleaf)이다. 그는 헤르만 헤세의 '동방순례'라는 소설을 읽으며 '리더로서의 청지기' 이론을 구체화하였으며, 1970년 월남전으로 삶의 희망을 상실한 젊은이들을 보면서, 첫 에세이 '지도자로서의 서번트'를 발표하였다. 이후 그의 저작 '리더는 청지기다', '청지

기로서의 교육자'는 전 세계에서 100만 권 이상이 판매되었으며, 현 21세기 일하기 좋은 100대 기업 대부분의 경영철학으로 이 서번트 리더십을 제 1순위로 제시했을 만큼 새 시대를 대변할 새로운 리더십 패러다임으로 자리 잡게 되었다.

그린리프의 서번트 리더십은 한 마디로 '리더＝청지기'다. 그는 서번트 리더십을 타인을 위한 봉사에 초점을 두며, 종업원, 고객 및 커뮤니티를 우선으로 여기고 그들의 욕구를 만족시키기 위해 헌신하는 리더십으로 정의한다. 뛰어난 리더는, 타인을 '섬기는 법'에 능통하며, 유능한 리더란 부하의 성장을 위해 지원과 배려를 아끼지 않는 사람이고, 리더의 권위는 팔로워와의 수평적/상호의존적 관계에서 세워진다는 것이다.[2]

현 시대에 가장 요구되는 리더십인 서번트 리더십이 무엇인지 살펴보기 위해 필자는 서번트 리더십의 대표격인 인물인 독일의 디아코니아의 근간을 이룬 '하인리히 비헤른'(Hohann Hinrich Wichern, 1808–1881)에 대해 소개하고자 한다. 산업혁명 전후로 암울했던 독일 사회의 회생을 견인한 서번트－리더인 비헤른과 그의 서번트 리더십을 소개함을 통해 단지 사람들을 섬기는 것을 뛰어넘어 독일과 유럽국가 속에서 많은 변화를 이끌어 내었는지를 살피도록 하겠다. 구체적으로 어떻게 지역을 섬기고, 독일의 디아코니아 운동을 펼쳐나갔는지, 그리고 이것이 어떻게 사회복지체계의 근간을 이루게 되었는지 함께 살펴보며 서번트 리더십의 중요성에 대해서 되새겨보도록 하겠다.

---

2) 로버트 K 그린리프, 서번트 리더십 원전, 2006. 3.

## 2) 크리스마스 어드벤트 캘린더(Advent Calendar)

매년 12월이 되면 이미 우리에게 익숙함이 되어 다가오는 것들이 있다. 바로 크리스마스이다. 크리스마스란 영어로 예수 그리스도를 뜻하는 Christ와 축일, 기념일을 뜻하는 ‑mas의 합성어로 예수 그리스도의 탄생기념일을 말하며, 프랑스에서는 노엘(Noël), 이탈리아는 나탈레(Natale), 독일은 바이나흐텐(Weihnachten)이라고 부른다. 해마다 이맘때면 방송 매체에서, 거리 곳곳에서 크리스마스 캐럴이 흘러나오고 연인들은 서로의 사랑을 속삭이며 추억을 만들어간다. 많은 가정과 지역사회 곳곳에서 기독교인과 비기독교인의 구별없이 크리스마스 트리장식을 진행한다. 크리스마스 트리를 세우고 금실과 은실, 지팡이 사탕, 별, 양초, 포인세티아 등 다양한 장식물로 트리를 치장한다. 여기저기 구세군에선 자선냄비마다 종소리가 들려오며, 사랑의 온도계는 그 따스함을 더해간다.

이러한 크리스마스 행사에 대표적으로 기여한 두 명의 인물이 있다. 한 명은 독일의 마틴 루터(Martin Luther, 1483~1546)이며 다른 한 명은 바로 이 글의 주인공인 비헤른이다.

중세 독일의 종교개혁자로 잘 알려진 마틴 루터는 크리스마스 트리의 태동과 관련

〈그림 2〉 마틴루터(1483-1546)
by Lucas Cranach the Elder

있는 인물이다. 12월 24일, 크리스마스 전날 밤에 루터는 평소 어둡던 숲이 낮과 같이 환하게 빛나는 것을 보고 깜짝 놀랐다. 광채가 찬란한 달빛이 눈이 소복히 쌓인 전나무 위를 비춰서, 주변에 광명의 향연을 보이고 있던 것이다. 이를 본 루터는 다음과 같은 중요하고도 소중한 깨달음을 얻었다. "인간이 바로 저 나무와 같다. 우리는 한 개인으로는 그저 어둠 속 초라한 나무와 같을 것이다. 그러나 그리스도의 빛을 받으면,

주위에 아름답고도 찬란한 빛을 비추는 존재가 될 수 있다." 루터는 이후 이 깨달음을 주위 사람들에게 전하기 위하여 전나무 하나를 베어 집으로 가져왔다. 그리고 그 나무에 눈 모양의 솜과 빛나는 리본과 볼, 촛불 등을 장식했다. 이것이 전해 내려오는 크리스마스트리의 시작이다.

크리스마스트리의 시작을 연 인물이 마틴 루터였다면 함부르크의 하인리히 비헤른은 크리스마스를 의미있게 보내도록 의미를 부여한 장본인이다. 12월이 되면 유럽이나 미국의 아이들은 크리스마스 트리 장식과 더불어 '어드벤트 캘린더'(Advent Calendar)를 기다린다. 기독교 용어로 '대림절', 또는 '대강절'을 의미하는 단어인 Advent는 '도래', 또는 '출현'이라는 뜻으로 예수 그리스도의 탄생기념일인 크리스마스 이전 4주 동안의 기간을 말한다. 기독교인들은 이 기간에 크리스마스를 기다림과 더불어 크리스마스의 주인공인 예수 그리스도의 탄생, 오심, 그리고 다시 오심을 기대하며 보내게 된다. 어드벤트 캘린더란 바로 이 기간만을 위한 달력이다. 독일에서는 크리스마스를 앞둔 4주 동안의 대림절 기간에 예쁜 그림이 인쇄된 대림절 달력을 만든다. 아이들은 아침에 눈을 뜨자마자 달력으로 달려가 오늘의 날짜에 해당하는 달력을 뜯어낸다. 왜냐하면 그 안에는 여러 가지 모양의 과자, 초콜릿 등 선물이 기다리고 있기 때문이다. 독일에서 자란 필자의 자녀들도 어려서부터 이 대림절 달력을 뜯으면서 그 안에 있는 사탕이나 초콜릿 먹는 것을 행복해했던 기억이 있다. 이러한 어드벤트 캘린더가 비헤른에 의해서 탄생하였다.

어드벤트 캘린더와 대림절을 기념하기 위한 다섯 개의 초인 어드벤트 캔들(Advent candle), 루터로부터 시작된 크리스마스 트리에 영감을 얻어 전나무 가지를 동그랗게 엮고 리본, 솔방울, 말린 과

〈그림 3〉 Advent Calender

일 등으로 장식하여 만드는 어드벤트 리스(Advent wreath)도 비헤른에 의해 시작되었다. 유럽과 미국 등 세계 곳곳의 사람들은 대림절이 시작할 때 어드벤트 리스를 만들어 그 안에 네 개의 초를 세우고 중앙에 초 한 자루를 세운다. 이를 식탁 위에 올려 놓고 한 주일에 하나씩 초에 불을 붙이면서 크리스마스가 오기를 기다리는 것이 문화로 자리 잡게 되었다. 이를 문화로 발전시킨 인물이 바로 비헤른이다.

비헤른이 이러한 어드벤트 캘린더 등의 대림절 이벤트를 시작하게 된 동기는 본인이 돌보던 소외된 아이들(부모들에게 방치 되거나 고아가 된) 교육의 일환으로 대림절 달력과 대림절 화환을 제작한 일이다. 이것이 오늘날까지 전 세계의 크리스마스 이벤트 및 문화로 자리 잡게 된 것이다. 비헤른은 어린이들이 어드벤트 캘린더의 스티커를 한 장 한 장 떼어내고 대림절 화환에 초를 하나씩 밝히면서 어려움을 당한 상황에서도 희망과 기대를 잃지 않도록 교육함과 더불어 자신과 같은 처지에 놓인 어려운 이웃들을 섬기는 일을 항상 잊지 말아야 한다는 것을 가르쳤다.

비헤른의 아이들에게 있어서 '기다림'은 '희망'이며 '전부'였을 것이다. 크리스마

〈그림 4〉 Advent Wreath & Candle

스 선물에 대한 즐거운 기다림, 지금의 외로움이 사라지고 포근한 가족을 만날 것에 대한 애틋한 기다림, 추운 겨울이 지나고 따뜻한 봄이 오기를 바라는 기다림, 그들에게 대림절은 단순한 성탄의 기다림을 넘어, 삶의 변화를 소망하는 기다림이었을 것이다. 대림절은 해마다 어김없이 우리에게 찾아온다. 이 기간 이 땅을 살아가는 우리도 비헤른과 같이 누군가에게 희망을 가져다줄 수 있는 그런 존재가 되어야 하지 않을까 생각해 본다.

## 2. 비헤른은 누구인가?

### 1) 출생과 교육

요한 하인리히 비헤른(Hohann Hinrich Wichern, 1808−1881)은 항구도시이며 대도시인 독일의 함부르크에서 태어났다. 그의 아버지는 가난했지만 공증인(公證人)3)으로 10개의 언어를 구사할 줄 아는 능력이 있는 사람이었다. 그런 그의 아버지는 자녀교육에도 관심이 많았기 때문에 비헤른은 함부르크에 있는 사립고등학교인 '요한 노이움 김나지움'에 다니면서 최고의 교육 혜택을 누리게 된다. 비헤른은 당시 함부르크에서 뜨거웠던 기독교 각성운동에 영향을 받게 된다.

그러나 비헤른의 삶이 평탄했던 것만은 아니었다. 앞서 말했듯이 그의 나이 15세인 1823년에 아버지가 결핵으로 갑작스럽게 사망한다. 결국 비헤른은 남겨진 어머니와 4녀 1남의 형제들을 부양하기 위해 학업을 중단해야만 하는 상황에 처한다. 그래서 함부르크에 있는 소년 기숙학교에서 온종일 보조교사로 일하며 돈을 벌고, 일이끝난 늦은 시간에는 학력고사를 준비하며 열심히 미래를 준비하였다. 이때 비헤른은 중요한 인물들을 만나게 되는데, 디아코니아를 실천하였던 아말리에 지벡킹, 함부르크의 시의회 의원인 마틴 후트발커, 성 게오르그 교회 목사이자 함부르크 각성 운동가이자 독일 최초의 영어 주일학교를 시작한 요한 빌헤름 라우텐베르크가에 의하여 긍정적인 영향을 받게 되었다. 또한 당시 실업자를 위한 사립보호소를 운영하였던 바론 에른스트 코트비츠에게서도 많은 영향을 받았다. 또한 18세 되던 해에 만난 요한네스 클라우디우스에 의해 비헤른의 삶은 큰 변화를 경험하게 된다.

---

3) 공증인은 당사자나 그 밖의 관계인의 촉탁에 따라 법률행위나 그 밖에 사권(私權)에 관한 사실에 대한 공정증서(公正證書)의 작성, 사서증서에 대한 인증, 공증인법과 그 밖의 법령에서 공증인이 취급하도록 정한 사무를 처리하는 직무를 수행할 수 있도록 법무부장관으로부터 공증인법 제11조에 따라 임명을 받은 임명공증인과 공증인법 제15조의2에 따라 공증인가를 받은 인가공증인을 말한다.

〈그림 5〉 Johann Hinrich Wichern(1808-1881)

이후 괴팅엔과 베를린대학을 다닌 비헤른은, 1830년 베를린으로 대학을 옮기는 도중 북하우젠, 할레, 비텐베르크를 방문하게 된다. 할레를 방문하면서 비헤른은 프랑케가 세운 학교와 비텐베르크에서 루터기념관을 보게 되는데, 이는 훗날 서번트-리더로서의 디아코니아 사역의 물꼬를 튼 중요한 매개체가 된다. 신학수업을 받으면서 비헤른은 교회를 국가로부터 분리된 독립기관으로 이해하였던 다니엘 프리드리히 에른스트 슐라이어마허를 알게 된다. 또한 니콜라우스 유리우스에게서 감옥문제에 대한 강의를

듣고 형 집행에 관한 관심을 평생 가지게 된다. 비헤른은 신학을 공부하면서 '신앙'은 '실천'으로 나타나야 하며, 고난을 당하는 이웃을 위한 섬김을 실천하기 위해 하나님께서 자신을 부르셨다는 것을 강하게 인식하게 된다. 이처럼 비헤른은 다양한 사람들과 만남을 통해 자신의 신학적 지평을 넓혔다. 이러한 영향 아래 비헤른은 서번트 리더십의 바탕이 되는 디아코니아 신학 및 사역에 관심을 두게 된다. 비헤른은 신학을 바탕으로 하여 자신의 소명을 다음과 같이 정의했다. "종교적 신념은 반드시 삶의 실천으로 나타나야 한다. 예수 그리스도를 믿는 신자로서 그의 가르침과 삶을 추구하는 것은 매우 당연하다. 약자들의 친구이자, 작은 이들의 벗으로 평생 이들을 섬긴 예수의 삶을 자신의 삶의 실천으로 나타내는 것이 진정한 신자의 자세이다." 이후 예수의 삶을 실천하는 것을 평생에 걸쳐 이루어 나가야 할 신께서 주신 자신의 소명으로 받아들인 비헤른은 자신의 배운 섬김의 신학인 디아코니아를 바탕으로 시대적으로, 또는 사회적으로 소외된 아동, 노인, 장애인 등의 약자들을 위해 식사를

나누고, 회복케 하고, 화목을 이루는 서번트-리더의 삶을 살아가게 된다.

### 2) 비헤른의 디아코니아 활동

비헤른의 디아코니아 활동은 당시의 사회적인 위기와 밀접하게 연관되어 있었다. 영국에서 시작된 산업혁명의 문제와 그 심각성은 사회적으로 크고 작은 많은 문제를 양산하게 되었다. 1820년의 독일에서는 각성운동과 함께 산업혁명의 여파로 생겨난 심각한 사회문제들에 직면해 있었기 때문에 영국발 사회문제의 영향을 그대로 받을 수밖에 없었다. 또한 증기기관과 기계산업의 발전은 전통적인 대가족 중심이었던 가족 구성공동체의 몰락뿐만 아니라 급격한 이주로 인한 새로운 사회문제의 원인이 되었다. 1817년부터 1830년대까지 약 200,000명이 미국으로 떠났고, 1831년부터 1850년 사이에는 600,000명이 미국으로 이주하게 되었는데 이는 비단 독일만 겪는 문제가 아니었다. 결국 이러한 기계화로 인한 대량의 실업자 양산은 독일의 경제위기를 불러일으켰으며, 이러한 경제위기에 가세하여 가뭄과 기상변화뿐만 아니라 극심한 임금하락, 정치적 혼란, 전염병의 만연과 더불어 급기야 1848년에는 베를린 혁명이 발생하게 되었다. 사회는 그야말로 걷잡을 수 없는 혼란의 상태에 놓이게 되었고 이러한 사회적 혼란은 독일에서 공산혁명의 빌미를 제공하기에 이르렀다.[4]

이런 시대적 상황에서 비헤른은 1831년 신학 공부를 마치고 목사후보생이 되어 고향으로 돌아온다. 하지만 당시 신학교를 졸업하고 목회 자리를 잡지 못한 2,500여 명의 대기자들이 있었는데 비헤른도 그중의 하나였다. 이런 빈곤의 상황에서 비헤른이 시작한 것이 '주일학교'였다. 당시 가난한 계층의 아이들은 주중에는 노동을 해야 했기 때문에 비헤른의 주일학교는 이 아이들을 위한 일종의 '대안학교'라 할 수 있다. 비헤른은 주일학교를 운영하며 아이들의 집을 방문하게 되었는데, 이 방문을 통해

---

4) 최무열, 독일교회 위기극복을 위한 비헤른의 인네르 미션과 디아코니아에 영향을 미친 제 요인들에 관한 소고, 복음과 선교, pp.221-257, p.224

빈곤 가정의 위기를 직접 보게 되었고, 가난의 참상을 보면서 충격을 받게 된다.

이러한 빈곤에 자극을 받은 비헤른은 1833년 함부르크에 고아들을 위한 '라우에 하우스(Das Rauhe Haus)'를 설립하게 된다. 라우에 하우스는 '따뜻한 집'이란 뜻으로, 비헤른은 이곳에 들어온 아이들과 대화시간을 가졌고, 이러한 대화를 통해 아이들의 삶과 인생의 전반적인 문제까지 살필 수 있는 깊은 대화가 이루어졌다. 비헤른은 대화의 마지막에 아이들에게 항상 "모든 것은 이제 지나갔다. 용서받았으니 이제 다시는 그것에 대해 이야기 하지 않을 것이다. 과거의 사실이 너를 더 이상 괴롭히지 않을 것이다. 너는 여기에서 진실로 새롭게 시작하는 것이다."라고 말했다.

비헤른은 라우에 하우스를 큰 기관으로 만들지 않았다. 왜냐하면 아이들이 건강하게 자라기 위해서는 오히려 가족과 같은 분위기의 공동체가 필요하다고 생각했기 때문이다. 그럼에도 라우에 하우스는 해를 거듭할수록 확대되고, 아이들도 늘어나게 되었다. 그러면서 아이들의 교육도 다방면으로 진행되었는데, 특히 영적이고 육체적인 노동 가운데 하나로서 수공업에 대한 교육과 놀이 등에 커다란 가치를 두었다.

비헤른이 기관을 운영하는 모습을 통해 전문성을 살펴볼 수 있다. 비헤른은 가난한 자들이 거처하는 곳을 직접 방문하였다. 그리고 빈곤화된 주민들이 처한 상

<그림 6> 1833년 비헤른에 의해 설립된 라우에 하우스는 1979년 전쟁으로 파괴 된 후 비헤른 재단에 의해 건물이 재건되어 박물관 및 회의 장소로 사용되고 있다.

황을 대하여 상세하게 문서화하여 빈곤주민의 실제적인 상태에 대한 정확한 지식을 가졌다. 이러한 것은 사회학자들에 의해서 오늘날 탐방조사 사회보고로서 높이 평가를 받는다. 문서화한 각종 자료와 아이들의 경력에 대한 분석 그리고 가족과의 접촉은 현대적인 돌봄 계획의

선구자로 봐도 무방할 정도로 자신의 분야에서 전문성을 가지고 일하였다.

또한 비헤른은 아이들이 디아코니아적 공동체 안에서 양육되어야 한다는 기본적인 철칙이 있었다. 이런 이유로 운영을 위한 재정을 외부의 공적 경제 보조로 마련하는 것을 원하지 않았다. 때문에 전문적으로 기관 내 아이들을 교육하기 위한 '내적 선교를 위한 학교(Seminar für die Innere Mission)'인 형제의 집을 1835년에 세우고 교육을 받을 아이들의 멘토 역할을 할 개신교 사회복지사인 '디아콘(Diakon)'을 양성하기 시작했다. 운영자금 마련을 위해서는 공장을 건립하여 그 수입금으로 학교를 운영하였다. 결국 교사 양성을 통하여 학교 운영을 하고, 필요한 경비는 공장을 가동시켜 경비를 조달하는 방식으로 선순환하였다. 공장은 인쇄소를 만들어 운영하였는데, 특히 '섬김'에 대한 인식을 담은 자료를 만들어 많은 사람들에게 알리는 기회로 삼았다.

비헤른은 어려운 가정 환경 속에서 학업과 일을 병행해야 하는 순간에도 자신의 미래를 준비하기 위해 열심히 살아왔다. 신학을 공부하며 다양한 사람들과 만나게 되면서 참된 삶에 대해 눈을 뜨게 되었고, 이것이 자연스럽게 주변의 이웃을 돌보는 섬김으로 시작하게 되었다. 그리하여 비헤른의 서번트 리더십이 자신이 살고 있던 함부르크 지역을 변화시켰고, 더 나아가 나라의 복지 시스템을 체계화하는 데 큰 역할을 기여하게 되었다. 그러면 이제 비헤른이 기초를 닦은 사회복지법에 대하여 살펴보도록 하자.

〈그림 7〉 라우에 하우스(Rauhe Haus) 부지에는 현재 1,400여 명의 학생이 초등교육을 받는 비헤른 학교(Wichern School)이 1927년부터 설립되어 운영되고 있다.

## 3. 사회복지법 제정

비헤른의 복지 사상을 제대로 이해하려면 마르틴 루터의 디아코니아 유산과 경건주의자들의 봉사 정신이 비헤른에게 어떻게 수용되었는지부터 살펴 볼 필요가 있다. 마르틴 루터의 영향을 받은 비헤른은 이웃을 위한 봉사는 그리스도인의 자유에서 비롯되고, 그리스도인은 모든 사람의 종이 된다고 보았다. 그 하나님의 신성은 가난한 사람, 멸시받는 사람, 곤경에 처한 사람, 탄식하는 사람, 버림받은 사람들을 향한 하나님의 배려에서 나타난다.5)

또한 루터는 자본주의의 발달과정에서 발생 된 삶의 기반을 잃어버린 사람들의 문제를 외면하지 않았다. 그는 교회의 관할 구역 내에서 도움이 필요한 사람들을 돕기 위해서 금고를 설치할 것을 권했는데, 그것이 라이스닉 금고규정(Die Leisniger Kastenordnung)이다. 라이스닉 금고규정은 그 지역사회 안에서 자선, 유산 등 일체의 수입을 모아 운영하는 공동금고의 설치를 말하는 것이다. 이 금고는 예방적이고 시기에 맞는 적절한 구호의 체계를 구축하기 위해서 운영된다. 이러한 공동체의 어려움에 도움을 베풀고자 했던 루터의 생각은 근대 복지국가의 초석을 놓았다고 볼 수 있다.6)

비헤른이 루터로부터 영향을 받을 수 있었던 것은 요한 빌헬름 라우텐베르크를 만나면서부터이다. 그는 어린 나이에 아버지를 잃고 생계와 학업을 동시에 이어나가기 위해 함부르크의 기숙학교에서 일하게 되는데, 이곳에서 게오르그 교회 목사이자 함부르크 각성 운동가이며, 독일 최초의 영어 주일학교 설립자인 라우텐베르크와 함께 일하게 된다. 라우텐베르크는 비헤른의 신학적 가능성을 눈여겨보고 그에게 루터에 대한 서적을 탐독할 수 있도록 도왔다. 또한 루터의 만인제사장 신학7)과 더불어

---

5) 강원돈, 기독교 사회윤리의 관점에서 본 요한 힌리히 비헤른의 복지 사상 pp.7−41
6) 위의 책, p.13
7) 루터의 교회 공동체 가운데 개인인 신자에 대한 신학으로 신자에게는 어떠한 계급도 없으며 누구나 하나님의 동등한 자녀임을 강조하는 만인제사 또는 만인사제설이라고도 한다. 이를 비헤른이 발전시켜 만인평등에 대한 복지개념을 창안했다고 볼 수 있다.

라이스닉 금고와 같은 대 사회적
디아코니아 신학을 전수 받도록
지도를 아끼지 않았다. 이는 비
헤른의 신학에 대한 성장뿐만 아
니라 빈곤한 사회에 대한 교회의
책임을 깊이 느끼고, 실천하게
하는 계기가 되었다. 또한 비헤
른의 내적 선교(Innere Mission)와

〈그림 8〉 Stadtgut Leisning 박물관에 있는 라이스닉 금고
(Leisniger Kastenordnung)

독일교회 디아코니아를 형성하는 데 결정적인 영향을 미치게 된다.

비헤른으로 하여금 디아코니아적 삶을 실천하며 살도록 강력하게 영향력을 행사
한 루터의 만인제사장직은 예수를 믿는 모든 자들이 평등한 지위와 복지를 부여 받
은 기독교의 초대교회가 그 모델이 되었다. 루터가 이렇게 초대교회를 만인제사장직
의 모델로 삼은 것은 하나님의 교회야말로 모든 신자가 마치 초대교회처럼 사회의
이웃을 돕는 문제를 적극적으로, 자체적으로, 그리고 스스로 해결해야 함을 강조한
것이기 때문이었다.[8]

## 1) 내적 선교(Innere Mission)

비헤른은 약 500년 전 루터가 종교개혁의 기치를 들고 95개 조 반박문을 내세우
며 당시 중세의 천주교회와 가톨릭 신학에 당당히 도전하였던 비텐베르크 성 부속교
회에서 1848년 9월, '제1회 독일 교회의 날(Kirchen Tag) 행사'에서 즉흥 연설을 하게
된다. 약 1시간 15분 정도의 연설에서 그는 당시의 개신교의 문제점들을 구체적으로
지적하고, 이러한 문제를 극복하기 위해 행동할 것을 주장한다. 이 연설을 통해 디아
코니아 운동의 거대한 화산이 분출되었고, 그의 연설은 하루 16시간씩 일해야 하는

---

8) 최무열, 독일교회 위기극복을 위한 비헤른의 인네르 미션과 디아코니아에 영향을 미친 제 요인들
에 관한 소고, 복음과 선교, 2015, pp.221-257

〈그림 9〉 독일의 비텐베르크 마르크트(Marktplatz) 광장. 비텐베르크 성 부속교회, 루터 생가 등이 있다.

노동자뿐 아니라 참혹한 주거 환경, 부족한 의료시설, 노인들의 문제점 그리고 굶주림으로 불안한 삶을 사는 이들에게 큰 영향을 주었다.

비텐베르크 성 부속교회에서의 연설은 당시의 화석화된 교회에 환멸을 느끼고, 종교개혁의 정신으로 돌아가고자 하는 이들에 의해 주도되었다. 이들이 주도한 각성운동은 산업혁명의 결과로 생긴 수많은 사회문제에 무방비와 무관심으로 일관한 기성교회에 변화를 일깨웠다. 이들은 당시의 사회문제에 대해 교회가 전적으로 책임져야 한다고 강하게 천명하였다. 그리고 이를 위해 밖을 향한 선교가 이들의 공동체 내부로부터의 각성(Innere Mission)을 요구하게 되었고, 교회의 본질인 디아코니아가 회복되어야 할 것을 주창하였다. 비헤른은 당시 산재하여 있었던 여러 협회(Verein) 단위의 디아코니아 활동들을 하나로 묶어 통합하고, 이를 바탕으로 1849년 내적 선교를 위한 중앙위원회를 구성한다. 비헤른이 말하는 내적 선교란 자기 고향 혹은 자기 주변에서 봉사를 의미한다. 즉, 사회 문제에 직접 관여하여 개선해 나가는 것을 기독교인의 역할로 보는 것이다.9)

비헤른의 내적 선교는 사회 구조적 틀 안에서 디아코니아를 구체화하기 위해 비스마르크 정권의 사회복지법제정에 깊이 관여하게 된다. 그 결과 1883년 의료보험, 1884년 산재보험, 1889년 근무 장애보험과 노후 연금보험이 제정되었다. 그리고 1차 세계대전이 발발한 1914년까지 이 내적 선교회는 독일에서 가장 큰 복지기관으로 성

---

9) 강원돈, 독일의 사회복지 체계에서 교회복지와 국가복지의 연계 원칙과 그 법제화. 신학사상, 2009, pp.144-193

장하고 독일의 현 체제인 사회국가로 도약하는 데 선구자적인 역할을 하게 된다. 그 후 1919년 독일의 사회복지체계의 틀을 마련한 바이마르 공화국은 복지체계의 장치로써 사적인 것과 공적인 부분으로 한 이중적 체계(dual System)를 형성한다.[10]

## 2) 독일개신교협의회 사회봉사국

1929년 세계의 경제위기는 독일에도 영향을 미친다. 그리고 1933년부터 국가사회주의에 의한 제 3제국 시기는 독일의 암흑기라 정의할 수 있다. 이러한 제 3제국의 국가사회주의 폭압 아래 독일의 교회는 다시금 진정한 의미에 있어 교회가 무엇인가에 대해 거듭 질문을 하게 되었다. 특히 고백교회를 통해 저항운동을 하였던 이들을 중심으로 전쟁 이후의 새로운 교회에 대한 구상을 실현해 나간다. 그리고 전쟁이 끝난 후, 고백교회 운동의 운동가들을 중심으로 트레사(Herrenhauser)에 '개신교 구호국'(Evangelisches Hilfswerk)을 세우고, 이를 중심으로 교회가 전면에 나서서 전후의 복구 작업을 신속하게 해나간다.

이는 독일교회의 영적 재생과 물적 재건이라 할 수 있다. 이들의 중심 모토는 교회 자체를 "행동 속의 교회(Kirche in Aktion)"로 이해하는 데 있었다. 이어 1948년 '독일교회 총연합'(EKD)이 결성될 때, 교회법 정관 안에 "디아코니아는 교회의 본질이자 삶의 표현"이라는 조항을 명시화하기에 이른다. 이후 1957년 내적 선교회와 개신교 구호국은 하나의 기관으로 연합을 하게 된다. 이것이 바로 1975

〈그림 10〉 트레사(Herrenhauser)에 위치한 EKD 본부

10) 홍주민. 한국교회의 디아코니아 실천을 위한 디아코니아학의 가능성 모색을 위해 - 독일의 디아코니아학의 형성을 중심으로 -, 신학과 실천, 2005, pp.233-258

년 오늘의 독일개신교협의회 사회봉사국(Diakonisches Werk der Evangelischen Kirche in Deutschland)이 된 것이다.

오늘날 독일의 사회복지 체계는 6개의 중요한 협회로 구성되어진다. 이 중 하나가 독일개신교협의회 사회봉사국이다. EKD 사회봉사국은 1849년 이후 독일에서 사회선교를 펼쳐온 내적 선교(Innere Mission)와 제2차 세계대전 이후에 공교회의 틀에서 전개된 개신교 구호국을 2단계에 걸쳐 통합하여 1975년에 창설된 독일 디아코니아 최고기구이다. 1849년 개신교의 디아코니아를 필두로 1897년 카톨릭의 카리타스, 1919년 독일 유대인 복지센터, 1921년 독일 적십자, 1924년 노동자 복지 조합, 독일 평등복지 사업협회가 설립되었는데, 이 모든 단체는 1924년 독일 "자율복지 기관 연맹(Federal Association of Free Charitable Organisations)"이라는 기구 안에 속해 있다. 여기에 속해 있는 기관은 1996년도에 93,500개에 달했으며 327만 536명을 수용할 수 있는 자리와 침상이 준비되어 있었다. 또한 이 안에 110만 명의 전임 직원이 상주중이고, 250－300만 명의 자원봉사자들이 일하고 있다. 디아코니아 기관에는 45만여 명의 직원이 전일제 혹은 시간제로 고용되어 있다. 요즘은 디아코니아 조직 속에 18,000개의 교회가 동참하여 일하고 있다.

또한 비헤른의 서번트 리더십에 기초한 독일은 그 디아코니아 시민의식을 바탕으로 지난 과거사에 있었던 약자에 대한 과오를 그저 덮거나 지나치지 않았다. 반성하고 사과하며, 합당한 보상을 취하려는 태도를 보인다. 과거 독일은 제국 시절에 아프리카를 침략하여 잔혹한 탄압과 학살이 행해졌다. 또한 히틀러가 집권한 나치체제에서 인종차별적 이데올로기의 결과로 600여 만 명의 유태인 학살, 70만 명이 넘는 장애인의 학대·학살 등이 자행되었다.

이러한 과거의 치부를 청산하고자 1953년 피해자 보상법과 몰수재산 반환법 그리고 나치 박해에 대한 보상법을 만들어 아프리카, 유태인 등에게 국가차원의 사과와 보상을 진행하였다. 또한 홀로코스트 추모비 및 기념관을 건립하고, 독일 전역에 장애인 희생자를 추모하는 추모비를 세웠다. 그리고 매년 제국주의 침략 및 나치의 부당함에 대한 미디어물을 배포하는 등의 지속적인 반성의 노력을 진행하고 있다. 특별히 장애인 등의 약자 및 소수에 민관협력을 통한 전폭적 지원을 통해 이들을 포용하려고 힘쓰고 있다. 1958년 설립된 현 독일 최대규모 장애인 단체인 레벤스힐페[11]가 대표적인 예이다.[12]

## 3) 독일과 노르딕 국가들

Nordic은 사전적 의미로 북쪽을 의미하는 프랑스어 'nord'에서 유래되었으며, 북유럽 사람, 북방 민족의, 북방 인종을 뜻하고 있다. 지리, 문화적으로 북대서양과 북유럽에 위치한 지역의 국가를 의미하는 단어로, 덴마크, 핀란드, 아이슬란드, 노르웨이 및 스웨덴뿐만 아니라 자율 국가의 페로 제도와 그린란드의 일부도 이에 포함되어 있다. 이들 노르딕 국가들은 역사적, 사회적, 종교적 배경뿐만 아니라 생활방식도 많이 비슷하다. 19세기 범 스칸디나비아주의(Scandinavist movement) 운동을 통해 덴마크, 노르웨이, 스웨덴을 하나의 나라로 통합하고자 하는 운동이 있었으나 이루어지지 못했으며, 20세기 초 핀란드가 독립하고 20세기 중반 아이슬란드가 독립하면서 이 운동은 현재 노르딕 협의회, 노르딕 각료 협의회를 포함하는 현대적으로 조직되어 노르딕 연합으로 구성되어 있다.

이러한 노르딕 국가의 중요한 공통점이 하나 있다. 국기에 십자 모양이 새겨져 있다는 점이다. 십자 모양은 노르딕 국가가 모두 기독교 국가임을 나타내며, 국가에 기독교의 정신이 함양되어 있음을 알려준다. 또 하나는 노르딕 국가들이 하나같이 세계 최상위 복지국가라는 점이며, 그들의 복지는 자본주의 복지의 한계인 소득 불균형 및 복지 불균형에 대안을 제시하기 위한 대안으로 주목받고

---

11) 레벤스힐페는 1958년 11월 23일 마부룩에서 15명의 장애아동 학부모들이 모여서 나치 시대의 부끄러움을 반성하는 의미에서 장애아동을 위한 기관을 만들었다. 이 기관은 현재 독일 전역의 지적·발달장애인을 교육하고 스스로 자립하도록 돕고 있다. 이 기관은 정치적, 종교적으로 무관한 독립적 단체로 운영되고 있으며, 540개의 크고 작은 도시에 지부를 두고 있다.

12) 김한호, 장애인과 함께하는 디아코니아 "독일 교회의 장애인 통합 모델을 중심으로", 한장연, 2009. 12. pp.87－90, pp.157－160

〈그림 11〉 노르딕 국가 국기들. 국기의 십자 모양이 공통점이며, 기독교 국가임을 나타낸다.

있다. 그러나 세계화, 고령화 등으로 인해 재정적 측면에서 지속가능성을 확보할 수 있는지에 대한 도전을 받고 있으며, 이에 대한 의문은 복지지출이 큰 다른 국가들에게도 큰 관심 사항이 되고 있다. 그럼에도 강한 노동조합과 사용자 단체, 임금협약의 중요성, 관대한 실업급여, 적극적 노동시장 정책 등 공공부문에 대한 높은 사회적 신뢰와 낮은 부패 그리고 이를 바탕으로 양질의 의료·교육체계, 지적 재산권 보호, 신뢰도 높은 사법체계 등이 구축되어 있다.

나아가 노르딕 국가들은 각 제도 간 체계적인 상호연계를 이루고 있는 것이 특징이며, 높은 공공지출과 사회보장 체계는 국민들이 자유무역과 세계화에 대해 두려움을 느끼지 않고 개방적인 자세를 취하도록 하는데 큰 역할을 담당하고 있다. 노르딕 국가가 평등한 사회가 된 이유는 어떤 유전적인 요소가 있는 것이 아니라 나라가 작고 인종적으로 동질성이 있으며, 위험을 회피하는데 복지국가 체제가 매력이 있기 때문이다. 노르딕 국가들이 지질학적 자원도 빈약하고, 위치도 변방에 있기 때문에 자유무역을 통한 생존은 필수 불가결한 전략이었다.13)

독일과 노르딕 국가들은 그들의 사회복지국가 형성과정에서 종교개혁자들의 디아코니아로부터 결정적인 영향을 받았다. 즉 개신교 신학의 뿌리에는 복지의 문제가 처음부터 화두였으며, 이런 개혁적인 신앙의 내용은 교회 내적 개혁에 그치지 않고 사회 구조의 패러다임을 변혁시키는 견인 역할을 감당해 왔다고 할 수 있다. 특히

---

13) Angel Gurría, Embracing globalisation in the 21st century; A dialogue on the Nordic approach, 2008.

현재 독일의 사회국가 시스템은 교회의 섬김 실천인 디아코니아와 함께 형성되어 나왔다고 할 수 있는데, 그 중심에 개신교의 개혁가 비헤른이 있었다. 그런 이유로 독일을 포함한 노르딕 국가에는 다른 국가에는 없는 연구분야가 있는데, 그것이 바로 섬김학인 '디아코니아학'이다. 노르웨이의 오슬로 대학과 핀란드의 라티 전문대학에서 1995년부터 디아코니아학 과정(Aufbaustudium)이 시작되었고, 스칸디나비아 도시들에서도 이와 같은 학과가 생겨나고 있다. 헬싱키 대학은 '사회윤리와 디아코니아를 위한 연구소'를 건립하면서 라티 전문대학과의 협력 아래 섬김의 전문성을 강화하고 있다. 스웨덴에서는 1990년대 초 이후로 디아코니아 교육기관과 연구소에서 디아코니아학의 연구를 강화해 나가고 있으며 웁살라 대학에서도 섬김학과가 개설되어 있다. 독일에는 20개의 전문대학에서 디아코니아학과를 설립하여 후학을 양성하고 있다.

비헤른에게 있어 디아코니아는 '삼중적 섬김'이다. 비헤른은 이 섬김의 일을 국가적 디아코니아, 교회적 디아코니아, 사적(자율적) 디아코니아 세 가지로 구분한다. 국가와 교회와 기독교인들은 사랑의 자율적 섬김을 감당해야 할 의무가 있다는 것이다. 교회와 자율적 디아코니아 그룹은 비교적 잘 이루어지고 있다. 대다수의 교회들이 지역사회를 위한 많은 활동을 하고 있고, 사적인 그룹들은 NGO 단체를 만들어 나름대로 선한 영향력을 드러내고 있다. 우리가 주목할 점은 바로 국가적 디아코니아이다. 비헤른은 '국가는 국민 위에서 군림하고, 통제하는 차원을 넘어서 디아코니아를 수행하는 중추적인 주체'임을 말하고 있다. 다시 말하면, 국가는 지배 영역에 속한 것이 아니라 섬김 영역에 속한 단체라는 것이다. 그래서 국가는 이에 상응하는 제도를 설정하고, 유지하고, 관리해야 할 의무가 있다.[14]

---

14) 홍주민, 디아코니아의 지역적 실천-규준점과 방향설정. NCCK 아카데미세미나, 2018. pp.1-11

## 4. 서번트 리더십의 근간: 떡과 디아코니아[15]

지금까지 살펴보았듯이 비헤른은 선구적인 서번트-리더이다. 그의 리더십은 자기 고향인 함부르크를 바꾸었고, 나아가 독일 사회를 복지국가로 만들고, 확장하여 북 유럽인 노르딕 국가에까지 적지 않은 영향을 주었다. 한 가지 인상적인 점은 그의 서번트 리더십이 '떡'과 깊은 관련이 있다는 것이다. 이제는 이러한 비헤른의 서번트 리더십의 중심정신인 디아코니아를 알아봄과 더불어, 이러한 디아코니아 정신을 '떡' 으로 풀어보도록 하겠다.

### 1) 디아코니아란?

디아코니아(διακονια)란 그리스어(헬라어)로 '섬김'을 의미하는 단어로 '섬긴 다'를 의미하는 디아코네오(διακονέω)의 명사형이다. 디아코니아는 그 어원인 디아코노스(διακονος)의 뜻을 통해 보다 쉽게 이해할 수 있다. '섬기는 자, 시 종'의 뜻을 가지는 디아코노스는 본래 '주인의 식탁에서 시중드는 종'을 뜻하는 단어 이다. 따라서 디아코니아의 섬김은 '식탁에서 시중드는 행위'와 같다. 식탁에서 시중 을 들기 위해 준비하는 일련의 모든 과정이 디아코니아에 담긴 섬김의 모습이다. 예 를 들면 손님을 초대하는 과정, 인사하는 과정, 발을 씻겨주는 과정[16], 그리고 식음 료를 제공하는 과정 모두가 디아코니아에 담겨있기 때문에 디아코니아를 행하는 디 아코노스는 단순한 종이 아니다.

이를 쉽게 이해하는 방법은 종이라는 같은 의미를 가진 둘로스(δουλος)와의 비교를 하면 된다. 종이라는 같은 해석을 가지나 둘로스는 보편적인 종을 가리킨다.

---

15) 디아코니아 역사 가운데 등장하는 것은 서양식으로, '빵'에 해당하나, 이후 우리 고유의 떡 문화를 이해하기 쉽게 논지하기 위하여 용어를 '떡'으로 통일하여 쓰고자 한다.
16) 고대 이스라엘 지방인 팔레스타인 지역은 건조한 사막기후이다. 이 환경에 맞추어 샌들을 신고 생활을 하며, 이로 인해 손님을 맞을 때 발을 씻을 물부터 내어주는 풍습에 자리 잡았으며, 부유 한 집에서는 종들을 시켜 손님을 발을 씻겨주기도 하였다.

무슨 뜻인가? 자유 없이, 자의 없이 그저 타율적으로 움직이는 이를 통해 주인을 섬기는 노예를 의미한다. 반면 디아코노스는 자발적이면서 자의적인 태도로써 대상을 섬기는 종을 의미한다. 다시 말해 본인이 자처하여 상대에게 종의 위치가 되어 섬김을 제공하는 사람을 말하는 것이다.

어쩌면 이러한 특별한 종으로서의 의미는 이 단어가 통용되던 고대 그리스의 문화에서도 엿볼 수 있을 것이다. 우리나라 조선의 실록에서도 볼 수 있듯 왕, 또는 주인의 식탁을 책임지는 직무는 결코 아무에게나 맡기지 않았다. 식탁에서의 음식은 곧 자신의 생명을 맡기는 행위와 같기 때문이다. 때문에 신뢰가 바탕이 되는 사람, 그렇기에 특별한 총애를 보이며, 자신의 수족과 같은 이들에게 자신의 식탁을 책임지게 하였으며, 식탁에서 시중을 들게 하였을 것이다.

이번에는 이를 역으로 생각해 보겠다. 자신의 주인에게 특별한 총애와 신뢰를 입은 종의 입장으로서이다. 서로의 신분의 차이가 극명함에도 불구하고 자신을 종으로서가 아닌 특별한 수하로 여기고, 궁극적으로 동반자이자 친구로 여기는 주인을 향한 자발적인 봉사, 절대적인 충성심에서 나오는 섬김, 이를 한 마디로 정리하면 어떠한가? 진정한 사랑의 마음으로 상대를 섬기는 것이 바로 디아코니아이다.

디아코니아는 기독교의 믿음의 대상인 예수 그리스도의 모범에서 그 섬김이 시작되었다. 기독교의 경전인 성경을 보면 예수 그리스도가 제자들과 함께 식사를 하며 질문 한다. "식탁에서는 누가 더 높은 자인가? 식탁 앞에 앉은 사람인가? 아니면 식탁에서 시중드는 사람인가?" 예수는 이렇게 말했다. "물론 식탁 앞에 앉은 사람이다. 그러나 나는 섬기는 사람으로 너희 가운데 있다"[17]고 말하였다. 또한 "너희가 아는 것처럼 이방 사람들의 통치자라는 사람들은 사람들을 지배하려고 한다. 고관들도 사람들에게 세도를 부린다. 그러나 너희는 그래서는 안 된다. 누구든지 너희 중에서 높아지려거든 종이 되어야 한다."[18]고 말씀하고 있다. 여기를 보면 '섬기는 사

---

17) 성경 v.쉬운성경, 누가복음 22장 27절.
18) 성경 v.쉬운성경, 마가복음 10장 43-44절.

〈그림 12〉 예수의 최후의 만찬 by Leonardo Da Vinci

람'(diakonos)과 '종'(doulos)은 평행구로 나온다. 여기에서 우리는 예수의 오심의 목적이 무엇인지 분명하게 인식할 수 있다. 예수 그리스도가 이 세상에 온 이유가 '시중들기 위해' 오셨다는 사실은 당시와 지금의 이해로도 놀랍기 그지없다.

결국 인간을 위해서 강림함을 밝힌 예수 그리스도의 최후는 어떠한가? 그들을 끝까지 사랑하되 끝까지 사랑하였으며, 아무런 죄가 없음에도 자신을 조롱하고 핍박하는 그들을 향해서, 결국 자신을 십자가에 못 박는 그들을 향해서도 세상은 결코 흉내 낼 수 없는 용서로서 섬기었다.

'식탁에서 시중드는 섬김'인 디아코니아의 근원이 되는 예수의 섬김, 이는 그의 공생애 가운데 크게 두 가지의 본보기를 통해 전수되었는데, '세족19)', '성만찬'이 그것이다. 예수가 체포되어 죽임을 당하기 전날 밤은 유대인들의 절기인 유월절 양을 잡을 무교절이기도 하였다. 이날 무교절 예식을 진행하기 위해 한 집의 다락에 자신의 제자들과 함께 모이게 된다. 이때에 함께 나누는 음식이었던 떡과 포도주를 제자들에게 주며 자신을 기념할 것을 당부하였는데, 이것이 기독교의 '성만찬' 예식으로 승화되었다. 당시 행했던 떡과 포도주는 일반인이 흔하게 접할 수 있는 식사에서의 떡과 음료였다. 따라서 예수 자신을 기념함을 먹고 마시는 일상 가운데에서 실천할 것을 이르는 말인 것이다. 당시 초기 그리스도 공동체는 성만찬 예식을 매 식사 때마다 혹은 저녁 만찬 때에 행한 것으로 볼 수 있다.

예수는 제자들과의 만찬을 마친 후 자리에서 일어나 겉옷을 벗고 수건을 가져다가 허리에 두르시고, 대야에 물을 떠서 제자들의 발을 씻으시고 그 두르신 수건으로 닦

---

19) 발을 씻김.

아주었다. 이를 의아하게 여긴 제자들에게 예수는 "너희가 나를 '선생' 또는 '주'라고 부르는데, 너희 말이 맞다. 나는 바로 그런 사람이다. 내가 선생과 주로서 너희 발을 씻겼으니, 너희도 서로 발을 씻겨 주어야 한다. 내가 너희에게 행한 그대로 너희도 행하게 하기 위해 내가 본을 보여 준 것이다...(중략)...내가 너희에게 새 계명을 준다. 서로 사랑하여라. 내가 너희를 사랑한 것 같이 너희도 서로 사랑하여라. 너희가 서로 사랑하면, 모든 사람이 너희가 내 제자인 줄 알 것이다."[20] 라고 말하며, 생애 가운데 제자들에게 자신이 본을 보여낸 섬김의 모습을 계승해 나갈 것을 당부하였다.

'세족'과 '성만찬'은 예수의 공생애 당시 유대 사회의 풍습이었으며, 그리스─로마 사회에서 더 일반화된 풍습이었다. 이 두 가지의 공통점은 섬김을 제공받는 대상을 손(Guest)으로 여긴다는 것에 있다. 집의 주인이 손님을 대접하는 행위 중 대표적인 것이 바로 이 두 가지의 섬김이다. 또한 주인 자신이 아닌 시종을 통해 섬김을 제공한다는 것이 공통점이다.

그러나 예외는 있다. 자신이 초대한 손님의 지위나 신분이 상당한 비교우위에 있는 경우와 이에 해당됨은 아니나 손님을 향한 존경과 애정 또는 그에게 간절한 청이 있는 경우가 이에 해당한다. '세족'의 경우 이때에는 종을 부려서가 아닌, 주인 자신이 직접 손님의 발을 씻어 주었으며, 그 발에 입을 맞춤을 통해 상대를 향한 자신의 마음을 표현하기도 하였다.

이를 토대로 볼 때, 예수가 제자들에게 본으로 보여낸 섬김인 '세족'과 '성만찬'은 당시 지도자의 리더십에 대한 새로운 패러다임을 제시한다. 사실상 서번트 리더십의 시작으로 볼 수 있다. 자신이 주인의 위치에 있으며, 고위에 있고, 리더의 위치에 있음에도 종의 신분 또는 하위계층이며, 팔로워의 위치에 있는 상대를 주인처럼 자신을 낮추어 섬기는 것, 또한 이를 섬김에 있어서 애정을 담은 진정성으로 격 없이 상대를 대하여 팔로워로 하여금 가슴 깊이 우러나오는 존경심과 충성심을 이끌어내는 역량, 이것이 바로 리더가 가져야 할 진정한 리더십임을 예수는 몸소 보였다. 이러한

---

20) 성경 v.쉬운성경, 요한복음 13장 13─35절.

〈그림 13〉 제자들의 발을 씻어주신 그리스도
by Meister des Hausbuches

서번트 리더십은 예수 이후 그를 따르는 제자들과 그들이 이룬 공동체인 초대교회에 그대로 전수되었다.

당시 초대교회 공동체의 상황은 다음과 같았다. "믿는 사람이 다 함께 있어 모든 물건을 서로 통용하고 또 재산과 소유를 팔아 각 사람의 필요를 따라 나눠 주며 날마다 마음을 같이하여 성전에 모이기를 힘쓰고 집에서 떡을 떼며 기쁨과 순전한 마음으로 음식을 먹고 하나님을 찬미하며 또 온 백성에게 칭송을 받으니…"[21] 이는 예수로부터 받은 섬김의 정신을 이어받은 사도의 서번트 리더십이 공동체에 함양된 좋은 예로 볼 수 있다.

물론 이러한 이상적인 복지 공동체인 초대교회에도 머지않아 문제가 발생하게 된다. 당시 초대교회 공동체의 규모는 점점 많아졌으며, 어림잡아도 5천 명 이상이 모여 공동체를 이루었다. 공동체를 이루는 유대인 대부분이 사회적 약자 계층인 것으로 보아, 후에 유입된 사람들의 대부분은 예수의 정신을 계승하는 그룹이기 보다는, 주로 생계를 위해, 섬김을 받기 위해 모여든 사람들로 북적였다. 또한 이들은 유대인뿐 아니라, 유대 땅 주변의 사람들도 있었으며, 로마인 개종자들도 있었다. 반면 이러한 공동체를 이끄는 리더와 코리더의 수는 터무니 없이 부족하였으며, 이들을 수용하기 위한 조직적 시스템도 박약하기 그지없었다. 때문에 각 계층 간의 갈등,

---

21) 성경, v.쉬운성경 사도행전 2장 44–47절.

지역 간의 갈등과 더불어 궁극적으로 필요에 따른 분배에서의 갈등까지도 벌어진 것이다.

그 대표적인 갈등이 바로 '떡' 분배로 인한 갈등이다. 내용은 이러하다. "날이 갈수록 제자들의 수는 늘어만 갔습니다. 그 무렵에 그리스어를 사용하는 유대인들이 히브리어를 사용하는 유대인들에게 불평을 늘어놓았습니다. 그것은 히브리어를 사용하는 본토 유대인들이 매일 음식을 나누어 줄 때, 그리스어를 사용하는 유대인 과부들에게는 관심을 쏟지 않아, 그들이 배급을 제대로 받지 못했기 때문입니다."[22] 떡을 분배하는 것에 있어서 그리스-로마 기독교인들이 소외받는 일이 생겨났다.

분배 가운데 소외받는 인원이 발생하는 것은 공동체 가운데 있어서는 안 되는 일이었기에 초대교회 공동체는 이를 차질없이 진행하기 위한 전담 일꾼을 선출하게 된다. 예수의 직속제자들인 사도들은 이들을 가리켜 '디아코노스'라고 명명하였다. 흥미로운 사실은 당시 사도들 역시 자신을 가리켜 디아코노스라고 칭하였다는 것이다. 이는 초대교회 공동체의 섬김, 그리고 섬기는 자에 대한 정체성을 알려주고 있다. 예수의 가르침과 교리를 전하는 사도들의 직분과 공동체 일원들에게 필요에 따른 분배를 책임지는 '디아코니아'의 직분이 수직관계가 아닌 수평관계로 보았다는 것이다. 그만큼 공동체를 섬기는 일인 '디아코니아', 그리고 이를 섬기는 사람인 '디아코노스'의 중요성을 강조하고 있다.

그러나 3세기에 접어들면서 기독교가 공인이 되고 디아코노스에 대한 인식이 달라지게 된다. 기독교가 공인되면서 교회가 안정 되고, 점차 직분의 서열화가 이루어지게 되었다. 그러면서 점차 주교 아래에 사제, 사제 아래에 디아코노스라는 직분의 수직관계가 되었다. 수평적 구조에서 수직적 구조로 변화가 되면서 떡을 나누어 주는 섬김의 일은 하찮은 것으로 여기게 되었고, 점점 여성들의 일로 치부되며 병자를 간호하는 일로 바뀌고, 가난한 아이들과 부인들을 보조하는 일을 담당하기에 이르렀다. 사도들의 사역만 교회의 중요한 일로 여기게 되고, 디아코노스는 교회 핵심 직분

---

22) 위의 책, 사도행전 6장 1절.

에서 제외되었다. 이러한 변질된 기독교에 대하여 다시 바로잡기 위한 노력으로 루터는 종교개혁을 일으킨다. 성경이 말하는 섬김의 디아코니아 정신으로 돌아가고자 하였던 것이다. 따라서 기독교의 정신은 누가 높고 낮은 것이 아니라 가난한 자나 부유한 자나, 떡을 나누어주는 자나 말씀을 전하는 사도들의 사역이나 동일하게 간주하는 것이다. 그리하여 모든 이들에게 평등하게 대하고, 균등하게 섬기는 '만인사제론'이 나타나게 되었다. 이렇게 루터의 종교개혁을 통해 디아코니아 사역이 중요한 것임을 천명하게 되었고, 루터에 영향을 받은 비혜른이 그 전통을 이어가게 되었다.

현 시대의 사회적 갈등도 크게 다르지 않다고 본다. 갈등의 대부분은 '분배'의 문제이며, '분배의 불균형'으로 인한 갈등이다. 통계청의 2019년 주택소유통계에 따르면, 2019년 11월 1일 기준 주택을 5채 이상 보유한 다주택자는 11만 8,062명으로 2012년 관련 통계작성 이래 최대치를 기록했다. 반면 소유 주택이 없는 무주택가구는 888만 6,922가구로 전체 가구의 43.6%이며, 2018년 대비 1.6%가 증가한 것으로 조사되었다.[23] 이 통계만 보아도 삶에 필수적인 주거공간과 이로 인한 자본이동에서부터 양극화가 심각함을 알 수 있다. 이제 '떡'에 대한 갈등에 대해 예수의 사역을 알아보며 해법을 제시해 보고자 한다.

### 2) 오병이어

예수의 사역은 떡과 깊은 연관이 있다. 예수가 탄생한 지역 '베들레헴'이란 곳이 바로 '떡집'이란 뜻이다. 이 지역에는 떡집이 많이 있었다. 그래서 사람들은 떡에 대한 이야기를 많이 했다. 이곳에서 자란 예수도 늘 떡에 대한 생각을 하며 살아왔을 것이다. 어느 날 말씀을 전하러 다니는데 셀 수 없을 정도의 사람들이 따라온다. 그러니 당장 먹을 것이 문제가 되었다. 이때 예수는 모든 사람을 질서 있게 앉게 한다. 그리고는 "너희 가운데에 먹을 것이 있냐"고 질문을 한다. 그러자 한 제

---

23) 통계청, 2019년 주택소유통계결과, 2020. 11.

자는 "이 많은 사람을 무슨 수로 다 먹이겠냐"고 따진다. 그때 제자가 어린아이 한 명을 데리고 온다. 자신이 먹을 도시락을 가지고 나온 것이다. 떡 다섯 개와 물고기 두 마리였다. 예수는 어린아이가 가지고 나온 도시락의 음식을 가지고 오히려 감사기도를 한다. 이때 예수는 사람들에게 무엇을 이야기 하는가?

〈그림 14〉 오병이어기념교회의 오병이어모자이크

내가 너희들에게 주는 떡은 영원한 양식이 될 수 없다. 내가 그동안 떡을 보여주고 먹인 것은 너희들에게 진정한 생명의 떡을 알려주기 위함이다. 바로 내가 '생명의 떡'이다. 당시의 사람들은 이 심오하고 철학적인 말의 의미를 제대로 이해하지 못했다. 예수가 십자가에 달려 돌아가시기 전에도 "나를 기념하라"고 말씀하시면서 떡을 나누어주며 "이 떡이 나의 몸"이라고 말씀한다. "날마다 이것을 기념하라"고 가르친다. 그러나 사람들은 육신의 떡만을 기억한다. 예수는 그들에게 떡만이 아니라 예수의 사랑의 마음을 기억하기 원했다. 어린아이가 자신의 것을 나누어주었던 그 마음을 기억하기 원했던 것이다. 그러자 기적이 일어났다. 모든 사람들이 다 먹고도 오히려 남은 것이다.

### 3) 떡을 통하여 용기 주심

예수에게는 그 생애에 12명의 제자가 있었다. 그 가운데 베드로라는 제자가 있었다. 베드로는 예수의 첫 번째 제자이며, 몹시 아끼던 수제자였지만, 예수의 체포와 죽음 가운데 스승을 모른다 부인하였고, 저주를 퍼부으며 제 살길만을 생각한 배반자였다. 이후 그는 심한 자책과 낙심의 마음을 품고 고향으로 돌아간다. 그런 베드로에게 예수는 찾아간다. 예수는 자신의 사랑하는, 하지만 가장 필요한 시기에 철저히 자신을 배반한 베드로를 다시 재회한 자리에서 말없이, 그저 '떡', 식사를 차려 먹게 한다. 어쩌면 어떠한 말보다 더욱 깊이 있는 울림이 베드로에게 전해졌다. 그 후 베드로는 다시는 자신의 스승인 예수를 외면함 없이 죽기까지 그 가르침대로 살게 된다. 이처럼 예수 자신을 배신한 사람까지도 용서하며 포용을 보인 예수의 섬김이 바로 디아코니아이다. 이로 사용한 '떡'은 백마디 미사여구보다 더욱 깊은 진심을 전하는 도구가 되었다.

### 4) 화목제물

구약성경을 보면 하나님이 인간에게 '하나님을 만나는 방법으로' 5가지 제사를 알려주셨다. 그중에 '화목제'는 5대 제사 가운데 예물을 드린 자가 그 예물을 먹을 수 있는 유일한 제사였다. 다른 제사는 제물의 고기는 제사장만 먹을 수 있었다. 그런데 화목제만큼은 제사장과 제사를 드리는 자 그리고 백성들이 모두 함께 먹을 수 있었다.

화목제는 히브리어로 '슐라밈'이다. '슐라밈'은 '샬롬'에서 파생된 단어로 '복지, 화목'의 뜻을 가졌다. 즉 하나님과의 관계 속에서, 이웃과의 관계 속에서의 화목을 말한다. 그렇다면 무엇이 이웃과의 화목인가? 레위기 7장 15절에 "감사함으로 드리는 화목제물의 고기는 드리는 그 날에 먹을 것이요. 조금이라도 이튿날 아침까지 두지 말 것이니라" 고기를 남겨두지 말고 그날 다 먹으라는 것이다. 다른 제사는 반드시 수컷의 동물만 드렸는데, 화목제물은 수소나 암소를 모두 드릴 수 있었다. 또한 다른 제사에는 비둘기와 같은 작은 제물을 사용할 수 있었지만, 화목제에서는 많은 사람들이 나누어 먹어야 했기 때문에 큰 동물을 사용하였고, 그 날 드린 모든 제물은 그 날 다 소진해야 했다. 보통 소 혹은 양과 염소가 희생제물이 되었는데, 이것을 모두 소진하기 위해서는 가급적 많은 사람들이 배불리 먹어야 가능했다.

고대 이스라엘에서 일반 백성들이 고기를 먹는다는 것은 대단히 드문 일이었다. 화목제를 드리는 그 날이 백성들이 고기를 먹을 수 있는 유일한 날이었다. 화목제를 드리는 날은 모처럼 배부르게 고기를 먹을 수 있었기 때문에 축제 분위기였다. 또한 고기가 부정한 것에 닿으면 먹지 말고 불태우라고 말한다. 당시에는 병에 걸린 사람이나 죽은 시체를 부정하게 생각하였다. 그리고 전염병 예방 차원에서 피, 기름, 콩팥을 먹지 말라고 하였다. 인도네시아에는 성인식을 하는 전통이 있는데, 마을 추장이 먼저 양의 심장을 빼어서 맛을 본다. 그리고 심장의 상태가 싱싱한 것을 확인하고서는 그 양을 제물로 바치는 것을 볼 수 있다. 성경 당시에도 냉장 보관이 어려웠던 시절이기에 이러한 방법이 아니면 모두가 상한 음식에 노출될 수 있었다. 그러면 공동체가 전염병으로 모두의 생명에 위협이 가해질 수 있기에 철저하게 지켰던 것이다. 이처럼 화목제의 공동식사는 한 마디로 이웃과의 화목을 위한 제사였다.

예수는 당시 시대에 산재해 있던 여러 갈등구조의 해결을 공동체의 식사인 '떡'(음식)을 매개체로 하여 제시하였으며, 자신을 따르는 무리와 제자들과 함께 이를 이루었다. 당시 시대적으로 소외받고, 억압받는 갈등으로 인한 사회적 약자들에게 다가오셨으며, '떡'을 나누어주시며 서번트-리더의 모범을 보여주었다. 사람은 그 사람의 상황으로 인해 차별받는 것이 아닌, 한 사람의 인격 자체도 평등하게 존중받을 권리가 있음을 보여낸 것이다.

### 5) 떡과 함께인 공동식사

보통 공동체 안에는 보기 싫은 사람도 있고, 불편한 관계의 사람도 있다. 공동체 내에도 이 패와 저 패로 나뉘어있다. 그럼에도 불구하고 한자리에 모여 같이 음식을 나누어 먹으면 어떻게 될까? 그동안 불편한 관계였을지라도 같이 함께 떡을 나누다 보면 어느새 서로 간의 긴장도 완화되고, 대화 가운데 오해도 풀리게 된다. 이것은 공동식사가 가지고 있는 놀라운 힘이다.

보통 결혼식, 장례식과 같은 예식에는 떡이 빠지지 않는다. 이런 자리는 서로 불편한 관계의 사람들도 참여하게 된다. 식사를 하며 서로 슬픔을 나누고, 서로 기쁨을 나누면서 공동식사의 자리를 통하여 화해와 평화가 일어나게 되고, 막힌 담이 무너지게 된다. 그렇다면 분명하다. 하나님께서 우리에게 식사의 문화를 주신 것은 이웃과 화목하게 살라는 것이다. 하나님과 이웃과 화목을 이루고 살아가라는 분명한 메시지이다. 떡은 한 마디로 이웃과의 나눔이다. 이것은 결국 생명의 나눔이고, 이것이 바로 디아코니아 정신이다.

비헤른은 바로 이 정신을 배운 것이다. 하나님으로부터 시작된 섬김은 청년 예수의 섬김 운동으로 이어졌고, 그의 뒤를 이어 지난 2,000년의 그리스도교 역사에서 섬김 실천의 불꽃으로 이어져 왔다고 할 수 있다. 특히 개신교는 바로 이러한 섬김을 화두로 신앙의 개혁과 사회제도의 혁신을 이끌어 왔다. 노르딕 국가뿐 아니라 세계에서 복지의 꽃을 피운 나라들은 바로 이러한 영향 아래 있음을 우리는 확인할 수 있다.

### 6) 떡을 좋아하는 우리 민족

서양에서 빵 문화가 자리한다면 우리나라에는 고유의 떡 문화가 있다. 요즘은 사람들의 식습관이 서구화되면서 커피와 빵이 높은 인기를 끌고, 상대적으로 떡과 차는 시간이 흐를수록 관심을 받지 못하는 전통음식이 되어가고 있다. 그러나 우리 민족은 예로부터 떡을 좋아하는 민족으로 떡과 관련된 이야기가 많이 있다. 민족의 대명절인 설날에는 가래떡을 썰어 떡국을 끓여 다같이 나눠먹는 풍습이 있다. 가래떡은 부자가 되라는 뜻으로 떡을 동그랗고 길게 만들었다. 정월 대보름에는 한 해 동안의 풍요로움과 건강을 바라는 마음을 담아 부럼을 까고, 약밥을 나누어 먹었다. 그리고 단오에는 수리취 절편[24]을 즐겨 먹었다. 더위가 몰려오는 삼복에는 쌀가루에 술을 넣어 발효시켜 만드는 증편[25]을 자주 먹었고, 추석이 되면 막 수확한 햅쌀을 이

---

24) 수리취는 산야에서 많이 자라는 엉거시과에 딸린 여러해살이 풀이다. 멥쌀로 가루를 내어 시루에 쪄서 데쳐낸 수리취와 섞어 안반에서 쳐서 만든 떡으로 푸르스름한 절편이다. 절편의 모양을 둥글게 하고 그 위에 차바퀴 모양의 떡살로 문양을 내었다고 『동국세시기(東國歲時記)』에 기록되어 있다. 단오를 술의일(戌衣日)이라 하고, 수레바퀴 모양의 떡을 만드는 것을 술의(戌衣)라 하였다.
25) 증편은 여름철 떡으로, 멥쌀가루에 술을 넣고 반죽하여 발효시켜 찐 떡이다. 쉽게 변하지 않는 게 특징이다. 상화(霜花)도 증편류의 하나이다. 종묘제례에 쓰이던 이식(酏食)과 비슷한 형태였

용해서 송편과 시루떡을 만들어 먹었다. 낮이 가장 짧은 동짓날이 되면 찹쌀로 새알을 빚어서 팥죽을 쑤어먹었는데, 악귀가 무서워하는 붉은색의 팥죽을 벽에 던지며 쫓아낸다는 풍습이 있다. 이처럼 우리나라 고유의 떡 문화에는 선조들의 지혜와 슬기가 담겨 있으며, 가히 한편의 역사로 불릴 만하다.

그렇다면 우리나라는 왜 이렇게 많은 떡 문화가 발달했을까? 그것은 모두가 어려운 시절 주변의 이웃들과 함께 나누어 먹기 위함이었다. 그래서 우리나라 사람들은 이사를 하면 주변의 이웃들과 팥죽을 나누어 먹고, 개업을 하면 주변의 상점들과 시루떡을 나누어 먹고, 아이의 돌잔치에도 백설기를 나누어 먹고, 결혼식과 장례식에도 음식을 대접하여 함께 식탁 나눔을 한다. 이처럼 우리 민족은 철저히 타인을 위한 배려와 이웃과 나누어 먹을 줄 아는 섬김의 정신이 뿌리 깊이 스며 있다. 그러나 요즘은 함께 나누어 먹는 아름다운 전통을 찾아보기 힘든 시대가 되었다. 나눔을 하더라도 약자를 위한 이웃과의 나눔이라기보다는 자신에게 이득이 되는 사람들이나 도움이 될 만한 사람들에게 나누는 계산적인 나눔의 시대가 되었다. 어찌 되었든 한국의 떡 문화를 보면 우리 민족에 서번트 리더십, 즉 섬김의 정신이 깊이 깃들어 있음을 살펴볼 수 있다.


## 5. 나가며

지금까지 비헤른의 섬김 사역과 그 섬김이 어떠한 영향을 미쳤는지 살펴보았다. 비헤른의 작은 섬김 운동은 지역 사회를 바꾸었고, 나아가 독일 사회가 디아코니아 기반의 국가가 될 수 있는 기반이 되었다. 자신이 속해 있는 나라뿐만 아니라 소위 노르딕 국가라고 하는 복지국가에까지 선한 영향력을 드러내며 섬김의 삶이 얼마나 중요한 것인지를 일깨워주었다. 비헤른이 섬김의 사역을 감당할 수 있었던 원동력은 바로 '떡'을 통해 알 수 있는 디아코니아 정신이다. 진정한 섬김은 주

---

다. 기장떡, 기주떡, 쪽기정, 기증편, 순흥기주떡으로도 불린다.

인을 식탁에서 시중드는 자세로 받드는 것이며, 이러한 디아코니아 정신에 영향을 받은 비헤른 역시 섬김의 삶을 살아갈 수 있었다.

섬김은 떡이 있는 공간에서 이루어진다. 우리나라도 떡의 역사가 깊은 나라이다. 우리 민족처럼 떡을 좋아하는 나라도 없다. 우리 민족은 모두가 어려운 시절을 겪으며 떡을 통해 나눔과 분배의 삶을 살아왔다. 그래서 자연스럽게 우리 민족의 정신에는 떡을 통한 사랑의 섬김 정신이 깃들어 있다. 그렇다면 우리 국민들도 서번트 리더십을 문화적으로 쉽게 적용할 수 있는 가능성이 열려 있음을 시사해준다.

이 그림은 네덜란드의 빈센트 반 고흐가 그린 '선한 사마리아인'이란 작품이다. 유대인의 교훈집인 탈무드에 등장하는 '선한 사마리아인' 이야기를 모티브로 그린 그림이며, 그 내용은 다음과 같다. "이스라엘 2,000년 전 예루살렘에서 여리고라는 지역으로 가는 길은 36Km나 되었다. 여기에는 암석들이 많이 있어서 바위에 숨어 있는 도둑이 자주 나타났다. 어느 날 길에 한 사람이 강도를 만나 매를 맞아 거의 죽은 상태에 처하게 된다. 그런데 이곳을 지나가는 인물 중에 당시 제사장이었던 레위인도 있었고, 다양한 사람들이 있었지만 모두 그냥 지나쳤다. 그런데 단 한 사람 사마리아 사람은 강도를 만난 사람을 그냥 지나치지 않았다. 사마리아 사람은 당시 주위 민족들에게 여러 멸시와 괄시를 받는 민족이었다. 다시 말해 지금 강도 당한 사람에게도 짐승만도 못한 취급을 받던 이었던 것이다. 그런데 그런 사마리아인은 고민도

〈그림 15〉 착한 사마리아인 by Vincent van Gogh

주저함도 없었다. 그 강도당한 사람을 치료해주고 짐승에 태워 주막으로 데려가 나머지를 부탁한다."

고흐는 왜 이 그림을 그렸을까? 그의 그림에서 생명을 살리고 섬기는 역할을 해야 했던

제사장과 레위인은 어디에 있는가? 자세히 찾아봐야 할 정도로 잘 보이지 않는다. 이것이 작가의 의도이다. 고흐는 이 그림에서 평소에 잘 사용했던 희망을 상징하는 노랑색을 가득 칠한다. 그가 그려낸 희망은 무엇인가? 약자를 향해 차별 없이 편견 없이 다가간 '선한 사마리아인'이다.

세계는 지금 '선한 사마리아인 법'이 제정되어 "본인이 특별한 위험에 빠지지 않음에도 응급사항이나 위험에 처한 타인을 구조하지 않고 외면한 사람에게 징역이나 벌금을 부과하는 법률 조항"이 실시되고 있다. 우리나라도 현재 '선한 사마리아인 법'이 세간에 화제가 되고 있지만 찬성과 반대의 의견이 팽팽하게 대립하고 있어 입법과정이 통과되지는 못하고 있다.

우리 사회는 나와 관계가 없는 사람이거나 일이면 그냥 지나쳐버리는 외면사회가 되었다. 시대가 가진 집단이기주의 문화의 결과물이기도 한 외면사회인 지금의 시대는 개인과 집단, 심지어는 종교 공동체조차도 인간의 존엄보다는 자신과 공동체의 득실을 먼저 고려하는 시대이다. 필자는 이러한 부분을 볼 때마다 참 안타까운 마음이 든다. 우리 민족성에는 본래 떡을 바탕으로 한 섬김의 정신 깃들어 있지 않은가? 없던 것이 아닌 잊거나, 잃어버린 우리들의 정서인 사랑, 포용, 그리고 섬김 이를 통해 우리 사회가 다시금 서로를 돌볼 줄 아는 건강한 사회, 포용주의 국가가 되기를 간절히 바란다. 우리 삶에서 진정한 이웃은 누구인가? 나는 그런 진정한 이웃으로 살고 있는가? 대한민국은 진정한 이웃의 나라로서 살아가고 있는가 돌아보아야 한다. 나보다 남을 낮게 여기며, 상대, 또는 공동체를 위해 내가 조금 내려놓는 섬김의 '디아코니아'인 서번트 리더십을 통해 진정한 포용국가로서의 온전한 기능을 해나갈 수 있을 것이다. 이런 점에서 비헤른의 서번트 리더십은 우리에게 많은 점을 시사해 준다.

한국은 물론 유럽을 비롯한 전 세계에서 '서번트', '섬김'이란 단어가 대세이다. 섬김이란 말은 이 시대의 화두가 되었다. 정치하는 사람들이나 종교인, 그리고 시민들 사이에서 요즘처럼 이 단어가 자주 입에 오르내린 적은 없는 듯하다. 너도 나도 서번트 리더십을 내세우며 정권이 교체될 때마다 화두가 되기도 하였다. 어떤 정권도 국민을 낮은 자리에서 섬기겠다는 말로 시작하지 않은 곳이 없었다. 그런데 이것이 과연 말처럼 잘 이루어지고 있는 것인가? 그것은 구체적 섬김에 대한 배움과 공부가 없었기 때문이다. 그리고 어떻게 실천을 해야 하는지에 대한 구체적 방안이 없었기 때문이다.

독일은 이러한 섬김의 학문인 '디아코니아학'(Diakoniewissenschaft) 과정이 전문적으로 구성되어 있다. 성서와 기독교 역사를 통해 이러한 기독교의 사회적 실천을 발견하는 것이 '디아코니아학'(섬김학)이다. '학'이란 전문적 지식을 체계화시킨 것이다. 그런데 그냥 섬기면 되지 왜 섬김을 꼭 학문적 이론으로 만들었을까? 이것은 필자가 독일이라는 나라에 직접 살면서 그 이유를 알 수 있었다. 국가적으로 사회적 약자에 대한 역사의 과오를 충분히 반성하고 개선하려는 태도를 보았으며, 이러한 국내외 디아코니아 대상자들의 사각지대를 최소화하기 위하여 세심한 국가차원 또는 민관협력차원의 포용을 아끼지 않는 노력을 목도하였다. 또한 이러한 디아코니아 정신이 독일의 사회 구조 곳곳 및 시민 하나하나의 의식에도 자리매김 되어있음을 경험하였다. 그리고 이러한 사회적으로 소외 받는 사람들을 외면하지 않고 섬기려는 그들의 태도가 철저한 학문적·실천적 교육의 뒷받침을 통해 이루어짐을 알 수 있었다. 필자는 이를 통해 서번트 리더십의 기초가 되는 디아코니아학이 얼마나 중요하고, 디아코니아가 한 나라의 근본정신이 되는 것이 왜 중요한지를 몸소 깨닫게 되었다.

사람을 이끄는 리더십에는 다양한 종류들이 있다. 그중에서도 '서번트 리더십'이 한때 한국에도 큰 인기를 끌었다. 지금까지 '카리스마'적인 리더십을 가진 사람들이 성공궤도에 올라 존경을 받아 왔지만, 이것에 대한 반작용으로 마치 종처럼 섬겨주는 '서번트 리더십'을 가진 리더가 환영을 받았다. 그러나 이것이 그리 오래가지는 못하였다. 한국의 유교적인 정서상 최고 단계의 리더가 하위 사람에게 섬겨준다는 것은 현실적으로 받아들이기에 힘든 점이 있었던 것이다. 이것이 대한민국 정서에 기본적으로 깔려 있는 유교적인 사상이 가진 한계였다.

비헤른은 서번트 리더십에 꼭 맞는 인물이다. 인간 존중을 바탕으로, 구성원들이 잠재력을 발휘할 수 있도록 다른 사람을 섬기는 사람이 섬김의 리더이다. 리더십은 비전과 목표를 제시하고 구성원들을 이끌어 가는 힘이다. 유능한 리더는 자신의 영향력을 활용해 구성원들에게 비전을 제시하고 좋은 성과를 만들어낸다. 효과적인 리더십을 발휘하기 위해서는 가치관과 행동 등 업무 외적인 부분에서도 동일하게 모범적인 모습을 보여주는 것이 중요하다.

디아코니아는 직업적으로 몇몇 부류의 사람들에게만 한정된 것이 아니다. 모든 분야에서 필요하다. 대한민국이 단순히 포용주의를 넘어 디아코니아 국가가 되기를 소망한다. 종교와 같은 어느 한 분야에서만 디아코니아 정신이 살아 있는 것이 아니라 정치, 경제, 사회, 문화, 교육 등 나라를 구성하는 모든 분야에서 디아코니아 국가가 될 때, 진정한 의미에서의 포용주의 국가가 될 수 있을 것이라 생각한다. 지역의 변화, 나라의 변화, 북유럽을 넘어 세계를 변화시켰던 비헤른의 서번트 리더십을 통해 대한민국이 세계적인 표용국가이자 글로벌 리더로 더욱 거듭나게 되길 꿈꿔본다.

## 참고문헌

김옥순, 『장애인 신학』, 한들출판사, 2011.

김옥순, 『디아코니아 신학』, 한들출판사, 2011.

김한호, 『장애인과 함께하는 디아코니아』, "독일 교회의 장애인 통합 모델을 중심으로" 한장연, 2009. 12.

김한호, 『하나님나라와 디아코니아』, 디아코니아 연구소, 2015. 5.

김한호, 『한국교회와 디아코니아』, 디아코니아 연구소, 2019.

로버트 K. 그린리프, 서번트 리더십 원전, 참솔, 2006.

이세윤, 『순천만국가정원 방문자의 기대』, 경기대학교 관광전문대학원, 2016.

이종태, 『마틴루터의 생애』, 생명의말씀사, 1982.

장신철, 『노르딕 모델: 그 특징과 앞으로의 지속가능성』, 국제노동브리프, 한국노동연구원, 2008.

강원돈, 『기독교 사회윤리의 관점에서 본 요한 힌리히 비헤른의 복지 사상』 기독교사회윤리, 한국기독교사회윤리학회, 2007.

주도홍 외, 『종교개혁 길 위를 걷다: 오늘만나는 종교개혁 영성의 현장』, 두란노, 2017.

최무열, 『독일교회 위기극복을 위한 비헤른의 인네르 미션과 디아코니아에 영향』, 한국복음주의 선교 신학회, 2015.

폴커헤르만, 이범성 옮김, 『디아코니아학』, 대한기독교서회, 2016.

홍주민, 『디아코니아학 개론』, 한국디아코니아연구소, 2010.

홍주민 역, 『독일 개신교연합(EKD)』, 디아코니아 신학과 실천, 2006.

홍주민, 『비헤른과 섬김』, 기독교사상, 대한기독교서회, 2008.

홍주민, 『독일의 디아코니아와 요한 힌리히 비헤른』, 신학연구. 한신신학연구소, 2005.

# V.
# 도산 안창호의 서번트 리더십

신용하

## 1. 서론: 서재필의 안창호 리더십에 대한 논평

도산 안창호(1878~1938) 선생은, 온 국민이 아는 바와 같이, 구한말~일제 강점기 한국민족의 독립운동을 지휘한 대표적 지도자의 한 분이다.

역시 한국민족 독립운동의 지도자의 한 분이면서 한국 독립운동에 참가하여 독립운동가들을 오랫동안 두루 관찰한 서재필(1864~1951) 선생은 도산 안창호에 대해 예리한 논평을 한 적이 있었다. 서재필은 안창호보다 14세 연상으로서 개인적 친분은 없었다. 서재필은 갑신정변에 실패한 후 미국에 망명하여 고학으로 1893년 세계적 명문대학인 콜럼비아 의과대학(지금의 조지 워싱턴 대학교 의과대학)을 졸업한 의사로서 당시 의학 전문 학술지에 연구논문도 여러 편 발표한 세계적 지성인의 하나였다. 서재필은 자신이 뛰어난 수재로서 여간해서는 남을 칭찬하는 언행을 하지 않는 관행이 있었다. 그러한 서재필이 안창호가 별세했다는 소식을 듣자 1938년 재미 한국유학생 잡지에 안창호를 예리하게 관찰한 영어 논평을 발표하였다.[1]

서재필은 안창호를 그가 아는 한국 독립운동가 중에서 가장 뛰어난 인물이라고 아브라함 링컨에 비유하면서 평하였다. 그 이유는 안창호가 선천적으로 두뇌가 명석

---

1) 서재필, 1938, Random Thought in English, 『島山安昌浩全集』(도산안창호선생기념사업회 편), 제13권, 2000, pp. 250~251 참조.

한데, 그 위에 항상 스스로 성실하게 노력하고 공부하여 문제의 핵심을 먼저 정확하게 파악할 뿐 아니라, 언제나 문제의 해결 방법과 방향을 제시하여 전향적으로 지도한다는 것이었다. 안창호가 대학을 나오지 않은 것은 그의 선천적 명석함과 끊임없는 스스로의 학습과 풍부한 경험으로 전혀 문제가 없다고 하였다. 서재필은 안창호가 명석한 두뇌와 끊임없이 성실한 독학 자습으로 당대 어느 지식인보다도 탁월하다고 서술하였다. 서재필은 안창호가 뛰어난 조직능력을 가졌다고 경탄했으며, 자기와 다른 의견, 반대되는 의견까지도 끝까지 경청하여 취할 것은 취했고, 함께 일하는 동료들과 직원들을 자기 친우로 만드는 탁월한 능력을 가졌다고 평하였다.

서재필에 의하면, 세계에는 비천한 지위에서 태어나 후일 조국의 지도자가 되어 큰 일을 한 뛰어난 품성을 가진 인물들이 가끔 있는데, 미국의 경우에는 아브라함 링컨이 그러한 인물이다. 한국의 안창호도 빈한한 시골 가정에서 태어나 정식 고등교육을 받지 못했음에도, 높은 이상을 갖고, 스스로의 성실한 공부와 노력으로 풍부한 실제적 경험과 상식과 높은 지식을 갖춘 고결한 성품의 지도자가 되었다. 만일 안창호가 링컨과 같은 (미국 대통령의) 기회를 가졌다면 더 큰 일을 달성하여 세상에 더 알려졌을 것이라고 서재필은 안창호를 논평하였다.

서재필의 안창호 논평을 보면, 도산의 명석함과 문제의 핵심 포착 및 해결 방법·방향 제시를 높이 평가했을 뿐만 아니라, 안창호의 리더십을 매우 높이 평가한 것을 알 수 있다. 안창호의 리더십의 핵심은 탁월한 조직능력과 함께, 동료들과 부하들의 의견과 반대자들의 의견도 개방적으로 열심히 끝까지 경청하고, 취할 것은 취해주며, 버릴 것만 버리는 특징이었다. 그리하여 자기 동료들과 부하들을 반대자들까지도 친구로, 자기편으로 만드는 안창호의 리더십의 특징을 서재필은 관찰한 것이었다.

## 2. 안창호의 서번트 리더십론의 기초와 배경

도산 안창호는 3·1운동 직후 먼 곳에 나누어져 성립된 상해 임시정부, 러시아령 블라디보스톡의 국민의회 임시정부, 서울 한성정부의 3개 임시정부를 통합하여 1919년 9월 11일 통합 대한민국 임시정부 수립에 성공한 직후, 1920년 1월 1일 이 통합 임시정부와 한국 독립운동의 미래 방략을 상해 3·1당에서 열린 신년축하회에서 연설하였다. 이 때 그의 '국민이 실행할 6대 사업과 6대 방략'을 발표하였다. 도산은 이 연설에서 우리의 논제인 '서번트 리더십'의 사상적 기초를 설명하였다. 도산의 '서번트 리더십'은 민주주의 사상의 핵심인 '국민주권' 사상을 기초와 배경으로 하고 있다.

도산은 대한민국이라는 민주공화국 체제에서는 국민(인민)이 주인(主人)이고 대통령·국무총리 등 임시정부 직원들은 국민의 '노복'(奴僕, 서번트·servant·하인·종)이므로, 대통령과 국무총리 등 임시정부 직원들은 주인인 국민을 충심으로 잘 섬겨야 한다고 강조하였다. 도산은 독립운동 6대사업과 방략을 설파하기에 앞서 바로 이 점을 「정부 직원과 인민의 관계」라는 제목으로 다음과 같이 설명하기 시작하였다. 1920년은 고종황제가 붕어한지(1919) 1년밖에 안 된 추모열기가 있던 시기에 대한민국 임시정부를 민주공화제로 수립했기 때문에, 국민의 지위를 '황제'에 비유하여 설명하였다.

"오늘날 우리나라에는 황제가 없나요? 있소. 大韓 나라에 과거에는 황제가 1인밖에 없었지마는 금일이에는 2천만 국민이 모두 황제요, 제군도 다 황제요. 제군의 앉은 자리는 다 옥좌이며 쓴 것은 다 면류관이외다. 황제란 무엇이오? 주권자를 이름이니, 과거의 주권자는 오직 한 사람[唯一]이었으나 지금은 제군이 다 주권자이외다.
과거에 주권자가 1인이었을 때에는 국가의 흥망은 1인에게 달려있었지[在]만은 금일은 인민 전체에 달려 있소. 정부 직원은 노복(奴僕)이니, 이는 정말 노복이오. 대통령이나 국무총리나 다 제군의 노복이외다. 그러므로 군주인 인민은 그 노복을 선(善)히 부리[禦]는 방법을 연구해야만 하오"[2]

도산은 정부 직원이 국민의 노복이긴 하지만 국민 각 개인의 노복이 아니라 국민

---

2) 『獨立新聞』, 1920년 1월 8일자, 1면. 安昌浩, 「우리 國民이 斷定코 實行할 六大事(一)」(신년축하회 석상의 연설)

전체의 공복(公僕)임을 또한 강조하였다. 즉 정부직원은 사복(私僕)이 아니라 '공복'임을 강조한 것이었다.

> "정부 직원은 인민의 노복이지마는 결코 인민 각개의 노복이 아니오 인민 전체의 공복(公僕)이오. 그러므로 정부 직원은 인민 전체의 명령은 복종하려니와 개인의 명령을 따라 마당을 쓰는 노복은 아닐 것이오(웃음소리). 그러니까 정부의 직원으로써 사우(私友)나 사복(私僕)을 삼으려 하지 마시오. 그러지 말고 공복(公僕)을 삼으시오. 나는 여러 사람이 국무원을 방문하고 사정(私情)을 논하며 사사(私事)를 탁(托)하는 것을 보았소. 이는 크게 불가한 일이니, 공사(公事)를 맡은 자와는 결코 한담(閑談)을 마시오. 이것이 심상한 일인 듯 하지마는 그 실 큰 일이요. 금일은 정부 직원은 아들이라도 아들로 알지 말고 사우(私友)라도 사우로 알지 마시오. 사우를 위하여 공사를 소홀히 함은 죄요"3)

도산은 또한 나라의 주인인 국민은 신복(臣僕)이며 공복인 직원을 부리는 방법을 알 필요가 있다고 지적하였다. 그 가장 중요한 방법이 되는 것은 ① 노복을 책망만 하지 말고 잘한 것은 칭찬도 해 주는 것이다. ② 단합하면 명령자가 되지만 분열하면 주인이 도리어 복종자가 된다. ③ 주인인 국민이 공복인 직원을 부리면서도 공복의 직임(職任)은 반드시 존경해야 한다고 그는 강조하였다.

> "황제인 제군은 신복(臣僕)인 직원을 부리는 법을 알아야 하오. 노복은 명령과 초책(誚責)으로만 부리지 못하나니, 얼러 추어주어야 하오. 미국 어떤 동양사람 많이 부려 본 부인의 말에, 일본인은 매사에 일일이 간섭해야 하고, 중국인은 간섭하면 골을 내며 무엇을 맡기고는 뒤로만 슬슬 보살펴야 하고, 한국인은 다만 칭찬만 하여주면 죽을지 살지 모르고 일을 한다 하오. 칭찬받고 좋아하는 것은 못난이의 일이지마는 잘난이도 칭찬하면 좋아하는 법이오(웃음소리). 그러니까 여러분도 당국자를 공격만 하지 말고 칭찬도 하여 주시오(박수).
> 또 하나 황제되는 여러분의 주의할 점은 여러분이 분(分)하면 개인이 되어 생권(生權)을 상실하고, 합(合)하면 국민이 되어 주권(主權)을 향유하는 것이외다. 그러므로 여러분은 合하면 명령을 발하는 자가 되고, 分하면 명령에 복종하는 자가 되는 것이오."4)

---

3) 안창호, 위의 글
4) 안창호, 위의 글

도산은 '국민주권'을 핵심으로 한 민주주의 사상에 기초하여 국민은 나라의 주인이며, 대통령과 국무총리를 비롯한 정부 직원은 국민의 공복으로서 국민의 명령에 복종하고 국민을 <잘 섬겨야> 한다고 강조하였다. 또한 도산은 국민도 정부의 각 개인 사람이 아니라 '직임'을 존경해야 함을 지적하고, 현재의 임시정부 국무원의 인물은 장래에는 모르지만 현금에는 최선의 인물임을 설명하였다.

## 3. 안창호의 서번트 리더십 형성의 시작

도산 안창호 선생은 1878년 평안도 강서군 초리(草里)면에 속한 대동강 하류 가운데 섬마을 도봉섬(지방 속칭 '島마메')에서 가난한 농부의 아들로 태어났다. 만 8세 때에 서당에 입학하여 한문을 배우기 시작하고, 동시에 소 기르고 꼴 베는 일을 시작하여 15세까지 목동 생활을 했다고 자필이력서에 기록되어 있다.[5] 도산은 10세(1888년)에 부친을 여의고, 그 후는 홀어머니와 함께 할아버지 집으로 이사하여 할아버지 슬하에서 자랐다. 도산이 두뇌가 명석하고 매사에 영민하므로 할아버지는 과거라도 보일까 하여 손자를 강서군의 이름있는 서당에 보내었다. 도산은 이 서당에서 한문 고전들을 공부했을 뿐 아니라, 필대은(畢大殷)이라는 세 살 연상의 선각적 친구를 만나게 되었다.

도산이 16세 때인 1894년 일본이 청일전쟁을 일으켜 평양성 일대에서 청국군과 큰 전투를 벌였는데, 일대가 참혹하게 파괴되었다. 한국 농민에 대한 일본군과 청국군의 행패와 약탈도 자심하였다. 도산은 외국 군대들이 우리나라에 들어와서 제멋대로 전쟁을 하며 고향 일대와 나라를 부수고 행패부리는 것을 보고 큰 충격을 받았다.

도산은 친구 필대은과 함께 청일전쟁과 이 문제를 자주 토론하였다. 도산보다 세 살 위인 필대은은 중국 당대 신서(新書)들도 많이 읽고, 국제정세에도 밝은 선각적 청년이었다. 도산은 필대은과의 청일전쟁·국제정세·국내정세에 대한 토론 과정에

---

5) 안창호, 「제4단우 안창호이력서」, 『도산안창호전집』 제10권, pp.554~555 참조.

서 나라와 겨레를 재발견하고 크게 각성하였다. 도산은 자기가 태어난 나라와 겨레의 처지와 일본·청국 등 외국의 행패에 크게 분개하고, 서울에 올라가 더 배워서 나라와 겨레를 위해 자신도 도움되는 일을 해야겠다고 결심하였다.

도산이 1894년 상경하여 직업을 구하며 돌아다니다가 노자가 떨어져 있을 때, 마침 '야소교 학교'(후의 구세학당, 경신학교)의 밀러(Edward H. Miller) 목사가 숙식을 제공하겠다며 길거리에서 학생 모집을 하고 있었다. 도산은 야소교학교에서 만 2년간 신학문을 배웠다. 첫 해는 '보통반'을 수료했고, 이듬해는 '특별반'에 진급해서 졸업하였다.

도산은 야소교학교 학생 때 1895년 발간된 유길준(俞吉濬)의 『서유견문(西遊見聞)』을 읽고 큰 감명을 받았다. 또한 이 때 서재필(徐載弼)이 귀국하여 1896년 신학기부터 배재학당에서 강의하고, 『독립신문』을 창간했으며, 1896년 7월 2일에는 국내동지들과 함께 독립협회(獨立協會)를 창립하였다. 도산은 서재필 박사가 배재학당 협성회에 설치한 '토론회'에 매번 출석하여 방청하고, 서재필의 계몽 강연회에는 빠짐없이 출석하여 세계대세의 흐름과 개화사상을 공부하였다. 도산은 스스로 이 시기 유길준과 서재필 두 분의 영향을 가장 많이 받았다고 뒤에 회고하였다.[6] 그러나 이 때 도산은 청소년 학도였으므로 두 분께 인사를 드리지는 않았다.

도산은 1897년(19세) 독립협회에 가입했고, 이듬해 1898년 9월에는 평양 쾌재정(快哉亭)에서 군민들에게 명연설을 하여 일대에 이름을 알렸다. 이와 동시에 동지들과 함께 독립협회 평양지회 설립에 주도적 역할을 하고 상경하였다. 도산은 이 해 서울에서도 만민공동회에 적극 참가하여 명연설로 참가 시민들을 감동시켰다.

1898년 12월 25일 황제 고종이 사실상의 비상계엄 사태를 선언하여 독립협회·만민공동회를 강제해산시키고, 독립협회·만민공동회 간부 등 4백여 명을 일시에 구금하자, 도산은 1899년 귀향하여 강서군에 점진학교(漸進學校)를 설립하여 신교육사업을 하였다. 점진학교 교장은 도산 안창호가 맡고, 교사는 최광옥(崔光玉)과 이

---

6) 『신한민보』 1925년 9월 3일자, 「안창호」, 『도산 안창호 전집』, 제6권, p. 779 참조.

석원(李錫元)이 맡았다. 학생은 남녀 공학으로 학령아동을 모집하여 신학문과 애국심을 교육하였다.

그러나 도산에게는 이 시기 고난의 도전이 연속되었다. 1902년 평생 동지로 여겼던 필대은이 폐병으로 병사하였다. 도산이 수 개월간 온갖 정성으로 간호했으나 숨을 거두었다. 서울에서는 개혁당 사건이라 하여 전 독립협회 부회장 이상재(李商在) 등 개혁파 인사 다수를 투옥하였다. 황제 고종은 '대한국 국제'를 공표하여 오직 황제만이 전제권을 가지며, 앞으로 백성의 단체 조직과 정치적 발언의 엄금을 선포하였다. 언제 이 폭압적 전제 체제가 해제될지 전망이 보이지 않았다.

도산은 3년간 점진학교의 신교육운동을 한 후 미국 유학을 결심하였다. 그는 미국에 유학하여 '교육학'을 박사까지 공부하고 돌아와서 교육으로 나라를 위해 헌신할 것을 결심하고 도미 유학에 나서게 되었다. 도산은 미국 유학에 앞서 1902년(24세) 할아버지가 정해준 약혼녀 이혜련(19세)과 서울에서 간단한 결혼식을 올리고, 신부와 함께 1902년 9월 인천에서 미국 샌프란시스코를 향하여 출항하였다.[7]

도산 부부는 영어도 서투르고 여비도 떨어진 상태에서 샌프란시스코 차이나타운에서 일자리를 구하여 헤메다가 우연히 서울에서 안면이 있는 드류(Alexander Derew) 박사를 만나게 되었다. 그는 서울에서 8년 거주한 적이 있는 선교 의사로서 안창호를 뛰어난 웅변가로 기억하고 있었다. 드류 박사는 도산의 처지를 듣고 샌프란시스코 부근 이스트 오클랜드의 자기 집 사랑채에 머물게 해주었다. 도산은 드류의 집에서 가사 고용인의 일을 하면서 그람머스쿨에 등록하여 영어 공부를 하였다. 도산 부부는 이듬해 샌프란시스코 차이나타운의 한 모퉁이에 한국인 15~20가구가 세들어 살고 있는 동포들의 거주지에 셋집을 얻어 이사하였다. 동포들 약 10가구는 인삼 장수였고, 나머지는 학생 등이었다. 도산은 동포들의 비참한 생활상태를 보고 큰 충격을 받았다.

춘원 이광수의 설명에 의하면, 첫째로 동포들의 거처가 불결한 것이었다. 청소를

---

7) 신용하, 『민족독립혁명가 도산 안창호평전』, 2021, 지식산업사, pp. 28~42 참조.

하지 않아서 밖에서 얼핏 보아도 어느 것이 한국인 거처인지 알 수 있을 정도였다. 우선 밖에서 보이는 유리창이 항상 더럽고 커튼도 달지 않았다. 서양 유리창에는 반드시 커튼을 다는 관행인데, 커튼 안 단 더러운 유리창만으로도 한국인 거처가 구분되었다. 둘째는 손님도 드나드는 문앞이 깨끗하게 정돈되어있지 않고, 불결하며 어지러운 것이었다. 서양 관습에 따라 문 앞에 손님을 기쁘게 맞는 화초를 심은 집도 없었다. 셋째로 실내가 불결하고 정돈되지 아니한 것이었다. 셋집이라도 청결하게 생활할 수 있는데, 어지럽게 되는 대로 생활하며, 청결과 미화는 생각지도 않는 것이었다. 넷째는 집에서 불쾌한 냄새가 나는 것이었다. 불결하니 이것은 자연히 뒤따라오는 것이었다. 이 냄새로 말미암아 인접한 서양인이 살 수가 없다고 이사해 버린 일도 있다고 하였다. 다섯째로 이웃사람이 싫어할 만큼 큰 소리로 말하고, 말싸움을 자주 하는 것이었다.8)

인삼 장수들은 값싼 중국 인삼을 사다가 비싼 '고려인삼'으로 중국인들에게 속여 팔 뿐 아니라, 행상 구역을 침범했다고 한국인 인삼 장수끼리 서로 싸우는 일이 잦았다. 한 번은 길거리에서 구역을 침범했다고 상투를 튼 한국인 인삼장수끼리 싸우는데, 미국인들이 재미있다고 둘러싸고 구경하고 있는 광경도 목도하였다.

도산은 조금만 개선하면 될 것도 하지 않는 동포들의 생활실태를 보고 마음의 갈등을 겪었다. 가져온 목사들의 추천서로 고등학교·대학 진학을 할 것인지, 아직 25세로 젊으니 대학 입학이 한두해 늦어지더라도 동포들의 이 상태를 고쳐놓고 진학할 것인지의 갈등이었다. 도산은 친하게 된 유학생 이강·정재관·김성무 등에게 "공부도 해야겠지만 이왕 늦은 공부니 한 3년 늦어도 큰 일 없소. 우선 시급한 노동 주선과 생활 지도의 일을 해야 하겠소"라고 말하고, 동포 생활 지도의 일을 택하였다.9)

도산은 동포들의 실제 생활개선을 위해 참으로 진정성을 갖고 단계적으로 동포들에게 파고 들어가기 시작하였다. 도산은 인사를 나누어 친분이 생긴 동포의 거처를

---

8) 이광수, 『도산 안창호』 pp.26~27; 『도산 안창호 전집』 제12권, pp. 68~69 참조.
9) 주요한, 『안도산전서』 상편, p.43; 『안창호전집』 제12권, p.529 참조.

찾아가서 우선 자연스럽게 주인의 허락을 얻어 청소부터 시작하였다. 그는 스스로 또는 주인과 함께 집 안팎을 쓸고 유리창 먼지를 정성껏 닦아주었다. 다음에는 보아 두었던 고장난 곳을 고쳐 주고, 철사와 천을 사다가 커튼을 달아 주었다. 다음 방문 때에는 화분을 대문 앞과 창문에 놓아 주었다. 화분과 작은 화단이 있는 셋집에는 꽃씨도 사다 심어 주었다.

동포들은 처음에는 이 특이한 청년 도산을 의심도 하고, 거절하는 이도 있었다. 그러나 도산의 진정한 뜻이 외국에서 동포들의 삶의 방식을 개선하여 외국인에게 부끄럽지 않은 문화적 독립 국민임을 인지시키려고 성심껏 봉사하는 것임을 알게 되었다. 또한 실제로 청결한 거처에서 생활해 보니 역시 상쾌하고 좋으므로 나중에는 도산을 친구로서 신뢰하고 환영하게 되었다. 도산과 동포들 사이에 봉사의 실증적 효과를 통해서 '친구'로서의 '신뢰'와 '친화력'이 형성된 것이었다. 도산은 여기서 그치지 않았다. 동포들과의 '신뢰'와 '친화력'이 형성되자, 동포가 허락하는 경우에 방 안도 청소해 주고, 냄새나는 불결한 것도 치워 주었으며, 부엌도 깨끗하게 청소해 주었다. 이제는 도산을 바깥주인 뿐 아니라, 안주인과 온 가족이 환영하게 되었다.

오래되지 않아서 20가구도 채 되지 않은 동포들의 거처 생활환경이 눈에 띄게 일신되었다. 생활환경이 깨끗이 되자 동포들의 정신도 일신되었는지 스스로 면도도 깨끗이 하고, 의복도 깨끗이 빨아 입었다. 이웃에 방해가 되지 않도록 말할 때에도 낮은 소리로 말하고, 이웃과의 말 싸움은 삼가게 되었다. 이웃이 싫어하는 냄새나는 음식은 삼가게 되었다. 동포들은 가난할지라도 생활환경을 얼마든지 청결하게 할 수 있음을 실행으로 경험하고 알게 되었다. 외국에서 한국인들이 불결하게 생활하거나 제멋대로 생활하면, 외국인들이 한국인 전체를 오해하여 한국인을 멸시하거나 덜 대우하게 됨을 확실하게 깨닫게 되었다. 이에 동료들은 점차 자발적으로 청결한 환경과 깨끗한 복장을 갖추며, 주위 환경과 길거리까지 청결하고 아름답게 가꾸는 문화생활을 실행해 나가기 시작하였다. 여기까지는 도산의 '봉사적 친구' 관계가 형성된 것이지, 아직 '서번트 리더십'이 형성된 것은 아니었다.

다음 단계서 동포들은 도산을 "도움을 주는 친구"로 신뢰와 친화력이 있으므로 문제가 있으면 '의논'하러 찾아왔다. 특별히 좋은 음식을 차리면 도산을 초대도 하였다. 이 경우에 도산과 동포들은 마음을 열고 '대화' 또는 문제의 '청취'와 '토론'을 하게 되었다.

동포들은 도산과의 자기 문제 의논 과정에서 도산이 그들보다 훨씬 더 높은 지식과 교양과 지혜를 가진 훌륭한 인물임을 자연히 알게 되었다. 처음에는 도산을 착한 청년으로 생각했던 동포들이 어느새 도산을 저절로 "선생님"으로 부르게 되었다. 동포들은 어려운 일이 생기면 찾아와 도산의 자문과 지도를 받았다. 동포들 사이에 도산의 지도력, "서번트 리더십"이 자연스럽게 형성되기 시작한 것이다. 이것은 단순히 민주주의적 리더십만이 아니라, 동포들에게 봉사하는 "서번트 리더십"의 시작임을 주목할 필요가 있다.[10] 도산은 서번트 리더십이 형성되기 시작하자, 동포들에게 외국에서도 성실하고 정직하며 예의바른 문화생활을 하도록 세심하게 지도해 주었다. 인삼장수들에게도 행상 구역을 공평하게 정한 뒤 매달 구역을 순환하여 바꾸도록 해서 공정성을 제도화해주고, 판매가격을 미리 협정하여 투매를 방지해서 이익을 보장하도록 해주었으며, '계'를 조직하여 서로 협동하는 체제를 갖추도록 지도해 주었다.

1년 뒤 셋집을 놓은 집주인 미국인 부동산 사업가가 한국인 거주지역에 왔다가 한국인의 생활 환경과 면모가 청결하고 아름답게 일신된 것을 보고 깜짝 놀라서, 당신네 나라에서 지도자가 왔느냐고 만나기를 희망하였다. 집주인은 노인 지도자가 나타날 줄 예측했다가 26세의 청년 지도자 도산 안창호가 나타나자 감탄하였다. 그는 자기 소유 주택들을 청결하고 아름답게 해준 감사의 표시로 1년에 1개월치 집세를 공제해 주고, 한국인이 모이는 회관을 무료로 제공해 주었다.[11]

도산은 샌프란시스코 거주 한국인들을 모아 1903년 9월 23일 '한인친목회'(韓人親

---

10) 신용하, 『민족독립혁명가 도산 안창호평전』, 2021, pp. 45~48 참조.
11) 『도산안창호전집』 제 12권, p.529 참조.

睦會)를 조직하였다. 발기인은 박성겸·이대위·김성무·박영순·장경·김찬일·김병모·전동삼·박승지 등 9명이었다. 회장에는 안창호가 선출되었다. 한인친목회는 재미 동포들의 최초의 한인 단체였다.[12]

도산은 샌프란시스코에서 참담한 상태의 초기 이민 동포들과 생활을 같이 하면서 동포들의 생활개선을 위해 솔선수범하여 진정으로 동포들에게 도움이 되도록 봉사하는 과정에서 풀뿌리부터 맺어지는 '신뢰'와 '친화력'을 형성하였다. 도산은 동포들이 문제에 자문을 요청하면 이를 끝까지 진지하게 경청하고 그들보다 높은 지식과 교양과 지혜로 문제를 해결하도록 지도해 주면서 "봉사적 리더십"을 형성하기 시작하였다.

도산은 국내에서 독립협회·만민공동회를 통하여 국내에서 민주주의와 초기 시민층을 접하기 시작했으며, 점진학교 설립과 운영을 통해서 학생과 동료 사이의 리더십 자질을 이미 보였었다. 그러나 이것은 '민주적 리더십' 자질이었지, 아직 '봉사형 서번트 리더십' 까지는 이르지 못했었다. 도산은 도미하여 샌프란시스코에서 이민 동포들의 비참한 생활상태를 진정으로 개선하려고 스스로 봉사하면서 그의 "서번트 리더십"을 형성하기 시작한 것으로 볼 수 있다.

## 4. 안창호의 서번트 리더십 유형의 성립

도산이 샌프란시스코에서 '한인친목회'를 창립한 몇 개월 후에 로스앤젤레스에서 구조요청이 왔다. 로스엔젤레스 부근 리버사이드(河邊)에서 귤밭 농장 일자리가 열렸는데 하와이에 이민 왔던 한국인 노동자들 일부가 이곳에 찾아와서 방황하고 있다는 소식이었다. 하와이 한국인 이민은 처음에는 농노적 상태의 열악한 농업노동을 했었으므로, 그 가운데에는 1903년부터 미주 본토 캘리포니아 지방으로 도항해 오는 노동자들이 생기기 시작하였다. 그들 가운데 몇 사람이 리버사이드 귤밭 농장에 찾아

---

12) 김원용, 『재미한인 50년사』, 혜안, 2004, pp.77~78 참조.

와서 서성거리고 있다는 것이었다.

　도산은 한인친목회 회원들과 의논한 뒤 그들을 도우려고 이강(李剛)·임준기(林俊基)와 함께 1904년 3월 23일 리버사이드로 찾아갔다. 도항해 들어와 있는 한국인 노동자는 6명이었다. 로스앤젤레스 동남쪽 약 100킬로미터 지점에 있는 리버사이드의 귤밭농장에서 귤 따는 노동자들을 모집하고 있었으므로, 한인 노동자들은 계속 증가하고 있었다. 감귤 농장들은 '노동자 알선사'들을 통해서 감귤따기 노동자를 모집하는데, 알선사들은 대부분 일본인 소개업자들이었다. 그들은 약 1000명 이상의 일본인 이민 노동자들을 먼저 일터에 보낸 다음, 자리가 남으면 한국인 노동자들을 보내었다. 이 때문에 한국인 노동자들은 일거리가 없어서 일하는 날보다 쉬는 날이 더 많았다.

　도산은 점증하는 한국인 이민 노동자들이 미국을 떠돌며 방황하지 않고 비교적 조건이 좋은 리버사이드에 우선 정착하도록 한인 '자치 공동체' 마을을 리버사이드에 만들려고 구상하였다. 도산은 기차역에 가까운 리버사이드시 파차파 아비뉴(Pachappa Avenue) 1532번지(당시 지번) 일대의 비어있는 목조 건물 약 20채를 주목하였다.13) 모두가 사각형 단층 목조건물이고, 중앙의 2채만 1.5층이었다. 한 채에 방이 각각 3개씩이었고, 지붕은 모두 빨간색으로 칠해져 있었다. 파차파 거리의 목조건물은 원래 유니온 퍼시픽 철도회사(Union Pacific Railroad Co.)의 철도건설 노동자용으로 지은 건물이었다. 철도 공사가 끝나고 그들이 떠나자 당분간 비어 있는 곳이었다.

　도산은 이 목조건물을 계약하여 자리를 잡고, 자신과 한국인 노동자들을 함께 입주시켰다. 도산은 셋집과 주변을 거리까지 청결하게 자기 집처럼 매우 깨끗이 청소하여 단장하고, 집 안팎에 화초도 심어 가꾸게 하였다. 찾아오는 한인 노동자들에게도 청결과 위생을 강조하면서 모두 도산의 방식을 따르도록 설득하였다. 도산은 무엇보다도 중요하고 긴급한 일은 한국인 이민 노동자들이 감귤따기 노동을 하기 위해

---

13)　① 이선주, 「리버사이드에서의 도산 안창호의 활동, 1904년~1914년」, 『미주 한인사회와 독립운동』, 미주한인 이민 100주년 남가주기념사업회, 2003.
　　② 장태한, 『미국 최초의 한인타운 '파차파 캠프'』, 성안당, 2018.

일본인 소개업자의 지배를 벗어나서 독립 캠프를 만드는 일이라고 판단하였다. 도산은 셋집 소유주가 지나가다 들러 한국인들의 청결한 셋집 관리에 만족을 표시하자, 그에게 약간의 자금을 빌려서, 전화 1대를 구입하여 '한국인 캠프'(Korean Camp)를 차렸다.

도산은 파차파 한국인 캠프 노동자들에게 농장 주인이 감시하든지 말든지 감귤 1개를 따더라도 오직 정직하고 성실하게 규정대로 자기 감귤처럼 따서 신용과 신뢰를 획득하는 것이 정착 성공의 길임을 설득하였다. 도산 자신이 노동자들과 함께 농장에 가서 정성껏 성실하게 솔선수범을 보였다. 도산이 인솔한 한국 노동자들이 일한 알타 크레스타 그로브(Alta Cresta Grove) 감귤 농장 주인 코넬리우스 럼지(Cornelius. E. Rumsey)가 한국인 노동자의 성적이 가장 우수한 것을 확인하여, 도산을 신뢰하고 친구가 되었다.

도산은 1905년 럼지로부터 1,500달러의 자금을 빌려서 공식 명칭을 '한국인 노동국'(Korean Labor Bureau)이라고 붙인 직업·노동 소개소 한국인 캠프를 설치하였다. 전화도 여러 대 놓고, 한국인 '노동 소개사'를 2명 두었다. 『리버사이드 데일리 프레스』 등 지방신문에 "한국인 고용국 감귤 수확노동자(Korean Employment Bureau Orange Pickers)"라는 제목으로 큰 광고를 내어 감귤 수확노동자, 집안 청소부, 정원사를 신속하게 공급해준다고 홍보도 하였다. 도산은 모든 한인 노동자들에게 솔선수범을 보이면서, 정직하고 성실하게 작업을 마무리하도록 철저히 교육·계몽하였다.

도산의 '한인 노동국'은 크게 성공하였다. 미국 감귤 농가들로부터 노동자 공급 주문 요청이 연속되었고, 1,500 달러의 빌린 자금도 곧 상환하였다. 이제 방황하던 한국인들은 리버사이드 한국인 파차파 캠프에 들어오면 바로 취업이 되어 생활이 가능하게 되었다. 도산은 리버사이드시 한국인 '파차파 캠프'에 들어온 한국인 노동자와 그 가족들이 당당한 한국인으로 공립(共立)해서 '자치공동체'를 만들어 생활하도록 1904년 9월 파차파 캠프 노동자 18명으로 '리버사이드 공립협회(共立協會)'를 창립하였다. 찾아오는 한인 노동자들이 계속 늘어 회원은 곧 35명으로 증가하였다.

도산은 파차파 캠프 회원들이 자발적으로 토론하여 합의해서 자치회의 '규약'을 만들고, 임원을 민주적으로 그들의 투표로 선출하도록 지도하였다. '규약'은 그들이 자발적으로 합의해서 제정한 것이므로 반드시 협동하여 실행하도록 하였다.

규약의 내용은 대부분 자치공동체 회원의 생활개선에 관한 것이었다. 예컨대, 술(과음) 금지, 노름 금지, 아편 금지, 싸움(쟁투) 금지, 청결, 위생, 환경 미화, 환난 구제, 경조사 협동 등에 관한 것이었다. 길거리에서 침을 뱉거나 코를 풀지 못하게 하고, 이웃과의 싸움은 엄금하였다. 남자들은 거리에 나올 때 속옷바람으로 나오지 않고 와이셔츠를 입거나 단정하게 옷을 입도록 하였다. 회원들은 자치위원 3인과 자치 경찰 2인을 선출하여, 임기는 자치위원이 2개월, 자치 경찰이 1개월씩 번갈아 임무를 맡으면서 스스로 정한 규약을 잘 실행하게 서로 권면하도록 지도하였다.[14]

도산은 파차파 캠프에 야학(夜學)을 개설하여 모든 회원이 반드시 영어와 문화생활을 공부하도록 지도하였다. 영어 교사는 도산이 미국 교회에 파차파 한국인 캠프 야학에서 무료봉사로 영어를 가르쳐 줄 교사를 요청했더니, 놀랍게도 11명이 자원하였다. 도산은 신뢰가 가는 한 사람을 선발하여 초빙하였다. 도산은 아이들이 있는 가정은 아이들을 반드시 캠프 부근 미국학교에 입학시켜서 장차 미국사회에서 훌륭하게 생활할 수 있도록 교육받게 하고, 가정 안에서는 반드시 한국말과 한글, 예의범절과 관습을 가르치도록 지도하였다. 도산은 한국인 파차파 캠프 마을을 미국인 거리보다 더 청결하고 위생적이며 아름답게 가꾸도록 솔선수범 지도하였다. 그렇게 해야 미국인이나 외국인이 한국인을 얕보지 않고 독립 국민으로 존중케 된다고 설득하였다.

도산의 자상하고 솔선수범하는 리더십으로 파차파 캠프의 한국인 '삶'이 확실하게 일신되었다. 리버사이드 파차파 아비뉴의 한국인 캠프에 들어서면 먼저 거리 입구에 "한인 노동국"이라고 '한글'로 쓴 커다란 간판이 마을 입구에 걸려 있어서 여기가 한국인의 '자치' 지구임을 알 수 있게 하였다. 마을 중앙에 있는 '공회당'에 들어가면

---

14) 장태한, 『파차파 캠프, 미국 최초의 한인타운』, 2018. pp.44~84 참조. 당시의 '규약'은 문서는 없어지고 말로만 전해지지만, 1911년 사용한 동류 '규약'이 발견되어 그 대강을 알 수 있다.

전면에 대한국의 태극기와 미국의 성조기가 나란히 걸려 있고, 긴 의자들이 다수 놓여 있었다. 회원들이 모여서 토론회, 강연회, 결혼식, 회갑잔치, 추도식 등 각종 행사를 여는 모임 장소였다. 캠프 사무실도 여기에 있었다. 고국의 소식과 형편도 여기서 교환하고 토론하고 걱정하였다.

한국인 캠프의 거리는 아직 부유하지는 않았지만 미국의 어느 거리보다도 더 청결하고 아름답게 가꾸어져 있었다. 미국인 토지 셋집 주인이 방문했다가 놀라서 자금을 빌려주겠다고 도산에게 제의한 것은 당연한 반응이었다고 말할 수 있다.

도산이 동지들과 공립협회를 조직한 뒤에는 리버사이드 파차파 캠프는 한인 이민 노동자의 구원의 보금자리가 되었다. 한인 노동자 회고록에 의하면, 하와이 사탕수수밭에서 농노적 노동과 기아임금에 허덕이다가 간신히 탈출하여 옷가방 하나와 가족을 이끌고 샌프란시스코 항구에 내린 영어도 서투른 무일푼의 한국인 이민 노동자는 어디를 가야할지 방황하는 가운데 뜻밖에 연락도 없이 마중나온 공립협회의 직원의 천사같은 안내를 받게 되었다. 그 직원은 샌프란시스코역에서 리버사이드역까지 가는 기차표와 점심 도시락도 주면서 역까지 안내해 주고, 기차 기관사에게 한인들이 내릴 기차역도 미리 말해준 다음 전송해 주었다. 리버사이드 역에 내려서 가르쳐 준 대로 얼마 가자마자 당시 한국인만이 알던 '한글'로 "한인 노동국"이라고 쓰인 커다란 파차파 캠프 간판을 읽고, 고향집에 도착한 것 같이 얼마나 안심이 되었는가. 캠프 자치위원의 친절한 안내를 받아 들어간 방 세 칸짜리 집에는 침대도 있었고 이미 등유 난로와 램프가 있었으며 부엌에는 쌀과 식기들이 있었다. 김치도 있었다. 부인은 감격하여 얼굴을 돌리고 눈물을 흘리며 울었고, 아이들은 지푸라기 위에서 자지 않아도 된다고 뛰며 기뻐했다는 회고담이 채록되어 있다.[15]

도산의 '한인 노동국'은 미국인 사회에서도 성공적이었다.[16] 『공립신보』(1906. 6.

---

15) ① 장태한, 『파차파 캠프, 미국 최초의 한인타운』, 2018, pp. 49~50.
　　② Ellen Thun, Heartwarmers, *Korea Times*, January 4, 1955. 참조.
16) ① 『공립신보』, 1906년 4월 14일자, 「질문무리(質問無理)」 ② 장태한, 『파차파 캠프, 미국 최초의 한인타운』, 2018, p.63 참조.

30.)에는 한국인 파차파 캠프의 성공 보도기사도 게재되어 있다.[17] 도산의 지도와 더불어 리버사이드 파차파 캠프는 미국사회에서 미국 농장주들도 우대하는 한국인 노동자 자치공동체가 된 것이었다. 파차파 캠프의 한국인의 수는 가족까지 포함해서 1904년에는 약 70명, 1905년에는 약 100명, 1906년에는 약 150명으로 빠르게 늘었다. 도산이 신민회를 조직하러 국내로 떠난 이후에도 1907년에는 약 200명, 감귤 수확기에는 한국인 계절노동자들까지 찾아와서 약 300명이 되기도 하였다. 1908년에 뉴욕 산본회사에서 제작한 리버사이드 보험 지도에는 파차파캠프를 아예 "한국인 거주지역"(Korean Settlement)라고 표시하였다. 미국에서 미국인들이 인정하기 시작한 최초의 한국인 타운(Korea Town)이 형성된 것이라고 볼 수 있다.[18]

이 무렵 강명화(姜明化)라는 다른 지역 재미 동포 간부가 1906년경 리버사이드를 방문하여 파차파 캠프 동포들의 생활 실태를 두루 살펴보고, "도산 선생의 공화국이 훌륭하다"고 감탄하였다.[19] 그 이후 파차파 캠프는 재미 동포들 사이에서 애칭으로 '도산 공화국'의 별명을 갖게 되었다. 리버사이드의 한국인 생활이 안정되고 풍요롭게 되었다는 소문이 나자, 한국인 노동자들이 계속 모여들어 회원은 더욱 증가하게 되었다. 그 가운데에는 불량한 노동자가 끼어들기도 하였다. 한번은 부채를 많이 진 한국인 노동자가 도망하여 부채를 숨기고 리버사이드 공립협회에 들어왔다. 사실이 발각되자 도산은 그를 벌하지 않고 따뜻하게 포용하여 임금에서 매번 일정액을 공제해서 부채를 분할 상환케 하고 떳떳한 한국인으로 함께 살게 하였다.

리버사이드 공립협회 회원들의 자치생활이 자리잡히자, 회원과 간부들은 도산에게 자기들이 활동자금을 조달할 터이니 샌프란시스코로 돌아가서 나라를 위한 큰일

---

17) ① 『공립신보』, 1906년 6월 30일자, 「우대한인(優待韓人)」 ② 장태한, 『파차파 캠프, 미국 최초의 한인타운』, 2018, p.65.
18) 장태한, 『파차파 캠프, 미국 최초의 한인타운』, 2018, p.58 및 p. 81 지도 참조. 파차파캠프는 1903~1913년까지 계속 발전했다가, 1913년 1월 이상 기후로 대한파가 몰아쳐서 오렌지 농장이 많이 폐쇄되어 고용기회가 급감했으므로 한인들도 로스앤젤레스로 이사하기 시작하였다. 도산 안창호의 가족은 1903년~1913년까지 리버사이드 파차파캠프에 거주했고, 1913년 말~1914년 초에 로스앤젤레스로 이사하였다.
19) 『도산안창호전집』 제12권, p.533

을 해 달라고 요청하였다. 도산이 바라던 바이지만 그들이 갹출한 경비를 사용하기가 미안해서 사양했더니, 회원들은 귤 따는 노동일은 자기들이 할 테니 자기들을 대표해서 나라 일을 해 달라고 강경하게 요구하였다. 이에 도산은 승낙하고 샌프란시스코로 돌아갔다.

도산 안창호는 샌프란시스코에 돌아와서 전에 조직해 두었던 '한인친목회'를 바탕으로 1905년 4월 5일 전미주 '한인공립협회' 중앙총회를 창립하였다. 협회의 목적과 활동은 동족상애(同族相愛)·환난상부(患難相扶)·항일운동(抗日運動)으로 정하였다.[20] 샌프란시스코는 당시 미주에서 한국인이 가장 많이 입항하는 첫 도시였고, 또한 해상·육상의 교통 요지였으므로, 도산은 샌프란시스코에서 창립된 공립협회와 각 지역 지회를 묶어서 전미주 한인공립협회의 본부인 '중앙총회'를 이곳에 두었다. 이에 따라 1년전 창립한 리버사이드 공립협회는 전미주 한인 공립협회의 리버사이드 지회로 개편되었다. 도산은 한국인들이 모여사는 각 도시에 지회 설립 사업을 시작하여, 로스앤젤레스, 오클랜드, 레드랜드 포이드, 라크스프링스 등 6개 지역에 지회를 설치하였다.

도산은 1905년 11월 4일 샌프란시스코 패시픽가에 3층 건물을 사들여 '공립협회 회관'을 설치하였다. 1905년 11월 20일에는 『공립신보(共立新報)』를 발행하여 전미주에 배포하기 시작하였다. 이것이 미주에서 최초의 한국인 신문이었다. 이것은 참으로 획기적인 일이었다. 이러한 사업은 이민의 역사가 더 길고 숫자가 훨씬 많은 일본인 이민과 멕시코 이민은 당시 아직도 이루지 못한 일이었다. 이것은 당시 생계조차 어려웠던 한국인 이민 노동자들의 처지에서는 도산의 성실한 서번트 리더십이 아니고서는 이루어지기 어려운 일이었다. 이것은 당시 재미한인들이 도산 안창호의 인격과 진정성 및 성실성을 굳게 신뢰하여 지도자로 존경해서 성금을 모아 보내며 참여했기 때문에 가능한 일이었다.

도산이 공립협회 활동을 하는 동안에 태평양 건너 고국의 상황은 더욱 악화되었다. 일제는 1904년 2월 한반도 침략 강점을 목적으로 러일전쟁을 일으켜서 이기고,

---

20) 김원용, 『재미한인 50년사』, pp.78~79 참조.

1905년 9월 포츠머스 조약 체결 결과 승전국이 되었다. 일제는 1905년 11월 17일 대한제국에 을사조약을 강요하여 조약체결권자 고종 황제의 승인·비준을 받지 못하고서도 대한제국의 외교권을 강탈하였다. 일제는 1906년 2월 1일부터는 통감부를 서울에 설치하여 내정까지 간섭하면서 식민지 강점 정책을 급속히 강제 집행해 나갔다. 대한제국이 일본 제국주의의 반(半)식민지 상태로 떨어진 것이었다. 일제의 마수는 재미동포들에게까지 뻗쳐오기 시작하였다. 1906년 2월 15일 일제의 지시에 굴복한 대한제국 정부의 발표로 '해외 한국인은 어느 곳에 있든지 일본 영사의 보호를 받으라'는 지시가 있었다.

이에 공립협회는 하와이의 '에와 친목회'와 함께 재미한인공동대회를 열어 일제의 한국 침략을 규탄하고, '을사5조약'을 거부하는 배일결의문을 선포했으며, 이것을 대한제국 정부에도 발송하여 공립협회의 결의를 전달하였다.

1906년 4월 18일 샌프란시스코 일대에 대지진이 발생하자 한국인의 인명피해는 없었으나 공립협회 회관이 소실되었다. 일본 영사는 '을사조약'에 의거하여 자기들이 한국인을 관리한다고 일본 본국에다 한국인 24명이 사망하고 84명이 부상하였다고 허위보고를 하였다. 서울의 『대한매일신보』가 이를 받아 보도하자, 대한제국 정부는 샌프란시스코 대지진에서 '인명피해'를 크게 입었다고 하는 재미동포들에게 1,900달러의 위문금을 송금해 왔다. 일본영사가 '을사조약'에 따라 외교활동을 대행한다고 하면서 일본 영사관에 와서 이 위문금을 찾아가라고 공립협회에 통지가 왔다.[21]

도산은 즉각 '일본기관을 통한 위문금을 받아서는 안 된다'고 결정하였다. 이에 공립협회는 일본정부의 간섭행위를 미리 막기 위해 "재래에 일본 영사가 우리의 일을 간섭하려고 여러 번 시험하다가 거절을 당한 까닭에 우리가 곤경에 빠진 때를 기회 삼아 구휼금으로 은혜를 베풀고 우리의 마음을 사려는 것이니, 우리가 굶어서 죽을지언정 일본 영사의 간섭은 받지 않아야 한다"[22]는 요지의 통고문을 발표하고, 그

---

21) Gardner, A. L., *The Korean Nationalist Movement and An Chang-ho*, pp.35~39 참조.
22) 『재미한인 50년사』, p.315.

등본을 서울의 대한매일신보사에 보내었다.

1905년 일제의 외교권 강탈로 당시 외교권을 상실한 재미한국인들에게 공립협회는 이와 같이 외교적 대표기관의 구실을 하면서 동포의 권익 옹호를 위해 노력하였다. 공립협회는 본국(대한제국) 정부가 일제에게 외교권을 침탈당한 뒤에도 일본 영사관의 간섭을 단호히 물리치고 동포들 사이의 일종의 '자치단체'가 되어 한국인의 자치생활을 추진하고 실행하였다.

위와 같이 도산 안창호는 초기 미주 한국인 이주민들의 생활개선과 자치공동체 형성을 위한 희생적 봉사활동 과정에서 1902년~1906년 그의 독특한 유형의 민주적 서번트 리더십을 확립하였다. 물론 그 이전 국내에서 독립협회·만민공동회·점진학교 시기에 그의 민주적 리더십의 자질은 충분히 발휘되고 형성되기 시작했었다. 그러나 그것이 이른바 "안창호형 민주적 서번트 리더십"으로 확고하게 성립된 것은 1902년~1906년 재미 동포들과의 신세계 개척과정에서 이루어진 것으로 볼 수 있다.

## 5. 신민회 시기의 안창호의 서번트 리더십

도산은 미주 샌프란시스코에서 공립협회의 활동을 하던 중에 1905년 11월 17일 일제가 '을사조약'을 강요하여 대한제국의 외교권을 강탈하고 조국을 이른바 '보호국' 이름의 반(半)식민지로 강점한 소식에 큰 충격을 받았다. 그 직후부터 도산은 큰 번민에 빠졌다. 일제의 침략에 저항하여 일어난 본국의 애국계몽운동과 의병무장투쟁을 『공립신문』이 보도하면서, 도산은 조국의 형편과 국권회복 운동의 효율적 방법이 끊임없이 염려되었다. 원래 도산은 1902년 9월 미국에 올 때 교육학을 박사까지 공부하고 귀국해서 신교육으로 나라를 구하려는 꿈과 목표를 갖고 도미했었다. 그는 샌프란시스코에서 이민 동포들의 참담한 생활 상태를 보고 먼저 동포들의 생활개선 사업을 약 2~3년 실행한 다음 대학 학업에 들어갈 예정이었다. 만일 도산이 원래의 개인적 목표대로 나아갔었더라면, 그의 명석한 두뇌와 근면 성실한 성품으로 미국

명문대학에서 교육학 박사가 되어 큰 학자와 교육가가 되었을 것이다. 이미 3년이 지나 미주 동포 사업은 어느 정도 체계가 잡히기 시작하였다. 그런데 이제는 멀리 조국과 민족의 위급한 사정이 급박하게 그를 부르는 것 같았다. 개인의 영달을 위해서는 미국 대학에 들어가야 될 것 같고, 조국을 위해서는 바로 귀국하여 국권회복을 위한 투쟁에 동포들과 함께 들어가야 할 것 같았다.

도산의 애국심은 후자를 택하였다. 그는 조국에 돌아가서 국권회복을 위해 투쟁하기로 굳게 결심하였다. 그 증거는 도산이 리버사이드에서 쓴 『대한신민회 취지서』에서 "본인 등은 국민의 일분자로서 해외에 표박한지 다년, 바라건대 학문 문견의 가운데 득(得)한 바로써 국민의 책임을 수(酬)함으로써 국민의 천직(天職)을 행코저 한다"[23]고 밝힌 데서 알 수 있다. 도산은 번뇌하다가 개인적 꿈을 버리고 조국을 구하는 일을 택하여 1906년~1907년 초에 미국 칼리포니아주 리버사이드에서 조국에 돌아가 국권회복운동을 전개할 방법을 연구한 결과, '대한신민회'(大韓新民會, New Korean Society)라는 비밀결사를 조직해서 국권회복운동을 하기로 결정하였다. 그가 리버사이드에서 작성하여 가져온 「대한신민회 취지서」에는 이때의 정세분석과[24], 도산의 사상 및 신민회의 목적이 잘 서술되어 있다.

그 요지는 우선 세계는 새로운 현대체제로 전환하여 열강이 모두 편리하고 막강한 신체제로 약자를 공략하고 있는데, 우리 대한은 낡은 구체제를 고집하다가 힘이 약하여 일본의 침탈을 받고, 국권을 강탈당하게 되었다는 것이다. 우리 이천만 동포가 이왕에는 실기(失機)하여 이 난국에 처했지만, 지금이라도 다시 일어나서 나라를 회복해야 한다. 다시 일어서기 위하여 새 단체 '대한신민회'를 조직하여 나라와 사회의 모든 낡은 것에 대신하여 ① 신사상 ② 신교육 ③ 신도덕 ④ 신문화 ⑤ 신실업 ⑥ 신정치 ⑦ 신열심을 일으켜서 새나라와 새사회를 수립하려 하는 것이라고 서술하였다. 즉 사회의 모든 부문을 신체제로 혁신하여, 대한의 신국민이 내외를 막론하고

---

23) 『대한신민회취지서』, 『한국 독립운동사』(국사편찬위원회 편), 제1권 자료편, p.1024 이하.
24) 「大韓新民會趣旨書」, 『한국독립운동사』(국사편찬위원회 편) 제1권, 자료편, pp.1024~1028.

통일 연합해서 일본 제국주의를 몰아내고 국권을 회복해서, 독립자유의 신국가와 신사회를 수립하자는 것이었다. 이것은 낡은 전근대적 구체제를 극복하여 근현대적 신체제를 수립하면서, 동시에 일본 제국주의를 몰아내고 '독립자유'의 신국가(민주공화국)와 신사회(자유평등한 시민사회)를 수립하려는 '민족혁명' 수행 의지를 밝힌 것이었다고 볼 수 있다.

도산은 이를 위해서는 동포들이 모두 '신민'(新民)이 되자고 호소하였다. 도산은 또한 이러한 '신민'은 타국의 도움에 의뢰하는 것이 아니라 반드시 자기 스스로의 힘으로 수행하는 '자신'(自新)이어야 한다고 주장하였다.[25] 도산이 발의하고 창립동지들이 동의한 신민회의 궁극적 목적은 요컨대 ① 국권을 회복하여 자유독립국을 세우고, ② 그 정치체제는 공화정체(共和政體)로 하는 것이었다.

신민회가 국권회복 후의 정체를 전제군주제의 입헌군주제로의 개혁으로 하지 않고 아예 군주제를 폐지하여 '민주공화국'(民主共和國)을 세울 것을 공식적 목표로 정한 것은 한국 역사상 최초의 참으로 혁명적인 것이었다. 그리고 이것을 신민회의 목적으로 앞장서서 설정한 인물이 도산 안창호였다. 도산과 신민회는 이 목적을 달성하기 위하여 한국민족은 당장 '힘'이 없어 일제에게 국권을 박탈당했으므로 무엇보다도 국권회복의 새로운 '실력'을 양성해야 한다고 강조하였다. 도산과 신민회는 이 새로운 '실력' 양성을 위해 '백성을 새롭게 만들어야' 한다고 주장하고 '신민' '신국민'을 주창하였다.[26] 도산이 작명한 신민회의 '신민'은 바로 이러한 뜻에서 취해진 것이었다.[27] 도산은 이러한 목적과 이념을 달성하기 위해 우선 다음과 같은 사업을 실행하려고 하였다.[28]

① 신문·잡지 및 서적을 간행하여 백성의 새 지식을 계발케 할 것.

② 각 곳에 권유원(勸諭員)을 파견하여 백성의 정신을 각성하도록 계몽할 것.

---

25) 「大韓新民會趣旨書」, 전게자료, p.1026 참조.

26) 박명규, 「도산 안창호의 사회사상」, 신용하 편, 『한국현대사회사상』, 지식산업사, 1995. pp. 87~131 참조.

27) 신용하, 1977, 「신민회의 창건과 그 국권회복운동」, 『한국학보』 8·9집 참조.

28) 「大韓新民會通用章程」, 전게자료, pp.1028~1029 및 山縣五十雄編, 『朝鮮陰謀事件』(서울, 1912), pp.26~154 참조.

③ 정미(精美)한 학교를 세워서 인재를 양성할 것.

④ 각 곳의 학교의 교육방침을 지도할 것.

⑤ 실업가의 영업방침을 지도할 것.

⑥ 신민회 회원의 합자로 실업장(實業場)을 건설하여 실업계의 모범을 만들 것.

⑦ 국외에 무관학교를 설립하여 기회가 올 때의 독립전쟁에 대비할 것.

⑧ 국외에 독립군기지를 건설하고 독립군(獨立軍)을 창설할 것.

도산은 신민회 운동으로 국민의 실력이 일정한 수준으로 양성되면 신민회 회원이 앞장서고 새롭게 된 국민이 '통일연합'하여 비폭력 또는 무력의 방법으로 총궐기해서 일본제국주의를 몰아내고 국권을 회복하여 자유문명한 '입헌공화국'(立憲共和國)을 수립하기로 결정하였다.[29]

도산은 1907년 2월 20일경에 귀국하여 1907년 4월 초에 대한매일신보사 총무 양기탁(梁起鐸)을 당수 격인 총감독에 추대하고, 도산 안창호는 부당수 격인 집행원(조직부장)을 맡아 서울에서 비밀결사로 '대한신민회'를 창립하였다.

도산의 탁월한 조직능력에 의해 신민회는 당시 대한의 가장 애국적 지도자들을 전국에서 엄선하여 철통같이 강력하게 잘 조직한 전국적 비밀결사로 창립되었다. 이 때문에, 신민회의 지도로 맹렬한 국권회복 운동을 전국에서 효율적으로 전개할 수 있게 된 것이었다.

도산과 신민회는 국권회복운동으로서 ① 교육구국운동 ② 애국계몽창가 보급운동 ③ 학회활동 지원과 계몽강연운동 ④ 잡지·서적 출판운동 ⑤ 민족산업 진흥운동 ⑥ 청년학우회의 청년운동 ⑦ 독립군기지 창설운동 등을 전개하였다. 어떤 운동은 크게 성공하고, 어떤 운동은 부진하였다. 이 가운데 가장 크게 성공한 운동은 교육구국운동이었다.

교육구국운동은 신민회 창립 이전에 대도시에서는 이미 시작되어 있었으나, 신민회가 창립되어 체계적 지도 아래 전국 회원들이 맹렬히 고취하자, 전국 방방곡곡에

---

29) 「大韓新民會의 構成」, 전게자료, p.1024 및 「대한신민회취지서」, 전게자료, p.1027 참조.

서 사회 저변에서부터 구국교육을 위한 사(민)립학교 설립 운동이 분출하였다. 신민회는 국민들이 자발적으로 성력을 모아 구국을 위한 사(민)립학교를 설립하면서 국권회복을 위한 신교육운동을 전개하도록 지도하고, 신민회 간부들은 직접 중학교급 모범학교를 설립하여 국민들에게 표준 모범을 제시해 주도록 하였다.

도산 안창호는 이 방침에 따라 1908년 9월 26일 평양에 중등학교(중·고등학교)급 대성학교(大成學校)를 설립하여 스스로 교장을 맡고, 당시 그가 최고지식인으로 존경하던 윤치호를 명예교장으로 추대하였다. 대성학교는 중등교육과 함께 ① 국권회복의 민족 간부 ② 국민교육의 사부(師傅) 양성을 목표로 하였다.

대성학교의 교과과정은 오늘날의 중·고등학교 과정은 물론 대학 교양과정부까지도 포괄하는 학교였다. '수신'과 '국어'로 시작하는 교육과정은 학생들의 인격 도덕교육과 국학 교육 중시의 교육정책을 보여주었다. 대성학교에서는 신지식 교육뿐만 아니라 ① 애국심·애국주의와 ② 건전한 인격을 모든 과목 교육에서 강조했다고 대성학교 졸업생들은 한결같이 회고하였다. 매일 아침 간단한 조회가 열렸는데, 도산이 작사한 '동해물과 백두산이 마르고 닳도록'으로 시작하는 애국가를 '올드 랭 사인'의 곡으로 제창하고, 교장 선생의 간단한 '애국 훈화'를 들었다. 교장 도산의 '애국 훈화'는 언제나 쉽게 풀어서 간단 명료하게 설명하여 학생들에게 감동을 주었다. 학생들의 인격양성에 대해서는 '성실' '정직' '시간엄수' '약속이행' '무실역행'(務實力行)이 강조되어 교육되었다.

대성학교 교육 특징의 하나는 '체육'을 매우 중시하고, 체육시간에 군사훈련과 전술을 교육한 것이었다. 이를 위해 체육교사는 대한제국 육군 장교 출신이 담당하였다. 이것은 도산이 신민회의 독립군 창설 계획과 독립전쟁 전략에 보조를 맞추어 문무 겸전한 민족간부를 육성하려는 목적에 따른 것이었다.

도산은 학생 자치활동을 매우 중시하고, 학생자치조직을 만들게 하여 자치훈련을 시켰다. 학생들은 교내에 강론부, 음악부, 운동부, 검찰부, 사교부 등을 자치적으로 만들었다. 운동부에서는 처음으로 야구 경기 대회도 열고, 처음으로 서울·평양 축구

대회를 열기도 하였다. 학교 안에 군악대도 처음 만들었다. 도산은 학생 자치활동을 지원하기 위해 '학도가'(대한 청년 학도들아), '야구단가' '격검가'(쾌하다 장검을 비껴들었네), '혈성대' '조국의 영광' '언제나 언제나' '단심가' '한반도' '한양가' '모란봉' 등의 가사를 지어주고, 때로는 서양 명곡의 곡조를 빌려 붙여서 합창하도록 하면서 보급하였다. 대성학교가 이러한 교육내용과 성격을 갖고 있었기 때문에, 후에 졸업생들은 대성학교가 중학교·정치학교·사관학교를 겸한 종합학교였다고 회상하였다.

도산이 설립한 대성학교는 신민회의 모범학교로서 민중들이 이를 표본으로 하여 다수의 학교를 세웠다. 대성학교 졸업생들은 후에 다수가 독립운동가들이 되었다.

도산과 신민회의 학교설립과 교육구국운동은 큰 성과를 내었을 뿐만 아니라, 이 시기 애국계몽운동과 교육구국운동에 가장 큰 기둥이 되었고 매우 큰 영향력을 발휘하였다. 신민회 창립 이후 한국 백성들이 자발적으로 세운 사립학교가 전국에 무려 3,000여개 학교나 되었다.[30] 이것은 한국 역사상 최고의 교육열을 나타낸 것이었다. 이 학교들은 신민회의 배후 지도를 받으면서 민중들이 자발적으로 설립한 민립학교였다. 일제 통감부는 한국민중들의 불타오른 구국 교육운동열을 꺼버리기 위해 높은 시설 기준을 설정하고 정부의 심사 인가제를 규정한 '사립학교령'을 반포하였다. 그러나 한국 민중들은 기부금을 모으고 무보수 교사들이 자원하여 교사 수를 충원해서 이를 극복하였다. 일제의 사립학교령의 탄압을 받고서도 1910년 7월 1일 현재 정부 인가를 받아낸 민간 사립학교가 2,082개 학교였는데,[31] 이 학교들의 배후에는 바로 직접적으로 도산이 창립하고 지휘한 신민회의 고취와 지도가 있었다.

도산과 신민회가 고취하고 지도한 교육구국운동은 크게 성공하여 짧은 기간에 한국사회를 근저에서부터 크게 변혁시켜 놓았다. 구한말 일본인들이 "한국인들은 셋만 모이면 학교 설립을 의논한다"고 말할만큼 민중들의 자발적 교육열이 배양되어 한국인의 생활양식이 되었으며, 한국문화와 사회가 역동적으로 크게 변혁되기 시작하였

---

30) 『皇城新聞』 제3067호, 1909년 5월 8일자 잡보 '私立學校認許數' 참조.
31) 『官報』 제4756호, 1910년 8월 13일자, p.64 참조.

다. 무엇보다도 1907년~1910년의 짧은 기간에 수십만 애국 청년학도들이 신지식을 가진 민족간부로 양성되어 그 후 국권회복·독립운동의 강력한 원동력이 형성되었다.

도산과 신민회의 활동 중에서 성공을 거두며 활발하게 전개된 운동 가운데 하나가 학회활동과 계몽강연이었다. 도산과 신민회 간부들이 전국 각지에서 개최한 계몽강연은 국민들을 크게 분발시키고 격려하였다. 이 부문의 운동은 신민회의 취약점의 하나인 재정 부족의 제약을 비교적 적게 받고 실행할 수 있는 것이었기 때문에 큰 성과를 낼 수 있었던 것으로 생각된다.

그러나 도산과 신민회의 모든 운동이 교육구국운동처럼 크게 성공한 것은 아니었다. 재정자금이 많이 소요되는 자본주의적 회사 설립과 민족산업 진흥운동은 성공하지 못하였다. 각종 회사 설립과 사업에 자본금 조달이 충분치 않았기 때문이었다.

도산이 신민회를 통해 추진한 특기할 사업이 '청년학우회' 창립을 통한 청년운동과 해외 독립군기지 창설 사업 및 '독립전쟁전략' 수립이었다.[32]

1909년 8월 발기인에 윤치호, 장응진, 최남선, 최광옥, 차리석, 안태국, 채필근, 아승훈, 이동녕, 김도희, 박종화, 전덕기 등을 추천하여 청년학우회(靑年學友會)를 창립하였다. 취지서는 신채호가 작성하였다.[33] 청년학우회는 합법단체로서, 표면으로는 인격수양 단체임을 표방했지만, 실제로는 국권회복운동 단체였다. 청년학우회는 처음부터 국권회복을 목적으로 이탈리아 통일에 기여한 '청년이태리'를 비롯해서 몇 개 유럽 청년정치단체를 참작하여 조직한 단체였다.[34] 청년학우회의 훈련 덕목은 도산의 사상에 따라 ① 무실(務實), ② 역행(力行), ③ 자강(自强), ④ 충실(忠實), ⑤ 근면(勤勉), ⑥ 정제(整齊), ⑦ 용감(勇敢) 등으로 정하였다. 그리고 훈련분야를 덕육, 체육, 지육으로 나누어 국권회복을 위한 전위적 민족간부 준비교육 훈련을 시켰다.[35] 청년

---

32) ① 신용하, 1977. 「신민회의 창건과 그 국권회복운동 상·하」, 『한국학보』 8·9집.
　　② 윤경로, 2006, 『(개정증보판) 105인 사건과 신민회 연구』, 한성대학교 출판부, pp. 183~316 참조.
33) 『大韓每日申報』 제1174호, 1909년 8월 17일자 잡보 '청년계 희신' 참조.
34) 「眞實情神」, 『육당최남선전집』 제10권, p.247 참조.
35) 『少年』 제2권 제8호, 1909년 9월호 「청년학우회 설립위원회 의정건」, p.15 참조.

학우회는 급속히 조직을 확대해 나가다가 1910년 8월 일제에 의하여 강제 폐쇄당하였다. 뒤에 도산은 청년학우회를 계승하고 수정하여 미주에서 1913년 '흥사단'을 창립하였다.

또한 도산은 청년학우회 운동에 이어서 독립전쟁 전략 수립과 독립군기지 창설사업을 시작하였다. 도산은 신민회 활동 시기에 유림들과 농민들의 의병운동을 지지하였다. 도산이 의병운동에서 절감한 것은 일본 정규군과 대전에서 반드시 갖추어야할 현대적 군사훈련과 무기의 부족이었다. 도산은 1907년 8월 1일 마침 서울에 체류하고 있을 때, 일제의 한국군 강제해산에 저항하여 봉기한 시위대 제 1연대 제 1대대 병사들의 일본군과의 시가전을 관찰하였다. 의병들 가운데 부상병이 속출하자 도산은 세브란스 병원 의사 김필순(金弼淳)과 함께 부상병 간호에 뛰어들어 활동하였다.

1909년 10월 26일 안중근 의사의 이등박문(伊藤博文) 처단사건이 일어나자, 일제 헌병사령부는 안중근의 배후로 안창호 등 애국자들을 구속했다가 일단 석방하였다. 도산은 1910년 2월 22일 약 4개월만에 석방되었다. 도산 등 신민회는 1910년 3월 긴급 간부회의를 열어서, ① '독립전쟁전략'을 국권회복 운동의 최고전략으로 채택하고, ② 국외에 '독립군기지'와 그 핵심체로서 '무관학교'를 설립하며, ③ 일제헌병대에 구속되었던 간부들은 원칙적으로 국외에 망명하여 이 사업을 담당하기로 하고, ④ 국내에 남는 간부들과 회원들은 이 사업을 지원하는 한편 종래의 애국계몽운동을 계속하기로 결정하였다.[36]

독립전쟁전략이란, 일제가 군사무력으로 한국을 침략 강점하려는 것이므로 한국 민족도 우선 해외에 독립군기지를 창설해서 독립군양성을 시작하여, 독립군이 강력하게 양성되면 최적의 기회를 포착하여 '독립전쟁'을 일으켜서 국내에 진입하여 일제를 몰아내려는 전략이었다. 최적의 '기회'는 일본제국주의의 힘이 증강되고 침략야욕이 더욱 팽창하여 만주지방이나 태평양지역으로 팽창하려고 할 때에 불가피하게 발

---

36) 신용하, 1985, 『한국민족독립운동사연구』, 을유문화사 pp.100~106 및 「안창호예심신문기 보유」, 『안도산전서』 부록, p.895 참조.

발될 중일전쟁, 러일전쟁, 미일전쟁이 일어날 때라고 추정하였다. 이러한 전쟁은 막강한 일제에게도 힘겨운 전쟁이 될 것이므로 이 '기회'를 기민하게 포착하여 그동안 국외에서 양성한 독립군으로 '독립전쟁'을 일으켜서 국내로 진입해 들어가고, 국내에서는 신민회가 주체가 되어 그동안 실력을 양성한 각계각층의 국민과 단체를 '통일연합'하여, 내외 호응해서 일거에 봉기하여 한국민족의 실력으로 일본제국주의를 몰아내고 국권을 회복한다는 전략이었다. 신민회의 독립전쟁 전략은 도산의 주도 아래 1910년 3월 신민회 간부회의에서 채택·결정되었음을 주목할 필요가 있다.

독립전쟁전략을 실천하기 위한 ① 독립군기지는 일제의 통치력이 미치지 않는 청국령 만주일대를 자유지대로 보고 이곳에 신한민촌 형태로 설치하되, ② 최적지가 선정되면 '자금'을 모아 일정 면적의 토지를 구입하고, ③ 국내에서 '계획적'으로 애국청년들과 애국인사들 중심으로 이주민을 모집하여 '단체이주'를 시켜서, ④ 구입한 토지에 신영토로서 신한민촌(新韓民村)을 건설하고, ⑤ 신한민촌에는 반드시 '무관학교'를 설립하여 문무(文武)쌍전교육을 실시해서 '독립군사관'을 양성하고 이를 독립군기지로 하여, ⑥ 무관학교 졸업생과 이주해온 애국청년들을 조직해서 '독립군'을 창설하기로 하였다. 독립군 장교는 물론 현대 전략전술을 습득한 무관학교 출신 사관으로 편성할 뿐 아니라, 병사까지도 모두 무관학교에서 현대 교육과 전략전술을 익히는 강력한 정병주의를 채택하고, 철저한 현대 군사훈련과 현대무기로 무장시켜서 일본 정규군과의 현대전에서 승리할 수 있는 강력한 현대적 독립군을 만들기로 결정하였다.

도산과 신민회는 1910년 3월 전국 간부회의에서 '독립전쟁전략'을 채택함과 동시에, 안중근 의거와 관련되어 일제가 의심하고 구금했던 간부들은 먼저 망명시키기로 결정하였다. 국외로 망명할 간부로서는 안창호, 이회영, 이동녕, 이갑, 이동휘, 유동열, 이종호, 신채호, 조성환, 최석하 등이 선정되었다. 이들은 우선 신민회의 전략에 따라 해외에 독립군기지로서의 신한민촌과 무관학교를 건설하는 한편, 신민회의 운동을 국외에 널리 확대하기 위하여 해외 각 지역을 필요하면 분담하기로 합의하였다. 안창호와 이갑은 구미지역, 이동녕은 노령 연해주, 이동휘는 북간도, 이회영(및 이시영)과 최석하는 서간도, 조성환은 북경지역을 분담하기로 일단 결정하였다.[37]

도산의 신민회 운동을 당시 국권회복을 달성하지 못하고 1910년 대한제국이 망했으니 실패한 운동이라고 일부에서 평가하는 것은 단견이다. 도산도 당시에 당장 국권회복을 달성하고 독립한 민주공화국을 수립할 수 있다고는 처음부터 기대하지 않았다.

도산이 추구한 것은 사회의 저변 기층에서부터 전근대체제를 해체시키고 완전히 새로운 국민·민중의 근현대체제를 수립하는 실제적 '시민혁명 운동'을 전개하려 한 것이었다. 이천만 동포들을 신국민으로 육성하여 일본 제국주의를 격퇴하고 자유문명의 신독립 민주공화정 국가 건설의 민족혁명 원동력을 만들려 한 것이었다.

필자는 이 측면에서 도산의 신민회 운동은 상당한 성공을 거두었다고 본다. 도산이 자기를 낮추어 숨기고, 당시 한국민족의 모든 애국지사들을 총동원 조직하여 사회 모든 부문에서 혁신을 이루도록 한 것은, 어떤 부분은 성공하고 어떤 부분은 부진했지만, 짧은 3년 반의 기간에 상당히 큰 성과를 내었으며, 온 민족과 사회가 새로운 변혁의 거대한 도약을 시작했다고 본다. 특히 도산이 정력을 집중한 교육구국운동은 1907년 4월부터 1910년 8월 사이에 민중들이 자발적으로 무려 3000여개의 사립(민립)학교를 설립하여 8세~20세의 청소년들에게 애국사상과 신교육을 실시해서 수십만의 미래의 민족간부를 양성해 내었다. 이들이 성장하여 9년 후에 3·1 독립운동과 민족독립광복운동을 주도하고 결국 나라를 되찾은 것이다.

뿐만 아니라 이 때 치솟은 한국민족의 세계정상의 교육열은 민중들의 자발적 참여와 활동으로 이루어진 것이었기 때문에 민족문화와 민족생활양식에 침전되어 한국민족은 그 후 언제 어디서나 어떠한 희생을 무릅쓰고라도 자녀들을 최고의 신지식과 애국사상으로 교육시키려는 세계 정상의 교육열 문화를 갖게 되었다. 이것은 지금도 한국민족 발전의 근원적 원동력이 되고 있다고 본다.

---

37) 『島山安昌浩全集』, 제12권, pp.123~124 참조.

도산이 신민회 운동 시기에 동지들과 함께 수립한 독립전쟁전략도 그 후 만주에 신흥(新興)무관학교, 동림(東林)무관학교, 밀산(密山)무관학교 등 3개 무관학교를 설립하고, 규모는 작지만 독립군 장교후보들을 양성하였다. 이것이 3.1 운동 직후 병사들이 공급되자 일시에 수십개 독립군단을 편성할 수 있도록 하여 국외의 독립군 무장투쟁이 가능하게 된 것이었다. 당시 약소민족들 가운데서 국외에서까지 독립군 무장투쟁을 전개한 민족은 한국민족 뿐이었다.

만일 한국민족이 구한말에 도산의 신민회 운동 없이 1910년 일제 강점을 맞았다면, 그 후 독립운동 역량이 어떻게 되었을까를 추산해 볼 때, 서재필이 도산을 평하여 명석한 두뇌와 탁월한 조직능력을 갖고 문제를 정확히 포착해서 문제해결의 방향과 방법을 제시한 것을 가장 높이 존경하고 평가한 이유를 이해할 수 있게 된다.

도산과 그의 동지들의 헌신적 신민회 운동 덕택으로, 국가인 대한제국은 일제침략으로 멸망되어가는 절망적 시기였지만, 이 시기에도 한국민족과 국민은 오히려 대오각성하여 분발해서 새민족과 새 국민으로 힘을 길러 민력(民力)은 오히려 더욱 증강되어, 미래에 국권회복과 독립쟁취를 스스로 보장하게 된 것이었다.

## 6. 미주 한인사회 조직과 흥사단 창립에서의 안창호의 서번트 리더십

### 1) 대한인국민회(Korean National Association)의 창립과 도산의 리더십

도산은 1911년 9월 미주 리버사이드에 온 뒤 본국에서 신민회가 일제에게 발각되어 조직이 해체되고 동지들이 검거당하여 일제의 잔혹무비한 고문을 받으며 투옥되었다는 비통한 소식을 듣고 큰 충격을 받았었다. 도산은 그러나 불굴의 투지로 이러한 상황에서도 조국광복을 위해 확고한 기초를 준비하고 다져 놓으려고 하였다. 한국 국내에서 국권회복운동 애국세력이 극단의 탄압으로 활동이 더욱 어려워졌다면, 해외동포들을 더 조직하고 강화하여 국권회복의 역량을 강화할 수 있는 것이다. 국권회복 투쟁이 단절되어서도 안 되고 쉬어서도 안 된다. 상황 변화에 따라 과학적 방법으로 더욱 불굴의 투쟁을 다져 나가지 않으면 안 된다고 도산은 생각하였다.

도산은 이에 우선 두 가지 사업 수행을 추진하였다. 하나는 '대한인국민회'를 전세계 해외 한국인 사회에 확장 조직하여 자치기관으로 강화해서 우선 해외한국인만이라도 일본의 통치를 받지 않도록 하면서 국권회복 운동을 하는 일이었다. 다른 하나는 대한인국민회가 설치되는 지역에서 우수한 애국청년들을 선발하여 조국광복을 위한 민족간부 양성 기관으로 '흥사단'을 창단하는 일이었다.

도산은 1912년 11월 8일 샌프란시스코에서 '대한인국민회' 각 '지방총회'가 모여 '대한인국민회 중앙총회'를 조직하는 전체회의에서 도산 안창호는 회장에 선출되었다.[38] 또한 대한인국민회 중앙총회가 독립운동도 실행하는 지도기관임을 규정한 '결의안'(및 '선포문')도 통과되었다. 또한 결의안과 함께 통과된 '선포문'에서는 대한인국민회 중앙총회가 대한제국이 이미 망한 상태에서 '해외 한국인의 최고 자치기관'임을 강조하였다. 도산은 해외동포만이라도 일본의 통치를 받지 않고 독립된 민족생활을 하기 위하여, '대한인국민회'를 확고하게 정립해서 미국사회와 미국정부로부터도 한국민족 해외동포 자치기관으로 공인받으려고 하였다.

이 사업에서 먼저 성과를 낸 것은 '북미 지방총회'였다. 1913년 6월 캘리포니아주 리버사이드(처음 도산이 귤 따는 노동캠프를 설치했던 곳) 지방에서 한국인 노동자 11명이 헤메트 지방의 영국인 경영 농장에 일하러 갔다가 주민들에게 배척받아 쫓겨온 사건이 발생하였다. 당시 이 지방 미국 백인들 사이에 일본인 배척운동이 성행했는데, 한국인 노동자를 일본인으로 잘못 알고 배척한 것이었다. 이때 일본영사가 한국인을 찾아와서 배상금을 받아주겠다고 설명하였다. 한국이 일본의 식민지가 되었으니 일본정부가 일본 식민지 백성인 한국인을 관리한다는 의미를 내포한 것이었다. 한국인들은 이를 거부하고 '대한인국민회 북미지방총회'에 사태를 보고하였다. 도산의 지도 아래 북미 지방총회는 미국 백인 주민들과 직접 교섭하여 "한국인은 일본인이 아님"

---

38) 김원용 지음, 손보기 엮음, 『재미한인 50년사』, 혜안, 2004, p.94 참조.

을 잘 설명하고 설득해서 이 문제를 해결하였다. 그 뒤 미국 정부에 "한국인은 일본인이 아니며 한국인은 독자적으로 대한인국민회가 담당한다"는 것을 명확하게 공식 인정해 주도록 요청, 교섭하였다. 미국 국무장관은 1913년 7월 2일 이러한 요청을 받아들여, "앞으로 재미 한국인에 관계된 일은 일본정부나 일본 관리를 통하지 않고 직접 한국인 사회와 교섭하겠다"고 공인하는 공문을 보내왔다.

이것은 '대한인국민회'가 성취한 매우 중요한 사업성과였다. 미국정부의 이러한 공식인정으로 '대한인국민회'(Korean National Association)는 재미한국인의 자치기관으로 공인되어, 미국 안에서 재미 한국인의 권익보호와 한국의 국권회복 운동을 자유롭게 전개할 수 있게 된 것이었다.

도산은 재미 한국인들에게 여러 사람이 자금을 모아 협동해서 사업을 시작하고, 농장을 경영하도록 권고하였다. 그리고 대한민국국민회는 이를 보호하는 책임을 갖도록 강조하였다.

도산은 여기에 만족하지 아니하고 재미한국인들에게 미국사회에서 '신용'을 획득 확립하는 일도 추진하였다. 도산은 재미한국인의 ① 권익옹호와 ② 생활개선을 주창하면서, 생활개선은 신용사회인 미국에서 먼저 '한국인의 신용'을 확립해야 한다고 강조하여 지도하였다. 도산의 이러한 지도는 대한인국민회 북미총회 지역에서는 성공하였다. 미국 정부와 사회는 '한국인'을 완전히 '일본인'과 구분하여 독자적 민족으로 대우하였다. 미국 경찰은 대한인국민회의 회원증을 갖고 있으면 작은 사고들은 대한인국민회에 처리를 넘겼다. 미국 이민국도 대한인국민회가 보증하면 여행권이 불비하거나 여행 소지 경비가 없는 유학생들도 입국을 허가하였다. 본국에서 나라는 망했지만, 재미동포들은 도산의 지도의 영향도 크게 작용해서 일본정부의 간섭을 전혀 받음이 없이 '대한인국민회'의 권고를 받으면서 자유롭게 생활할 수 있었다. '대한인국민회'는 재미한국인의 '자치기관'이 된 것이었다. 대한인국민회 중앙총회는 종래의 『공립신보』(共立新報)를 국민회가 『신한민보』(新韓民報)로 제호를 바꾸었던 것을 다시 인수 계승하여 기관지로 활용하였다. 『신한민보』는 해외 한국인의 권익보호 신문이었을 뿐 아니라, 동시에 매우 중요한 독립운동 기관지 구실을 수행하였다.

대한제국은 망했지만, 대한인국민회 중앙총회 활동 후에 재외한국인, 특히 미주에 사는 한국인의 사회적 지위는 현저히 향상되었다. 미국인 고용주와 쟁의가 일어나거나 인종문제로 모욕받는 사건은 대한민국민회 중앙총회가 나서서 교섭하고 재미동포의 권익을 옹호하였다.

도산은 하와이 지방총회에 다녀온 뒤 긴급한 요청에 응하여 미국동포들보다 더욱 불우한 처지에 있는 멕시코 동포들을 찾아가서 그들을 새로이 조직화하였다.

멕시코 이민 한인 노동자들은 1910년부터 농장주협회와 자유노동의 성과급 계약을 했으나, 임금이 매우 낮은 수준이어서 극빈을 면할 수 없었다. 이러한 상태에서 1917년 유카탄 농장주협회가 한국인 이민노동자들을 전원 해고하는 사태가 발생하였다. 일시에 한인 노동자 전부가 실직하게 되자, 한인들은 급박하게 미주 대한인국민회 중앙총회에 구원을 요청하였다. 도산은 회장으로서 1개월을 예정하고 급히 멕시코로 건너갔다. 멕시코 한인 사정은 참담하였다. 농장주의 해고 이유는, 애니깽(어저귀)의 큰 겉잎만 베어서 그 섬유를 뽑아내어 선박용 대형 새끼줄 제조에 사용하는 것이므로 애니깽 50개를 1다발로 성과급 임금을 계약했는데, 한인 이민 노동자들이 큰 애니깽뿐만 아니라 작은 속잎까지 베어내서 50개 개수를 채우기 때문에 애니깽 농장이 황폐화되어가므로 전원 해고했다는 것이었다. 한편 한인 노동자들은 임금이 너무 낮아서 굶지 않으려면 크고 작음을 가리지 않고 한 잎이라도 더 베어 성과를 올려야 겨우 생존할 수 있다고 설명하였다. 도산은 한인 노동자들에게 이민 온 한인노동자는 멕시코에 오래 살 수밖에 없으므로 오래 살려면 멕시코인의 '신용'을 얻어야 함을 강조하고, 동포들에게 앞으로는 절대로 '신용'을 얻도록 노동할 것을 약속받고 설득을 통해 문제를 자각케 하였다.

도산은 다른 한편으로 멕시코 농장들을 일일이 방문하여 농장주들에게 한인 노동자들이 앞으로는 불합리한 일을 하지 않을 것이라고 약속하고 설득하였다. 도산의 성실한 노력으로 새로운 계약을 체결하기로 합의되었고, 한인 이민 노동자들은 전원 새로운 고용계약을 맺어서 복직하였다. 도산은 대한인국민회 멕시코 지방총회의 조직을 재정비하여 강화하고, 재정 조달 방법을 지도하였다. 또한 멕시코 이민들에게 농업노동뿐만 아니라 상업과 어업 등 다른 직업에도 진출하도록 적극 권장하고 추진하였다.

### 2) 흥사단 창립에서의 안창호의 서번트 리더십

도산은 전 세계 해외동포들의 단체로 '대한인국민회'의 확대강화를 추진하는 한편, 해외동포들 가운데서 애국적 청년 정예들을 선발해서, 새로운 청년 정예 단체를 조직하여 훈련하려고 하였다. 상황이 악화되고 한국민족 독립운동이 아무리 장기전이 될지라도 궁극적으로 '조국광복'을 쟁취하여 자주부강한 민주공화국을 건국해서 한국민족의 전세계적 자유발전을 성취해 내고야 말 애국단체를 이번에는 반드시 창설하려고 도산은 굳게 결심하였다. 이러한 결의와 원대한 구상으로 그가 1913년 미국 샌프란시스코에서 발기한 것이 바로 '흥사단'이었다.

도산이 흥사단을 창단할 무렵 그의 구상을 메모해 놓는 도표가 그의 유물 수첩에 남아 있다.[39] 이 도표를 보면, 도산은 조국광복의 투쟁과정을 3단계로 나누었다. ① 기초(단체 결성), ②준비(㉠진행준비와 ㉡완전준비), ③결과(㉠진행결과와 ㉡완전결과)가 그것이었다. '흥사단'의 창단은 제1단계 '기초'단체 결성의 사업이었다. 제1단계 사업이 성취되면, 제2단계의 완전준비를 수행함과 동시에 제3단계의 '국권광복'을 쟁취하여 '민주공화국'을 건국해서 전국민의 복리와 전세계적 발전을 증진하는 '조국증진'으로 나아가는 것이다. 도산의 '흥사단'은 구한말의 신민회 청년단체인 '청년학우회'를 계승하여 새로운 여건에서 대폭 수정 발전시킨 것이다.

도산의 도표를 보면, 제1단계 '기초'의 단체결성 단계에서는 ① 정신측면(신의·충의·용감·인내)과 ② 단결(행동일치·직무분담·주의통일)을 중시하였다.

도산은 정신적 측면으로서 '흥사단'의 4대 이념을 ① 무실(務實) ② 역행(力行) ③

---

39) 『도산 안창호전집』 제14권, p.188 사진.

충의(忠義) ④ 용감(勇敢)으로 정하였다. 이것은 청년학우회 시기의 ① 무실 ② 역행 ③ 자강 ④ 충실 ⑤ 근면 ⑥ 정제 ⑦ 용감의 7대 이념을 통합 정리하여 4대 이념으로 간소화한 것이었다.

(1) 무실은 조선후기의 '실학사상'과 같이 도산의 '실학사상'을 표현, 강조한 것으로서, 형식과 부허(浮虛)를 버리고 내실과 실사(實事)에 힘쓸 것을 강조한 것이었다.

(2) 역행은 공리공론(空理空論)을 하지 말고 지행합일(知行合一)하여 실행(實行)에 힘쓸 것을 강조한 것이었다.

(3) 충의는 시류의 불의(不義)에 따르지 말고, 민족 전도의 대업인 대한의 국권회복 독립의 의(義)로운 나랏일에 충성(忠誠)을 다함을 강조한 것이었다.

(4) 용감은 맡은 바 옳은 임무를 실행함에서 비겁하게 머뭇거리지 않고, 용감하게 솔선수범하여 나아감을 강조한 것이었다.

흥사단의 목적과 이념은 '조국독립'과 '새 민주공화국' 건설의 목적을 달성하기 위한 '새 민족독립'의 실행의 준비 수련이었다. 흥사단은 이 '조국독립' '새 민주공화국' 건설의 '새 민족독립'을 성취하기 위해 '혁명단체'로 창설된 것이었으며, 처음부터 이 '새 민족혁명' 수행을 위한 '혁명단체의 훈련기관'으로 시작한 것이었다.

도산의 '흥사단'이라는 '민족혁명 수련기관'이 다른 보통의 혁명훈련기관과 다른 특징은 장기전에 대비하여 청년전사들을 모두 혁명정신과 함께 '훌륭한 인격'을 갖춘 '모범적 인격의 정예 혁명전사'로 양성하려고 한 데 있었다. 청년전사를 먼저 각각 도덕과 인격을 훌륭하게 잘 갖춘 도덕적 모범적 인재로 양성하려는 것은 도산의 흥사단 인재 양성 내용의 큰 특징이었다. 또한 수련을 개별 교육에만 의존하는 것이 아니라 동지들과 함께 집단적으로 '동맹수련'하는 방법을 중시한 것도 도산의 흥사단 인재 양성 방법의 큰 특징이었다. 도산은 흥사단 단원을 첫 단계에서 일정기간 모범적 인격자로 훈련시켰다가 때가 오면 다음 단계에서 민족독립운동의 주체세력으로 전선에 배치하려고 하였다. '흥사단 약법'에 '민족독립혁명'을 말하지 않은 것은 대외적으로 처음부터 불필요한 경계를 받지 않으면서 청년전사의 인격 수련을 실행하기 위해서였다. 그러나 '입단문답'에서는 '민족독립혁명'을 '인격수양'과 함께 교육하기 시작하고 조국에 헌신을 서약하게 하였다.

흥사단의 목적과 이념은 '조국광복'과 '새 민주공화국 건설'이었으며, 흥사단은 이러한 '민족운동'을 수행할 '독립혁명전사의 양성기관'이었고, 양성과정에서 단원의 인격적 덕목은 '무실' '역행' '충의' '용감'이었다.

흥사단은 청년학우회처럼 합법 공개단체였고, 신민회 같은 비밀결사가 아니었다. 그러나 실제로는 일본제국주의를 물리치고 조국광복과 민족대흥을 목적으로 한 민족독립혁명 청년단체였기 때문에 비밀결사 신민회처럼 조직을 단순하면서도 엄격하게 만들려고 하였다.

도산은 1911년 9월 미주에 온 직후부터 흥사단의 창단을 위한 위와 같은 준비를 하상옥·정도원·강영소(姜永韶) 등 동지들과 비공개리에 신중히 논의하고 접촉하고 검토하다가, 1913년 5월 13일 샌프란시스코의 강영소의 집에서 도산 안창호(安昌浩), 하상옥, 강영소, 정원도(鄭源道)·양주은 등 6명이 모여서 '흥사단'(興士團)을 발기하였다. 이때 도산이 주장하여 발기위원들은 각 도별 창립위원을 선임하였다. 창립위원에 구태여 8도 대표를 선임한 것은 다음의 두 가지 이유 때문이었다고 추정된다.

첫째, 흥사단을 전국적 민족독립혁명 청년단체로 발전시키기 위한 것이었다. 당시 국내 단체나 해외 이주민이나 모두 실질적 모임들을 출신지방 별로 갖는 경우가 많았고 지방색이 강하였다. 이러한 현실 조건 위에서 전민족적 단체를 조직 발전시키기 위해서는, 개인 자질과 능력만 보면 특정지방에 기울 수도 있으므로, 각 도별 대표를 모두 모아 단결시키는 것이 현명한 방책이 될 수 있었다.

둘째, 도산의 측근에 평안도 출신이 상대적으로 다수였으므로, 흥사단도 '평안도 단체'라는 오해를 사전에 철저히 불식시키고 예방하기 위한 것이었다. 도산이 평안도 강서군 출신이었고, 신민회 회원들도 평안도·황해도 등 서북지방 출신이 많았었다. 그러므로 이번 흥사단은 사전에 지방 편중에 대한 예방대책을 세울 필요가 있었다고 볼 수 있다.

흥사단은 창단 뒤 직책 책임자를 공식 발표하지 않았고 따라서 문서도 남기지 않았다. 그러나 그 뒤의 사업 추진과정에서 나타나는 것으로 보면, 창립직후 위원장(단장)은 도산 안창호였고, 본부 총무는 처음에는 홍언, 다음에는 송종익이 맡았음을 확인할 수 있다.

흥사단은 창단 후 신입단우들에 대한 엄격한 수련을 실행하였다. '입단문답'에서 대강을 익힌 흥사단의 목적과 이념을 더욱 투철하게 인식케 하고, '지육', '덕육', '체육'의 교육 원리에 따라 '동맹수련'을 시켰다.

도산이 미주에서 '국민회' 및 '흥사단' 사업에 열중하고 있을 때, 세계정세는 제1차 세계대전이 1918년 11월 11일 종전되어 1919년 1월 18일부터 파리에서 평화회의가 열리게 되었다. 윌슨 미국 대통령이 '민족자결주의'를 거론했기 때문에 일부 약소민족들은 이 회의에 민족대표를 보내려고 준비하였다. 한국민족은 상해 신한청년당(新韓靑年黨)의 여운형(呂運亨) 등이 중심이 되어 김규식(金奎植)을 대표로 파리에 파견하였다. 미주에서도 민찬호(閔讚鎬), 이승만(李承晩) 등이 국민회 대표로 파리평화회의에 참가하려고 미국에 여권을 신청하였다.

도산은 파리평화회의에 별로 기대를 걸지 않았다. 그 이유는 일본이 미국과 함께 승전국인 협상국의 일원이었기 때문에, 승전국(일본)의 식민지에는 윌슨의 민족자결주의가 적용되지 않을 것이고, 미국도 세계대전의 동맹국인 일본의 반대를 무릅쓰고 한국 독립운동을 돕지는 않을 것이라고 판단했기 때문이었다. 도산은 한국의 독립은 한국민족의 역량을 양성하여 자력으로 쟁취할 때 성공할 수 있다고 판단하고, 이 때 '국민회' 대표로 파리에 도항할 생각은 아예 하지 않았다. 그러나 민찬호, 이승만 등이 국민회 파견특사로서 파리로 도항하기를 희망하여 신청하자, 이것은 미국이 협조하여 여권만 내어주면 유익한 일이므로 이를 승인하고 협조해 주었다. 그러나 미국 정부는 역시 이들에게 파리행 여권을 발급해 주지 않았다.

도산은 그러나 1919년 3·1운동에는 큰 충격과 감동을 받았다. 1919년 3월 9일자로 목사 현순의 전보가 도착했는데, 본국에서 독립선언과 독립만세 시위운동이 일어낳다는 것이었다. 현순은 3·1운동의 국내 민족대표들이 '독립선언서'를 파리강화회의와 미국 대통령에게 전달하도록 상해에 파견한 목사이므로, 임시정부 수립계획 소식까지도 연이어 도산에게 전보해서 즉각 상해로 오도록 불렀다.

국내 한국 민중의 3·1운동에 감격하고 경탄한 도산은 3·1운동에 호응하여 긴급하게 1919년 3월 13일 대한인국민회 중앙총회를 소집해서, "독립운동에 재주와 힘을 다하고 생명을 희생하여 죽을 때까지 용감하게 나아가자"고 연설하였다. 도산은 3·1운동을 힘껏 지지 성원했으며, 회원동지들과 더불어 한국독립을 결의 선언하는 대한인국민회 중앙총회의 '결의문'과 '포고령'을 세계에 발표하였다.

도산은 대한인국민회 중앙총회의 한국독립 결의문과 포고령을 발표한 직후, 상해의 동지들의 부름에 응하였다. 도산은 대한인국민회 북미지방 총회장으로서 국민회 특파원 자격으로 1919년 4월 5일 상해를 향해 샌프란시스코를 출발하였다.

## 7. 통합 대한민국 임시정부 수립의 안창호의 서번트 리더십

도산이 즉시 상해로 오라는 현순의 전보에 응해서 1919년 4월 1일 로스엔젤레스를 출발해서 상해에 도착했을 때에는 이미 상해 임시정부가 4월 11일 수립되어 도산 안창호는 내무총장으로 선임되어 있었다. 도산에게 전보를 친 현순(玄楯)이 내방하여 상해 임시정부의 사정을 자세히 들었다. 문제는 심각하였다. 우선 1919년 4월 11일 상해 대한민국 임시정부가 수립되었으나, 임시정부 수립과 각료들, 의정원 의원 명단만 발표했지, 행정요원, 사무소, 집기, 경비 아무것도 아직 준비가 없는 것이었다. 더구나 3·1운동의 결과로 임시정부가 상해에 하나만 수립된 것이 아니라, 3월 21일 러시아령 블라디보스토크에서 대한국민의회가 임시정부를 먼저 출범시켰으며, 그 후 4월 23일에는 서울에서 상해임시정부와는 전혀 다른 '한성정부' 수립안을 작성하여 현순에게 보내어 온 것이었다. 도산을 열렬히 환영하며 기다리고 있던 신한청년당 계통 차장들은, 3·1운동에도 이미 큰 공로를 세웠으므로, 상해의 '대한민국 임시정부' 중심으로 밀고 나가자고 주장하고 있었다. 한편 러시아령 국민의회 임시정부는 통합을 주장하면서 원세훈을 상해에 보내어 임시정부를 동포들이 다수 거주하는 블라디보스토크나 북간도에 두자고 주장하고 있었다. 이 위에 한성 임시정부에서 '집정관 총재'로 지명된 이승만은 '집정관총재'를 'President(대통령)'로 번역하여 미국에서 스스로 자기가 한국 임시정부 '대통령'임을 내세우고 있었다.

여운형 등 신한청년당의 요청으로 상해에 와서 상해 임시정부의 의정원 의장에 선출된 이동녕과 재무총장 이시영은 도산의 상해 도착 직전에 사임을 선언하고, 이동녕은 항주로, 이시영은 북경으로 각각 떠나버렸다. 상해 임시정부의 6부 총장과 의정원 의장은 모두 취임하지 않거나 비어있고, 대부분 신한청년당 당원들인 상해 임시정부 차장들만 의정원 의원을 겸직하면서 이름만이 상해 임시정부를 지키고 있었다. 임시정부 수립의 본국과의 연락을 맡은 현순은 이러한 상태에서 이 난국을 타개해줄 인물로 도산을 기다리고 있었다.

참고로 3개 임시정부의 각료 구성은 <표 1>과 같았다.

〈표 1〉 3개 임시정부 각원 명단

| 3정부(공표일자, 장소)<br><br>각료 | 대한국민의회임시정부<br>(1919.3.21 · 블라디보스톡) | 대한민국임시정부<br>(1919.4.13 · 상해) | 한성정부<br>(1919.4.23 · 서울) |
|---|---|---|---|
| 대통령 | 손병희 | | 이승만(집정관총재) |
| 부통령 | 박영효 | | |
| 국무총리 | 이승만 | 이승만 | 이동휘 |
| 외 무 | | 김규식 | 박용만 |
| 내 무 | 안창호 | 안창호 | 이동녕 |
| 군 무 | 이동휘 | 이동휘 | 노백린 |
| 재 무 | | 최재형 | 이시영 |
| 법 무 | | 이시영 | 신규식 |
| 학 무 | | | 김규식 |
| 교 통 | | 문창범(前日, 신석우) | 문창범 |
| 산 업 | 남형우 | | |
| 탁 지 | 윤현진 | | |
| 노 동(국) | | | 안창호 |
| 참 모 | 유동열 | | 유동열 |
| 평화대사 | 김규식<br>(윤해 · 고창일) | 김규식 | 이승만,민찬호,안창호,박용만,이동휘,김규식,노백린 |

도산은 대한국민의회 임시정부에서도 상해와 같이 내무총장으로 선임되어 있었다. 그러나 한성정부 수립안에서는 '노동국 총판'으로 지명되어 있었다. 이승만과 안창호만 3개 정부에 다 들어있지 각료 구성이 3개 정부마다 명단이 달랐다.

도산은 상해의 형편을 보고 처음에는 어이가 없었다. 3.1운동의 성과로 한국민족 임시정부 수립을 국제사회에 널리 알려놓고, 3개 임시정부가 난립하여 통합되지 않으면 세계 각국은 한국민족을 독립자격이 없는 민족으로 평가하지 않을까? 세계와 일제가 한국민을 얼마나 업신여기겠는가? 도산은 이것부터 매우 염려되었다.

도산은 난국 극복을 위해 즉각 대원칙을 먼저 정하였다. 그것은 "어떠한 어려움이 닥쳐도 임시정부는 1개로 통합·통일되어야 한다"는 것이었다. 도산은 먼저 3개 임시정부를 하나로 통합·통일하는 안을 추진하려고 하였다. 도산은 3개 임시정부의 통합을 위해 먼저 각각의 장점과 특징을 검출하였다. 러시아령의 대한국민의회는 1919년 3월 17일 '독립선언서'를 반포하고, 3월 21일에는 한국의 독립, 정부승인의 요구, 이를 인정하지 않을 때의 일본과의 혈전을 포고할 것이라는 '결의문'과 함께 정부의 '각료명단'을 맨 먼저 발표하였다. 대한국민의회 임시정부의 특징은 '의회체제'라는 곳에 있었다. 국민의회 '임시정부'의 '정부' 부분은 '의회'에 부속되거나 매몰되어 선명히 드러나지 않고 있었으며, 각료명단은 있었으나 정부가 활동했다는 자료는 발견되지 않았다. 또한 대한민국의회의 '결의문'도 상해임시정부의 '임시헌장'이나 한성정부의 '약법'과도 다른 독립원칙과 일본에 대한 요구사항의 결의로 되어 있었다. 따라서 대한국민의회의 임시정부 통합문제는, 그 명칭에서도 볼 수 있는 바와 같이, 이를 '의회' 정부의 한 형태로 통합할 수 있다고 간주되었다.

한편, 1919년 4월 11일 수립된 상해의 대한민국 임시정부는 국가기구에서 '의정원(입법부, 국회)'과 '국무원(행정부)'를 갖춘 임시정부였으며, '헌법'도 '임시헌장'의 형식으로 러시아령 대한국민의회의 '결의문'이나 한성정부의 '약법'보다는 상대적으로 잘 갖춘 것이었다. 이 임시헌장은 3·1운동을 전문(前文)에 넣은 모두 10개조의 '요약된 헌법'이었다.[40] 상해임시정부의 체제는 의정원이 중심이 된 '의원내각제'로서 정부의 수반은 대통령을 두지 않고 국무총리를 두어 이승만을 국무총리로 선출했었다.

이에 비하여 1919년 4월 23일 선포된 한성 임시정부는 전국 13도 대표의 국민대회를 통하여 성립되어 3·1운동의 정통성이 가장 선명하고, 정부수반을 '집정관 총재'로 한 데 특징이 있었다. '약법'에서는 민주대의제의 임시정부를 헌장화하면서도 '의회'를 제도화하지 않고 그 대신 '평정관'을 둔 한계가 있었으며, '약헌'도 러시아령 대한민국의회의 '결의문'보다는 헌장화되어 있으나, 상해 임시정부의 '임시헌장'보다는 소략한 것이었다.

도산은 위의 3개의 임시정부의 특징적 장점을 취하여 통합하면 정통성을 갖춘 하나의 임시정부가 수립될 뿐만 아니라, 동시에 더 완전한 내용과 형태의 임시정부가 수립될 수 있다고 보았다. 러시아령 대한국민의회 임시정부는 상해 임시정부가 수립된 직후인 1919년 4월 15일 즉각 원세훈(元世勳)을 상해에 파견해서 국민의회 임시정부와 상해 임시정부와의 통합을 제의했으며, 임시정부의 위치는 러시아령에 두자고 제안하였다. 원세훈은 5월 1일 다시 외무부와 교통부만 상해에 두고 나머지 임시정부의 본부는 길림성이나 시베리아에 둘 것을 제의하였다. 이에 대하여 상해의 대한민국 임시정부는 의정원회의에서 1919년 5월 13일 "각지에 산재(散在)한 각 의회를 통일할 것"을 결의했으나, 그 밖의 것은 방향을 잡지 못한 채 집무를 하지 못하고 있었다.

도산은 장기간 항해와 쉬지 않는 활동의 과로가 겹쳐 탈진상태가 되었으므로, 할 수 없이 약 3주일간 상해 적십자병원에 입원하였다. 이 기간에 상해 임시정부의 차장(위원)들은 도산을 방문하여 도산이 하루속히 쾌유하여 수석 총장인 내무총장에 취임하고, 국무총리 이승만이 미주에 있어 착임하지 않았으므로 국무총리 대리로서 상해 대한민국 임시정부를 활성화시켜 달라고 거듭 간청하였다. 그들은 한성 임시정부안은 이미 반영한 것이고, 블라디보스톡 임시정부는 의회이니 상해 임시정부를 중심으로 밀고 나갈 것을 소망하였다. 도산은 그들에게 반드시 3개 임시정부가 하나로 통

---

40) 國會圖書館, 『大韓民國臨時政府 議政院文書』, 1974, p.3.

합·통일되어야 함을 원칙으로 강조하였다.

도산은 입원기간에 3개 임시정부 분립의 극복과 통일의 지난한 과제를 그가 해결해야 할 가장 큰 문제로 확인하고 그 방안을 구상하였다. 도산은 임시정부 차장들에게 그의 3개 임시정부의 통합에 동의하여 따를 것을 사전에 약속받고, 퇴원하자 1919년 6월 28일 상해 대한민국 임시정부 내무총장 겸 국무총리 대리의 직책에 취임하였다.

도산은 상해 임시정부 내무총장 겸 국무총리 대리로 정식 취임하게 되자, 바로 미주에서 가져온 2만5천 달러를 지출하여, 헌법상 외국 망명정부의 정치활동을 보장하는 프랑스 조계 마랑로 보강리(寶康里)에 상당히 큰 셋집을 새로 얻어 처음으로 '임시정부 청사'를 마련하였다.

임시정부 총장들과 의정원 의장이 모두 사표를 내거나 먼 거리에 있어 취임하지 않고 있으므로, 도산은 총장들이 취임할 때까지 당분간 차장들이 각각 차장 겸 총장 직무 대리로 겸무하도록 조치하였다. 도산은 임시 각료들과 직원들에게 매일 아침마다 정시에 출근하여 정부 업무를 수행하도록 관리하였다. 시무 때에는 반드시 먼저 '태극기'(국기)에 대한 경례와, "동해물과 백두산이…"로 시작하는 '애국가'를 제창한 뒤에 집무를 시작하도록 의전 절차를 제도화하였다.

상해 대한민국 임시정부가 처음으로 도산에 의해 실제로 행정 집무와 활동을 시작한 것이다. 이 때 도산과 상해임시정부의 목표는 대한의 '절대독립' '완전독립'이었으며,[41] 세계 모범적인 완전독립국가 민주공화국을 세우는 것이었다. 도산은 내무총장 겸 국무총리 대리 취임사에서 "우리가 주권을 잃고 사는 것은 죽은 것만 못하기 때문에 최후의 핏방울까지 흘려 찾아야 하며, 우리 운동은 주권만 찾는 것이 아니라 한반도 위에 모범적인 공화국을 세워 이천만이 천연의 복락을 누리게 하는 것이다."[42]라고 연설하였다.

---

41) 『獨立新聞』 1919년 11월 11일자, 「絕對獨立 주장」 참조.
42) 安昌浩, 「내무총장에 취임하면서」, (1919. 6. 28.), 『도산 안창호전집』 제6권, pp. 80~81.

도산은 상해 임시정부 내무총장 겸 국무총리로 취임하자 우선 ① 1919년 7월 2일 사료편찬회의 설치와 『한일관계사료집』의 간행, ② 1919년 7월 초순 대한적십자회 창립, ③ 1919년 8월 21일 임시정부 기관지 『독립』 『독립신문』 창간, ④ 1919년 7월 연통제(聯通制)와 교통국 수립 등의 사업을 실시하면서, 동시에 무엇보다도 중요한 3개 임시정부 통일·통합을 적극 추진하였다.

도산은 통일·통합 임시정부를 '상해'의 프랑스 조계 안에 두어야 한다고 판단하고 주장하였다. 왜냐하면 당시 전세계에서 프랑스 헌법만이 외국 '망명정부'나 '정치적 망명객'을 프랑스 정권이 보호하도록 규정하고 있었기 때문이었다. 다른 나라들은 외국 '망명정부'와 '망명정치인'을 언제나 학대 추방할 수 있었지만, 프랑스만은 헌법에 따라 이를 보호할 의무가 있었다. 이 때문에 도산은 임시 정부 내무총장 겸 국무총리 대리에 취임하자, 바로 정무처를 '프랑스 조계'(租界: 프랑스의 치외법권적 통치영토) 안의 '마랑로 보강리'에 셋집을 얻어 설치하였던 것이다.

도산이 보기에는 3개 임시정부 통일에 가장 어려운 문제는 네 가지였다. 첫째는 다수 교민이 있는 러시아령 블라디보스토크에 임시정부를 두어야 한다고 주장하는 국민의회 대의원을 포섭하여 '이동휘'를 상해에 데려오는 문제였다. 둘째는 '한성정부 안'의 '집정관 총재' 직책을 미국에서 명함에 '대통령'이라고 번역하여 인쇄하고 이미 대통령처럼 활동하고 있는 '이승만'의 대우 문제였다. 이승만은 1919년 1월 외신기자에게 한국은 미국이 '위임통치'(mandatory)해야 한다고 발표하여 독립운동가들의 배척을 받고 있었다. 셋째는 러시아령 임시정부, 상해 임시정부, 한성 임시정부의 각료가 '이승만'과 '안창호'만 3정부 모두에 들어가 있고, 나머지는 모두 달라서 앞으로 새로 정해야 할 각료 선임의 난문제였다. 넷째는 '한성정부 안'에서 도산 안창호를 '노동국총판'(노동국장)으로 선임한데 대하여 상해 임시정부 모든 차장들이 크게 분개하여 '한성정부 안' 무시를 강력히 주장하고 있는데, 이를 어떻게 무마하느냐의 문제였다. 도산은 블라디보스토크의 '국민의회'는 본질적으로 '의회'의 성격을 갖고 있으니, 국민의회 의원 다수를 통합임시정부의 의정원 의원으로 하는 특별대우를 하고,

이동휘를 신민회 시기의 옛 동지애로 국민의회 의원들이 방해할 틈을 주지 않고 상해로 데려오도록 특사 파견을 계획하고 실행하였다. 이승만의 '위임통치 안'에 대해서는 이승만이 그것을 3·1운동 봉기 '이전에' 외신기자들에게 발표한 것이고, 3·1운동 '이후에'는 이승만도 이를 후회하여 우리와 같이 '완전독립'을 주창하고 있으니 관대하게 간주하자고 도산은 독립운동계에 정성껏 설득하였다. 도산은 임시정부 각료 문제에 대해서는 3·1운동에서 '국민대회'를 거쳐 임시정부를 수립한다고 예고했으므로, 국민대회의 형식을 거친 한성 임시정부 안을 채택하여 해결할 수 있다고 상해 독립운동계를 설득하였다. 한성 임시정부 안에서 도산 자신의 '노동국총판'의 문제는, 상해 임시정부 차장들의 견해와 같이 부당한 것이지만, '한성정부 안'을 그대로 수용하여 도산 자신이 내무총장(내무장관)에서 노동국총판(노동국장)으로 직책 강등을 감수해서 임시정부 통일의 추진력의 하나로 삼기로 도산은 결심하였다.

도산은 상해 임시정부와 의정원 의원들에게 미리 도산의 통일 방안을 충분히 설명하고 설득하여 의정원을 완전히 주도하면서, 1919년 7월 11일 제5회 의정원 회의에서 임시정부는 원칙적으로 상해에 두고, '의회통일' 문제에 대하여 상해 의정원과 러시아령 국민의회의 합병을 제의해서 의결을 얻어내었다. 도산은 상해 임시정부의 이 결의안을 가지고 내무차장 현순(玄楯)을 특사로 비밀리에 러시아령의 국민의회 실력자 이동휘에게 보내어 협의케 하였다. 그 결과, 이동휘는 정부와 의회의 위치를 멀리 분리하는 것은 불합리하므로 임시정부와 의회를 모두 상해에 두되, 국민의회 의원의 5분의 4가 상해 의정원 의원이 되는 것으로 합의가 이루어졌다. 이로써 우선 상해 임시의정원과 국민의회의 통합이 마침내 실현되었다.

한편 도산은 사전에 상해 임시정부 의정원 의원들과 국무원 차장들을 면담하여 '통일'을 위해 우리가 희생해서 '한성 임시정부안'을 채택하자고 간곡하게 설득하였다. 또한 도산은 상해의 독립운동가들을 러시아령, 중국령, 미주 등 각지에 대표를 보내어 의견을 수렴해서, 13도 국민대회를 거친 한성 임시정부의 정통성을 존중하여 통합하는 것이 통일 성공의 방법임을 정성껏 설명하였다. 도산은 이러한 설득과 설명에 미리 대부분의 동의를 얻은 뒤에 다음과 같은 결의를 각계에 제안하였다.

1. 상해와 러시아령에 설립한 정부들은 일체 작소(作消)하고 오직 국내에서 13도 대표가 창설한 한성정부를 계승할 것이니, 국내의 13도 대표가 민족전체의 대표인 것을 인정함이다.
2. 정부의 위치를 아직 상해에 둘 것이니, 각지에 연락이 비교적 편리한 까닭이다.
3. 상해에서 설립한 정부의 제도와 인선(人選)을 작소(作消)한 후에 한성정부의 집정관총재제도와 그 인선을 채용하되, 상해에서 정부독립 이래 실시한 행정은 그대로 유효를 인정할 것이다.
4. 정부의 명칭은 대한민국 임시정부라 할 것이니, 독립선언 이후에 각지를 원만히 대표하여 설립된 정부의 역사적 사실을 살리기 위함이다.
5. 현임 정부각원(現任政府閣員)은 일제히 퇴직하고 한성정부가 선거한 각원들이 정부를 인계할 것이다.[43]

상해 임시정부의 국무총리대리 겸 내무총장 도산을 중심으로 한 통합 추진세력은 위의 5개 결의를 임시정부개조안과 임시헌법개정안을 정부제안으로 1919년 8월 28일 임시의정원 회의에 제출해서 상정하였다.

이 때 도산과 상해 임시정부 통합안의 특징은 한성 임시정부 안을 전적으로 수용한 것으로서 정부의 부서도 상해 임시정부 6부를 한성 임시정부의 7부1국으로 바꾸고, 정부각료도 상해 임시정부 각료는 일제히 퇴임하고 한성 임시정부의 명단에 따라 새로 임명하며, 오직 한성 임시정부의 '집정관총재' 명칭만 '대통령'으로 바꾼다는 것이었다. 단, 1919년 4월 11일 수립된 상해 대한민국 임시정부의 명칭과 행정 실적은 그대로 통합 임시정부의 것으로 수용 계승한다는 조건을 넣었다. 즉 각료구성은 한성임시정부안을 전폭 수용하되, 정부 구성(의정원과 국무원), 체제, 국호, 행정 기타 모든 것은 상해 대한민국 임시정부를 전폭 수용하여 계승케 한다는 원칙이었다.

국무총리대리 도산 안창호는 이러한 임시정부 통합안의 제안 연설에서 상해 임시정부를 한성 임시정부식으로 개조하되, 단 하나 다른 것은 '집정관총재'만 '대통령'으로 그 명칭을 바꾸는 것이라고 설명했으며, 그 근본 이유를 "전민족의 정치적 통일

---

43) 김원용, 1959, 『재미한인 50년사』, p.458.

을 내외에 보이고자 함"이라고 설명하였다. 도산은 만일 '대통령' 명칭을 사용하지 못하게 하면 이승만이 반발하여 임시정부의 통일·통합에 또 분열이 일어날 것을 염려하였다. 도산은 신채호 등의 격렬한 비판을 받아가면서 임시정부의 통일·통합의 성공을 위해 하와이국민회 때 경험한 이승만의 고집과 오만을 모두 받아 주었다.

도산이 마련한 통합·임시정부 수립을 위한 임시정부 개정안이 제6회 의정원 회의에서 신중한 토의 끝에 1919년 9월 6일 만장일치로 통과되어 마침내 '대한민국 임시정부'는 러시아령 국민의회 임시정부, 한성 임시정부, 상해 임시정부를 하나로 통합하여 하나의 '통합 임시정부'를 수립하게 되었다. '통합 대한민국 임시정부'는 이제 한국민족의 유일한 임시정부로서 3·1운동을 직접 계승하고 민족사에 '대표성'과 '정통성'을 갖춘 임시정부가 된 것이었다.[44]

이에 1919년 9월 11일 임시정부는 신헌법과, 통합된 대한민국 임시정부의 성공적 수립을 전세계에 공포하였다. '통합 대한민국 임시정부'의 수립에는 상해 임시정부의 국무총리대리 겸 내무총장 도산 안창호가 강력하게 '통합' '통일'을 주창하면서 스스로 말석의 격하된 노동국총판(노동국장)을 기꺼이 맡겠다고 통일을 위하여 나섬으로써 통합성공을 튼튼히 보장하였다.

도산은 '노동국총판'을 감수하여 3개 분립된 임시정부의 통합·통일을 강력히 추진하면서, 일부의 총장명단 불만에 기인한 '한성정부안 의거 통합' 반대론을 자신의 국장(노동국총판) 격하 취임 감수를 들어서 설득하였다. '집정관 총재' 호칭을 '대통령'으로 바꾼 것에 대한 비판에 대해서는 이승만이 미국에서 이미 영문 공문서에서 '대통령'을 의미하는 '프레지던트'(President)라는 직명을 사용하고 있었으므로, 국제 외교상 혼란을 수습하기 위해 한성 임시정부의 '집정관총재'의 직명을 통합 임시정부에서는 '대통령'으로 변경한 것뿐이라고 도산은 설명하였다.[45]

한성정부의 도산 안창호 직책 '노동국총판'(노동국 국장)을 통합 임시정부에서는 '농

---

44) 신용하, 2001, 『3·1운동과 독립운동의 사회사』, 서울대학교 출판부 참조.
45) 島山安昌浩全集』 제12권, p.697~698 참조

무총장'(농무부 장관)으로 개정하자는 의안이 1919년 9월 3일 의정원에 제출되었다. 이 때에 도산은 의정원 회의에서 이 수정이 분열의 단서가 되어 '통일'을 방해할 수 있다고 단호히 반대하였다.[46] 의정원에서 1919년 9월 5일 안창호의 직책 '노동국총판'의 '국'을 '부'로 '노동부총판'으로 개정하자는 제안에 대해서조차도 도산은 오직 '통일'임시정부 수립을 위하여 역시 반대하였다.[47]

의정원은 1919년 9월 5일 도산의 제안에 따라 이승만(李承晩)을 '대통령'으로 선출하였다. 그러나 이승만은 미주에 있어 언제 부임할지 모르고, 국무총리 이동휘의 승낙 취임여부도 아직 확실하지 않았기 때문에, 의정원은 이튿날인 1919년 9월 6일 '헌법 제16조' "대통령이 유고(有故)할 시는 국무총리가 차(此)를 대리하고, 국무총리가 유고할 시는 임시의정원에서 대리를 선정함이라"는 조문에 의거하여 '안창호'를 이승만 대통령이 상해에 부임할 때까지 '대통령 대리'로 선출하였다. 『독립신문』의 권두논설은 도산 안창호의 '대통령 대리' 선출을 합당하다고 지지하였다.[48] 의정원이 도산 안창호를 '대통령 대리'로 선출한 배경에는 당시 다수의석을 차지한 젊은 의원들이 ① 도산이 임시정부를 이끌어 가야 임시정부가 성공할 수 있다는 합의된 의견과 ② 한성정부안에서 도산을 말미의 '노동국총판'(노동국 국장)에 매우 격하시켜 선정한데 대한 부당성과 분노가 잠재되어 있었다. 그러나 도산은 의정원이 자신을 '대통령 대리'로 선출한 일에 대해서도 단호하게 반대하였다.[49] 도산은 '통일' 임시정부

46) 『島山安昌浩全集』 제12권, p.698. 「(······) 노동국 총판을 개정하면 결코 나는 이 정부에서 시무할 수 없노라. 이번 개조안에 대하여 대개 내외에 통일의 신용이 있고 또는 내가 이미 이 뜻을 각처에 성명하였은즉, 이에 다시 노동국을 농무부로 개정함은 신용상 내가 승인하지 못할 바라. 신용 없는 사람으로 정부에서 시무하기 불능하다. 또 노동국을 개정하면 다른 부를 또 개정하자는 논자가 나와 또다시 정부를 뜯어 고친다는 비평이 있으리라.」 참조

47) 『島山安昌浩全集』 제12권, p.698~699 참조

48) 『獨立』 1919년 9월 9일자, 「안총장의 대리대통령 사퇴」 참조

49) 『島山安昌浩全集』 제12권, p.699. 「나는 후보자에서 사퇴함을 선언하였으나 여러분이 나를 선임하였으니 이는 개인의 의사를 무시함이라. 내가 노동국총판을 고집할 때에 이미 내 의사를 알았으리니 나는 잠시라도 대통령 대리의 명목을 띠고는 몸이 떨려서 시무할 수 없노라. 여러분이 나를 향하여 어떠한 비평을 가하더라도 결코 이 자리에 취임하지 않겠노라. (······) 일을 위하는 충성으로 이 자리를 받을 수 없나니, 내 말을 족히 이해할 이는 이해할 것이다.」 참조

와 독립운동계의 공고한 출범을 위하여 이를 단호하게 거절한 것이었다.[50]

통합 대한민국 임시정부를 성립시킬 때의 도산의 희생적 활동의 제일차자료들을 읽어보면, 조국 광복의 대의를 위해 필요할 때는 자기를 아낌없이 희생하는 도산 안창호 선생이야 말로 참으로 어려운 과제를 정확하게 훌륭히 풀어내는 '위대한 거인' '위인'이라고 말하지 않을 수 없게 된다.[51] 1919년 9월 11일 통합 상해 대한민국 임시정부는 도산 안창호의 탁월한 조직능력과 참으로 위대한 희생적 애국사상·애국활동과 고결한 헌신에 의해 비로소 성립된 것이었다.

만일 도산 안창호가 통합 대한민국 임시정부를 수립·성취하지 못하고 3곳에 한국인의 임시정부가 3개나 수립되어 서로 다투었다면, 전세계 사람들이 한국민족을 독립 자격이 없는 민족이라고 얼마나 웃었을 것인가, 3개 임시정부가 3개 독립운동 소단체로 전락하여 다투다가 동포들의 지탄을 받고 소멸되었을 것이다. 이것을 생각하면 도산 안창호의 1919년 9월 11일 통합 대한민국 임시정부의 수립이 한국민족 독립운동에서 얼마나 위대한 공헌을 했는가를 알 수 있다.

민주공화제에 의한 통합 임시정부의 수립은 독립운동 단체들과 한국민족의 광범위한 지지를 받았다. 1919년 말까지 통합 대한민국 임시정부를 지지 봉대하고 그 명령에 따르겠다고 알려온 대표적 큰 독립운동 단체들이 중국령과 러시아령에 걸쳐 모두 45개 단체에 달하였다. 이러한 통보가 없어도 성립 당시 한국의 모든 단체와 국민들은 감격하여 도산이 주도해서 성립시킨 통합 대한민국 임시정부를 자기의 정부로 지지하고 봉대하였다.

## 8. 안창호의 임시정부 노선과 독립운동 6대방략 지도

도산은 상해 통합 임시정부에서는 국무총리나 총장(장관)이 아니라 노동국 국장의 지

---

50) 『島山安昌浩全集』 제12권, p.700.
51) 『獨立新聞』 1919년 11월 11일자, 「안총판사표」 참조.

위를 기꺼이 감수했음에도 불구하고, 실제로는 초기에 임시정부의 노선을 지도하였다.

도산은 1919년 9월 11일 상해에서 통합 대한민국 임시정부 수립에 성공하자, 임시정부와 독립운동이 실행해야 할 6대 사업과 6대 방략을 합해서 정리하였다.[52] 도산은 이를 상해 한인거류민단 주최의 1920년 1월 3일 신년 경축회에서 연설하고, 문자화하여 『독립신문』에 게재해서 전세계에 발표하였다.

도산의 이 연설에서 지도한 6대 사업 및 방략은 1920년 3월 의정원에서 공식 채택되어 그 뒤 임시정부가 온갖 부침 속에서도 1945년 8·15 광복 때까지 수정 발전시켜가면서 실행한 사업과 방략이 되었다. 따라서 도산의 이 연설과 문건은 한국독립운동사에서 가장 중요한 지침의 하나이다.

도산은 이 연설에서 우리 국민이 반드시 실행할 6대 사업이 있는데 ① 군사 ② 외교 ③ 교육 ④ 사법 ⑤ 재정 ⑥ 통일이다라고 <표 2>의 요지로 설명하였다. 이 중에서 ① 군사 ② 외교 만을 보면 다음과 같다.

〈표 2〉 도산의 독립운동 6대 방략표

| 부문 | 사업원칙 | 실시방략 |
|---|---|---|
| (1) 군사 | 독립전쟁 | ① 독립전쟁전략 수립 ② 독립전쟁 준비 ③ 무관학교 설립 ④ 독립군 양성 ⑤ 통일적 지휘체계 수립 ⑥ 국민개병주의 실시 ⑦ 평화적 전쟁과 전투적 전쟁 병행 |
| (2) 외교 | 평등외교 | ① 열강과의 외교 중시 ② 독립운동 '선전' ③ 독립국가 수립 운영 자격 선전 ④ 세계평화 기여 선전 ⑤ 일반국민의 일상 외교 중요 |
| (3) 교육 | 독립운동 기간에도 항시 교육 | ① 독립운동 중에도 청년교육 ② 아동교육 ③ 독립정신 교육 ④ 애국정신 교육 ⑤ 서적·교과서 편찬 |
| (4) 사법 | 임시정부 헌법·법률·규정 준수 | ① 국민 의무 수행자에게 포상 실시 ② 친일파, 자치론자, 참정권론자 처벌 |
| (5) 재정 | 독립운동 재정 조달 | ① 국민 개납주의 실시 ② 국민 개업주의 실시 ③ 임시정부 공채 발행 ④ 동포 애국성금 모금 ⑤ 외국 차관 |
| (6) 통일 | '독립'의 대의(大義)로 대동 단결 | ① 전민족 전국민의 '독립'을 지향한 여론 통일 ② 독립운동 단체들의 대동단결 통일 ③ 독립군의 지휘체계의 통일 ④ 私的 통일이 아닌 조국 독립을 위한 公的 통일의 실행 |

---

52) 박명규, 1984, 「도산 안창호의 사회사상」; 신용하 편 『한국현대사회사상』, 지식산업사 수록.

독립운동의 첫째 중요한 사업과 방략은 '군사'이다.

강포한 일본 제국주의가 온갖 간악한 방법으로 침탈한 '한국'을 평화적으로 돌려줄 이가 없다. 독립운동은 완전무장한 강포한 일본 제국주의를 타도하고 대한의 국가독립을 회복하는 사업이니, 최후에는 일제·일본군을 몰아내는 '독립 전쟁'을 할 수밖에 없다. '독립전쟁'이 최고·최후의 사업이고 전략이다.

독립전쟁에는 반드시 '준비'가 필요하다. '준비'없이는 강포한 일제와 독립전쟁에 이길 수 없다. 절대적으로 준비가 필요하다.

도산이 '독립전쟁전략'을 얼마나 중시했는가는 그가 주도하여 통합임시정부 수립에 성공한 직후, 신년 1920년을 '독립전쟁의 해'로 1920년 1월 1일에 선언한 데서도 알 수 있다.

도산이 국권회복운동에서 '독립전쟁전략'을 채택한 것은 국내에서 이미 1910년 이름 봄 망명 직전의 '신민회' 간부회의에서의 일이었다. 그러므로 도산은 상해 임시정부 국무총리 대리로 취임하자 바로 임시정부의 독립전쟁전략을 준비하였다.

도산은 독립전쟁의 준비로 다음을 특히 강조하였다. ① 독립군 편성을 위한 통일행동과 통일적 지휘체계 수립, ② 군사훈련의 절대 필요 ③ 국민개병주의(國民皆兵主義) 실시 ④ 평화적 전쟁과 전투적 전쟁의 병행이 그것이다.

둘째 독립운동의 중요한 사업과 방략은 '외교'라고 도산은 강조하였다. 일부 독립운동가들이 외교를 불필요하다고 하는 것은 외교를 '외교'로 알지 아니하고 '외국에의 의뢰'로 아는 까닭이다. 대한제국 시대의 외교는 그러하였다고 도산은 지적 비판하였다.

그러나 대한민국 임시정부의 외교는 다르다. 도산은 '외교'를 중시하는 이유가 "독립전쟁 준비를 위한 것"이라고 강조하였다.

도산은 영국·미국·프랑스·이태리 일본과 같은 제국주의 국가들도 '외교'를 방략으로 중시하는데, 하물며 대한민국 임시정부는 더 말할 것도 없이 외교가 방략으로 중요하다. 임시정부는 평등외교로 열국의 지지와 동정을 끌 수 있으며, 외교는 '선전'

을 위해서도 가장 필요한 것이라고 도산은 강조하였다. 우리는 세계 각국에게 "대한 민족의 독립을 요구하는 의사와 독립국민이 될 만한 자격과 대한독립이 열국의 이익 및 세계평화에 도움됨을 선전하여야 한다. 지금 각국은 여론정치이니까 민중의 여론 만 얻으면 정부를 움직일 수 있다"[53)]고 도산은 강조하였다.

도산은 "일반국민이 주의할 것은 '외교'는 정부만 하는 것이 아니오, 전국민이 다 해야 함이오, 각각 자기를 만나는 외국인으로 하여금 대한인을 애경(愛敬)할 사람이 라 하게 하시오, 비록 인력거 끄는 쿠리(苦力)에게 까지라도"라고 강조하여 설명하 였다. 도산은 이어서 <표 2>와 같이 ③ 교육 ④ 사법 ⑤ 재정 ⑥ 통일의 사업과 방략을 설명하였다.

## 9. 독립운동 통일과 대독립당 조직활동에서의 안창호의 리더십

### 1) 안창호의 임시정부 국무령 사양

도산의 헌신적 서번트 리더십으로 성립된 대한민국 임시정부는 1921년 봄부터 분열의 징조를 보였다. 이에 도산을 포함한 독립운동가들은 국민대표회의를 개최 하여 임시정부를 대폭 강화시키려고 하였다. 그러나 개조파와 창조파의 대립으로 실패하고 말았다.

도산은 1921~23년까지 심혈을 기울여 노력한 국민대표회의가 개조파와 창조파와 현임시정부 고수파의 독립운동 지도자들 주도권 다툼으로 실패한 것을 경험하고 심 리적으로 상당한 충격을 받았던 것 같다.

그러나 도산은 낙담하지 않고 다시 독립운동 전선을 통일 강화할 대책을 구상하였 다. 도산은 임시정부의 약화나 독립운동 단체들의 통합은 지도자들의 아래에 있는 더 젊은 세대의 정치적 동맹결사에 의해 극복될 수 있다고 보았다. 도산은 명예를

---

53) 『獨立新聞』 1920년 1월 10일자, 「우리 국민이 단정코 실행할 육대사(二)」.

중시하게 된 임시정부는 대외적 대표기관으로 두고, 이와 별도로 각파의 대의를 중시하는 중견들을 동맹케 하여 대독립당을 먼저 창당해야 한다고 생각하였다.

도산은 미주에서도 대한인국민회와 흥사단 단원들이 상해 사태를 염려하고 있음을 알고 급히 미국을 약 1년간 다녀왔다. 그는 1924년 11월 24일 상해를 출발해서, 미국에 체류했다가 1926년 3월 초 샌프란시스코를 출발하여 하와이, 호주를 거쳐 상해로 향했을 때, 상해에서는 임시정부 의정원이 도산을 '국무령'으로 선출해 놓고 도산의 상해 도착을 기다리고 있었다.

그러나 안창호는 이 무렵 한국민족 독립운동의 비약적 강화를 위해 '대독립혁명당' '민족유일독립당' 창립을 구상하고 있었으므로 임시정부 '국무령' 직을 수락하지 않고 고사하였다. 도산은 이때 대외적 명예 요소가 자리한 임시정부로서는 독립운동 전선의 통일이 난망함이 국민대표회의 실패로 증명되었으므로, '이당치국'(以黨治國) 체제 도입을 전제로, 독립투쟁이 활발한 청년층의 독립운동단체들도 모두 참가한 '대독립당'(大獨立黨)을 조직하여 독립운동 전선을 대폭 강화하고, 임시정부는 대외적 활동에 무게를 두도록 구상하고 있었다. 명예가 아니라 무실(務實)을 강조하던 도산은 자기 대신 홍진(洪震)을 국무령으로 추천하였다.[54]

이에 의정원은 도산의 추천을 받아 제4대 국무령으로 1926년 7월 7일 홍진(洪震)을 선출하였다. 도산은 홍진의 국무령 취임과 조각이 시작되자, 임시정부의 최악의 재정난 타개를 위하여 홍진의 새 국무령 취임 당일인 1926년 7월 8일 밤 상해 3·1당에서 홍진 국무령 축하회의 대연설 후에 '임시정부 경제후원회'(臨時政府經濟後援會)를 조직하고 위원장을 맡았다.[55] 당시 임시정부는 미주로부터 애국성금의 배정이 없었기 때문에 최악의 재정난에 처하여 고군분투하고 있었다.

홍진 내각은 반년간 활동하다가, 국무령 홍진이 도산의 주창하는 민족유일독립당 운동을 만주에 돌아가서 추진하고자 하여 사임함에 따라, 1926년 12월 10일 총사직

---

54) 『島山安昌浩全集』 12, pp.872~873. 「도산의 한승고·장리욱에 보낸 편지」(1926.8.24.) 참조.
55) 『獨立新聞』 1919년 9월 3일자, 「상해재유동포 정부경제후원회를 조직하였다」 참조.

하였다. 의정원은 제5대 국무령으로 1926년 12월 14일 김구(金九)를 선출하였다.[56]

## 2) 독립운동노선 교란에 대한 도산의 자치론 비판과 완전독립·민족혁명론

도산이 독립운동 대폭 강화를 추진하고 있을 때, 일제는 한국독립운동 약화를 목적으로 소위 '자치론' '참정권론'의 미끼를 내세워 독립운동 노선을 교란시켜서 약화시키려고 획책하고 있었다.

도산은 1926년 7월 8일 밤 상해 3·1당에서 행한 홍진(洪震) 임시정부 국무령 취임 축하 연설에서 「우리의 혁명운동과 임시정부 문제」라는 제목으로 다음 요지의 '민족혁명론'을 강력히 주창하고, 일제 등의 자치론을 강력히 비판하면서 전 민족과 독립운동가들이 대동단결하여 하나의 '대혁명당'을 결성해서 임시정부를 지원하자고 정식으로 제안하였다.

첫째, 도산이 이 자리에서 '대독립혁명당'을 제안했을 때의 '혁명'은 초점을 일본제국주의 타도와 '독립' 쟁취 목적에만 총집중한 '민족혁명'을 가리킨 것이었다. 도산은 '민족혁명' 이란 "다시 말하면 우리 민족의 일본에게 압박 받는 상태로 있는 현재 현상을 없이하고 한인(韓人)으로 자유스럽게 살 수 있는 다른 현상(現狀)으로 바꾸어 세우자는 것이오. 그러므로 이것은 당연히 '민족혁명'이라 이름할 것이오."라고 설명하였다.[57]

둘째, 독립한 후의 국가체제, 정치제도에 대해서는 지금 민주주의니 공산주의니 하고 미리 정하여 다투어서 힘을 분열시킬 때가 아니다. 그것은 독립한 후에 국민·민중 다수가 원하는 체제와 제도를 채택한다는 원칙만 미리 약속하면 되는 것이다. 지금은

---

56) 『高等警察要史』, p. 95 참조. 김구는 국무령제가 조각에 어려움을 수반한다고 보고, '국무위원제'에 의한 '집단지도체제'를 도입하는 헌법개정을 추진하였다. 국무령 김구는 정부측 3인과 의정원측 2인 등 5인으로 헌법개정기초위원을 임명하고 제3차 개헌을 추진하였다. 국무위원의 '집단지도제'를 골간으로 한 임시약헌은 의정원에서 1927년 2월 15일 통과되어 1927년 3월 5일 공포되고 4월 11일부터 발효되었다. 국무위원은 후에 의석을 늘리어 이동녕·김구·이시영·조소앙·홍진·송병조·유동열·조완구·조성환·차이석·이청천 등 11명이 되었다. 그 후 국무위원제는 1940년까지 14년간이나 유지되었다.
57) 『獨立新聞』 1926년 9월 2일자, 「오늘의 우리 혁명, 도산안창호」 참조.

거국일치로 대혁명당을 조직하여 오직 대적 일본 제국주의를 타도하는 민족혁명에만 전력 집중할 때라고 도산은 강조하였다.[58]

셋째, 도산의 '민족혁명'은 직접 '완전독립' '절대독립' 쟁취의 민족혁명이었다. 그것은 일제에 조금이라도 타협한 일본제국 내의 '자치', 또는 '참정'의 과정을 거친 독립을 추구하는 것이 전혀 아니었다. 도산은 3·1운동 직후 민원식 등의 '자치·참정권' 운동은 물론이오, 국내에서 일제의 종용으로 1926년경부터 다시 대두한 '자치운동'에 대해서도, 이것은 일제가 독립운동 전선을 내부에서 분열 교란시켜 '한국민족을 영구히 소멸'시키려는 일제의 '한민족 멸종주의 정책'이라고 단호하게 비판하였다. 도산은 소위 '자치론'이 현재는 강한 일본을 도저히 당할 수 없으니 순서로 '자치'운동을 하다가 실력이 상당한 정도에 이르면 독립운동을 하자는 것인데, 이것은 독립운동을 분열시키고 소멸시켜 한국민족을 멸종시키려는 일제의 간교한 소위 '동화정책'의 일부에 불과하다고 신랄하게 비판하였다.

> 「자치론」의 주장은 이러하오. 우리의 현상(現狀)은 지극히 약하여 도저히 강한 일본을 당할 수 없은즉, 순서적으로 촌득촌진(寸得寸進)하며 실력을 길러가지고 상당한 정도에 이른 후에 독립을 운동함이 가하다 함이오.
> 이것은 지극히 어리석은 소리요. 얼른 들으면 필성(必成)될 것 같으나, 그 실은 결코 되지 못할 망녕된 생각을 가짐이오. 우리가 만일 왜놈의 주권 밑에서 장래에 독립할 실력까지 기를 수 있는 자치를 얻을 수 있다 하면, 지금에 곧 독립(獨立)도 얻을 수 있을 것이오. 다시 말하면 일본은 결코 한인(韓人)에게 '독립'까지 준비할 만한 '자치'를 주지 아니할 것이란 말이오. 그뿐 아니오. 만일 우리민족이 왜놈의 보호 밑에서 '자치'나 얻어가지고 독립을 얻게 된다하면 그러한 누(陋)한 독립이나 얻는 정도의 민족은 기리 독립할 만한 자격까지 있다고 보기 어려운 것이오.」[59]

주목할 것은 도산은 여기서 '점진적 실력양성론'을 본질적으로 자치론이라 보고 단호하게 비판하고 있다는 사실이다. 도산은 일본이 미끼를 던지는 '자치'는 이른바

---

58) 『獨立』 1926년 9월 2일자, 「오늘의 우리革命, 島山安昌浩」 참조.
59) 『獨立』 1926년 10월 3일자, 「우리 운동계의 현장과 조직문제, 도산안창호」

'동화'(同化)정책이라는 이름으로 실행하는 한국민족 영구소멸·멸망 계책이며, 한국을 일본의 영구한 식민지로 만들려는 계책이라고 단호하게 비판하고 거부한 것이었다.

넷째 도산의 '민족혁명'은 직접 '독립혁명'이지, '문화·산업의 실력준비설'이 전혀 아닌 특징이 있다. 도산에 따르면 일제의 식민지통치 아래서는 한국민족의 문화·산업 진흥은 근본적으로 불가능한 것이다.[60] 그러면 어찌할 것인가? 도산은 먼저 '민족혁명'을 수행하여 '완전독립'을 쟁취한 후에야 한국민족의 진정한 문화융성과 산업진흥이 가능할 것이라고 강조하였다. 일제하의 자치운동, 참정권운동, 문화산업 실력양성 운동은 망상일 뿐이라고 도산은 명확히 지적하고 강조하였다. 일부에서 도산의 '흥사단' 운동을 '문화운동', '실력준비운동'이라고 오해하는데, 흥사단운동은 '독립운동'(민족혁명운동)을 '위한' 독립운동의 일부분 운동으로서 독립운동자를 교양하는 교육운동이고, 독립운동 자금을 준비하는 경제운동이라고 도산은 역설하였다.[61]

다섯째, 도산의 민족혁명론의 또 하나의 특징은 혁명을 '조직적 운동'으로 수행하여야 하고, 조직적 운동의 최선의 것은 분산된 혁명운동을 모아 '대혁명당' '전민족적 대혁명당' '민족유일독립당'을 조직하여 혁명을 수행하는 것이라고 강조하였다.

여섯째, 도산의 민족혁명론의 또 하나의 특징은 전민족적 혁명당의 인적 구성을 (1) 대표적 인물 (2) 중견분자 (3) 군중으로 3분하여, 각각 선발요건을 제시한 점이다.[62]

(1) 대표적 인물은 혁명운동에 철저히 헌신한 혁명 본의에 합(合)한 정신을 가진 사람으로 ㉠ 안과 밖, 말과 행동이 다름이 없고 ㉡ 누구나 포용하여 거느리고 ㉢

---

60) 신용하, 2020. 「도산 안창호의 사회사상과 大公主義」, 『학술원논문집』 인문·사회과학편 제59권 2호 참조.

61) 『獨立』 1926년 10월 3일자, 「우리 운동계의 현장과 조직문제, 도산안창호」. "그러면 어찌 하여야 될 것인가? 오직 한 가지 혁명(革命)의 길로 나아가야만 될 것이라 함이오. 혁명의 길을 떠나가지고는 자치·참정 등 순서운동이니 실력양성운동이니는 다 망상(妄想)일 뿐이오.
들리는 말에는 안창호는 흥사단을 가지고 문화운동, 실력준비운동 등을 한다는데, 지금 이 말은 무슨 말인고 하는 이가 있기 쉽겠소. 그렇소, 우리의 흥사단 주의가 실로 교육·식산 등 준비운동을 주중(注重)하지 아니하는 것이 아니오. 그러나 이것은 위에 말한 것과 같은 독립운동을 대(代)신 하려 하는 것이 아니오, 독립운동을 위(爲)하여 하는 것이오. 다시 말하면 독립운동의 일부분 운동으로 독립운동자를 교양하는 교육운동이오, 독립운동자금을 판비(辦備)하는 경제운동이오."

62) 『獨立』 1926년 10월 3일자, 「우리 운동계의 현장과 조직문제, 도산안창호」 참조.

바른 준적(準的, 기준·중심)을 굳게 잡고 옳은 방향으로 나아가는 사람을 요구한다.

(2) 중견분자는 ㉠ 대표자를 경중(敬重, 존경과 존중)할 줄 알고, ㉡ 동지에 대하여 사랑과 의리와 신조를 지키며, ㉢ 비밀과 규율을 엄히 지켜서 부모나 처자에게도 누설치 아니하고, ㉣ 상당한 인격수양과 아울러 반드시 일종 이상의 전문 학술이 있어서 무슨 일이나 한 가지를 분담할 수 있는 사람을 요구한다.

(3) 군중은 ㉠ 민족혁명의 뜻을 알고 ㉡ 사물을 분별할 줄 아는 상식을 가진 사람을 요구한다. 적의 선전방법과 모해(某害)가 심해지고 있기 때문에, 적의 사이비 선전물을 판별할 줄 알고 정확한 언론을 따를 만한 '상식'이 있어야 한다.

도산은 이 기준에 완벽히 일치하는 인물은 구하지 못할 수도 있지만, 원래 인간은 불완전한 것이므로, 이에 가까운 인물을 고르고, 고르지 못하면 꾸어올 수도 없으니, 양성하면서 인물을 모아 민족대혁명당을 조직해야 한다고 강조하였다.

일곱째, 도산의 민족혁명론의 또 하나의 특징은 혁명당만 대동단결하여 단일대당을 조직하고, 그 구성인물들에 대해서는 우리의 흉도(胸度, 포섭 범위)를 넓히어 '차이'를 존중해서 작은 차이로 분열하지 말고, 오직 대공(大公)에 의거하여 대동단결만을 강조하자는 주장이었다. 도산은 민족혁명론에서 이미 '민족유일독립당'을 구상하여 강조하고 있음을 알 수 있다.

여덟째, 도산의 민족혁명론의 또 하나의 특징은 민족혁명사업을 대동목적(大同目的)을 위한 대단결 안에서 '분업적'(分業的)으로 수행하자는 것이었다.

아홉째, 도산의 민족혁명론의 특징은 전민족 혁명당 조직을 완전한 인격자들의 '성현당'(聖賢黨)으로 만들려 하지 말고, 하자(瑕疵) 있는 일반 범부로서 '독립'에 헌신할 인물들이 대동단결한 '범부의 혁명당'으로 조직하자는 주장이었다. 무엇보다도 독립정신과 혁명성, 조국과 민족에 대한 헌신성을 강조한 것이었다.[63]

---

63) 『獨立』 1926년 10월 13일자, 「대혁명당의 흉도(胸度), 도산안창호」 "우리 사람들은 혁명당(革命黨)을 조직함에 성현당(聖賢黨)을 만들려 하오. 조금만 잘못된 것이 있어도 곧 목을 베자고 하오. 세상 사람들이 누가 작은 하자(瑕疵)가 없겠소. 사소한 하자도 없는 지극히 결백한 사람들만을 모으려 하는 것은 '혁명당'을 만들려는 것이 아니오, '성현당'을 만들려는 것이오. (···) 국민대

도산은 1926년 상해에 돌아온 후에는 한국민족 독립운동의 최후의 승리를 위해 위와 같은 내용과 특징의 '민족혁명론'에 입각하여 본격적으로 '민족대혁명당'(民族大革命黨)·'대독립당'(大獨立黨)·'민족유일독립당'(民族唯一獨立黨) 조직을 적극 추진하게 되었다.

### 3) 독립운동노선의 좌·우 분열에 대한 도산의 대공(大公)주의

#### (1) 제1단계의 大公주의

도산이 1926년 초부터 더욱 강조한 '민족혁명론'은 무게가 한편으로 당시 대두한 '일본제국내의 조선자치론·참정권론'의 미끼에 흔들릴 위험에 대비하여 완전독립혁명을 강조하고 다른 한편으로 다수의 분열된 독립운동 단체들을 통일 통합하는데 무게중심이 실린 독립운동의 원칙과 사상이었다.

이에 비해 동일 장소에서 강조하기 시작한 '대공주의'(大公主義)는 완전독립·민족혁명론 확립 전제 위에서 독립운동계의 좌·우 분열에 대응하여 좌·우 협동과 연합과 통일에 무게중심을 둔 사상이었다고 볼 수 있다. 그러므로 도산의 '민족혁명론'과 '대공주의'(大公主義)는 쌍둥이 형제와 같은 것으로 비유할 수 있다.

도산은 1926~1927년 민족혁명 대독립당의 조직에 임하여 좌·우파의 사상적 차이와 대립의 심각성을 절감하였다. 이에 도산은 이 대립의 장벽을 극복하는 한국민족의 대동단결한 하나의 대독립혁명당으로서 '민족유일독립당' 결성 운동을 전개하기로 결의했고 그 이념으로서 '대공(大公)주의'를 주창하였다. 즉 대공주의는 도산의 민주적 민족주의가 좌파를 포용하여 좌우합작을 성취하기 위한 사상체계였다고 볼 수 있다.

---

표회 시기에 어느 모임에서 청년 한 사람이 우리들에게 "당신네 소위 선도자들이라는 사람들이 왜 지금까지 죽지 아니하고 살아있느냐"고 질문하였소. 그때에 재석하였던 김동삼(金東三)씨가 이렇게 대답하였소. "그대는 어찌하여 죽지 아니하고 살아있느냐"고. 그리고 다시 말을 이어 말하기를 "만일 죽은 열사들의 혼이 와서 우리를 책할 수는 있으나, 그대 같은 산 사람은 와서 그런 말할 자격이 없다"하였소이다. 김동삼씨의 말이 매우 잘 된 말이오. (···) 누구누구 특수한 열사(烈士)가 있소. 일반은 그들을 모범하기에 노력함은 가하오. 그러나 일반이 그와 같지 못하다 하여 다 때려죽일 수는 없는 것이오. 그러한 특수한 인물은 정도에 비례하여 우리가 특수히 대우하고 모범하고 배우도록 노력할 것 뿐이오."

도산의 대공주의는 이미 1920년 새해 '독립운동 6대 방략'에서부터 기본이 발표되기 시작하다가 그가 미국을 다녀온 후 1926년 7월 8일 밤 상해 삼일당에서 행한 연설에서 그 내용을 더욱 구체적으로 강조하여 발표하였다. 이어서 도산의 대공주의는 1927년 좌·우연합의 대독립당으로서 '민족유일독립당' 운동이 추진될 때 그 사상과 이론으로서 더욱 구체화되었고, 민족주의 독립운동노선 대독립당으로서 '상해 한국독립당'이 결성될 때 그 당의(黨義)로서 채택되었다. 그러나 도산은 이 시기 글 쓸 틈이 없이 분망하여 그의 '대공주의' 주창의 강연만 했지 문장을 남기지 못하였다. 이에 간단히 요지를 문장으로서 정리해 보기로 한다.[64]

　도산의 대공주의는 우선 독립운동 시기를 두 단계로 나눌 것을 강조하였다. 즉 ① 일제에 항쟁하는 독립운동 단계와 ② 승리하여 광복한 후의 신민주국가 건설 단계이다. 도산은 독립운동 단계에서는 정치체제 등으로 쟁론하지 말고 먼저 단합하였다가, 제2단계에서 국민의 의사에 따라 체제문제를 결정하자고 주창하였다.

　도산의 대공주의는 제1단계(독립운동 단계)의 한국민족독립운동의 이념이었다. 그 내용은 다음과 같이 정리할 수 있다.

### ① 大公에 의한 독립운동 통일론

　도산에 의하면 한국민족 독립운동이 최후의 승리를 쟁취하려면 좌·우 분열과 지방색을 초월하여 모든 독립운동의 역량과 노선이 일단 하나로 통일되어 일본 제국주의를 강타해야 한다. 혹자는 한국민족을 단결심이 약하고 지방열이 강하여 '통일'하지

---

64) ① 반만규, 1991, 「도산 안창호의 大公主義에 대한 일고찰」, 『한국사론』 제26집.

　② 박의수, 2005, 「도산 안창호의 '통일' 사상이 통일교육에 주는 시사점」, 『한국교육학연구』 제11권 제1호

　③ 장석흥, 2014, 「차리석의 '한국독립당 당의의 이론체계 초안(1942)'과 안창호의 대공주의」, 『한국독립운동사연구』 제49집

　④ 박상유, 2015, 「도산 안창호의 민족운동과 대공주의」, 『민족사상』 제9집 제2호

　⑤ 장석흥, 2016, 『한국 독립운동의 혁명영수 안창호』, 역사공간, pp. 137~151 참조.

　⑥ 신용하, 2020, 「도산 안창호의 사회사상과 大公주의」, 『학술원 논문집』. 인문·사회과학편, 제59집 2호.

못한다고 하는데, 도산에 따르면 이것은 사실이 아니다. 도산에 의하면 한국민족은 이미 통일된 단일민족이고, 지방열도 다른 열강에 견주어 훨씬 약하다. 이런 요소로 통일이 안 되는 것이 아니다. 대한민족은 이런 요소로는 이미 통일된 민족이다. 도산에 의하면, 독립운동가들이 '공적(公的)' 통일과 '사적(私的)' 통일을 명료하게 구별하지 않고, '사적 통일'도 '민족 통일'이라고 생각하기 때문에 통일이 안 되는 것이다.

도산에 의하면 통일에는 '공적 통일(公的 統一)'과 '사적 통일(私的 統一)'이 있다. '공적 통일'은 '조국 독립'의 대의(大義)에 이성적(理性的)으로 따라서 대동단결하는 것이다. 이와 달리 '사적 통일'은 개인의 정서적 감정적 합치로 통일하는 것이다. 개인의 이성은 이치와 정의를 중시하여 따르기 때문에 큰일에 통일과 단결이 수반된다. 개인의 사사로운 정서와 감정은 각각 다른 것이기 때문에 '사적 통일'은 작은 일에만 이루어지고 큰 일에는 분열이 수반된다.

도산에 의하면, '공적 통일'과 '사적 통일'을 혼동하지 말고 명확히 구분하여, '공적 통일'만 추구하면 민족독립전선은 대동단결하여 독립을 쟁취할 수 있다. 내가 왜 저 사람 밑에 있어야 하나, 내가 왜 타 지방 출신 아래서 일해야 하나 하는 오만과 불복종의 심성은 감정적인 것이고 '조국독립'의 대의를 망각한 것이다.[65]

즉 도산의 대공(大公)주의는 '조국독립＝대공(大公)'이라는 목표 달성의 대의(大義)만을 주축으로 하고 개인적인 사사로운 정서와 감정은 초월하여 '조국독립＝대공'에 모든 민족 독립운동가들이 이성적으로 대동단결하여 통일하는 주의를 가리키는 것이라고 말할 수 있다.

### ② 민족 완전독립론

도산에 따르면 조국 독립의 목표와 대의는 민족완전독립·절대독립에 의한 신민주국가의 건설이다. 이를 훼손하는 '일본 제국 내의 한국 지역 자치'라는 어떠한 일제와의 타협적 '자치론', '참정권론'도 대한의 완전독립을 방해하여 한국민족을 영구히 식민지로 만들어 멸망·말살시키려는 유해한 것이므로 반드시 타도해야 한다고 도산

---

65) 『獨立新聞』 1920년 1월 13일자, 「대한민국 2년 新元의 나의 빌음, 안창호」 참조

은 단호하게 강조하였다.

「지금 일본은 도리어 저들이 우리에게 '자치'를 주라 하오. 이것은 곧 한국민족을 영멸(永滅)하려는 계책에서 나온 것이오. 왜? 첫째는 '자치'를 미끼 삼아 일부 사려(思慮)가 천박한 무리들을 낚아 우리 독립운동의 전선을 스스로 안에서 효란(淆亂)케 하려 함이오, 둘째는 한인(韓人) 자치의 미명을 빌려 가지고 한국 내에서 경제실력을 가지고 있는 일본인 식민의 자치를 실행하여 한국을 완전영구(完全永久)한 식민지로 삼아보려 함이오. ( · · · )
그러한즉 이러한 현상태에 있어서는 설사 완전한 자치를 준다 하더라도 소용이 없을 것인데, 그 중에 일본인이 소위 동화정책(同化政策)을 근거로 한 한인멸종주의(韓人滅種主義)의 자치를 실행하려는 것을 속아서 따르려 하는 것은 지극히 어리석은 소견이오. 그러한즉 '자치'운운은 몽상(夢寐)에서도 문제 삼을 것이 아닌 것이오.」[66]

도산은 일제가 공업·상업·농업을 모두 장악하여 지배하는 상태에서 먼저 '자치'를 얻어 '경제 실력양성'을 하면서 '독립'으로 나아가자는 모든 주장은 한국을 영구식민지로 만들려는 일제 정책에 내응하는 것에 불과한 것이라고 단호하게 거부하고 격렬하게 비판하였다.

### ③ 민족 대동단결(大同團結)론

도산에 의하면, 우리는 한국민족 '완전 독립'의 목적이 동일하게 정해지면 이것을 바로 대공(大公)으로 삼아서 작은 문제로 분열하지 말고 '대동단결'해야 한다. 우리는 가슴을 넓게 벌리어 큰 목적만 동일하면 여러 가지 작은 다른 생각을 가진 민족 구성원들을 모두 품어 안아서 '단결'해야만 독립운동에 성공할 수 있다고 도산은 강조하였다.

도산에 의하면, 독립운동 혁명당은 완전 독립 쟁취를 대의로 하는 평범한 사람들이 모인 투쟁 조직이므로 각양각색의 성품과 개성을 가진 사람들의 조직이지 성인들만의 조직이 아니다. 그러므로 마음을 열고 도량을 넓히어 다른 의견도 경청하면서

---

66) 『獨立』 1926년 10월 3일자, 「우리 운동계의 現狀과 조직문제, 도산안창호」.

'대동단결'해야 완전독립 쟁취에 성공할 수 있다고 도산은 강조하였다.[67]

하물며 독립운동의 대목적이 조국의 완전 자주독립으로 동일한데 이 대동목적에 좌파니 우파니 분열하여 대동단결하지 못할 것이 없다. 반드시 좌·우는 더 큰 상위의 '민족' 완전독립을 쟁취하기 위해 '대동단결' 해야 한다고 도산은 역설하였다.

#### ④ 민족혁명(民族革命) 실천론

도산에 따르면 독립운동은 그 자체가 민족혁명운동이다. 그것은 일제의 통치를 완전히 타도하고 새로운 한국민족의 완전독립한 신민주국가를 건설하려는 운동이기 때문에 바로 혁명운동인 것이다. 도산은 "그러면 어찌 하여야 될 것인가? 오직 한 가지 (민족 완전독립을 위하여) 혁명(革命)의 길로 나아가야만 될 것이오"[68]라고 혁명 실천을 역설하였다.

도산은 독립운동을 함은 바로 민족혁명을 실천하는 것이므로 독립운동가는 모두 혁명가임을 언제나 지적하였다. 혁명가는 밥을 먹을 때나 잠자리에서도 언제나 민족혁명으로서의 '독립'을 생각해야 한다고 강조하였다. 그리고 독립운동가의 모든 행동은 민족독립혁명 실천의 일부가 되어야 한다고 강조하였다. 도산의 대공(大公)주의가 민족혁명론 실천을 전제로 한 사상임을 확인할 수 있다.

#### ⑤ 모든 당파의 '민족독립 대공'(民族獨立 大公) 복속론

도산에 의하면 독립운동가와 동포들이 미래의 정치체제에 대해 각각 자기 주견과 주장을 갖고 당파를 만들어 운동하는 것은 당연하다. 그러나 '광복 후'의 정치체제는 광복 후에 주장해도 늦지 않다. 좌파와 우파의 경쟁·논쟁도 급하지 않다. 우선 '민족독립'이 여러 당파들의 '대공'(大公)이다. 독립운동 단계에는 좌파·우파를 비롯하여 모든 당파가 민족의 완전독립이라는 '대공(大公)'에 복속하여 "대동(大同)한 목적으로 작은 차별로 다투고 나누이지 말자"[69]고 도산은 역설하였다.

---

67) 『獨立』 1926년 10월 13일자, 「대혁명당의 胸度, 도산안창호」.
68) 『獨立』 1926년 10월 13일자, 「대혁명당의 胸度, 도산안창호」.
69) 『獨立』 1926년 10월 13일자, 「대혁명당의 胸度, 도산안창호」.

도산은 민주주의에서 광복 후 건설할 새 국가의 체제에 대한 정치적 견해에 따라 좌·우 당파가 형성되는 것은 당연하다고 보았다. 그러나 우선순위에서 먼저 '민족독립' '광복'을 쟁취해야 하므로, 독립운동 단계에서는 모든 좌·우 당파들이 '민족독립'의 대공(大公)에 정치적 견해와 활동을 복속시켜 하나로 대동단결해야 한다고 강조하였다. 아직 조국 완전독립을 쟁취하지 못한 한국민족의 현 단계에서는 더 큰 상위의 대공(大公)인 완전독립 쟁취를 위해 좌·우 모든 당파들은 자기 주견과 주장을 상위의 하나의 대공(大公)에 복속시켜 대동(大同)을 이루어야 한다고 도산은 강조하였다.

### ⑥ 개인의 '민족독립 대공'에의 복속론

도산에 의하면, 개인이 자기의 주견을 갖고 사리(私利)를 생각하는 것은 당연하다. 그러나 일제의 압박 아래 있는 한국민족을 구성하는 개인은 민족이 완전 독립되어야 자기의 이익도 제대로 실현할 수 있다. 그러므로 한국민족의 개인은 민족의 완전독립이라는 '대공'(大公)을 실현해야 자기 개인 이익도 실현된다. 따라서 한국민족의 개인은 독립운동 과정에서는 민족의 대공에 복속하여 민족 독립혁명에 헌신하고 진력해야 한다. 개인의 행동이 민족 완전독립에 조금이라도 유해하다고 생각되면 즉각 중단하고 민족 완전독립에 유익한 행동만을 실행해 나가야 한다고 도산은 역설하였다.

도산은 일본 제국주의에게 나라를 침탈당한 한 한국민족에게는 가장 큰 상위의 대동(大同) 목적인 '조국의 완전독립·광복을 위한 혁명사업'이 '대공'(大公)이다. 이 '대공'을 실현하기 위해서는 당파적 이해와 개인적 이해는 오히려 사적(私的)인 것이니, 이것을 대공(大公)에 복속시켜서 오직 대공(大公)의 실현을 위해 대동단결(大同團結)할 것을 주창한 것이었다.


### (2) 제 2단계(미래 독립국가 건설 단계)의 大公主義

도산은 이와 함께 독립운동 과정에서도 미래 독립국가 건설의 기본 방향과 기본원칙만은 미리 천명해야 대동단결에 도움을 준다고 보아 '대공주의'의 광복 후 독립국가 건설의 방향을 다음의 요지로 언급하였다. 이것은 도산이 추진하여 뒤에 결성된 상해의 한국독립당의 당의(黨義)와 당강(黨綱)에 잘 표현되어 있다.

### ① 신민주(新民主)국가 건설론

도산이 광복 후 세우려는 한국민족의 독립국가는 '신민주'(新民主)국가이다. 그가 '민주'라고만 말하지 않고 '신민주'를 말한 사실에 주목할 필요가 있다. 도산이 말한 '신민주국가'의 '신민주'는 다만 '구군주국'에 대한 '민주공화국'만을 의미한 것이 아니라, 한 걸음 더 나아가서 '자유민주'와 함께 '평등' '복지'를 강조하는 당시 최신 민주주의 사상의 발전 추세인 사회민주주의적 경제평등의 요소 일부까지도 적극 수용한다는 뜻이 포함된 것이라고 해석된다. 즉 경제부문에서 사회민주주의적 '평등'과 '복지' 정책 및 제도를 일부 수용한다는 의미에서 '신민주' 국가 건설을 설파한 것이었다. 이것은 '좌파' 독립운동세력을 포용·합작하려는 도산의 사상 부분이라고 할 수 있다.

### ② 민족평등론

도산의 대공(大公)주의는 광복 후의 신민주 국가는 강대국 등 세계 다른 나라들과 평등한 민족평등과 국가평등이 반드시 실현되어야 하고, 세계평화에도 평등하게 기여하는 나라가 되어야 한다고 강조하였다. 도산의 대공주의는 세계 모든 민족과 국가가 주민의 자유의사에 따라 독립국가를 세우고 발전하면서 전세계 모든 나라들이 큰 나라이든지 작은 나라이든지 평등하게 상호 협동하여 공존공영(共存共榮)하고 세계평화에 모든 민족과 국가들이 함께 기여하는 사상을 내용으로 하였다. 여기서 도산의 대공(大公)주의는 비단 한국민족만이 아니라 전세계 약소민족의 해방독립과 국제활동 및 세계평화에의 평등한 참여를 주창하는 국제주의적 보편성을 갖고 있었다. 민족평등을 '평등'의 맨 처음에 강조한 곳에서 도산의 대공주의의 국제적으로 열린 민족주의적 특징을 볼 수 있다.

### ③ 정치평등론

도산의 대공주의는 광복 후 신민주 국가가 '정치 평등'이 실현된 국가체제여야 한다고 강조하였다. 이것은 광복 후의 신민주 국가가 모든 국민의 차별없는 생명·신체·재산·언론·집회·출판·결사의 자유권, 국민주권, 국민참정권, 국민저항권을 보장한 철저한 보편적 '민주주의' 국가여야 함을 강조한 사상이었다.

도산의 대공주의의 '정치적 평등'은 전국민이 신분과 계급, 남녀, 종교와 신앙, 지방 차별 없이 평등한 정치적 자유와 권리를 갖고 정치활동에 참여함을 의미한 것이었다. 이것은 시민권을 가진 전국민의 평등한 자유민주주의와 평등한 정치참여의 권리, 일반 보통선거 제도와 보편적 민주주의를 강조한 사상이었다고 볼 수 있다.

### ④ 경제평등론

도산의 대공주의는 광복 후의 신민주 국가가 경제의 평등과 복지가 실현되는 나라로 건설되어야 한다고 강조하였다. 이것은 도산이 당시 사회민주주의 경제사상을 일부 수용하여 토지개혁, 중소기업 보호, 사회보장제도, 복지제도 도입을 구상한 것이었다.

도산은 자신이 가난한 농부의 아들로 소년시절부터 일하면서 공부했고, 미주에서도 극빈의 한국인 이민자들을 모아 파차파 한국인 마을을 만들어서 함께 귤밭 농장의 노동자로 일했으며, 이민자 동지들의 소자본들을 모아 북미 '태동실업주식회사'를 설립하도록 지도하였다. 소작농들이 만주에 유랑·이주하자 이들을 태동실업회사가 미리 구입한 토지에 모아서 모범적 한인촌을 만들고 소작농을 자작농으로 육성하면서 독립운동 근거지를 만드는 사업도 추진했었다. 그러므로 도산이 독립 후 신국가의 경제평등을 설파하자, 모든 사회주의 계통 독립운동가들은 도산을 더욱 신뢰하고 그의 대공(大公)주의를 확고하게 신뢰하였다고 해석된다.

요컨대, 도산의 대공주의의 경제평등론은 당시 신사상으로 전세계에 보급된 사회민주주의 사상의 경제정책을 일부 수용한 것이었다. 당시 도산의 '민족유일독립당' 운동이 좌파 사회주의 독립운동도 포용해서 전민족적 대동단결의 '민족유일대독립당'을 결성하려고 추진한 것이었으므로, 이것은 당연한 것으로 볼 수 있다.

⑤ 교육평등론

도산의 대공주의는 광복 후 신민주 국가가 교육의 평등이 실현되는 나라로 건설되어야 한다고 강조하였다. 이것은 도산이 광복 후 새 독립국가의 교육은 국민이 합의하는 교육등급까지 '의무교육제도'를 보편화하여 전국민을 무상으로 교육시키려는 구상을 갖고 있었음을 나타낸 것이었다. 도산은 실제로 교육 전문가였으며, 모든 국민을 재능과 열의만 있으면 원하는 수준까지 국가가 무상으로 교육시켜야 한다는 생각과 제도적 구상을 갖고 있었다. 1908년 서울에서의 대성학교(大成學校)나, 1924년 중국 남경에서의 동명학원(東明學院)이 매우 훌륭했기 때문에, 모든 독립운동가들이 도산의 교육평등론을 확고하게 신뢰하였다.

도산은 독립국가의 미래 체제는 광복 후 국민이 소망하는 대로 국민이 선택해야 한다고 보았다. 그는 더 이상 세밀한 구상 발표는 다른 견해와 충돌할 수 있어서 각 파의 대동단결에 방해가 될 수 있다고 보아 공개적으로 피력하는 일은 삼갔다.

도산의 '대공주의'는 1926년 좌·우 통합에 의한 '민족유일독립당' '대독립당' 결성의 이념으로 강연을 통해 발표된 것이며, 그 후 바로 1930년 상해 한국독립당의 당의(黨義) 당강(黨綱)으로 채택된 이념이었다.

또한 도산의 대공주의의 '평등사상'은 조소앙의 '삼균주의'(三均主義)와 그후 임시정부의 정책 노선 정립에 매우 큰 영향을 주었다.[70]

### 4) 도산의 민족유일독립당 결성 활동

#### (1) 도산의 중국 관내에서의 민족유일당 운동

도산은 '민족혁명'과 대공(大公)주의를 주창하면서 1926년 7월 8일 상해 3·1당에서 한국독립운동역사에서 처음으로 '민족유일독립당' 결성을 정식으로 제안하였다. 민족유일독립당의 제안자가 도산 안창호였음을 기억할 필요가 있다. 도산은 이 때

---

70) 진덕규, 2019, 「한국 민족주의 인식의 논리적 전개에 관한 연구」, 『학술원 논문집』 인문·사회과학 편, 제58집 1호 참조.

임시정부의 기초에 좌·우를 모두 포용한 '민족유일독립당'을 결성하여 이 거대한 한국민족 '대독립당'이 임시정부를 배후에서 지휘하는 '이당치국'(以黨治國)체제를 구상했었다. 임시정부는 명분상의 명예를 수반하는 고위 직책 때문에 분열이 발생하므로, 강력한 민족 대통합정당으로 바탕에서부터 독립운동세력의 총단결을 추구한 것이었다.

도산의 '대독립당'으로서의 민족유일독립당 결성 제안은 광범위한 지지를 받기 시작하였다. 도산 안창호의 지원을 받아 내각을 조직했던 국무령 홍진은 1926년 9월 임시정부 시정방침의 3대강령 가운데 하나에 "전민족대당체(全民族大黨體)"의 건립을 설정하여 공표하였다. 이제 '민족유일독립당' 결성이 상해 임시정부의 3대 시정방침의 하나가 된 것이다.[71] 도산은 1926년 8월과 9월 북경 독립운동 세력의 유력자이며 좌파를 대변하고 있던 원세훈을 만나 대동단결에 따른 '대독립당'으로서의 '민족유일독립당'의 결성을 촉구했다. 두 사람은 각지에서 먼저 단위별 촉성회를 결성한 다음 이를 연합하여 민족유일독립당으로서의 '대독립당'을 결성하기로 합의하고, 1926년 10월 10일부터 3차에 걸친 회의 끝에 1926년 10월 16일 북경에서 '대독립당조직 북경촉성회'를 결성하였다. 이 북경촉성회에는 집행위원 원세훈(元世勳) 조성환(曺成煥) 박건병(朴健秉) 배천택(裵天澤)을 비롯하여 40여 명의 독립운동가들이 참가하였다.

국내에서는 조선청년총동맹 및 조선신흥회 등과 1926년 11월 15일 정우회(正友會)가 '방향전환론'(이른바 '정우회선언')을 선언하여 비타협적 민족주의 단체들과의 협동전선 형성을 촉구하였다. 이어서 국내에서는 1927년 2월 15일 국내 유일 민족협동전선으로서 '신간회'(新幹會)가 결성되었다.

이러한 '유일독립당' 결성 운동에 고무되어 상해 임시정부의 국무령 홍진이 만주 독립운동단체들의 유일독립당 결성을 위해 국무령직을 사임하고 만주로 떠났다. 그후, 신임 국무령 김구의 내각도 '민족유일독립당' 운동을 지지하였다. 김구 내각의

---

71) 김영범, 1999, 「대한민국임시정부와 민족유일당운동」, 『대한민국 임시정부 수립 80주년 기념논문집』(하권), pp.484 - 508 참조.

제3차 개헌인 '대한민국 임시약헌'의 제2조는 단서에서 「광복운동자가 대단결한 정당이 완성될 때는 최고권력은 그 당(黨)에 있는 것으로 한다」고 규정했고, 제49조에서는 「본 약헌은 … 광복운동의 대단결한 당(黨)이 완성된 경우에는 그 당에서 개정하는 것으로 한다」고 규정하여 '민족유일독립당'을 최고 지도기관으로 인정하였다. 이것은 상해 임시정부도 전민족적 '민족유일독립당'이 결성될 경우에는 그 당이 최고 권력기관으로서 정부와 국가를 통치한다고 하는 '이당치국' 수용을 헌법에서 명문으로 규정한 것이었다. 상해 임시정부도 도산이 제안하고 추진한 '민족유일독립당'의 결성에 적극 참가한 것이다. 상해 임시정부의 이러한 헌법 개정은 '민족유일독립당' 운동을 더욱 촉진시키는 작용을 하였다. 도산이 추진한 민족유일당 운동에 대하여, 중국 관내 주요 도시에서도 1928년에는 계속 광범위한 호응이 일어났다.

그러나 '민족유일독립당' 결성 운동은 1929년부터 암초에 부딪히게 되었다. 국제 공산당 코민테른의 소위 1928년 '12월테제'가 사회주의자들에게 통보되었는데, 민족주의자들과의 통일전선을 중단하고 순수한 혁명적 프롤레타리아의 결사체 조직을 종용(사실상 지시)했기 때문이었다. 도산의 해외 '민족유일독립당' 결성 실패에는 몇 가지 요인들이 있었으나, 코민테른 '12월테제' 지시가 자장 큰 요인이었다. 상해의 사회주의 독립운동자들은 코민테른 12월 테제의 지시에 응하여 1929년 11월 '한국 유일독립당 상해촉성회'에서 탈퇴한다는 선언서를 발표해 버렸다. 사회주의 독립운동 단체들이 이어서 이탈함으로써 상해촉성회는 물론 '한국독립당 관내촉성회연합회'도 해체되고, '민족유일독립당' 결성 운동도 실패로 돌아가게 되었다.

중국 관내 지역에서 1929년에 코민테른 12월 테제의 영향을 받은 사회주의 계통 독립운동세력이 민족유일독립당 운동에서 이탈해 나가버리자, 민족주의계통 독립운동가들은 그들만이라도 통일 독립당을 조직하자고 합의되었다.[72] 그 결과 상해 임시정부를 지지 성원하는 민족주의 독립운동가 28명은 1930년 1월 25일 상해의 프랑스조계 임시정부 판공처에 모여서 정식으로 상해 '한국독립당'(韓國獨立黨)을 창

---

72) 조범래, 1989, 「상해 한국독립당의 조직변천과 활동에 대하여」, 『한국독립운동사연구』 제3집 참조.

당하였다.[73]

상해 한국독립당의 당의(黨義)와 당강(黨綱)은 도산의 대공(大公)주의를 채택하여 작성되었다. 중국관내에서는 도산의 좌·우 협동과 통합을 추구하여 공표된 대공주의(大公主義)가 결과적으로 민족주의 계통 단체들의 통합과 통일로 귀결된 것이었다.

### (2) 도산의 만주에서의 민족유일독립당 결성 활동과 영향

한편 만주지역에서의 도산의 민족유일당 운동의 영향은 코민테른 12월테제의 영향을 약간 덜 받았다. 도산은 1927년 1월에 흥사단원 유기석(柳基石)을 대동하고 만주 길림성 길림(吉林)으로 가서 독립군단체 통일과 민족유일독립당으로서의 대독립당 결성을 동지들에게 촉구하였다. 도산은 1927년 1월 27일 길림시에서 「한국독립운동의 과거와 현재, 미래」라는 제목으로 강연을 하게 되었다. 유명한 도산 안창호의 강연을 들으려고 약 500명의 동포들이 운집하였다. 강연은 먼저 나석주 의사 추모식을 가진 다음 시작되었다.

도산의 강연 도중에 갑자기 무장한 중국 관헌 400여 명이 강연장을 급습하여 포위하였다. 그중 20여 명의 무장한 중국관헌이 강연장 안에 들어와서 강연을 중단시키고, 도산을 포함해서 청중까지 약 200여 명을 만주 경찰서로 연행 구금하였다. 이것은 일제 조선총독부 고등경찰의 공작에 의한 것이었다. 1926년 7월 일제 조선총독부와 만주 군벌이 소위 '미쓰야협정'(三矢協定)이라 하여 만주에서 한국인의 무장독립투쟁은 만주경찰이 금지하고 일제에게 인계하도록 협정했는데, 일제 고등경찰이 만주경찰에 도산의 연설집회를 공산당 계통의 무장투쟁 집회라고 허위정보를 제공하여 일어난 일이었다. 일제 고등경찰은 연행된

---

73) 상해 한국독립당은 이사장제로 조직했는바, 그 간부조직은 다음과 같았다.
　　초대 이사장: 이동녕(李東寧)
　　이사: 안창호(安昌浩) 김구(金九) 조완구(趙琬九) 김철(金澈) 조소앙(趙素昻) 이시영(李始榮)
　　비서: 엄항섭(嚴恒燮)
　　당의·당강 기초위원: 이동녕. 안창호. 조소앙. 조완구. 이유필(李裕弼). 김두봉(金枓奉). 안공근(安恭根)

200명의 심문에 관여하여 도산을 비롯한 42명의 중요 독립운동자들을 가려내서 조선총독부 경찰에 인계할 것을 만주경찰에 요구하였다.

이에 도산 등 42명의 독립운동가들을 석방시키려는 한국인들과 이들을 조선으로 이송하려는 일제측 사이에 선전전이 치열하게 전개되었다. 장작림 만주 군벌정권은 도산 등 한국 독립운동가들을 21일간 구류했다가 여론이 극히 악화되자 결국 도산 등을 모두 석방하였다. 이것이 통칭 '길림사건'이라고 하는 것이다.

도산은 석방되자 길림사건 후에도 민족유일독립당 결성을 위한 만주일대 순행활동을 계속하였다. 도산은 1927년 4월 15일 길림 이탁(李鐸)의 집에서 정의부와 남만청년총동맹과 한족노동당 등 독립운동단체 대표들이 모여 회의할 때 상해 대표로 참가하여 사실상 이들을 격려하고 지도하였다. 도산이 정의부를 통하여 추진한 이 회의는 1927년 4월 15일 길림시 근처에 있는 영길현(永吉縣)에서 민족유일당 조직을 위한 제1차 대표자회의로 개최되었다. 이 회의에는 도산 안창호를 비롯하여 정의부(正義府)에서 중앙위원들과 좌파 단체로는 남만청년총동맹 및 한족노동당 등이 참가하였다. 도산의 제의에 호응한 독립운동단체들은 이어서 1928년 5월 12일부터 5월 26일까지 15일간에 걸쳐 길림성 화전(樺甸)과 반석(磐石)에서 18개 단체 대표 39명이 모여 전민족유일당조직촉성회를 개최하였다. 도산의 직접 방문과 제의에 호응하여 3부 통합을 추진하고 있던 정의부는 신민부의 민정위원회측과 참의부의 심용준 계열과 함께 1929년 3월 길림시에서 제2차 3부통합회의를 열고, 4월에 통합체로서 '국민부'(國民府)를 창립하였다.[74]

국민부는 성립 때에는 동포 '자치' 행정과 '민족독립혁명' 사업을 모두 담당했다가 1929년 9월에는 '자치'와 '혁명' 사업을 분리하여, 국민부는 '자치' 행정을 담당하고, '혁명' 사업은 '민족유일당조직동맹'이 담당하도록 분화시켰다. 그들은 이어서 1929년 12월 20일 '민족유일당조직동맹'을 확대 발전시켜 '조선혁명당'을 창당하

---

74) 장세윤, 1988, 「국민부연구」, 『한국독립운동사연구』 제12집 참조. 국민부는 1929년 5월 28일 현익철(玄益哲)을 위원장으로 하는 23명으로 중앙집행위원회를 구성하고, 6월에 본거지를 길림에서 봉천성 신빈현(新賓縣) 흥경(興京)으로 옮겼다.

였다. 조선혁명당은 민족유일당으로서는 미흡했지만, 정의부 대부분과 신민부·참의부의 일부가 통합된 '대(大)독립당'으로서 민족유일독립당을 지향한 정당이었다. 조선혁명당은 창당 직후 본래 국민부 산하의 '혁명군'을 당군인 '조선혁명군'으로 개편 강화하였다. 조선혁명군은 국민부에서 일단 분리하여 '조선혁명당' 산하의 독립군으로 10개 중대를 편성하였다.[75]

도산은 북만주의 한국인 동포들에 대해서도 민족유일독립당의 창립을 호소하였다. 북만주에서는 도산과 긴밀하게 연락하는 동지 홍진(洪震)이 임시정부 국무령을 사임하고 북만주에 상주하면서 도산의 노선에 따라 독립운동 단체들의 통일과 민족유일당운동을 추진하였다. 북만주에서 한족총연합회 주석 김좌진이 공산주의 청년에게 암살당한 후, 생육사·한족총연합회·동빈현 주민회와 독립운동가들이 연합하여 북만주 지역의 민족주의독립당으로서 1930년 7월 홍진을 위원장으로 하는 만주 '한국독립당'을 창당하였다.[76]

한국독립당은 1931년 11월 한국독립당의 당군으로서 이청천(李青天)을 사령관으로 한 '한국독립군'을 창설하였다. 한국독립군의 공식적 창설은 일제의 만주침략 직후였기 때문에 중국의용군과의 연대를 위해 예컨대 '구국군후원회'같은 기구를 사령관 휘하에 설치하였다.

한국독립당은 1931년 11월 2일 중앙위원회를 개최하여 만주 36개 군구(軍區)의 한민족에게 총동원령을 내려서 한국독립군에 입대할 한국청년 징집을 추진하였다.

도산의 '민족유일대독립당' 제안은 각지의 한국민족 독립운동전선에서 광범위한 지지를 받고 각지 '민족유일독립당' 운동으로 전개되었다. 그것은 코민테른 12월테제의 영향으로 완전 성공을 거두지는 못했지만, 만주에서는 남만주의 '국민부' 및 '조선혁명군'(사령관 양세봉)과 북만주의 '한국독립당' 및 한국독립군(사령관 이청천)의 형태로 '대독립당'이 형성되어, 일단 절반의 성공은 거두었다고 볼 수 있었다.

---

75) 『한국독립운동사』 제5권, pp.790-791 참조.
76) 황민호, 1998, 「재만한국독립당의 성립과정과 활동에 관한 연구」, 『숭실사학』 제12집 참조.

### 5) 도산의 항일 '한·중' 동맹군 창설 제의

도산은 한국민족 독립운동 단체들에 대해서는 민족유일독립당 운동을 강력히 추진하고, 홍사단을 주축으로 하여 독립운동 근거지로서의 '한인 모범촌' 건설 지역을 탐색하면서, 동시에 중국민족 정부와 단체들에 대해서는 한·중(韓·中) 연대와 연합전선 형성을 열심히 요청하였다. 당시 중국은 장개석(蔣介石)의 남경(南京) 국민당 정부와 왕정위(汪精衛)의 광동(廣東) 정부가 대립하고 있었다.

도산은 1929년 3월 중국 국민당 제3차 전국대표대회가 남경에서 개최되자 한국대표단을 조직하여 참석해서 한국민족과 중국의 양국 '항일 동맹군(抗日同盟軍)' 조직을 제안하였다.[77] 도산은 일본제국주의가 만주 침략과 중국 관내침략을 준비하는 추세이므로 한국민족 독립운동은 반드시 중국민족과 군사동맹 또는 군사적 연합전선을 형성해야 한다고 역설하였다. 이것은 명석한 전략전술가 도산의 탁견이었다. 동지들 가운데는 홍진, 손정도, 이탁 등이 가장 선발적으로 도산의 이 제안에 호응하여 함께 이를 적극 추진하였다. 그러나, 사업 도중에 이탁(1930년 별세)과 손정도(1931년 별세)가 작고하여 상당한 손실을 입었다.

일제가 만주침략의 준비로 1931년 7월 2일 소위 '만보산(萬寶山) 사건'을 조작하여 한국민족과 중국민족을 이간시키려 획책하자, 도산은 1931년 7월 10일 한국민족은 냉철하게 사태를 조사하고 일제의 선동에 넘어가지 말도록 성명하였다. 도산은 1931년 7월 18일 홍사단원 중심으로 한국인단체연합회를 결성하여 중국 국민당 남경정부에 파견해서 일제의 '만보산 사건' 조작에 의한 오해를 해소하고 한·중연대를 강화하자고 교섭하도록 임시정부에 강력히 요청하였다.

일제는 마침내 1931년 9월 18일 만주사변을 일으켜, 1개월 만에 거의 전 만주를 침략 지배하게 되었다. 도산은 민족유일당 운동을 하던 모든 동지들에게 낙망하지

---

77) ① 朝鮮總督府警務局, 『在支朝鮮人▸支那官軍』, 1930年 1月, p.36.
   ② 이태복, 2006, 『도산안창호평전』, pp.386~390 참조.

말고 중국인과 연대하여 항쟁하도록 호소하였다.

일제는 여기에 그치지 않고 1932년 1월에는 상해사변을 일으켜 1개월간의 전투 끝에 중국 상해를 일본군이 점령하여 버렸다. 도산과 동지들은 대한민국 임시정부와 함께 프랑스 조계에 있었지만, 외국인 조계를 제외한 중국 소유의 상해는 일본군에게 점령당해 외국인 조계도 일본군에 포위당한 처지에 놓이게 되었다.

그러나 만주에서는 도산의 동지 홍진의 만주 한국독립당 당군인 '한국독립군'(사령관 이청천)이 중국 항일군인 정초(丁超)의 호로군(護路軍)과 연합동맹하여 '한중항일연합군'(韓中抗日聯合軍)을 편성해서 한·중동맹의 항일 군사활동을 시작하였다. 국민부 조선혁명당의 조선혁명군(사령관 양세봉)도 중국 이춘륜(李春潤)의 의용군과 연합하여 '한중연합군'(韓中聯合軍)을 조직해서 항일 군사작전을 시작하였다.

도산의 항일 한·중동맹군 제안이 중국 국민당과는 별도로 만주에서 도산의 동지들에 의해서 일제 침략에 대항하여 본격적으로 실천되기 시작한 것이다.

## 10. 결론: 안창호의 서번트 리더십의 특징

도산 안창호는 1932년 4월 29일 윤봉길 의사의 상해 홍구공원 의거 직후에, 배후 혐의로 프랑스 조계 경찰에 연행되었다가, 일제 헌병대에 인도 체포되어 서울로 송치되었다. 도산은 그 해 4년형의 징역을 언도받고 서대문 형무소에 투옥당하였다. 도산은 형기를 마치고 출옥 후 휴양 중에 1937년 6월 일제가 '수양동우회사건'을 조작하여 다시 체포 투옥되었다. 조사를 받던 중 중환자 상태가 되어 1937년 12월 24일 '옥사' 직전 상태에서 '병보석'으로 경성제국대학 부속병원에 입원하였다. 도산은 한국인 의사들이 살려내려고 진력했으나 너무 늦어버려서 1938년(60세) 3월 10일 파란만장한 애국적 일생을 마쳐 순국하였다.

도산 안창호는 일생을 모두 나라와 겨레의 독립에 바치면서 그의 독특한 민주적 서번트 리더십으로 지도자가 되어 조국과 민족에 위대한 공헌을 하였다. 일제 침략으로 구한말 나라가 망해가는 절망적 시기에도 그는 낙망하지 않고 신민회의 국권회복운동을 일으켜 전국민을 각성시키고 근대적 민력을 양성하여 민족실력 증강의 시기로 전환시켜서, 그 후 독립운동의 거대한 원동력을 형성 공급하였다. 그 후에도 그는 미주를 비롯하여 전세계 한인들을 조직화하고 단결시켜서, 일제가 도저히 탄압할 수 없는 한국민족의 불굴의 견고한 힘을 형성하고 강화하였다. 1919년 3·1운동 직후에 3개의 임시정부가 출현하여 임시정부가 유산되어가는 난국이 조성되자, 도산은 그의 서번트 리더십과 헌신적 노력으로 3개 임시정부를 통합하여 통일 대한민국 임시정부를 수립하는데 성공하였다. 도산은 그 후 한국민족 독립운동이 난제에 처할 때마다 이를 극복하고 전진할 방략을 제시하고 가르쳐 주었으며, 그 자신 솔선수범하여 희생적으로 민족 독립에 모든 것을 다 바쳐 헌신하였다. 이러한 도산 안창호의 리더십의 특징은 다음과 같이 정리할 수 있을 것이다.

### 1) 민족과 국가의 대의(大義) 설정

도산의 리더십은 언제나 민족과 국가의 공동의 고상한 대의(大義)를 최상위의 목표로 설정하고 동의를 요청하였다. '조국 독립' '국권 회복' '세계 평화' 등과 같은 것이다. 그는 국민이 이를 깊이 깨닫고 공동의 목표로 공유하도록 계몽 교육하는 것을 무엇보다도 중시하였다.

### 2) 목표 달성의 낙관주의

도산의 리더십은 목표가 정당하고 실천방법이 과학적이며 성실하면 어떠한 고난이 와도 극복하여 목표를 성취할 수 있다는 낙관주의가 특징이었다. 오직 성취의 시간에 차이가 있을 뿐이지, 옳은 목적과 과학적 실천은 최후의 승리를 결과한다는 신념을 갖도록 하였다. 그는 조국독립은 온 한국민족이 갈망하며 투쟁하고 있는 것이므로 강포한 일본제국주의도 기회가 오면 반드시 민족과 세계정의의 힘으로 타도하고 쟁취할 수 있다는 낙관적 신념을 갖고 있었다.

### 3) 백성들에 밀착하는 '친화력' 형성

도산의 리더십은 백성, 국민, 민중 속으로 들어가서 그들과 '친화력'(affinity)을 형성하고, 그들의 친구가 되는 것을 기초로 하였다. '친화력'의 첫 걸음은 그들과 '대화'하고 '소통'하는 것이다. 대화하고 소통하지 않으면 친구가 될 수 없다. 그들의 말을 끝까지 경청하지 않으면 친구가 될 수 없다. 도산은 의견이 다른 반대자의 주장도 경청하고 취할 것은 흔쾌히 취하면서 설득하였다. 그는 함께 일하는 모든 사람을 '친구'로 만들었다.

### 4) 백성들과의 '신뢰'의 형성

도산의 리더십은 백성, 국민, 회원 동지들과의 '신뢰'를 기초로 하였다. 신뢰의 기초는 '정직성' '진정성' '진실성'에 있었다. 도산을 따르지 않았던 사람들도 도산의 말과 행동을 신뢰하지 않은 사람은 없었으며, 그의 정직성과 진정성을 신뢰하지 않은 사람은 없었다.

### 5) 지도자로의 인격 수양과 윤리적 수련

도산은 타인을 지도하려면 자신이 사회의 상식과 윤리를 준수하고, 도덕적 결함이 없도록 스스로 인격 수양과 수련을 쌓아야 한다고 강조하였다. 도산이 구한말 청년학우회 창립 때와 그 후 흥사단 창단 때 민족간부 양성의 필수 과제로 인격 수양과 윤리적 수련을 강조한 것은 이것을 가리킨 것이었다.

### 6) 문제 해결에 도움을 주는 '실용적' 지도

도산은 어떠한 문제이든지 그 과제 해결에 실제적으로 도움을 줄 수 있는 '실용적' 해답을 제시하고 지도하였다. 우활한 원리원칙만을 강조하지 않고, 언제나 실제적 '효과'를 인지할 수 있도록 지도하였다. 그는 부허(浮虛)를 비판하고, 모든 일에 무실(務實, 실용·실제·실천에 힘쓰는 것)을 강조하였다.

### 7) 문제에 대한 높은 지식과 준비

도산은 백성들의 관심 주제나 문제에 대해 항상 사전에 '공부'하고 더 높은 '지식'을 갖고 '준비'하였다. 그는 항상 독서했으며, 서적뿐 아니라 다른 사람의 경험, 강연, 주장, 의견들을 주의깊게 경청하여 끊임없이 주제에 대한 지식을 향상시켰다. 그는 과학적 지식이 높아 민중의 '선생님'이 되고 정확한 해답을 제시해 주어야 확고한 리더십이 형성됨을 누차 경험하고 강조하였다.

### 8) 동조자들의 적절한 조직화

도산은 민중이나 동조자들을 목표에 맞추어 끊임없이 조직화하였다. 그는 사람은 '개인'일 때는 큰 일을 이룰 수 없고 반드시 '단체'를 만들어서 합심노력해야 큰 사업을 수행할 수 있다고 생각하였다. 그는 목표에 적절하게 맞추어 '친목회' '회의' '단' '정당' '비밀결사' 등을 조직하여, '조직'을 통해서 목표 성취를 추진하였다.

### 9) 솔선수범과 겸손한 봉사적 지도

도산은 민중이나 동조자들과 함께 과제를 수행할 때, 항상 먼저 그들과 함께 솔선수범해서 어려운 일을 해내는 모범을 스스로 보이었다. 도산은 높은 자리에 앉아서 동조자를 내려다 보거나 배후에서 조종하는 지도는 절대 하지 않았다. 그는 지도자에게도 '겸손'을 강조했으며, 언제나 민중이나 동조자들과 친구로 함께 가는 겸손한 지도를 강조하였다. 도산은 큰 업적도 필요하면 '익명'으로 자기 이름과 지도력을 '은닉'하였다.

### 10) 자상하고 세심하며 정의(情誼)가 돈독한 지도

도산은 민중이나 동조자들의 지도에서 항상 그들의 인격을 매우 존중하고 문의해 가면서 자상하고 세심하게 지도해야 한다고 강조하였다. 그는 의지에 의한 메마른 지도가 아니라 '정의돈수'(情誼敦修)하여 애정이 부착된 상호 자발적인 지도를 강조하였다.

### 11) 대업(大業) 수행에서의 용감과 희생

도산은 대사업의 수행해서 필요할 때는 '용감'해야 하며, 필요할 때는 목숨도 바치는 '희생'을 각오해야 한다고 강조하였다. 도산은 1907년 초에 리버사이드를 떠나 귀국할 때 가족을 아내에게 부탁하고, 그 자신은 생명을 조국과 민족의 독립 회복에 바칠 것을 결의하여 일생을 활동하였다. 그는 나라와 겨레의 매우 큰 일은 생명을 바치는 용기와 용감이 있어야 수행된다고 확신하고 이를 머뭇거리지 않았다.

도산 안창호 선생의 이러한 민주적 서번트 리더십은 오늘날에도 모든 이들이 배워야 할 가르침이라고 말할 수 있다. 도산은 이러한 민주적 서번트 리더십을 스스로 형성하여 조국과 민족에 헌신했기 때문에 한국 근대 민족사에 영원히 소멸되지 않는 위대한 공헌을 하고 거대한 업적을 내었으며, 서재필이 링컨에 비유한 한국 민족의 영원한 스승의 한 분이 되었다고 생각한다. (이 글은 필자가 그동안 도산 안창호 선생의 생애와 활동에 대해 발표한 ① 신용하, 「신민회의 창건과 그 국권회복운동(상・하)」, 『한국학보』 제 8・9집, 1977; ② 「신민회의 독립군기지 창건운동」, 『한국문화』 제14집, 1983; ③ 「신민회와 대한매일신보의 민족운동」, 『산운사학』 제14집, 1990; ④ 「도산 안창호의 애국계몽사상과 신민회 창립」. 『도산 안창호의 사상과 민족운동』(도산사상연구회), 1995; ⑤ 「대한민국 임시정부 수립활동과 그 역사적 의의」, 이화여대 이화학술원총서 『대한민국임시정부의 현대사적 성찰』, 2010 수록; ⑥ 「애국가 작사는 누구의 작품인가」, 『대한민국학술원통신』 제297호, 2018; ⑦ 「독립운동지도자, 도산 안창호의 리더십의 특징」, 『경사연리포트』, 2019; ⑧ 「도산 안창호의 사회사상과 大公主義」, 『학술원논문집』 인문・사회과학편 제59집 2호, 2020; ⑨ 『민족독립혁명가 도산 안창호 평전』(지식산업사), 2021. 등을 주어진 주제에 따라 종합하여 요약해서 새로 쓴 것이기 때문에 불가피하게 기존 논문 및 저서와 일부 중복된 부분이 있음을 밝히오니 양해하여 주시기 바랍니다.)

# VI.

# 남강 이승훈의 서번트 리더십

박재순

## 1. 서번트 리더십의 의미

### 1) 역사 속에서 본 서번트 리더십

근현대의 사회는 상하의 신분과 위계의 관행 및 사고가 잔존하면서도 이념적으로는 신분질서와 체제가 무너지고 국민주권과 민주공화의 원리가 지배하는 사회다. 자유와 평등을 지향하는 민주사회에서는 모든 국민이 국가와 사회의 주인과 주체로 존중받는다. 이제 국민은 더 이상 지배자와 영도자, 군왕과 주인의 지시와 명령을 따르는 신민과 종이 아니라 주인과 주체로서 스스로 생각하고 판단하고 결정하고 행동하는 존재가 되었다.

현대 사회의 모든 영역과 부분에서 회사, 공공기관, 시민사회단체들에서 구성원들은 자유롭고 평등한 주체로서 생각하고 행동하려고 하며 또 그렇게 할 것을 요구받고 있다. 민(民)이 주인과 주체인 민주사회에서는 민은 더 이상 지시와 명령에 따르는 수동적이고 예속된 존재가 아니라 주인과 주체로서 자치와 협동의 관계와 활동을 해야 한다. 따라서 현대 민주사회에서 요구되는 지도력은 민을 지시하고 명령하는 지도력이 아니라 민이 주인과 주체로서 살고 행동하도록 섬기고 돕는 지도력, 섬김의 지도력, 서번트 리더십이다.

오늘날 서번트 리더십을 이론적으로나 실무적으로 회사들과 기관들 사이에 전파하는 데 앞장선 사람은 제임스 헌터(James Hunter)다. 그를 통해서 서번트 리더십을 어떻게 이해하고 실천하는지 살펴보자. 그는 서번트 리더십을 "공동의 최선을 위해 설정된 목표를 향해 매진할 수 있도록 사람들에게 영향력을 발휘하는 기술인 동시에 사람들의 신뢰를 형성하는 인격."(Hunter, 2006: 33)이라고 정의한다. 그에 따르면 리더십은 영향력이며 리더십을 계발한다는 것은 인격을 계발하는 것이다. 또한 리더의 첫 번째 덕목은 "더 많은 리더들을 창조해내는 일"이다(Hunter, 2006: 50, 52, 53).

헌터는 예수에게서 서번트-리더의 원형을 찾았다. 그는 예수가 했던 것처럼 "타인들을 우리의 의지대로 움직이거나 영향력을 행사하기 위해서는 우리가 먼저 그들에게 봉사해야 한다. 진정한 리더십 또는 영향력은 봉사와 희생, 추종자들의 최선 위에서 형성된다(Hunter, 2006: 82−3)."고 말했다. 그는 사랑이 리더십의 속성이라고 보았다. 리더십의 본질을 '인내(자제력의 표현), 친절, 겸손, 존중, 무욕, 용서(적대감을 극복하는 것), 정직(소통과 신뢰), 헌신'으로 파악했다(Hunter, 2006: 102−3, 105 이하). 리더십의 원칙은 인생과 사회의 보편적이고 근본적인 법칙, '내가 원하는 대로 남에게 하라'는 황금률(黃金律)과 일치한다. 개인과 집단의 문제는 인간의 자기중심성에서 비롯되기 때문에 해결방법 역시 자기중심성을 극복하는 데서 해결의 실마리를 찾아야 한다. 헌터가 제시하는 리더의 원칙은 '당신이 리더에게 바라는 대로 당신 역시 그런 리더가 되려고 노력하라'는 것이다(Hunter, 2006: 154).

제임스 헌터가 서번트 리더십의 원칙으로서 보편적이고 근본적인 원칙, 황금률을 말하고 인간 본성의 혁신과 변화를 말하지만 그가 말하는 서번트 리더십은 성경에서 말하는 서번트 리더십과 큰 차이를 보인다. 헌터가 말하는 서번트 리더십이 인간적이고 도덕적인 원칙과 태도, 심정과 자세에 머물러 있다면 성경이 말하는 '고난의 종'과 메시아 예수가 보여주는 서번트 리더십은 철저하고 근본적인 자기부정과 헌신, 자기희생과 초월, 고난과 죽음, 신적 자유와 영광을 말함으로써 생명과 정신의 한없는 깊이와 높이를 드러낸다.

헌터가 말하는 서번트 리더십은 인간이 타고난 자연적인 본성에서 저절로 우러나는 것이 아니다. 그는 인간의 본성을 복합적이고 심층적으로 이해하고자 했다. 인간의 본성은 고정불변한 것이 아니라 새롭게 변화하고 형성되는 것으로 보았다. 또한 인간에게는 자기중심적인 이기적 본성뿐만 아니라 이타적 본성이 있을 수도 있다고 했다(Hunter, 2006: 155-6).

제임스 헌터에 따르면 요즈음 젊은 세대는 성실을 가려내는 후각이 고도로 발달되어 있기 때문에 성실하다고 여겨지지 않는 관리자를 인정하지 않는다. 그들은 불성실하고 위선으로 가득한 어른들로부터 온갖 가식과 불평의 소리를 들으며 성장했기 때문에 자신들을 이해하고 모범을 보이는 이들에게는 열광하는 것이다(Hunter, 2006: 244-5).

서번트 리더십에 대한 성경과 제임스 헌터의 이러한 이해의 차이는 시대와 사회의 근본적인 차이에서 비롯된다. 현대사회의 회사와 기관들은 이성적이고 합리적으로 확립된 법적 질서와 체제 위에 존재한다. 현대사회의 회사들과 기관들은 조직원들에게 전적인 자기희생과 초월, 고난과 죽음을 일방적으로 요구할 수 없다. 회사와 기관들은 조직원들과 합리적인 상호계약을 맺고 계약을 토대로 상호적인 관계를 유지한다. 따라서 회사와 조직원들의 관계는 조건적이고 상대적이며 하는 일의 내용과 성격도 그 영역과 한도가 정해져 있다. 즉, 현대의 회사들과 기관들의 목적은 이익을 증대하고 생산과 사업의 효율을 높이는 것이다. 이런 제한된 목적과 사업은 조직원들에게 기능과 효율을 요구할 뿐 생명과 정신의 주체와 전체를 온전히 요구하거나 참여시킬 수 없다.

성경이 말하는 서번트 리더십은 국민(민중)을 억압하고 수탈하는 강대한 제국의 통치 아래 신음하는 종들의 고난과 죽음의 상황과 조건에서 생겨난 것이다. 이런 상황과 조건에서 국민들의 삶은 기약 없고 무조건적인 고난과 죽음의 현실에 놓여 있었다. 이들이 해방과 구원을 받으려면 자기 자신의 삶과 사회의 현실에 대한 전적인 부정과 초월, 전적인 자기희생과 헌신, 고난과 죽음을 감수하고 극복하고 초월하는 신념과 용기가 필요했다. 따라서 성경의 서번트 리더십은 사회와 역사의 모순과 갈등, 무력함과 고난 속에서 죽음을 감수하고 넘어서는 믿음과 용기, 사랑과 희망, 자기를 부정하고 희생하고 초월하는 영적 모험과 헌신을 요구하였다.

성경의 이러한 서번트 리더십은 고대의 노예제 사회에서만 필요하고 합리적이고 민주화된 현대사회에서는 필요하지 않은 것일까? 현대사회의 작은 부문과 조직 안에서 생각하면 성경의 근본적이고 치열한 서번트 리더십은 필요하지 않다고 생각할 수 있다. 그러나 현대사회에서도 사람들에게는 생명과 정신의 주체적 깊이가 요구된다. 현대 민주사회에서는 지도자 뿐 아니라 모든 국민이 민족과 국가, 인류 전체의 미래와 운명에 대한 책임을 져야 한다. 모두에게 생명과 정신의 깊이와 높이를 가지고, 주체로서 참여하고 헌신하는 자세가 필요하다. 성경이 제시하는 서번트 리더십이 인류사회의 근본적인 변화와 혁신이 요구되고 문명사적 전환을 이루어야 할 현대의 인간들에게 절실하게 필요한 때이다.

### 2) 남강의 서번트 리더십과 성실(誠實)

남강 이승훈의 서번트 리더십은 어떤 의미와 특징을 가지는가? 그의 서번트 리더십이 어떻게 형성되고 어떤 배경과 상황에서 실천되었는지를 살펴보면 바로 이해할 수 있을 것이다. 조선왕조에서 태어난 남강은 조선왕조가 망하고 일제의 식민지가 되는 시기에 민을 나라의 주인과 주체로 깨워 일으키는 교육독립운동에 나섰고, 일제의 식민통치에 맞서 한민족의 독립운동을 이끌었다. 한민족을 나라의 주인과 주체로 섬기는 그의 서번트 리더십은 조선왕조의 낡은 질서와 관행을 혁신하고 일제의 지배에 저항하는 이중의 혁명적 성격을 지니고 있다. 나라를 잃은 절박한 상황에서 일제의 폭력적인 지배에 맞서는 것은 철저한 자기희생과 생사를 초월하는 용기와 신념을 요구하였다.

이승훈은 신민회 활동을 함께 하며 안창호의 영향으로 주권재민과 민주공화의 이념을 확고히 가지고 그 이념을 실천하였다. 또한 그는 1908년경에 기독교 신앙을 깊이 받아들였다. 그는 감옥에서 히브리성경(구약성경)을 20회, 기독교성경(신약성경)을 100회 읽었으며 말년에는 공개적으로 기독교신앙을 고백하고 기독교신앙에 관심을 집중하였다(李贊甲. 1934: 540−1). 남강의 서번트 리더십은 민주정신과 신념에 기초한 것이며 기독교 성경의 서번트 리더십에 깊은 영향을 받았다. 그의 서번트 리더십은 철저한 민주정신에 기독교 신앙이 뒷받침되어 더욱 깊어졌다.

남강은 어려서부터 유교경전을 배웠다. 그리고 유교, 불교 및 도교와 같은 민족에게 깊은 영향을 끼친 종교들로부터 몸과 마음을 갈고 닦는 자세와 스스로의 삶을 알뜰하고 정성스럽게 꾸려가는 심성과 태도를 익혔다.

남강은 정직과 진실의 사람이면서 겸허하게 자신을 낮추고 헌신하고 희생하면서 지극정성을 다하는 이였다. 제임스 헌터가 말했듯이 요즈음 젊은이들이 '성실'을 가장 중요한 덕목으로 여긴다면 남강은 젊은이들의 신뢰와 존중을 받을 것이 분명하다. 요즈음 젊은이뿐 아니라 성실은 동서고금의 모든 인간들이 중시하는 덕목이다. 더 나아가서 성실은 모든 사람들을 움직이고 이끌어갈 수 있는 원리이고 길이다. 제임스 헌터는 서번트 지도력을 "목표를 향해 매진할 수 있도록 사람들에게 영향력을 발휘하는 기술"이라고 하였다. 그렇다면 성실은 영향력을 발휘하는 기술이고 덕이고 힘이라고 할 수 있다. 유교의 경전 『중용(中庸)』은 성실이 자기 자신뿐 아니라 다른 사람들, 나아가서 하늘과 땅의 모든 것들을 움직이고 변화시키는 진리와 길임을 설파하였다.[1]

〈그림 1〉 남강 이승훈

---

1) "성실한 자는 하늘의 도(道)요, 성실히 하려는 자는 사람의 도이니, 성실한 자는 힘쓰지 않고도 도에 맞으며 생각하지 않고도 알아서 종용히 도에 맞으니 성인(聖人)이요, 성실히 하려는 자는 선(善)을 택하여 굳게 잡는(지키는) 자이다."(誠者, 天之道也° 誠之者, 人之道也° 誠者, 不勉

『중용』의 가르침에 따르면 성실은 하늘과 인간의 근본적이고 보편적인 원리와 길이다. 하늘은 성실함 그 자체(誠者)이고 사람은 성실하려고 애쓰는 존재(誠之者)다. 하늘의 법도와 질서는 변함이 없고 든든하여 이지러짐이나 어긋남이 없이 성실함 그 자체다. 사람이 정성을 다하여 하늘처럼 성실한 사람이 되면 하늘의 법도와 질서에 통할 수 있고 하늘에 통하면 하늘과 함께 인간의 본성과 만물의 본성, 자기의 본성과 남의 본성을 실현하고 완성으로 이끌 수 있다고 중용은 말하고 있다. 하늘처럼 성실한 사람은 자신의 본성을 다할 뿐 아니라 다른 사람의 본성과 모든 사물의 본성을 다할 수 있고 역사와 사회, 우주와 자연생명의 창조와 변화에 참여할 수 있다. 『중용』은 자신과 다른 사람들과 세상의 모든 일과 물건을 그 본성과 이치에 따라 움직이고 이끌어가는 지도력(영향력)의 비밀과 원천은 성실함이라고 말했다.

도산 안창호와 마찬가지로 남강 이승훈의 삶과 활동은 몸과 맘이 마르고 닳도록 희생하고 헌신하는 '지극정성'으로 표현할 수 있다. 남강은 정성을 다함으로써 자신의 생명과 정신에 진실하고 충실하여 스스로 '참 나'가 되고 '참 사람'이 되었다. 그리고 다른 사람을 깨워 일으켜 '참 나'가 되고 나라의 주인과 주체가 되게 하였다. 남강은 민족을 깨워 일으키고 나라의 독립을 위해 일할 때 자신의 재산과 시간을 다 바쳤을 뿐 아니라 몸과 맘과 얼을 다 바쳐서 지극정성을 다하여 헌신하고 충성하였다. 마지막 죽을 때에는 경성대학에 자신의 시신을 학생들의 교육 자료로 바침으로써 민족을 위해 온전히 희생하고 헌신하였다(김도태, 1950: 318; 김기석, 2005: 368-9). 지극정성을 다하여 진실하게 민족을 섬기며 민족을 깨워 일으키고 이끌었던 남강은 많은 사람들이 그를 따라 나라와 민족을 섬기고 받들고 이끌게 하였다.

---

而中, 不思而得；從容中道, 聖人也°誠之者, 擇善而固執之者也°博學之, 審問之, 愼思之明辨之, 篤行之.「중용」20장) "오직 천하에 지극히 성실한 분이어야 능히 그 성(性)을 다할 수 있고, 그 성을 다하면 능히 사람의 성(性)을 다할 것이요, 사람의 성(性)을 다하면 능히 물건의 성을 다할 것이요, 물건의 성을 다하면 천지(天地)의 화육(化育)을 도울 것이요, 천지의 화육을 도우면 천지와 더불어 참여하게 될 것이다."(惟天下至誠, 爲能盡其性；能盡其性, 則能盡人之性；能盡人之性, 則能盡物之性；能盡物之性, 則可以贊天地之化育；可以贊天地之化育, 則可以與天地參矣.「중용」22장)(成百曉. 2012: 127, 131-4).

## 2. 서번트 리더십의 형성 배경과 과정

서번트 리더십은 사람들을 자기 삶과 일의 주인과 주체로서 생각하고 행동하며 일하도록 이끄는 리더십이다. 다른 사람들을 주인과 주체로 되게 하고 주인과 주체로 살게 하는 사람은 먼저 자기 자신의 삶과 일의 주인과 주체가 되어야 한다. 따라서 자기 자신의 가장 깊은 내면에서 자유로운 사람이며 자신을 극복하고 넘어서서 자기 자신을 자유롭게 움직일 수 있는 사람이 되어야 서번트-리더가 될 수 있다. 이승훈은 내면이 자유로웠기 때문에 자신을 버리고 타인에게 희생하고 헌신할 수 있었다. 그렇기 때문에 스스로 종이 되어 타인을 섬기고 받들어 그들이 주인으로, 주체로 살 수 있도록 이끌었다.

자기와 남을 삶과 일, 사회와 조직의 주인과 주체로 이끄는 서번트 리더십은 생명과 정신의 가장 깊은 곳에서 우러난 것이며 생명과 정신의 가장 깊은 곳을 움직이고 이끄는 것이다. 한국 근현대에서 교육독립운동을 통해서 도산과 함께 가장 깊고 큰 영향을 미친 남강의 서번트 리더십은 남강의 삶 속에서 그리고 한국근현대의 역사 속에서 형성된 것이다. 그의 서번트 리더십이 어떻게 형성되었는지 살펴보자.

### 1) 삶 속에서 형성된 서번트 리더십

남강의 종증손자인 역사학자 이기백에 따르면 남강은 평안도의 하층민으로 태어났다(이기백, 1964). 조선왕조 500년 동안 정치·사회·문화적으로 소외되고 차별을 받은 지역 평안도에서도 가난한 상놈으로 태어난 남강은 부귀와 권세, 문벌과 학벌 등 어느 것도 내세울 수 없는 밑바닥 사람이었다. 가진 것이 없었기 때문에 남강은 오직 저 자신의 힘으로, 저의 몸과 맘만 가지고 살아갈 수밖에 없었다. 게다가 그가 태어난 지 8개월 만에 어머니가 돌아가셨고 할머니의 품에서 자랐다. 그는 홍경래의 난이 일어난 정주읍에서 태어났는데, 할머니는 어린 이승훈에게 홍경래의 난과 옛 이야기들을 해주며 큰 사람이 되라고 격려하였다. 이승훈의 아버지는 가난에서 벗어나지는 못했으나 경서를 읽을 줄 알았으며, 글씨를 잘 쓰는 이로서 자녀들이 공부하여 바르고 큰 인물이 되도록 힘을 썼다. 그가 부인을 잃고서 재혼을 하지 않고 10년을 힘들게 산 것도 오직 자녀들의 교육을 바르게 하려는 생각 때문이었다. 그러나 남강이 10세 때 갑자기 할머니와 아버지마저 돌아가신 후, 다섯 살 위의 형과 함께 남강은 의지할 데 없는 고아가 되고 말았다(김도태, 1950: 60). 그는 일찍 부모를 잃고 가난한 바닥 사람으로 살았기 때문에 자신의 삶과 운명을 스스로 결정하고 열어가야 했다.

남강이 믿고 의지할 사람은 자기밖에 없었다. 가정환경과 생활 조건으로 보면 그는 세상에서 가장 불행하고 어려운 처지에 있었다. 함석헌은 어린 시절 남강의 삶에 대해 "그가 세상에 와서 받은 유산 세 가지는 업신여김, 가난, 무식이었다(함석헌, 1974: 410)."라고 평가했다. 만일 가정환경과 물질·사회적 조건이 인생을 결정하는 것이라면 그는 세상에서 가장 불행한 실패자가 되었을 것이다. 그러나 그는 인간의 생명과 정신이 모든 외적 조건을 극복하고 초월할 수 있다는 것을 보여주고 증명하였다. 그는 불행과 어려움을 이겨내고 올바르게 살기 위해 내면을 갈고 닦아 정신적 힘을 길렀다. 그는 자신의 내면을 탐구하고, 완성시킬 수 있었기 때문에 어려운 난관에 부딪혔을 때에도 굴복하지 않고 앞으로 나아갈 수 있는 힘과 용기를 가질 수 있었다.

남강이 뜻대로 부리고 움직일 수 있는 사람은 자기 자신뿐이었다. 그는 자기의 주인과 주체인 동시에 자기의 심부름꾼이었다. 절박하고 외로운 삶 속에서 그는 자신의 생각과 뜻에 충실하게 살았다. 그는 자기를 스스로 일으켜 세우고 자기 삶을 펼쳐가는 과정에서 자신에게 가장 충실한 심부름꾼이 되었다. 그는 누구보다 간절하고 진실하게 자신을 돌보고 섬기는 사람이 되었다. 자기 삶의 올바르고 떳떳한 주인이 되기 위해서 어린 남강은 자신을 받들고 섬기는 종이 되었다. 그러므로 그는 어려서부터 생각하고 뜻하는 대로 곧 행동하고 실천하는 사람이 될 수 있었다.

그는 어머니의 사랑을 경험하지 못했고 어려서 아버지와 할머니를 잃었기 때문에 부모의 사랑을 사무치게 그리워했을 것이다. 그러나 그는 죽은 부모를 그리워하며 자기 신세를 한탄하는 대신, 스스로 자신의 부모가 되어 자신을 사랑하고 돌보고 가르치고 깨워주었다. 그는 부모의 심정과 자세로 자신을 생각하고 아끼고 돌보고 기르고 가르쳤다. 그러므로 그는 학교를 세우고 학생들을 가르칠 때 부모의 심정과 태도로 지극한 사랑과 헌신으로 학생들을 가르치고 일깨울 수 있었다. 그는 한민족을 깨워 일으키는 독립운동을 할 때도 어머니와 아버지의 심정으로 민족과 나라를 사랑하고 헌신하였다.

남강의 어릴 때 이름은 승일(昇日)이었다. 승일의 아버지와 할머니는 큰 사람이 되라며 승일을 글방에 보냈다. 어린 이승훈은 다른 아이들과 다르게 걸음을 바로 걷고, 물건을 조심스럽게 다뤘다. 그리고 글만 잘 깨치는 것이 아니고 행동과 말이 분명하고 태도가 단정하였다. 그는 스스로 자신을 깨워 일으키는 사람이었으므로 공부하기를 좋아하였다. 가난해서 서당에 낼 돈도 없고 책과 종이를 살 돈도 없었지만, 누구보다 열심히 공부하였다. 먹을 똑바로 갈고 글 쓰던 종이나 붓을 정돈하여 두고 하기 때문에 훈장은 언제나 이승훈을 자신의 옆에 앉게 하였다(김기석, 2005: 25).

어릴 때 서당의 경험을 통해서 남강은 자기만 바르고 성실하면 훈장과 동무들도 자기를 신뢰하고 존중한다는 것을 깨달았다. 자기가 성실하고 바르면 남을 움직이고 남에게 영향을 미칠 수 있으며 자기도 신뢰와 존중을 받을 수 있다는 것을 남강이 어려서 깨닫고 체험한 것은 그가 서번트 리더십을 확립하는 데 밑바탕이 되었을 것으로 생각된다.

바르고 큰 인물이 되라는 아버지와 할머니의 가르침대로 훌륭한 사람이 되기 위해서 남강은 열심히 공부하였다. 그러나 그가 10세 때 갑자기 아버지와 할머니가 돌아가셔서 서당공부를 계속할 수 없었다. 그는 생계를 유지하기 위해서 그 지역에서 유기공장과 상점을 크게 하는 임일권의 방사환으로 일하게 되었다. 이승훈은 잠은 그 사랑 윗목에서 자고 주인 영감의 타구, 요강 버려오기, 방 쓸고 걸레질하기, 손님이 오시면 재떨이, 화로를 가져다 놓는 일을 날마다 하며 생활하였다(김도태, 1950: 64).

이승훈은 자신이 맡은 일을 정성을 다하여 충실히 일하였다. 그리고 서당에 가지 못하더라도 홀로 공부했다. 그는 사랑방에서 자고 일하면서 손님들이 쓰다 남긴 붓, 종이, 먹이 있으면 가지고 있다가 남이 보지 않을 때 종이 위에 쓰고 또 써서 새까맣게 될 때까지 글씨를 썼다. 종이 조각만 보면 쓰는 것이 버릇이 되었다. 그가 얼마나 글씨 쓰기에 열중했던지 주인도 그가 글씨 공부를 열심히 하는 것을 보고 종이와 붓, 먹을 주면서 글씨 쓰는 것을 칭찬하고 격려하였다(김도태, 1950: 65−6, 74). 서당에서, 그리고 임일권의 사랑방에서 사환노릇을 하면서 그는 혼신을 다하여 글씨 쓰는 연습을 하였고 그 결과가 그의 글씨에 나타난다. 오산학교를 운영하면서 남강이 펜으로 쓴 편지 글씨를 보면 빠르게 흘려 쓴 글씨인데 깨끗하고 아름다워서 예술품처럼 보인다(김도태, 1950; '南崗先生 筆蹟', 남강문화재단, 1988: '남강선생의 필적').

그는 또한 심부름꾼으로서 맡은 일을 열심히 그리고 충실하게 하였다. 그가 얼마나 열심히 충실하게 일을 했던지 주인 임일권은 사람들에게 "승일이라는 아이가 내 집에 온 지가 4년이 되었지마는 내가 한 번도 무슨 일이든지 시켜보거나 잘못했다고 책망해 본 일이 없다. 저 할 일은 누가 시키기 전에 실행하고 어른들이 시킬 만한 것은 먼저 정돈해 놓았기 때문에 다시 독촉하든가 시킬만한 것이 없어지고 말았다." 고 칭찬하였다(김도태, 1950: 75). 남강은 남이 시키기 전에 스스로 제 할 일을 먼저

〈그림 2〉 오산 학교 학생들과 함께 하는 이승훈

하는 이였다. 이러한 이승훈의 태도는 임일환을 감동시켰으며, 주인은 남강에 대해 '일을 시킬 수 없는 심부름꾼'이라고 평가하였다. 이때부터 남강은 스스로 일 하는 자유인이고 자기 일과 삶의 진정한 주인이었다. 허드렛일을 몸과 맘을 다해서 힘껏 하는 과정에서 남강의 생명력과 정신력, 얼과 혼은 깊고 넓어졌다. 요강과 타구를 깨끗이 닦을 때, 남강은 요강과 타구만 닦은 것이 아니라 자신의 몸과 맘을 깨끗이 닦았다[2]. 이승훈은 자신의 일 속에서 자신의 인격을 갈고닦아 서번트-리더로서의 인격을 함양하였다.

이승훈이 겉으로 남의 심부름을 충실히 할수록 속으로는 곧고 굳센 인간이 되었다. 남의 집 심부름꾼 노릇을 하면서도 그는 속으로는 참다운 사람, 큰 사람이 되려는 뜻을 더욱 굳게 가졌다. 어려운 환경을 이기고 스스로 일어섰던 그는 정당한 이유 없이 남에게 의지하고 기대면, 사람다운 사람이 되어 사람 구실을 제대로 할 수 없다고 생각하였다. 소년 시절에 주인의 심부름으로 선천읍에 외상값을 받으러 갔는데 돈은 받지 못하고 돌아오게 되었다. 돌아오는 길에 잘 아는 노인을 만났는데 노인은 부잣집에 신세를 지고 자고 가자고 권하였다. 남강은 까닭 없이 부잣집에 신세 지고 싶지 않다며 한사코 거절하였다. 나중에는 부잣집 주인까지 나와서 들어오라고 권하였으나 소년 승일은 끝까지 들어가지 않았다. 부잣집 주인은 어린 소년이 고집을 부려서 이상하게 생각하였지만 잘 생긴데다가 의지가 굳센 것을 보고 쓸만한 인물이 될 수 있을 것으로 생각하였다. 훗날 이 부잣집 주인의 둘째 아들 김자열(金子烈)은 오산중학교의 1회 졸업생이 되었고 남강의 둘째 사위가 되었다(김도태, 1950: 75-7). 훗날 남강은 이 날을 회고하면서 "선천에 가서 돈은 못 받고 점심도 못 먹고 오다가 아는 노인을 만나 같이 걸어오는데, 아, 글쎄 내 일로 다니면서 부잣집에는 왜 들어가. 그 노인은 서당에 들려 술이 취해 나왔는데 그 노인 누이 집 가난뱅이 집에서 쉰 조밥 먹고 자니 속이 얼마나 편할라고…(김기석, 2005: 33-4)"라고 말했다.

---

2) "…하면 철저히 해서 사랑방 타구 요강이 안이 바깥보다 더 반짝인다고 했다. 요강 속이 바깥보다 빛났을 때 그것은 선생의 인격의 빛은 어려움을 이기고 뚫고 나온 것이다."(함석헌, 1956: 5월호, 7월호)

남강은 임일권의 집에서 4년 동안 사환 노릇을 하면서 주인과 사랑방 손님들을 통해서 장사의 이치와 물정을 알게 되었다. 그를 신용한 주인은 그에게 큰 책임을 맡기려 했으나 결혼을 한 남강은 자립해서 자기 장사를 시작하였다. 장돌뱅이로 돌아다니는 동안 줄곧 앞을 향해 걸어 나가는 것이 몸에 배었다. 숟가락 장수로 정주 일대와 황해도까지 돌아다녔다. 남강은 장사를 하며 황해도 지역의 인사들을 사귀고 그 지역의 풍속과 습성, 장사의 이치도 알게 되었으며 살림이 늘고 자본이 증가하였다(김도태, 1950: 82-3).

이승훈은 9년쯤 장돌뱅이로 장사를 하다가 24세 때 평안도 지역의 자본가 오희순의 돈을 빌려서 납청 지역에서 유기공장과 상점을 열고 사업을 벌였다. 오희순의 집에 돈을 얻으러 갔는데 많은 사람들 앞에서 오희순이 선조의 묘소에 석물 해 세운 것을 자랑하였다. 다른 사람들은 다 칭송했으나 이승훈은 "자기 선조 묘소에 석물 해 놓은 것이 무슨 칭송할 일입니까. 젊은 사람 앞에서 안 하실 말씀들입니다."하고 말하였다. 오희순은 못마땅한 안색을 하고 안으로 들어가 버렸다. 사흘 후에 나오더니 먼저 "승일이 잘 잤지."라고 말을 붙이면서 "내 들어가 생각해보니 과연 승일이 말이 옳은 거야. 자기 조상에 자기가 석물 해 놓고 자랑할 것이라고는 없고 그것을 칭송할 것도 없어. 역시 승일이는 생각이 꿋꿋해. 자기 생각대로 말을 하거든."하고 말하였다. 남강을 신뢰한 오희순은 남강이 청하는 액수의 자본을 대 주었다(김기석, 2005: 47-8).

남강이 처음 본 자본가에게 바른 말을 한 것은 그저 젊은이가 잘난 척을 하거나 대들고 싶은 저항심에서 한 것이 아니었다. 그는 언제나 자신에게 비추어보고 또 자신을 남에게 비추어본 다음에 말하고 행동하였다. 이승훈은 진실하고 옳은 말이 곧 자신과 타인을 사랑하고 존중하는 것이고, 다른 사람을 움직이는 힘이 있다는 것을 알았다. 남강은 자신에게 충직했던 것처럼 남에게도 충직했다. 그러므로 그는 자본가 오희순에게 바른 말을 했고 처음에는 화를 내고 노여워하던 오희순이 시간이 지나자 자신의 잘못을 깨닫고 승일에게 사과를 하고 승일을 신뢰하고 존중하게 되었던 것이다.

　남강은 정직과 진실로써 서번트 리더십을 실천했다. 그의 일생은 서번트 리더십을 형성하고 발전시키고 완성해가는 과정이었다. 남강이 청일전쟁으로 1년간 피난을 갔다 오니 상점과 공장이 모두 파괴되고 물건이 없어졌다. 납청점에서 오희순의 자본으로 사업하던 많은 사람들은 빚을 갚을 길이 없자 도망가 버렸다. 그러나 남강은 이번에도 진실하게 행동해야 한다고 생각했다. "(그는) 상점이며 공장을 세밀히 조사하여 잔재품을 기입하고 빌려온 자본에 대한 손해액과 이자를 계산하여 자기의 총부채액이 얼마라는 명세서를 만들어 철산 오씨댁을 찾아갔다. 남강은 자세히 형편을 보고하고 인사를 하면서 장기(掌記)를 내놓았다(김기석, 2005: 55)." 그러자 오희순은 돈을 빌려간 많은 사람들은 도망가고 숨어버렸는데 남강만이 찾아와서 실상을 알려줬다며 오히려 남강에게 고맙다면서 빚을 모두 탕감해주고 남강이 원하는 만큼 큰 자본을 빌려주었다(김기석, 2005: 55-6). 이번에도 남강은 정직과 신의로써 자본가를 감동시키고 움직여서 자신의 사업을 크게 일으킬 수 있었다. 그가 이렇게 남을 정직과 신의로써 움직일 수 있었던 것은 남을 자기처럼 생각하고 자기를 남처럼 생각했기 때문이다. 그는 자기를 속이지 않은 것처럼 남을 속이지 않았고 자기에게 충실한 것처럼 남에게도 충실했다.

　그는 큰 자본을 움직이게 되자 국산물품뿐 아니라 외국물품까지 취급했는데 아직 외국의 회사는 들어오기 전이고 민족재벌이 형성되기 전이라 전국의 물품을 홀로 사고팔게 되었다. 그리하여 청년 실업가 이승일의 이름이 널리 알려지게 되었다. "경향 각지에서 이승일의 이름을 모르는 이가 없었고 장사라면 이승일, 이승일이라면 장사라고 할 정도로 신용 있고 담 있고 역량있는 젊은 실업가는 단연 상계의 혜성이 되었다(김기석, 2005: 57-8)."

　사업가로서 큰 성공을 거둔 남강은 평안도의 최고 권력자인 평양감사와도 긴밀한 협력관계를 맺게 되었다. 남강은 평양감사가 옳지 않은 행위를 할 때는 단호하게 반대하였다. 평양 감사 민영철이 서궁을 짓는다는 명목으로 향대부첩(鄕大夫帖)을 팔아 돈을 긁어모으려 할 때, 남강이 집요하게 반대 여론을 일으켜서 중단시켰다. 또 애련당(愛蓮堂)이라는 유서 깊은 건물을 헐어서 감사가 사랑하는 기생에게 집을 지어주려 했을 때도 평양 사람들의 공유물인 건물을 허는 것은 옳지 않다고 남강이 반대하여 추진하지 못했다(김기석, 2005: 58). 남강은 개인적인 이해관계를 떠나서 공적으로 올바른 일을 추구하고 실현하려고 하였다. 그리고 권력자에게 맞서 사람들을 움직여서 공적으로 올바른 일을 실현할 수 있는 힘과 용기와 지혜를 가지고 있었다.

남강의 인생과 사업은 정직을 바탕으로 세워진 것이다. 스스로 자신의 생명과 정신, 몸과 맘을 닦아 일으킨 남강은 거짓으로는 자기 자신을 세워 일으킬 수 없음을 알았다. 그가 가장 미워한 것이 거짓이었다. 그러므로 사람들은 남강을 대줄기 같이 곧은 사람이라 했다. 그는 장사의 근본은 정직과 신용이라고 보았다. 장사는 사람과 사람 사이의 일인데 사람 사이에 거짓이 끼어들면 성공할 수 없다고 본 것이다. 그는 "(신의를) 밑천으로 하고 물건을 통하여 봉사하는 것"이 장사이며 그것이 "장사로 성공하는 길"이라고 하였다. 그러므로 남강은 거짓을 경제적 부패 이상의 부덕이라고 생각하였다. 당시에 평안도 갑부의 아들 이갑이 나이를 속여서 과거를 보아 진사 급제를 받았는데 평양감사 민영준이 이것을 알고 임금을 속였다 하여 이갑의 재산을 몰수하였다. 사람들은 이갑의 부형보다 민영준을 더 비난하였다. 그러나 남강은 달리 보았다. "서울 양반들이나 수령방백의 백성에 대한 가렴주구가 나쁘기는 하지만은 이 같은 드러난 행패보다 더 나쁜 것이 거짓이라고 하였다. 남강의 생각에는 거짓이 모든 악의 근원이었다. 한때의 탐욕이나 완명(頑冥)함은 용서될망정 참에서 떠난 거짓은 용서받을 길이 없다고 하였다(김기석, 2005: 49)."

남강은 심부름꾼 노릇을 잘함으로써 자기를 높이 바로 세웠다. 정직하고 진실하고 바른 사람이 됨으로써 남강은 떳떳한 사람이 되었다. "이 참과 곧음이 그의 성격이 되어 나중에는 일에 임하여 대줄기 같이 벋어나가는 강직함이 되었거니와 곧고 고매한 기품이 그의 어린 시절부터 안에서 흘러넘치기 시작하여 주위에 하나의 맑은 바람을 불러일으켰다(김기석, 2005: 34)." 훗날 사업을 크게 벌여 큰 부자가 되었을 때도 자기를 바르고 곧게 하는 일에는 엄격하였다. 남강이 국내 제일의 무역상으로 그 솜씨와 재력을 떨칠 때였다. 어느 날 함께 사업하는 윤성운과 골패를 하였다. 영어를 배우는 청년이 그것을 보고 못마땅하다는 뜻으로 '깟뗌'이라고 욕을 하였다. 남강은 그 말을 듣더니 정색을 하고 청년을 불러서 어른들의 잘못을 나무라는 것은 좋으나 못 알아들으리라고 생각해서 영어를 써서는 못쓴다고 타일렀다. 청년에게 이르고 나서 남강은 윤성운에게 우리 자신 젊은이에게 본을 뵈지 못한 것이 잘못이라고 하였다. 남강은 그 뒤부터 골패뿐 아니라 내기 아닌 놀이로서도 골패나 장기 같은 것을 하는 일이 없었다고 윤성운이 말하였다(김기석, 2005: 61). 남강은 어떤 사람의 말이든 옳은 말이면 기꺼이 받아들이고 자기의 잘못을 인정하고 바로 잡았다. 진실하고 옳은 말에는 언제나 복종할 준비와 각오가 되어 있었던 것이다. 그리고 남의 아들이라도 가르칠 게 있으면 주저하지 않고 아버지의 심정으로 가르치고 바로 잡았다. 자신에게 스스로 스승이 되고 부모가 되었던 그는 누구에게나 스승이 되고 부모가 되려는 맘과 자세를 가지고 살았다.

남강은 어떻게 장사로 큰 성공을 거두었을까? 남강의 제자이며 남강의 전기를 쓴 김기석은 그 이유를 네 가지로 제시했다. "첫째 장사의 기회를 보는데 민첩했고 둘째 치밀한 계획을 세웠고 셋째 동지와의 사이의 정의를 두텁게 했고 넷째 그 쓰는 사람을 믿고 또 가르친 일이었다." 김기석에 따르면 남강에게 장사의 목적은 "장사로써 여러 사람을 이롭게 하고 세상을 두텁게 하려는" 것이었다(김기석, 2005: 59).

남강은 24세 때 납청정에 유기공장을 운영하였다. 그는 임일권의 방사환을 하면서 유기공장에 심부름을 가서 유기공장의 형편을 잘 알았다. 유기공장에서 일하던 일꾼들은 옷이 새까맣고 불결했으며, 일을 되는 대로 하고 청승맞은 노래를 부르거나 잡담하고 싸우고, 물건을 훔쳐내는 등 매우 평판이 좋지 않았다. 당시 조선사회에서는 농사꾼보다 장사꾼을 천하게 여겼고 장사꾼보다 공장에서 일하는 이들을 더 천하게 여겼다. 유기공장에서 일하는 사람들은 가장 천한 인간들이었다. 어린 승일은 유기공장에서 일하는 이들을 보면서 가엾게 여긴 것이 분명하다. 그는 자기를 불쌍히 여기던 그 맘으로 공장 일꾼들을 불쌍히 여겼다. 그래서 남강은 유기공장을 운영하며 공장의 환경과 구조뿐 아니라 일하는 과정과 방식까지 혁신하였다. "그는 우선 돈을 들여 공장의 구조를 햇볕이 많이 들어오도록 고치고 먼지가 나지 않게 깨끗이 치우게 하고 일할 때 옷과 일 마친 뒤의 옷을 따로 입게 하고 일정한 쉬는 시간을 주고 노임을 높여주고 그 밖에 그들을 모아놓고 이야기하는 시간을 갖고 하였다(김기석, 2005: 45)."

다른 공장주인들은 남강의 이러한 개혁에 대하여 비난하였다. 당시 유기공장의 노동자들은 노예와 같았고 주인만 없으면 게으름을 피워서 노동능률이 떨어지고 있었다. 그러나 공장의 개혁이 작업 의욕을 높이고 노동능률을 높였으므로 처음에 비난하던 동업자들도 모두 모방하게 되었다. 남강의 공장과 상점은 날로 번성하여 평양에 지점을 두게 되었다(조기준, 1988: 59−60).

남강은 어떻게 유기공장을 개혁할 생각을 할 수 있었을까? 그 지역의 유지이며 덕인이고 인자한 사람으로 소문난 임일권도 하지 못한 공장개혁을 24세의 청년 남강은 어떻게 하게 되었나? 남강은 자신이 가장 불행하고 어려운 입장과 처지에서 살아보았기 때문에 자신과 남의 입장과 처지를 바꾸어 생각할 수 있었다. 본래 생명은 공감하고 공명하며 서로 감응하고 동정하는 것이다. 그는 자신의 삶의 가장 낮고 깊은 자리에서 느끼고 생각해 보았기 때문에 공명하고 감응하는 생명의 본성을 깨닫고 체험할 수 있었다. 그러므로 그는 자신의 입장과 처지를 넘어서 남의 입장과 처지를 헤아리고 이해할 수 있는 동정심과 사랑을 체험하고 가질 수 있었다. 그는 남을 나처럼 생각하고 나를 남처럼 생각할 수 있었던 사람이다. 남강은 자기 생명의 깊이와 자유에서 전체 생명의 '하나 됨'에 이를 수 있었다. 그는 자기 자신의 이기적 욕망과 감정에서 자유로울 수 있었고, 남을 나처럼 생각하고 느낄 수 있었던 것이다. 그는 사업을 하고 공장을 운영하면서 사람을 중시했고 사람을 가르치는 일이 중요하다는 것을 알고 실행하였다(김기석, 2005: 60).

남강은 처음부터 혼자 부자가 되어 혼자 잘 먹고 잘 살려는 생각은 하지 않았다. 부모를 잃고 홀로 고달프고 외로웠기 때문에 사람은 함께 사는 것임을 깊이 느끼고 깨달을 수 있었다. 그러므로 사업에 큰 성공을 거두었던 1899년에 그는 납청에서 좀 떨어진 오산 용동으로 이사하여 여주 이씨들을 모아 이상촌을 이루려 했다. 그는 어려서 자신이 깊이 느끼고 깨달은 것을 실천하려 했다. 그가 꿈꾸었던 삶은 어떤 것일까? 부모와 자녀가 서로 모여 함께 사는 것이고 가르치고 배우는 것이며 부지런히 힘써 일하여 깨끗하고 화목한 공동체를 이루는 것이었다. 농사를 짓고 장사를 하여 저마다 자립생활을 하고 공유농지를 만들어 빈부의 격차를 줄이고 자녀들에게 글과 예절을 가르치는 일이었다. "그는 용동에 먼저 자기 집을 위엄 있게 지은 것이 아니었다. 자기 집과 자기 백씨(형)의 집을 각각 알맞게 짓고 다른 친척들도 같이 모여 살게 하여 다른 가문 모양 여주 이씨 문중을 만들고 남에게 모범이 되는 깨끗하고 화목하는 동리를 만들자는 것이었다. 이 같은 생각에서 이 동리의 공유농지를 만들어 빈부의 차를 없애게 하고 글방을 두어 자제들에게 글과 예절을 가르치게 하였다(김기석, 2005: 72)." 그는 그 동네를 진실하고 화목하고 아름다운 이상촌으로 만들려고 하였다. "예전처럼 아무 일도 안 하고 양반으로 살아가려고 하지 말고 장사도 하고 공업도 하고 하여 힘써 일해야 우리도 남의 나라를 따라갈 수 있다. 부지런해야 할 것, 거짓말을 해서는 안 될 것, 싸우지 말 것, 집 안과 밖을 깨끗이 해야 할 것, 한 달에 한 번씩 모여 동리 일을 의논할 것 등을 부탁하였다(김기석, 2005: 73)." 남강은 동네 사람들을 부지런히 일하고 깨끗한 환경에서 화목하게 지내며 서로 의논하고 협동하는 생활을 하게 하였다.

이처럼 널리 사람을 이롭게 하고 진실과 이치에 따라 일을 했다는 점에서 남강은 고조선의 건국이념, 홍익인간(弘益人間)과 재세이화(在世理化)를 실현했다고 생각된다. 그가 유기공장을 경영하고 이상촌을 건설한 데서 그의 이러한 목적과 지향을 알 수 있다.

## 2) 한민족의 역사 속에서 형성된 서번트 리더십

남강의 서번트 리더십은 한민족의 역사 속에서 형성된 것이다. 남강은 한민족의 역사에서 무엇을 물려받았는가? 아프리카에서 최초의 인류가 세계로 퍼져나갈 때 아시아 대륙 동쪽 끝까지 와서 한반도와 만주 지역에서 나라를 세운 사람들이 한민족을 형성하였다. 한민족은 주어진 땅에 안주하지 않고 하늘을 가슴에 품고 밝고 따뜻한 삶, 아름답고 고결하고 위대한 삶을 이루기 위해 아침에 해가 뜨는 동쪽 끝으로 나아간 사람들이다. 한민족은 더 좋고 더 낫고 더 아름다운 삶에 대한 간절하고 사무친 염원과 열정을 가지고 하늘의 높은 뜻과 꿈을 이루려는 고결한 정신을 가진 겨레다. 그러므로 한민족은 하늘을 열고 나라를 세웠다고 했으며, 나라 이름을 아사달(아침의 나라, 땅), 조선(朝鮮: 아름다운 아침의 나라)이라 하였고 널리(크게) 사람을 이롭게 하고(弘益人間), 밝고 떳떳한 이치로써 교화(在世理化)하는 나라를 만들려고 하였다. 한민족은 강인한 생명력과 생명사랑을 지닌 민족이고 하늘처럼 높고 큰 뜻을 품은 겨레다.

한민족은 아침 해가 떠오르는 밝고 따뜻하고 아름다운 땅에서 '하늘을 우러러 한 점 부끄러움이 없는' 삶을 이루려 하였다. 하늘처럼 밝고 떳떳하고 당당한 삶을 살려고 했던 한민족이 받아들인 유교, 불교, 도교는 모두 몸과 맘을 갈고 닦는 수행종교이며 정성을 다하여 알뜰하게 살게 하는 생활종교였다. 남강은 한민족의 일원으로서 강인한 생명력과 생명사랑, 하늘처럼 높고 큰 뜻을 물려받았으며 한민족의 종교문화에서 몸과 맘을 갈고 닦는 수행 전통과 정성을 다해 알뜰하게 사는 생활정신과 태도를 물려받았다. 그는 또한 평안도 상놈으로서 고구려의 용감하고 굳센 기질과 정신을 물려받았다. 평안도 사람의 기질과 정신을 '청산맹호'(青山猛虎)라고 하는 것처럼 남강은 그런 굳세고 꿋꿋한 기질과 정신을 지녔다. 지위가 높고 지킬 것이 많은 사람은 생명의 본질과 민족의 정신을 그대로 드러내고 실현하기 어렵다. 남강은 평안도 평민으로서 가진 것 없이 바닥 생활을 하였기 때문에 한민족의 정신과 전통을 잘 드러내고 실현할 수 있었다. 민족의 큰 위기 속에서 서양의 정신과 문화를 받아들이면서 남강은 한민족의 생명력과 정신, 이념과 뜻을 더 깊고 높고 풍부하게 실현할 수 있었다.

나라가 망하는 위기 속에서 한민족이 자신의 생명력과 높은 뜻을 이루려면 어떻게 해야 하는가? 한민족이 스스로 깨어 일어나 자기 삶과 역사의 주인과 주체로서 자신의 생명력과 높은 뜻을 스스로 실현해야 한다. 한민족이 오랜 잠에서 깨어 일어나 스스로 주인과 주체로서 자신의 생명과 이념을 실현하고 펼쳐가게 하려면 한민족을 주인과 주체로 깨워 일으키고 자신의 삶과 운명을 스스로 만들어 가도록 종이나 부모처럼 이끌어주는 서번트 리더십(섬기는 종의 지도력)이 필요하였다. 남강은 이러한 서번트 리더십을 위해 준비되고 훈련된 사람이었다. 그러나 그에게는 아직 부족한 것이 있었다. 낡은 왕조의 신분질서와 이념에서 벗어나지 못한 한민족을 새 문명 새 시대의 주인으로 만들려면 새 문명 새 시대의 이념과 정신을 체득하고 체화한 지도력이 요구되었다. 곧으면서도 헌신적인 심정과 자세를 지녔다는 점에서 남강은 나라와 민족을 위한 심부름꾼이 될 준비가 되어 있었지만, 나라와 민족을 위해 앞장설 사명과 신념, 경륜과 방책을 가지고 있지는 못했다. 새 시대의 심부름꾼이 되기 위해서 그는 큰 변화와 혁신이 필요했다.

### 3) 나라는 망해가고

1905년 그의 나이 42세 되던 해에 그는 고향에 돌아가 용동에 은거했다. 사업은 실패하고 나라는 기울어 가는데 어떻게 해야 할 것인지 그는 알지 못했다. 정신적 고뇌 속에서 남강은 공부를 시작했으며 경서를 읽고 율곡의 격몽요결(擊蒙要訣)을 읽고 그의 경세책에 감동했다. 그러나 전래의 경학(經學)에서는 자기의 갈 길을 발견할 수 없었다. 남강은 유길준의 '서유견문(西遊見聞)'을 읽고 크게 감동했다고 하며, 1896년 이후 〈독립신문〉, 〈황성신문(皇城新聞)〉, 〈대한매일신보〉를 탐독하면서 정치의 움직임을 주시하게 되었다(조기준, 1988: 67; 김기석, 2005: 76-7 이하).

삶에 대한 뜨거운 열정과 간절한 염원을 가지고 강인한 실천력을 가진 남강이 은퇴하여 산골에 조용히 묻혀 있기도 어려운 일이었다. 사업가로서 그는 늘 세상의 정세와 형편에 깊은 관심을 가지고 주목하고 있었다. 1905년 러일전쟁에서 일본이 승리하자 일본은 을사늑약을 강요하여 한국의 주권을 강탈하였다. 그러자 많은 애국인

사들이 자결을 하고 의병들이 곳곳에서 일어났다. 남강도 안타깝고 분한 맘이 들었으나 자결이나 의병투쟁이 옳은 대처방법이라고는 생각하지 않았다. 그렇다고 개화파의 급진적인 쿠데타와 독립협회의 혁신방안도 마땅하다고 여겨지지 않았다. 남강은 사회의 밑바닥에서 온갖 쓴맛 신맛을 다 보았고 장사를 하면서 세상인심과 물정을 몸으로 깨닫고 터득하였다. 따라서 그는 매우 현실적인 감각과 안목을 가진 사람이었다. 급진적이고 관념적인 주장과 행동을 남강은 신뢰하지 않았다. 독립협회의 문명개화주의와 혁신운동에 공감했으나 독립협회는 너무 혁진(革進)적이고 이상에 치우친다고 보았다. 수구세력의 저항과 민도의 낮음을 생각하지 못한다고 여겼다(김기석, 2005: 76; 김도태, 1950: 100).

그러나 당시의 남강에게는 망해가는 나라와 민족을 구원할 사상과 경륜이 없었다. 가만히 있어서는 안 되고 가만히 있을 수도 없었지만, 자신이 무엇을 어떻게 해야 한다는 생각과 구상이 떠오르지 않았다. 진실하고 정직한 정신과 자신을 희생하고 헌신할 열정과 몸과 맘을 다 바쳐 실천할 의지와 힘은 있었지만 어떤 일을 어떻게 해야 망해가는 나라와 민족을 구할 수 있다는 신념과 확신이 없었다. 그는 새로운 문명에 대해서도 좋게 생각했으나 새로운 문명을 잘 알지는 못했다. 사업에 성공한 남강은 여주 이씨 사람들을 모아놓고 유교경전을 배우고 글과 예절을 익혀서 양반이 되게 하려고 했다. 자신도 갓을 쓰고 참봉나리 소리를 들었고 집안의 자녀들을 결혼시킬 때 명문 집안과 혼사를 하려고 무진 애를 썼다. 남강을 가장 잘 알았다고 하는 유영모는 이렇게 말하였다. "상업에 성공하여 돈을 모은 다음에는 양반이 되려고 경의재(經義齋) 근방으로 이사하여 자제들로 이학(理學)을 닦게 하며 문별 좋은 집안과 연혼하려고 힘썼다(유영모, 1922: 527)."

그는 조선왕조의 낡은 신분질서와 이념을 멸시하고 부정하면서도 그 질서를 청산하여 버리지 못하고 거기 안주하려 하였던 것이다. 그것은 그에게 모순이고 모호하고 혼란스러운 상황이었다. 무슨 근본적인 변화가 필요했으나 남강은 어떻게 변화해야 할지 알 수 없었다. 그는 깊은 정신적 고뇌와 울분 속에 있었다. 나라는 망하고 할 일은 없고 또 어떻게 할지도 몰랐다.

### 4) 도산을 만나 새 사람이 되다

나라가 망하고 일제가 침입해 오는 민족의 위기 속에서 남강은 새로운 길을 찾고 있었다. 마침 1907년 7월경에 평안도의 청년 지도자 안창호가 미국에서 돌아와 평양에서 시국 강연을 하였다. 남강은 연단 가까이서 "도산의 얼굴과 몸과 음성을 통하여 그의 웅장한 혼이 호소하는 한 마디 한 마디를 들었다(김기석, 2005: 85)." 도산은 서양문명과 세계정세, 한중일의 갈등과 위기를 말하고 힘없는 한국의 형편을 안타까워하면서 한국에 대한 일본의 지배를 예견하였다. 그러고는 한민족의 각성과 혁신을 호소하였다. 김기석은 『남강 이승훈』에서 도산의 강연내용을 이렇게 전한다. "이제라도 정부 당국이 부패하지 않고 백성이 깨어 일어나 힘을 합하여 산업과 교육을 일으키는 데 힘쓴다고 하면 넉넉히 이 곤욕을 돌릴 수 있을 것이다. 그러나 그렇지 못하고 정부나 백성이 한 가지로 어두운 동굴 속에서 기어나오지 못하고 세력다툼이나 양반 재세에 기울어져 상투 짜고 관 쓰고 도포 입고 다니는 구습만 끌고 나간다고 하면 우리는 마침내 아주 뒤떨어지고 아주 쓰러지고 아주 사라져 없어지고 마는 자가 될 것이다. 사람들은 입을 열면 개혁을 말하거니와 백성이 낡은 대로 있는데 정부의 세력이나 제도를 바꾸었댔자 그것으로써 나라의 기울어짐을 바로 세움이 못된다. 백성 한 사람 한 사람이 덕스럽고 밝고 힘 있는 사람이 되기 전에 이 어둡고 흩어지는 백성의 떼를 가지고 부강하고 영광된 나라를 만들 수는 없는 것이다...우리에게는 오직 한 가지 길이 있으니 삼천리 방방곡곡에 새로운 교육을 일으켜 이천만 한 사람 한 사람이 덕과 지식과 기술을 가진 건전한 인격이 되고 이 같은 새 사람들이 모여 서로 믿고 돕는 성스러운 단결을 이루어 민족의 영광을 회복하는 기초를 닦는 일이 있을 따름이다(김기석, 2005: 85-6)."

김도태가 쓴 『남강 이승훈전』에 따르면 양복을 입은 청년 안창호는 이렇게 말하였다. "장차 일본 사람들이 우리의 피를 빨아먹고 4천 년 내려온 귀여운 나라를 일본

손에 빼앗길 것입니다. 우리 조상들이 전해준 모든 재보는 일본이 가져갈 것이요 우리의 사랑하는 아들과 딸들은 모두 일본의 남종과 여종으로 끌려갈 것입니다." 안창호의 눈에서는 이 말과 함께 눈물이 비 오듯 흘러내렸고 이 눈물을 본 청중은 일시에 소리를 내어 통곡을 했고 남강도 이 말을 듣다가 흑득흑득 느껴 울었다고 한다. 안창호는 이렇게 말하였다. "여러분 울기만 하면 무엇합니까? 우리가 못생겨서 당하는 일이니까 누구를 원망합니까? 우리가 분한 생각으로 일본 사람 하나를 때려죽이고 싶지만 그것 가지고는 안 됩니다. 일본 사람들은 서양문명을 받아 가지고 새 교육을 받기 때문에 세계의 대세를 알고 국민이 단결하여 한 덩어리가 되었습니다. 일본 사람은 4천만이라 하나 뭉쳐서 하나가 되고 우리는 2천만 동포가 모두 떨어져 2천만 각각 흩어져 있는 셈입니다. 그러니까 4천만의 뭉친 힘을 당할 수 없습니다. 우리도 그네를 막으려면 한데 뭉쳐서 한 덩어리가 되어야 합니다. 그리고 우리는 우물 안에 있는 개구리처럼 작은 한울만 쳐다보고 있습니다. 좀 넓은 세상을 바라보고 세계의 대세가 어떻게 되며 남들은 어떻게 사는가 하는 것을 좀 살펴보아야 합니다. 우리는 깨어야 합니다. 우리는 정신을 차려야 합니다. 이제라도 늦지 않으니 빨리들 깹시다. 깨는 데는 우리도 배워야 하고 우리 후진들을 잘 가르쳐야 합니다. 전날과 같이 상투를 짜고 앉아서 관을 쓰고 공자왈 맹자왈 하여서는 아니 됩니다. 두가단(頭可斷)이언정 발불가단(髮不可斷)이라든가 수가단(手可斷)이언정 수불가단(袖不可斷)이라 하여 백호도 치지 않는 머리와 넓은 소매를 그대로 두어야 한다는 낡은 사상을 가지고는 도저히 개혁할 수 없습니다. 의병을 일으키는 것도 좁습니다. 그러나 규율 없고 교양이 없는 군인은 아무 쓸데도 없습니다. 물고기를 낚으려면 먼저 그물을 만들어야 하는 것과 같이 우리나라를 바로 잡으려면 먼저 우리도 깨야 하고 우리 후진을 새 교육으로 가르칩시다. 만 가지로 드는 것보다 일심 정신으로 후배를 가르칩시다. 이것이 우리나라를 구하는 첫째 방법입니다(김도태, 1950: 189-190)."

도산이 말을 마치고 단에서 내려오자 남강은 빨리 그 앞으로 나아가 인사를 청하였다. 남강은 그(안창호)의 손을 굳게 잡고 말했다. "내가 오늘 당신의 하신 말씀을 잘 들었소. 참 좋은 말씀이오. 옳은 말씀이오. 사람이란 옳은 말은 곧 행하는 것이 제일이오. 나는 당신이 하신 말씀이 옳은 줄 알고 곧 행하기를 맹세하는 의미로 곧 이 자리에서 머리를 깎겠소." 이러한 맹세를 하고 돌아와 곧 머리를 깎았다(김도태, 1950: 190-191).

남강은 진실을 말하는 사람에게는 언제나 굴복하고 따를 준비와 자세가 되어 있었다. 안창호는 그보다 14세 아래인 청년이었으나 진실과 정직을 앞세우는 높은 인격을 가지고 세계정세를 뚫어보며 민족구원의 경륜과 방략을 가진 사상가였다. 정직과 진실을 최고로 내세우는 평안도 평민 도산과 남강의 만남은 마치 전기가 통하듯 엄청난 감동과 변화를 가져왔다. 김도태에 따르면 안창호의 연설을 듣고 남강의 심경은 돌변하였으며 예전의 남강은 이익을 가리고 양반을 꿈꾸고 성리학을 경모하는 사람이었는데 안창호를 만남으로써 과거의 선생의 탈을 한꺼번에 벗어버리게 되었다. 중국 중심의 사대사상, 주자학 숭배 사상을 버리고 서양 사람들의 새 문화를 수입해야 할 것이라고 결심하였다. 안창호를 만나고 비장한 결심으로 "나는 오늘부터 다시 났다. 아니 내가 다시 난 것이 아니라 새로 났다."고 부르짖었다. 그리고 이제는 하루 바삐 후진을 가르침으로 앞날의 사회는 새로워질 것이라고 확신하게 되었다(김도태, 1950: 191-192).

함석헌에 따르면 남강은 도산을 만나서 새 사람이 되었고 거의 종교적 회심을 하였다. "이제 남강은 새 사람이 되었다...작고 낡은 옛 자기의 또 한 껍질이 벗겨지고 보다 새롭고 보다 크고 보다 보람 있는 자기를 발견한 것이다...이때 남강의 일은 거의 종교적 회심이라 해야 옳을 것이다. 사람들이 한 때 남강을 미쳤다고 했던 것은 무리가 아니었다. 굉장히 감격하고 말을 하면 눈물을 흘리는 일이 많았기 때문이다...그러나 사실은 미친 것이 아니고 새로 태어난 것이었다. 미쳤다면 잃어버린 돈 때문이 아니라 새로 얻은 나라 때문에 미친 것이었다. 남강은 그전에 나라의 안에 살고 나라를 위한 일까지 했어도 참 의미에서 나라를 가졌다고는 할 수 없었다. 이제 그는 나라를 가진 것이다. 그것을 위해 살고 그것을 위해 죽을 나라를 이제 가지게 된 것이다. 나라와 자기가 하나가 된 것이다(함석헌, 1974: 422-423)." 남강은 도산의 연설을 듣고 돌아온 이튿날로 머리를 깎고 술과 담배를 끊기로 하였다. 나중에 남강은 자기가 평양에서 도산의 연설을 듣고 또 도산과 나라 일을 의논하게 된 것이 일생에 잊혀지지 않는 감격어린 장면이라고 하였다(김기석, 2005: 86-7).

남강은 본래 아침에 일찍 일어나서 집 안과 밖을 정돈하고 깨끗이 쓰는 습관이 있었는데 평양에서 돌아와서부터 한층 더 일찍 일어나고 동리 어구까지 나가 쓸고 풀을 뜯고 길을 넓히고 하였다. '몸을 깨끗이 하고 집을 깨끗이 하고 맘을 깨끗이 하는 것이 나라를 바로 세우는 길이라'고 한 도산의 말을 생각하였다. 동리 사람들도 차츰 그 뜻을 알고 여기에 화(和)하여 비를 들고 마당을 쓰는 사람이 많이 늘었고 남강의 뒤를 따라 풀을 뜯고 길을 넓히고 하는 젊은이의 수효가 늘어났다. 어느 날 저녁에 남강은 동리 사람들을 모아놓고 단정한 옷차림을 하고 말하였다. "(나는) 평양에서 미국에서 돌아온 청년 지도자 도산의 연설을 듣고 결심하여 단발하고 술과 담배를 끊고 나라에 몸을 바치기로 했다...백성 한 사람 한 사람이 새 사람이 되어 덕스럽고 지식 있고 힘 있는 사람이 되기 전에 나라를 구원할 길이 없음을 알아 이천만이 새로운 결심 아래 일어설 때가 왔다(김기석, 2005: 87-8)."

남강의 제자이며 서울대학교 사범대학 학장을 지낸 김기석은 남강과 도산의 관계에 대하여 이렇게 말했다. "남강은 도산의 식견과 그의 인격에 깊이 감탄하였다...두 사람 사이의 우정은 예사로운 우정이 아니고 민족의 영광된 기초를 닦기 위한 혼과 혼의 호응이었다. 남강은 도산의 경륜과 인격을 우러러보았고 도산은 남강의 강직함과 실천력을 높이 찬양하였다. 도산은 생각하면서 실천했고 남강은 실천하면서 결심하였다. 도산은 정성스러움이 그 바탕이었고 남강은 그칠 줄 모르는 헌신이 그의 생명이었다. 도산은 웅장했고 남강은 강건하였다. 도산은 고조선의 인자함과 신라의 빼어남을 합쳤고 남강은 신라의 빼어남과 고구려의 강건함을 합쳤다. 도산은 넓게 펼쳐지는 바다요 남강은 사납게 뿜어 오르는 화산이었다(김기석, 2005: 89-90)."

도산과 남강은 모두 평안도 평민으로서 바닥에서 스스로 자신을 일으켜 세운 이였다. 둘 다 민중의 한 사람으로서 민중을 사랑하고 믿고 존중하였다. 정직과 신의를 가장 중시하고 지극정성을 다하는 것은 두 사람이 똑같았다. 민중 속에서 태어나 민중의 지도자가 된 남강과 도산은 상위계층에서 태어나 지식인 명망가로서 민중을 이끌었던 서재필, 윤치호, 간디, 손문과도 달랐다. 도산도 그랬지만 남강은 가난한 가정에 태어나 가진 어려움과 고난을 몸소 겪고 올라온 데서 저들과의 차이가 있다(김기석, 2005: 91). 저들은 민중(민족) 위에 군림하는 지도자, 교사였다면, 남강과 도산은 민중 속으로 들어가 민중의 한 사람으로서 겸허하게 민중을 섬기는 지도자였다.

### 5) 사랑으로 민중을 깨워 일으키다

도산도 남강도 민족(민중)의 한 사람으로 살고 느끼고 생각하고 행동하였다. 평안도 상놈이었던 남강은 모든 차별과 억압에 저항하였고 정의를 가장 중시하였다. 남강의 민족운동은 "단순히 민족의 광복에 그치는 것이 아니고 그 본래의 기상을 회복하여 한 사람의 굶주리고 눌리는 자도 없이 덕스럽고 부강한 조국을 이루는 일이었다.(김기석, 2005: 92-3)"

민중을 가엾게 여긴 남강은 민중 속으로 들어가 어버이의 심정으로 민중을 깨워 일으켰다. 남강은 자기를 불쌍히 여겼던 그 맘으로 민족을 불쌍히 여겼다. 남강은 한민족을 불쌍히 여겨서 민족을 위해 헌신하였다. "남강의 민족에 대한 헌신은…백성과 땅이 불쌍하기 때문이었다(김기석, 2005: 92-3)." 그가 민족을 사랑한 것은 자기 눈으로 보는 이 땅 이 백성이 불쌍하기 때문이었다(김기석, 2005: 92). 못 살고 못 먹고 남에게 눌리는 백성 한 사람 한 사람이 불쌍해서 남강은 저들을 위하여 자기를 바치기로 한 것이었다. 남강에게는 백성 한 사람 한 사람이 덕스럽고 넉넉하게 사는 것이 문제요, 나라의 제도나 명목이 문제가 아니었다. 남강은 산이 메마르고 사람들이 혈색이 없는 것을 탄식하였다. 한번은 소먹이는 아이가 소를 끌고 앞을 지나간 일이 있었다. 소도 말랐고 끌고 가는 아이도 혈색이 없었다. 그는 이런 말을 하였다. "조선소는 소까지도 저렇게 말랐구나(김기석, 2005: 93)."

## 6) 기독교 신앙과 교육운동

남강은 도산을 만나 신민회 운동에 참여하면서 새로운 문명을 전적으로 받아들였다. 그가 머리를 깎고 술과 담배를 끊은 것은 낡은 관습과 생각을 버리고 새로운 문명의 새로운 생각과 가치를 받아들인다는 결심의 표현이었다. 그는 당장 서당에서 새 교육을 시작하고 학교를 세우고 마을의 생활을 혁신하였다. 도산과 다른 신민회 회원들이 그랬듯이 남강은 서양의 새로운 문명에서 자유와 평등, 민주공화의 민주정신과 진리를 추구하는 과학 정신, 영혼을 구원하고 바로 세우는 기독교 신앙을 받아들였다(김승태, 2002: 9-10). 평안도 상놈인 남강에게 민주공화의 사상은 복음이었다. 정직과 진실을 가장 중시했던 남강에게 과학사상은 진리였다. 자주 자립의 정신을 가지고 스스로 하고 스스로 배우고 스스로 되려고 했던 남강에게 영혼을 해방하고 구원하며 바로 세우는 기독교 신앙은 복음이고 진리였다.

남강은 국가를 위하여 헌신하기로 결심한 다음에는 교육과 산업에 전심전력을 다했고 기독교 신앙을 받아들여서 자신의 성품과 맘과 행동을 정화하고 심화하였다. "국가를 생각하게 된 다음에는 교육과 산업에 전심전력하셨고 기독교로 당신의 천품 성격을 무애(無礙)히 세척(洗滌)하여 정의심, 자유력을 진여(眞如)히 발휘할 제 그 전반생을 드려서 얻었던 부(富)를 빈(貧)으로 바꾸되 맘에는 아무 옮김이 없고 뜻을 앗으려 하는 위무(威武)가 그침없이 이르되 무슨 굴할 줄이 있었으리오!(유영모, 1922: 527)"

남강은 기독교 신앙을 자기 삶과 영혼의 중심에 받아들였다. 기독교 신앙은 남강의 삶과 정신을 더욱 깊고 굳세게 하였다. 고난과 시련을 겪을수록 남강은 더욱 강해졌다. 1911년 신흥무관학교 사건으로 체포되어 제주도에 유배 갔다가 105인 사건으로 다시 경성의 경무청으로 이송되어 1년 이상 모진 고문을 받았다. 고문을 받다가 여러 사람이 죽고 미치고 육체가 결딴이 났다(김기석, 2005: 120-122). 남강은 이 사건의 주모자라 하여 가진 고문을 다 받았다. 그러나 그는 함구불언하고 거짓 증언을 하지 않았다. 남강만이 고문을 이기고 버텨낸 연유를 김기석은 그의 신체력과 담력,

거짓말하지 않는다는 신념, 고매한 품격과 정신력에서 찾았다. 김기석에 따르면 경찰이나 형사들은 그를 문초하면서도 그의 인격에 눌렸고, 그의 강철 같은 신념과 하늘에서 떨어지는 것과 같은 정연한 말에 그들은 그만 머리가 숙였다(김기석, 2005: 123).

이 모진 고문을 당할 때 남강은 믿음으로 고문을 받아들였다. 남의 나라 사람에게 이런 모진 고문을 당하는 까닭은 부패한 나라의 죗값을 치르기 위한 것이라고 생각하였다. 모두 비명을 지르고 쓰러질 때에도 남강만은 꿋꿋하고 의연하게 고문을 이겨냈다. 남강은 건장했을 뿐 아니라 그의 정신과 영혼이 신앙으로 굳게 섰기 때문에 그 고문을 버텨내고 이겨낼 수 있었을 것이다. 남강은 고문받고 돌아와서도 감방에서 걸레질을 하며 청소를 하였고 다른 사람들을 위로하고 격려하였다(김기석, 2005: 116-7).

1911년 2월에서 1915년 2월까지 만 4년 동안 옥고를 치렀다. 감옥에서 그는 더욱 성실하였고 겸허하게 섬기는 삶을 살았다. "감옥 안에서 남강은 노끈 꼬기, 봉투 부치기 같은 일들을 하였다. 그는 그가 하는 일에 정성을 들였고 감옥 안의 규칙을 잘 지켜 곧 모범 복역자로 소문이 났다. 남강은 작은 일이나 큰일이나 하는 일에 힘을 붓지 않고는 못 배기는 성격이었다. 어려서 남의 방에 걸레를 칠 때나 자라서 자력으로 장사를 할 때나 인제 감옥에서 노끈을 꼴 때나 그는 하는 일에 소홀함이 없었다... 여러 차례의 옥고는 남강의 정신과 신념을 정련된 강철마냥 단련시킨 일이 되는 것이다(김기석, 2005: 126-7)."

**7) 그의 믿음은 그를 더욱 겸허하고 성실하게 섬기는 사람으로 만들었다.**

남강은 고문에 끌려가 피 흘리는 손과 부르튼 몸으로 돌아와서도 단정히 꿇어앉아 기도를 올렸다. 그는 유동열과 같이 일곱 사람이 한 방에 있었는데 방 청소는 혼자 맡아서 하였다. 구치감 방 안에서 밥 먹는 시간과 잠자는 시간을 제외하고는 손에 걸레를 들고 방안을 깨끗이 훔쳤다. '선생의 손이 언제나 편할까'라고 물으면 남강은 '걸레질하는 마음으로 잊지 말고 겨레를 위해서 일하겠노라.'고 대답하였다. 그는 동지를 나무라거나 형리를 욕하는 일이 없었다. 입을 열면 그는 동지들을 위로했고 이것이 시련이니 참고 이겨야 한다고 하였다. 그는 자기 일신이나 자기 가정을 걱정하는 말을 하지 않았다. 그는 곤고를 당하면 당할수록 정신이 한층 더 가라앉고 한층 더 힘을 얻는 것 같아 보였다. 문초하는 형사들이 불쌍해 보이기조차 한다고 하였다(김기석, 2005: 123).

신앙을 받아들인 후에 그의 품격은 한층 더 높아갔고 그의 신념은 갈수록 굳어갔다. 나중에 문초자들은 이 사람만은 고문이나 유혹으로 자백을 시킬 사람이 아니라고 하여 그대로 사건의 종말을 서두르기까지 하였다. 여기서 받은 심한 고문으로 하여 남강의 몸에는 전신에 성한 곳이 없이 허물이 졌다. 남강은 자신의 고난을 겨레의 고난에 연결시켜 추연해하였다(김기석, 2005: 124).

안악 무관학교 사건과 백오인 사건은 남강을 한층 더 높은 역사 위에 솟아오른 상(像)으로 만들었다. 남강은 단순한 개화주의자가 아니고 민족운동의 화신이 되었다. 이때의 남강은 완전히 "민족의 얼과 진리와 생명과 맥박의 통로"(김기석, 2005: 132)였다. 민족 전체와 온전히 하나로 된 남강은 민족 속에서 나를 보고 나의 속에서 민족을 보았다. 그는 자신을 가엾게 여기는 맘으로 민족을 가엾게 여겼다.

홀로 온갖 시련과 난관을 뚫고 자신을 일으켜 세워 삶과 사업을 이룩한 남강은 감옥의 고난과 시련을 이겨낼 준비와 훈련이 된 사람이었다. 그리고 감옥은 그의 인격과 정신을 더 깊고 높게 닦아내고 단련시키는 훈련장이었고 감옥에 있는 기간은 수행과 수양의 시간이었다(김기석, 2005: 126). 삼일운동으로 감옥에 들어갔을 때도 남강은 아침저녁으로 기도를 올렸다. 걸레로 감방을 깨끗이 훔쳤고 변기는 혼자 맡아서 들어내고 닦고 하였다. 그에게는 옥에 들어와 있는 것이 다 하나님의 뜻이고 가르치고 뉘우치게 하여 장차 크게 쓰시기 위함으로 생각되었다. 기도와 성경 읽는 일이 그의 옥중 생활의 대부분을 차지하였다(김기석, 2005: 231).

## 8) 민족과 역사에 깊이를 주다

기독교 신앙을 받아들인 후 남강은 하나님의 심부름꾼이 되었다. 그의 하나님 신앙은 그의 삶과 생각에 깊이를 주었을 뿐 아니라 그가 참여한 일에도 깊이와 높이를 주었다. 자신을 하나님께 바친 믿음의 사람이었기 때문에 그는 자기와 다른 사람들에게서 자유로울 수 있었고 한없이 겸허하게 남을 섬길 수 있었다. 삼일운동을 일으키고 재판을 받을 때 판사가 왜 이런 일을 했느냐고 묻자 남강은 거리낌 없이 "하나님이 시켜서 했다."고 대답하였다. 남강은 법정에서 이렇게 주장하였다. "나는 하나님을 믿는 사람이다. 하나님이 우리 인류를 내리실 때에 각각 자유를 주었는데 그동안 합방 10년 동안의 살림은 부자유, 불평등 속에서 짐승과 같은 생활을 하였으니 이제 자유롭게 살아 보아라 하는 하나님의 말씀을 따라가려는 행동이다(김도태, 1950: 287)."

하나님을 믿었기 때문에 남강은 죽음을 두려워하지 않았고 자기를 한없이 낮출 수 있었다. 남강은 죽기 며칠 전에 오산학교 동창회에서 이승훈의 동상을 세우고 전국의 수많은 인사들과 학생들이 모인 자리에서 동상 제막식을 하였다. 그는 이 자리서 자신이 하나님의 심부름꾼임을 말했다(김기석, 2005: 363 – 4; 함석헌, 1974: 406). 하나님을 믿었기 때문에 그는 한없이 겸허할 수 있었고 자기를 비우고 버릴 수 있었으며 자유롭게 헌신할 수 있었다. 이찬갑에 따르면 그는 동상 제막식 전날 성경 연구 모임에서 기쁨이 가득한 얼굴로 이렇게 말했다. "나는 예수 믿어. 감옥에 들어간 뒤 성경을 보는 가운데 나의 마음은 변하였다. 구약 스무 번, 신약 백 번을 보는 가운데 변화하였다. 그것은 예수께서 하셨는지, 성신께서 하셨는지 나는 모른다마는 하나님께서 그렇게 하신 것은 믿는다...나는 '주여 감사합니다. 지금까지 이기게 하여 주심 감사합니다. 지금까지 오게 하심처럼 끝까지 이겨 나아가게 하여 줍소서'하고 기도한다. 이것이 나의 기도이다(李贊甲, 1934: 540 – 541)."

이승훈은 철저한 믿음의 사람이었지만 교리나 교회의 제도와 형식에 매이지 않았다. 그의 신앙은 생명을 깊고 높고 온전하게 실현하는 신앙이었다. 그의 삶과 행동, 말과 생각은 종교적인 냄새가 나지 않았지만, 신앙의 높은 품격과 향기가 배어 있었다. 그의 삶과 정신에서 '한'(한겨레)의 정신과 기독교 정신이 제대로 결합되었다. 그는 하늘(하나님)을 품고 살았던 '한'의 사람이고 자기를 버리고 겸허하게 섬기는 예수

(기독교)의 사람이었다. 그는 삼일운동에 정신의 깊이와 품격을 주고 맘과 혼을 불어넣었다.

남강은 민족의 위기 속에서 새 문명과 신앙을 받아들임으로써 한민족의 생명력과 정신력을 크게 드러내고 실현할 수 있었다. 그의 삶과 행동을 통해서 한민족의 생명과 정신이 참되고 선하고 아름답고 거룩하게 표현되고 실현되고 정화되고 완성되었다. 삼일운동 후에 최남선은 남강에 대하여 이렇게 말하였다. "이승훈 선생의 인격은 요즈음(時下)의 조선이 가진 바 가장 귀중한 민족적 재산의 하나외다. 그 일생을 통하여 시현(示現)된 '조선인'의 본질미(本質美)는 그 자신이 훌륭한 시(詩)요 음악이요 또 숭고정전(崇高整全)한 종합적 예술이외다...나는 선생을 뫼시고 지낸지 이미 단소(短小)치 아니한 세월에, 그 일동일정일어일묵(一動一靜一語一默)의 사이에 진솔한 생명이 넘치는 '무슨 한 가지'의 계시를 받아 항상 큰 힘을 받자와 왔습니다(최남선. 1922: 525)." 최남선에 따르면 남강의 삶과 행동은 한민족의 본질을 아름답게 표현한 것이요 남강의 인격과 존재 자체가 '훌륭한 시요 음악이요 숭고하고 깔끔하고 온전한 종합예술'이다. 남강은 '진솔한 생명이 넘치는' 이였다. 이찬갑도 남강에게서 조선 사람의 충만한 생명력이 분출하는 것을 보았다. "그 때에 나는 사실로 보았다. 무엇인지 아주 귀한 것이 더할 데 없이 기한이 찬 듯이, 이제 조금만 지나면 만개(滿開)할 듯한 것이었다. 방금 열리어질 듯이 준비되고 꼭 차 있는 듯함이었다...사랑의 하나님을 시원이 생명답게 보이고 싶음이었다...나아갈 수 있음을 보았다...언젠가 당신은 '오산사람도 정주사람도 서울사람도 다른 아무 곳 사람도 아니다. 조선사람이다. 조선을 위하여 일하다가 죽을 조선사람이다.'하고 부들부들 떨으시며 불타오르는 듯하는 훅훅 내뿜는 기세로 말씀하시었다(李贊甲, 1934: 541–2)."

나라를 잃고 종살이하는 한민족을 나라의 주인과 주체로 살리고 깨워 일으키려고 남강은 사랑과 헌신으로 민족을 섬기는 종이 되었다. 섬기는 종 남강을 통하여 한민족은 깊고 아름답고 온전하게 살아나고 표현되고 실현되었다.

## 3. 서번트 리더십의 실행과 모범

남강은 말보다 행동이 앞서는 스승이요 지도자였다. 서번트 리더십은 말로 지시하고 명령하는 지도력이 아니라 스스로 깨닫고 행동하도록 이끄는 지도력이다. 스스로 깨닫고 행동하게 하려면 가르침의 내용을 말로 하기 전에 먼저 몸과 맘으로 실행함으로써 모범을 보일 필요가 있다. 남강은 몸으로 가르치는 스승이요 행동으로 이끄는 지도자였다.

### 1) 교육 현장, 섬기는 스승

남강이 신민회 정신에 따라 세운 오산학교의 교육 목적은 민족운동의 인재와 국민교육의 사부(師傅)를 양성하는 것이었다. 오산중학교는 민족운동의 간부를 양성하는 종합훈련학교였으며, 국가학과 헌법 대의도 가르쳤으며 민족정신을 고취하고 민족성의 혁신을 추구하였다(김기석, 2005: 113-4).

남강은 1907년 2월에 상업활동을 완전히 중단하고 7월에 도산을 만났으며 8월 초에 강명의숙을 세우고 12월 24일에 오산중학교를 세웠다(김기석. 2005: 110, 113). 남강은 유림대표 백이행을 교장으로 세우고 학교 일은 여준(呂準), 서진순 두 선생에게 맡기고 학교의 살림과 시설을 위하여 동으로 서로 거의 침식을 잊고 분주히 다녔다. 남강 역시 기숙사에 유숙하면서 학생들과 같이 자고 아침에 같이 일어나고 같은 자리에서 밥 먹고 같은 뜰에서 시종 학생들과 만나고 하였다(김기석, 2005: 113).

남강은 오산학교를 위해 모든 것을 바쳤다. 자신의 시간과 노력, 재산과 열정을 모두 바쳤으므로 그는 학교에 미친 사람이라는 별명을 들었다. 그는 학교를 위해 물불을 가리지 않고 뛰어다녔다.[3]

남강은 학교를 세우고, 운영하고 학생을 가르치는 모든 과정에서 서번트 리더십을

---

[3] "고난에 부딪치면 부딪칠수록 학교를 위하여 자기를 바치겠다는 매운 결심이 가슴에 서리는 것이었다. 교육을 통해 나라를 구하는 길이 가장 확실한 길이 된다는 것을 남강은 도산으로부터 들었거니와 이 신념을 도산 이상으로 실천에 옮긴 이가 남강일 것이다."(김기석, 2005: 160)

보여주었다. 섬기는 지도자로서 남강은 남에게 의지하지 않는 자립과 자주의 정신을 확고히 가졌지만 모든 일을 홀로 하지 않고 다른 사람과 더불어 하였다. 그는 다른 사람이 자신들의 힘과 재주, 지식과 자산을 가지고 참여하여 함께 일을 이루도록 이끌었다. 도산을 만난 후 오산학교를 세우려고 할 때 그는 큰 자산도 없고 대단한 학식도 없고 내세울 만한 명망도 없었다. 그러므로 그는 학교를 세우는 일에 대해 사흘 밤 동안 잠을 이루지 못하고 깊이 생각하였다. 남강은 먼저 그 지역의 유지들과 자산과 재원을 움직여서 학교를 세우려고 하였다. 당시 정주지역에는 향교가 있었고 향교는 많은 재산을 가지고 있었다. 남강은 평안북도 관찰사 박승봉을 움직여서 선비들이 모여서 공부하던 승천재에 학교를 세우기로 하고 운영기금으로 향교의 재산을 전용하였다(김기석, 2005: 111, 137). 몇 해가 지나지 않아서 관찰사 박승봉이 그 지역을 떠나자 향교측은 학교에 간섭하며 운영권을 내놓든지 학교를 축소하라고 주장하였다. 남강은 향교 자산을 돌려주고 자기 재산을 다 털어 넣고 모금을 하여 학교를 독립시켰다. 남강은 자기 형님의 땅과 자기 땅을 모두 팔아서 학교의 기본재산을 만들었다. 그리고 평안도 유지와 동지들을 조직하여 찬무회를 만들고 그들의 성금으로 매달 40원의 경상비를 얻어 간신히 현상을 유지해 갔다. 향교 재산을 돌려준 후 오산중학교는 심한 어려움에 처했다. 남강은 오산학교의 교사들을 굶길 수 없다며 쌀독에서 쌀을 퍼왔고, 학교에 기와를 입히기 위하여 자기 집 기와를 벗겨 이것을 옮겨다 이었다.(김기석, 2005: 131). 학교 운영을 위해 집마저 팔려고 할 때 가족들의 불평에 대하여 남강은 "다 팔아 학교에 부치고 우리는 학교 곁에 건너가 학생들의 밥이라도 해주면 되지 않느냐" 하였다(김기석, 2005: 160 – 161).

남강은 오산의 설립자이자 교장이며 실무 책임자였다. 또한 학교의 교사이며 학생이었고 학교의 온갖 잔무를 맞아하는 심부름꾼이었다. 그러나 남강은 스스로 교장의 명의를 띄기를 원치 않았고 배운 학문이 없다고 하여 시간에 들어가 학생들을 가르치는 일에 감당치 못한다고 하였기 때문에 스스로를 교장이라 말하지 않았다. 이름으로서는 아무것도 아니었으나 내용으로는 학교를 끌고 나가는 대들보였다(김기석,

2005: 138, 162). 1910년 7월 11일 1회 11명의 졸업생들에게 남강은 이렇게 당부했다. "어디 가서나 거짓말을 하지 말고 남을 속이지 말고 자기 맡은 일을 게을리 말고 행하여 민족의 영광을 높이는 훌륭한 인물이 되라(김기석, 2005: 168)." 정직하고 진실하게 민족을 섬기는 사람이 되라는 말이다. 옥고를 치르고 나온 남강은 졸업생들에게 이렇게 말했다.

> "우리가 할 일은 빼앗긴 나라를 다시 찾는 일이요, 이것을 찾아서 영광스러운 나라로 만드는 일이다. 그런데 이 일을 위해서는 해외에 나가는 일도 필요하고 밖에서 군대를 길러 쳐들어오는 일도 필요하다. 또 세계의 여론을 일으켜 우리에게 유리하도록 이끌어 남의 지원을 받는 일도 필요하다. 그러나 백성 한 사람 한 사람이 깨어 일어나 밝고 덕스럽고 힘 있는 사람이 되기 전에는 이 모든 일이 헛된 일이 될 것이다. 10년 앓는 병에 7년 묵은 쑥이 약이 된다고 하거니와 그 쑥이 없으면 인제부터라도 묵혀야 할 것이다. 나는 우리 학교 졸업생들이 방방곡곡에 흩어져 백성 속에 들어가 그들을 깨우치고 그들의 힘을 길러 민족 광복의 참된 기틀을 마련하는 자가 되기를 바란다."(김기석, 2005: 189)

방방곡곡에 씨알처럼 흩어져서 10년 앓는 고질병을 고치는 7년 묵은 쑥과 같은 약이 되라는 말은 이름 없이 빛도 없이 자신을 희생하고 헌신하여 생명을 살리고 치유하는 사람이 되라는 것이다. 이것은 겸허하게 자신을 희생하여 남을 살리고 고치고 세우는 섬기는 종의 맘가짐과 자세를 나타낸다. 남강은 학생들에게 백성을 깨워 일으켜 밝고 덕스럽고 힘 있는 사람이 되게 하는 섬기는 지도자가 될 것을 당부한 것이다.

### 2) 교사들에 대한 남강의 정성과 섬김

남강의 서번트 리더십은 오산학교의 교사들을 대하는 데서도 확연히 드러난다. 남강은 경기도 사람 여준(1862~1932)을 교사로 모셨다. 여준은 유교와 동양의 학문에도 밝을 뿐 아니라 서양의 새로운 학문에도 정통한 대단한 학자였고 애국의 열정과 의지를 가진 독립지사였다. 여준과 서진순 선생이 오산학교를 이름나게 하는데 기여했다. 여준은 한학과 신학문에 조예가 깊어 모든 학과를 두루 가르쳤고 서진순은 24세의 청년으로 육군연성학교를 마치고 체조와 훈련을 담당했다(김기석, 2005: 138). 남강이 이처럼 지역의 유지와 자산을 움직이고 뛰어난 학자를 교사로 모실 수 있었던 것은 그가 사심 없이 오직 일이 되게 하는 일꾼이고 사람을 알아보는 높은 안목을 가졌기 때문이다. 남강은 여준에게 새로운 학문을 배웠으며, 여준이 학교교육에 전념하도록 정성을 다해 뒷바라지를 하였다. 남강은 여준에게서 양계초의 「음빙실문집」(飮氷室文集)과 유길준의 「서유견문」을 배웠고 세계정세에 대해서 이야기를 들었다. 시간이 있을 때 남강은 여준의 수업시간에 뒷자리에 앉아서 학생들과 함께 강의를 듣기도 했다(김기석, 2005: 144-5).

여준은 남강의 뜻을 존중하였고 남강은 여준을 선생으로 존중하고 받들었다. 여준은 학교 안에 흙을 쌓아 작은 언덕을 만들고 나무와 꽃을 심고는 매일 아침 남강으로 하여금 그 언덕에 올라서 학생들에게 훈시를 하도록 하였고 자신도 말을 하였다. 남강은 외출하지 않을 때는 기숙사에 머물면서 여준에게 글도 배우고 학생들과 교정도 쓸었다. 남강은 학교 전체가 한 맘이 되게 하였다. 남강의 이야기를 들으면서 (선생과 학생들은) 어떤 때는 그만 울음바다가 되기도 했고 어떤 때는 화기애애한 속에서 웃으면서 자기 방으로 몰려 들어가기도 하였다(김기석, 2005: 140-141).

여준은 오산중학교의 교육내용과 체계를 확립했고 학교의 정신과 기풍을 조성했다. "민족의 학원으로서의 오산학교의 품격과 교풍은 모두 시당 여준으로부터 우러나왔다. 학과 편제와 시간표와 교가와 기숙사 생활과 동문회 조직과 학생들의 모여서 서로 보론하는 규제(規制)가 모두 여준의 손을 거쳐 나왔다(김기석, 2005: 163)." 이처럼 남강은 여준이 학교교육의 주인과 주체로서 자기의 기량과 뜻을 맘껏 발휘하도록 돕고 협력하였다. 남강과 여준이 서로 협력하고 맘과 뜻을 하나로 통하게 함으로써 짧은 시간 안에 오산학교는 큰 명성과 신뢰를 얻게 되었다. 만일 남강이 학교운영을 권위주의적으로 하였다면 오산학교의 성공은 처음부터 가능하지 않았을 것이다. 남강이 섬기는 종으로서의 맘가짐과 행동을 확고하게 지켰기 때문에 여준과 같은 큰 학자가 자신의 뜻과 실력과 정성을 다 바쳐서 오산학교를 반석 위에 올려놓을 수 있었다.

남강의 이런 정성과 헌신은 다른 교사들에게도 마찬가지였다. 남강은 유영모를 과학교사로 초빙하였다. 사업을 할 때 남강은 서울에서 피혁 상점을 운영하던 유영모의 부친과 사귀었는데 유영모가 과학에 재능이 있다는 소문을 듣고 직접 찾아가서 유영모를 오산학교 교사로 초빙하였다. 1909년 봄에 20세의 유영모는 기독교 신앙을 가지고 수업을 함으로써 오산학교 교육에 큰 변화를 가져왔다(박영호, 2001: 199－200). 남강도 기독교 신앙을 받아들이기는 했지만 아직 오산학교를 기독교 학교로 만들 생각을 하지는 못했다. 그러나 유영모의 기독교 교육이 학생들에게 큰 영향을 주고 학생들의 마음과 생각을 변화시키는 것을 보고 점차 오산학교를 기독교 학교로 바꾸게 되었다. 남강은 변화를 두려워하지 않았고 진실하고 옳은 일은 언제나 받아들일 태세가 되어 있었다.

정주 출신인 이광수도 1910년에 오산학교 교사로 초빙되었는데 이광수의 이야기를 들어보면 남강이 이광수를 교사로서 얼마나 떠받들고 존중했는지 알 수 있다. 당시 19세의 소년 이광수는 이미 문필가로 이름이 나 있었다. 이광수의 회고에 따르면 그가 고읍역에 내릴 때 남강을 비롯해서 전 교직원이 마중을 나왔고 수 백 명의 학생들이 열을 지어 환영하였다. 이광수는 자기와 같이 훌륭한 인물이 이런 시골 학교에 교사로 오는 것이 교직원들과 학생들에게는 큰 영광이라는 듯 거만한 마음을 가지고 대하였다. 남강은 소를 잡아 잔치를 벌이면서 이광수를 교사로 환영하였다. 비록 월급은 적고 학교시설은 빈약했지만 소년 교사 이광수에 대한 남강의 정성과 헌신은 한없이 깊고 컸다. 이렇게 환영을 받은 이광수는 할아버지가 병이 들었다는 핑계로 학교 수업은 하지 않고 고향 친구들과 술을 먹으며 노는 일에만 열중하였다. 남강은 이광수를 교사로 뽑은 것을 잠시 후회하고 방학이 되면 돌려보낼 생각을 했다고 한다. 그러나 이광수는 할아버지가 죽자 맘을 가다듬고 가진 능력과 재주를 다하고 혼신을 다하여 교육에 헌신하였다. 그는 학생들과 한 몸 한 맘이 되었을 뿐 아니라 마을 일에도 헌신을 하여 마을 사람들을 가르치고 깨워 일으키는 일에 앞장섰고 교회에서 설교하고 가르치기도 하였다. 그는 자신의 재주와 능력을 다 바쳐 가르치고 이끌었으므로 학교와 마을과 교회의 중심에서 이끄는 기둥이 되었다(이광수, 1936: 545).

한일합방이 되고 남강이 1911년 2월에 안악사건으로 체포되고 제주도에 유배되자 여준은 일제의 식민통치 아래서는 제대로 교육을 할 수 없다고 판단하고 만주로 가서 독립운동과 교육운동에 헌신하였다. 남강과 여준이 학교를 비웠을 때 이광수는 교장대리로서 학교와 마을을 이끌기도 했다.

오산학교에서 여준, 유영모, 이광수가 주인과 주체로서 자신의 능력과 뜻을 맘껏 펼치게 된 것은 남강의 섬기는 지도력이 있었기 때문이다. 남을 주인과 주체로 섬기고 받드는 남강의 서번트 리더십은 고당 조만식(1883~1950)과의 관계와 협력에서 가장 큰 빛을 발휘하였다. 조만식은 일본 메이지 대학 법학부를 졸업한 인재였다. 여준, 유영모, 이광수가 오산학교를 떠나고 남강은 105인 사건으로 투옥 중일 때 조만식은 학교의 중심과 질서를 잡기 위해서 잠시만 일한다는 조건으로 왔다가 전후 세 차례에 걸쳐 9년 동안 오산학교의 교육을 맡았다. 그는 오산학교에서 9년 동안 아무 보수도 받지 않으면서 자신의 능력과 재주, 정성과 뜻, 얼과 혼을 다 바쳐 학생들을 교육하였다. 남강과 고당이 함께 오산학교 교육을 이끌었던 1915~1919년의 기간이 오산학교의 황금시대로 알려졌다. 1915년 2월 감옥에서 나와 학교에 돌아온 남강은 고당의 노고를 치하하고 자기는 운영만 전담하고 교육은 고당에게 일임하기로 하였다. 남강과 고당이 함께 학교에 머물렀던 1915년에서 1919년에 이르는 5년 동안은 오산학교 교육의 황금시대였다. 조만식은 자신의 몸과 마음을 다해 학생들을 가르쳤고, 남강은 조만식을 전적으로 신뢰하고 앞세웠기 때문에 그들의 정신과 인격이 한데 어울려 학생들을 이끌 수 있었다(김기석, 2005: 260).

학생들에게 절대적 신뢰와 존중, 권위와 영향력을 가진 두 인물이 한 작은 학교에서 공존할 수 있었던 것은 둘 다 깊고 높은 인격을 가졌고 둘 다 섬기는 종으로서의 지도력을 확립하고 실천했기 때문이다. 조만식이 이처럼 빛나는 큰 스승으로서 우뚝 설 수 있도록 남강은 그에게 교육의 주권과 전권을 주었다. 남강의 섬기는 지도력(서번트 리더십)을 바탕으로 오산중학교는 위대한 교육의 전통을 세울 수 있었다.

### 3) 함께 일하며 가르치다

오산학교 교육의 가장 큰 특징은 교사와 학생이 함께 생활하고 함께 일하면서 가르치고 배운다는 것이다. 남강뿐 아니라 고당도 학교 기숙사에서 함께 자고 먹으면서 아침에 일어나면 함께 청소하고 운동을 하였다. 조만식은 눈이 오는 날이면 가장 먼저 교정에 나와 눈을 쓸어 길을 정비하여 선생과 학생들이 다닐 수 있게 하였다. 이승훈도 학생들과 함께 자고, 먹고, 일했다(김기석, 2005). 남강은 학생들이 왕자와 같은 고귀한 존재이고 나라를 구할 귀중한 인재들이라고 보았다(김기석, 2005: 191). 선생들은 가르치고 학생들은 공부하도록 허드렛일은 자기가 맡아 하겠다면서 남강은 기꺼이 학생들과 교사들을 섬기는 종이 되었다. 밖에서 모금을 하려고 돌아다닐 때가 아니면 그는 늘 학교에서 마당을 쓸고 변소를 청소하는 일을 하였다. 한번은 추운 겨울에 변소에 대변 무더기가 얼어 올라왔다. 남강은 도끼를 가지고 들어서서 얼어 올라온 덩이를 까다가 얼음 똥 조각이 튀어서 입으로 들어오기도 하였다. 훗날 그는 학생들에게 똥 먹은 자랑을 하기도 하였다(김기석, 2005: 174; 함석헌, 1974: 406).

그는 궂은일 험한 일 하는 것이 몸에 뱄고 기꺼이 앞장서서 궂은일을 하였다. 그는 학생들이 자신처럼 궂은일, 험한 일을 스스로 하는 사람들이 되기를 바랐고[4] 남강 자신이 본을 보였다. 남강은 자신이 섬기는 종이 될 뿐 아니라 학생들도 섬기는 종이 되도록 이끌었다. 학교 건물을 지을 때는 남강이 앞장서서 교사와 학생들과 함께 돌과 목재를 나르기도 하였다[5]. 남강과 교사들과 학생들이 땀 흘려 함께 지은

---

4) "새로운 인재란 글만 많이 읽고 태도가 도도하고 손이 하얀 선비가 아니라, 나라를 위해 헌신할 수 있고 실지로 손에 비 들고 괭이를 잡는 자라야 하였다. 남강은 학생들에게 신학문 가르치는 일은 선생들에게 맡기려니와 뜰을 쓸고 변소를 깨끗이 하고 하는 일은 자기가 맡아야 할 것으로 생각하였다." (김기석, 2005: 188)

학교 건물은 학생들의 땀과 정성이 깃든 것으로 소중한 것이었다. 이렇게 교육을 받은 오산학교 학생들은 험한 일을 꺼리지 않고 남보다 앞서 행동하고 일하는 실천적인 인물들이 되었다. 학교 옆에 교회를 지을 때 교인들과 선생과 학생들의 힘으로 지었다. 그 뒤 교사를 지을 때도 남강은 재목과 돌을 선생·학생들과 함께 손수 날라왔다.

### 4) 학생의 심정과 처지에서 학생을 가르치다

남강은 학생을 주체로 여기고 학생의 심정과 처지를 헤아려 가르쳤다. 그는 다른 사람들을 타이를 일이 있으면 적절한 기회를 찾았고, 자연스럽고 조심스럽게 일러주었다. 또한 남강은 학생들 스스로 느끼고 생각하고 깨닫도록 이끌었다. 그러므로 말보다는 행동과 모범으로 가르쳤다. 한일합병으로 나라를 빼앗긴 후 가을학기에 학생들이 학교에 나오자 남강은 학생들에게 나라를 빼앗긴 슬픔과 분노를 함께 나누었다. "개학하는 첫날 남강은 학생들을 데리고 학교 뒷산으로 올라가 언덕 위에 정렬시키고 동쪽을 향하여 서게 하였다. 학생을 마주 보고 서더니 5분 10분 그대로 서서 말없이 눈물만 흘러내렸다. 눈물은 뺨을 흘러 옷깃을 적시고 다시 땅에 떨어졌다. 소나무 가지를 스치는 바람 소리와 이따금 새소리가 들릴 뿐 조용한 시간이 흘렀다. 얼마 뒤 남강은 내려가자고 하면서 내려왔다. 학생들의 가슴 속에는 그때의 남강의 모습과 시간이 영원히 아로새겨져 꺼지지 않는 등불을 그들의 가슴에 켜놓은 것이었다. 이 일이 있은 후로 남강의 학교에 대한 열성은 한층 더 불타오르는 것같이 보였다. 그는 일을 위하여 세상에 나온 사람이거니와 바람이 거세면 거셀수록 그의 날개는 피곤을 모르는 불사조의 날개마냥 한층 더 세차게 떨쳤다(김기석, 2005: 168)." 남강이 학생들을 데리고 산에 올라가서 아무 말 없이 서로 바라보며 눈물만 흘리다 내려온 것은 학생들에게 지시, 명령하고 주입하는 가르침이 아니라 학생들이 스스로 느

---

5) "육체노동의 고귀함과 벅참을 알게 하고 협동과 봉사의 정신을 기르자는 것이고 그 이루어진 물건에 대한 정신적 애착과 그리움을 갖게 하자는 것이고, 대자연과의 생의 공감을 체득하게 하자는 것이었다."(김기석, 2005: 170-171, 190)

끼고 생각하게 하는, 섬기는 종의 가르침의 방식이라고 생각된다. 이것은 학생들을 삶의 주인과 주체로 존중한 것이고 가르치는 이와 배우는 이가 서로 주체로서 함께 느끼고 함께 생각하며 가르치고 배우는 교육의 방법이다.

### 5) 사랑으로 가르치다

남강은 학생들을 사랑으로 존중하며 가르쳤다. 학생을 주인과 주체로 세우려면 사랑으로 가르쳐야 한다. 사랑으로 가르치기 위해서 남강은 학생들의 친구가 되기도 하였다. 학생들의 얼굴과 이름을 잘 기억했고 학생들과 만나고 이야기하기를 좋아했고 동문회 모임에 참예하여 같이 의견을 발표하였다. 선생이나 학생이나 정다운 가족으로 동기와 어버이의 심정으로 대하고 그들의 어려움을 보살펴 주었다(김기석, 2005: 174).

1911년 무악사건으로 제주도에 유배되었을 때도 남강은 섬기는 종과 어버이로서의 가르침을 실행하였다. 제주도에서 남강은 제주교회 김장로의 알선으로 조그만 숙소에 머물면서 아침에 일어나면 집 안과 밖을 깨끗이 청소하고 낮에는 마을 사람들의 일을 도왔으며 밤이 되면 성경을 공부하고 기도하는 시간을 보냈다. 남강은 어린 아이들을 보살폈고, 동네 청년들과 함께 우물을 깨끗이 치기도 하였다. 남강이 온 후로 그 동네는 확실히 깨끗해졌고 싸움이 없어졌으며 교회에 나가는 사람의 수효가 늘었다. 그리고 당시 한일합병 초기에 전국의 사립학교 수가 크게 줄었는데 제주도에서는 11개교에서 24개교로 늘었다(김기석, 2005: 118). 교육을 강조한 남강의 영향이 컸을 것으로 생각된다.

3·1운동이 실패로 끝나자 학생들 사이에는 민족 지도자들을 불신하고 멀리하는 풍조가 일어났다. 사회주의 바람과 결합되어 학생들은 일제와 학교당국에 저항하는 운동이 퍼져나갔다. 민족주의 진영과 사회주의 진영으로 갈라져서 싸우면서 학생들은 학교에 저항하는 것을 일제에 저항하는 것으로 생각하는 풍조가 있었다. 그리하여 선생과 학생 사이의 분열이 생겼을 때조차 남강은 끝까지 학생들을 신뢰하고 존

중하는 맘을 잃지 않았다. 광주학생항일운동 이후 오산학교의 학생들이 동맹휴학에 참여하기 위해 정주읍으로 몰려가자 남강은 버선발로 학생들을 따라 정주까지 이어진 눈길을 걸었다. 남강은 학생 간부들을 집으로 불러 그들의 의견을 자세히 듣고 학교로서 고칠 것은 즉석에서 고치면서 학생들의 고칠 것도 일러주어 그들에게 올바른 방향을 제시해주는 일도 잊지 않았다.

그러나 남강이 언제나 부드럽고 좋은 말만 한 것은 아니다. 학생을 자식처럼 사랑했으므로 엄하게 꾸짖을 때는 마음에 충격을 받을 만큼 엄하게 꾸짖었다. 오산학교 졸업생 김정선이 집에서 놀고 있을 때 그가 사는 곳 가까이 온 남강을 만났다. 남강이 그에게 무엇을 하고 있는지 물어서 아직 하는 것이 없다고 대답하자 남강은 "뭐이 어째 놀구 있어. 요런 안 된 놈 안고수비(眼高手卑) 눈은 높고 손은 서러서, 알지도 못하는 놈이 속만 교만했구나. 너 내일부터라도 남의 사랑방 요강 부시기라도 해라. 놀구 있다니, 젊은 놈이."라며 크게 꾸짖었다. 고향 사람들 앞에서 야단을 맞은 그는 처음에 서운했으나 "선생님은 바른 교훈과 옳은 권담에는 체면과 장식이 없으신 분이오 직재(直裁)한 가르침 그뿐이었다. 나를 사랑하기 때문에 특별히 하신 책망이었음을 절실히 느낀다."고 하였다(金旺善, 1950: 349–350).

그는 죽을 때 자신의 몸을 땅에 묻지 말고 해부하여 표본으로 만들고 학생들의 공부에 보탬에 되게 하라고 유언하였다(김도태, 1950: 318; 김기석, 2005: 368~9). 남강은 자신의 재산과 생명을 바치고 죽은 몸까지 바치며 섬기는 지도력의 모범을 보였다. 종처럼 부모처럼 끝없는 사랑으로 한없이 희생하고 헌신하며 섬겼던 남강의 삶과 죽음은 학생들에게 큰 가르침과 감동을 주었다. 그가 죽었을 때 오산학교 500명 학생은 오랜 시간 통곡으로 눈물의 바다를 이루었다. 함석헌에 따르면 남강의 위대함은 고귀한 사랑의 정복력에 있다. 그의 유해가 5월 16일 밤 9시에 열차로 떠날 때 500명의 학생이 한 소리로 '선생님!'하고 통곡했다. 기차가 떠난 후에도 오랫동안 통곡하는 학생들은 부형들의 위로로 간신히 발길을 돌리었으나 5리 넘는 교정까지를 울면서 걸어가 이승훈의 동상 앞에 엎드려 통곡하였다. 남강은 종처럼 부모처럼 사랑으로 학생들을 가르쳤으며, 반항하고 저항하는 학생들까지 사랑으로 품고 이끌었다. 그가 죽었을 때 오산중학교 500명 학생들의 오랜 통곡은 사랑으로 섬기며 가르쳤던 스승 남강에 대한 제자들의 참회와 감사와 이해의 표시였다.

## 6) 삼일독립운동의 지도자

### (1) 죽을 각오로 살다

남강의 섬기는 지도력은 삼일독립운동을 준비하고 조직하는 과정에서 크게 발휘되었다. 1915년 2월 백오인 사건으로 옥고를 치르고 나온 남강은 비교적 평온하게 지냈다. 1918년 1차 세계대전이 끝나고 파리강화회의가 열린다는 소식과 함께 세계 정세가 변하고 있음을 알고 있었던 남강은 무엇인가 몸 바칠 일을 찾고 있었다. 1918년 12월 상해에서 독립운동을 일으키기 위해서 국내로 파송된 선우 혁이 남강을 찾아왔다. 독립운동을 일으키자는 선우 혁의 제안을 듣고 남강은 "방에서 누워 죽을 줄 알았더니 인제 죽을 자리가 생겼구나!" 하며 기쁨을 감추지 못하였다(김기석, 2005: 205). 이때 남강은 독립운동을 준비하기 위해 땅부터 팔았다고 한다.

남강은 삼일독립운동을 위해서 준비된 사람이었다. 오산중학교 졸업생 박현환에 따르면 남강은 학교에 있을 때, "무슨 (할)일이 없나"라며 한탄 중에 있었다. 최남선이 오산학교 경영에 관한 일로 남강을 서울로 부른다고 전하자 남강은 "학교 일이 아니야. 되었어. 되었어." 하면서 무척 기뻐하였다고 한다(김기석, 2005: 208). 나라를 위해 헌신하고 죽을 각오를 한 남강은 온 힘을 다해 일을 추진할 수 있었다. 당시 박영효, 한규설, 윤치호, 윤용구 등 저명한 유력 인사들이 민족대표로 독립운동에 참여해달라는 요청을 모두 거절했으나 남강은 기꺼이 참여할 뿐 아니라 기독교 측 민족대표들을 조직하고 준비하는 데 앞장섰다(김기석, 2005: 207-8).

일을 시작하자 남강은 무서운 추진력을 발휘하였다. 이승훈과 천도교 손병희 사이에 다리를 놓은 송진우, 최남선이 소극적이어서 일이 추진되지 않자 남강은 천도교가 하지 않으면 기독교 인사들만으로 독립운동을 추진하겠다며 밀고 나갔고 손병희와 직접 만나서 함께 하기로 합의하였다. 남강이 길선주, 신홍식 목사와 그 밖에 장로 몇 사람을 만나 설득했으나 그들은 자기들이 종교인이라면서 난색을 보였다. 남강은 성이 나서 책상을 치면서 "나라 없는 놈이 어떻게 천당에 가. 이 백성이 모두 지옥에 있는데 당신들만 천당에서 내려다보면서 거기 앉아 있을 수 있느냐." 하였다. 남강의 말이 끝나자 길선주와 신홍식 목사는 동지가 되겠다며 서울에서 만나기로 하였다(김기석, 2005: 208-9, 210). 남강은 1919년 2월 10일에서 28일까지 짧은 시간 안에 기독교 인사 16명을 설득하여 민족대표로 참여시킬 수 있었다.

기독교와 천도교가 협력하여 삼일운동을 추진하는 마지막 과정에서 민족대표 가운데 누구 이름을 맨 앞에 쓰느냐 하는 문제로 다툼이 생겨서 일이 추진되지 않았다. 밤늦게 돌아온 남강이 이것을 보고 "순서가 무슨 순서야. 이거 죽는 순서야. 죽는 순서. 누굴 먼저 쓰면 어때. 손병희를 먼저 써." 하여서 논란을 끝냈다(김기석, 2005: 211-214, 221). 남강의 이름은 17번째 들어가게 되었다. 여기서도 사심 없이 오직 일에만 충성하고 헌신하는 심부름꾼 남강의 면목을 알 수 있다.

삼일운동은 남강과 민족 지도자들의 섬기는 지도력이 가장 모범적으로 발휘된 운동이었다. 평양고보 학생으로서 삼일운동에 참여했던 함석헌에 따르면 삼일운동은 지도자들이 민중에게 앞장서도록 호소한 첫 번째 운동이었다. 이전의 민중운동이 지도자들의 명령과 지시에 따라 일어난 운동이라면 삼일운동은 지도자들이 뒤에 물러서서 민중에게 앞장서도록 호소한 운동이라는 것이다. 삼일운동은 지식인이 겸손히 민중에게 다가간 운동이고 지도자가 민중을 향해 부르짖은 운동이었다(함석헌, 1959: 133-4). 삼일운동의 대표들은 국민이 스스로 일어나 독립운동을 이끌어가도록 계획했다(이기백, 1985: 403). 33명의 민족대표들은 나라의 독립을 위해 목숨을 바칠 각오를 했으나 독립운동이 감정에 치우쳐 폭력사태로 치닫는 것을 가장 걱정하였다. 폭력사태로 치닫게 되면 일제의 폭력적 탄압에 구실을 주고 민족의 희생만 커질 뿐이며, 서양의 문명국들에게 공감과 동정을 얻을 수도 없다고 생각했던 것이다. 그래서 삼일운동의 민족대표들은 독립선언서와 시위지침을 전국에 전달한 다음에 태화관에 모여서 독립선언서를 읽고 만세를 부른 후 일본 경찰에 알리고 스스로 잡혀갔다. 그들이 비겁하고 타협적이어서 이렇게 한 것은 아니다. 그들이 시위 현장에 나가지 않은 것은 지도자들이 젊은 학생들과 많은 청중 앞에서 일본 경찰에 체포될 경우 감정이 격화되어 폭력사태가 일어날 것을 염려했기 때문이었다(박재순, 2015: 35~6).

남강은 삼일운동으로 조사를 받고 재판을 받을 때도 심부름꾼으로서의 사명과 자세를 분명히 밝혔다. 1920년 7월 14일 법정에서 남강은 3·1운동의 동기를 이렇게 말했다.

> "나는 하느님을 믿는 사람이다. 하느님이 인류를 내실 때 각각 자유를 주었는데 우리는 이 존귀한 자유를 남에게 빼앗겼다. …우리는 최후의 1인 최후의 1각까지 적의 칼에 쓰러질지언정 부자유·불평등 속에서 남에게 끌리는 짐승이 되기를 원치 않노라. 우리의 이번 일은 제 자유를 지키면서 남의 자유를 존중하라는 하늘의 뜻을 받드는 일에 지나지 않는다. 한국의 독립은 한국의 영광뿐이 아니고 튼튼한 이웃을 옆에 갖는 일본 자신의 행복조차 되는 것이다."(김기석, 2005: 224)

이러한 법정 진술에서 남강은 하나님의 심부름꾼으로서 일체의 사심이 없고 오직 진실과 공의를 위하여 행동한다는 것을 떳떳하고 당당하게 밝히고 있다. 그에게 하나님은 진실과 정의 자체이기 때문에 하나님의 심부름꾼이라는 것은 진실과 정의의 심부름꾼이라는 말과 같았다. 그러므로 그는 떳떳하고 당당했으며 두려움과 불안이 조금도 없었다. 남강은 마치 자기를 잊은 듯 행동하였다. 33인의 서명자가 내란죄로 사형이 되는데 그중에서도 손병희, 이승훈, 최린은 면할 길이 없다고 하였다. 최린이 사별시(死別詩)를 쓰며 비감한 분위기가 퍼졌다. 그러나 남강은 자기 자신의 일은 잊어버린 듯 매일 감방 안에서 학생들에게 커다란 목소리로 격려하는 말을 하였다. 한번은 공판정에서 돌아와 풀이 죽어 감방에 들어가는 동지들에게 목소리를 높여, 죽을 각오 없이 감옥에 들어온 것이냐라고 말하며 공포에 쌓인 동지들의 게으른 잠을 깨워주었다. 처음에 간수들은 이것을 못하게 하려고 남강을 괴롭혔다. 창살 사이로 손을 내밀라고 하고 회초리로 후려치기도 하고 손가락 사이에 나무를 끼고 비틀기도 하였다. 손과 팔목에는 푸른 줄이 건너가고 손가락 사이에서는 피가 흘렀다. 그러나 남강은 간수들이 자리를 비울 때 마다 학생들을 격려하였다. 나중에 일본인 간수 덕전(德田)은 이인환(남강)은 할 수 없는 인물이라고 하였다. 안세환은 정신 이상을 일으켜 발광해 버렸고 양한묵은 옥고에 못 이겨 병이 나서 죽었다. 다른 이들은 풀이 죽어 의기가 쇠침했는데 남강만은 강철 같은 기개가 꺾이지 않고 동지들을 위로하고 격려하였다(김기석, 2005: 230).

남강의 이러한 강철 같은 기개와 의지는 생사(生死)와 이해관계를 초월한 신앙적 인격과 영혼에서 우러난 것이다. 삼일운동의 민족대표 가운데 한 사람이었던 오화영(吳華英) 목사는 남강과 2년 이상 함께 옥고를 치렀다. 그는 자신이 본 남강의 의지와 기개 백절불굴의 기상이시며 칠전팔기의 지개(志介, 의지와 기개)라고 말했다.[6]

### (2) 변기통을 닦으며 섬기다

감옥에 들어간 남강은 죽을 자리 찾았다며 어깨춤을 덩실덩실 추었다. 그리고는 남강은 감방의 똥통을 치우고 닦기를 자처했다. 남강을 가까이 모시고 오산중학교에서 가르쳤던 함석헌에 따르면 처음에는 "선생님이 그것을 하셔서 되겠습니까?" 하던 젊은이들이 몇 번 그러더니 하루 지나고 이틀 지나니 "똥통 소제는 으레 저 영감이 하는 것이지"하고 그냥 두더라는 것이다. 남강은 손으로 똥통을 닦으며 "하나님, 이 민족을 위해 언제까지라도 똥통 소제할 수 있게 해 줍소서."(함석헌. 1974: 433~4)라고 기도했다.

남강은 이갑성, 오화영과 함께 감옥 에서 만세 운동을 주도하였고, 1921년 3월 1일 12시에 마포 감옥 안 12공장 1,700명이 일제히 만세를 불렀다(김기석. 2005: 232-3). 삼일운동 대표자들의 죄목이 내란죄에서 출판법 위반으로 변경되어 형이 가

---

6) "일생의 호의호식이나 안일(安逸)은 선생과 절연(絕緣)이다. 복역 중 엄한(嚴寒)에 양회(洋灰, 시멘트) 바닥에서 작업 중 냉기와 체온으로 볼기에 물이 줄줄 흐르도록 젖었다. 나는 춥지 않습니까 물으면 요만것이야 이후(以後) 고통에 비하면 꿀이지요 하신다. 나는 이후(以後)라뇨, 물은 즉 이번만으로 됩니까, 백번이라도 또 해야지요. 이 세상에서 성공 못 되면 저세상에 가서 혼이라도 그놈들과 싸워야지요. 하셨다."(吳華英. 1946: 556)

벼워졌다. 나중에는 민족대표 가운데 감옥 만세 운동을 일으킨 남강, 이갑성, 오화영만 남았고, 남강이 마지막으로 석방되었다. 민족대표 가운데 감옥에서 마지막으로 나온 남강에 대해서 〈동아일보〉는 이렇게 보도하였다.

...백발이 성성하나 오히려 추상같은 기개를 띤 얼굴로 남강은 이렇게 말했다. "다른 사람이 모두 출옥되고 나만 남아있었는데 나는 실로 조석으로 기도하기를 이와 같이 나오게 되지 말고 하루라도 더 있으면서 우리 형제의 마음을 위로코져 하였소. 지금 경성 감옥에 있는 정치범이 수백 명인데 그 중에 종신 징역이 22명이요, 그 외 10년 이상의 징역을 받은 사람이 수십 명이라, 그들을 불덩이같이 뜨거운 옥 속에 두고 나오는 생각을 하니 감옥 문에 나서자 더운 눈물이 앞을 가리어 차마 발길이 돌아서지 못했소."(〈東亞日報〉 1922.7.22. 김기석, 2005: 235) 이 말을 하면서 남강은 "목이 메여 말끝을 마치지 못하고 쏟아지는 눈물을 씻고 잠시 동안 묵연히 있다가 다시 말을 이어" 다음과 같이 말하였다. "장래 나의 할 일은 나의 몸을 온전히 하나님에게 바치어 교회를 위하여 일할 터이니 나의 일할 교회는 일반 세상 목사나 장로들의 교회가 아니라 온전히 하나님이 이제로부터 한 민족에게 복을 내리시려는 그 뜻을 받아 동포의 교육과 산업을 발달시키려 하오(〈東亞日報〉 1922.7.22. 김기석, 2005: 236)."

기도하고 성경을 읽을수록 남강은 한민족의 교육과 산업을 발달시켜 한민족을 아름답고 풍성하게 살게 하려는 사명과 뜻이 더욱 깊고 커졌다.

### (3) 나는 일하고 그는 말하라지오

남강은 김성수를 아끼고 그와 가까이 지냈다. 동아일보 사주였던 김성수에 의해서 1924년 5월에 남강은 동아일보 사장에 추대되었다. 동아일보는 1920년 4월에 민족 진영의 신문으로 창간되었다. 평안도와 황해도에 민족주의 신문의 세력을 펴는 데 남강의 노력이 큰 힘이 되었다. 오산학교와 동아일보의 유대는 강해졌고, 동아일보 평양 지국은 제2 본사 같은 느낌을 주었다고 한다(김기석, 2005: 297-9, 300).

남강은 오산학교 일에 집중하기 위해 동아일보 사장을 사퇴하였다. 1919년 삼일운동 이후 문화정치로 바뀌면서 교육열이 높아졌다. 남강은 오산지역에 농업대학과 산업, 유치원, 여자중학교, 이상촌을 한데 묶어서 교육과 산업과 신앙을 아우르는 종합적이고 큰 구상과 계획을 가지고 있었다. 남강은 오산에 여자중학교를 세우려 했고 유치원에서 대학에 이르는 체계적인 교육기관을 설치하고 부설 농장과 공장을 두어 새로운 교육도시를 일으키려 했다. 다른 동지들은 비관론을 폈으나 남강은 꿈을 접지 않았다. 남강의 원대한 꿈을 실현하기 위해서는 오산중학교의 고등보통학교 승격 문제부터 풀어야 했다. 일본당국은 오산중학교와 같은 사립학교 졸업생들에게는 상급학교 진학의 자격을 허락하지 않았다. 상급학교의 진학자격을 얻으려면 일본당국의 허가를 받아서 오산중학교를 고등보통학교로 승격시켜야 했다. 남강의 생각에는 오산을 고등보통학교로 승격시키거나 말거나 일제의 간섭은 한층 더 심할 것이고 승격을 거부하고 정면으로 맞선다면 자기의 종합 교육 계획에 중대한 좌절이 올 것이 예견되었다(김기석, 2005: 281-2). 남강은 자신의 이름이 더럽혀질 각오를 하고 일본당국과 협상하여 오산중학교를 오산고보로 승격시켰고 관서지역의 재력가들을 결집시켜서 튼튼한 교육재단을 설립하였다. 일제의 관청에 출입하는 남강을 비난하는 이들이 있었으나 남강은 자신의 교육 계획과 구상을 추진시켰다. 오치은, 한정규, 전봉현, 이경린을 끌어들이고 금광왕으로 유명한 최창학을 세 번 만나서 그를 재단이사로 세웠다. 남강을 이사장으로 하고 남강이 주장하던 관서재벌의 하나로 튼튼한 교육재단을 이루어냈다(김기석, 2005: 279-281). 남강이 자신의 명예까지 희생하고 교육과 산업을 일으키기 위해 헌신할 수 있었던 것은 자기가 하는 일이 자기 개인의 일이 아니라 나라와 민족을 위하는 일이고 하나님의 뜻을 이루는 일이라는 확신이 있었기 때문이다. 그는 섬기는 종이었기 때문에 남의 비난과 의혹에 조금도 흔들리지 않고 오직 자기의 일을 할 뿐이었다. 그러므로 그는 누가 비난을 한다는 말을 들어도 웃으면서 "글세 무슨 말들을 하나 봅데다. 나는 잘못 하는 것 없으니까 상관없어요. 나는 일하고 그는 말하라지요."하고 태연할 수 있었다(帝釋山人, 1930: 529-530). "나는 일하고 그는 말하라지요."하는 이 말은 섬기는 종이 할 수 있는 말이고 또 해야 할 말이다.

### (4) 마지막 증언과 장례식

오산중학교 동창회는 남강의 정신과 업적을 기리기 위해 동상을 제작하였다. 1930년 5월 3일 동상 제막식에서 남강은 이렇게 연설하였다. "내가 오늘날까지 온 것은, 내가 한 것은 조금도 없습니다. 모두 신(神)이 나를 그렇게 만들었습니다. 여러분이 아시는 대로 나는 본래 불학무식(不學無識)합니다. 나는 이 뒤에 선 동상(銅像)과 같은 사람입니다. 아무것도 아는 것이 없었으나 신(神)이 나를 이끌어서 오늘까지 왔습니다. 과연 신(神)이 나를 지시하시며 도우심뿐입니다. 이후로도 그럴 줄 믿습니다."(李贊甲, 1934: 332) 그의 마지막 연설은 그가 섬기는 지도자임을 잘 드러내 보인다. 그는 이를 데 없이 겸허하고 진실하였다. 이 연설을 한 후 6일 후인 5월 9일 새벽에 갑자기 그는 죽음을 맞았다. 그의 장례식에서 조만식이 "남강은 그 죽은 뼈다귀까지를 민족에 바쳤다."고 애도하자 문상객들은 모두 울음을 터트렸고 장례식장은 눈물바다가 되었다. 남강의 장례식은 민족정신과 민족애가 숨쉬는 현장이었다.

## 4. 서번트 리더십의 원칙과 철학

남강은 미신과 운명론에서 벗어나 생명과 정신의 깊이와 높이를 드러냈다. 그는 과학적이고 합리적인 진리와 정직의 정신을 확립하여 인간과 민족을 새롭게 하는 교육 운동을 벌였다. 남강은 인간과 민족을 새롭게 하고 새 시대와 사회를 가져오는 혁명의 중심에 있었다. 남강의 삶과 행동에는 새 시대 새 사회의 정신과 원리가 구현되어 있었다. 그의 말과 삶과 행동은 새롭고 변혁적일 뿐 아니라 새 시대의 사람들이 따라가야 할 새로운 길의 지침과 이정표가 된다.

### 1) 섬기는 지도자 남강의 인격과 행동원칙

#### (1) 섬기는 지도자 남강의 인격

제임스 헌터에 따르면 서번트 리더십은 "사람들에게 영향력을 발휘하는 기술인 동시에 사람들의 신뢰를 형성하는 인격"이다. 또한 헌터는 리더의 첫 번째 덕목은 더 많은 리더들을 창조해내는 일이라고 했다(헌터, 2006: 50, 52, 53). 즉, 사람들에게 선한 영향력을 끼치는 서번트-리더가 되기 위해서는 사람들의 신뢰를 형성하는 훌륭한 인격이 있어야 하고 다른 사람들의 인격을 계발하기 위해서 먼저 자신의 인격을 계발해야 한다.

남강은 스스로 훌륭한 인격을 형성하여 섬기는 지도자로서 선한 영향력을 끼쳤고 교육을 통해 다른 사람들의 인격을 계발하였다. 남강은 하늘이 준 품격과 힘을 굳세고 밝게 드러내고 실현하였으며, 굳세고 도타운 실천의 힘으로 올라가고 펼치고 나아갔다.7)

오산학교의 졸업생이며 남강을 모시고 오산학교에서 가르쳤던 함석헌은 오산학교와 오산학교 학생들의 정신과 인격, 분위기는 "남강이 몸소 하는 인격에서 나온 것8)"이라고 하였다.

섬기는 지도자로서 남강은 큰 인격을 형성하고 한국 민족사에 큰 영향력을 끼쳤으며 수많은 위대한 인물들을 길러냈다. 남강은 자신의 인격을 어떻게 형성했을까? 어려서 부모를 여의고 가난하고 외로운 삶을 살았던 남강은 불리한 조건과 상황을 스스로 극복하고 초월하여 자유로운 인격을 형성하였다. 그가 이렇게 초인적인 인격을

---

7) "오직 그 생애를 일관한 선생의 성격, 곧 그 천품력(天稟力)의 강명(剛明)함을 항상 느낄 뿐이올시다. 그 '굳게 지키고 도탑게 행하시는 힘'에는 감복 아니할 수가 없습니다...선생께 이 힘이 있음으로써...오직 올라감과 퍼짐과 나아감을 얻으신 것이 올시다."(유영모, 1922: 526)

8) "(남강은) 학교 경영을 하느라고 많이 밖으로 나다녔지만 나가지 않는 때는 학교에서 선생들과 학생들과 같이 자고 같이 먹고 같이 일하고 배우는 것이었다. 뜰을 자기가 먼저 쓸고 변소를 자기가 손수 치고 상한 데를 돌아가며 고치고, 그는 명색은 아무것도 띤 것이 없지만 모든 것을 겸하고 있었다. 설립자인 동시에 교장이요, 선생이요, 사무원이며 사환이기도 하고, 또 같이 배우는 학생이기도 하다. 옷은 누구나 수수한 무명옷이요, 먹는 것은 선생이나 학생이나 모두 조밥에 된장을 먹으면서도 그들은 늘 유쾌했고 늘 기운찼다... 모든 일이 퇴폐한 기분 속에 살던 민중에게 크게 자극을 주었다. 그 생기찬 생활풍이 주위에 영향을 많이 주었다...오산 졸업생은 일종 독특한 기풍이 있다는 것이 당시 사회의 평이었다. 질소 검박하고, 일 잘하고, 보수를 바라지 않고, 민족정신이 높은 것은 말할 것도 없었던 것이다. 이 모든 것이 다 남강이 몸소 하는 인격에서 나온 것이었다."(함석헌, 1974: 428-9)

형성할 수 있었던 것은 외적 조건과 상황뿐 아니라 내적으로 자신의 육체와 욕망과 감정에 매이거나 휘둘리지 않고 그것들을 극복하고 승화하여 자유로운 인격을 형성했기 때문이다. 남강은 밖의 외적 조건이나 상황, 다른 사람들에게서 자유로웠을 뿐 아니라 자신의 육체적 욕망과 감정을 극복하고 초월한 자유인이었다. 외적 조건과 상황에서 자유로울 뿐 아니라 내적 욕망과 감정에서 자유로웠던 남강은 오직 자신의 생명과 정신에 충실하게 생각하고 행동할 수 있었다. 자신의 생명과 정신에 충실했기 때문에 그는 몸과 맘을 다하여 주변 환경을 깨끗이 하고 나쁜 조건과 형편을 좋게 바꾸고 겸허히 사랑으로 섬기는 일꾼이 될 수 있었다. 그러므로 그는 아무리 어렵고 험한 조건과 상황 속에서도 꿋꿋하고 자유롭고 힘차게 행동할 수 있었다.

독립운동에 앞장서라는 선우혁의 말을 듣고 남강은 죽을 자리 찾았다며 기뻐했다. 삼일운동을 일으키고는 감옥에 들어가서 사형선고가 예상될 때도 옳은 일을 했다며 기뻐서 춤을 덩실덩실 추었다. 남강은 생사의 두려움과 불안에서 해방된 사람이었다. 그가 오산학교를 위해서 자기 재산을 다 팔아 바친 것을 보면 그는 물질적 이해관계를 초월한 사람이다. 남강은 외적 상황과 조건, 내적 욕망과 감정, 죽음의 두려움과 불안, 물질적 이해관계에서 해방된 자유로운 인격을 가진 이였다.

남강은 스스로 자신을 다듬어 일으킨 사람이자 물불을 가리지 않는 격정적인 행동가였다. 따라서 그의 언행이 진실하고 의로웠지만 완전무결했다고는 생각하지 않는다. 그의 종중손자 이기백은 남강의 언행 가운데 이해하기 어려운 모순되는 점이 있었다고 하였다. 이기백은 남강이 기존의 종교나 도덕률을 따르는 인격자보다 생명력을 자유로이 발산하는 야인(野人)같았으며, 여러 가지 결점과 모순이 있었다고 말하였다.[9]

---

9) "때로는 고집도 세었고 억지도 부렸던 것 같다. 한번은…대사(大事) 때마다 늘 일을 맡아보는 분이 방석을 멀찌감치서 던져 놓았다. 이를 본 남강은 먼지가 난다고 소리를 지르고는, 방석을 뺏어서 자기가 손수 놓았는데, 더 크게 던져서 먼지를 더 많이 내더라는 것이다."(이기백, 1964: 585-6) 한 번은 남강이 가족 중에서 가장 아끼고 사랑하던 종손(從孫) 윤영(允榮)씨가 "연통제 사건으로 일경(日警)에 고문을 받고 그것이 병이 되어 일찍 돌아갔는데, 남강은 그의 죽음을 설어하여 상여를 새로 만들어 장사를 지내주었다고 한다. 부인들이 모여서 우는 것을 본 남강은 왜

남강의 이런 결점들은 오히려 남강이 자기를 꾸미고 위장하는 위선적인 사람이
아니라 진실하고 정직한 인물임을 말해준다. 이기백도 남강이 꾸밈없이 진실한 생명
의 사람임을 강조하였다. "남강은 스스로 터득한 진리를 조금도 꾸밈없이 말로 나타
내었다...화산같이 터져나오는 남강의 말에는 조그마한 꾸밈도 있을 수가 없었다."고
했다(이기백, 1964: 584). 남강을 알고, 그를 겪어본 사람들은 남강이 거짓없이 진실하
고, 정확한 사람이라고 말했다. 백오인 사건으로 모진 고문을 당하며 고난을 당
할 때 감방 동료가 전해준 말에 따르면, 그는 감방 안에서도 늘 단정한 몸가짐을
유지하고자 노력하였으며, 고문을 받으러 나갈 때 조차 조금의 근심이 없어보였
다고 한다. 황해도 양산학교 설립자로서 남강과 같은 방에 수감되었던 김용제는
"남강이 깊은 밤에 혼자 일어나 앉아 어둠 속에서 기도 올리는 것을 여러 번 보
았다." 김용제는 "자기가 그때 남강에게서 받은 정신적 위안이 물질적 위안보다
훨씬 더 큰 것이었다."고 하였다(김기석, 2005: 116-7).

〈그림 3〉 수감 중의 이승훈

---

울기들만 하느냐고 벼락같이 소리를 지르고 나서는, 자기는 더욱 구슬피 흐느껴 울더라는 것이
다."(이기백, 1964: 586)

옥중에서 2년 이상 남강과 함께 지냈던 오화영 목사는 자신이 보고 경험한 남강의 성격과 기개에 대한 글 '삼일운동의 대표적 인물의 편모: 기독교—南岡 李昇薰先生'을 남겼다. 이 글에서 남강의 인격과 행동원칙에 대한 논의의 실마리를 잡을 수 있다. 오화영에 따르면 남강은 거의 완전한 인격을 갖춘 것으로 보인다. 그의 글을 길게 인용해보자.

"선생은 언제나 평화요 온순이요 친절이요 겸손이면서도 탁월한 용단력을 가지셨다. 극단의 고통이나 비애 중에서도 우울이나 경동(輕動)이나 비관을 찾아볼 수 없고 노색(怒色)이나 혐오(嫌惡)의 기(氣)를 보이시는 것을 구경할 수 없다."

남강은 부인이 별세했다는 소식을 듣고 "눈을 감고 한 동안 하늘을 우러르다가 가벼운 탄식으로 인간세계에서는 다시 못 보겠구나 그 한 마디밖에 다른 아무런 말씀이나 형색이 없었다." 함께 있던 사람들이 깜짝 놀라서 위로를 드렸으나 "선생은 미소를 지으시며 가는 것은 선후가 있을 뿐이지요. 아마도 먼저 간 자가 복인(福人)이겠지요. 대답하시고 여전히 작업을 계속하셨다(吳華英, 1946: 555)."

또한 남강은 "성격과 풍모와 음성으로 보아 냉정하면서 엄숙하여 보이지만은 초면인사에라도 그 친절 온순함이 오래 아는 이와 조금도 다름없고 흉금을 다 내어보이고 조금이라도 포부나 경륜을 깊이 내장하였다는 기색이 표현되지 않으며 항상 자신은 무식(無識)이라 자처하시고 남을 존경하시되 처세술이나 위작(僞作)이 조금도 없이 진정의 발로이다...또 무슨 일에든지 자기 고집을 주장하지 않고 타인의 의사를 매우 존중하며 어떤 성공에도 그 공을 타인에게 보내고 자신이 가지기를 좋아하지 않는다. 또는 과감용단하여 옳다고 인증되면 재사삼고(再思三考)가 없이 즉각 처단하시는 버릇(癖)이다(吳華英, 1946: 555-6)."

김용제와 오화영의 증언에 따르면 남강은 감옥의 환경에 짓눌리지 않고 꿋꿋하고 자유로운 인물이며 남에게 힘을 주고 감화를 주는 이임을 알 수 있다. 오화영 목사의 증언에 따르면 남강은 욕망과 감정에서 자유로울 뿐 아니라 살고 죽는 일에 달관한 도인이었다. 또한 남에게 공을 돌리며 진실하고 겸허하게 일하는 일꾼이며 옳은 일이면 과감하고 용감하게 행하는 실천가였다. 민족의 독립과 해방을 위해서는 겨울 추운 감방의 고통을 꿀처럼 달게 여기고 백 번이고 이런 고통을 감내하겠다면서 죽어서 저 세상에 가서도 싸우겠다는 남강의 다짐은 한없이 끝없이 깊고 높은 그의 신념과 의지를 드러낸다(吳華英, 1946: 556).

남강은 감옥에서 고난을 겪을수록 더욱 굳세고 강인한 사람이 되었다. 105인사건으로 일제는 혹독한 고문을 했으나 남강은 악형을 견디고 거짓 자백의 유혹을 물리쳤다. 남강의 제자 함석헌은 "원통한 복역이건만 남강은 조금도 불평을 말하지 않았고 시키는 일을 집의 일같이 충실히 하였고 그 안의 규칙을 잘 지켰으므로 모범죄수라는 말을 들었다(함석헌, 1974: 430)."고 전한다.

남강의 인격을 더욱 깊고 높고 굳세게 만든 것은 하나님에 대한 신앙이었다. 하나님의 심부름꾼이라는 자각을 가졌으므로 남강은 자기 자신과 다른 사람과 외적 조건과 상황을 넘어서는 자유와 힘을 가질 수 있었다. 법정에서 왜 독립운동을 했느냐는 재판장의 물음에 민족의 권리를 말한 사람도 있고 세계의 대세를 말한 사람도 있으나 남강은 이렇게 대답했다. "나는 하나님을 믿는 것을 가장 큰 영광으로 생각한다. 내가 후진이나 동포를 위해서 한 일이 있다면 그것은 내가 한 것이 아니고 하나님이 나를 그렇게 시킨 것이다."(함석헌, 1974: 433-4) 그러므로 남강은 자신을 버리고 외적 조건과 상황을 넘어서며 생사(生死)를 초월하였으므로 감옥에서도 기뻐하고 춤을 출수 있었다. 남강은 '내가 의를 지킨 것이라 생각하니 춤이 나와서 감방 안에서 춤을 덩실덩실 추었다.'고 했다(함석헌, 1974: 433-4).

### (2) 섬기는 지도자 남강의 행동원칙

인격은 삶과 생각, 말과 행동을 형성하고 이끌어가는 인간의 기틀이고 줏대다. 인격은 물질적 제도적 토대나 구조물이 아니다. 그것은 오랜 세월 생각과 관념, 의지와 지향, 버릇과 습관, 종교문화와 사회풍토 속에서 닦여지고 형성된다. 또한 인격의 중심과 줏대는 인간의 깊은 내면 속에서 자기부정과 초월적 결단에 의해서 늘 새롭게 닦여지고 세워진다. 이처럼 사회, 문화 속에서 내면, 정신 속에서 형성된 인격은 자기 자신과 다른 사람들(외적 환경과 조건)에 대하여 생각과 말과 행동으로 표현되며, 그 표현되는 방식과 형태가 일정한 원칙과 특징을 지니게 된다.

남강을 스승으로 존경하고 남강의 뜻과 일을 이어서 살았던 함석헌은 남강의 인격을 "열(熱)이요 성(誠)이로다. 강(剛)이요 직(直)이러니 의(義)시며 신(信)이시라. 나갈 때는 단(斷)이면서도 그저 겸(謙)이시더라."고 표현했다(함석헌, 1974: 416). 함석헌의 말을 풀어서 말하면 남강은 뜨거운 생명력과 사랑을 가지고 열렬히 살았던 이요, 몸과 맘을 다하여 성실하게 일하는 일꾼이다. 그는 굳세고 곧고 의로우면서 미쁘고 일을 추진할 때는 단호하면서도 한결 같이 겸허한 인물이었다. 덧붙여 그는 학생들을 배려하고 존중하며 가르쳤고 남에게 지시하고 명령하기 전에 먼저 자신이 행하는 일꾼이었다. 그는 나라와 학생을 위하여 자신의 몸과 맘, 재산과 명예를 남김없이 바치고 참된 종으로서 사랑하는 어버이로서 자신을 희생하고 헌신한 스승이요 지도자였다. 그의 인격은 서번트-리더로서 다른 사람을 섬기기 위해 준비된 것이며 또한 섬기는 지도력을 실천하면서 닦여지고 깊어지고 높아졌다.

생명 자체가 무한히 자유로우면서 한없이 충실한 것처럼, 남강의 인격은 한없이 강직하고 단호하면서 한없이 겸허하고 부드러웠다. 남강은 강직하고 단호하게 일을 추진할 때는 호랑이처럼 무섭지만, 자신을 희생하고 바치려는 겸허한 사랑의 마음을 드러낼 때는 따뜻하고 온순한 늙은 비둘기 같았다. 실제로 오산중학교에서 남강은 호랑이로 불리기도 하고 늙은 비둘기로 불리기도 하였다. 오산중학교 졸업생 한경직은 남강에 대하여 "희고 긴 수염에 지팡이를 짚으신 모습이 늘 엄하고 기개가 있으셨습니다. 어린 학동들은 선생이 나타나면 '범 온다, 범 온다'하며 벌벌 떨며 내달아 달아나곤 했다."고 회고하였다(한경직, 1987: 587-8). 남강의 제자인 함석헌은 이렇게 말한다.

"남강에는 사람들이 별호로 부른 대로 「호랑이」 같은 무서운 면이 있다. 그것은 그의 강직 때문이요, 의기 때문이요, 진실 때문이요, 부지런 때문이다. 언제 기지개를 켜는 일이 없고, 하품을 하는 일이 없고, 잡담을 하는 일이 없는 선생, 무엇을 시키면 선 자리에서 곧 시작해야지, 「네」하고 조금 어물어물 하고만 있어도 「이 사람 무얼 하고 있나」하고 벼락이 떨어지는 선생이 무섭지 않을 리 없다. 말을 하시면 시간이 가는 줄 모르는 이, 길을 걸으면 흔들 흔들이 없는 이, 큰일에나 작은 일에나 「어물적」이나 「좋도록」이 없는 그이 옆에서 두려운 마음을 아니 가질 수가 없다."(함석헌, 1956: 『새벽』 5·7월호)

남강은 옳다고 생각한 일은 망설임 없이 추진하였다. 자기가 할 일이면 남의 비난과 비판을 두려워하지 않고 실행하였다. 그는 해야 할 일을 꾸물거리며 미루는 것과, 신의가 없는 것과 거짓과 옳은 줄 알면서도 실천하지 못하는 것을 가장 싫어했다(김기석, 2005: 128).

그러나 함석헌은 남강의 전혀 다른 모습을 소개한다.

"또 한편 (남강은) 늙은 비둘기로 표시되는 면이 있다. 주고 주어도 아까운 줄을 모르는 마음이다. 학생들을 세워 놓고, 목소리를 같이해 노래 부르는 것만 들어도 「나는 너희들을 보면 마음이 비창해진다」 하던 마음이다. 과실 한 알만을 사다 드려도 물건보다는 그 마음이 사랑스러워 「이것이 교육의 능 아니냐」고 학생을 모아 놓고 광고를 하는 마음, 여행 휴양을 가도 낡은 개와 장 조각 하나, 죽은 조개껍질 하나라도 학생들께 보여 주자고 들고 오는 마음, 이 뼈다귀 땅속에 묻어 썩힐 것 있느냐고 세상을 떠나면서도 오히려 깅는 것들을 걱정해 백골마자 바치는 마음, 그 마음이 땅속을 흐르는 샘처럼 흘러서 20년간의 화산처럼 뿜는 희생 봉사의 생애는 나온 것이다."(함석헌, 1956: 『새벽』 5·7월호)

상반된 두 개의 일화에서도 볼 수 있듯이, 남강은 안으로는 곧고 바르면서도 밖으로는 자신을 한없이 낮추고 남을 존중하고 배려하며 앞세웠다. 그는 일을 이루기 위해서 자신을 희생하고 헌신하면서 남을 앞세우고 존중하였다.

이제까지 살펴본 남강의 강직하면서 부드러운 인격과 행동을 정리해보면 남강의 섬기는 지도력을 특징짓는 행동의 원칙은 자립, 사랑, 정직, 성실, 겸허, 섬김, 존중,

배려로 정리할 수 있다. 이것은 그의 삶과 인격의 구조에서 나온 것이다. 앞의 네 가지 자립, 사랑, 정직, 성실은 섬기는 종 남강 자신과 관련된 것이고 뒤의 네 가지 겸허, 섬김, 존중, 배려는 섬기는 상대와 관련된 것이다.

남강의 행동원칙 8가지를 체계적으로 살펴보면, 먼저 자립은 그의 어렵고 힘들었던 어린시절에서 시작되었다. 남강은 어려운 형편과 조건 속에서 제힘으로 자신을 일으켜 세워, 스스로 선 사람이다. 일찍부터 그는 밖의 상황과 조건을 극복하고 초월했으며 자신의 욕망과 감정을 이겨내고 넘어선 자유인이었다. 자유(自由)는 말 그대로 '스스로 말미암음'이며 '스스로 섬'(自立)이다. 그는 자신의 생명과 정신의 힘으로 일어서는 자립과 자조의 사람이었다. 그러므로 그는 어느 누구에게나 어느 무엇에도 굴복하거나 좌절하지 않고 제힘으로 일어서는 꿋꿋하고 곧은 사람이었다. 또한 신앙은 그의 자유와 자립 정신에 한없는 깊이와 높이를 주었다. 남강은 아무 것에도 매이지 않고 오직 하나님만 믿고 섬기는 자유로운 들사람이었다.

그에게 민주정신은 자립과 독립의 정신이다. 삼일운동으로 옥고를 치르고 나왔을 때 청년 한 사람이 이승훈을 찾아와서 일본 공산당과 손잡고 독립운동을 하면 큰 효과가 있을 것이라고 말하였다. 이에 대하여 이승훈은 "우리의 할 일은 민족의 역량을 기르는 일이요, 남과 연결하여 남의 힘을 불러들이는 일이 아니다. 나는 종자가 땅 속에 들어가 무거운 흙을 들치고 올라올 때 자기 힘으로 들치는 것이고 남에게 캐물어 올라오는 것을 본 일이 없다."고 말하였다(김기석, 2005: 318-9).

남강은 무슨 일이든 자기가 만드는 것이라 생각했다. 씨앗이 땅에서 올라오는 것을 보아도 비나 이슬이나 태양광선이 이것을 도와는 줄지언정 대지를 들치고 올라오는 것은 결국 제가 올라오는 것이다. 올라와서 번성하려면 고난을 뚫고 나갈 튼실한 씨알맹이가 있어야 한다. 이것이 없으면 비와 이슬과 태양광선이 쓸모가 없다(김기석, 2005: 288-9). 남강은 자신뿐 아니라 모든 사람이 대지를 스스로 뚫고 올라오는 씨앗처럼 개인도 민족도 스스로 깨닫고 스스로 일어나도록 돌보고 섬기며 기다렸다.

두 번째는 사랑이다. 외로움과 고달픔 속에서 오직 자신의 생명에 힘입어 일어선 남강은 생명에 대한 무한하고 뜨거운 사랑을 지니고 있었다. 아무 조건과 제약에 매이지 않는 자유는 생명에 대한 뜨겁고 깊은 사랑을 낳았고 생명에 대한 그의 뜨거운 사랑은 활화산처럼 생명력을 분출시켰다. 그러므로 그의 삶은 마지막 순간까지 뜨겁게 타오를 수 있었다. 사랑의 사람 남강은 민족을 위하여 부모처럼 종처럼 온전히 자신을 바치며 섬길 수 있었다. 남강은 사랑으로 사람들을 움직이고 이끌었던 사랑의 정복자였다.

세 번째는 정직이다. 남강은 제 생명 속에서 제힘으로 스스로 일어선 사람이므로 거짓과 꾸밈을 용납할 수 없었다. 스스로 살고 스스로 하는 생명은 거짓과 꾸밈을 모른다. 자기가 자기를 속이고 자기에게 자기를 꾸미는 것이 부질없는 것임을 남강은 알았다. 그러므로 그는 절대 정직을 강조하고 신의를 지켰다. 남강은 하나님과 자기와 사람 앞에 정직을 가장 근본적인 덕목으로 세웠으며 거짓과 신의 없음을 미워하였다. 이처럼 정직했으므로 남강은 거짓이나 꾸밈없이 충실히 섬기는 종이 될 수 있었다.

또한 남강의 행동은 성실했다. 정직이 삶과 일에 대한 맘가짐이라면 성실은 삶과 일을 해가는 자세와 방식이다. 남강은 자기에게나 다른 사람에게 성실했으며 큰일이나 작은 일이나 성실하고 부지런하였다. 자유로운 사람은 스스로 서는 자립의 사람이고 자립의 사람은 나와 남의 생명을 사랑하고 존중한다. 그리고 나와 남의 생명을 사랑하고 존중하는 이는 정직하고 정직한 사람은 성실하다. 자유, 자립, 사랑, 정직, 성실이 생명 속에서 하나로 꿰어져 있다. 성실은 생명의 자유와 자립, 사랑과 정직을 실현하는 삶의 자세이고 방식이다. 성실은 나의 삶과 남의 삶을 실현하고 완성하는 길이고 방식이다. 씨알과 풀과 나무의 생명이 성실한 것처럼 남강도 성실하였다.

다섯 번째 원칙은 겸허이다. 사람의 생명을 살리고 높이고 힘차게 하려면 나와 남을 섬기고 받들어야 한다. 나와 남을 주인과 주체로 섬기고 받들려면 먼저 겸허히 자신을 낮추어야 한다. 민주공화의 세계에서 모든 사람이 주인과 주체로서 자치와 협동의 삶을 살려면 모두 주인과 주체가 되도록 서로 섬기고 서로 살려야 한다. 주인과 주체로서 서로 섬기고 서로 살리려면 서로 겸허해야 한다. 더불어 주체로 살려고 했던 남강은 언제나 겸허하게 자신을 낮추고 남을 존중하고 앞세웠다.

여섯 번째는 섬김이다. 남강은 어려서부터 남을 섬기는 심부름꾼이었으며 평생 심부름꾼의 자세로 남을 섬기는 삶을 살았다. 섬김은 사람들을 주인과 주체로 깨워 일으켜 민주사회로 이끄는 길이고 방법이다. 섬김으로써 남을 깨워 일으키고 살리고 높이고 힘차게 하여 주인과 주체가 되도록 이끄는 것은 나와 남을 억압과 속박에서 해방하고 서로 주인과 주체로 더불어 살아가는 세상을 열어가는 저항과 혁명의 방법이다. 남강은 자신을 낮추고 사람들을 종처럼, 어버이처럼 섬김으로써 자신의 자유와 사랑을 실현하고, 남을 자유와 사랑의 삶으로 이끌었으며, 나와 남이 함께 주인과 주체로 사는 사회, 서로 협동하고 서로 살리는 민주공화의 사회를 만들기 위해 노력하였다.

일곱 번째는 존중이다. 남강은 자신이 섬기는 사람들을 존중하였다. 그는 학생들과 이야기할 때조차 상대의 의견을 존중하여 동지로 대했다(김기석, 2005: 275). 남강 자신이 자유인이었으므로 상대도 자유인으로 존중했고 자기의 생명을 사랑했으므로 남의 생명도 사랑했으며 자기에게 정직한 것처럼 남에게도 정직하였다. 자기가 주인과 주체인 것처럼 남도 주인과 주체로 여겼으므로 겸허히 자신을 한껏 낮추고 종의 자리에서 남을 존중하여 받들고 섬겼다.

그는 오산학교의 교사들과 학생들을 존중하였으므로 교사와 학생이 자유롭고 힘차고 아름답게 일어설 수 있었다. 그는 자립과 독립의 정신이 사무쳤기 때문에 기꺼이 남을 주인과 주체로 존중하고 섬기는 종이 될 수 있었다. 남을 주인과 주체로 존중하고 섬기는 민주정신이 사무쳐 있었기 때문에, 그는 서로 다른 종파와 조직의 사람들을 하나로 결합시켜 민족대표들이 되게 할 수 있었고, 민중에게 겸허히 호소하여 온 민족이 하나로 일어나 삼일독립만세운동을 하도록 이끌 수 있었다.

남강의 마지막 행동원칙은 배려이다. 남강은 사람을 주인과 주체로 존중했으므로 그 사람의 형편과 처지에서 헤아렸다. 그리고 그 사람이 주인과 주체로 스스로 깨닫고 이해하고 주체와 주인으로서 떳떳이 당당하게 살 수 있도록 구체적이고 현실적으로 배려하였다. 남강은 함께 사는 동네 사람들이 자립하여 생활할 수 있도록 농지를 마련하여 농사를 짓게 했다. 농한기에는 장사를 하게 하였으며, 공유지를 경작하여 빈부격차가 없게 하였다. 또한 오산중학교의 교장, 교사, 학생들이 가르치고 공부하는 데 부족함이 없도록 준비하고 그들이 교사와 학생으로서 자부심과 긍지를 가지고 능력과 재주를 맘껏 발휘하도록 주의깊고 세심하게 배려하였다. 학교를 위해 가진 재산을 다 바쳤을 뿐 아니라 학교 지붕이 새면 자기 집 기와를 벗겨다 학교의 지붕을 메웠으며 교사들의 식량이 떨어지면 자기 집 식량을 가져다 교사들을 먼저 먹였다.

형무소 재소자들의 생활이 곤궁하고 괴로운 것을 알았으므로 형무소장을 만나고 신문에 글을 써서 고칠 수 있는 것을 고쳐서 재소자들의 생활이 조금이라도 편안하도록 현실적이고 구체적인 대안을 제시하였다(李昇薰. 1922: 387 이하). 그리고 당시 목사들의 생활이 곤궁한 것을 알고는 떳떳하게 사회생활을 할 수 있도록 목사들에게 기본 생활비를 제공하라고 교회들에게 권고하는 글을 신문에 쓰기도 하였다(李昇薰, 1924: 395-7). 이렇듯 남강은 구체적이고 세심하게 남을 배려하는 사람이었다.

남강의 행동은 섬기는 종으로서 자신의 삶과 삶의 명령에서 우러난 것이었다. 삶의 진실과 진리, 삶의 요구와 명령에 따라 남강은 행동하였다. 따라서 생명(하나님)의 심부름꾼이었으므로 남보다 먼저 행동하였고 또 다른 사람들을 주인과 주체로 섬겨야 하므로 남보다 앞서 행동하였다. 그는 남에게 지시하고 명령하기 전에 자기가 먼저 행동하였다. 그러므로 그는 언제나 솔선수범(率先垂範)하였다. 그에게는 적당히 하다 말거나 좌절하고 포기하는 경우가 없었다.

## 2) 섬기는 지도자 남강의 정신과 철학

섬기는 지도자 남강은 삶과 행동의 확고한 신념과 원칙, 방향과 목적을 가지고 살았다. 그는 학교공부를 많이 하지 못했으므로 그의 신념과 철학은 자신의 삶 속에서 스스로 배우고 터득한 것이 분명하다. 한국 철학자 유영모는 남강에 대하여 이렇게 말하였다. "이 힘(타고난 생명력과 실천력)으로써 시정(市井) 소년기에 벌써 철인적 각오를 가지게 되었더이다. 무심히 길을 가다가도 길가 옛 무덤(路傍古塚)을 볼 때마다 '인생이 종말이 저것이지? 그러면 나도 저것이 되기 전에 사람으로 하는 일은 남 지지 않게 하여 보고 말 것이다!'하는 결심한 느낌을 가지게 되셨다 하더이다. 이 각오이 결심이 생긴 뒤론 더욱 향상심, 발전성(發展誠)이 강렬하게 되어 짧은 겨를(小暇)을 태만하지 아니(不怠) 하고 글(書)과 수(數)를 숙습하며 상무(商務)를 투리(透理)하는 중에도 경위에 밝고 지조가 굳은 데서만 성공을 장래(將來)할 줄로 확신하더이다."(유영모, 1922: 526)

남강은 일찍이 생사를 초월한 철학과 신념을 지녔으며 섬기는 종으로서의 사명을 깊이 자각하였다. 그는 "(자신이 겪은 시련과 고난을 말하면서도) 말끝에라도 실망을 섞는 이야기는 하지 않았고 어려운 일을 당해서는 굽히지 말고 대줄기 같이 뻗어나가야 한다"(김기석, 2005: 292)고 하였다. 남강이 차균설을 만나 신민회 가입을 위해 나눈 대화는 남강의 인생철학을 나타낸다. "오늘날의 청년들이 어떤 생각을 하고 있는가"하고 남강이 묻자 차균설은 "실업을 경영하는 일"이라고 대답했다. 이에 대해 남강은 "그런 낡은 생각을 해서는 안 된다. 고상한 생각을 가져라."고 했으며, "국가를 위해 피를 흘릴 수 있"고 "몸을 바치지 않으면 안 된다."고 하였다(윤경로. 1988: 88). 그는 나라와 민족을 위한 고상한 이념과 신념을 가졌으며 그 이념과 신념을 위해 자신을 희생하고 헌신할 수 있는 의지와 각오를 가지고 살았다.

그의 이러한 신념과 철학은 그의 신앙에 토대를 둔 것이다. 남강은 "감사합니다... 하면 된다...해서 안 되는 일이 없다."는 말을 자주 했다. 이것은 그가 적극적이고 낙관적인 인생관과 역사관을 가지고 있음을 의미한다. 그러나 그의 이러한 적극적이고 낙관적인 태도는 주어진 현실과 영합하는 것이 아니었다. 고난과 죽음을 무릅쓰고 현실에 맞서면서 진리와 정의를 실현하는 적극적이고 낙관적인 태도였다. 그는 기독교와 성경의 진리를 '의(義)'로 파악했다(김기석, 2005: 339–340). 그는 말년에도 '의를 위해서라면 지금도 기꺼이 죽을 수 있겠다.'고 하였다. "하나님께서 義로 다스리시는 것을 믿는다. 의로 사는 것처럼 귀한 것이 어디 있어. 의로 삶에는 두려워할 것도 근심할 것도 없는 줄 안다. 요다음 시간은 몰라. 마는 지금 이 시간까지는 의를 위하여 목을 내대라면 조금도 사양치 않을 테야. 의를 위하다가 죽어 천당이 있으면 갈 것이다. 의를 위하다가 죽음처럼 더 기쁨이 어디 있어(李贊甲, 1934: 540–541)." 함석헌은 남강이 생사일여(生死一如)의 깊은 깨달음을 가지고 살았다고 보았다. "정인보가 쓴 남강의 비문에 '20년간 차생차사'(二十年間 且生且死)라 한 것은 명구라 한다. 또 죽고 또 살고 또 살고 또 죽어서 생사일여(生死一如), 죽음을 삶으로 알고 삶을 죽음으로 아는데 무슨 변(變)이 있겠는가(함석헌. 1974: 434–5)." 그러므로 그는 자기를 비난하는 사람에 대하여 웃으면서 "글세 무슨 말들을 하나 봅데다. 나는 잘못 하는 것 없으니까 상관 없어요. 나는 일하고 그는 말하라지요."(帝釋山人(이광수), 1930: 529–530)하고 태연하였다.

그가 철학에 관한 논문을 쓰거나 논의를 한 것은 아니지만 신념과 원칙, 방향과 목적을 가지고 흔들림 없이 한결같이 일관성 있는 고상한 삶과 행동을 했다는 점에서 그의 정신과 철학을 말할 수 있을 것이다. 철학은 사물과 생명, 관계와 정신을 표면이 아니라 깊이 보고 부분이 아니라 전체를 보는 것이다. 전체의 자리에서 깊이 뚫어보는 사람이라는 점에서 남강은 철학자라고 할 수 있다. 더욱이 생명의 본성과 원리를 깊이 뚫어보고 실현하고 완성하는 삶을 시종일관 한결같이 살았다는 점에서 그는 철학자다. 더 나아가 동서문명의 만남 속에서 민중의 자각이 이루어지는 근현대의 시대정신을 구현하고 실현했다는 점에서 남강은 누구보다 진실한 철학자였다.

생명의 본성과 원리, 시대정신에 비추어서 섬기는 지도자 남강의 철학을 말해보려고 한다.

### (1) 생명의 본성과 원리에 비추어 본 남강의 정신과 철학

생명은 물질 안에서 물질을 초월한 것이다. 생명은 물질적 몸의 차원과 물질을 초월한 정신의 차원을 가지고 있다. 인간의 생명은 몸, 맘, 얼 또는 감성, 이성, 영성의 차원을 가지고 있다. 생명은 스스로 하는 자발적 주체성, 하나로 통합하는 전체성, 새롭게 변화 발전하는 진화성의 세 가지 원리를 가지고 있다. 주체성, 전체성, 진화성을 꿰뚫는 하나의 원리는 스스로 하는 주체인 '나'다. '나'는 생의 주체이며 전체의 통일이 이루어지는 중심과 초점이고 진화의 동인과 주체, 대상과 목적이다.

주체성, 전체성, 진화(진보)성은 생의 본성과 진리를 나타내는 세 가지 원리이며, 감성, 이성, 영성은 몸, 맘, 얼을 지닌 인간의 세 가지 본성과 차원이다. 남강의 생각과 말은 그의 생명과 존재 자체에서 우러난 것이다. "남강의 말은 입에서 나오는 말이 아니고 몸에서 나오는 말로 그의 인격의 깊은 곳에서 흘러나오는 강직한 목소리였다(김기석. 2005: 273-4)." 남강의 삶과 행동, 생각과 말이 생명의 주체성, 전체성, 진화(진보)성을 얼마나 충실히 실현하고 완성하는가, 그리고 인간의 감성, 이성, 영성을 얼마나 깊고 바르게 발현하고 심화 고양시켰는지를 살펴보면 남강의 정신과 철학을 드러낼 수 있을 것이다.

### ① 주체성 '나'

스스로 하는 주체성 '나'의 진리는 생명의 가장 근본적인 진리다. 남강은 자립, 자주, 자유의 주체적 정신을 가장 치열하고 철저하게 추구하고 실현하였다. 그는 무슨 일이든 '내'가 스스로 해야 한다고 생각했다. 함석헌은 남강의 이러한 주체 정신을 '나, 나, 나'로 표현했다. 남강은 "내 할 일은 내가 해야지." 하는 생각으로 방 쓸기, 부엌에 불 넣기, 재떨이와 요강 비우고 닦기, 심부름하기를 남이 먼저 할까 봐 "먼저 앞서가며 자기가 했다." 그는 또한 가르치는 사람이 없었지만 "나도 알아야지, 배워야지." 하는 맘으로 스스로 글씨 쓰고 책 읽고 공부하는 데 열중했다(함석헌. 1974: 410). 부모도 없고 스승도 없었지만 "나도 사람이 되어야지." 하는 맘으로 스스로 애를 쓰고 힘을 썼다. 그러므로 그는 어려서부터 매우 자립정신이 강했다. "이 정신 때문에 제 책임을 잊는 일이 없었다. 속이고 눈가림하는 법이 없었다. 게으름을 부릴 줄 몰랐다. 참 됐다. 믿었다. 곧았다(함석헌. 1974: 411)." 그러므로 그는 남이 시킬 필요가 없는 사람, 시킬 수 없는 심부름꾼이 되었다. 남강은 일찍이 무슨 일이든 제힘으로 제가 해야 한다는 자주독립의 정신을 확립하였고 그 정신을 끝까지 지켰다. 스스로 한다는 자주 자립의 정신은 남강의 삶과 행동에서 가장 뚜렷하고 확실한 정신이었다. 따라서 그는 책임을 남에게 미루는 일이 없었고 언제나 정직하고 성실하였다.

### ② 전체성(전체의 하나 됨)

주체의 깊이와 자유에서 전체의 하나 됨에 이르는 것이 생명의 근본 진리다. 남강은 주체 '나'의 깊이와 자유에서 전체의 하나 됨에 이르렀다. 그는 언제나 전체(나라, 민족)와 전체의 일을 위해서 자기 '나'를 비우고 낮추고 버릴 수 있었다. 그는 언제나 전체의 자리에서 전체의 하나 됨을 위하여 자기를 바칠 준비와 각오가 되어 있었다. 학교 일에나 나라를 위한 일에는 언제나 남을 앞세우고 중심에 세울 수 있었다. 그러므로 그는 진실하고 정직한 사람이라면 누구와도 협력하고 화합할 수 있었고 남을 앞세워 남이 큰일을 하도록 이끌었다. 어려운 여건 속에서 오산중학교가 큰 인물들을 많이 낳을 수 있었던 것은 여준, 조만식, 유영모, 함석헌과 같은 인물들이 자신들의 능력과 재주를 다하여 맘껏 가르칠 수 있도록 이끌었기 때문이다. 기독교와 천도교와 불교의 인사들이 결합하여 삼일운동을 일으킬 수 있었던 것도 남강이 전체를 위하여 자기를 낮추고 버릴 뿐 아니라 전체의 하나 됨을 위한 그의 열정과 신념이 깊고 컸기 때문이다. 그는 평생 학교 전체, 민족 전체를 위하여 자신의 모든 것을 바치고 또 바쳤다.

### ③ 진화(진보)성, 나음나음 나아감

스스로 새롭게 자라고 커지고 깊고 높아지는 것도 생명의 본성이고 근본원리다. 생명은 땅의 물질에서 물질의 제약과 속박을 극복하고 하늘의 정신(영)을 향해 솟아

올라 나아가는 것이다. 진화와 진보는 생명의 필연적인 속성이고 진리다. 남강은 머무름없이 솟아올라 나아간 사람이다. 그의 생활원리는 '나음나음 나아감'이다. '나음나음 나아감'은 '더 낫게 쉼없이 나아감'을 뜻한다. 쉼없이 한 걸음 한 걸음 더 낫고 더 좋은 삶을 향해 줄기차게 나아가는 것이 그의 생활철학이고 원칙이다. 그러므로 그는 오산중학교에서 그의 동상을 만든다고 할 때 '나음나음 나아가는' 형상으로 만들어달라고 부탁하였다(김기석. 2005: 362. 김도태. 1950: 308. 함석헌. 1974: 438). 위로 앞으로 솟아올라 나아가는 것이 그의 인생의 근본자세이고 원칙이었다. 과거와 현재에 머무르지 않고 새로운 미래를 열어가는 것이 생명과 인간과 역사의 근본원리다. 남강은 솟아올라 앞으로 나아가는 생명과 인간과 역사의 근본원리를 충실히 실행하였다.

### ④ 감성

생명은 저마다 서로 주체이므로 서로 공감하고 공명하며 감응하는 것이고, 동정하고 감정을 이입하여 서로 헤아리는 것이다. 서로 입장을 바꾸어 헤아리고 느끼고 이해하는 것이 도덕과 철학과 종교의 근본원칙 황금률(黃金律)이다. 자기의 생명을 직접 체험하고 깨닫고 살았던 남강은 공감과 감응, 감정이입의 능력이 매우 뛰어난 사람이었다. 그의 삶과 생각과 행동을 움직이는 근본 동력은 생명을 불쌍히 여기는 사랑의 마음이었다. 부모를 잃은 불쌍한 자기를 가엾게 여긴 그 맘으로 남강은 남을 가엾게 여겼다.

임일권의 방 심부름꾼 시절에 보았던 유기공장의 불쌍한 노동자들을 가엾게 여겼기 때문에 남강은 자기가 유기공장을 운영할 때는 노동환경과 조건을 혁신하고 노동자들이 사람답게 살도록 가르치고 이끌었다. 나라를 잃고 일본 제국의 종살이를 하는 한민족을 가엾게 여겼기 때문에 한민족의 해방과 독립을 위해 자신을 희생하고 헌신하였다. 그는 조선 민족뿐 아니라 야윈 조선의 소와 헐벗은 조선의 땅을 가엾게 여겼다. 남강은 일을 추진할 때는 단호하고 강직하면서도 가여운 사람들을 보면 자주 눈물을 흘리는 여린 사람이었다. 삼일운동 민족대표 가운데는 맨 마지막으로 감옥에서 나오면서도 남강은 감옥에 남은 사람들 생각으로 눈물이 앞을 가렸다고 하였다. 자신의 감성능력을 가장 잘 발휘하였으므로 남감은 다른 사람의 감성을 감동시키고 움직일 수 있었던 큰 스승이고 지도자였다.

### ⑤ 이성

이성(지성)은 지능이 발전한 것이다. 지능은 생명의 욕구와 의지를 효과적이고 합리적으로 실현하기 위해 생겨난 심부름꾼이다. 이성은 생명의 본성과 목적을 실현하고 완성하기 위해 물질과 육체를 이해하고 조정하고 관리하고 다스리는 능력을 가진 것이다. 이성은 생명의 중심과 목적인 영혼(얼)의 심부름꾼이며 물질과 육체, 개념과 논리를 조정하고 다스리는 주인이다. 생명의 본성과 목적, 주체성, 전체성, 진화성 그리고 인간의 몸, 맘, 얼을 주체와 전체로서 그 깊이와 높이에서 실현하고 완성하려면, 이성이 온전히 제 구실과 사명을 다 하면서도 영성과 통합되어야 한다. 감성과 영성 사이에서 이성이 제 노릇을 충분히 다 하고 제 능력과 가치를 온전히 다 구현할 때 비로소 감성과 영성도 온전히 제 능력과 가치를 충분히 실현하고 구현할 수 있다.

절대 정직과 진실을 강조했던 남강은 이성의 이치와 가치를 충분히 강조하고 존중하였다. 그는 하나님 신앙을 강조하면서도 기적이나 요행, 허황한 신화와 교설을 부정하였다. 그러므로 그는 기독교 신앙이 기적에 의존하는 것은 '절대 불가'(大不可)라고 하였다. "야소교가 처음 발생(發生)했을 때는 신기적(神奇的) 사적(事蹟)으로써 교리를 천개(闡開)하고 인심을 경복(傾服)하였지만은 차차 금일과 같은 시대에는 오직 진리(眞理)에 정신(正信)이 아니면 아니 될 것이오. 기적(奇的)의 행동(行動)은 반(反)히 인심을 유혹하는 혐의가 있으므로 대불가(大不可)라 합니다."(이승훈. 1923: 393-4)

남강은 기독교가 생겨났던 고대와 남강이 사는 현대를 비판적으로 구분하였다. 고대에는 신화와 기적을 사용하여 교리를 알리고 사람들의 맘을 사로잡을 수 있었겠지만, 과학이 발달한 현대에는 진리를 바로 믿는 신앙이 되어야 한다고 보았다. 그는 기독교 신앙을 깊이 체험하고 높이 평가했지만 정직과 진실, 진리와 이치를 최고로 존중하였다. 그는 맑고 투명한 이성의 힘과 가치, 진리와 이치를 조금도 약화시키거나 굽히지 않고 구현하고 실현하려고 했다. 그러므로 이성과 진리를 중시했던 남강은 물질과 본능의 욕망에 매인 기복신앙과 샤머니즘을 온전히 극복하고 넘어섰으며, 비과학적 미신과 운명론과 결정론을 완전히 청산하였다. 이 점에서 남강은 새로운 과학기술문명 시대의 사람이었다.

### ⑥ 영성

영성은 생명의 중심과 꼭대기다. 땅의 물질을 초월하여 하늘(하나님, 정신, 영)을 향해 솟아 올라가는 생명의 중심과 선봉이 영성이다. 영성은 하늘과 만나고 통하고 사귀는 생명의 힘이고 능력이고 자격이다. 감성은 물질, 육체의 세계와 관계하고 사귀는 생명의 능력과 차원이다. 이성은 감성과 영성 사이에서 다리를 놓고 중개하는 생명의 능력과 차원이다. 영성은 초월적인 하늘과 관계하고 사귀는 생명의 능력과 차원이다.

남강은 독립운동 지도자 가운데 두드러지게 영적이고 자기 헌신적이며 자기 초월적인 인물이다. 감옥에서 날마다 기도하며 구약성경을 20회 신약성경을 100회 읽었다고 하며 하나님을 믿는 기쁨이 크다고 했고 하나님을 믿는 것이 자신의 가장 큰 영광이라고 했다. 그가 학교와 민족을 위해서 한 모든 일은 하나님이 시켜서 한 일이라고 하였고 이제까지 그랬던 것처럼 앞으로도 하나님의 도움으로 싸우며 이겨 나아갈 것이라고 하였다. 남강은 정치보다 교육이 중요하고 교육보다 신앙이 중요하다고 보았다. 신앙은 마음을 새롭게 변화시키는 속의 힘이다. 몸과 맘에 힘을 주는 신앙이 바로 서야 교육이 바로 되고 교육이 바로 되어야 정치가 바르게 된다고 하였다(김기석, 2005: 359−360).

## ⑦ 새 역사를 지어가는 신앙

남강의 신앙과 영성은 시공간의 현실, 역사와 사회의 구체적 현실과 굳게 결합되어 있었다. 생사를 초월하고 성공과 실패, 이해관계를 초월해서 생각하고 행동했지만, 남강은 삶의 구체적인 현실과 자리를 떠나지 않았다. 나라를 잃고 고통받는 한민족의 해방과 독립을 위해 힘쓰지 않는 종교는 남강이 보기에 참된 종교가 아니었다. 당시 한국교회가 한민족의 고통을 외면하고 죽은 다음에 가는 천당과 종말론적인 심판을 믿는 신앙에 빠져들자 남강은 한국교회로부터 멀어졌다. 남강은 순수한 신앙을 추구하면서 민족의 정신을 바로 세우려 했던 함석헌과 김교신의 무교회 신앙에 관심을 가지고 이들에게서 새로운 정신운동의 싹을 보았다(김기석. 2005: 358－360).

남강의 기독교 신앙은 인간의 생명과 역사의 본성과 진리를 실현하는 것이었다. 제힘으로 스스로 자신을 일으켜 세웠던 그는 예수에 대한 믿음이 자신을 일으켜 세워 주기 때문에 예수를 믿는다고 하였다(김도태, 1950: 133). 그에게 신앙은 자신의 삶 속에서 자신을 일으켜 세우는 것이었다. 달리 말해서 신앙은 내가 나를 스스로 일으켜 세우는 힘을 주는 것이었다. 남강의 신앙과 영성은 남강의 삶을 정화하고 고양시켜 힘차게 하는 것이었다. 인간의 마음(영혼)을 새롭게 변화시키는 것이 교육과 정치를 새롭게 변화시키는 것이고 역사와 사회를 새롭게 변화시키는 것이었다. 남강이 했던 모든 생각과 행동의 중심과 시작에는 맘을 새롭게 변화시키는 신앙이 있었다.

남강의 신앙은 생명과 인간과 역사의 본질과 진리에 일치하는 것이었다. 생명과 인간과 역사의 본질과 진리는 과거와 현재를 계승하면서 과거와 현재를 비판하고 넘어서서 새로운 미래를 지어가는 것이다. 남강은 평양신학교에 다닐 때 늘 '감사합니다'는 말을 입에 달고 지내서 '감사 선생'이라는 별명을 얻었다. 감사는 자신의 과거와 현재를 있는 그대로 존중하고 받아들이며 자족하는 지혜를 드러내는 말이다. 그는 또 기독교 신앙을 한 마디로 '잘못했습니다'고 하는 것이라고 말했다(李贊甲. 1934: 537). 잘못했다는 것은 자기의 과거와 현재를 반성하고 비판하며 참회하는 것이다. 생명을 가진 인간은 과거와 현재에 안주할 수 없고 새롭게 앞으로 나아가야 한다.

잘못했다는 것은 과거와 현재의 잘못을 딛고 새로운 삶을 살겠다는 고백과 다짐이다. 남강은 또한 '나음나음 나아간다'는 말을 자주 하였고 이것이 자신의 삶과 정신을 드러내는 것이라고 하였다. 나음나음 나아간다는 것은 보다 나은 삶을 살려고 앞으로 나아가는 것을 의미한다. '감사합니다', '잘못했습니다', '나음나음 나아간다'는 섬기는 종 남강의 삶과 신앙과 철학을 드러내는 기본원리이고 자세였다.

### (2) 시대정신에 비추어 본 남강의 정신과 철학

한국·동아시아의 정신문화와 서양의 정신문화가 합류하고 융합하는 과정에서 민의 주체적 자각을 이루어가는 것이 근현대 한민족의 시대정신이며 과제였다. 한민족이 물려받은 한국 동아시아 정신문화의 중심에는 하늘을 우러르며 밝고 따뜻한 삶을 실현하려는 한민족의 생명에 대한 깊은 열정과 신념을 담은 '한' 사상, 몸과 맘을 갈고 닦는 수양 종교이며 정성을 다해 살아가는 생활 종교인 유교, 불교, 도교가 있다. 한민족이 받아들인 서양정신문화의 중심에는 기독교 신앙, 민주정신, 과학사상이 있다. 근현대 한민족의 사명과 과제는 한국 동아시아의 정신문화를 충실히 계승하면서 주체적으로 서양의 정신문화를 받아들여서 한국적이면서 세계 보편적인 민주시민의 정신을 확립하는데 있었다.

남강이 한민족의 이러한 시대정신과 과제를 얼마나 충실히 실현하고 한국적이면서 세계 보편적인 시민정신을 확립했는지 살펴보자.

### ① 한민족의 생명 사랑과 열정

한민족은 아프리카에서 밝고 따뜻한 삶을 찾아서 해 뜨는 동쪽을 향해 오랜 편력의 과정을 거친 끝에 아시아 동쪽 끝 한반도와 만주에 이르렀다. 밝고 따뜻한 삶을 위한 오랜 순례의 길에서 한민족은 하늘을 우러르고 그리워하며 하늘을 가슴에 품고 아침에 해가 뜨는 아름다운 나라를 꿈꾸었다. 오랜 순례의 길에서 한민족은 공동체적 연대와 협력을 익혔고 온갖 위기와 시련에 대처하고 극복하는 능력을 키웠다. 한반도와 만주에 이르러 한겨레는 '아름다운 아침의 나라'(아사달, 朝鮮)를 세웠고 널리 인간을 이롭게 하고 이치로써 교화하는 정치를 펼쳤다. 밝고 따뜻한 삶을 향한 강한 열정과 신념을 지닌 한민족은 강인한 생명력과 깊은 생명 사랑을 지닌 민족이다. 한민족의 여러 가지 건국 설화들에서 보듯이 한민족은 비교적 평화롭고 신명과 흥이 넘치는 민족이다. 남강은 한민족의 이러한 생명력과 생명 사랑을 물려받아 온전히 표현하고 실현했다. 남강은 한민족의 '한'사상과 '한'정신을 잘 구현한 참된 한국인이다.

### ② 수양과 정성

한민족의 전통종교인 유교, 불교, 도교는 모두 몸과 맘을 갈고 닦는 수양(수행)종교이며 정성을 다해서 알뜰하게 살아가는 생활종교다. 유불도 삼교는 천 년 이상 한민족의 심성과 삶을 가다듬고 북돋아주며 길러주었다. 남강은 유불도의 경전들을 깊이 연구한 학자는 아니지만 한민족의 정신과 문화 속에 녹아든 유불도의 가르침을 물려받아 몸과 맘을 갈고 닦는 수행에 힘썼고 지극 정성을 다해서 알뜰하게 생활하고 일하는 사람이 되었다. 그의 행동거지와 옷차림, 말씨와 대인관계는 오랜 수행의 노력 끝에 닦여지고 다듬어진 것이다. 그는 늘 주변을 청소하고 정돈하며 깨끗하고 질서 있게 하였고 감옥에서도 기도하고 성경 읽으며 마음을 닦고 바로 세울 뿐 아니라 변기통을 씻고 방을 닦았다. 자기와 주변을 씻고 닦으며 바로 세우는 남강의 생활습관과 태도는 그가 수양종교와 생활종교인 유불도의 종교문화전통에서 저도 모르게 물려받아 배우고 익힌 것이다. 이 점에서 남강은 전형적인 한국인이며 동아시아인이다.

### ③ 민주정신

남강은 500년 동안 조선왕조에서 차별받은 평안도 사람이고, 양반과 상놈의 신분질서에 반감과 저항심을 가진 평안도 상놈이며, 가난하고 외로운 바닥 사람이었다.

그러므로 남강은 새 문명과 함께 들어온 민주공화의 이념과 정신을 복음으로 받아들였다. 미국에 유학을 간 도산이 한인 노동자들 속으로 들어가 공립협회를 조직하고 교육하고 훈련하면서 체득한 민주공화의 이념과 정신은 민을 새롭게 깨워 일으키고 교육하는 신민회 활동과 함께 남강의 삶과 정신 속으로 깊이 들어왔다. 서민정신과 신민정신으로 사무친 남강은 철저하고 근본적인 민주정신을 실행하고 교육하였다. 민을 나라의 주인과 주체로 깨워 일으키는 그의 민족교육운동은 민을 나라의 주인과 주체로 받들어 섬기는 서번트 리더십과 깊이 결합되었다. "섬김을 받으러 온 것이 아니라 섬기러 왔다."는 예수의 선언과 실천에 대한 남강의 믿음은 그의 민주정신과 서번트 리더십을 더욱 심화하고 강화하였다.

### ④ 과학사상

서구문명의 두 기둥은 수학과 과학에 기반을 둔 그리스의 로고스철학(헬레니즘)과 영혼의 해방과 구원을 추구한 기독교정신(헤브라이즘)이다. 서구문명의 사명과 과제는 그리스의 이성철학과 기독교의 영성 신앙을 통합하는 것이었다. 중세철학은 이성을 신앙의 시녀로 삼았고 근현대철학은 과학과 철학의 학문영역에서 신앙과 영성을 배척함으로써 이성과 영성의 참된 통합을 이룩하지 못하였다. 이성과 영성을 통합한 삶과 철학에 이르지 못한 서구문명은 1~2차 세계대전으로 귀결되고 유물론적 공산주의와 유물론적 자본주의에 갇히고 말았다.

자신의 삶을 스스로 깨워 일으킨 남강은 정직과 진실을 가장 중요한 덕목으로 삼았고 성실하게 살고 일하여 자신의 삶과 인격과 사업을 빛나게 이룩하였다. 그는 맑은 이성과 이치, 참된 진리를 믿고 추구하고 실현하려 하였다. 과학적이고 합리적인 진리의식과 정직하고 진실한 진리정신을 남강은 가장 중시하였다. 그러므로 그가 이끄는 오산학교의 정신을 이루는 세 요소는 함석헌에 따르면 "첫째는 청산맹호 식의 민중정신이요, 그 둘째는 자립자존의 민족정신이요, 그 셋째는 참과 사랑의 기독정신이다(함석헌, 1959: 159)." 민족에 대한 헌신과 사랑, 정의에 대한 불타는 열정, 하나님에 대한 깊은 신앙, 진리에 대한 열린 자세로 이들은 오산학교를 이끌었고 오산학교는 민족에 대한 열정, 하나님에 대한 깊은 신앙, 학문과 진리에 대한 뜨거운 탐구심으로 충만하였다. 함석헌은 오산학교가 신앙정신, 민족정신, 진리정신(과학정신)의 산 불도가니였다고 하였다(함석헌, 1959: 159). 남강과 오산학교에서 민족주체의 정신, 과학의 진리정신, 신앙의 영적 정신이 참되게 통합된 것이다.

### ⑤ 기독교 신앙

서구 문명의 정신적 핵심인 히브리 기독교 전통에 속한 사람들은 민을 억압하고 수탈하는 제국주의 국가들의 지배와 속박에서 생명과 영혼의 해방과 구원을 추구하였다. 이들은 불의하고 잔혹한 역사와 사회의 죄악을 참회하고 자유롭고 평등하며 사랑과 정의가 가득한 나라를 이루려고 하였다. 이들이 믿고 기다린 하나님은 불의와 죄악을 심판하는 정의의 하나님이면서 민, 한 사람 한 사람을 친 자녀처럼 사랑하고 보살피며 해방하고 구원하는 사랑의 하나님이다. 하나님은 한 사람 한 사람을 눈동자처럼 사랑하고 머리카락 수까지 헤아리며 돌보는 어버이 같은 하나님이다(신명기 32,10; 마태 10,30). 예수는 한 사람의 영혼이 온 천하보다 더 귀하다고 하였으며 잃어버린 한 사람을 되찾는 것이 하나님께 가장 큰 기쁨이 된다고 하였다(마태 16,26; 마가 8,36; 누가 9,25; 누가 15,4,7).

진실과 정직을 최고의 가치와 덕목으로 여겼던 남강은 구약(히브리)성서에 나오는 정의의 하나님을 열렬하게 깊이 받아들였다. 또한 어려서 부모를 잃고 부모의 사랑에 목말랐던 남강은 친부모처럼 보살피는 사랑의 하나님을 기쁨으로 받아들였다. 정의와 사랑의 인격적인 하나님 신앙은 자연 친화적이고 합일적이고 둥글고 원만하며 수양과 정성을 강조하는 도덕적인 한국 동아시아의 정신문화에 새로운 깊이와 역동성을 주었다. 민을 친자녀처럼 사랑하고 보살피는 하나님 신앙, 버림받은 민을 찾아서 민과 친구가 되고 민을 섬기고 받드는 메시아 예수의 삶과 가르침은 남강의 섬기는 지도력에 깊이와 높이를 주었다.

## ⑥ 세계 보편의 시민정신

한국 근현대의 사명은 동서정신문화를 창조적으로 융합하여 민주적이고 과학적이며 영적 깊이를 가진 세계보편의 시민정신을 확립하는 것이었다. 한국 동아시아의 정신문화는 생명과 인간을 중심에 두고 하늘과 땅과 인간(생명)을 통합적으로 파악하는 천지인합일의 인생관과 세계관을 발전시켰다. 그러나 동아시아는 과학적 사고와 정신을 확립하지 못했으며, 민생과 민본의 왕도정치에 머물러서 민주정치의 이념에 이르지 못했다. 동양의 정신문화는 민주적이면서 과학적인 인생관과 세계관을 확립할 필요가 있었다.

서양의 정신문화에서는 인간 영혼의 해방을 추구하는 기독교 신앙과 사물·생명·인간을 과학적 합리적으로 대상화하고 객관화하는 그리스와 근현대의 이성 철학이 분열되었다. 제국주의국가들의 포로 생활과 식민지 경험을 했던 이스라엘(히브리-유대)인들은 인간의 생명과 영혼을 해방하고 구원하여 자유와 평등, 정의와 평화의 나라를 이루려 했으나 과학적이고 이성적인 철학에 이르지 못했다. 노예들의 노동과 희생에 의존했던 그리스의 자유 시민들은 순수한 수학과 자연철학을 발전시키고 인간의 욕망과 감정, 농민과 군인을 이성으로 통제하고 지배하는 나라를 추구하였다. 그리스와 근현대의 철학은 과학적 사고를 확립했으나 생명과 인간을 중심과 주체로 보지 못하고 대상화하였다. 서구문명에서는 과학적 이성을 중심에 두는 관념론, 물질과 욕망을 중심에 두는 물질론(유물론), 개인영혼의 구원을 추구하는 개인주의 신앙, 인간의 욕망과 권리를 실현하려는 자유민주주의, 약자를 정복하고 수탈하는 식민제국주의가 서로 갈등하고 대립하며 혼재되어 있었다.

가진 것과 지킬 것이 없었던 남강은 한민족의 생명력과 생명 사랑, 동아시아의 수행종교와 생활종교의 유산을 충실히 계승하면서 서양의 민주정신, 과학사상, 기독교 신앙을 깊고 온전하게 받아들이고 체화하였다. 강대국의 침략과 수탈을 당하는 한민족을 해방하고 구원하기 위하여 남강은 사랑으로 겸허하게 섬기는 지도력을 발휘하였으며 섬기는 지도력을 발휘함으로써 삼일운동과 임시정부로 이어지는 한국헌법의 정신·철학적 기초를 놓았다. 섬기는 종으로서 남강이 이룩한 정신세계와 그가 걸어 간 길은 한민족이 근현대에 함께 지녀야 할 정신과 사상이며 함께 걸어야 할 길이었 다. 동서정신문화의 융합을 이루고 민의 주체적 각성을 이룩한 남강의 삶과 사상과 실천은 한민족뿐 아니라 동아시아와 세계의 시민을 위한 귀감(龜鑑)이 된다.

## 5. 서번트 리더십의 영향과 성과

조선왕조의 낡은 체제와 질서에서 벗어나 동서문명이 만나고 민이 주체로 깨어 일어나는 위대한 시기에, 나라가 망하고 나라를 잃은 절박한 상황에서 남강은 민족 을 깨워 일으켜 나라를 되찾고 바로 세우는 큰 사명과 책임을 안고 살았다. 남강은 자신이 물려받은 한민족의 정신문화를 심화하고 정화하여 진실하고 값지고 아름다 운 지극정성의 심정과 자세를 가지고 살았다. 남강은 또한 서양의 정신문화에서 기 독교신앙, 민주정신, 과학사상을 깊고 온전히 받아들였다. 기독교신앙은 그의 삶과 활동에 깊이와 힘을 주었고 민주정신은 그의 평안도 평민기질과 결합하여 자유롭고 활달한 정신과 실천력을 주었다. 정직과 진실을 추구한 그의 진리정신은 새 문명의 과학사상과 결합하여 퇴폐적인 샤머니즘의 기복신앙과 소극적인 운명론을 완전히 극복할 수 있었다.

낡은 신분질서와 체제에 안주하여 민중의 노고와 희생에 의지하여 살면서 공허한 도덕과 사상을 내세우며 위선적으로 살아가는 양반지배층에 맞서 남강은 정직과 진 실, 사랑과 정의를 추구하였다. 그는 또한 일제의 식민지배에 맞서 나라를 되찾고 바로 세우는 큰 사명을 가지고 자신의 삶을 온전히 불태우며 살았다. 낡은 신분 질서 와 관념 속에서 수천 년 동안 잠들었던 민중이 나라의 주인과 주체로 깨어 일어나고 동서 문명이 합류하는 위대한 시기에 한민족의 바른 정신과 기운이 남강의 생명과 정신을 통하여 큰 화산이 폭발하듯이 크게 분출하였다. 민족사와 인류사의 큰 전환 기에 한민족의 생명력과 정신력이 남강을 통해서 정화되고 고양되고 온전히 실현되었다. 그의 섬기는 지도력은 그의 혁명적 삶의 본질이고 형식이었으며, 한민족의 정신, 성경의 깊이, 민주정신과 과학사상이 결합하여 생명과 정신의 깊이와 높이, 새로움과 역동성을 실현하는 방식이었다.

남강의 섬기는 지도력은 한국 민족사에 깊고 큰 영향을 미쳤다. 남강의 말년에는 그를 비난하고 비판하는 이들이 있었으나 그가 죽자 오산중학교 학생 500명은 오래 통곡하였고 장례식장에서는 수천 명의 청중이 함께 통곡하였다. 이렇게 남강이 죽은 다음에도 많은 사람들의 마음을 깊이 움직인 것은 자신을 희생하고 헌신한 그의 섬기는 지도력이 인간 생명의 본성과 진리에 일치했기 때문이다. 생명은 개별적 육체의 생명이 죽고 살고 다시 죽고 사는 과정을 통해서 진화 발전한 것이며, 물질과 육체, 욕망과 감정을 충족시키고 실현하면서 또 희생하고 승화하여 생명과 정신을 진화 고양 시켜 온 것이다. 남강은 자신의 몸과 맘, 재산과 명예를 희생시켜 민족의 생명과 정신을 깨워 일으키고 고양시켜 힘차게 하였다. 남강은 섬기는 지도력으로 민을 새롭게 하는 교육 운동으로써 민의 정신을 깊고 새롭게 하였으며, 삼일운동을 일으킴으로써 삼일운동과 임시정부로 이어지는 한국 헌법의 정신적 토대를 놓았다. 남강은 생명을 가진 인간이 한국 근현대에 가야 할 길을 열고 그 길로 갔던 것이다.

남강은 섬기는 교육을 함으로써 오산학교를 통해 한민족에게 큰 영향을 미쳤다. 오산학교에서 가르친 교사들은 여준, 조만식, 홍명희, 유영모, 이광수, 김억, 함석헌 등이었고 거기서 배운 학생들은 김소월, 백석, 이중섭, 김홍일, 주기철, 한경직, 백인제, 황순원, 이찬갑, 이기백, 함석헌 등이었다. 오산중학교는 평안도 산골의 작은 학교였으나 가르친 교사들과 배운 학생들로 보면 한국 최고의 명문학교였다. 지금도 서울의 오산중고등학교와 남강문화재단은 남강과 오산중학교의 정신과 뜻을 이어가고 있다. 남강의 종손자이면서 오산중학교 졸업생인 이찬갑은 홍성에 풀무학교를 설립하여 지역사회 속에서 남강과 오산중학교의 정신과 뜻을 이어가게 하였다. 오산중학교를 졸업하고 이름 없이 전국에 흩어져서 남강과 오산의 정신을 가르치고 실천한 사람들을 생각하면 한국 근현대에서 오산중학교가 갖는 위상은 더욱 높고 커진다.

섬기는 지도자로서 자신을 희생하고 헌신하며 이끌었던 남강은 사람들에게 깊고 큰 영향을 주었다. 늘 자기를 낮추고 버릴 수 있었던 이승훈은 나이가 들수록 싱싱하고 아름답게 살았다. 이승훈이 죽기 한 해 전인 1929년에 소나기의 작가 황순원은 오산중학교에 입학하여 한 학기를 지냈다. 15세 소년 황순원은 이승훈을 보고 "남자라는 것은 저렇게 늙을수록 아름다워질 수도 있는 것이로구나." 하고 느꼈으며, 남강은 황순원에게 평생 마음의 별이 되었다(경기도 양평군 소재 소나기 문학관 전시실). 이승훈은 몸으로 가르친 스승이었다.

남강의 서번트 리더십은 한국 근현대의 중심을 꿰뚫고 있으며, 한국 헌법 전문의 정신적 토대를 이룬다. 민족 전체의 자리에서 언제나 자신을 비우고 낮추고 버리고 죽을 각오를 하며 섬기는 종으로서 살았던 남강의 서번트 리더십은 국민 모두가 서로를 나라의 주인과 주체로 섬기고 받들면서 서로 나라의 주인과 주체로 살아야 하는 민주공화의 시대에 모든 민주시민이 본받아야 할 리더십이다. 특히 대통령, 장관, 국회의원, 의사, 판사, 검사처럼 공적 책임과 의무를 가진 사람들은 남강처럼 자기를 비우고 버릴 수 있는 섬기는 종으로서의 높은 도덕과 정신을 가져야 할 것이다.

# 참고문헌

김기석. (2005). 「南岡 李昇薰」. 서울: 한국학술정보.

김도태 술. (1950). 「南岡 李昇薰傳」. 서울: 문교사.

김승태. 한국기독교 역사학회 엮음. (2002). 남강 이승훈의 신앙행적에 관한 몇 가지 문제.
    <한국기독교와 역사>. 제 17호. 서울: 한국기독교 역사연구소.

金旺善. (1950). 남강선생전기. 김도태. 「南岡 李昇薰傳」

남강문화재단 편. (1988). 「南岡 李昇薰과 民族運動」. 남강 이승훈선생추모문집. 서울: 남강문
    화재단출판부.

李昇薰. (1922). 監獄에 對한 子의 注文. <동아일보> 1922. 7.25~29. 「南岡 李昇薰과 民族運
    動」 387 – 393.

_____. (1924). 新年과 敎會發展. <基督申報> 1924년 1월 7일자. 「南岡 李昇薰과 民族運動」
    395~7.

李賛甲. (1934). 南岡은 信仰의 사람이다. <聖書朝鮮> 제64호. 1934.5. 「南岡 李昇薰과 民族
    運動」 533 – 543.

박영호. (2001). 「진리의 사람 다석 유영모」(上). 서울: 두레.

박재순. (2015). 「삼일운동의 정신과 철학」. 서울: 홍성사.

成百曉 역주. (2012). 「懸吐完譯 大學·中庸集註」(개정증보판 11쇄). 서울: 傳統文化硏究會

엄영식. (1988). 五山學校에 대하여. 「南岡 李昇薰과 民族運動」. 118 – 165.

吳夏英(吳華英). (1946). –삼일운동의 대표적 인물의 편모: 기독교–南岡 李昇薰先生. <開
    闢> 제 74호 1946 『南岡 李昇薰과 民族運動』 555 – 7.

유영모. (1922). 人格的 偉大의 好表現 南岡 李先生님!. <東明> 제2호 1922. 9. 10. 남강문화
    재단 편 『南岡 李昇薰과 民族運動』 525 – 527.

유영모. (1964). 제자 함석헌을 말한다. 『올다이제스트』 1964년 12월호. 김흥호편 다석일지(영
    인본) 상. 688쪽.

윤경로. (1988). 신민회와 남강의 경제활동 연구. 「南岡 李昇薰과 民族運動」 74 – 117.

이광수. (1936). 나의 교원생활. <조선일보> 1936.12.22.~1937.5.1. 「南岡 李昇薰과 民族運

動」544－554.

이기백. (1964). 남강 이승훈 선생의 일면. <기러기> 제3호. 1964. 3~6.「南岡 李昇薰과 民族
    運動」579~586.

이기백. (1985).「한국사신론」(개정판). 서울: 일조각.

이승훈. (1923). －陽春을 面한 新生 朝鮮의 胚珠－ 奇的은 不可하다 야소교장로파 장로 이승
    훈씨 談. <東明> 제2권 제2호, 1923년 1월 7일 4면.「南岡 李昇薰과 民族運動」393－4.

帝釋山人(이광수). (1930). 南岡을 追憶함. <中外日報> 1930. 5.17~5.18.「南岡 李昇薰과 民
    族運動」528－530.

제임스 C. 헌터. 김광수 옮김. (2006).「서번트 리더십 2」. 서울: 시대의 창. (James C. Hunter.
    (2004). *The World's Most Powerful Leadership Principle*. The Crown Publishing
    Group).

조기준. (1988). 남강 이승훈 선생의 기업활동.「南岡 李昇薰과 民族運動」53－73.

최남선. (1922). <東明> 제2호. 1922. 9.10.「南岡 李昇薰과 民族運動」525.

한경직. (1987). <韓國基督敎史硏究> 제13호 1987.4.「南岡 李昇薰과 民族運動」587－590.

함석헌. (1930). 민족생명의 촛불 남강 선생. <聖書朝鮮> 제17호. 1930.6.「함석헌전집」5권.
    서울: 한길사. 1983.

_____. (1956). 남강 이승훈. <새벽> 1956년 5월, 7월호. <바보새 함석헌> (http://www.
    ssialsori.net)

_____. (1959). 남강, 도산, 고당. <사상계> 제71호 1959.6.「함석헌전집」4권. 서울: 한길
    사. 1983.

_____. (1959). 죽을 때까지 이 걸음으로. <사상계> 제69호. 1959.4.「함석헌전집」4권. 서
    울: 한길사. 1983.

_____. (1974). 이승훈, 심부름군에서 심부름군으로.「韓國傳記全集 韓國의 人間像 3」이희승,
    박종홍 외 편. 서울: 新丘文化社. 405－441.

함석헌기념사업회편. (2001).「다시 그리워지는 함석헌 선생님」. 파주: 한길사.

VII.

# 성산 장기려의 서번트 리더십

이준호

  오늘날 사회의 전 분야가 선진국 수준에 도달한 우리나라는 날로 심해지는 개인주의적 경쟁을 극복하고 사회공동체를 만들어나가야 하는 것이 중요한 과제로 등장하였다. 이를 해결하기 위한 대안으로 사회의 각 분야에서 자신의 이해를 양보하고 사회 전체의 행복을 먼저 충족시키려는 따뜻한 리더들의 출현이 목마른 상황이다. 본고는 일제감정기와 한국전쟁기 그리고 산업화 시기의 정치적 혼란기를 거치면서 빈곤 때문에 생명을 포기할 수밖에 없었던, 사회의 절대다수를 차지하였던 가난한 계층의 생명을 구하기 위해 과감히 자신의 부와 명예를 내던지고 무소유 이상주의를 실천한 성산 장기려의 리더십을 살펴보고자 한다. 이를 통해 그가 어떤 과정과 계기로 이러한 삶을 결심하게 되었으며, 어떠한 요인들의 그가 성공적인 서번트-리더의 삶을 살 수 있도록 이끌었는지를 알아보고 오늘날 우리들에게 주는 시사점을 살펴보고자 한다.

## 1. 역경의 청소년기를 지나 입학한 경성의전

  장기려는 1911년 음력 8월 14일(호적 1909년 7월 15일) 평안북도 용천군 양하면 임압동 739번지에서 장운섭과 최윤경의 차남으로 태어났다. 서울 사람의 논을 '마름1)'하던 할어버지의 덕택에 400석을 타작할 만큼 유복한 어린 시절을 보냈다.

## 1) 처음 겪은 인생의 고배

장기려는 1918년 인근 동네의 의성소학교에 입학하여 1923년에 졸업한다. 총기가 있던 그는 소학교를 입학하기 전 천자문을 배우고 뜻은 모르지만 천자문을 모두 외우는 등 남다른 총명함을 보였다. 당시 전국에 세워진 소학교에서는 국어, 산술, 자연을 가르쳤지만 배일(排日) 사상을 고취하느라 일본어를 배격하고 인격과 도덕 생활을 연마시키는 데 중점을 두었다. 그는 저학년 때는 대부분 과목에서 성적이 좋지 않았으나 4학년이 된 이후, 상급학교의 진학을 위해 사촌형들의 도움을 받아가며 열심히 공부하였다. 그러나 소학교에서 일본어를 거의 배우지 못해 1923년 신의주고등보통학교(이하, 신의고보로 약칭)의 입학시험에서 문제의 질문을 이해하지 못해 낙방을 하였다. 장기려가 세상에 태어난 후 처음으로 맛 본 실패였다. 그러나 그는 운 좋게 사촌형이 재학하고 있고, 한국인끼리만 경쟁을 하는 송도고등보통학교(개성 소재. 이하, 송도고보로 약칭)에 입학하였다. 송도고보도 경쟁률은 높았지만 국내인끼리만 경쟁하였기에 장기려는 운좋게 입학할 수 있었다. 동네에서 상급학교로 진학한 사람은 소학교 동기들 중 장기려뿐이었다.

1920년대 초는 '제2차 조선교육령'이 작동하는 시기로, 일제는 서당이나 강습소와 같은 학교 밖 교육 활동을 통제하고 학교 중심의 교육을 통해 전통적인 신분 고리를 끊기 위한 근대적 시험 제도를 도입했다. 이때부터 우리나라에는 각종 채용 시험이나 자격시험 제도가 도입되어 의사, 교원, 약제사, 변호사 등이 되기 위한 시험 제도들이 실시되었다. 이러한 제도가 실시되면서 전국적으로 주요 지역별로 근대적인 학교들이 세워졌으며 상급 학교의 입시 경쟁률은 치열[2]하였다.

---

1) 조선시대부터 소작제를 통한 토지경영방식은 지주가 직접 소작인을 관리하거나 일정한 대리 관리인을 두어 간접적으로 관리하는 두 가지 방식이 있었음. 마름은 후자로서 부재 지주의 대리 감독인으로 지주의 토지가 있는 곳에 거주하면서 추수의 작황을 조사하고 직접 소작인으로부터 소작료를 거두어들여 지주에게 상납하는 것이 주된 직무였음.

## 2) 소용돌이 속에 깨달은 자신의 위치

장기려는 1923년 송도고보에 입학한 후 부모의 간섭을 받지 않게 되자 3년여간 수업이 끝나면 운동장에 남아 정구를 치고 거의 매일 친구들의 자취방에서 화투 놀이를 하면서 시험공부는 벼락치기로 때웠다. 그런데 어느 날부터 놀음을 하면 할수록 계속 돈을 잃었다. 친구들이 더 이상 하지 말라고 말렸지만 끝까지 고집을 부리던 그는 가진 돈을 모두 잃고 말았다. 친구 집을 나서는데 그날 따라 날은 춥고 달은 휘영청 밝은 데 갑자기 복받쳐 오르는 설움에 하염없는 눈물이 얼굴을 적셨다.

"내가 미친놈이지. 이 돈이 어떤 돈인데. 그 때는 집안 형편이 파산 지경이 되어 학비도 꾸어서 보내주고 있는데… 아직도 이렇게 정신을 차리지 못하다니. 내가 제 정신이 아니구나. 아버지 얼굴이 떠오르는 데 쥐구멍이라도 기어들어가고 싶구나. 아버지! 죄송해요. 한겨울 그 추운 새벽에 길에 쪼그리고 앉아 꺼이꺼이 울었다."[3]

그 때부터 그는 지난날은 후회하지 않기로 결심하고 죽어라고 공부에 매진했다. 너무 오래 놀아 금방 성적이 오르지 않았지만 오기를 가지고 열심히 노력을 하다 보니 조금씩 성적이 나아졌다. 고보에 입학할 때 자신은 크리스천으로서 교사가 되는 것이 좋겠다고 생각했다. 그러나 고등보통학교의 교사를 하려면 일본의 몇 군데 대도시에 세워진 고등사범학교로 유학을 가야하는데 실력이 너무 부족한 데다가, 유학 경비에 대한 이야기조차 감히 꺼낼 수도 없는 형편이었다. 4학년 2학기에는 공업이 조선을 가장 이롭게 한다는 강연을 듣고 일제가 만주의 침략을 위해 대련에 설치한 여순공과대학의 예과 시험을 응시했으나 실력 부족으로 낙마했다. 더욱이 5학년

---

2) 소학교 취학률은 폭발적으로 증가하였으나 중고등교육기관의 억제정책으로 중등 이상 학교에서 모집정원은 매우 작았고 상급학교일수록 입시경쟁률은 높아지는 구조였음. 진학률은 1920－30년대 소학교는 7.5 가구당 1명, 중등학교는 142 가구당 1명, 그 이상의 고등교육은 2,082 가구당 1명이었음. "군내에서 고등교육학교에 진학한 학생은 한 명 있을까 말까"한 상태였음. 출처: 이경숙(2005). 「한국교육」, 32(3). 한국교육개발원. pp.35－59.
3) 출처: 장기려(2014). 「성자가 된 옥탑방 의사」, 서울: 우리교육. pp.42.

졸업 학년이 되면서 집안은 완전히 망하였고 더 이상 상급학교로의 진학은 힘들게 되었다.[4]

　그러나 상급학교의 진학에 대해 이제 결정을 해야 할 때를 맞이했다. 고향으로 돌아가 집안에서 세운 의성소학교에서 교편을 잡을까도 생각해보았지만 마음이 내키지 않았고 그래도 상급학교에는 진학하고 싶은 마음은 포기할 수 없었다. 이때 장기려의 눈에 들어온 것이 당시 조선에 막 설립되기 시작한 의과 쪽 상급학교였다. 의과 쪽 상급학교는 조선 사람들에게는 일본인이 지배를 벗어날 수 있는 자유로운 직업인데다가 고소득 직업으로 공부를 잘하는 상위권 가정에서는 지위 향상의 통로로 의과 진학을 목표로 하였다. 졸업학년이 되어 성적이 전체에서 10위권에 속하여 세브란스 의학전문학교(이하, 세브란스로 약칭)에 들어 갈 정도가 되자 장기려는 그동안 가운을 입은 의사를 본 적이 없으면서도 의과 진학을 생각하게 되었다. 자신의 진로에 마지막이 될지도 모르지만 등록금이 세브란스의 절반도 되지 않는 경성의학전문학교(이하, 경선의전)에 합격할 수만 있다면 한번 진학해 어떠한 고생을 하더라도 도전해보고 싶다는 간절한 꿈을 갖게 되었다. 이제 고보 입학 시 나약했던 장기려의 모습은 찾아 볼 수 없었다.

### 3) 간절함 속에 이루어진 경성의학전문학교(이하, 경성의전으로 약칭) 입학

　의학전문학교[5]의 평균 입학경쟁률은 적어도 10:1은 넘었다. 게다가 경성의전은 국립이므로 입학정원 2/3를 일본인으로 채운다는 교육 정책 때문에 조선인의 입학

---

4) 부친이 고향의 전답을 다 팔아 김포에 수십만평을 매입하였는데 일이 잘되지 않아 토지를 저당잡힌 수리조합에 빼앗겼고 만주에서 구입한 이틀 거리나 되는 땅과 서울에 구입한 5천평이나 되는 토지도 헐값에 처분했음. 당시 조선에서 최상위급에 속한 집안이 완전히 몰락하게 되었음. 출처: 장기려(2014). 「성자가 된 옥탑방 의사」, 서울: 우리교육. pp.42.
5) 의학계 고등교육기관은 경성의학전문학교(1916년 설립), 세브란스연합의학전문학교(1917년 설립), 경성제국대학 의학부(1926년 설립), 경성치과의학전문전문학교(1929년 설립), 평양의학전문학교(1933년 설립), 대구의학전문학교(1933년 설립). 국립의과대학으로서는 국내에서 경성제국대학 의학부가 유일하였으나 거의 일본인들만을 입학시킴. 출처: 김근배(2014). 일제강점기 조선인들의 의사되기: 해방 직후 북한의 의과대학 교원들을 중심으로, 의사학. 23(3). pp.429－468.

은 바늘구멍만큼이나 작았다. 그러나 진학에의 꿈을 갖게 되자 고보 3학년 때 감리교에서 세례를 받은 그는 매일 생각날 때마다 하나님께 서원 기도를 하였다.

"들어가게만 해주신다면 의사를 한 번도 보지 못하고 죽어가는 사람들을 위해 평생을 바치겠습니다."

3학년 말 본격적으로 공부를 시작한 그의 성적은 세브란스에 들어갈 수 있는 7-11 등을 기록했지만 세브란스보다 경쟁이 훨씬 심한 경성의전의 합격은 어려운 상태였다. 그러나 졸업을 앞둔 시점에 장기려보다 좋은 성적을 받던 학생들이 친구의 결혼식 피로연에서 술을 마시는 바람에 1년간 정학 처분을 받게 되어 1등으로 졸업을 할 수 있게 되었다. 여기에 수학 시험에서 장기려만이 풀 수 있었던 문제가 출제되어 1928년 4월 운 좋게 경성의전에 입학하였다.

경성의전에 입학한 후 장기려의 부모는 극도의 어려운 상황 속에서도 졸업할 때까지 자식의 장래를 위해 돈을 빌려 매달 30원씩 학비를 보내주었다. 1920-30년대 4년제 의학전문학교를 다니는데 필요한 학비는 연간 500원으로, 당시 고등보통학교 교원이나 신문기자 등 당시 괜찮은 직업을 가진 사람들의 연간 수입과 맞먹는 큰 액수였다. 웬만한 중산층이라 하여도 자녀 교육을 위해 초인적인 희생을 해야만 했다. 경성의전 3학년 때부터는 전문서적의 구입비용이 더 들게 되자 장기려는 하숙비라도 줄이기 위해 사촌형의 집으로 숙소를 옮겨 장작을 패주면서 숙식을 해결하였다. 모든 과목이 일본어로 이루어지는 수업을 수강하는 것은 처음이라 힘들었지만 어릴 적부터 총명하다는 이야기를 들었던 그는 초인적인 노력을 하여 경성의전에서 성적은 1학년 4등, 2학년 3등, 3학년 2등, 4학년 1등을 차지하였다.

## 4) 학업을 계속하기 위한 결혼

1932년 봄 졸업이 다가오면서 졸업 후에도 전문 분야를 전해 더 공부를 하는 심화과정을 이수하기 위해 경선의전의 부속병원에 남기로 결심하였다. 처음에는 학비가 싼 안과를 택하였다. 그러나 안과가 의사답지 못할 것 같아 내과로 전공을 변경하고

자 담당 교수를 찾아갔으나 내과 교실에서는 조수가 되어도 보수는 전혀 없다는 말을 들었다. 하는 수없이 생활비를 벌 수 있을 때까지는 다른 사람처럼 생활비를 대줄 수 있는 신부를 찾아 결혼을 하는 방법을 찾게 되었다. 이때 친구의 소개로 만난 사람이 평양서문고등보통학교를 졸업한 김봉숙이었다. 이상형도 아니고 용모도 마음에 들지 않았지만 그때까지 한 번도 여성을 만나 데이트를 해본 경험이 없는 데다가 평소 자신의 의견을 명확히 밝히지 못하는 성격상 우물쭈물하는 사이에 소개한 친구와 신부 측에서는 그가 신부를 마음에 들어하는 줄 알고 갑작스레 약혼식이 진행되어 졸업 후 한 달 만에 결혼식을 갖게 되었다.[6]

장기려의 장인은 경성제국대학에서 내과를 전공하고 신의주에서 병원을 개업한 당시 국내에 몇 명에 불과한 의학박사 중 한 명이었다. 장인은 그에게 당시 조선과 일본을 통틀어 외과 분야에서 최고의 명의로 이름을 날리던 백인제 박사 밑에 제자로 들어가 공부를 제대로 한 후 자신의 병원에 참여할 것을 권했다. 그는 장인의 권고를 받아들여 백인제 박사의 외의과교실을 선택하여 나머지 학업을 계속하였다.

외의과교실에서 조수의 월급은 10원에서 몇 달 뒤 40원으로 올랐으나 6년 후 강사가 된 1938년까지 고정되어 있었다. 결혼은 했으나 살림은 겨우 꾸려갈 정도로 궁색했고 처가살이로 생활비를 절약해야만 했다. 고향에 있는 부모에게는 아들 노릇을 해야겠기에 박봉이지만 매달 10원씩을 보냈다. 장인이 개업을 위해 신의주로 떠나자 부모님을 서울로 이사시켰다. 부모님은 고향집을 처분하고 서울에서 살림을 합친 이후 장기려는 얼마 안 되는 급여지만 월급을 봉투째 아버지에게 드리면서 집식구로 하여금 시아버지로부터 생활비를 타 쓰게 하였다. 반찬값은 매달 외상으로 해결하였고 모자란 생활비는 부인이 삯바느질을 하여 충당하였다. 때문에 그녀는 여학교 시절 좋아했던 그림이나 음악 등 취미 생활은 전혀 할 수 없었다.

---

6) 경성제국대학에서 박사학위를 밟던 아버지를 따라와 잠시 경성에 살던 때임. 장기려가 내세운 결혼 조건은 첫째, 예수를 믿어야 한다. 둘째, 부모를 잘 섬겨야 한다. 셋째, 공부를 하는 동안 생활비를 주지 못해도 살림을 꾸려나가야 한다는 까다로운 조건이었으나 신부 측에서 모두 수용함. 출처: 이기환(2002). 「성산 장기려」. 서울: 도서출판 한걸음. p.97.

## 2. 백인제와의 만남과 수련

백인제의 조수가 된 것은 그에게는 일생에 걸친 큰 행운이었다. 장기려는 백인제로부터 외과 의사로서 갖추어야 할 의술이나 학문적 태도 및 동료 의료진이나 환자를 대하여야 하는 인격적인 부분까지 제대로 훈련을 받을 수 있게 되었다. 스승인 백인제7)는 조선인인 장기려를 공개적으로 자신의 후계자로 지목할 정도로 모든 지원을 아끼지 않았다.

### 1) 스승에게서 부여받은 평생의 연구과제

백인제의 수술 실력은 널리 알려져 있어 경성의전 부속병원은 항상 응급환자들로 넘쳐났다. 당대의 대수술은 스승의 독무대나 마찬가지여서 조선인, 일본인 할 것 없이 전국 각지에서, 심지어 일본이나 만주에서 직접 백인제를 찾아왔다. 위장 특히 위궤양, 위암, 간담관, 감상선 등의 수술을 받기 위해 오는 환자들이 많았다. 백인제는 절대 하루도 아침 회전을 거르지 않았기 때문에 조수인 장기려는 게으름을 피울 수 없었다. 많은 수술 보조로 몸은 날로 약해졌지만 장기려는 조수를 하는 동안은 단 한 번도 출근에 늦은 적이 없었다.

---

7) 1899년 평북 정주 출생. 고조부 백경해(白慶楷)는 한성부 좌윤(오늘날의 서울시 부시장에 해당)을, 증조부 백종걸(白宗杰)은 병조참의와 우승지를 지냄. 평북 정주의 오산학교와 경성의전 시절 단 한 번도 수석을 놓치지 않은 '공부벌레'. 3학년 학기 말 3·1운동에 적극 참여, 경찰에 체포되어 10개월 동안 감옥살이를 하고 경성의전에서 퇴학을 당함. 출옥 후 총독부의 유화 조치로 4학년에 복학. 수석으로 경성의전을 졸업함. 그러나 3·1운동에 가담한 이유로 의사면허증을 받지 못함. 총독부에서 지정한 의원에 2년간 부수로 근무한 후 뛰어난 마취기술을 습득하여 훗날 외과 의사로 대성할 수 있었음. 부수 생활 동안 의학연구에 정진하여 기리하라(桐原眞) 교수와 공저로 「일선인(日鮮人) 간에 있어서 혈액속별(血液屬別) 백분율의 차이 및 혈액속별 특유성의 유전에 대하여」라는 논문을 『조선의학호 잡지』 제 40호(1922년 12월)에 발표하여 일본인 교수들로부터 인정을 받는 계기가 됨. 1923년 5월 의사면허증 획득. 「실험적 구루병(佝僂病)의 연구」 등 4편 논문을 통해 1926년 일본인 의학단체인 조선의학회로부터 상장을 받고 1927년 경성의전의 외과 강사로 발탁됨. 1928년 4월 동경제국대학에서 의학박사 학위를 취득함. 1928년 6월 1일 경성의전 외과학교실의 주임교수가 됨. 출처: 백인제. 나무위키 검색. https://namu.wiki/w/%EB%B0%B1%EC%9D%B8%EC%A0%9C

병원에서 조수 일과가 끝나면 스승의 연구를 돕거나 스승이 자신에게 부여한 연구과제를 수행하느라 밤을 지새우기 일쑤였다. 의학계에서는 장폐색증으로 수술을 잘하고도 환자가 숨을 거두는 사례가 많았다. 당시 조선의 외과학은 경성의전의 백인제 교수팀과 경성제국대학의 오가와 시게루(小川蕃) 교수팀으로 양분되어 있었다. 어느 쪽도 확실한 수술 방법에 대해 성공을 못하고 있었다. 백인제는 상부 장관을 복벽에 부착시켜 장루를 형성한 다음 장관에 압력을 줄여 폐색된 부분에 피를 통하게하는 수술을 진행하고 있었고 장기려는 이 수술을 거들고 있었다.

장기려가 조수가 된 지 3년 후인 1935년, 백인제는 그에게 '충수염 및 충수염성복막염의 세균학적 연구'란 과제를 부여했다. 처음에는 자신에게 하찮을 것 같은 충수염(오늘날 맹장염임)을 왜 과제로 주었는지 의심했다. 충수염과 그 염증이 주변 장기에 유착되어 복막염을 일으키는 것은 스승의 생각처럼 세균이 원인일 수도 있다. 그러나 또 다른 이유일 수도 있다. 의학이란 수많은 부분들로 이루어진 하나의 전체이다. 아주 하찮아 보이는 연구들이 축적되어 다른 연구들과 합쳐질 때 비로소 의학의 발전이 이루어지며 의학을 하는 사람에게 항상 새로운 과제가 주어진다는 것을 4년간 과제를 수행하면서 깨닫게 되었다.

장폐색증과 관련하여 백인제가 시도한 여러 차례의 수술이 당시 획기적인 업적이었음에도 불구하고 이러한 사례들이 발생한 지 3년 후인 1940년 미국의 악스너 교수와 함께 미네소타 대학의 완 겐스틴 교수가 백인제와 같은 원리를 이용한 논문이 발표되어 '미국의 내장외과발전의 10대 기여 중 하나'로 선정되었다. 이는 영어로 논문을 발표되지 못해 생겨난 결과이지만 장기려는 자신이 스승을 제대로 보조를 못한 것도 중요한 원인 중 하나라고 분개하면서 세계적인 연구 수준들이 무엇인지에 대해서서히 눈을 뜨게 되었다.

### 2) 응급 수술을 통해 입증해보인 실력

어느 날, 백인제가 교수 회의로 집도할 의사가 없는 사이에 당장 수술하지 않으면 생명이 위급한 30대 중반의 여성 응급 환자가 발생했다. 외과에서는 장기려와 같은 수련의인 후배들만 있을 뿐이었다. 백인제의 조수가 된 지 4년째이지만 홀로 대수술을 할 기회가 없었기 때문에 겁부터 났다. 환자를 진단한

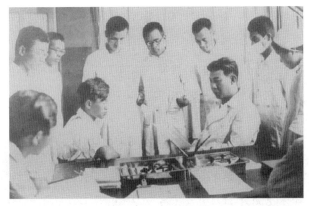

<그림 1> 백인제 교수의 수업 장면. 뒤에 안경을 쓴 사람이 장기려

장기려는 재빨리 간 아니면 쓸개에 문제가 있다고 판단하였다. 간호사에게는 빨리 수술 준비를 하라고 지시했다. 뒤늦게 달려온 후배에게도 수술을 준비하라고 이른 후 자신의 첫 수술이 성공하기를 기도하면서 수술복을 갈아입었다. 조수로 참여할 때는 그렇게 명쾌했던 수술 절차들이 아무 것도 떠오르지 않았다. 그러나 냉정을 찾고 스승의 집도 순서를 생각하였다.

스승 대신 스승으로부터 배운 마취를 해본 경험이 많기 때문에 당황하지 않고 수술 부위에 대해 국소 마취를 했다. 환자를 개복하니 몸의 내부가 보였다. 손으로 간 아래에 있는 쓸개를 만져보았다. 담석이 확실했다. 간과 간정맥을 건드리지 않으면서 쓸개를 절단하고 마지막으로 담즙이 십이지장으로 내려가는지를 살폈다. 다행히 문제는 없었다. 잘랐던 부위를 봉합한 후 수술 장갑을 벗기까지 채 한 시간이 걸리지 않았다. 대성공이었다. 이를 지켜보던 일본인 간호사는 장기려의 수술 실력에 탄복하며 백인제도 장기려 만큼은 하기 힘들었을 것이라고 칭찬하였다. 그의 나이가 스물다섯이 되는 1935년의 일이었다.

이 사건을 통해 백인제는 제자의 참 면목을 알게 되었다. 그때까지만 해도 백인제에게 이 젊은 제자는 불가사의한 존재였다. 시국에 대해 피력하는 적도 없고 젊은이라면 관심을 가질 만한 영화, 유행가 혹은 소설 등에 대해서도 전혀 관심이 없는 듯

했다. 한마디로 정말 재미가 없는 친구였다. 하지만 백인제는 그런 제자의 불가사의함이 오히려 좋아지기 시작했다. 스승이 보기에 장기려는 명석한 두뇌를 가진 제자는 아니었다. 천재성을 지니지는 못했지만 성실한 청년이었고, 장기려의 성실함이 백인제로 하여금 이 순박한 제자를 누구보다 아끼는 이유가 되었다.8) 이때부터 백인제는 장기려를 경성의전에서 자신의 뒤를 이을 재목으로 생각하기 시작했다.

### 3) 조선인 의사에 대한 고정관념 극복

일본인 간호사들이 조선인 의사나 간호사를 무시한다고 생각하던 장기려는 일본인 간호사가 자신의 지시를 거부한다고 오해하여 간호사의 따귀를 때리는 일이 발생했다. 당시 간호사에게는 치료가 힘든 장티푸스로 아무런 힘이 없어 장기려의 지시를 제대로 따를 수 없었다. 손상이 된 시트를 새것으로 교체하려던 행동을 장기려가 지시한 것을 이행하지 않는 것으로 오해한 것이었다. 이 소동으로 간호사는 쓰러졌다. 장기려는 주임 교수인 백인제를 찾아가 용서를 빌며 사표를 제출했다. 그러나 스승은 혼을 내기보다는 팔을 장기려의 어깨에 얹고 사람은 실수를 저지를 수 있다는 말로 위로를 해주었다. 그리고 일본인을 감정적으로 대하지 말고 조선인 의사로서 자존감을 가질 것과 이를 오히려 전화위복의 기회로 삼도록 지도하면서 자신이 울분을 참지 못해 3.1 운동에 가담한 것과 이후 자신이 그 자리에 오기까지의 과정에 대해 말해주었다.

장기려는 존경하던 스승이 3.1 운동에 참여했던 것과 역경을 극복한 이야기를 들으면서 스승을 더욱 존경하게 되었다. 그 이후 자신의 옹졸함을 뉘우치면서 일본인 간호사를 찾아가 진심으로 용서를 구했다. 자신 급여의 절반에도 미치지 못하는 박봉을 받아가면서 자신의 나라에 남겨진 가족을 위해 이국땅에 건너온 그녀의 처지를 이해하면서 서로가 존중받아야 할 존재라는 생각을 갖게 되었다.

---

8) 손홍규(2012). 「우리 시대의 마지막 성자 청년의사 장기려」. 서울: 다산북스. pp.83-84.

## 3. 홀로서기를 위한 평양 의료 현장

### 1) 의학박사 학위의 취득

경성의전을 졸업한 후 수년 동안 조수로 있으면서 받은 월급은 보통의 노동자보다야 많지만 월급의 절반 가까이를 진료비가 부족한 사람을 도와주다보니 그의 집안 살림은 겨우 연명해야 할 정도로 어려웠다. 그 병원에 입원 중이었던 춘원 이광수는 자신의 주치의를 맡은 장기려가 이따금 병원을 나가 환자를 데려온다든지 누가 무슨 부탁을 하면 거절을 할 줄도 모르고 환자의 입원비를 대신 지불하는 것을 여러 번 목격하였다. 게다가 병실에서 살짝 들어와서 자는 척을 하는 자신을 위해 조용히 기도하는 장기려를 보던 이광수는 드디어 궁금증을 참지 못하고 다음처럼 장기려에게 직격탄을 날렸다. "당신 바보 아닌가? 바보같이 사는 것이 좋은 것은 아니다. 도가 지나치면 친절도 위선이다. 내가 잠시 잠든 사이에 회진을 하면서 왜 자신의 회복을 위해 기도하였는가?" 등을 물어보았다. 이에 대해 장기려는 "아무리 의사들이 노력해도 수술 환자의 2/3가 사망하며 많은 사람들이 수술비가 모자라는 데다가 보호자가 지방에 거주하는 사람들은 환자가 사망 전까지도 병원에 당도하지 못해 자신이 병원비를 대납한다."고 대답하였다. 그리고 "그 때문에 수술 전에 환자를 제대로 돌보는 의사가 되게 해달라고 기도하고 수술을 한다"며 자신의 행동을 해명했다. 그제야 당대의 문필가였던 이광수도 장기려의 행동에 궁금증이 풀리며 장기려가 마침 조수 월급의 두 배를 받게 된 모교 강사 자리로 승진한 것을 진심으로 축하해주었다.

장기려는 그는 스승이 부여한 과제인 '충수염 및 충수염성 복막염의 세균학적 연구'를 4년 만에 끝냈으나 백교수가 독일 유학을 다녀오는 기간인 4년간의 공백기를 기다린 후 스승의 도움으로 30세가 되는 1940년 나고야제국대학으로부터 의학박사 학위를 받았다. 스승은 이 일을 자신의 일처럼 기뻐했고 논문을 독일로 보내 새로운 맹장염 치료제가 만들어지게 하였다.[9]

## 2) 스승의 제안을 거절한 지방의 의료현장

백인제의 밑에서 여러 가지를 배우고 느끼는 사이, 장기려는 혼자서도 수술을 할 정도로 의젓한 의사로 성장하였다. 쉽지 않은 의학박사의 학위도 받았다. 나이 서른이면 스스로 홀로 설 수 있어야 된다고 생각하여 스승에게 강사를 그만두겠다는 의사를 밝혔다. 자신이 학교를 떠난다면, 당연히 장기려가 그 자리를 이어받아야 한다고 굳게 믿고 있었던 백인제는 장기려의 생각을 되돌리기 위해 애를 썼다. 경성의전의 의외과교실은 학교에서 유일하게 일본인이 발붙이기 힘든 공간이었기 때문에 많은 조선인 학생들이 외과를 선택했다. 모교의 교수직을 거부하는 이유에 대해 그는 자신이 쌓은 지식과 기술을 더 많은 사람들에게 펼쳐보고 싶다는 것과 질병을 배우려면 수많은 관찰과 실험이 이루어지는 생생한 현장으로 가야한다고 설명했다. 차마 총독부로부터 신사참배와 창씨개명을 강요받고 있는 일본의 병원에서는 있기 힘들다는 것을 말할 수가 없었다. 제자를 아끼는 스승은 고등관 자리인 대전도립병원의 외과 과장직을 제안했다. 하지만 대전도립병원도 조선인이 일본인들 아래에서 지시를 받으며 일하는 근무 환경이 너무나 싫기 때문에 자신은 조선인들에 의해 운영되는 병원이 있는 평양으로 가서 일을 하겠다는 포부를 밝혔다.10) 이때 장기려는 자신이 경성의전에 입학할 때 하나님과 한 약속을 스승에게 털어 놓았다.

스승인 백인제 교수는 언제든지 모교로 돌아온다면 받아들이겠다는 말을 하며 평양연합기독병원(기홀병원이라고도 함)의 외과 과장으로 가는 것을 허락하였다. 스승은 장기려처럼 바보같이 환자들에게 정성을 다하는 사람이 조선 천지 어디에도 없다는

---

9) 출처: 장기려(1985). 「장기려 회고록」, 서울: 규장문화사. p.26.
10) 당시 큰 병원들은 도시를 중심으로 곳곳에 자리를 잡고 있었음. 총독부가 운영하는 도립병원과 선교사들이 개설한 기독교계 병원, 조선인이 세운 대표적인 병원임. 총독부가 운영하는 관립병원과 도립병원은 1935년경 40여 개, 선교사들이 운영하는 사립병원은 23개 정도였음. 관립 의학전문학교 출신들은 총독부가 운영하는 도립병원, 사립 의학전문학교 출신들은 선교사나 개인이 세운 병원으로 진출하는 경향이 일반적이었음. 도립병원이 직위나 보수가 매우 좋음에도 불구하고 조선인들이 군이 사립병원에서 경력을 쌓으려고 한 것은 도립병원에서는 일본인 의사의 주도와 간섭 그리고 차별대우와 승진 제한 등이 중요한 이유였음. 출처: 김근배(2014). 전게서.

것을 알기에 시골로 떠나는 제자를 못내 아쉬워하며 동아일보의 기고문에 장기려를 '입지전중 인물'이라고 평하였다.

### 3) 조선 최고의 명의

세브란스 출신들이 주축이 된 평양기독연합병원에서는 경성의전의 박사인 장기려가 외과과장으로 부임하는 것에 대한 반감이 있었다. 수개월 후 병원 이사회에서는 원장의 후임으로 장기려를 임명하자 기존 세력들의 반발은 더욱 거세졌다. 부임한후 환자에 대한 진료와 연구에만 몰두하여 병원 분위기를 파악하지 못한 상태에서 장기려의 작은 말 실수가 빌미가 되어 자기 사람들로 병원을 채우려 하며 신사참배를 강요한다는 등 장기려에게 누명을 씌우기 시작했다. 원장이 된 지 두 달 만에 이사회는 장기려에게 원장에서 물러날 것을 요청했다. 억울하지만 부임할 때 직책인 외과 과장으로 양보했다. 사표를 낼 것도 생각했으나 그것은 자신이 스스로 잘못을 인정하는 것이고, 자신은 환자를 돌보는 것이 오히려 잘 된 것이라고 생각하면서 마음을 추스렸다. 모함한 사람들은 장기려가 병원을 떠날 줄 알았는데 물러나지 않자 급여를 삭감하고 일본 순경을 집에 보내 식구들까지 감시하는 등 집요한 공격을 멈추지 않았다. 장기려는 후일 이 기간이 자신의 인생에서 가장 밀도 있는 신앙생활을 한 시기였다고 반추했다.

평양기독연합병원에 부임한 지 2년 동안 그는 경성의전에서와 마찬가지로 진료 이외에는 오로지 연구에 몰두했다. 그 결과 '농흉에 관한 세균학적 연구'를 조선학회지에, '근염의 조직학적 소견'이란 주제로 일본외과학회와 조선의학회에 잇달아 발표하였고, 간암 수술을 통해 간 연구에 대한 명성을 얻었다. 당시 간농염은 가능했지만 간암 환자를 수술한다는 것은 상상할 수 없었다. 간암 수술은 조선에서 최고의 명성을 지닌 경성제국대학의 오가와 교수조차 실패한 일이기 때문에 장기려의 간암 수술은 모두 만용이라고 비웃었다. 그러나 장기려는 간은 여러 개의 조각이 몇 개의 핏줄로 연결되어 있기 때문에 암세포가 있는 부분만 떼어내면 성공 가능성이 있다고 보았다. 이를 설상절제수술(설상절제수술)이라고 하는 데 이 수술에는 또 하나의 문제가 해결되어야만 했다. 당시의 마취기술은 3~4시간 이상 지속될 수 없었기 때문에 4시간 내에 수술을 끝내는 것은 불가능하다는 인식이 지배적이었다. 그러나 장기려는 온 정신을 집중해 암세포 조각을 떼어냈다. 1미리의 오차만 있어도 쏟아져 나왔을 피도 흐르지 않았다. 이 최초의 간암 수술은 당시 의학계의 최고의 뉴스였다. 강사 출신의 햇병아리 의사가 경성제국대학의 명의이며 스승 백인제의 유일한 경쟁자인 오가와 시게루를 넘어서는 의사라는 명성을 듣게 되었다.

후일 장기려의 모함에 가담한 사람들은 새로운 원장으로 부임한 사람에게도 똑같은 행동을 하고 나중에는 그 음모가 탄로가 나서 다른 병원으로 옮겨갔고 동료들은 장기려의 참모습을 알게 되었다. 새로운 원장은 장기려가 사는 집이 아주 초라한 집에 사는 것을 보고 선뜻 자신이 구입한 주택을 내어주며 대신 살아달라는 부탁까지 하였다.

### 4) 개인구원에서 사회구원으로의 변화

장기려는 평양기독연합병원에 부임하는 1940년 초 일본의 무교회주의자인 우치무라 간조(內村鑑三)[11]의 가르침을 받은 김교신과 김교신에게서 소개를 받은 함석헌이 평양에서 개최하는 성경공부모임에 정기적으로 참석하기 시작했다. 이 모임을 통해 장기려는 후지이 다케시(藤井武), 야나이하라 다다오(矢內原忠雄)[12], 함석헌, 김교신 등의 저서를 읽고 강의를 들으면서 개인의 구원을 벗어나 사회 구원을 위해 힘을 써야만 자신도 구원을 받을 수 있다고 생각하기 시작했다.[13] 평양기독연합병원에서

---

11) 동경외국어학교, 삿포로 농학교, 애머스트 대학교, 하트포드 신학교 수학. 동경제1고등학교 교사. '교육칙어'에 대한 불경죄로 해직. 1900년 『성서연구』창간. 무교회주의 표방. 러일전쟁 때 반전론 주창. 동경대학 총장을 역임한 난바라 시게루[南原繁], 야나이하라 다다오[矢內原忠雄] 등 무교회주의 사상가 배출. 김교신, 함석헌(咸錫憲) 등에 영향. 출처: 두산세계백과사전.
12) 일본의 경제학자, 일본아카데미 회원. 무교회파 기독교 지도자. 1937년 중일 전쟁을 비판. 동경대학 교수 사직. 전후 동경대학 총장 역임. 출처: 나무위키 검색.
13) 출처: 장기려(1985). 전게서. pp.24 – 25.

장기려는 경성의전의 강사보다 월등히 높은 급여를 받았지만 평양으로 이사 온 후에도 가족의 생활은 이전보다 나아지지 않았다. 병원 원장이 공석이 되자 그에게 다시 원장직의 추천이 이루어졌고, 그가 계속 거부함에도 병원에서는 장기려에게 억지로 원장을 맡겨버렸다.

### 5) 공산주의자들도 인정한 '일꾼상'

1945년 민족이 고대하던 해방을 맞았다. 장기려는 존경하는 조만식 선생이 이끄는 '평안남도건국준비위원회'의 천거에 의해 위생과장을 맡았다. 그러나 소련군이 북한에 진입하고 조만식 선생이 암살되면서 그 자리를 그만두었다. 김일성대학에 의과대학이 세워지면서 당시 조선 최고의 의사로 명성이 있는 장기려에게 외과 강좌장교수 겸 부속병원 외과과장을 맡아줄 것을 요청했다. 장기려는 첫째, 자신은 아직외과 강좌장이 될 만큼 실력을 갖추지 못하였고 둘째, 공산주의의 유물론적 변증법을 잘 모르며 셋째, 주일에는 교회를 출석해야 한다는 이유로 거절하였다. 그러나 김일성대학 측에서는 모든 조건들을 수용하면서 장기려를 그 자리에 청빙하였다. 부속병원은 소련의 원조로 운영되었지만 물자가 워낙 부족해서 수술조차 제대로 할 수 없을 정도였다. 몰려드는 환자를 감당해야 했기 때문에 장기려는 자기돈을 먼저 써서라도 해결해야 했다.

북한에서는 1947년 장기려에게 '모범일꾼상'과 3,000원이라는 거금의 부상을 주었다. 그러나 이 상금도 하나님의 뜻에 따라 열심히 환자를 치료해서 받은 상이라고 생각해고 전액을 교회에 헌금했다. 사사건건 장기려가 마음에 들지 않고 공산당을 따르지 않는다고 비난하던 김일성대학 의과대학의 부학장이며 부속병원장이 우연히 장기려의 집을 방문하게 되었는데 그때 저녁 반찬으로 수란국과 김치 밖에 없었다. 병원장은 그가 어느 정도 어려운 생활을 하고 있는지에 대해서는 상상도 못했던 것이었다. 1948년 초 북한에 박사 제도가 생겨나면서 장기려에게 북한 제1호 의학박사 학위가 수여되었다.

장기려를 모함하던 사람들은 고개를 숙이지 않을 수 없었다. 김일성조차도 주변의 참모들의 건강에 문제가 생기면 먼저 장기려 박사를 추천할 정도로 장기려 박사를 신뢰하고 존경하였다. 장기려는 자신이 좋아하지 않는 정치 체제이지만 일제 치하에서와 동일하게 의사로서 자신의 소명을 다하는 것이 자신의 길이라고 생각했다. 특히 장기려는 가르치는 일에도 항상 배우는 자세를 견지했다. 그 당시 북한의 의사들 중 소련어를 할 줄 아는 사람이 희귀했다. 그러나 장기려는 소련도 의료의 선진국이라고 생각해 독학으로 소련어를 배워 소련의 의학서적을 번역하여 교재로 사용하였다. 일본 교재를 사용하는 대부분의 교수들과 달리 소련 교재를 사용한 장기려는 기독교인이라고 비난하던 학생들에게도 학문적 탁월성과 높은 신뢰를 인정받았다.

## 4. 낯선 타향에서 피어나는 꿈과 결실

북한은 공산 체제를 공고히 하기 위해 지주나 기독교인들에 대한 탄압이 강화되는 속에서도 살아남은 장기려와 그의 가족은 1950년 12월 중공군의 갑작스러운 개입 소식을 듣고 더 이상 북한에 있을 수 없다고 판단해 피난을 택했다. 그러나 부모는 장기려 가족들만 피난을 떠나도록 하고 자신들은 남는 것을 고집했다. 처자식과 장인 장모와는 행동 통일을 하지 못하여 둘째 아들만 국군 병원에서 제공해준 엠블런스를 타고 대동강을 건넜다. 대동강을 건넌 후에는 개성까지 도보로 걸었다. 밤에는 추위에 떨면서 빈집을 찾아 숙식을 해결하면서 개성을 지나 5일 만에 서울에 도착했다. 서울에서 철도국에 근무하는 사촌의 도움을 받아 간신히 화차를 타고 보름만에 부산에 도착하였다.

그가 왜 부산을 택했는지에 대해서는 알려지지 않았지만 서울보다는 안전하고 자신을 도와 줄 군인인 조카가 살고 있는 곳이었기 때문이라 알려져왔다. 부산도 북한에서 고위층이었던 장기려에게 안전한 지역은 아니었다. 장기려는 조카로부터 해군본부의 군의감이 평양사람이라는 이야기를 듣고 무작정 해군본부를 찾아갔다. 해군

본부 정문에서 김일성대학의 부속병원 원장 시절 피부과 과장이었던 지인을 만나게 된 장기려는 그의 소개로 제3육군병원에 군무원으로 취업을 하여 다급한 자신의 잠자리와 먹거리를 해결할 수 있었다. 겨우 14살인 둘째 아들도 약국에서 급사로 일하게 되었다.

## 1) 용공분자로 오해와 시련

낯선 땅에서 호구지책은 해결했다고 기뻐하던 때 누군가 장기려를 밀고하여 주일 낮 예배를 참석하고 나오는 데 육군방첩대로 끌려갔다. 장기려는 그곳에서 구타와 욕설, 협박을 당해가며 조사를 받았으나 육군방첩대는 그가 용공분자로서의 소행을 밝혀낼 수 없었다. 다행스럽게도 그가 연행되었지만 북한에 있을 때부터 친분이 있었던 부산 초량교회의 한상동 목사와 그의 됨됨이를 잘 아는 선교사들의 도움으로 2주 만에 무사히 석방되었지만, 정치 체제에 변화가 있을 때마다 시대의 흐름에 타협하지 않는 그에게는 남한 사회도 넘어야 할 커다란 시련이었던 셈이다.

## 2) 전쟁 중 요청받은 창고 병원의 개원

장기려가 제3육군병원에서 근무한 지 6개월이 되는 1951년 7월 한국인 최초의 유학생이었던 미시간 주의 웨스턴신학교의 전영창[14]은 중공군이 한국전에 개입하자 조국의 구명을 위해 졸업식을 1개월 앞두고 미국 교회가 모금해 준 5천 달러를 가지고 귀국하였다. 전영창은 전쟁 중 부상자들과 전염병에 걸린 사람들에게 항생제를 구입하여 나누어주기 위해 국제연합주한민사처(이하 국제민사처로 약칭)를 방문했으나 국제민사처는 그 돈으로 조그만 병원이라도 차릴 경우, 매일 50인분의 약을 제공해주겠다는 제안을 받았다. 이 문제를 논의하려고 초량교회의 한상동 목사[15]를 찾아간

---

14) 전영창(1917.12 - ). 전북 무주 출생, 1938년 고베중앙신학교 졸업. 1947년 대한민국 정부 1호 유학생으로 웨스트민스트 신학대학에서 수학함. 일본유학시절에 신사참배운동거부로 투옥됨. 거창고등학교의 설립자.
15) 한상동 목사(1901.7 - 1976.1). 고려신학대학 설립자. 평양산정현교회의 주기철 목사와 더불어 신사

전영창은 한상동 목사와 논의 끝에 육군병원을 찾아가 장기려에게 병원을 맡아달라고 요청했다. 그 자리에서 장기려는 조금도 주저함 없이 승낙을 하였다. 그 제안은 평소 장기려가 꿈꾸어오던 제안이었다.

장기려는 당장 육군병원을 사직하고 제3영도교회의 30평의 허름한 창고를 빌려 1951년 6월 21일 '복음진료소'라는 간판을 내걸었다. 설립자 겸 운영책임자는 한상동 목사, 원장은 장기려, 총무는 전영창이 맡았다. 하루 60여 명의 환자를 진료하였으나 이북에서 유명했던 의학박사가 무료로 진료를 한다는 소문이 나자 진료비가 없어 병원을 가지 못하는 사람들이 창고 병원으로 몰려들기 시작하였다. 병원은 삽시간에 인산인해를 이루었다. 수개월이 흐르자 장기려 혼자 진료하던 병원에 피난 온 서울의대의 후배 진종휘 박사가 선배를 돕기 위해 합류하였다. 장기려와 전종휘로 의료진이 구성되면서 서울대학교는 이 창고 병원을 수술 실습 병원으로 지정하였다. 시설은 형편없지만 서울대의 의사들에게 장기려는 훌륭한 수술 교재였던 것이다. 한국전쟁 시절 부산에는 부산시립병원, 부산적십자병원, 부산교통병원, 영국아동구호재단병원 등 크고 작은 병원들이 있었지만 모두 외국의 도움으로 설립된 것들이었다.[16] 복음진료소는 병원이라기보다는 빈민구제를 위한 초라한 것이었지만 당시 부산 지역에서 순수 우리나라 사람에 의해 설립된 유일한 병원이었다.

3개월이 지나자 환자들은 하루 100여 명으로 늘어났다. 창고 병원으로서는 도저히 감당할 수 없었다. 다시 국제민사처를 방문해 지원을 요청하여 초량교회 인근 영산초등학교 주변 210평의 공터에 천막 3동을 설치했다. 진료실, 입원실 그리고 나머지는 수술실과 기숙사로 사용하였다. 장기려는 원목과 함께 기숙사에 생활하면서 숙식을 모두 해결하였다. 이렇게 시작된 복음진료소는 1951년 12월 정부로부터 복음의원이란 이름으로 개설허가를 받았으며 직원은 11명으로 늘어났다. 매일 100 - 150명을 치료하였기 때문에 일손은 늘 부족했다.[17] 복음의원에서 수술은 일주일에 수차

참배운동을 거부한 독립운동가. 장기려는 1948년 8월 14일 평양산정현교회에서 장로로 장립함.
16) 출처: 고신의료원(2001). 「고신50년사」, 부산: 고신의료원. p.67.
17) 출처: 고신대학교(2001), 전게서, p.72.

레 있었으나 제대로 된 장비나 시설이 없었기 때문에 스승 백인제가 서울에서 사용하던 것까지 빌려왔고, 모자란 것은 나무로 만들어 사용하였다. 심지어 정전이 되면 조수에게 촛불을 들게 하여 수술을 하였다. 이 장면을 보게 된 미국인 의사의 눈에 장기려의 수술은 동물병원처럼 비추어졌다. 이에 대해 장기려는 오히려 인생에서 가장 보람이 있었던 때로 평양기독연합병원에서 사면초가를 극복한 때와 복음의원 시절이라고 회고했다.[18]

### 3) 생존을 위한 몸부림

무료로 치료해주는 환자가 늘어난다는 것은 장기려로서는 기쁘고 다행스러운 일이지만 국제민사처에서 제공하는 하루 50인분으로는 매일 200명 이상 병원에 몰려드는 환자들에게 진료 후에 모두 약을 나누어 줄 수 없었다. 장기려가 받는 급여는 병원에서 가장 작았지만 이마저도 환자들에게 나누어줄 부족한 약을 구입하는 데 사용됐다. 무언가 획기적인 변화가 없는 한 병원을 운영할 수 없다는 것이 구성원들의 공통된 생각이었다. 장기려는 가난한 사람들을 도울 수 있는 버팀목이 없어진다는 생각에 몸이 달았다. 방법이 있다면 다른 병원처럼 환자들에게 진료비를 받는 것이었다. 그러나 장기려는 그 생각을 도저히 수용할 수 없었다. 대책 회의 중 누군가의 입에서 감사함이라도 설치하자는 의견이 나왔다. 그는 어떤 형식이든 진료비를 부과한다는 것에 대해서는 용납하기 어려웠다. 다만 환자 스스로가 감사함을 만들어 진료비를 집어넣는 것은 모르지만 병원 측에서 먼저 감사함을 만든다는 것 자체에 대해 마음이 편치 않았다. 그러나 직원들은 돈이 없는 사람은 안내도 되니까 차선책은 된다고 설득하여 장기려도 감사함을 설치하는 제안을 받아들였다. 병원에서는 더운 밥 찬밥을 가릴 처지가 아니라고 생각했다. 만약 시도해 본 후 부작용이 생기면 다시 원상태로 되돌리기로 의견을 모았다.

살기가 어렵고 앞이 보이지 않았지만 잘못하면 장기려가 운영하는 병원이 없어

---

18) 출처: 지강유철(2007). 「장기려 그 사람」. 서울: ㈜홍성사. p.271.

진다는 소문에 단돈 1환이라도 내는 사람들이 많았다. 환자의 80%가 모금함에 돈을 넣었다. 그러나 간단한 수술인 맹장의 수술비가 2,000환인데 그렇게 많은 돈을 넣고 가는 사람들은 없었다. 감사함마저 실질적으로 도움이 되지 않아 나중에는 모든 사람들에게 1인당 100환[19]의 진료비를 받게 되었다. 많은 진료비는 받지 못해도 적어도 복음의원에 대해 사회적 책임을 공유하자는 취지였다. 곧 병원 문을 닫을 처지였지만 복음의원이 간신히 숨을 쉴 수 있었던 것은 장기려는 물론 병원 직원들과 자원봉사자들의 헌신 때문이었다.

### 4) 능력껏 일하지만 필요한 만큼 배분

복음의원이 무료병원으로서 11명의 직원을 유지한 것은 미국개혁선교부에서 매달 인건비 조로 5백 달러를 지원해준 덕분이었다. 이 돈으로 병원 직원 44명이 살아야 했다. 장기려는 가족 수에 따라 월급을 지급하는 기상천외한 방법을 실시하였다. 장기려는 원장이지만 가족이 두 명인 엠브란스 기사와 급여가 동일했다. 가장 많은 급여를 받는 사람은 12명의 식구를 가진 후배 전종휘 박사였다. 이러한 배분 방식이 구성원들 사이에 갈등으로 나타나지 않은 것은 가장 많은 일을 하는 원장 장기려의 급여가 가장 작았기 때문에 누구도 불만을 나타낼 수 없었기 때문이다.

### 5) 자신의 정체성에 대한 갈등

서울대학교는 1951년 1.4 후퇴 때 부산으로 내려와 부산에서 대학연합체제로 운영되었지만 1953년 7월 휴전이 되자 서울로 복귀하였다. 전종휘 박사는 장기려에게 복음의원을 그만큼 운영하면 되었으니 이제 병원을 포기하고 스승이 기대하였던 서울대 외과 교수가 되어줄 것을 계속 설득했다. 이미 의과대학 내에서도 장기려의 교수 임용에 대해서 승낙이 이루어진 상태였다. 복음의원을 위해 동고동락한 동지인

---

19) 병원 설립의 4년째가 되는 1955년 한국은행 한국경제연감에 의하면 1인당 100환 진료비는 노동자 가족 월평균 수입이 9,298환이었던 것을 보면 복음의원이 안고 있는 경제적 부담에 비해 너무나 작은 금액임. 출처: 한국은행(1955). 「한국경제연감」.

후배의 간청을 계속 뿌리치는 것도 예의가 아니라고 생각한 장기려는 서울대 교수 자리를 수락하면서도 복음의원은 계속하는 운영하는 것으로 절충을 하였다. 가난한 사람들을 치료하는 의사가 된다는 자신의 서원을 결코 포기할 수 없었던 것이다. 당시 부산에서 서울까지 가장 빠른 교통편인 기차로 10시간 40분이나 걸리는 것으로 강의가 있는 날이면 야간열차를 이용하는 강행군이 시작되었다.

### 6) 현대식 병원의 건축을 둘러싼 충돌

휴전이 발표되자 외부로부터 지원받던 50인분의 약과 500달러의 운영비가 계속 줄어들기 시작하였다. 그러나 전국적으로 기존 병원들은 대형화, 현대화하는 움직임을 보였다. 부산 지역에서도 복음의원이 이러한 병원들과 경쟁을 한다는 것은 무리였다. 장기려가 가진 생각은 가난한 사람들에게 필요한 것은 대형화된 병원은 아니라 작은 무료 병원이면 충분하다고 본 것이었다. 그는 병원이 대형화를 통해 돈을 번다는 것은 돈을 숭배하는 맘몬 현상이라고 보았다. 즉 가난한 사람들에게 무료로 약을 나누어주고 병을 치료할 수 있는 최소한의 여건을 갖춘 정도면 충분하다고 생각했다. 거의 무료에 가까운 복음의원이 다른 병원처럼 높은 진료비를 받으면 복음의원은 오히려 경쟁력을 갖지 못한다고 보았다. 그러나 병원의 경쟁력은 장기려와 같은 실력파를 갖추는 것도 중요하지만 근본적으로는 시설에 의해 결정되는 시기가 시작되고 있었다.

복음의원의 장래를 염려한 선교사 헌트가 먼저 원조 기관을 찾아갔다. 가톨릭에서 운영하는 병원은 지원을 해주면서 개신교에는 지원을 왜 해주지 않느냐고 항의하며 복음의원에의 지원을 호소했다. 원조기관의 담당자는 제대로 된 병원이 설립된다면 경제적으로 형편이 나은 사람들을 진료할 수 있으므로 병원의 경영이 크게 개선된다고 말하면서 복음의원이 현대식 건물을 세울 수만 있다면 미 육군의 공병대에 남은 잉여 자재를 공급받도록 주선해 주겠다고 약속했다. 그는 장기려와 사전에 상의도 없이 현대식 병원을 세울 테니 공병대의 잉여 자재를 제공해 달라는 말부터 공약하

고 말았다.[20]

헌트의 말을 듣고서 병원 내에서는 큰 소용돌이가 일어났으나 장기려는 새로운 건물을 갖추는 것에는 관심이 없었다. 새로운 건물을 세울 수 있는 돈이 있다면 차라리 더 많은 가난한 환자를 돕는 것이 낫다는 생각을 하고 있었다. 장기려와는 반대로 직원들 사이에서는 당장은 힘이 들더라도 병원이 살려면 천막병원은 탈피해야 한다는 여론이 가득했다. 한편 복음병원이 속해있는 고신측 장로교단에서는 복음의원이 현대식 병원 건물을 신축하는 것에 대해 자신들과는 이해관계가 거의 없기 때문에 지원을 해줄 리 없었다. 병원 이사장인 한상동 목사가 나서서 자신이 설립한 고려신학교와 복음의원이 힘을 합쳐 일을 하는 방법을 제안했다. 이러한 제안을 계기로 교단이 움직이면서 헌신적인 교인들이 나서자 송도에 병원과 학교를 지을 적합한 토지를 확보할 수 있었다.

토지를 구입한 후 그동안 복음의원을 계속 후원해오던 말스 베리 선교사의 주선으로 미국기독교개혁교회에서도 60,000달러를 기부해 병원의 건축이 시작되었다. 드디어 1951년 6월 영도에서 복음의원을 시작한지 6년 만인 1957년 6월 크진 않지만 바다가 내려다보이는 송도의 양지 바른 토지에 30개의 병상을 놓을 수 있는 240평의 현대식 건물이 완공되었다. 현대식 건물에다 병실이 크게 늘어나자 더욱더 많은 환자들이 복음병원에 몰려들었다.

병원을 찾는 환자수가 늘어나자 병동은 물론 직원수도 증가하여야만 했다. 이제 진료비 100환을 받아서는 병원을 유지할 수 없었다. 직원수는 39명이나 되었다. 직원에 대한 인사관리나 병원 운영의 재정관리 등에서 구성원들 간에 갈등이 폭발하기 시작했다. 아침마다 성경의 가르침을 강조하지만 천막병원에서 민주적이었던 문화가 사라지고 있었다. 장기려가 이해할 수 없는 일들이 병원 내에서 발생했다. 그는 이 문제를 해결하기 위해서 그동안 서울과 부산을 오가는 서울대 교수 자리를 포기하고 병원에 매달렸다. 때마침 부산대학교에서는 외과가 신설되자 그 자리에

---

20) 출처: 고신대학교, 전게서, p.77.

장기려를 임명했다. 이때부터 장기려는 진료비를 지불할 수 있는 사람에게 진료비를 받고 가난한 사람에게는 무료로 진료를 하는 것으로 병원의 방침을 변경하였지만 병원을 경쟁력 있는 곳으로 발전시킬 수 있는 자본의 축적은 이루어질 수 없었다. 장기려의 박애 정신과 직원들의 병원 운영에 대한 합리성과의 사이에 간격은 시간이 지나면서 명확하게 드러났다.

경영상의 문제점 외에 더 심각한 문제는 날이 갈수록 가난한 사람들은 장기려의 소문을 듣고 찾아와 도움을 요청하는 일들이 많아졌다. 그러나 가난한 환자들이 복음의원의 문턱을 넘기가 예전보다 어려워졌다. 장기려는 여전히 사정이 딱한 사람들에게 진료비를 대납해주거나 그들이 가지고 있는 돈만 받는 일들이 계속 발생하였다. 그것도 할 수 없으면 환자들이 몰래 야밤에 도주할 수 있도록 병원 뒷문을 열어주면서 위기를 모면하게 했다. 그러나 이러한 일들은 감추어질 수 없었다. 병원에서는 도망친 환자들 때문에 한바탕 소동이 벌어졌고 거짓말을 못하는 장기려는 숨기지 않고 자초지종을 털어놓았다. 이런 일들을 용납하기 어렵다고 판단하여 병원의 과장회의에서는 원장인 장기려가 무료 환자를 처리할 때에는 반드시 부장 회의를 거치도록 명문화하였다. 그러나 장기려의 가난한 환자에 대한 배려는 좀처럼 멈추지 않았다. 직원들은 장기려의 이러한 행동을 알면서도 모르는 척한 적이 많았다.

병원의 경영을 책임진 원장으로서 장기려의 행동은 분명 병원의 운영에 상당한 차질을 갖고 왔다고 본다. 복음의원을 찾는 사람들이 계속 늘어나면서 병원 규모나 장비를 증가시켜야만 했다. 어려움 속에 병원의 규모가 늘어나면서 1961년 8월 병원의 명칭도 복음의원에서 복음병원으로 변경하였다. 복음의원이 송도의 현대식 건물로 이사한지 10년이 되는 1967년에는 교단 대학인 고신대학교의 설립 조건을 충족시키기 위해 그동안 장기려 원장의 책임 하에 독자적으로 운영되어오던 복음병원이 교단의 수익 재산으로 편입되었다.

복음병원이 학교의 수익 재산화되자 학교법인에서는 학교의 발전을 위해 복음병원을 통해 수익화를 적극적으로 모색하기 시작했다. 이를 위해 교단에서는 장기려 대신 교단의 정책에 우호적인 인물을 새 병원장으로 임명하려 하였다. 이러한 인사 문제를 둘러싸고 수십 년간 복음병원을 키워온 장기려를 옹호하는 의료진들과 교단 측에서 임명하려는 사람들 간의 무력적 충돌이 발생하여 수년간 지역 사회의 커다란 사회 문제로 비화되었다. 문제 해결을 위해 교단에서는 장기려의 은퇴를 앞당기기 위해 병원장의 정년을 70세에서 65세로 낮추어 1976년 8월 장기려를 명예원장으로 물러나게 하였다. 이를 계기로 장기려는 자신이 맡아온 복음간호전문대학의 학장직도 내려놓게 되었다.

20여 년 이상 복음병원을 키워온 장기려는 분을 참기 힘들었지만 예전의 평양기독연합병원에서 보여준 것처럼 자신의 사심을 내려놓고 자신이 시작한 복음병원의 정신에 따라 교단의 의사결정을 존중하고 병원의 내분을 수습하면서 복음병원의 승계가 원활하게 진행되도록 도왔다. 복음병원은 그가 은퇴하기 직전인 1975년 10월 건평 약 2,111평 4층 건물에 직원 210명의 대형 병원[21]으로 발전되었다. 다음 해인 1977년에는 부산대병원과 함께 부산을 대표하는 종합병원으로 자리를 잡았다. 1980년 8월 고신대학교에 의예과가 설치되었다.

〈그림 2〉 부산 송도 고신대학교 부속 복음병원 전경

---

21) 출처: 장기려(2013). 「예수의 인격을 흠모한 장기려」. 서울: 한국고등산학연구원. p.275.

## 7) 국가도 못해낸 청십자의료보험조합

장기려가 환자들의 입원비를 감면해주거나 몰래 도망치게 한 일로 난감해하던 1968년, 매주 주일 오후 성경공부를 위한 부산기독인모임[22](이하, 부산모임)에 참석한 채규철이 복음병원의 문제를 해결할 수 있는 방안을 제안하였다.

"이렇게 성경공부를 하는 것도 좋지만 사회인들에게 유익한 일을 해보는 것이 어떠냐?"

미국의 청십자나 청방패운동과 같은 지역을 대상으로 한 의료보험조합을 만들어 보자는 취지였다. 채규철은 본인이 덴마크 유학 시절 소지하고 있었던 의료보험증을 제출하면서[23], 자신의 경험담을 설명하였다. 채규철의 제안에 장기려가 즉시 화답하자 다른 참석자(김서민, 조광제)도 찬성을 하고 나섰다. 네 사람은 즉시 의료보험조합의 결성에 착수하였다. 병원이나 수술비의 염려 없이 가난한 자들을 도울 수 있는 획기적인 방법이었다. 훗날 대한민국 건강보험제도를 발전시키는 모티브를 제공한 사건이었다.[24]

장기려가 채규철의 제안에 즉시 찬성한 것은 북한에서 의료보험제도를 체험하고 온 터라 월남한 후에도 의료 혜택 문제에 관심을 갖고 있었고 복음병원이 확장, 발전하는 과정에서 무료병원의 성격을 잃어가고 있어 병원의 새로운 발전 방향을 모색하고 있었기 때문이었다. 북한에서는 의료보험이 강제적인 것이었지만 남한에서는 자발적으로 참여하는 회원이 1만 명을 넘으면 충분히 성공할 수 있다고 판단하였다. 의도는 좋았지만 부산 지역에서 보험에 대한 인식은 낮았고 조합을 지원할 복음병원의 경영난이 계속되고 있어서 1968년 5월이 되어서야 겨우 창립총회를 개최할 수

---

22) 1956년 부산대에서 복음을 전하기 위해 창설됨. 매주 주일 오후 2시에 모임. 성경 연구, 서적을 읽고 강사를 초빙하여 강의 수강함. 함석헌 선생이 제1회 초청 강사였으며 매달 1회 정기적으로 참석했음.

23) 출처: 지강유철(2007). 「장기려 그 사람」. 서울: ㈜ 홍성사. pp.352-353.

24) 출처: 고신대학교, 전게서, p.82.

있었다. 회원의 가입은 가족 단위로 하며 부산 거주자로 하되 부산 외 지역의 주민도 가입을 할 수 있도록 하였다.

직원들의 노력으로 첫해에는 415세대, 1,662명의 조합원이 확보되었다. 월 회비는 당시 여자 고무신 한 켤레 값인 60환(쌀 한가마니 4,340환, 19공탄 1개 13환)으로 정해졌다. 처음에는 지역 사회에서 이 조합의 취지에 대한 의구심도 있어 회원들의 회비 납부 실적까지 저조했다. 징수율이 80%를 밑돌았고 미납자도 많았다. 때문에 매년 조합의 손실을 메워주느라 복음병원도 적자로 운영되었다. 이런 상태가 5년 동안 지속되었다. 계속 손해지만 가입된 조합원을 그만두게 할 수도 없고 장기려의 이름을 걸고 시작한 일이라 쉽사리 그만둘 수도 없었다.

천재일우의 기회랄까 조합이 심각한 적자 운영이 되는 것을 알게 된 부산시가 직접 나서 1974년부터 25개 동에 가입에 따른 보조금을 지급하였다. 1975년부터는 '스웨덴아동복지재단'이 조합의 적자를 우려해 회원 가입의 홍보에 나서면서 회원 수는 4,438세대 19,482명으로 증가하자 드디어 조합 홀로 서기가 가능해졌다. 조합원이 크게 늘어나자 보험료를 낮추어도 조합 운영을 할 수 있게 되었으며, 복음병원은 조합의 지원에 손을 떼게 되었다. 대신 조합에서는 조합원들의 모금을 통해 청십자병원을 설립하여 조합원들의 의료서비스를 직접 제공하게 되었다.

청십자의료보험조합의 운영이 성공적인 것으로 나타나자 서울을 비롯한 전국의 지방자치단체들이 장기려가 실시한 조합 제도를 도입하려는 움직임이 활발하게 나타났다. 정부에서도 이 제도의 실태를 눈여겨보면서 1977년에 대규모 직장을 중심으로 한 의료보험제도를 도입하였다. 이때 청십자의료보험조합을 통해 얻은 통계들이 정부에 제공되었으며 그때서야 언론들도 장기려의 조합 모델을 대대적으로 홍보하였다.

정부에서 의료보험제도가 도입되면서 회원 수의 증가도 주춤하였으나 오히려 의료보험에 대한 관심이 증가하게 되면서 1979년 22,548명, 1981년 41,821명, 1983년에는 10만 명을 넘어섰다. 1987년에는 20만 명 이상이 되었다. 그러나 1985년 의료보험법이 개정되어 지역의료보험이 실시되면서 장기려는 정부의 의료보험제도가 자신이 목표로 했던 가난한 사람들에 대한 진료 문제를 해결할 수 있다고 판단하여 청십자의료보험조합을 정리하는 수순으로 들어갔다. 따라서 그동안 청십자의료보험 조합의 운영을 맡아오던 직원들은 모두 정부의 지역의료보험조합에 편입시키게 되었다.

### 8) 막사이상과 마지막까지 포기하지 않았던 삶

1979년 여름 장기려는 아시아의 노벨상이라고 부르는 막사이사이상의 사회봉사 부문 수상자로 결정되었다. 수상 이유는 '실제적이고 헌신적인 그리스도의 사랑과 청십자의료보험조합의 설립에 대한 공적'이었다. 그동안 국내에서도 제대로 평가받지 못하던 그의 공적을 국제적으로 인정받게 된 것이었다. 그는 정부에서 주는 수많은 시상식에 나가지 않았지만 주최 측의 간곡한 요청에 못이겨 시상식에 참석하였다. 그러나 그는 수상할 시간이 있다면 차라리 환자를 돌보는 것이 자신의 임무였다

〈그림 3〉 청십자의료보험조합 현판식(좌)과 청십자병원(우)에서의 장기려 박사

는 것을 자책하며 수상식에 참석을 후회하였다. 때문에 귀국하자마자 부상으로 받은 금메달만 보관하고 상금은 전액 청십자의료보험조합에 기부했다.

장기려는 복음병원을 은퇴한 후 모든 진료 활동을 모두 접으려고 하였으나 은퇴 후에도 자신에게 진료를 받고 싶어 하는 사람들이 많다는 것을 알면서 후학들로부터 첨단의술을 배우고 복음병원이나 원장을 맡은 청십자병원에서 진료는 계속하였다. 평소 당뇨병을 앓아오던 장기려는 1992년 10월 중순 일과성뇌혈관순환부전으로 세 번째 쓰러졌다. 청십자병원에서 오전 진료를 하던 중 가슴이 답답하고 손발이 뜻대로 움직이지 않으며 발음장애가 오자 서둘러 백병원에 입원하게 된다. 6주간 동료이며 각별한 후배인 전종휘 박사의 치료를 받은 장기려는 고신의료원(복음병원)에 입원하였다. 입원생활을 하던 중 1995년 12월 25일 병세의 악화로 자신이 이루지 못한 모든 꿈을 내려놓고 피난 이후 상봉조차 하지 못했던 이북의 부인과 가족들을 그리워하며 서울 백병원에서 새벽 1시 하늘의 부름을 받았다. 장기려는 하나 밖에 없는 아들과 손자에게 다음과 같이 묘비에 쓰라고 유언했다.

"주님을 섬기다 간 사람"

## 5. 장기려 리더십 주요 결정 요인

장기려의 삶은 학창 시절, 조수와 강사 시절, 이북 현장에서의 활동 기간, 부산으로 피난 후 정착 시기로 나눌 수 있다. 그의 서번트-리더로서의 삶은 경성의전의 조수와 강사 시절에 병원으로부터 일정한 급여 생활을 할 때부터 시작되었다. 그리고 기댈 사람이나 재산도 전혀 없는 타향 부산에서 천막병원과 청십자의료보험조합의 설립에 주도적인 역할을 맡으면서 진정한 서번트 리더십을 발휘하게 되었다. 특히 그가 설립을 주도한 기관들은 그가 물러난 후에도 부산의 대표적인 종합병원과 국가의 의료보험제도로 발전되어 오늘날까지 지역과 국가에 영구적인 영향력을 끼쳐오고 있다. 국가도 할 수 없었던 일들이 어떻게 한 개인에 의해 만들어진 것인가? 여기서는 장기려의 리더십에 특별히 중요하게 영향을 미쳤던 요인들을 중심으로 살펴보겠다. 장기려를 이해하는 데에는 그가 젊은 시절부터 추구해 온 그의 기독교 이상주의와 사람을 대하는 성품, 의사로 학자로 쌓아온 그의 명성 및 사람들을 움직이게 만든 그의 영향력과 조직 운영 방식에 대해 논하려 한다.

### 1) 기독교 이상주의

"만일 누가 나에게 목적을 묻는다면 나는 서슴치 않고 기독교 이상주의자로 살겠다고 대답하겠습니다. 현실은 너무도 가혹하고, 사회는 진실과 사랑이 없으며, 인생들은 무엇을 목적 하고 사는지 다들 혼돈 상태에 놓여 있는 것 같이 보입니다.[25]

기독교 이상주의란 이상은 사물의 본질이며 역사의 장래로서 하나님에게 있어서 벌써 성립된 경륜이지만 땅에서는 성취가 진행 중이라는 확신이다. 장기려는 현실에 의하여 이상을 삭감하려는 타협적인 태도를 버리고, 이상에서 현실을 내다보고 현실을 비판하고 규정하는 태도를 취했다. 이런 태도를 취했기 때문에 장기려는 개인적으로는 '하나님의 온전하심과 같이 자신이 온전하게 되는 일'과 사회적으로는 하늘나라의 시민이 되어 사회 구원을 이루는 일을 이상으로 삼고 평생을 살 수 있었다. 그래서 장기려는 <역사창조의 정신>이란 글[26]에 다음과 같이 주장했다.

"우리 역사에서 앞서간 성도들은 30년 전에 신사참배는 우상숭배의 죄라고 지적하고 외침으로써 역사 창조의 정신을 보여 주었습니다. 오늘에 와서는 '탐심은 우상숭배니라'라는 강조가 역사 창조의 정신을 고조하고 있습니다."

### (1) 철저한 무소유 정신

장기려가 탐심은 우상숭배라고 서술하듯이 그의 시선이 영원한 미래에 고정되어 있는 것은 그의 철저한 무소유 정신이었다. 소천할 때까지 그의 소유로 된 거처가

---

25) 출처: 장기려(2013). 전게서, p.248.
26) 출처: 장기려(2013). 전게서, p.322.

없었다. 지인들이 장기려의 사정을 알고 복음병원 옆에 가옥을 건축해주었으나 복음병원에서 그 건물이 필요하다고 하자 살던 집을 두말없이 비워주었다. 복음병원에서 명예 원장으로 은퇴할 때 학교에서 병원 옥상에 전화교환원들이 사무실로 사용하던 공간(24평)에 마련해준 곳에서 죽을 때까지 기거했다. 그러면서도 "나는 가진 것이 너무 많아"라고 말하면서 평생 무욕의 삶을 살다간 간디를 부러워했다. 소천할 때 통장에 남은 1,500만원의 잔고 중 50%는 손자인 장여구 박사(현 인제대학교 의대 교수)에게 나머지는 자신의 간병인에게 주라고 유언했다. 그가 의사, 병원장, 대학 교수로서 자신을 위해 부를 쌓을 수 있는 수많은 기회가 있었음에도 재산을 모으는 데는 전혀 관심을 두지 아니하였다. 오직 가난한 사람들을 위해 살겠다고 하나님에게 서약한 초지를 평생에 걸쳐 지켜나갔다. 이러한 장기려의 무소유적 삶에 대해 장기려와 평생 신앙의 동지이면서 아버지였던 함석헌은 장기려의 회갑 때 그의 무소유적 삶이 가져온 기적과 같은 결과에 대해 다음처럼 평가했다.

"그 사람이 어디 능력이 있어 일을 하나? 욕심이 없으니까 다 되는 거지!"

장기려가 받는 급여는 언제나 용도가 이미 결정되어 있어 평생 자신이 마음대로 사용할 수 있는 돈은 거의 없었다. 이북에서 평양기독연합병원의 외과과장으로 근무할 때에는 상당히 높은 급여를 받고 있었으나 그의 가족의 생활은 일반 막일을 하는 노동자와 별반 다르지 않았다. 공산 치하의 김일성대학 부속병원에 근무할 때 장기려를 못마땅하게 생각해 꼬투리를 잡으려는 병원의 고위 인사가 그의 집을 방문하였을 때 그가 상상할 수도 없이 초라한 집에서 사는 것을 보고 큰 충격을 받았을 정도였다. 남한에 피난을 내려와 천막 병원을 시작했을 때도 장기려는 원장이면서도 엠브란스 기사와 동일하게 병원 구성원 중 가장 낮은 급여를 받았으며 그나마 급여의 대부분은 병원에서 부족한 약을 구입하는 데 지출하도록 하였다. 환자들에게 진료비를 부과하기 시작했던 복음의원 시절에도 수술비를 내지 못하는 환자들을 만나면 전체를 대납해주거나 일부를 보태주는 일들을 계속해왔다. 이처럼 급여를 가난한 환자들을 위해 사용하다 보니 피난 때 부산에 데리고 온 단 하나의 피붙이인 둘째 아들이 경복 고등학교에 재학 시절 매달 보내주던 하숙비가 당도하지 않아 하숙집 주인으로부터 심한 모욕을 당하면서 맞이한 겨울 방학에 그 사유를 알아보려고

〈그림 4〉 복음병원 옥상에 설치된 장기려의 거처

부산까지 내려가야만 했던 황당한 일이 발생하기까지 했다.

### (2) 사랑의 동기가 아니면 말을 삼가라는 겸손

장기려는 20대 초반 경성의전 부속 병원에서 조수로 근무할 때 일본인 간호사를 구타한 사건이 있은 이후 병원 내 누구라도 함부로 대하지 않게 되었다. 특히 그는 새로운 환경에 적응할 때마다 주변의 사람들로부터 거친 세파를 견디어야 했다. 이것이 그로 하여금 매사를 신중히 하고 모든 사람들에게 겸손하게 행동하는 신조를 갖게 하였다. 때문에 그의 신조인 '삼신' 중 가장 처음으로 '사랑의 동기가 아니면 말을 삼가라'라고 할 정도로 무엇을 하던 사랑으로서 겸손을 중시했다.

수술 전 의사가 수술 책을 펼쳐본다는 것이 알려지면 환자나 보호자는 틀림없이 실력 없는 의사라든지 얼마나 실력이 없으면 아직도 수술 책을 보고 있냐는 등 말을 듣는다. 그러나 장기려는 의사가 최선을 다해야 한다는 것을 이유로 아는 것도 수술 전에 항상 다시 한 번 확인하였다. 사람마다 얼굴이 다르고 성격이 다르듯이 인체도 천차만별이다. 수술은 처음부터 끝까지 집중해야 하며 어디에서 복병을 만나 잘못될 지 예측할 수 없다. 때문에 수술 경험도 중요하지만 사전에 교과서를 통해 수술을 연구하는 것이 중요하다고 생각했다.

수술에 노련한 경험과 우리나라 최고의 명의인 그가 수술 전에 책을 자세히 읽으

면서 수술의 전 과정을 확인하려는 모습은 서울대 교수 시절 제자들에게는 큰 충격이었다. 그리고 수술은 의사가 하지만 최종 결과는 하늘에 달려있다고 생각한 장기려는 수술 전에는 반드시 환자를 위해 기도를 하였다. 수술할 시간이 다되어 장기려가 수술실에 나타나지 않을 때는 수술을 돕는 수련의들이 급하게 그의 방을 찾아가면, 그는 아직까지 바닥에 무릎을 꿇고 기도를 하는 중이었다. 이러한 외과 의사인 아버지의 행동을 안 그의 아들(서울대학교 의대 교수였던 강가용 박사)이 전공을 아버지와는 다른 해부학으로 정한 것도 외과 의사로서 장기려가 얼마나 외롭고 치열하게 살아왔는지를 짐작케 한다. 훗날 그는 아버지를 보면서 외과를 전공할 마음이 없어졌다고 고백하였다.

### (3) 환자를 내 가족처럼 생각하는 진정성

청소년기의 결심이 그를 명의가 되게 한 것은 틀림없지만 장기려는 자신이 좋은 의사가 된 비결은 환자를 자신의 가족과 동일시하려는 태도에 기인한다. 수술 전 장기려가 자신이 환자라면 어떻게 할 것인가라는 자세를 갖게 된 것은 어느 날 입원한 젊은 청년에 대한 진료 경험 때문이었다. 그 청년은 북에 두고 온 자신의 큰 아들과 나이와 외모가 비슷하였다. 입원비가 없어 2년 동안 위궤양을 방치하여 시기를 놓치면 치명적인 상태로 발전될 상황이었다. 수술 후 퇴원하는 환자를 보며 북에 두고 온 아들을 떠올린 장기려는 다음과 같은 말을 한다.

"내 아들이라면 이러한 병으로 병원에서 수술을 받게 하겠는가?"

그 이후 수술을 할 경우 어느 부분을 절제할 것인가 혹은 경과를 본 후에 결정할 것인가를 판단할 때면 내 가족이라면 어떻게 할까를 스스로에게 묻게 되었다.[27] 그리고 자신과 환자를 동일시하는 태도는 그로 하여금 사회적 지위나 재산의 유무를

---

27) 출처: 장기려(1985). 전게서. pp.294-295.

떠나 모든 환자를 동등하게 대하는 태도를 갖게
하였다. 이러한 태도는 수술이 잘못되었을 때
온갖 비난을 무릅쓰고 환자에게 잘못을 솔직히
고백하고 용서를 빌면서 수술 결과에 대해 끝까
지 책임을 지도록 만들었다.

〈그림 5〉 성산삼훈(聖山三訓)

　어느 날 척추 결핵으로 입원한 19세의 행려
환자가 있었다. 결핵으로 인한 썩은 뼈만 잘라
내고 거기에 다른 뼈를 이식해야 하는데 수술을
잘못하여 주변의 신경을 다치게 해 목과 두팔을
제외하고는 움직일 수 없게 만들었다. 이런 경
우 의사라면 자신의 실수를 덮어버릴 방법은 얼
마든지 있고 대부분 환자도 이의를 제기할 수
없다. 그러나 장기려는 솔직히 자신의 과오를
청년에게 실토했고 자진하여 경찰서를 찾아가
자신의 잘못을 처벌을 해달라고 요청했다. 경찰서에서는 이러한 사례는 찾아볼 수도
없었고 의료 사고는 빈번했기 때문에 처벌의 대상이 아니라고 결론지었다.

　수술 이후 그 청년은 장기려가 찾아오는 것에 대해 강경하게 저항했으나 장기려는
집이 없는 그에게 집과 간병인을 구해주고 환자가 재활에 성공할 때까지 매달 생활
비를 보내주었다. 그리고 그가 마음이 열 때까지 그의 집을 방문했다. 시간이 흐르면
서 이제는 오히려 그 청년이 장기려를 기다리게 되었다. 청년은 수년 후에는 자신의
간병인과 결혼을 하였고 장기려의 권고로 소설가로 등단까지 하였다. 그와 장기려는
한 가족처럼 교류를 이어갔다.

　복음병원은 원래 가난한 사람들을 위해 설립되었지만 환자들 중에는 명의로 소문
난 장기려에게 진료를 받아보려는 부자들과 권력자들도 많았다. 그들은 수술 후 보
답으로 장기려에게 좋은 선물을 주길 원했지만, 장기려는 의사의 본분이 병을 고치

는 데 있다고 생각해 그들의 제의를 단호히 거절했다.

## 2) 최고의 실력파 의사

### (1) 외과 의사로서의 명성

가난한 자에 대한 사랑이 아무리 중요해도 장기려가 실력이 없었다면 가난한 사람들은 찾지 않았을 것이다. 실력이 있는 유명한 의사였기에 그를 찾았다. 30세에 평양연합기독병원으로 간 장기려는 연구를 통해 당시 불가능하다고 여겨지던 간암절제수술을 성공시킴으로 경성제국대학의 일인자라는 일본인 의사를 넘어서는 명성을 얻었다.

1950년대 말 우리나라 최초로 간을 대량으로 절제하는 간암절제수술은 당시 불치의 병으로 알려져 있던 간암을 정복하게 된 계기를 마련했다. 특히 이러한 수술의 성공은 국내의 열악한 수술 환경과 진단기술의 한계를 극복한 것이기에 더욱 큰 의미를 가졌다. 이를 기념하여 국가에서는 그에게 '보건의 날' 공로상, '대한의학회 학술상(대통령상)'을 주었다. 그리고 정부는 그가 간대량 절제술에 성공한 10월 20일을 '간의 날'로 선포하였다. 1974년 장기려는 '한국간연구회'를 창립하고 초대회장직을 맡아 우리나라 간장외과학 분야의 학문적 토대를 구축하였다. 일선 병원장을 맡으면서도 서울대, 부산대, 서울카톨릭대의 교수를 겸직하면서 꾸준히 연구에 몰두해온 결과였다. 돈에 대한 욕심이 없기로 유명한 장기려 박사이지만 공부에 대한 욕심만큼은 남들 못지않았다. 새로운 학문을 배운 사람이 오면 나이를 불문하고 자진해서 세미나와 수업에 참석하는 열정을 보여주었다. 이러한 그의 의학에 대한 열정이 오늘날까지 우리나라 최고의 실력을 갖춘 한국 간장 외과의 개척자이며 설계자로 명성을 얻게 하였다.

### (2) 작은 사랑이 낳은 기적

복음병원을 살리기 위해 서울대 의대 교수를 그만둔 1956년 부산대학교 의대에서 신설된 외과에 장기려를 주임교수로 초빙했다. 대한외과학회는 장기려가 있는 부산대에 '균 및 담관계 질환'에 대한 연구 과제를 맡겼다. 문제는 연구 자금이 확보되지 않으면 모든 것이 허사였다. 그러나 이 자금은 의외의 경로를 통해 해결되었다.

교통사고로 두개골이 파열된 부산비닐의 전무를 살려낸 것이 계기[28]가 되었다. 수술 성공에 대한 보답으로 가족들이 사례를 하고 싶어 수차례 간청했음에도 불구하고 장기려는 일체 거절하였다. 이를 알게 된 그 회사의 사장이 세상에서 찾기 힘든 사람을 만났다면서 장기려의 친구가 되어 자주 그를 방문하였다. 대화 중 장기려의 불편한 상황을 알게 된 사장이 금성사(현 LG전자)의 창업자인 구인회 회장을 찾아가 장기려의 사정을 전해주었다. 이 말을 들은 구인회는 아무 조건도 붙이지 않고 그 자리에서 연구비 전액을 내주었다. 이 연구비 때문에 부산대는 간 연구를 수행하게 되었고, 1959년 장기려는 간암의 대량절제수술을 성공할 수 있었다. 간은 온통 핏덩어리이기 때문에 당시만 해도 절대 건드릴 수 없는 영역이라는 인식이 지배적이었다. 다음해 대한의학회에 수술 결과가 발표되었을 때 의학계는 발칵 뒤집혔다. 간을 70%나 잘라내고도 수술에 성공한 것이었다. 그 이후 장기려에게 연구비를 제공하겠다는 독지가들이 나타나기 시작했다.

비슷한 사례가 삼성 이병철 회장의 동업자인 조홍제 사장[29]의 수술 사례였다. 담석증을 치료하기 위해 일본에 갔으나 방법이 없다는 진단을 받아 실의에 빠져 있었다. 일전에 100만환을 기부한 구인회 회장이 그에게 장기려 박사를 믿어보라 권유했고, 백병원에 입원하여 장기려 박사에게 마지막 희망을 걸었다. 수술은 어렵지 않게 끝났다. 조사장을 괴롭히던 극심한 통증이 씻은 듯이 사라졌다. 살아서 돌아온 것을 기뻐하여 그의 가족이 사례를 하려 했지만 장기려 박사는 이번에도 매몰차게 거절했다. 그러나 조사장은 자신의 서울 명륜동 집을 비워줄 테니 서울에 머물 때에는 거기

---

28) 교통사고로 회생불가능한 부산비닐의 전무가 자신을 구사일생 살려낸 보답으로 외제 양복을 장기려에게 선물하려고 하였지만 그를 도운 수련의들까지 모두 거절함. 수차례 간곡한 요청 끝에 국산 양복이라면 받겠다는 조건을 내걸어 선물을 받은 일.

29) 출처: 이병철과 함께 삼성그룹을 창업. 1962년 독립하여 효성그룹의 창업주가 됨.

에 머물러달라는 부탁하고 집을 강제적으로 떠맡기는 바람에 당시 서울에서 전셋집을 빌려 당시 서울에서 학교를 다니고 있었던 아들을 그 집에 살게 하였다. 그리고 조사장은 따로 100만 환의 연구비를 인편으로 보내 장기려는 차마 거절하지 못하고 받았으나 이 돈을 받자마자 부산대학교 의대에 전액을 기부했다.

### 3) 공동체 운영의 경영방식

#### (1) 참된 영향력을 통한 감동

무일푼이었던 장기려가 거대 자본이 필요한 복음병원이나 청십자의료보험조합을 시작할 수 있었던 것은 장기려의 정신과 인품과, 의사로서의 실력을 믿은 주변 사람들의 제안에 의해서였다. 그리고 사업을 시작한 후에도 제안한 사람들이 같은 배를 탄 사람 들처럼 장기려를 무한 신뢰하며 어려움을 극복하는 데 협력해준 데에 기인한다. 기독교 이상주의와 이를 언행일치로 실행하는 장기려를 보면서 자신들도 장기려의 이상에 동참하고자 했던 사람들이 있었기 때문에 가능한 일이었다.


#### (2) 다섯 손가락의 경영원리

장기려가 가난한 환자들을 대하는 태도롤 보면서 직원들의 불만은 이만저만이 아니었다. 공식적으로 항명하는 사람들도 나타났다. 이럴 때면 문제를 제기한 직원은 장기려에게 아래와 같은 훈시를 한바탕 들어야 했다.

"그냥 보내면 원장은 스타가 되지만 병원은 엉망이 된다."
"복음병원이 세워진 것은 가난하고 불우한 이웃을 위한 영혼의 안식처이지 돈이 없다고 문전박대하면 하나님이 용서하지 않는다. 오갈 곳이 없는 사람들 우리까지 내치면 정말 이들이 쉬고 병을 다스릴 곳이 없다"

직원들은 개중에는 돈이 있는 사람들도 원장이 그렇게 한다는 것을 알고 일부러 돈이 없는 채 하는 사람들도 많다는 것을 지적하였다. 이에 대해 장기려는 다음처럼 직원들을 다그쳤다.

"그래도 어쩔 수 없다. 사람을 믿지 않으면 어떻게 하겠다는 것인가?"

그러나 직원들도 장기려에게 지지 않고 협상안을 이끌어내었다. 진료비 징수는 원무과의 일이므로 원장이 더 이상 개입해서는 안 되며 원장은 진료에만 책임져달라는 것이었다. 환자나 보호자가 아무리 원장을 찾아가 하소연해도 담당 의사의 소견과 원무과를 거치지 않고는 퇴원하게 할 수 없다는 방침을 지켜달라는 것이었다. 이에 대해 장기려는 거절할 수가 없었다. 누누이 민주적 병원 운영을 내세웠기 때문에 혼자만 고집을 피울 수는 없었다.

그러나 이때마다 장기려는 다섯 손가락을 펴 보이며 병원 경영에 대한 자신의 논리를 설득했다.

"돈이 없는 환자가 병원에 의해 퇴원을 못하면 어떻게든 퇴원을 하겠지만 그러면 의사를, 나중에는 복음병원의 설립자인 하나님을 원망한다. 그러나 어렵지만 병원이 그들을 퇴원시켜주면 그들은 병원에 대해 죄책감을 갖게 되고 나중에 보답하는 마음으로 진료비를 갖고 병원을 찾아온다. 그것도 다섯 명의 다른 환자에게 병원을 소개한다. 그러니 모두 마음을 달리하여 한 사람을 선한 마음으로 무료로 치료를 했다고 생각하자"

시간이 지나면서 장기려의 다섯 손가락의 경영원리가 올바른 것으로 나타났다. 무료 환자가 많았으나 병원이 문을 닫는 일은 결코 발생하지 않았다. 환자들이 장기려의 마음에 감동하여 나중에 입원비를 내는 경우가 많았고 병원을 돕겠다는 독지가들이 계속 이어졌다. 가난한 사람들에 대한 미담이 지역 사회에 널리 알려지면서 나중에는 부산시가 직접 나서서 장기려가 하는 일들을 대대적으로 홍보해주면서 복음병원과 청십자의료보험조합은 적자를 벗어나 정상적인 운영에 성공하게 된 것이었다. 장기려가 세상을 떠난 후에는 부산시가 그의 정신을 지역 사회에 계승시키기 위해 '장기려기념관'을 건립하고 시민들의 교육 장소로 지원해오고 있다.

## 6. 맺음말

서번트 리더십의 특징짓는 가장 중요하다고 요소로는 동기를 지적한다(Cha, 2013). 그러나 덕목에 대해서는 사람마다 주장을 달리한다. 대표적으로 Anderson(2018)은 겸손(humility), 진정성(Authenticity), 타인에 대한 수용성(Interpersonal Acceptance)을 제시하였다.

동기 측면에서 장기려가 한국 전쟁과 산업화의 과정에서 병원 혜택을 보지 못하는 가난한 계층의 생명을 사랑한 데에 있다. 덕목으로는 겸손, 진정성, 타인에 대한 수용성 이외에 기독교 이상주의에 바탕을 둔 무소유 정신을 가지고 시대의 아픔을 치료하기 위해 국가도 해주지 못했던 병원과 의료보험조합을 성공적으로 만들어내고 후배들에게 더욱 발전시키도록 한 점에서 우리나라의 자랑스러운 서번트-리더이다. 굳이 비교한다면 기독교 이상주의자로서는 미국 흑인운동가인 마틴 루터 킹 목사, 무소유 정신에서는 인도의 무저항주의자였던 간디처럼 보인다. 그러나 이들이 자신의 뜻을 관철시키기 위해 국민의 민심에 호소하여 정치적인 권력을 이용하려 했던 것과 달리 의사라는 개인의 전문성을 이용해 혼자서라도 자신의 힘으로 사회의 문제를 해결하려고 했던 점에서 큰 차이를 보인다고 할 수 있다. 장기려를 언급하는 글들에서 그를 한국의 슈바이처에 비유하지만 외부로부터 선교비를 받아 아프리카에서 선교한 슈바이처와 달리 누구의 도움도 없이 온갖 위험을 무릅쓰고 현실에 과감히 맞선 장기려의 행동은 슈바이처를 넘어서는 진정한 서번트-리더 그 자체라고 말할 수 있겠다.

본고를 준비하면서 필자는 이 세상에서 전문성을 가진 한 사람의 결심과 영향력에 얼마나 위대할 수 있는지를 깨달았다. 장기려와 같은 사람이 우리나라에서 한 세기에 분야별로 한 명 씩만 나와도 우리나라는 세계가 부러워할 선진국이며 문화강국으로 발전할 수 있을 것이다. 특히 그에게서 가장 감명 깊은 점은 그가 어떠한 일을 하던 주변 사람들에게 실력과 진정성을 신뢰받을 경우 재력이나 조직이 없이 개인의 힘으로 해결할 수 없는 사회의 거대한 문제를 해결하는 통로로 자신을 사용하게 할 수 있다는 데에 있다고 보았다. 아무것도 없는 무에서 거대한 유를 만들어낸 장기려의 리더십은 세계적인 기업가들이 보여주고 있는 참된 기업가정신을 보는 듯 하였다면 착각한 것이었을까?

## ● 장기려 연보 ●

| | |
|---|---|
| 1911.8.14(음력) | 평안북도 용천 출생 |
| 1928 | 개성 송도고등보통학교 졸업 |
| 1932 | 경성의학전문학교 졸업, 김봉숙과 결혼 |
| 1940 | 나고야국립대학 의학박사 학위 취득 |
| 1940-1945 | 평양연합기독병원 외과과장 취임 |
| 1943 | 한국 최초 간암설상절제수술 성공 |
| 1946 | 평양도립병원 원장 취임 |
| 1947 | 김일성대학 외과대학 강좌장 청빙 |
| 1950 | 6.25 발발로 부산으로 피난, 부산 제3육군병원의 군무원으로 근무 |
| 1951-1976 | 부산복음병원 초대원장 |
| 1953-1972 | 서울대, 부산대, 카톨릭대 의과대학 외과교수 |
| 1957 | 성서연구를 위한 부산모임 시작 |
| 1959 | 한국 최초로 산암에 대한 대량 간절제수술 성공 |
| 1961 | 대한의학회 학술상(대통령상) 수상 |
| 1968-1979 | 부산복음간호전문대학 학장 |
| 1968-1989 | 청십자의료보험조합 설립 (대표이사) |
| 1970 | 부산 장미회 회장 |
| 1974 | 한국간연구회 창립, 초대 회장 |
| 1975-1983 | 청십자병원 설립, 대표이사 |
| 1976-1993 | 부산아동병원장 겸 이사장 |
| 1976 | 국민훈장 동백장 |
| 1979 | 막사이사이상(사회봉사부문상) 수상 |
| 1979-1994 | 부산 백병원 명예원장 |
| 1983 | 제3차 적십자연맹총회 참석, 북한의 아내와 자녀들의 생존 확인 |
| 1990 | 북녘의 아내에게 보내는 '망향편지'(동아일보) 기고 |
| 1991 | 방북 제안 거절 |
| 1995.12.25. | 소천 |

출처: 장기려(2015). 「삶속에 임재한 예수 그리스도」. <부산모임> 제2권. pp. 574-575.

# 참고문헌

강이경. (2014).「성자가 된 옥탑방 의사」. 서울: 우리교육.

고신의료원. (2001).「고신의료원 50년사」. 부산: 고신의료원.

김근배. (2014). 일제 강점기 조선일들의 의사되기 : 해방 직후 북한의 의과대학 교원들을 중심
　　으로, <의사학>. 23(3). pp. 429-468.

김은식. (2020).「장기려 리더십」. 서울: 나무야.

김홍순. (2011). 일제 강점기 우리나라의 도시화 추이. <국토계획>. 46(4): 69-80.

박홍규. (2007). 자유인 장기려 -지강유철이 쓴 평전에 부쳐. <인물과 사상>. pp. 187-197.

백인제. 나무위키 검색.

손홍규. (2012).「우리 시대의 마지막 성자 청년의사 장기려」. 서울: 다산북스. pp. 83-84.

야나이하라 다다오. 나무위키 검색. https://namu.wiki/w/%EB%B0%B1%EC%9D%B8%EC%A0%9C

우찌무라 간조. 두산세계백과사전 검색. https://ko.wikipedia.org/wiki.

이경숙. (2005). 1920-30년대 시험지옥의 사회적 담론과 실체.「한국교육」32(3): 35-59.

이기환. (2002).「성산 장기려」. 서울: 도서출판 한걸음. p. 97.

이상규. (2003). 장기려 박사의 신앙과 사상.「고려신학」가을. pp. 66-91.

장기려. (1985),「장기려 회고록」. 서울: 규장문화사. p.26, pp. 294-295.

＿＿＿. (2011).「이 걸음 이대로」. 부산: 부선과학기술협의회.

＿＿＿. (2013).「예수의 인격을 흠모한 장기려」. 서울: 한국고등신학연구원. p. 275.

＿＿＿. (2014).「성자가 된 옥탑방 의사」, 서울: 우리교육. p. 42.

＿＿＿. (2015).「삶속에 임재한 예수 그리스도」. 제2권. 서울: 한국고동신학연구원. pp. 574-
　　575

전영창. (1917.12- ). 나무위키 검색.

조형균. (2004). 성산 장기려 박사(1909-1995).「신학연구」제46집. pp. 300-319.

지강유철. (2008). 순례의 삶, 장기려.「기독교사상」. 9월호. 32-41.

＿＿＿. (2009).「장기려, 그 사람」. 서울: ㈜홍성사, pp. 352-353.

＿＿＿. (2015).「삶 속에 임재한 예수 그리스도」. 서울: ㈜홍성사.

한국은행. (1955). 「한국경제연감」. 서울: 한국은행.

한상동. 나무위키 검색.

Anderson J. A. (2018). Servant leadership and transformational leadership: from comparisons to farewells. *Leadership Organization Development Journal.* 39(6): 762−774.

Cha, M.J. (2013). Ethical values and social change: Mahatma Gandi, Martin Luther King, Jr. and Ahn Chang Ho. *Korean Social Science Journal.*

Schnider S.K. and George W. M. (2009). Servant leadership versus transformational leadership voluntary service organizations. *Leadership & Organization.* 32(1): 60−77.

# VIII

# 유일한의 서번트 리더십: 자아실현과 경쟁력

노부호

## 1. 서론

### 1) 서번트 리더십과 자아실현

서번트 리더십은 Greenleaf(1970)에 의해 처음 제안되었다. 그는 헤르만 헤세의 「동방순례」를 읽고 그 생각이 떠올랐다고 했다. 신비로운 순례길에 나선 여행단의 이야기를 다룬 이 소설에서 주인공 레오는 잡일을 하는 서번트(하인)의 자격으로 여행단을 따라가지만 그는 평범한 하인이 아니라 노래를 부르거나 고양된 정신으로 팀에 활기를 불어넣는 비범한 존재였다. 그런데 어느 날 레오가 사라지자 여행단은 혼란에 빠지고 여행 자체를 포기해야만 했다. 그린리프는 이 이야기로부터 "위대한 지도자는 처음에 서번트처럼 보인다. 이 간단한 사실이 지도자를 진정으로 위대하게 만든다"라는 교훈을 얻었고 서번트 리더라는 용어를 만들어 내었다(Greenleaf, 1977: 7).

Greenleaf는 서번트 리더십에 대해서 다음과 같이 말하고 있다.

서번트 리더는 먼저 서번트이다. 레오가 보여 준 것처럼 섬기고 싶어 하는 자연스러운 감정으로부터 시작된다. 이런 사람은 먼저 리더인 사람과는 확연히 다르다. 권력 동기와 물질적 욕구 때문이다. 먼저 리더인 사람과 먼저 서번트인 사람은 두 극단적인 형태이다. 이 두 극단적인 형태 사이에 여러 가지 종류의 리더십이 존재할 것이다.

그 차이는 다른 사람의 가장 높은 우선순위의 욕구가 충족될 수 있도록 먼저 서번트인 리더가 보여 주는 배려에서 드러날 것이다. 시행하기는 어렵지만 가장 좋은 검증 방법은 섬김을 받는 사람들이 한 사람의 인간으로서 성장하고 있는가, 섬김을 받으면서 더 건강해지고 더 현명해지고 더 자유스러워지고 자율적으로 되면서 그들 자신도 서번트가 될 가능성이 높아지는가 하는 것이다. 그리고 사회에서 가장 소외 받는 사람들에게 주는 영향은 무엇인가, 그들이 혜택을 받는가 아니면 적어도 더 이상 피해 받지는 않는가 하는 것이다(Greenleaf, 1977: 13–14).

이 문장은 서번트 리더십의 정의에 대해서 그린리프가 말한 가장 잘 알려진 것이고 가장 많이 인용되는 것이다. 여기서 가장 중요한 표현은 "서번트-리더는 먼저 서번트이다"라는 것이다. 그만큼 봉사정신을 강조하고 있다.

이상과 같이 Greenleaf가 내린 정의는 첫 번째로 내린 권위적인 정의이지만 구체성이 결여되어 실증적으로 검증되지 못하고 있고 또한 서번트 리더십에 대한 이론적 모델이 만들어지지 않았다는 비판을 받고 있다. 그래서 많은 연구자들이 자기 나름대로 서번트 리더십에 대한 해석에 기초를 두고 서번트 리더십의 정의와 이론적 모델을 제시하고 있는데 지금까지 그 정의와 이론적 모델에 대한 합의가 없다.

Spears(1996)는 Greenleaf의 문헌을 조사한 결과에 기초를 두고 서번트 리더십을 정의하면서 다음 네 가지를 강조하였다. 첫 번째는 타인에 대한 봉사이다. 서번트 리더십은 리더가 다른 사람이 잘 되도록 돕겠다는 근본적인 욕구에 기초를 두고 있다. 두 번째는 일에 대한 전인적 접근으로, 서번트-리더는 일을 통해서 사람들이 육체적, 지적, 정서적 그리고 영성적 역량을 모두 개발할 수 있도록 한다. 세 번째는 공동체 의식의 함양이다. 서번트 리더십을 통해 구성원들이 서로 협력하는 공동체가 되었을 때 조직은 성공할 수 있다. 마지막으로 서번트-리더는 의사결정 권력을 공유한다. 즉, 자율과 책임을 통해서 구성원들이 서번트 리더십의 자질을 향상시킬 수 있다.

서번트 리더십의 정의를 구체화 하기 위해서는 리더의 행동 특성을 파악해야 한다. 리더의 행동 특성이 파악되면 서번트 리더십의 이론적 모형도 만들어질 수 있고 변수의 조작화를 통해서 실증 연구도 할 수 있다.

　Spears(1995)는 Greenleaf의 문헌을 조사하고 정리하여 서번트-리더의 필수적 요소로 인용되는 다음과 같은 10가지 행동 특성을 추출해 내었다: 경청(listening), 공감(empathy), 치유(healing), 인지(awareness), 설득(persuasion), 비전(conceptualization), 통찰(foresight), 청지기의식(stewardship), 구성원의 성장(commitment to the growth of people) 그리고 공동체 형성(community building). 그러나 Spears는 이 10가지가 특성의 전부를 나타내는 것은 아니라고 했다. 그 이후에도 다른 연구자들이 Greenleaf의 문헌을 연구하여 다른 특성을 파악해내어 왔다.

　Russell and Stone(2002)은 그때까지 파악된 20개의 특성을 9개의 기능 특성(vision, honesty, integrity, trust, service, modeling, pioneering, appreciation of others, em－powerment)과 11개의 동반 특성(communication, credibility, competence, stewardship, vis－ibility, influence, persuasion, listening, encouragement, teaching, and delegation)으로 나누어 제시하고 이론적 모형도 만들었다. Reinke(2004) 는 Greenleaf와 Spears의 정의가 명확하고 구체적이지 않아 실증적으로 검증될 수 없다 하여 '서번트 리더는 개인과 조직 모두의 성장에 결의를 가지고 있고 조직 내에 공동체를 형성하기 위해 노력하는 사람이다'라는 새로운 개념적 정의를 제시하였다. van Dierendonck(2011)는 44개의 행동 특성을 6가지 주요 특성(empowering and developing people, humility, au－thenticity, interpersonal acceptance, providing direction, and stewardship)으로 압축하고 개념적 모형도 만들었다. van Dierendonck and Nuijten(2011)은 99개 행동 특성을 요인 분석을 통해서 8개로 압축하였다. 이 과정에서 그동안 행동 특성이 사람 측면(helping, serving, being honorable, authentic, empathic, behaving ethically, healing, and ac－cepting)이 많고 리더 측면이 부족하여 리더의 방향 설정과 조직 목적을 달성하기 위한 책임과 용기와 같은 특성을 추가하였다. 8개의 행동 특성(standing back, forgive－ness, courage, empowerment, accountability, authenticity, humility, and stewardship) 내에는 30개의 하위 행동 특성이 나누어져 들어갔다. Eva 등(2019)은 세 가지 측면에서

본 서번트 리더십의 새로운 정의를 제시했는데 첫째, 동기 측면에서 타인지향의 리더십 접근법이고 둘째, 방법 측면에서 구성원들의 개별적 욕구를 1대 1로 다루는 것이고 셋째, 마음가짐 측면에서 자기 자신에 대한 것이 아니라 조직과 보다 넓게는 공동체 내에 있는 다른 사람들의 개발과 복지에 대한 관심을 보이는 것이라고 정의를 내렸다. 이외에도 많은 연구자들이 정의, 다양한 행동 특성과 개념적 모형을 제안하였다.

이상과 같이 많은 연구자들이 서번트 리더십의 정의와 행동 특성에 대해 이야기하고 있지만 아직 합의된 것이 없다. 이것은 마치 장님이 코끼리 만지듯이 모두가 서번트 리더십의 실체를 파악하지 못하고 각자 자기 나름대로 이야기하고 있는 것에 비유될 수 있다.

서번트 리더의 가장 중요한 특징은 "서번트 리더는 먼저 서번트이다"라는 말이 나타내는 것과 같이 봉사이다. 봉사는 Greenleaf가 말한대로 "다른 사람의 가장 높은 우선순위의 욕구가 충족될 수 있도록 배려"하는 것이고 욕구 중에서 가장 중요한 것이 자아실현이므로 서번트 리더십은 다른 사람이 자아실현할 수 있도록 돕는 것이라고 말할 수 있다. 구성원의 자아실현을 돕기 위해서는 리더가 먼저 자아실현되어 있어야 한다.

그리고 서번트 리더십에서 두 번째 중요한 표현은 "섬김을 받는 사람들이 한 사람의 인간으로서 성장하고 … 그들 자신도 서번트가 될 가능성이 높아지는가"이다. Graham(1991)은 양치기는 양을 돌볼 때 하인처럼 돌보기 때문에 양치기가 서번트-리더가 될 수 있다는 생각을 했지만 양은 양치기가 될 수 없고 그래서 양치기는 서번트 리더가 아니라고 했다. 서번트-리더는 단지 서번트가 되어야 하는 것이 아니라 구성원들이 서번트-리더가 될 수 있도록 구성원의 의식을 일깨워 주는 것이 중요하다는 것을 말해 준다. 자아실현에서 의식개혁이 중요한 것과 같은 맥락이다. 다시 말해서 구성원들이 의식개혁을 통해서 자아실현할 때 인간으로서 성장하는 것이고 그들 자신도 서번트-리더가 될 것이다.

자아실현하기 위해서는 뒤에서 이야기하겠지만 의식개혁을 통해서 가치와 성품이 개발되어야 한다. 봉사하고 싶다 하는 것이 자연스러운 감정이라고 하였는데 그것이 왜 자연스러운 감정인지는 Greenleaf는 설명하지 않았다. 그것은 리더의 가치와 성품으로부터 나오기 때문에 자연스러운 것이다. 서번트-리더는 보통 사람과 가치와 성품이 다르다. 가치와 성품이 다르다는 것은 의식개혁이 이루어진 정도가 다르고 그래서 사람이 다른 것이다. 지금까지 연구자들이 서번트 리더십의 행동 특성으로 경청, 공감 등을 이야기하고 있지만 어떻게 자연스럽게 경청하고 공감할 수 있는지에 대해서는 이야기하지 않고 있다. 경청과 공감도 가치와 성품이 어느 정도 개발되어 있느냐에 따라 실천의 깊이가 다르다. 서번트 리더십도 의식개혁에 기초를 둔 가치와 성품의 개발이 요구된다는 것이다. 그래서 본 논문에서는 서번트 리더십을 자아실현이라고 정의를 내리고자 한다. 이렇게 할 때 많은 연구자들이 제시하는 다양한 정의와 특성이 자아실현으로 귀결됨으로써 많은 혼란이 방지될 수 있을 것이다. 다시 말하여 '서번트 리더십은 자아 실현을 추구하고 어느 정도 경지에 이른 리더가 구성원들을 자아실현하도록 돕는 것이다'라고 정의를 내릴 수 있다.

유일한의 서번트 리더십을 설명하기 위해서는 유일한이 어떻게 자아실현을 이루었고 그 기초 위에서 직원들의 자아실현을 위한 경영이 어떻게 전개되었는가를 말할 필요가 있다. 서번트 리더십에서 중요한 것은 자아실현이므로 자아실현이 어떻게 이루어지는가에 대해서 다음 절에서 설명하고자 한다.

## 2) 자아실현의 과정

사람은 실존적 존재다. 실존은 본질에 앞선다는 말이 뜻하는 것처럼 사람은 자기의 본질을 모르는 것이다. 본질을 모르는데 살아가면서 본질, 즉 자아를 찾아야 하는 것이 사람에게 주어진 과제다. 사람은 자아를 찾아가는, 자아실현의 삶을 살아야 한다. 그것이 의무이고 책무이다(Frankl, 1992: 114). 자아실현에는 의식개혁 과정과 삶의 실천 과정이 있다. 의식개혁의 결과로 가치와 성품이 개발된다.

## (1) 의식개혁 과정

자아는 성품과 재능으로 구성되어 있다. 자아실현 한다는 것은 성품과 재능을 개발하는 것이다. 성품은 가치에 의해서 결정된다. 그리고 가치는 믿음에 기초를 두고 형성이 된다. 여기서 믿음은 증명이나 증거 없이 독서, 경험, 견문, 사색으로부터 얻은 통찰에 기초를 두고 어떤 명제가 진리라고 받아들이는 것이다. 예를 들어서 사람은 무한한 잠재력을 가지고 있다는 믿음으로부터 인간 존중의 가치가 나온다. 인간 존중의 가치가 있기 때문에 애정이라는 성품이 형성되는 것이다.

우리의 삶에는 다섯 가지 믿음의 대상이 있고 그래서 다섯 가지 종류의 가치와 성품 특성이 있다(<표 1> 참조). 일은 최선을 다해 해야 한다는 사업적 가치로부터 열정, 사람은 서로 도와야 한다는 인간적 가치로부터 애정, 바르게 살아야 한다는 도덕적 가치로부터 정의, 죽음을 비롯하여 어떤 고통이라도 초연하게 맞이하는 영성적 가치로부터 허정(虛靜), 인생은 바른 믿음과 가치를 개발함으로써 자기를 찾아가는 과정이라는 믿음을 가지고 인생의 근본적인 문제에 대한 사색을 중요하게 생각하는 철학적 가치로부터 성찰 등이 있다.

그런데 이상의 다섯 가지 성품 특성 중에서 기업은 사람이 모여 한 사람이 할 수 없는 큰 일을 하는 곳이고 일과 사람을 일상생활에서 보다 자주 마주하게 되므로 설명을 용이하게 하기 위해 일에 대한 열정과 사람에 대한 애정을 이 논문에서 대표

〈표 1〉 다섯 가지 가치와 성품 특성

| 대상 | 믿음 | 가치 | 성품 특성 |
|------|------|------|-----------|
| 일 | 일은 자아실현을 위해서 하는 것이고 자기의 창조적 표현이므로 어떤 일이든지 한다면 최선을 다해야 한다. | 사업적 가치 | 열정 |
| 사람 | 사람에게는 자아실현이 가장 중요하다. 자아실현을 위해서는 서로 도와야 한다. | 인간적 가치 | 애정 |
| 사회 | 세상이 바르게 돌아가도록 사심을 버리고 바르게 살아야 한다. | 도덕적 가치 | 정의 |
| 죽음 | 인생은 허무하다. 하나 지켜야 할 것이 있다면 인간으로서 존엄성을 지키는 것이고 이를 위해 요구되는 것이 평정심이다. | 영성적 가치 | 허정 |
| 인생 | 인생은 자기를 찾는 과정이다. 사색을 통해서 바른 인식, 믿음을 가져야 한다. | 철학적 가치 | 성찰 |

적인 성품 특성으로 고려하고 있다. 물론 한 성품 특성은 다른 성품 특성의 기초가 되고 다른 성품 특성을 강화시켜 주기 때문에 모두가 중요하다. 정의는 열정과 애정의 기초다. 정의가 없다면 열정과 애정은 다른 사람에게 피해를 주는 위장된 탐욕이다. 세 가지 성품 특성, 즉 열정, 애정, 정의는 자기초월에 의해서 가능해지는 허정에 의해서 강화된다. 모든 성품 특성은 성찰에 의해 개발된다(<그림 1> 가치와 성품의 관계 고리 참조).

<그림 1> 가치와 성품의 관계 고리

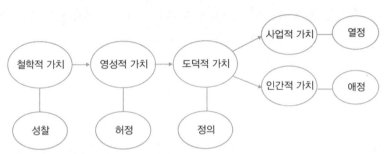

위의 다섯 가지 가치와 성품 특성을 개발하는 것, 즉 성찰을 통해서 여러 가지 삶에 대한 믿음을 개발하여 가치를 확립하고 성품 특성을 개발하는 것이 의식개혁이다. 의식개혁의 과정이 수양 또는 수행이라고 말할 수 있다(노부호, 2017: 122-138).

재능은 우리가 일을 열정적으로 하고 다른 사람과 애정을 갖고 협력할 때 개발될 것이다. 열정과 애정의 성품 특성이 있을 때 재능의 개발이 가능하므로 자아실현은 성품의 개발에 달려 있다고 할 수 있다. 성품이 자아실현의 기초이므로 자아실현은 목적이 아니라 과정이다. 목적은 따라온다. 인생은 불확실성으로 가득 차 있어서, 아무도 미래에 무슨 일이 일어날지 모른다. 우리는 처음에 예상했던 것과는 다른 결과를 얻을 수도 있다. 자아실현이란 주어진 상황에서 존재의의(purpose)를 달성하는 방향으로 우리의 가치와 성품에 따라 행동하고 우리에게 펼쳐지는 기회를 추구하는 것이다. 즉, 일을 만나면 몰입해서 최선을 다해서 일하고 사람을 만나면 협력해서 일하여 가능한 최선의 결과를 만들어 내려고 하고 사회의 불의를 만나면 바른 목소리를 내고 저항하는 것이 자기 삶을 사는 것이고 자아실현하는 것이다.

### (2) 삶의 실천 과정

의식개혁의 과정을 통해서 꿈이 파악된다. 의식개혁 과정은 내가 어떤 삶을 살 것인가 하는 것이므로 꿈과 연결된다. 꿈은 의식개혁 과정의 결과이고 자아실현하는 삶의 출발점이다. 꿈이 없으면 자아실현이 없다. 꿈은 존재의의, 가치, 장기적 목적으로 구성되어 있는 비전이다. 처음에 꿈은 장기적 목적만으로 시작될 수 있지만, 장기적 목적을 달성하는 과정에서 존재의의와 가치를 개발하게 된다. 왜냐하면 장기적 목적을 달성하는 과정에서 여러 가지 장벽과 문제에 부딪치면서 '인생이란 무엇인가' 하고 인생에 대해 생각하게 되어 의식개혁이 일어나기 때문이다. 꿈은 처음에 장기적 목적만으로 출발하더라도 존재의의와 가치를 개발함으로써 보다 완벽한 비전이 될 수 있는 것이다.

일단 꿈이 형성되면 꿈을 실현하는 방향으로 자율적으로 기회를 추구하고 그 결과에 대해서 인정을 받는 과정을 통해서 새롭게 꿈을 가꾸어 가는 실천 과정을 반복해야 한다. 자아실현에는 꿈, 자율, 인정 세 가지가 중요하다. 꿈, 자율, 인정은 우리의 삶에 의욕을 불어넣어 주어 열정과 애정의 성품을 갖게 하는 정서적 3요소다. 이 중에서 꿈이 가장 중요하고 그 다음이 자율이고 인정이 마지막으로 중요하다. 자율, 인정이 없는 잔인한 환경 하에서도 꿈만으로 살아갈 수 있지만 꿈이 없으면 삶의 의욕을 상실하게 될지 모른다(Frankl, 1992: 82-88). 그림을 한 점밖에 팔지 못했다 하는 고흐의 예에서도 알 수 있듯이 인정이 없더라도 꿈과 자율만 있으면 자아실현할 수 있다. 인정이 있으면 자아실현이 촉진될 것이다.

자아실현에는 두 과정이 필요하다. 성찰에 기초를 두고 가치와 성품을 개발하여 꿈으로 이어지는 의식개혁 과정과 꿈, 자율, 인정을 통해서 꿈을 가꾸어 나가는 삶의 실천 과정이다. 이 두 과정은 분리되어 있지 않고 융합되어 있다. 의식개혁 과정은 실천 과정 없이 깊어질 수 없고 실천 과정은 의식개혁 과정을 동반하고 있다. 실천 과정을 통해서 꿈이 공고해지기도 하고 바뀌기도 한다. 꿈은 가치를 반영하므로 꿈이 달라진다는 것은 가치가 새로워진다는 것이고 의식개혁이 일어난다는 것이다. 또한 실천 과정은 도전하고 시련을 극복하는 과정으로 성찰로 이어져 의식개혁이 일어나게 되는 것이다. 실천 과정에서도 성찰에 기초한 의식개혁이 있고 우리는 실천 과정을 통해서 인간으로서 더욱 성숙되는 것이다. 실천 과정은 한 번으로 끝나는 것이 아니라 순환 반복되는 과정이다. 그래서 한 분야에 평생을 바쳐 온 사람에게는 깊은 철학과 성숙된 인격의 바탕 위에 삶의 원리를 터득한 철학적 깊이를 느낄 수 있다(노부호, 2017: 78-80; 이나모리, 2010: 15-18).

### (3) 성품의 의미: 기업가정신

열정, 애정, 정의, 허정은 복합적인 의미를 가지고 있는 성품 특성이다. 열정은 일을 최고로 잘 해보자는 마음가짐으로 근면, 성실, 의지, 용기, 도전, 끈기 등과 같은 성품 특성을 포함하고 애정은 하나되는 인간관계를 지향하는 마음가짐으로 나눔, 배려, 감사, 겸손, 협력 등과 같은 성품 특성을 포함한다. 정의는 인간으로서 올바른 도리와 원칙을 지키고 항상 바르게 행동하자는 마음가짐으로 정직, 의리, 약속, 공정 등과 같은 성품 특성을 허정은 세속적 욕망을 추구하는 마음을 버릴 때 가능한 것으로 어떤 어려운 상황에도 바위처럼 흔들리지 않는 마음가짐을 나타내는 것으로 무욕, 초연, 인내, 결단, 소신 등과 같은 성품 특성을 포함한다.

대표적인 성품 특성인 열정과 애정은 기업가정신의 기초다. 열정과 애정의 성품 특성이 있을 때 여러 사람이 대화를 통해서 아이디어를 내고 도전하여 새로운 것을 창조해 내기 때문이다. 열정적인 경영자는 불확실한 기술개발에 실패를 마다하지 않고 용기를 가지고 도전하고 끈기 있게 지속하여 성공으로 이끌고 애정이 있는 경영자는 직원들이 일을 잘 할 수 있도록 지원함으로써 일에 몰입할 수 있는 환경을 조성하고 대화와 협력을 통해서 사람들의 창조적 아이디어를 끌어내어 미래지향적인 기회를 추구하고자 할 것이다(노부호, 2010; 노부호, 2017: 281).

## 2. 유일한의 자아실현

### 1) 유일한의 의식개혁 과정

유일한만큼 의식개혁 과정이 뚜렷하게 나타나는 사람도 드물 것이다. 의식개혁은 성찰로부터 시작된다. 성찰은 어떻게 사는 것이 바른 삶인가와 같은 인생의 근본적인 문제에 대해 사색하는 것이다. 성찰은 자기 내면으로 들어가는 것이므로 순수해야 하고 자기만의 시간을 가져야 한다. 성찰은 누구를 만나서 어떤 이야기를 하고 어떤 경험을 하고 어떤 책을 읽고 어떤 정보를 받아들이는가에 따라서 그 내용과 깊이가 결정된다. 성찰에 중요한 것은 누구를 만나고 어떤 경험을 하느냐 하는 것이다. 그는 일생 동안 의식에 영향을 주는 사람도 많이 만났고 경험도 많이 하였다.

### 어린 시기

그는 누구보다도 고독한 삶을 살았다. 아홉 살 때 미국으로 건너가 일가 친척도 없고 말도 통하지 않는 곳에서 혼자 생각할 수밖에 없는 시간을 가졌을 것이다. 고독은 성찰의 시간이기도 하지만 고독을 극복하지 못하고 잘못되는 경우도 많다. 가끔 어린이들은 노이로제에 걸리거나 향수에 빠져 청소년 다운 성장을 제대로 할 수 없는 경우도 많다. 유일한도 일곱 살 때 집에서 50리 떨어진 양잠 학교에 갔는데 밤마다 집에 가고 싶어서 울고 지냈던 경험도 있었다. 그러나 유일한은 이역만리 미국에서 이러한 상황을 잘 극복하여 그것을 성찰의 시간으로 만들 수 있었던 것이다. 이것은 하나의 기적에 가까운 것이라고 말할 수 있다. 이것은 아버지로부터 유전적으로 물려받은 의지력의 결과일 수도 있고 그의 주위에 항상 바른 가치를 이야기해 주는 사람이 많았기 때문일 수도 있다(유한양행, 1995: 80-81).

그가 미국으로 가기 전에 그의 의식에 영향을 준 사람은 그의 부친인 유기연이었다. 그는 아침에 일어나 애국가를 부르면서 하루를 시작했다고 하고 독립군과 독립지사들의 재정적 뒷받침도 한 애국심 강한 사람이었다(김시우, 2017: 72-74). 그 당시 평양에서는 개화사상이 꽃피고 있었고 유기연 자신도 호기심과 모험심이 강한 사람으로서 그 당시 전국을 누비며 강연을 하던 이승만, 정순만, 박용만 등이 수재들을 미국 유학을 시켜야 한다는 말을 듣기도 하고 선교사로부터 일찍 외국에 갈수록 어학을 배우는데 도움이 되고 미국 가정의 보호를 받기 쉬울 것이라는 조언과 함께 2명의 한국인 아이를 미국 유학 보낼 수 있다는 말을 들으면서 유일한을 미국 유학을 보내기로 결정하였다(김형석, 2016: 24-26; 유한양행, 1995: 69).

유기연은 "미국에서 공부하여 이승만이나 서재필처럼 나라를 위해 일하라고 너를 보내는 것이다"라는 말을 했을 것이다(조성기, 2003: 66). 유일한도 어린 나이지만 나라를 위해서 일하는 일꾼이 되어야 한다는 생각을 어렴풋이나마 가졌을 것이다(조성기 2003: 45). 이것이 그가 고독을 극복할 수 있는 의지의 원천이 되었다고 볼 수 있다. 그리고 유일한은 어릴 때 그의 일생에 중요한 영향을 미치게 되는 경험을 하게 된다. 아버지 유기연은 중국 상인들과 비단 장사를 하기도 하고 농산물, 건어물 및 서구로부터 수입한 상품들도 진열하여 파는 잡화상을 하기도 하였고 세계적으로 유명한 상표인 싱거 재봉틀 평양 대리점을 운영하기도 하였다. 그리고 양잠업도 하였다(유한양행, 1995: 66). 유일한은 아버지가 하는 이러한 사업을 옆에서 지켜보면서 사업에 대한 감각을 익힐 수 있었을 것이다. 이 경험이 사업가로서 일생을 보내는 데 중요한 영향을 미쳤다고 볼 수 있다.

아버지 유기연은 유일한의 생각과 의식에 그 뒤에도 영향을 많이 주었다고 생각된다. 특히 한일 합방이 이루어진 1910년을 전후하여 남달리 애국심이 강했던 아버지의 편지는 언제나 비분강개의 연속이었고 너라도 빨리 자라서 민족을 위해 일해야 한다는 당부를 잊지 않았다는 것이다(김형석, 2016: 38). 그가 미국으로 가는 배를 타고 한 달여 여행할 때 누구와 어떤 이야기를 하고 또 어떤 생각을 했는지는 자세히 나와 있지 않지만 아마 그를 데리고 간 멕시코 순회공사인 박장현과 같이 간 사람들이 모두 조국의 독립을 위해 공부하거나 일하기 위해 떠나는 사람이 많았으므로 조국의 독립과 관련된 이야기를 많이 듣고 자기의 미래가 어떻게 펼쳐질 것인가에 대해 많은 생각을 했으리라고 짐작된다.

### 초중등학교 시기

유일한은 1904년 가을 평양을 떠나 부친 유기연 그리고 박장현과 함께 걸어서 경성에 와서 경인선을 타고 제물포에 도착하여 상당 기간 머문 후 1905년 8월 24일 태평양횡단 여객선으로 제물포를 떠나 1955년 9월 29일 샌프란시스코에 도착하였다. 도착 얼마 후 로스앤젤레스로 가서 박장현의 조카인 박용만을 만나게 되고 다음 해 여름에 박용만의 주선으로 네브라스카 커니에 있는 터프트 자매의 집에서 기숙하게 되었다(유승흠, 2019: 28-30).

정원 가꾸기 및 청소와 잔심부름 등의 가사 돕기와 석탄난로 불지피기 등을 해주고 용돈을 받는 입주 하인으로 들어갔다. 터프트 자매의 집에서 기숙하며 초중등학교인 커니 시티 스쿨에 1906년 4학년으로 입학하여 1912년까지 다녔다. 그는 여기에서 같은 학교로 편입해 온 그보다 네 살 위인 평안남도 출신 정한경을 만나게 된다. 정한경을 만난 후로는 고향 형님을 만난 듯이 반가웠고 평양 등 고향 이야기도 나누면서 즐겁게 지낼 수가 있었다. 감수성이 예민했던 이 시기는 그의 의식이 형성되는 시기로서 아주 중요한 시기이다. 이 시기에 그가 독실한 기독교 신자인 터프트 자매를 만났고 박용만과 정한경을 만난 것은 행운이라고 말할 수 있을 것이다.

유일한의 딸 유재라는 아버지의 일생을 통해 가장 큰 정신적 영향을 남겨 준 사람은 터프트 자매일 것이라고 말했다. 독실한 기독교 신자인 두 자매로부터 기독교 사상을 배웠을 것이고 두 사람의 근검 절약과 근면 성실한 태도를 배웠다는 것이다. 유일한은 일생을 통해서 틈만 있으면 책을 읽거나 글을 쓰는 일에 시간을 보내는 근면 성실함을 보여주었는데 그 성품이 이때부터 형성된 것인지 모르겠다(김형석, 2016: 180). 중요한 것은 터프트 자매가 유일한을 Little Ryoo라고 하여 누나처럼 어머니처럼 가족이 되어 사랑으로 돌보아 준 것이라고 하겠다. 유일한이 미국에 와서 가족 같은 사랑을 받아 본 것은 이것이 유일하다.

박용만은 그 당시 네브라스카를 중심으로 활동했는데 장차 한국 독립군으로 참가할 군인을 양성하기 위하여 네브라스카 커니에서 1909년 한인소년병학교를 설립하였다. 소년병 학교는 매년 여름 방학 때만 개설되었는데 유일한은 3년간 이 학교에 다니면서 미국 각지에서 오는 많은 유학생들을 만나는 보기 드문 기회를 가졌고 소년병 학교의 교과 과정에 따라서 한국어, 한국 역사, 중국 고전과 중국어, 일본어 등을 배울 기회를 가졌다. 무엇보다도 소년병 학교의 농장 경작과 군사훈련 등의 고된 과정을 통해서 자기훈련이 잘 되고 독립심이 강한 성격을 키워 자기 인생의 미래를 설계하는 데 많은 도움이 되었다(신한민보, 1917 4. 19.; 유승흠, 2019: 55).

정한경은 군(county)내 웅변대회에서 1등도 하고 1년에 3단계 월반하면서 고등학교를 1등으로 졸업한 수재이고 일본으로부터 한국이 독립해야 한다는 독립정신이 강한 사람이었다. 정한경도 나중에 이승만, 서재필 등과 함께 독립운동에 일생을 바친 사람이고 유일한과도 일생을 두고 가까운 사이가 되었다. 고향 이야기를 나누면서 외로움을 달래고 즐겁게 지낼 수 있었을 뿐만 아니라 그는 선배로서 유일한에게 많은 도움이 되는 이야기를 해주었을 것이다.

박용만은 유일한의 일생에서 의식 형성에 가장 큰 영향을 준 사람이라고 할 수 있다. 박용만은 독립정신이 투철하고 추진력이 뛰어난 사람으로서 유일한이 감수성이 예민한 이 시기에 가장 존경하고 의지할 수 있는 사람이었을 것이다. 유일한은 소년병 학교에서 3년간 매 여름 방학 때마다 훈련을 받음으로써 독립정신과 자립심을 키워 나갈 수 있었고 이 시기에 형성된 그의 의식이 그의 미래를 결정지었다고 해도 과언이 아니다.

유일한은 터프트 자매 집에서 학교에 다니면서 어느 정도 생활에 적응이 되자 신문배달 아르바이트를 하려고 배급소를 찾아갔는데 배급소 소장은 어린 학생이 하기에는 힘든 일이라고 거절하였으나 자기는 건강하고 얼마든지 뛰어다닐 수 있고 열심히 하겠다고 간청하여 겨우 승낙을 받았다. 비가 심하게 오던 어느 날 신문을 비에

젖지 않게 하기 위해 자기 옷 가슴 속에 넣어서 배달하였는데 그것을 본 신문사 간부가 "너야말로 유능한 사원이자 우리 신문사의 보배다"라며 칭찬을 아끼지 않았다고 하였다. 이때의 경험으로 '유능한 사람이 최대의 자본이다'라는 것을 절실히 느끼고 훗날 경영의 원칙으로 삼았다(오재호, 1972: 유승흠, 2019: 32). 유일한은 이렇게 초중등학교 시절에 다양한 경험을 함으로써 일곱 살 때 양잠 학교에 가서 집에 가고 싶어 울곤 했던 어린아이에서 이제는 근면하고 책임감과 독립심이 있는 적극적으로 도전하는 소년으로 변하였다.

### 고등학교 시기

유일한의 고등학교 시절은 초중등학교 때 그에게 큰 영향을 준 사람들이 떠나고 거의 홀로 서는 기간이 되었다고 볼 수 있다. 박용만은 유일한이 고등학교로 진학하는 해인 1912년 신한민보의 주필을 맡아 네브라스카 헤이스팅스에 있는 소년병 학교를 떠나게 된다. 정한경과는 커니 고등학교에서 1년 정도 같이 다닌 것으로 보인다. 터프트 자매와도 1년 정도 같이 지내다가 터프트 자매가 1913년 미시간으로 이주하면서 헤어지게 된다.

유일한은 초중등학교 시절에 보통 학생들 이상으로 의식의 기초를 확립한 것으로 보이고 고등학교에 진학하면서 리더십을 개발하고 발휘하는 기회를 갖게 된다. 고등학교로 진학하면서 영어도 익숙해지고 미국 학생들과 비교해 체구는 다소 작았으나 체력적인 핸디캡은 느끼지 못했고 적극적인 사교성을 가져 '영어를 잘 하고 미국인 사귀는 데에 천재성을 가진 사람'이라고 한인사회에서 인정을 받기도 했다. 그는 토론 클럽의 멤버로서 웅변대회에 나가 미국 학생들을 제치고 우승을 차지해 당시 한국인 유학생들 사이에 유일한이라는 이름이 널리 알려지기도 했다(신한민보 314호 1914. 3. 12.; 유승흠, 2019: 39).

그는 처음 커니 고등학교에 다니다가 터프트 자매 가족과 헤어지면서 헤이스팅스 고등학교로 옮겨 갔다. 두 학교에서 모두 그는 축구 선수로 장학금을 받을 수 있었다. 미식축구에서 가장 핵심적인 센터와 쿼터백을 맡아 공포의 선수로 불릴 정도로 활약했다. 당시 학교 신문에 "얼굴색이 노란 동양 출신 학생 키는 작지만 날렵하고 불 같은 투지를 지닌 선수"라고 소개되기도 했다. 그는 이 같은 스포츠 활동을 통해 "운동 선수로서의 기질과 투지를 익힘으로써 어떤 난관이나 환경에서도 극복해 나가는 용기를 갖게 되었고 동료들과 협력하여 성의와 노력을 다하면 성공할 수 있다는 신념을 얻게 되었다"고 말하면서 오늘의 자기 자신을 만든 원동력이 되었다고 말하곤 했다(유승흠, 2019: 36).

유일한은 고등학교 시절을 통해 개성이 뚜렷한 장래성 있는 한 인간으로 성장했다. 그는 노력만 하면 무엇이든지 할 수 있고 어디에서 누구와 경쟁하더라도 충분히 앞설 수 있다는 자신감을 비롯하여 적극적인 용기와 신념을 가지게 된 것이다. 그는 축구 팀의 주장도 맡으면서 인간관계를 포함한 리더십을 기를 수 있었다. 그는 이와 같이 공부와 웅변 그리고 스포츠에서도 두각을 나타내면서 자신감을 갖기 시작했고 보통 이상의 성숙된 의식을 가지고 리더십도 발휘한 것이다.

유일한이 고등학교를 졸업하고 대학으로 진학할 무렵에 부친으로부터 뜻밖의 편지를 받게 된다. 그 내용은 부친이 하고 있는 사업도 이전처럼 잘 되지 않고 여러 가지로 사정이 어려워졌는데 고등학교를 마치면 북간도로 와서 집안 일을 도울 수 없겠느냐는 내용이었다. 그는 고민에 빠졌다. 이제 미국 생활에서 자신감을 갖게 되었고 미래에 대한 꿈과 포부도 성숙되어 가고 있었기 때문에 학업을 중도에서 포기하기보다는 계속하고 싶었을 것이다. 그는 그가 잘 아는 선생님을 찾아가 상의한 결과 선생님이 신용보증을 서서 은행에서 100불을 빌려 그 돈을 부친에게 보내고 그는 취직하여 그 돈을 갚는 것으로 하였다. 그 당시 100불은 아주 큰 돈이었기 때문에 부친은 그 돈으로 북간도 대평원을 사들여 하루 아침에 대지주가 되었고 거기에 농사를 지어 생활에 여유가 생겼다(조성기, 2003: 114).

그는 대학 진학 대신 멀리 디트로이트에 있는 에디슨발전기회사 변전소에 취직을 하였다. 변전소에 다니면서 틈을 내어 기술 직업학교에 들어가 배우기도 하였다. 유일한은 은행에서 빌린 돈도 갚고 대학 학비도 마련할 생각으로 야간 근무를 자청해서 하기도 하고 다른 직원의 야간 근무를 대신하기도 했다. 그런데 크리스마스 이브날 다른 직원의 야간 근무를 대신해 주다가 피곤에 지쳐 잠깐 조는 사이에 변전소에 고장이나 디트로이트 시내의 전기가 나가게 되었다. 큰 사고는 아니었지만 몇십 분간 디트로이트 시내 일부 지역이 캄캄한 어둠 속에 있게 된 것이다. 유일한은 책임을 지고 징계를 받을 수도 있었으나 직원들이 모두 나서서 성실하게 일하는 유일한을 용서해 달라는 말을 하여 징계를 면할 수 있었다(조성기, 2003: 125－127).

그는 나중에 유한양행을 경영하면서 직원들이 실수를 하더라도 나무라기만 하지 않고 실수로부터 배우라고 말하고 일을 의욕적으로 하다가 실수를 저지른 경우에는 오히려 연말 보너스를 더 주곤 했는데 아마 이때의 경험 때문에 그런 생각을 갖게 된 것이 아닌가 한다. 유일한은 1년간 변전소에서 일하면서 100불을 갚고 대학으로 진학하게 된다.

### 대학 시기

유일한은 대학에서 그의 성숙된 의식을 바탕으로 사업가적 자질과 리더십을 발휘할 수 있었고 한국의 독립운동에 첫발을 내디뎠다. 그는 학비를 벌기 위해 장사를 하였다. 보통 학생들은 식당이나 상점에서 시간제 노동을 하거나 대학 측이 제공하는 시간제 아르바이트나 연구실의 조교 또는 장학금을 받고자 하는데 장사를 한다는 것은 지금도 그렇지만 그 당시에는 누구도 생각하기 힘든 일이었을 것이다. 그런데도 이것은 그의 진취적인 기상과 아버지로부터 물려받은 사업가적 자질이 기초가 된 것이 아닌가 생각된다. 그는 학교 부근에 이주해 살고 있는 많은 중국인들을 대상으로 중국에 대한 향수심을 불러일으킬 수 있는 손수건, 장식 도구, 카페트까지 망라한 일상 용품들을 골라 팔았는데 그것이 적중하여 많은 수입을 얻을 수 있었다. 나중에는 친구들에게도 그 일을 소개해주었다고 하였다(유한양행, 1995: 96). 그는 이때를 회고하면서 이 경험을 통해 무엇보다 사업이 성공하는 핵심요소를 터득하게 되고 또한 사업에 대한 자신의 잠재력을 확인하고 자신감을 갖게 되는 계기가 되었다고 했다 (유승흠, 2019: 42). 유일한은 미시간 대학에서 한국 학생들은 몇 명 되지 않아 중국 학생들을 사귀면서 중국인 학생회의 회원으로 활동하였다. 나중에는 한중학생회를 조직하여 그 회장을 맡기도 하였다. 이것은 그의 리더십이 발휘된 한 사례라고 볼 수 있다. 그는 수가 적은 동양인들 가운데서는 체격이 준수하고 눈에 띄게 주위의 관심을 끌 정도의 능력과 품위를 갖춘 청년이었다. 동료 학생들로부터 어떤 존경심 이나 기대감을 받았다는 것이다. 여기서 그는 그의 아내가 될 중국 여성인 호미리를 만나게 된다. 호미리는 미시간 대학을 졸업하고 코넬대학 의과 대학으로 진학하여 미국에서 최초의 동양인 여성으로 소아과 전문의의 자격을 따는 우수한 재원이었다. 호미리의 부친 호서념은 중국 광동 출신으로 미국 서부 철도 건설 회사의 중책을 맡고 있었고 재산과 덕망을 지닌 사람이었다(유한양행, 1995: 106-107).

유일한은 1919년 대학 졸업 반일 때 3.1 운동에 부응하여 서재필, 이승만 등이 주 도하여 4월 14일부터 3일간 필라델피아에서 개최된 한인자유대회에 참가했다. 한인 자유대회에 참가함으로써 그는 처음으로 한국의 독립운동에 발을 들여놓게 된 것 이고 '한국의 독립과 번영을 위해서 일하겠다'는 그의 삶의 존재의의를 실현하는 첫걸음이었던 것이다. 이 대회에서는 대한민국 임시정부를 지지하며 후원하기로 하는 것을 비롯하여 몇 가지 각오와 의지를 천명한 결의안 발표와 독립선언문 낭 독 그리고 대한민국 임시정부에 보내는 메시지, 한국 국민이 미국 국민에게 보내 는 호소문, 일본 국민들에게 보내는 메시지 그리고 마지막으로 "한국민의 목적과 열망을 석명하는 결의문"을 공표하였다.

유일한은 한국 국민의 목적과 열망을 석명하는 결의문 작성의 기초 위원으로 참여 하고 결의문을 낭독하였다. 이 결의문은 정부의 권력은 국민으로부터 나온다는 민주 주의 사상과 신앙 및 언론의 자유 그리고 국민교육과 국민보건의 중요성을 강조하는 것으로 유일한의 사상이 반영되어 있는 것이다. 이 결의문은 장차 한국이 독립 후에 가지게 될 헌법의 대강과 방향성을 제시한 것으로서 가장 중요한 것으로 받아들여졌다. 이 결의문 낭독을 마치고 유일한은 "마지막으로 우리 모두 우리에게 생명이 남아 있는 한 최선의 노력으로 이 중요한 점들을 실행할 것을 신성한 말로 서약합시다" 하면서 강하게 호소하였다. 24세인 젊은이였지만 유일한은 그의 성숙한 의식개혁에 기초를 두고 독립 사상가로서의 신념과 원대한 포부를 지닌 애국자로서 성장하고 있었던 것이다(유한양행, 1995: 146–148; 유승흠, 2019: 57–60). 유일한은 여기에서 처음으로 서재필을 만난다. 그가 여기에서 서재필을 만난 것은 그의 인생에 있어서 하나의 큰 사건이라고 볼 수 있다. 그가 30년 선배인 서재필과 그 후에 어떻게 가까워졌는지는 알 수 없지만 그의 인생 후반에 와서 그가 가장 존경했던 사람은 서재필이었던 것 같다. 그는 1947년 7월 미국에 있었고 서재필은 미군정청 상담역으로 한국에 와 있었다. 그때 유일한이 서재필에게 보낸 편지에서 기회가 주어진다면 서재필이 해왔던 일을 하고 싶다고 했다(유승흠, 2019: 90). 그 일이 어떤 일인지는 명확하지 않다. 그러나 그가 이 말을 했다는 것은 서재필을 존경하지 않고는 할 수 없는 말이다.

## 직장 시기

미시간 대학을 졸업한 후 유일한은 디트로이트에 있는 미시간 중앙 철도회사에서 잠시 일한 후 동부 뉴욕에 있는 제너럴 일렉트릭(GE)으로 옮겼다. 그는 영어도 능통할 뿐만 아니라 맡은 일을 책임감을 가지고 성실하게 수행하고 성과도 좋았기 때문에 곧 주위 사람들로부터 신임을 받았다. 그 당시 GE는 계속 성장하고 있었기 때문에 동양에 진출하고자 홍콩에 지점을 설치할 계획을 세우고 그 관리책임자로 유일한을 파견하고자 생각했다. 이 말을 전해 듣고 그는 자신의 진로를 고민하면서 자기의 사명은 GE를 위해서 일하는 것이 아니라 한국을 위해서 일하는 것이기 때문에 GE를 그만두는 결정을 한다. 그의 꿈은 사업가로서의 길을 걸으면서 한국의 독립과 번영을 위해서 일하는 것이다. 그가 그 당시 그렇게 결정한 배경은 사람은 신의를 지켜야 하고 그러려면 한번 중책을 맡으면 결실을 얻을 때까지는 그만 두어서는 안 되는데 그는 한국을 위해서 일해야 하기 때문에 중도에서 발을 빼느니 처음부터 발을 들여놓지 말아야 한다고 생각했다는 것이다(유승흠, 2019: 123). 그가 GE를 그만두고 바로 숙주 나물 사업을 한 것을 보면 그때 이미 사업가로서의 구상을 하고 있었는지 모른다.

### 2) 유일한의 가치와 성품의 정립

이 즈음에서 우리는 의식개혁 결과 나타나는 유일한의 가치와 성품이 어떻게 형성되었는가를 살펴보자. 가치와 성품은 믿음에 기초를 두고 있는데 그의 어록은 그가 가진 믿음을 나타내는 것이므로 그의 어록에 기초를 두고 가치와 성품을 파악해보자 보고자 한다. 물론 이 가치와 성품은 평생 동안에 걸친 의식개혁의 결과이기 때문에 그가 GE를 그만둔 시점에서 개발된 가치와 성품은 아닐 것이다. 그러나 지금 그 가치와 성품을 살펴봄으로써 그가 앞으로 결정하게 될 여러 가지 삶의 선택을 이해하는 데 도움이 될 것이다. 다섯 가지 가치가 어떻게 개발 되었는지를 살펴보고자 한다(노부호, 2010).

#### 사업적 가치

사업적 가치는 일을 최선을 다해 잘해 보고자 하는 열정이라는 성품 특성을 가져온다. 열정에는 여러 가지 형태의 성품 특성이 있는데 유일한에게 가장 중요한 성품 특성은 근면, 성실이 아닌가 한다. 그는 "이상적인 인간 형성을 위해 근면, 성실, 책임감은 바람직한 3대 요소이다. 그러나 여기에 성급하지 않은 성격까지 구비한다면 더 바랄 것이 없다."고 말했다. 성급하지 않다는 것은 신중하다는 것을 말하는 것으로 여기서 강조한 것은 근면, 성실, 책임, 신중이다. 그는 또 "기술자가 되려면 자기가 하는 일에 흥미를 가져야 한다. 그리고 열심히, 또 정확히 하여야 한다."고 말했는데 열심히, 정확히 하라는 말은 근면, 성실의 다른 표현이다. 근면, 성실은 어려서부터 유일한이 지켜온 생활규범이었다. 그는 사업의 여가가 생기면 공부를 하면서 책을 썼고, 틈틈이 독서를 하였다. 그는 미국에 있을 때 태평양 전쟁 기간에 생긴 시간적 여유를 이용해서 나이 46세 때 남가주대학에서 경영학 석사 과정을 밟았고 다시 53세의 나이에 회사 일로 바쁜 일정을 보내면서도 스탠포드 대학원에서 법학을 공부하였다. 그리고 그가 66세인 1961년 비교적 고령에 접어들어서도 세계 시장을 조사하고 개척하기 위하여 세계 일주 여행을 하면서 세계 동향을 파악하고 시대에 뒤떨어지지 않으려고 노력하였다. 그는 항상 배우고 성장하려는 욕구를 가지고 있는 성실한 사람이었다. 그는 직원들에게도 공부와 자기개발에 많은 시간을 쏟기를 요구했다.

유일한은 또한 도전하는 사람이었다. "실패, 그것으로 해서 스스로 나의 존재가치를 깨닫는다면, 실패 그것은 이미 나의 재산인 것이다."라고 말한 바와 같이 그는 대학졸업 후 숙주나물 통조림 사업을 시작할 때 통조림을 개발하기 위해 몇 날 밤을 새면서까지 연구개발에 몰두하여 실패도 하면서 수많은 시행착오 끝에 사업을 성공시키는 열정을 가지고 있었다. 그래서 그는 실패를 나무라기만 하지 않고 실패로부터 배울 것을 요구해서 종업원들에게 도전정신을 갖고 일하도록 격려하였다. 뭔가 일을 의욕적으로 하려다가 큰 실수를 저지른 경우에는 오히려 연말 보너스를 더 주곤 했다. 시말서를 몇 차례 썼기 때문에 월급이 깎일 것을 각오하고 있던 직원들이 이전보다 더 두툼한 월급봉투를 보고 놀란 적도 있었다는 것이다(조성기, 2003: 290).

그는 또한 용기 있는 사람이었다. 1919년 필라델피아 한인자유대회에서 "나라 사랑을 위해서는 목숨을 바칠 것을 신성한 말로 서약하여야 한다."고 말함으로써 자기가 하는 일에 사심을 버리고 자기 전부를 던지는 각오를 보여 주었다. 이 말은 조금 표현은 다르지만 이나모리 가즈오도 일할 때는 투혼을 가지라고 했다(이나모리, 2014: 79). 여기서 투혼은 목숨 걸고 일한다는 것이다. 목숨을 바친다는 것은 투혼과 마찬가지로 열정을 나타내는 것이다. 이와 같이 유일한의 열정에는 근면, 성실, 책임, 도전, 용기와 같은 성품 특성이 포함되어 있다.

### 인간적 가치

인간적 가치는 사람은 무한한 잠재력을 가지고 있는데 사람이 성장하고 자아실현하기 위해서는 다른 사람이 잘 되도록 서로 도와야 한다는 것이다. 인간적 가치는 애정이라는 성품 특성에 기초를 두고 있다. 애정에서 중요한 것은 다른 사람이 성장하도록 돕는 것이다. 그는 "눈으로 남을 볼 줄 아는 사람은 훌륭한 사람이다. 그러나 귀로는 남의 이야기를 들을 줄 알고, 머리로는 남의 행복에 대해서 생각할 줄 아는 사람은 더욱 훌륭한 사람이다."라고 말했다. 눈으로 다른 사람이 좋은 사람인지 아닌 지 판단하는 것을 넘어 귀로 다른 사람이 어떤 불편을 겪고 있는지 공감적 경청을 하고 머리로 그 사람의 미래 성장에 대해서 배려해 주는 사람이 되어야 한다는 것이 다. 미래 성장은 자아실현으로 이어지고 자아실현은 행복이다. 이 말은 인간적 가치 를 나타내는 최고의 표현이라고 생각된다. 그래서 그는 "기업의 기능에는 유능하고 유익한 인재를 양성하는 교육까지도 포함되어 있어야 한다."고 말했고 또한 "기업은 물건으로 성장하는 것이 아니다. 아이디어, 이것이 기업에 성장을 가져오게 하는 것 이다."고 했는데 이것은 지시가 아니고 자율을 중요하게 생각할 때 가능한 것이다. 자율이 있을 때 사람은 생각할 수 있고 사람은 생각할 때 지적, 정신적 성장을 할 수 있다. 자율적 성장은 가장 중요한 배려이다.

애정에는 협력도 있다. 그는 기업은 한두 사람의 손에 의해서 발전하지 않는다. 여러 사람의 두뇌가 참여함으로써 비로소 발전하는 것이다." 그리고 "기업에 종사하 는 모든 사람은 기업활동을 통한 하나의 공동운명체이다."고 말함으로써 직원들의 협력을 강조했고 기업은 공동체가 되어야 한다는 것이다.

그는 겸손했다. 그는 "죽음을 눈앞에 보는 연령이 되면 누구나 결국은 자기 자신 이 평범한 한국인이었다는 것을 느끼게 된다. 너무나도 부족한 점이 많은 한국인 이었다는 사실을 뼈저리게 느끼게 된다."고 말했는데 이 말은 그가 항상 자신을 되돌아보면서 성찰하는 겸손한 사람이었기 때문에 할 수 있는 말이다. 그는 겸손 했기 때문에 대인관계에서 모든 사람을 진심으로 대했고 언제나 예의를 잊지 않 았다고 했다(김형석, 2016: 311).

유일한의 인간적 가치는 사람과의 만남과 인연을 중시하고 다른 사람이 보여준 친 절에 감사하는 데서도 나타난다. 그가 1925년 녹두 구매를 위해 상해에 들린 후 한국 에 왔을 때 일본 고등계의 조사를 받았는데 그때 예동식이라는 사람이 통역으로 도와

주었다. 그리고 1927년 그가 귀국할 때 사가지고 온 많은 약을 통관할 때 나찬수라는 사람이 도와주었다. 그 뒤에 예동식과 나찬수는 유한양행에서 중요한 역할을 하게 된다. 그가 어릴 때 네브라스카 커니에서 도움을 받았던 터프트 자매와도 계속 연락을 해오면서 그가 1934년 유럽 쪽 제약회사들을 둘러보기 위해 해외에 나갔다가 돌아오는 길에 두 자매를 시카고에서 만나 금일봉과 생명보험을 들어주며 감사를 했다.

그가 그 시대의 일반적 수준을 뛰어넘는 종업원 복지를 실천한 것은 나눔의 정신으로서 인간적 가치를 나타낸다. 그는 1936년에 자기 주식을 기증하여 윌로우 구락부(나중에 사우공제회로 이름이 바뀜)를 만들었고 1937년 소사공장에 그 시대 다른 기업들이 생각하지 못했던 독신자 기숙사, 화원, 양어장, 수영장을 만들었다. 그리고 1936년 주식회사로 발족하면서 종업원지주제를 시작하고 그 뒤에 확대한 것도 나눔을 실천한 것이다. 이와 같이 그의 인간적 가치를 나타내는 애정에는 경청, 배려, 협력, 겸손, 감사, 나눔의 성품 특성을 보여 주고 있다.

### 도덕적 가치

그의 도덕적 가치는 다른 어떤 가치보다 높은 수준으로 개발되어 있다. 그의 도덕적 가치는 "기업의 소유주는 사회이다"라는 말로 시작된다. "기업의 기능이 단순히 돈을 버는 데서만 머문다면 수전노와 다를 바가 없다." "기업의 제1목표는 이윤의 추구이다. 그러나 그것은 성실한 기업활동의 대가로 얻어야 하는 것이다."라고 했다. 기업은 사회를 위해서 존재하므로 성실한 기업활동, 즉 사회적 가치를 창출한다는 숭고함을 가져야 하는 것이다. 그는 농기구와 염료와 같이 돈이 안 되는 일이지만 국가에 필요한 일이라고 생각되는 사업을 하였다.

기업의 사회적 책임감이라는 말은 1970년대에 시작되었고(Thomas Publishing Company, 2019), 유일한이 기업활동을 한 시기가 1920년대부터 60년대까지인데 그가 어떻게 이런 생각을 했으며 또 말한 대로 실천했는지 정말 불가사의한 일이라 하지 않을 수 없다. 자본주의가 발달한 미국이나 유럽에서도 이런 사람은 거의 없지 않을까 생각한다. 요즘에 와서 이해관계자 자본주의라는 말이 나오는데 유일한이 얼마나 앞선 생각을 했는지를 알 수 있다. 유일한의 사례는 동서를 통틀어 사사로운 이익을 추구하지 않고 공익을 위해서 바르게 행동하는 숭고함의 모범을 보여주는 것이다.

그는 또한 "국가, 교육, 기업, 가정. 이 모든 것은 순위를 정하기가 매우 어려운 명제들이다. 그러나 나로 말하면 바로 국가, 교육, 기업, 가정의 순위가 된다."고 말했는데 이 말은 기업 때문에 국가가, 가정 때문에 기업이 잘못되지 않아야 한다는 것이다. 탈세하고 정치자금 내면 기업은 좋을 수 있겠지만 국가는 발전하지 못할 것이다. 그는 탈세가 일반적인 관행이었던 50년대와 60년대에 정직한 납세의 원칙을 지켰다. 그래서 1968년에는 모범 납세업체로 선정되어 박정희 대통령으로부터 '동탑산업훈장'을 직접 받는 업계 최초의 영예를 얻었다. 또한 그는 "기업과 개인적 정실(비록 그것이 가족의 경우라도)은 엄격히 구별되어야 한다. 그것은 기업을 키우는 지름길이요, 또한 기업을 보존하는 길이기도 하다."고 말했다. 실제로 그는 아들인 유일선에게 부사장을 맡겼다가 나중에 한국 정서에 맞지 않는다고 하여 물러나게 하였다.

그리고 "이윤의 추구는 기업 성장을 위한 필수 선행조건이지만 기업가 개인의 부귀영화를 위한 수단이 될 수는 없다." 그리고 "기업에서 얻은 이익은 그 기업을 키워준 사회에 환원하여야 한다."고 말했다. 이 말은 회사 이익을 개인적 치부의 수단으로 쓰지 말라는 것이다. 그는 해방 이후에는 배당을 받아서 충분하다고 하면서 월급도 받지 않았다. 그리고 회사의 용품 하나 쓰는 일에 있어서도 공과 사를 분명히 구별하는 청렴함을 보여 주었다. 일을 하지 않는 주말에는 자기 스스로 회사 차를 개인용으로 사용하지 않았을 뿐만 아니라 비서를 비롯한 간부진도 일체 사용하지 못하도록 했다. 결벽증에 가까울 정도로 회사의 연필 한 자루도 개인용으로는 사용하지 않았다(조성기, 2003: 332).

그는 정직과 신용을 강조하였다. "기업의 생명은 신용이다" "정직, 이것이 유한의 영원한 전통이 되어야 한다."고 말했다. 1930년대 중반 경에는 심신 쇠약 증세를 치료하여 원기를 회복시켜준다고 선전하는 약품들 중에는 마약성분이 들어있는 것들이 대부분이었다. 만주 출장을 다녀온 영업담당 전항섭이 만주에는 마약 중독자들이 많으므로 더욱 그러한 제품이 필요하다고 조심스럽게 의견을 말했다. 그러나 유일한은 단호한 태도로 우리 회사의 생명이 신용인데 국민을 속이고 국민의 건강을 해치는 일을 하려고 하느냐 하면서 전항섭을 무섭게 책망했고 당장 사표를 쓰라고 했다(조성기, 2003: 235). 유일한은 "약속은 돈보다 중요한 것이다. 신의는 어떤 일이 있어도 지켜야 하는 목숨 같은 것이다."라고 말하면서 약속을 중요하게 생각했다. 장관의 요청을 받고 면담을 갔다가도 장관이 약속 시간을 어기면 그대로 되돌아왔다(김형석, 2016: 316).

그의 도덕적 가치는 그가 인간관계에서 의리를 지키는 것으로부터도 알 수 있다. 그는 해방 후 이승만 대통령으로부터 초대 상공부장관으로 요청 받았지만 거절한다. 이것은 그가 존경했던 박용만과 이승만이 나쁜 사이이고 그도 이승만과 거리를 두고 있었기 때문이 아니었는가 생각한다. 그가 정치보다는 기업을 하는 것이 자기 역할이라고 말했지만 태평양 전쟁 기간 미국에 있을 때 그가 독립운동에 적극적으로 참여한 것을 보면 여건이 되었다면 정치를 할 수도 있었지 않았을까 생각하는 것이다. 그러나 그는 원칙을 지키는 사람이었고 타협을 거부한 것이다. 그의 도덕적 가치를 나타내는 성품 특성인 정의에는 숭고, 청렴, 정직, 신용, 약속, 의리와 같은 성품 특성이 있는 것이다.

### 영성적 가치

유일한의 높은 수준의 도덕적 가치는 영성적 가치에 기초를 두고 있다. 영성적 가치는 자기 초월(self-transcendence), 즉 마음을 비울 때 나오는 것이다. 그는 "기업으로 해서 아무리 큰 부를 축적했다 할지라도 죽음이 임박한, 하얀 시트에 누운 자의 손에는 한 푼의 돈도 쥐어져 있지 아니하는 법이다."라고 말한 것처럼 인생의 허무를 직시하고 마음을 비우는 무욕을 추구했던 것 같다. 영성적 가치는 마음을 비우고 어떤 상황에도 마음이 흔들리지 않고 고요한 허정을 성품 특성으로 하고 있다.

소신을 가지고 예외 없이 행동하는 것도 허정이다. 그는 "약한 사람에게는 부드럽게 대하고 강한 사람에게는 강하게 대하라. 특히 외국인에게는 강하게 대하라."고 말했는데 이것은 정의를 위해서 소신을 굽히지 말고 불의에 대해서 양보하지 말라는 것이다. 유일한의 여동생 유순한은 "[유일한이] 사람은 살아가는 동안에 줏대 있게 살아야 한다고 말했다"고 했는데 이 말도 소신을 굽히지 말고 살라는 영성적 가치를 나타내는 말이다(유한양행, 1995: 482). 그래서 그는 자유당 때도 박정희 정부 때도 독재정권에 맞서 정치자금을 내지 않았다. 이렇게 정의롭게 경영함으로써 정부의 정책적 혜택은 받지 못했지만 모범적 경영을 유산으로 남긴 것은 아주 값진 일이다.

그가 탈세가 일반적인 시대에 정직한 납세를 했고 자기 재산을 모두 사회에 환원한 것도 영성적 가치가 있었기 때문에 가능한 것이었다고 생각된다. 그리고 그의 아들 유일선을 부사장 자리에서 물러나게 한 것도 일종의 영성적 가치에 기초를 둔 결단이라고 할 수 있다. 그는 친한 친구인 야당 당수를 하고 있던 K 장군이 어렵게 정치자금 얘기를 꺼냈을 때 "K 장군, 돈이 없으면 정치를 하지 말든지 그 얘기라면 나는 할 말이 없네 나는 바쁘니 그냥 가 보게."라고 냉정하게 잘라 말했다(유한양행, 1995: 498). 이것은 보통 사람이 하기 힘든 행동으로서 그가 얼마나 소신이 강한 사람이었는지 알 수 있고 이것도 영성적 가치가 반영된 것이라고 볼 수 있다.

이런 영성적 가치가 어떻게 유일한의 마음속에 자리 잡을 수 있었을까? 나는 그가 독립운동을 하면서 영성적 가치를 개발하게 되었다고 생각한다. 그가 1919년 한인자유대회 참가하여 결의문을 낭독한 후 "우리 모두, 우리에게 생명이 남아 있는 한 최선의 노력으로 이 중요한 점들을 실행할 것을 신성한 말로 서약합시다"라고 말했는데 이때부터 마음을 비우는 영성적 가치가 개발되기 시작한 것 같다. 실제로 그는 독립운동에 적극적으로 참여했고 그의 주위에는 목숨을 걸고 독립운동하는 사람이 있었고 그런 사람들로부터도 영향을 받았을 것이다. 그는 1938년 미국 LA에 출장소를 개설하러 갔다가 태평양전쟁 발발로 귀국하지 못했을 때 미국전략정보국(OSS)이 추진했던 무장 유격 활동을 하기 위해 한국인을 잠수함과 낙하산으로 한국에 침투시키는 냅코작전에도 참여하는 등 목숨을 거는 독립운동에도 참여하였다. 그는 독립운동하는 체질이 몸에 배었고 목숨을 걸고 독립운동하는 자세로 기업을 경영하고 인생을 산 것이다. 그래서 그는 마음을 비우고 강한 소신과 의지를 가지고 경영할 수 있었고 "기업의 소유주는 사회이다"라는 말을 남기고 또 실천할 수 있었다.

그가 비교적 죽음에 초연했다고 생각되는데 이것은 그의 영성적 가치를 말해주는 것이다. 그는 천식기가 있어 해외 출장을 갈 때는 인공호흡기를 늘 가지고 다녔다. 그리고 동행인으로 하여금 방에 같이 자도록 했다. 조권순이 유일한과 함께 일본 출장을 갔을 때 아침에 일어나 보니 그가 숨을 쉬지 않고 있었다. 조권순이 놀라서 그를 흔들어 깨워 막혀 있던 숨이 통할 수 있었다는 것이다. 집에서 혼자 주무시다가 이런 일이 생기면 어떻게 하느냐고 조권순이 묻자 그는 "혼자 가는 거지 뭐, 난 사실 세상에 대해 미련이 없네. 다만 하나님이 나에게 맡겨주신 것들을 관리해야 하는 청지기로서 아직 할 일이 남아 있으면 나도 좀 더 세상에 있는 것뿐일세(조성기, 2003: 340)."라고 말했다. 그가 건강이 나빠져 메디컬센터로 첫 수술을 받으러 지팡이를 짚고 언덕길을 올라가며 "내가 이 길을 다시 올지 모르겠구만. 그러나 나는 여한이 없어 나를 따르는 사람들이 많으니 내가 못다 한 일도 당신들이 다 할 수 있을 거야."라고 말하면서 참으로 평화로운 표정을 지어 보였다는 것이다(유한양행, 1995: 508). 이와 같이 그는 죽음에 초연한 평정심을 보여주었다. 유일한의 허정에는 무욕, 소신, 결단, 초연 같은 성품 특성이 들어있다.

### 철학적 가치

철학적 가치는 인생의 근본적인 문제에 대해서 사색함으로써 바른 가치와 철학을 정립하고 생각하는 힘이다. 내가 어떤 삶을 살 것인가를 고민하는 것을 말하고 성찰하는 성품을 요구한다. 성찰은 자기 인생에 대해서 사색하고 반성하는 힘이다. 유일한은 생각이 깊은 사람이었다. 그렇기 때문에 그의 가치와 철학이 깊어서 우리에게 귀감이 되는 많은 말을 어록으로 남겼다. 그리고 그가 기도문을 직접 썼다는 것은 그가 인생에 대해서 얼마나 많은 생각을 했겠느냐 하는 점에서 철학적 가치를 반영하는 것이다.

가치와 철학을 정립하기 위해서는 생각만 한다고 되는 것은 아니다. 깊이 있는 다양한 경험을 하고 책도 많이 읽어야 생각이 깊어진다. 그는 아홉 살 때 말도 통하지 않고 아는 사람도 없는 이역만리 미국으로 갔다. 이것은 그에게 충격적 경험이었다. 아는 사람 아무도 없는 곳에서 고독과 싸워야 했다. 그리고 자기 인생에 대해서 생각할 수밖에 없었을 것이다. 어쩌면 고독과 사색은 그의 어릴 때부터 그의 생활을 지배하고 있었는지 모른다. 그가 어릴 때 네브라스카에서 터프트 자매, 정한경, 박용만과 같은 사람을 만나고 한인소년병학교에서 군사 훈련을 받았던 그의 다양한 경험은 그에게 행운이었고 그의 생각을 깊게 해주었다고 생각된다. 그 뒤로도 그는 미식축구 선수로서 학생회의 리더로서 많은 경험을 하고 GE와 같은 대기업에서 직장 경험도 했을 뿐만 아니라 많은 독립운동가들을 만나고 직접 독립운동에도 참여하는 등 다양하고 깊은 경험을 하게 된다. 이 모든 경험이 그의 가치와 철학을 함양하는 데 많은 도움이 되었을 것이다.

그는 책도 많이 읽었던 것 같다. 그는 근면성실하여 여가가 생기면 틈틈이 독서를 했다고 했다. 그가 어떤 책을 읽었는지 나와 있는 기록이 없지만 그가 대학 때 한인 자유대회에 참가하여 "한국민의 목적과 열망을 석명하는 결의문"의 기초 위원으로 활동하면서 결의문에 포함되어 있는 자유민주주의와 국민 건강, 교육, 무역 등 국가 경영의 기본을 논할 수 있으려면 상당한 독서를 했다고 볼 수 있다.

그의 고독과 사색은 하나의 습관이었다고 볼 수 있다. 때로는 창가에서 하염없이 몇 시간이고 서 있기도 했다. 누가 그런 모습을 보고 "얼마나 외로우십니까?"라고 물으면 "내가 그렇게 보이나. 아니야, 난 이 때가 가장 행복해."라고 말했다는 것이다(유한양행, 1995: 508). 사색은 자기의 내면으로 들어가 자기를 찾는 과정이기 때문에 행복한 것이다. 그는 "사람은 죽으면서 돈을 남기고 또 명성을 남기기도 한다. 그러나 가장 값진 것은 사회를 위해서 남기는 그 무엇이다."라고 말했는데 그는 고독 속에서 "내가 이 사회를 위해서 무엇을 남길 것인가?"하고 사색했을 것이다. 고독과 사색은 아마 그가 평생 지니고 있었던 습관이 아니었나 생각된다. 그는 "사색하고 관찰하는 습관은 인간의 지적 성장을 위한 촉진제이다."라고 사색의 중요성을 말했다. 이런 그의 사색하는 습관이 그의 특별한 경험과 다양한 독서와 어울려 그의 철학적 가치를 형성하게 된 것이다. 유일한의 성찰에는 사색, 고독, 경험, 독서와 같은 성품 특성이 들어 있다(<표 2> 유일한의 믿음, 가치, 성품 참조).

〈표 2〉 유일한의 믿음, 가치, 성품

| 대상 | 가치 | 어록(믿음) | 일반 성품 특성 | 범주 성품 특성 |
|---|---|---|---|---|
| 일 | 사업적 가치 | 이상적인 인간 형성을 위해 근면, 성실, 책임감은 바람직한 3대 요소이다. 그러나 여기에 성급하지 않은 성격까지 구비한다면 더 바랄 것이 없다. 기술자가 되려면 자기가 하는 일에 흥미를 가져야 한다. 그리고 열심히, 또 정확히 하여야 한다. "실패, 그것으로 해서 스스로 나의 존재가치를 깨닫는다면, 실패 그것은 이미 나의 재산인 것이다." "나라 사람을 위해서는 목숨을 바칠 것을 신성한 말로 서약하여야 한다." | 근면 성실 책임 신중 도전 용기 | 열정 |
| 사람 | 인간적 가치 | "눈으로 남을 볼 줄 아는 사람은 훌륭한 사람이다. 그러나 귀로는 남의 이야기를 들을 줄 알고, 머리로는 남의 행복에 대해서 생각할 줄 아는 사람은 더욱 훌륭한 사람이다." "기업은 물건으로 성장하는 것이 아니다. 아이디어, 이것이 기업에 성장을 가져오게 하는 것이다." "기업에 종사하는 모든 사람은 기업활동을 통한 하나의 공동운명체이다." "죽음을 눈앞에 보는 연령이 되면 누구나 결국은 자기 자신이 평범한 한 국인이었다는 것을 느끼게 된다." 예동식과 나찬수, 터프트 자매 등 그리고 종업원 복지 | 경청 배려 협력 겸손 감사 나눔 | 애정 |
| 사회 | 도덕적 가치 | "기업의 소유주는 사회이다" "기업의 기능이 단순히 돈을 버는 데서만 머문다면 수전노와 다를 바가 없다." 기업의 제1목표는 이윤의 추구이다. 그러나 그것은 성실한 기업활동의 대가로 얻어야 하는 것이다. "기업에서 얻은 이익은 그 기업을 키워준 사회에 환원하여야 한다." "나로 말하면 바로 국가, 교육, 기업, 가정의 순위가 된다." "기업과 개인적 정실(비록 그것이 가족의 경우라도)은 엄격히 구별되어야 한다. 그것은 기업을 키우는 지름길이요, 또한 기업을 보존하는 길이기도 하다." "이윤의 추구는 기업 성장을 위한 필수 선행조건이지만 기업가 개인의 부귀영화를 위한 수단이 될 수는 없다." "기업의 생명은 신용이다" "정직, 이것이 유한의 영원한 전통이 되어야 한다." "약속은 돈보다 더 중요한 것이다. 신의는 어떤 일이 있어도 지켜야 하는 목숨 같은 것이다." | 숭고 청렴 정직 신용 약속 의리 | 정의 |
| 죽음 | 영성적 가치 | "기업으로 해서 아무리 큰 부를 축적했다 할지라도 죽음이 임박한, 하얀 시트에 누운 자의 손에는 한 푼의 돈도 쥐어져 있지 아니하는 법이다." "약한 사람에게는 부드럽게 대하고 강한 사람에게는 강하게 대하라. 특히 외국인에게는 강하게 대하라." "혼자 가는 거지 뭐, 난 사실 세상에 대해 미련이 없네. 다만 하나님이 나에게 맡겨주신 것들을 관리해야 하는 청지기로서 아직 할 일이 남아 있으면 나도 좀 더 세상에 있는 것뿐일세" | 무욕 소신 결단 초연 | 허정 |
| 인생 | 철학적 가치 | "사람은 죽으면서 돈을 남기고 또 명성을 남기기도 한다. 그러나 가장 값진 것은 사회를 위해서 남기는 그 무엇이다." "내가 그렇게 보이나. 아니야, 난 이 때가 가장 행복해." "사색하고 관찰하는 습관은 인간의 지적 성장을 위한 촉진제이다." | 사색 고독 경험 독서 | 성찰 |

### 3) 유일한의 삶의 실천 과정

지금까지 유일한의 의식개혁 과정과 그 후에 확립된 가치와 성품에 대해서 이야기 하였다. 가치와 성품이 확립되었다는 것은 열정과 애정의 성품 특성이 개발되었다는 것이고 성품이 기업가정신이라고 말했지만 미래를 향해 창의적인 아이디어를 내고 도전하는 삶의 자세를 가지고 있다는 것이다. 이런 기업가정신이 자아실현을 위한 삶의 실천에 필수적인 것이다. 자아실현이라는 것은 의식개혁에 기초를 두고 전개되는 상황에 따른 기회를 자기의 가치와 성품에 따라 선택하고 대응하는 것이다.

자아실현에는 의식개혁 과정과 삶의 실천 과정이 있다. 삶의 실천 과정은 의식개혁 과정의 결과 개발된 가치와 철학 그리고 자기의 존재의의와 목적에 기초를 두고 존재의의와 목적을 실현하기 위해 자유롭게 기회를 추구하고 그 결과에 대한 사람들의 평가와 인정을 통해서 가치, 존재의의 그리고 목적을 수정해 나가는 것이다.

### 라초이

그가 GE를 그만 둘 즈음에는 의식개혁이 상당히 이루어졌다고 생각된다. 의식개혁이 이루어졌다는 것은 가치와 철학이 확립되고 자기의 존재의의를 찾았다는 것이다. 그의 존재의의는 '한국의 독립과 번영을 위해 일한다'라고 말할 수 있다. 이 시기에 그의 존재의의를 실현하기 위한 목적은 사업가가 된다는 것일 것이다. 그는 첫 번째 기회로 숙주나물 사업을 시작한다. 숙주나물은 중국인들이 만두를 빚을 때 쓰는 것이므로 중국인들이 좋아하고 또 미국인들도 중국 만두를 좋아하는 사람들이 많은데 숙주나물의 원료인 녹두를 구하기가 어렵고 또 신선한 상태로 숙주나물을 공급하는 것이 어려워 신선한 숙주나물의 수요는 있는데 공급이 부족하다고 판단한 것이다.

처음에는 소규모로 집에서 녹두로 숙주나물을 길러 그것을 병조림 형태로 하여 좀 더 위생적이고 보관을 오래 할 수 있게 차별화를 시도하였다. 이것이 어느 정도 성공하였으나 병은 깨지기 쉽고 병조림도 오래 두면 숙주나물이 말라 버리거나 상하거나 하여 더 오래 보관할 수 있는 방법이 없을까 생각하다가 통조림을 생각하였다. 그는 통조림을 개발하기 위해서 많은 투자와 노력 끝에 실패도 하면서 성공하여 그것이 장사가 될 것 같아 가내 수공업이 아니라 공장을 지어 큰 규모로 하기 위해 그의 대학 친구인 월레스 스미스의 투자를 받아 1922년 라초이라는 회사를 설립하게 된다.

### 유한양행

그는 숙주나물 사업을 시작하고 2년 후인 1924년에 미국에서 녹두 구하기가 어려워지자 녹두를 대량으로 구매하기 위하여 중국으로 여행한다. 이때 연길에 있는 부모님을 방문하기 위해 한국에 들렀을 때 한국의 경제 수준이 낮아 한국 사람들이 가난에 시달리고 있었고 또 미국에서 쉽게 구할 수 있는 약이 없어 질병으로 고생하는 것을 보고 한국에서 미국의 약도 공급하고 일자리도 제공하는 사업을 하여 국가 경제에 기여하는 하는 것이 좋겠다는 생각을 한다. 이것은 그가 '한국의 독립과 번영을 위해서 일하겠다'는 그의 삶의 존재의의가 있었기 때문에 가능한 것이었다. 그래서 그는 여행을 끝내고 미국으로 돌아가서 우선 한국을 포함해서 동양과 미국을 연결해서 무역을 하는 유한주식회사를 1925년 2월 설립한다. 서재필을 사장으로 초대하고 자기는 전무에 취임하였다. 이 회사의 설립에는 독립운동가들의 재정 지원이나 유학생들의 아르바이트 등 재미동포들에게 실질적인 도움을 주기 위한 목적도 있었다. 처음에는 한국과 중국, 러시아 등지의 토산품을 취급하였으나 기반이 잡히면 미국의 의약품을 한국을 비롯한 다른 나라들로 수출할 계획도 가지고 있었다. 특히 한국에서 갖가지 질병으로 고생하는 국민들에게 공급할 의약품 수출에 대한 구상을 하였다. 유일한은 1926년 3월부터 라초이를 그만두고 유한주식회사의 일에만 전념했다(김광수, 1994: 93–94).

그는 원래 생각했던 대로 한국에 와서 사업을 하고 미국에 있는 유한주식회사와 동서양을 잇는 무역 거래를 할 목적으로 귀국하여 유한양행을 창업하였다. 회사는

1925년 귀국했을 때에 통역해 주어 가까워졌던 예동식에게 부탁하여 귀국하기 전 1926년 12월에 미리 설립되었다. 그는 라초이를 그만둘 때 자기 지분인 25만 달러를 받아 그 돈으로 의약품들을 대량 구입하여 1927년 귀국할 때 가지고 왔다.

### 독립운동

그가 유한양행의 LA 출장소를 개설하고 수출입 거래선의 다변화를 위한 유럽 및 중국 시장을 개척하기 위해 미국으로 와서 처음에는 유한양행 일도 하고 독립운동도 했는데 1941년 태평양 전쟁이 발발하자 독립운동에 전적으로 투신했다. 1941년 4월 20일 해외독립운동 단체들이 연합하여 하와이 호놀룰루에서 개최한 해외한족대회에서 중요한 역할을 맡았다. 이 대회의 결과, 통일 조직으로 재미한족연합회를 창설하였는데 유일한은 집행부 위원이 되어 임정을 구심점으로 외교 선전 업무를 추진하고 독립운동가들을 재정적으로 돕고자 하였다(유한양행, 1995: 161). 그리고 태평양 전쟁 발발 후 1942년 4월에는 재미한족연합회 집행부가 미 육군사령부의 허가를 받아 캘리포니아 민병대 소속으로 편성된 한인국방경위대(부대 명칭은 맹호군)의 창설에 주도적 역할을 수행하였고 같은 해 8월 29일 LA 시청에 태극기를 게양하는 현기식에 참가하여 이승만 등 주요 인사들의 축사를 대독하였다(유한양행, 1995: 166).

1942년 유일한은 미국 전략정보국OSS에서 한국 정보 담당자로 활약하였다. 이 때 펄벅 여사는 중국 담당 고문으로 있어 두 사람은 교류를 갖게 되며 후일 펄벅이 한국에 왔을 때 유일한은 펄벅 재단에 토지를 기증하여 소사희망원이 설립되었고 지금은 부천펄벅기념관이 자리하고 있다.

유일한은 1941년부터 미주 여러 독립운동 대회에서 주요한 역할을 맡아 활동하는데 1942년 재미한족연합회 대일 선전 제1주년 기념식에서 연설도 하였다. 1943년 11월에는 재미한족연합회 기획연구부 위원장을 맡아 미 전략정보국 요청에 의해 「한국과 태평양 전쟁(Korea and the Pacific War)」이라는 보고서를 만든 바도 있다. 이 보고서는 한국인이 태평양 전쟁에 보다 유효하게 참가하기 위한 방안 그리고 미국이

종전 후 한국에 대해 투자할 가치가 높은 분야와 한국의 독립이 가져다 줄 미국의 이익과 경제적 효과를 제시함으로써 미국측의 보다 적극적인 지원을 유도해 내기 위한 전략적 발상을 담고 있다(유승흠, 2019: 76). 1944년에는 재미한족연합회에서 독립 후 한국의 경제와 산업을 부흥시킬 연구를 하기 위해 유일한이 중심이 되어 고려경제연구회(Korea Economic Society)를 조직하였다. 고려경제연구회에서는 1944년부터 월간으로 고려경제회보(Korea economic Digest)를 발간하였다. 여기에는 독립 후 한국이 부흥시켜야 할 산업과 사회인프라 분야에 대해 다루고 있다(유승흠, 2019: 79).

그는 1945년 미 전략정보국(OSS)에 의해 수립된 냅코작전에도 참여하여 제1조 조장으로 임명되었다. 작전 명령을 기다리던 중 일제의 항복으로 말미암아 실행되지 못하였다. 이 작전에 자원한 한인들은 로스앤젤레스 연안에 위치한 산타 카탈리나 섬에서 강도 높은 훈련을 받았다. OSS는 이들을 로스앤젤레스와 샌프란시스코 등지에 실제로 가상 침투시키기도 했으며 2만 달러를 들여 침투용 잠수정을 제작해 훈련을 실시하기도 했다(유승흠, 2019: 69). 유일한은 1945년 1월 태평양연안 12개국 대표 160명이 모이는 태평양문제연구회(Institute of Pacific Relations) 제8차 회의에 정한경, 전경무 등과 한국 대표로 참석하여 전후 일본 처리문제를 논의하기도 했다(유한양행, 1995: 174).

이상과 같이 유일한은 41년부터 45년까지 자기의 온몸을 던져 독립운동을 하였다. 그는 독립운동에 전념하기 위해 41년에 사장 자리를 유명한에게 내주고 회장으로 물러났다.

### 유한양행 복귀

그는 해방 후에 복잡하게 전개되는 상황 속에서 여러 가지 기회를 보고 다른 길을 선택할 수도 있었지 않았나 생각된다. 그는 46년 7월 미국에서 귀국하는데 그 해 12월 다시 미국으로 도미한다. 그때 왜 그가 귀국한지 얼마 되지 않는데 도미했는지, 거래선 재개 목적이라고 되어 있지만 그 이유는 명확하지 않다. 7월에 귀국하여 사장에 취임한 뒤 바로 8월에 조선상공회의소 회장을 맡게 되어 4대 구영숙 사장에게 사장 자리를 넘겨주고 회장으로 물러난다. 그가 도미한 시점은 조선상공회의소 회장을 맡고 얼마 안된 시점이다. 그는 아마 급박하게 돌아가는 정치적 소용돌이 속에서 자기 할 일을 찾지 못한 것은 아닌가 추측해 볼 수도 있다. 그가 1947년 7월에 서재필에게 보낸 편지에서 "제가 금년에 한국에 돌아가느냐 못 가느냐는 한국의 산업에 기여하기 위해 제가 한국에서 할 수 있는 일이 과연 무엇인가에 달려 있습니다"고 말했는데 그가 귀국하지 않은 것은 기여할 수 있는 일을 찾지 못했기 때문이 아닌가 생각된다. 그는 편지에서 일부 사람들이 그가 미국 시민권을 가지고 있다는 것을 트집 잡으려 하고 있다고 말하고 있는 것은 그의 기회를 막고 있는 사람들이 있다고 생각하고 있는 것이다. 그리고 그는 "정말로 미국과 유럽 그리고 한국에서의 12년간 사업을 하면서 얻은 저의 경험을 통해 우리나라 사람들에게 도움이 되는 일을 하고 싶습니다"고 말했다. 이것은 단지 그가 유한양행을 경영하는 것이 아니라 한국을 위해서 도움이 되는 행정과 같은 다른 일이 아니었는지 모르겠다. 서재필도 답장에 "한국의 정부가 들어서면 귀하가 기여할 수 있는 기회가 많이 있을 것이기 때문입니다. 귀하는 [48년] 4월이나 초봄까지 기다리는 것이 좋을 것 같습니다"라고 했다 (유승흠, 2019: 89–92). 그러나 그는 1948년 이승만 대통령으로부터 상공부 장관 제의를 거절한다. 이것은 그가 이승만을 별로 좋아하지 않았기 때문일 수 있다. 만일 서재필과 같은 사람이 대통령이었다면 그 제의를 거절했을까?

이상과 같이 그는 해방 후에 정부에 들어가거나 정치를 할 수도 있었으나 그의 가치와 철학에 따라서 행동했고 사업가로서의 자기 길을 지켜 나갔다. 당시에 한국 사회가 공적 활동의 가치를 높이 평가하고 또 그에게 기회가 주어지고 있음에도 불구하고 공직을 택하지 않고 사회적으로는 낮게 평가되는 기업가로서의 길을 택한 것은 그리 쉬운 일이 아니다. 이것은 국가에 기여하는 길은 정치 등 공적 활동에만 있는 것이 아니라 그에 못지 않게 사업과 같은 민간기업 활동에도 있다는 확고한 신념, 즉 그의 가치와 의식이 반영된 결과일 것이다(유한양행, 1995: 233).

삶의 실천 과정은 전개되는 상황에 따라 자기의 가치와 성품을 표현하기 위해 기회를 선택하고 행동함으로써 이루어지는 것이다. 따라서 가치가 뚜렷할수록 성품이 강할수록 자아실현이 더 잘 이루어질 수 있다는 것이다. 열정, 애정 및 정의의 성품이 약하면 개성이 뚜렷하지 못해 자기를 제대로 표현할 수 없어 자아실현이 되기 어려운 것이다.

그의 인생은 삶의 실천 과정에서 크게 네 가지 분기점이 있었다. 각 분기점마다 자기의 가치와 성품을 표현하며 사업의 기회가 있을 때는 자기 전부를 걸고 사업을 했고 독립운동의 기회가 주어졌을 때는 독립운동에 자기 전부를 헌신한 것이다. 그는 개성이 뚜렷했고 자아실현하면서 자기 삶을 훌륭하게 살았다고 말할 수 있다.

유일한의 경우 인생의 전반기는 의식개혁 과정이고 후반기는 삶의 실천 과정이다. 물론 의식개혁 과정 중에도 삶의 실천이 있고 실천 과정 중에도 의식개혁이 있다. 다만 그 비중이 사람에 따라 다르다는 것이다. 유일한과 같이 이렇게 자아실현 과정이 전반과 후반으로 비교적 뚜렷하게 나누어지는 사람도 있지만 뚜렷하게 나누어지지 않고 삶의 실천 과정 속에 의식개혁 과정이 혼재하는 경우도 있을 것이다. 삶의 실천 과정에서 의식개혁이 크게 일어난다는 것이다. 톨스토이는 삶의 실천이 많이 이루어진 인생의 후반에 의식개혁이 일어나 참회록을 썼다.

유일한과 같이 강한 가치와 성품으로 자아실현을 이룬 사람은 다른 사람을 자아실현 하게 할 수 있다. 그가 유한양행의 경영을 통해서 직원들을 어떻게 자아실현하게 했는지를 살펴봄으로써 그의 서번트 리더십을 설명해보고자 한다.

## 3. 유일한의 서번트 리더십과 직원들의 자아실현

이상에서 유일한의 자아실현을 살펴 보았다. 자아실현하는 삶을 살았다는 것은 가치와 성품이 확립되었다는 것이다. 다시 말해서 전개되는 삶의 상황에 따라 자기의 존재의의를 실현하는 방향으로 열정과 애정의 성품 특성을 발휘했다는 것이다. 유일한과 같이 강한 가치와 성품으로 자아실현을 이룬 사람은 다른 사람을 자아실현하게 도울 수 있다. 그가 유한양행의 경영을 통해서 직원들을 어떻게 자아실현하게 했는지를 살펴봄으로써 그의 서번트 리더십을 설명해보고자 한다.

서번트 리더십은 리더 자신이 자아실현의 삶을 살아야 하고 그 기초 위에 직원들이 자아실현의 삶을 살 수 있도록 하는 것이다. 이미 설명하였듯이 자아실현의 삶은 의식개혁에 기초를 두고 꿈을 실현하기 위해서 기회를 자유롭게 선택하고 그 결과에 따른 주위 사람들의 인정 여부에 따라 새롭게 꿈을 가꾸어 나가는 것이다. 이 과정에서 가치와 성품을 개발하여 열정과 애정을 발현하는 삶의 자세를 갖는 것이 중요하다.

개인의 자아실현은 의식개혁과 삶의 실천이 요구되는데 이를 경영에 적용하면 직원들의 의식개혁에 기초를 두고 열정과 애정을 끌어내는 비전, 자율, 인정의 경영을 하는 것이다. 비전, 자율, 인정은 열정과 애정을 불러일으키는 경영의 정서적 3요소이다. 자아실현에 중요한 것은 직원들이 열정과 애정의 성품 특성을 갖도록 하는 것이다. 자아실현은 성품에 달려 있기 때문이다. 의식개혁도 열정과 애정의 성품 특성을 개발하고 비전, 자율, 인정의 경영도 열정과 애정을 불러일으킨다.

다음에는 유일한이 직원들의 자아실현을 위해 어떻게 직원들의 의식개혁을 이루어 내었고 비전, 자율, 인정의 경영이 어떻게 이루어졌는지 살펴보고자 한다.

## 1) 직원들의 의식개혁

의식개혁은 기본적으로 가치를 정립하고 성품을 개발하는 것인데 리더가 직원들의 의식개혁을 위해 할 수 있는 것은 두 가지다. 하나는 리더가 자기의 가치를 말로 표현하여 어떻게 사는 것이 바른 삶인가에 대해 직원들을 설득하고 공감하게 함으로써 직원들이 가치를 확립하도록 하는 직접적인 의식개혁과 다른 하나는 성품은 말과 행동으로 나타나는데 리더가 말과 행동으로 솔선수범하여 직원들을 독려하거나 직원들의 말과 행동을 칭찬하고 질책함으로써 직원들의 성품을 강화시키는 것이다. 성품이 강화될 때 가치가 확립된다. 이것은 간접적인 의식개혁이다.

사업적 가치를 위해서 그는 "이상적인 인간 형성을 위해 근면, 성실, 책임감은 바람직한 3대 요소이다. 그러나 여기에 성급하지 않은 성격까지 구비한다면 더 바랄 것이 없다."고 말하면서 근면 성실을 강조했고, "실패, 그것으로 해서 스스로 나의 존재가치를 깨닫는다면, 실패 그것은 이미 나의 재산인 것이다."라고 말하면서 도전을 강조했다.

1930년대 홍병규 사원이 숙직을 설 때 해주 도립병원에서 맹장염 수술 후 필요한 프랑스제 혈청주사약을 급히 보내달라고 주문했는데 그는 숙직자가 함부로 열어서는 안 되는 냉각장치가 되어 있는 특수 창고에서 약병을 꺼내 던져도 깨어지지 않게 두껍게 포장한 다음 경의선 기관사에게 해주 도립병원이 있는 급행 열차가 서지 않는 토성역을 지날 때 던져달라고 하여 기다리고 있던 해주 도립병원 직원들이 그 약병을 들고 병원으로 달려가 환자의 생명을 살릴 수 있었다. 이 소식을 들은 유일한은 허락 없이 냉동 창고를 연 홍병규를 나무라기는커녕 "어디서 그런 아이디어를 얻었나?"고 물으면서 오히려 약품 유리병이 던져도 깨어지지 않도록 특수포장용기를 제작해 보도록 지시를 내려 제작에 성공하였다. 이 사례는 직원들에게 도전정신을 심어 주었을 것이다.

유일한은 직원들에게 열정을 불러 일으키는 말을 하곤 하였는데 이것도 의식개혁으로 연결될 것이다. 홍병규 전 사장은 1932년 18세 때 유한에 입사했다. 첫 출근했을 때 유일한은 굳게 악수를 하며 "우리는 한국인이야. 열심히 일해 남의 나라 못지 않게 잘 살아 보자고."라고 말했다고 했다. 조권순 사장도 51년 지배인으로 유한과 첫 인연을 맺을 때 유일한이 했던 말을 잊지 못한다. "임자 나하고 손잡고 일하면 조국을 위해서 목숨을 바칠 각오를 해야 하는데 그럴 수 있나"가 첫 인사였다(유한양행, 1995: 488). 이런 말을 들으면 국가를 위해 일한다는 사명감에 기초를 두고 최선을 다해 일해야겠다는 열정과 사업적 가치를 갖지 않을 수 없을 것이다.

인간적 가치를 위해서 그는 "눈으로 남을 볼 줄 아는 사람은 훌륭한 사람이다. 그러나 귀로는 남의 이야기를 들을 줄 알고, 머리로는 남의 행복에 대해서 생각할 줄 아는 사람은 더욱 훌륭한 사람이다."라고 말하면서 남을 배려하도록 했고 "죽음을 눈앞에 보는 연령이 되면 누구나 결국은 자기 자신이 평범한 한국인이었다는 것을 느끼게 된다. 너무나도 부족한 점이 많은 한국인이었다는 사실을 뼈저리게 느끼게 된다."고 말하면서 겸손을 강조했다. 그리고 "기업에 종사하는 모든 사람은 기업활동을 통한 하나의 공동운명체이다."고 말함으로써 직원들의 협력을 강조했다.

유일한이 세상을 떠난 후 유품을 정리해보니 일상생활에 꼭 필요한 물건들 몇 가지와 구두 두 켤레, 양복 세 벌밖에 없었다. 이는 검소함의 중요성을 직원들에게 심어주었다고 생각된다. 그는 1925년 처음 귀국했을 때 통역을 해준 예동식과 그 뒤 1927년 미국서 사가지고 온 많은 약을 통관해 준 나찬수를 회사에서 중용하는데 이를 통해 인연을 중요시하고 다른 사람의 친절에 감사하는 인간적 가치를 직원들에게 심어줄 수 있었을 것이다.

그는 도덕적 가치를 위해서 "기업의 기능이 단순히 돈을 버는 데서만 머문다면 수전노와 다를 바가 없다."고 말함으로써 기업이 사회적 가치를 창출해야 한다는 숭고한 정신을 강조하였다. 실제로 유일한 사장은 전국을 돌다가 농촌의 피폐함을 보고 효율적인 농사를 위하여 농기구의 필요성을 절감하게 되었으며 거의 전 국민들이 입고 있던 흰 옷이 관리상의 어려움이 있음을 보고 염료를 수입하였다. 수입된 농기구와 염료는 염가로 판매하였다(유한양행, 1995: 186–187). 그는 정직과 신용을 강조하였다. "기업의 생명은 신용이다" "정직, 이것이 유한의 영원한 전통이 되어야 한다."고 말했다. 1930년대 중반경 만주에는 마약 중독자들이 많았으므로 만주로 갔다 온 전항섭이 마약 성분이 들어간 제품을 만들 필요가 있다고 말하자 유일한은 단호한 태도로 사표를 쓰라고 할 정도로 무섭게 책망했다는 사례는 직원들에게 정직이라는 도덕적 가치를 심어 주게 될 것이다(조성기, 2003: 235). 그는 "약속은 돈보다 중요한 것이다. 신의는 어떤 일이 있어도 지켜야 하는 목숨 같은 것이다."라고 말함으로써 약속을 중요시하였다.

그는 "약한 사람에게는 부드럽게 대하고 강한 사람에게는 강하게 대하라. 특히 외국인에게는 강하게 대하라."고 말하면서 소신을 굽히지 말고 원칙을 예외 없이 지키는 사람이 되라고 했는데 이를 통해서 직원들은 소신이라는 영성적 가치를 터득할 수 있었을 것이다. 특히 유일한이 정직한 납세를 하고 불이익에도 불구하고 정치자금을 내지 않고 버틴 것은 원칙을 지키는 소신의 중요성을 직원들에게 말해 주는 것이다. 그는 "기업으로 해서 아무리 큰 부를 축적했다 할지라도 죽음이 임박한, 하얀 시트에 누운 자의 손에는 한 푼의 돈도 쥐어져 있지 아니하는 법이다."라고 허무를 직시하고 마음을 비우는 초연을 말하고 있다. 초연하다 하는 것은 결과에 집착하지 않고 과정을 중요하게 생각하는 것이다. 그래서 영성적 가치는 다른 가치와 성품을 강화시킬 수 있다. 즉 일은 더욱 열정적으로 하고 다른 사람과는 더욱 애정을 가지고 협력하고 보다 정의롭게 삶을 살아가게 되는 것이다.

마지막으로 철학적 가치를 위해서 그는 "사색하고 관찰하는 습관은 인간의 지적 성장을 위한 촉진제이다."라고 말하면서 사색의 중요성을 강조했다. 그리고 그는 "사람은 죽으면서 돈을 남기고 또 명성을 남기기도 한다. 그러나 가장 값진 것은 사회를 위해서 남기는 그 무엇이다."라고 말했는데 이는 직원들에게 각자 '이 사회를 위해서 무엇을 남길 것인가'하는 삶의 근본적인 문제에 대해서 생각해 보게 하면서 철학적 가치를 갖도록 할 것이다.

## 2) 비전, 자율, 인정의 경영

### (1) 비전

비전은 우리 회사는 왜 존재하고 어떤 회사가 되고자 하는가 이다. 비전은 존재의의, 핵심가치, 도전적 목적, 생생한 서술의 네 가지 구성 요소가 있다(Collins and Porras, 1996). 비전이 숭고하고 도전적일 때 직원을 감동시켜 가슴에 불을 붙이고 조직을 공동체로 만든다.

비전과 관련하여 유일한이 공표한 것은 다음 세 가지이다.

유일한이 1958년에 직접 만들어 발표한 '유한의 정신과 신조'는 다음과 같다.

'우리는 힘을 다하여 가장 좋은 상품을 만들어 국가와 동포에게 도움을 주자. 그렇게 하기 위하여 첫째, 경제수준을 높이며 둘째, 한결같이 진실하게 일하고 셋째, 각자와 나라에 도움이 되도록 하자. 그러므로 각 책임인들은 항상 참신한 계획과 능동적인 활동으로 정직하고 성실하게 일하자.'

다음은 그의 창업이념이다.

'정성껏 좋은 상품을 만들어 국가와 동포에 봉사하고 정직 성실하고 양심적인 인재를 양성 배출하며 기업 이익은 첫째, 기업을 키워 일자리를 만들고, 둘째는 정직하게 납세하며, 셋째는 그리고 남은 것은 기업을 키워 준 사회에 환원한다.'

다음은 그가 1930년대 유한양행 설립 후 조회 때마다 직원들에게 강조한 유한의 정신과 신조의 모체가 된 유한양행의 정신이다.

첫째, 항상 국민보건을 위해 일해야 한다.
둘째, 우리 민족이 일본 민족보다 못하지 않다. 민족의 긍지를 가지고 일해야 한다.
셋째, 유한은 결코 개인을 위해서 있는 것이 아니다. 사회를 위해서 있는 것이며, 이 길을 통하여 경제수준을 높여야 한다.

마지막 문장에 '참신', '능동', '정직', '성실'이라는 네 단어가 있는데, 이것은 유일한이 사원들에게 중요하게 요구한 근무태도인 것이다.
이상을 종합하면 유일한이 내건 유한양행의 비전은 다음과 같이 나타낼 수 있을 것이다.

정성껏 좋은 상품 만들어 국가와 동포에 봉사한다.
경쟁력 있는 회사를 만들어 일자리를 창출한다.
정직하고 성실하게 일하는 양심적인 인재를 배출한다.

이 비전은 숭고하고 도전적이어서 직원들이 충분히 감동할 만하다. 유일한이 창업한 1920년대 일제 치하의 조선인들은 갖가지 질병에 걸려 고생하는데 미국에서는 쉽게 구할 수 있는 약도 없어 제대로 치료받지 못하는 현실과 일자리를 창출할 수 있는 경쟁력 있는 기업도 많이 없는 일제 시대임을 감안하면 숭고하고 도전적이라고 말할 수 있을 것이다. 또한 좋은 인재를 배출한다는 것도 이 사회에 큰 기여를 하는 것이다. 이렇게 숭고하고 도전적인 비전을 접하게 되면 직원들은 감동하여 순수해지고 우리 회사가 자랑스럽다는 자부심, 단순히 돈만 버는 회사가 아니라 이 사회를 위해서 좋은 일을 한다는 존엄성 그리고 이런 좋은 회사를 같이 만들어 가야겠다는 사명감을 느끼게 된다. 이렇게 될 때 직원들은 '이 회사는 우리 회사다'라는 주인정신과 함께 우리 모두 힘을 합쳐 열심히 하여 좋은 회사 만들어보자는 공동체 의식을 가지게 되고 열정과 애정을 느끼게 되는 것이다. 비전은 조직을 공동체로 만드는 기초다.

비전이 살아 있는 비전이 되기 위해서는 공유되고 실천되어야 하는데 이를 위해 중요한 것은 최고경영자의 비전에 대한 진정성이다(노부호, 2011: 618). 진정성은 그의 가치와 철학이 얼마나 깊이가 있느냐에 따라 결정된다. 그래야 최고경영자가 솔선수범함으로써 직원들과 비전을 공유하고 비전을 실현하기 위한 전략의 실천에 깊이가 있다.

유일한의 경영철학에서 가장 중요한 것은 '기업은 개인의 것이 아니며 사회와 종업원의 것이다'라는 것일 것이다. 그는 이와 같이 깊은 가치와 철학을 진정성을 가지고 직원들과 공유하고 실천함으로써 그의 비전을 살아있는 비전으로 만들고 한국 경영에 새로운 역사를 만드는 이정표를 남겼다. 그는 던져도 깨어지지 않는 특수용기의 사례에서 보는 고객 봉사와 그 당시 한국 기업에서는 고려되지도 못했던 직원 공제회, 기숙사, 수영장 등 종업원 복지에서 앞서가는 관행을 보여 주었다. 또한 탈세가 일반적이라고 말할 수 있었던 50년대와 60년대에 정직한 납세의 원칙을 지켰고 무시무시한 자유당 정권하에서도 정치자금을 주지 않고 버티었다. 그는 우리나라 최초로 종업원 지주 제도를 도입하였고 최초로 전문경영자 시대를 열었으며 특히 중요한 것은 전 재산을 사회에 환원한 것이다.

### (2) 자율

사람이란 누구나 잘되고 싶은 욕구를 가지고 있기 때문에 자율적으로 하게 하면 일을 잘 해보려는 열정과 다른 사람과 협력해서 더 좋은 결과를 끌어내고자 하는 애정을 가지게 된다. 그러나 통제하게 되면 사람은 시키는 대로만 하게 되어 나태해지고 자기 스스로 창조하는 것이 불가능하므로 남을 생각하기보다 자기 이익을 챙기려는 아집이 자라는 것이다. 자율은 이와 같이 열정과 애정을 끌어낼 수 있기 때문에 생명력과 창의력의 원천이다(노부호, 2017: 205). 그리고 열정과 애정을 가지고 일한다는 자체가 자기 성품을 표현하는 것이므로 자아실현하는 삶이 된다.

유일한은 아래 사람에게 권한과 책임을 주는 자율경영을 했다. 그의 유한양행 재임 기간 동안의 리더십 스타일을 보면 신제품 개발이나 신시장 개척을 위한 일 등, 전략적인 일을 위해서나 회사에 관여하기 힘든 상황이 발생했을 때는 그는 필요할 때마다 경영일선에서 회장으로 물러나고 전문경영인을 사장으로 하여 자율적으로 경영하게 하였다. 그만큼 그는 경영에 유연성을 가지고 있었다.

그리고 유일한은 "평소에 경영에 일절 간섭을 하지 않았다. 일주일에 한 번씩 밖에서 보고 받는 것으로 끝났다. 요즘 용어로 전문 경영인에 대한 책임경영제를 철저히 실천했던 것이다"(유한양행, 1995: 499)라고 내부 경영자들이 말하는 것을 보면 자율적인 경영을 했다고 생각된다. 그는 창업한 1926년부터 서거한 1971년까지 45년간 재임하면서 처음 주식회사로 발족하기 전 1936년까지 10년 간과 주식회사로 발족한 이후 1, 3, 5, 7, 11대 사장을 맡은 것 이외에는 회장으로 일선에서 물러나 있었다. 대략 20년 정도 사장을 맡은 것이다. 그만큼 그는 유연성을 가지고 전문경영인에게 일을 맡기는 자율적 경영을 한 것이다.

특히 그는 1938년에 미국 LA에 출장소를 개설하기 위해 미국으로 갔다가 1946년에 귀국하는데 1941년부터 1945년까지 태평양 전쟁 내내 그는 독립운동에 매진하면서 국내와 연락이 두절된 상태에 있었고 해방 후 귀국한 지 얼마 후 1946년에 다시 도미하여 1953년에 한국으로 돌아오는데 이 기간 동안 6.25 전쟁이 일어나 두 경우 모두 그가 없는 상태에서 직원들이 하나가 되어 대처해 나갔다. 이 두 기간에 유한양행의 직원들은 어쩔 수 없이 완전한 자율경영을 경험하게 되었다. 이러한 경험은 유일한의 자율적 경영 스타일에 더하여 자율적인 문화를 구축하는데 많은 도움이 되었을 것이다. 유한양행은 이렇게 자율적으로 경영하는 문화가 전통적으로 형성된 것이다.

태평양 전쟁 기간 동안에는 특히 유한양행이 일본의 적국인 미국과 관련된 기업이라고 하여 탄압이 심하였다. 일본의 진주만 폭격이 호외로 알려진 지 몇 시간도 지나지 않아서 일본 경찰은 유한양행 간부와 직원들을 경찰서로 수감하여 유한양행을 적성국 기업으로 몰아 부쳐 몰수하거나 문을 닫게 하기 위하여 유일한의 동태와 연락 여부에 관하여 심문하기도 했다. 얼마 후 그들은 부평 일본 육군 조병창 폭파 음모사건에 연루됐다는 누명을 씌워 유한양행 직원 오상흠과 창고계장이던 홍병규를 20여 일이나 유치장에 가둬 놓고 취조하기도 했다. 잡혀 간 사람들은 회사가 피해를 보지 않도록 불리한 증언은 절대 하지 않고 버티어 무사할 수 있었다(조성기, 2003: 253 – 254; 유한양행, 1995: 489).

세무사찰도 해방 때까지 심하게 계속 되어 유한양행을 문 닫기 일보 직전까지 몰고 갔다. 유한양행은 어느 기업보다 정확하게 세금을 납부했기 때문에 일본 당국도 꼬투리를 찾기 힘들었지만 세무서 직원을 20명으로 늘려 수시로 유한양행 사무실을 급습하다시피 했으므로 정상적인 업무가 이루어지기 힘들었다(조성기, 2003: 254; 유한양행, 1995: 489). 유한양행은 또 양행이 미국 냄새가 난다고 바꾸라는 압력을 받아 회사 이름을 유한제약 공업주식회사로 바꾸었다(조성기, 2003: 263).

6.25 전쟁은 모든 직원들이 혼연일체가 되어 자율적으로 슬기롭게 헤쳐 간 또 하나의 사례이다. 서울에 들어온 공산군은 필요한 시설들을 접수하고 기자재를 철거해

갔는데 백대현 취체역과 홍병규 지배인을 중심으로 직원들은 매일같이 찾아오는 공산군의 접수 요원을 지혜와 인내로 대응하여 접수를 하루하루 지연시켜 928 수복 후에 바로 정상적인 업무로 돌아갈 수 있었다. 그러나 1.4 후퇴로 피난 길을 떠나지 않으면 안 되었다. 공산군이 쳐들어오는 긴박한 시점에서 후송 물자의 포장은 중요도에 따라 우선순위가 매겨지고 어렵게 확보된 4대의 트럭에는 본사의 주요 물품을 적재하고 화물차에는 소사 공장의 물품과 사원 및 가족을 싣고 출발할 수 있게 되었다. 피난지 부산에서 대부분의 제약회사가 자금, 설비, 원료의 부족으로 생산 재개의 태세를 갖추지 못하고 있는 상태에서 유한양행은 바로 생산을 재개할 수 있었다. 이는 유한양행의 물자 후송작전의 성공이 크게 기여하였다.

이상과 같은 일제의 탄압이나 6.25 전쟁의 위기에도 무사하게 살아남은 것은 유일한의 자율적 경영이 그의 기업 이념인 "기업의 소유주는 사회이다. 단지 그 관리를 개인이 할 뿐이다."라는 말과 맞물려 직원들의 애사심을 불러일으키고 공동체 의식을 조성함으로써 직원들이 혼연일체가 되어 헌신적인 노력을 할 수 있었기 때문이었다. 홍병규 지배인은 후일의 회고담에서 "6.25 전쟁 기에 유한양행을 사수한 일이나 피난 작전에 성공한 일 모두가, 유한양행은 어느 개인의 것이 아니라 국민의 것이라는 유일한의 기업관을 자신들의 신조로 이어받은 유한인의 '불사조' 같은 정신이 있었기 때문이다"라고 술회하였다(유한양행, 1995: 236-237).

### (3) 인정

누구나 열정과 애정을 가지고 열심히 일해서 인정받고자 하는 욕구를 가지고 있다. 인정은 인간의 기본적 욕구이다. 직원들은 평가를 통해서 자기 하는 일이 가치 있다고 인정받고 필요한 사람이라는 인식을 할 때 동기부여되고 다음에는 더 잘하려고 하는 것이다. 인정은 직원들의 몰입에 영향을 주는 주요 요인이다. 그러나 대체로 직원들이 경영층으로부터 성과에 대한 피드백이나 인정을 만족스럽게 받지 못하고 있다는 것이다(Mann and Dvork, 2016). 인정에는 세 가지 형태가 있다.

첫째는 관심과 배려이다. 이것은 내가 여기 존재하고 있다는 것을 인정해 주는 것으로 가장 기본적인 수준이다. 우리가 남이 아니라고 하는 소속감을 느끼게 해주어야 한다. 상대방의 입장에서 생각하고 행동하는 것이다. 부드러운 말과 웃는 얼굴로 이야기 하고 공감적 경청을 하고 시간을 함께 보내면서 어려울 때 도와주는 것이다. 유일한은 흔히 무서운 사람으로 알려져 있지만 남을 배려해 주는 다정다감한 면이 많았다. 우연히 밤늦게 회사에 들러 일하는 사람들을 보면 "쉬면서 일해야지. 이번 일 끝나면 사장 보고 비용 달라고 해서 쉬고 오지"라고 권유했다. 이 덕분에 단체로 온양온천 등지에서 휴식을 취하고 오는 사원들도 많았다는 것이다(유한양행, 1995: 491).

관심과 배려에서 중요한 것은 고용안정과 복지이다. 유일한이 유한양행을 창업한 이후 45년간을 오너인 동시에 최고경영자로 재임하는 동안 유한양행에 몸을 담은 임원은 모두 40명을 기록하고 있다. 45년간이라는 긴 세월에 임원진에 이름을 올린 사람이 40명이었다는 것은 임원진의 변천이 별로 심하지 않았다는 것이다. 이것은 유일한이 사람을 신뢰하고 그들의 신분을 보장해 주었다는 것으로 해석될 수 있다(유한양행, 1995: 525). 직원들은 이렇게 고용안정에 대한 믿음이 있기 때문에 열정과 애정을 가지고 회사 일에 임할 수 있는 것이다.

복지도 그 당시 높은 수준이었다. 1936년 소사 공장을 건설할 때 그 시대 다른 기업들이 생각하지 못했던 독신자 기숙사, 화원, 양어장, 수영장을 만들었다. 사우 공제회에 주식을 기부하여 주택자금, 자녀학자금 지급까지도 시행하였다(유한양행, 1995: 217).

유한양행은 1936년 주식회사로 발족할 당시에 유공 사원들에게 주식을 공로주로 배분하여 우리나라에서 종업원 지주제를 처음으로 실시하였다(황명수, 1994). 종업원 지주제도는 1973년과 1974년에 유상증자를 실시하면서 확대되었다. 이와 같이 유한양행은 종업원 지주제를 실시함으로써 명실상부하게 종업원에 의해서 경영되는 회사로서의 기틀을 더욱 확고히 다지게 되었다(유한양행, 1995, 336-339).

사원들을 위한 의료 제도도 시행되었는데 그 시초는 창업기 사옥으로 사용하던 덕원빌딩에 유호미리 여사의 병원을 개설하면서부터였다. 그리고 1939년부터는 신문로 사옥 옆에 부속건물로 유한 병원을 설립하여 직원과 공장 종업원의 신체검사를 비롯한 의료사업을 맡도록 하는 한편 일반 진료도 시행하는 등 종업원들의 의료제도에 큰 관심을 기울였다(유한양행, 1995: 217).

둘째는 개발과 성장이다. 직원들에게 개발과 성장의 기회를 주는 것은 회사에 필요한 미래의 인재로 키우는 것으로 직원을 인정하는 것이다. 종업원은 전문가가 되거나 경영자가 되어야 한다. 종업원이 자기 분야의 최고전문가나 최고경영자로 성장할 수 있도록 교육과 훈련의 기회를 제공해주는 것이다.

유일한은 "… 나로 말하면 바로 국가, 교육, 기업, 가정의 순위가 된다"고 말한 것에서도 알 수 있는 것처럼 기업보다 교육을 더 중시하였고 기업가이기보다 교육자이기를 더 원했다고 할 정도로 교육을 중시하였다. 그는 "기업의 기능에는 유능하고 유익한 인재를 양성하는 교육까지도 포함되어 있어야 한다."고 했다. 그리고 "연마된 기술자와 훈련된 사원은 기업의 최대 자본이다."고 한 말에서 알 수 있는 것처럼 인재를 중시했고 직원의 개발과 성장을 중요하게 생각했다. 그는 좋은 인재를 모집하기 위해 1957년에 업계 최초로 공개모집을 실시하였다. 창업 당시 유한양행의 사업은 주로 미국으로부터 의약품을 수입하는 것이었기 때문에 모든 업무와 관련 서류가 영어로 처리되었고 또한 미국식으로 업무 체제를 취하여 장부조차도 영어로 기록되고 있었다. 특히 영업 분야에 종사하는 사원 모두에게 영어 실력과 취급 의약품에 대한 전문 지식이 요구되었다. 그래서 유한양행은 당시 매월 2회 교수를 초빙하여 당시 가장 필요했던 영어 및 제약회사 직원으로서의 기초 지식인 의약품에 대한 학술적 교육을 실시했다(유한양행, 1995: 288). 그 당시 한국에서 직원교육을 이 정도 체계적으로 실시하는 회사는 거의 없었을 것이다.

유일한은 개인적으로 선진국의 발전된 경영기법과 기업정신을 가르친다는 사명감을 가졌다. 미국적 경영방식과 경제원칙을 가능한 한 최선을 다해 한국에 소개함으로써 한국 국민에게 봉사하고자 함이었다(유한양행, 1995: 287－288). 이와 관련하여 유일한은 후일 사람들이 그에 대해 "기업인이지만 교육자 같았다"라는 말을 할 정도로 직원들에게 많은 것을 가르쳐 주었다. 그는 회사 간부들을 엄격히 훈련시켰고 사원들에게는 기업을 통해 인생이 무엇인가를 일깨워 주려고 노력했다. 칭찬보다는 책망이 많았지만 누구도 유일한 회장의 나무람을 고깝게 여기지 않았고 가르침으로 받아들였다. 30여 년을 유한양행에 몸 담았고 가장 오래 유일한 회장을 도운 홍병규 사장도 "그분이 아랫사람에게 책망을 많이 한 것은 스승이 학생에게 매질을 하는 것과 같았습니다. 인심 후한 선생보다 엄격한 선생이 더 낫다는 말처럼, 그분은 사장이자 회사 경영의 스승이었으니까요"라는 말로 그때의 상황과 심정을 표현했다(김형석, 2016: 243).

셋째는 평가와 보상이다. 보상은 주로 월급과 승진이다. 공정한 평가에 기초를 두고 보상하는 것은 보다 더 직접적인 인정의 형태이다. 유일한이 경영자로 있을 동안 유한양행 직원들의 월급은 비교적 높은 수준으로 직원들이 인정을 잘 받고 있었다고 생각된다.

1930년대 후반 초창기 사원 월급은 소학교 교장의 급료와 같은 수준이었고, 과장 월급은 1회 지급된 상여금과 판매 인센티브를 합쳐 집 한 채를 매입할 수 있는 수준이었다고 하는 말이 있는 것으로 보아 상당히 높은 수준이었다고 생각된다(유한양행, 1995: 219). 특히 일제의 탄압에도 불구하고 해방 전 유한양행은 객관적으로 봐도 대단한 회사였다. 서대문 본사와 소사 공장, 만주 봉천, 대련, 천진 지점과 상해 출장소, 베트남 사이공 출장소, 대북 출장소까지 합하면 종업원이 1천 명에 이르는 대기업이었다. 당시 소사에는 공장이 26개 있었는데, 유한양행만이 한국인 기업이고 나머지는 모두 일본인들이 경영하는 회사였다. 그러나 회사 경영실적은 유한양행이 가장 좋았다. 유한양행의 급여는 기업 중 최고였다(유한양행, 1995: 489).

## 4. 유한양행의 경쟁력

서번트-리더는 서번트이면서 리더이다. 서번트는 직원들이 자아실현을 이룰 수 있도록 도와주고 리더는 기업의 경쟁력을 제고시키는 역할을 해야 한다. 직원들이 자아실현을 하게 되면 보다 높은 가치 창조 능력을 가지게 되고 기업가정신과 공동체정신을 가지고 창의적으로 일하게 되므로 경쟁력은 제고될 것이다. 또한 서번트 리더십은 리더의 가치 정립에 기초를 두고 있다. 서번트 리더십이 경쟁력으로 이어지는 것은 가치 정립에 의해서 경영의 기본을 지키는 지혜가 개발되기 때문이다. 경영의 기본은 '경쟁전략의 고리'로 설명될 수 있다(<그림2> 참조).

〈그림 2〉 경쟁전략의 고리

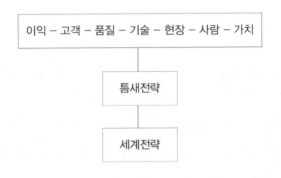

기업은 이익을 추구하고 이익으로써 생존을 정당화한다. 그러나 이익을 내기 위해서는 우리 제품을 사주는 고객이 있어야 하고 고객을 확보하기 위해서는 품질이 좋아야 한다. 품질을 좋게 하기 위해서는 기술이 있어야 하고 기술은 현장에서 사람(종업원)을 통해 개발되는 것이다. '경쟁 전략의 고리'는 이익보다 고객, 사람을 중요하게 생각하여 사람을 통해서 기술개발하고 품질향상을 이루어 고객에게 봉사해야 영속하는 기업이 될 수 있음을 설명하는 것이다(노부호, 1999). 경영의 기본은 인간존중, 기술개발, 품질향상, 고객봉사라는 것이다. 그러나 많은 기업이 이익을 고객이나 사람보다 더 중요하게 생각하는 데 그 이유는 가치가 결여되어 단기적 시각에 머물러 눈앞의 이익에만 급급하기 때문이다. 이런 기업은 고객봉사보다는 이윤극대화를 추구하고 매출액, 시장점유율, 성장률을 가장 중요한 경영지표로 삼고 있다. 이익에서 고객, 기술 그리고 사람으로 경영의 차원을 높이기 위해서는 가치가 요구된다. 또한 가치가 있을 때 기업은 장기적 관점에서 집중적으로 파고드는 틈새전략과 세계를 무대로 경쟁하는 세계전략을 구사하게 된다. 경영에는 가치가 기본 중의 기본이다.

유일한이 종종 유한양행의 기업정신과 사업방향에 대해 사원들에게 말한 것을 보면 그가 '경쟁 전략의 고리'를 이해하고 있었다는 것을 말해준다(조성기, 2003: 219). "제가 대학시절 얼마 동안 디트로이트 포드 자동차 공장에서 아르바이트를 한 적이 있습니다. 그때 저는 포드의 기업 방침을 현장에서 배울 기회가 있었는데 그것이 저에게 많은 영향을 주었습니다. 우선 좋은 물건을 값싸게 생산해야 합니다. 그리고 고객이 원하는 상품이 무엇인가를 알아내야 합니다. 수요를 찾아 다닐 뿐만 아니라 수요를 창조해야 합니다. 수요를 창출하기 위해서는 항상 기술을 개발하여 고객이 사고 싶도록 물품들을 생산해내야 합니다, 그리고 기술을 개발하기 위해서는 늘 밖으로 눈을 돌려 남들이 무엇을 하고 있는지 살펴야 합니다. 새로운 아이디어 없이 기업이 결코 성장할 수 없었습니다."

그는 여기서 좋은 물건을 값싸게 생산해야 한다고 말함으로써 품질을 강조했고 고객의 잠재욕구를 충족시킬 수 있도록 수요를 창출하기 위해서는 기술개발을 해야 하고 기술개발을 하기 위해서는 종업원들이 현장에 기반을 두고 아이디어를 내야 하고 종업원들이 아이디어를 내지 않으면 기업이 결코 성장할 수 없다고 말함으로써 종업원들의 중요성을 강조하고 있는 것이다. 다시 말해서 그는 '경쟁 전략의 고리'를 이해하고 있는 경영자인 것이다. 그가 가치를 정립함에 따라 이러한 이해를 강력하게 실천에 옮길 수 있었다(노부호, 2010).

앞에서 설명한 대로 유일한은 가치가 뚜렷한 경영자로서 돈 때문에 경영을 하지 않았다는 것이다. 그의 경영이념에도 나와 있듯이 "…국가와 동포에 봉사"하기 위해서 기업을 했다는 것이다. 이런 봉사정신에 기초를 둔 사명감이 자기가 하는 일을 일생을 걸고 최선을 다해 잘해보고자 하는 사업적 가치이다. 이런 사업적 가치가 있었기 때문에 가장 좋은 제품을 만들기 위해 기술개발과 품질향상에 힘썼고 고객 만족을 위해 정성을 기울인 것이다. 경쟁전략의 고리는 고객에게 봉사하는 경영을 설명하는 경영 모델이다. 고객에게 봉사하는 것은 직원에게 봉사하는 외에 서번트 리더십의 봉사하는 또 다른 측면이라고 말할 수 있다.

고객봉사는 가치로 뒷받침될 때 가능하다. 해주 도립병원에 혈청 주사약을 깨어지지 않게 포장하여 어렵게 전달한 홍병규 사원의 사례와 파상풍 혈청 전보주문을 받고 전보발신지의 3개병원에 모두 혈청을 발송한 사례는 유일한의 국가와 동포에 봉사한다는 사업적 가치를 전 직원들과 공유할 수 있었기 때문이었다.

좋은 제품을 만들어 파는 것도 그가 광고에서 소비자들에게 최상의 약품을 제공하겠다고 한 약속을 지키는 것이었고 모조품에 속지 말라고 계몽한 것이나 약효를 극대화시키기 위해 마약 성분을 넣자는 제안을 무섭게 책망한 것은 그의 정직과 신용을 중요하게 생각하는 도덕적 가치가 있었기 때문에 가능했다.

또한 그가 1937년 소사공장을 증축할 때 일본은 중일전쟁을 수행하기 위해 인력과 물자를 통제하는 어려운 상황인데도 비엔나 출신 화학자 바레트 박사를 초빙하여 설계를 맡기고 국내 최초의 근대적 제약공장을 건설한 것은 좋은 품질의 제품을 만들어 국민에게 봉사하겠다는 사업적 가치에 기초한 기술의 중요성을 인식하고 있었기 때문이었다(조성기, 2003: 243). 유일한의 사업적 가치는 유한양행의 판매전략을 무엇보다도 최고의 상품에 그 비중을 두는 것으로 만들었다. 이에 따라 유한양행은 제품의 품질 개선을 위하여 시험 연구실을 강화하고 국내 최대의 시설과 연구진을 확보하는 등 좋은 제품을 만들기에 최선을 다했다. 바로 이러한 자세가 유한양행의 상표가 신용을 획득할 수 있는 근거가 되었다(유한양행, 1995: 219).

그는 또한 기업은 '정직하고 성실하게 일하는 양심적인 인재를 양성하고 배출해야 한다'는 비전에 기초를 두고 직원들의 성장과 안정을 배려하는 인간적 가치를 가지고 있었기 때문에 인간존중 경영을 실천할 수 있었다. 특히 교육과 복지를 강조했다. 교육은 영업을 위해서 요구된 영어와 취급 의약품의 전문 지식에 대한 교육을 매월 2회 교수를 초빙하여 실시했다. 그리고 유일한은 개인적으로 선진국의 발전된 경영 기법과 기업정신을 가르친다는 사명감을 가지고 회사 간부들을 엄격히 훈련시켰고 사원들에게는 기업을 통해 인생이 무엇인가를 일깨워 주려고 노력했다. 그래서 칭찬보다는 책망이 많았지만 직원들은 그것을 가르침으로 받아들인 것이다. 그는 그 당시 기업으로서는 생각하지 못할 정도로 종업원 복지에 투자하였다. 그는 1936년 '윌로우 구락부'라는 사우공제회를 만들었고 일생 동안 많은 주식을 기증하여 사원들의 주택자금융자 자녀 교육비 지원 및 생활 보조 기금 등으로 활용되었다. 소사공장부지에는 기숙사, 화원, 양어장, 수영장 등 복지시설을 만들었다. 그는 또한 1936년에 유한양행을 주식회사로 발족시키고 사원지주제를 실시하였고 1974년에는 전 사원에게 유상증자를 실시함으로써 이를 확대하였다. 1968년에는 고원, 용원, 공원 등 차별적 호칭을 폐지하고 전사원제를 도입하였다. 이러한 인간존중경영이 있었기 때문에 태평양 전쟁과 6.25 전쟁 때에 '불사조' 같이 임직원들의 몸을 아끼지 않는 참여와 협력이 있었다.

'경쟁 전략의 고리' 모형에서는 우수 기업은 틈새전략을 구사한다고 되어 있는데 유한양행은 창립 이후부터 다각화 전략을 구사해 왔다고 볼 수 있어 이것이 틈새전략과 다른 것이 아닌가 생각될 수 있다. 그러나 다각화 전략이 틈새전략과 상호배타적인 것은 아니다. 틈새전략은 한 가지 사업만을 하는 것을 의미한다기보다 틈새정신을 가지고 하느냐 하지 않느냐 하는 것이다(노부호, 2004: 285). 즉, 틈새정신은 남들이 잘 할 수 없는 것, 자기가 잘하는 것으로 고객만족을 추구하고 계속해서 사업을 진화·발전시켜 고객만족을 심화시켜 나가면서 세계 최고가 되겠다는 의지를 가지고 있는 것을 말한다. 이런 의미에서 유한양행의 다각화 전략은 틈새전략을 벗어났다고 볼 수는 없다. 단지 그는 사업의 통찰력이 깊은 사람으로서 그의 구상은 광범위했지만 정부 정책이 그를 뒷받침해주지 못했다. 그는 어떤 의미에서 시대를 앞서간 인물이었다.

유일한은 해방 직후부터 자동차 사업을 실행에 옮겨 미군정 무역부를 통하여 자동차 부속품들을 수입하다가 1951년 부산에서 크라이슬러사와 제휴하여 한국 대리점 코리안 모터스를 설립하였다. 그러나 자동차 부속품 수입을 허가해준 정부가 바로 그 다음해에 자동차 수입 금지 및 부속품 수입 제한령을 내리는 등 잦은 정책변경으로 인해 수입한 10만 불어치의 자동차 부속품이 부산 세관 창고에 쌓인 채 햇빛을 보지 못하는 등 심대한 타격을 받고 1960년 1월 코리안 모터스를 청산하기로 단안을 내리게 된다(조성기, 2003: 303). 유한양행은 또한 60년대 초반 MaxFactor와 제휴하여 화장품 사업을 시작하고자 70여 명의 신입사원을 뽑아 훈련시키고 make-up artist도 양성했는데 정부에서 정치자금을 요구해와 단호히 포기하였다. 유한양행의 연만희 고문이 본인과의 면담에서 유일한이 정경유착을 아주 싫어했고 또한 정치적인 돈은 쓰지 않고 회사 자본의 범위 내에서 사업을 하겠다고 말했다고 했는데 이것이 유한양행이 다각화 전략을 적극적으로 펼치지 못한 이유가 될 수도 있을 것이다.

유한양행의 제약 사업은 1961년부터 1970년에 이르는 10년 동안 매년 30~40%의 매출성장을 기록하고 유한양행의 성장을 주도하였다는 점에서 유한양행이 틈새전략을 구사했다고 말해도 무방할 것이다.

세계전략의 관점에서 보면 그 당시 한국기업으로서 유한양행만큼 큰 규모로 세계경영을 펼친 기업은 없었다. 특히, 인재 채용에서 만주인 막이, 일본인 스기하라와 시미다, 러시아인 헤프틀러, 그리고 비엔나 화학자 바레트 박사를 영입하는 등 그 범위가 세계적이었다(고승희, 1994: 323). 그리고 운영측면에서도 1933년 대련에 아보트사와 합작하여 약품창고를 건설·운영하였다. 1938년에는 LA에 출장소를 설립하였고 일본의 통제를 피하기 위해서 1940년 12월에는 봉천 출장소를 기반으로 '만주 유한공사'를 설립하여 약품제조 및 수출기지로 만들었다. 여기서 직접 약품을 제조하여 만주와 중국, 러시아, 베트남 등지로 보내어 팔 수도 있었다. 1941년에는 태평양 전쟁 발발로 인한 원료공급 중단사태에 대비하기 위해 대만의 주재소를 출장소로 격상시켜 베트남 지역으로 진출하는 방안을 모색하였다(조성기, 2003: 250-254). 그 당시 한국 기업인으로 이렇게 세계적 시각을 가지고 원료 공급과 생산의 세계적 거점을 가진 세계적 경영을 할 수 있는 경영자로는 그가 유일했을 것이다. 그러나 이러한 그의 세계전략은 1945년 해방과 함께 국토가 양분되는 바람에 전체의 80%에 해당되는 기업 자산의 손실을 보았고 세계적으로 구축해온 거대한 판매망이 무너짐으로써 영업기반이 크게 위축되었다.

그는 '경쟁 전략의 고리'를 실천하는 기본가치로서 사업적 가치, 인간적 가치 및 도덕적 가치를 정립하고 있었고 이에 기초를 두고 고객만족, 품질향상, 기술개발, 인재육성의 경영과 틈새전략, 세계전략으로 구성된 '경쟁 전략의 고리'를 실천함으로써 경쟁력을 확보할 수 있었다.

## 5. 서번트 리더십과 V이론

V이론은 직원들의 자아실현을 추구하는 경영을 설명하는 것이다. V이론은 Mc-Gregor(1960)가 제시한 X이론과 Y이론보다 인간적 경영의 관점에서 보다 진화된 것이다. V이론은 X이론이나 Y이론과 달리 사람을 수단이 아닌 목적으로 대하면서 외재적 동기가 아닌 내재적 동기로 일하게 한다. 그리고 V이론은 사람을 본능적 존재와 사회적 존재를 넘어 영성적 존재로 고려하고 있다(노부호, 2017: 88).

사람은 실존적 존재로서 자아를 찾아야 한다. 자아실현은 사람의 의무이고 책무이다(Frankl, 1992: 114). 앞에서 설명했지만 자아실현에서 중요한 것은 의식개혁을 통해서 가치를 정립함으로써 열정과 애정의 성품 특성을 개발하고 강화하는 것이다. 자아실현의 삶을 산다는 것은 열정을 가지고 자기 일에 최선을 다해 몰입하고 애정을 가지고 다른 사람과 하나되어 협력하는 것이다. 자아실현은 과정이지 목적이 아니다. 목적은 과정의 결과로 따라오는 것이다.

자아실현의 경영을 하기 위해서는 CEO가 먼저 의식개혁이 이루어져 자아실현의 삶을 살아야 하고 자아실현이 어느 정도 경지에 도달해 있어야 한다. 그래야 직원들을 의식개혁할 수 있게 도울 수 있다. 직원들의 의식개혁이 이루어지면 직원들은 가치가 정립되고 열정과 애정의 성품 특성을 가지게 된다.

비전, 자율, 인정은 경영에서 사람들에게 열정과 애정의 성품 특성을 불러일으키는 정서적 3요소이다. 자아실현의 경영은 비전, 자율, 인정의 경영을 필요로 한다. 열정과 애정의 성품 특성이 있을 때 자아실현이 이루어지는 것이다. V이론의 중심 경영 원칙은 의식개혁과 비전, 자율, 인정의 경영이다(<그림 3> V이론의 개념적 구조 참조).

〈그림 3〉 V이론의 개념적 구조

서번트 리더십도 직원들의 자아실현을 추구한다는 점에서 V이론으로 설명될 수 있다. 앞에서 설명했던 V이론의 개념적 구조 도표에서 CEO의 자아실현을 리더의 자아실현으로 바꾸면 되는 것이다. 여기서 리더는 CEO뿐만 아니라 중간 관리자도 포함된다.

V이론은 경영에서 3대 정신을 표방하고 있다. 가치와 철학에 기초를 두고 숭고한 비전을 내거는 숭고한 정신, 열정과 애정의 성품 특성에 기초를 두고 모두 하나되어 투혼을 발휘하는 공동체정신, 애정에 기초를 두고 대화를 통해서 창의적 아이디어를 내고 열정에 기초를 두고 불확실한 기술개발에 도전하는 기업가정신이다(노부호, 2017: 295). 서번트 리더십도 3대 정신에 기초를 두고 있어야 할 것이다.

서번트 리더십을 직원들이 자아실현할 수 있도록 돕는 것이라고 정의한다면 지금까지 서번트 리더십의 정의와 이론적 모형에서 일어나고 있는 혼란이 상당히 진정될 수 있을 것이다. 즉 서번트 리더십은 직원들이 의식개혁을 할 수 있도록 돕고 비전, 자율, 인정의 경영을 통해서 열정과 애정의 성품 특성을 개발함으로써 자아실현을 이룰 수 있도록 하는 것이다. 서번트 리더십의 정의도 좀 더 명확해지고 이론적 모형도 V이론을 원용하여 설명할 수 있다. 서번트 리더십과 V이론은 '직원들의 자아실현을 추구한다'라는 같은 개념에 기초를 두고 있다.

## 6. 결론

이 논문은 '서번트 리더십은 자아실현이다'라는 새로운 정의로부터 출발하였다. 이것은 큰 변화이고 대담한 제안이라고 생각된다. 지금까지 있어 왔던 서번트 리더십의 정의와 이론적 모델에서의 혼란이 상당히 진정될 수 있다는 생각이다. 우리는 자아실현의 삶을 살아야 한다. 자아실현에서 중요한 것은 의식개혁을 통해서 가치와 성품을 개발하는 것이다. 자아실현의 삶을 산다는 것은 자기의 가치와 성품을 표현하고 사는 것이다. 그것은 열정을 가지고 자기 일에 최선을 다해 몰입하고 애정을 가지고 다른 사람과 하나되어 협력하는 것이다. 의식개혁과 자아실현은 그동안 경영학에서 다루어지지 않은 주제이다.

유일한의 서번트 리더십은 그가 어떻게 자아실현의 삶을 살았는가, 그리고 그가 직원들이 자아실현할 수 있도록 어떻게 경영했는가에 대한 것이다. 그는 보기 드물게 뚜렷한 자아실현의 삶을 살았다. 그는 아홉 살에 아는 사람 아무도 없는 미국으로 위험스럽게 보내졌지만 그래도 어릴 때 박용만, 정한경, 터프트 자매 등 좋은 사람들을 만나는 행운을 가졌다. 이러한 운 좋은 출발이 그에게 의식개혁의 삶을 살게 함으로써 자아실현으로 이어진 것이다. 그의 삶은 자아실현의 삶을 살기 위해서는 어떻게 사는 것이 좋은지를 가르쳐 주는 교훈이 되는 모범적인 것이었다. 그의 삶의 특징은 자아실현의 삶에 두 가지 과정인 의식개혁 과정과 삶의 실천 과정이 비교적 명확하게 분리되어 있다는 점이다. 대부분의 사람들은 의식개혁 과정이 성숙되지 않은 상황에서 삶의 실천 과정이 시작되고 삶의 실천 과정 속에서 상당 부분 의식개혁이 일어나, 두 과정이 혼재 하면서 삶의 후반에 자기의 존재의의를 찾고 삶의 방향이 서는 삶을 살게 된다. 유일한의 경우에도 삶의 실천 과정 속에 의식개혁이 일어나지 않은 것은 아니지만 다만 인생의 청년기에 의식개혁이 상당 부분 많이 성숙 되었기 때문에 그 비중이 작다는 것이다. 그는 인생의 청년기에 보통 사람보다는 일찍이 의식개혁이 성숙 되었고 삶의 방향이 섰다.

그는 해방정국에서 특별한 위치를 차지하는 사람이었다. 미국에서 독립운동을 했고 그래서 서재필, 이승만 등 독립운동가들을 많이 알고 있었다. 그리고 해방정국의 중심세력인 미국과도 좋은 관계를 갖고 있었다. 영어를 잘했을 뿐만 아니라 인맥도 있었고 미국의 문화를 체질적으로 이해하는 사람이었다. 그러나 그는 이승만의 상공부 장관 제의를 거절하면서 해방 전부터 해오던 기업 경영자의 길을 지켰다. 그가 가진 경륜과 지혜로 정부에서 역할을 하면서 국가의 발전에 기여할 수 있었다면 어땠을까 하는 아쉬움이 남는다. 물론 그가 이승만 정부에 들어가지 않은 것은 그의 가치와 성품을 반영한 것이고 그의 자아실현의 삶이었다는 것을 부정하는 것은 아니다.

직원들의 자아실현과 관련하여 그의 경영에서 독특한 것은 그는 그의 가치와 관련된 많은 말을 어록으로 남겼다. 이것은 그가 의식개혁이 성숙된 사람으로서 생각을 많이 했다는 것을 보여준다. 그의 어록을 보면 평소에 그가 말로서 직원들의 의식개혁에 많은 영향을 주었을 것이라고 생각된다.

그가 의식개혁이 성숙되고 가치가 정립된 사람이라는 것은 그가 내건 비전을 보면 알 수 있다. 그는 '정성껏 좋은 상품을 만들어 국가와 동포에 봉사한다, 경쟁력 있는 회사를 만들어 일자리를 창출한다, 정직하고 성실하게 일하는 양심적인 인재를 배출한다'를 비전으로 내세웠다. 비전은 좋은 말을 하는 것이 아니고 그 당시 시대상황을 반영해야 한다. 그 당시 사회가 겪고 있는 문제를 해결해야 한다. 그래야 그 비전이 숭고하고 도전적이어서 직원들을 감동시켜 비전을 중심으로 결집시키고 앞으로 전진하는 힘을 갖게 한다. 그 당시 한국 사회에서 좋은 상품, 일자리 창출 그리고 인재 양성은 우리가 해결해야 했던 시대적 문제였다.

그는 직원들에게 일을 자율적으로 맡기는 경영 스타일을 가지고 있었다. 그의 45년 재임 동안 회장으로 물러나 있었던 기간이 반 이상인 25년 정도라는 것을 보면 알 수 있다. 또한 그는 일을 할 때 직원들과 상의해서 했다. 그만큼 직원들을 존중한 것이다. 이렇게 했기 때문에 특히 그가 한국에 없었던 태평양 전쟁 시기와 6.25 전쟁 시기에 직원들이 서로 협력하여 '불사조'처럼 일할 수 있었다. 그가 그의 아들 유일선을 후계자로 정하지 않은 가장 큰 이유도 그가 '브레이크 없는 기관차'라는 말을 들을 정도로 독선적 경영을 했기 때문이 아니었을까 하는 생각을 해 본다. 그는 30대 초반에 한국에 와서 사전에 경영 경험도 없고 젊은 나이임에도 불구하고 아메리칸 사이나미드와의 기술 계약, IBM 컴퓨터의 도입, 킴벌리 클라크와의 제휴로 유한 킴벌리를 설립했고 조직을 개편하여 기획조정실을 강화하고 개발과를 신설하여 미래지향적인 경영의 기틀을 잡아 나가는 창의력도 있고 추진력도 있어 그가 후계자로 되었으면 어땠을까 하는 생각도 든다(김형석, 2016: 297). 그러나 독선적 경영 스타일은 유일한이 받아들일 수 없는 것이었다.

유일한은 또한 직원들의 노력을 인정해 주는 경영자였다. 그 당시 수준으로는 파격적인 복지를 제공했고 월급 수준도 주위에 있는 일본 기업들보다 높게 주었다. 지금 수준으로 보면 미비한 점도 있지만 그가 한창 일했던 1940년대와 50년대의 기준으로 보면 아주 앞선 경영을 한 것이다.

그의 어록을 통해서 알 수 있듯이 그가 직원들과 가치를 공유함으로써 직원들에게 미친 의식개혁과 비전, 자율, 인정의 경영을 통해서 직원들에게 열정과 애정을 불러일으킨 것을 보면 직원들이 자아실현할 수 있는 경영을 하였다고 생각된다. 유일한의 서번트 리더십은 자아실현의 측면에서 하나의 모범이 될 수 있는 드문 사례이다.

서번트 리더십은 서번트의 측면뿐만 아니라 리더의 측면도 있다. 서번트의 측면이 자아실현이라면 리더의 측면은 경쟁력이다. 직원들이 자아실현된다면 부가가치 창출 능력이 제고될 것이므로 경쟁력이 향상될 것이다. 또한 유일한은 리더로서 고객 봉사, 품질 관리, 기술 개발, 인간 존중의 경영을 강조해야 경쟁력이 제고될 수 있다는 '경쟁 전략의 고리'를 이해하는 가치와 직관을 보여 주었다. 그는 좋은 상품을 만들어 봉사한다는 사업적 가치를 가지고 있었기 때문에 고객 봉사, 품질 관리, 기술 개발을 중시 했고 정직하고 성실하게 일하는 양심적 인재를 배출한다는 인간적 가치를 가지고 인간 존중의 경영을 실천함으로써 경쟁력을 키워 낼 수 있었다. 그는 또한 다각화 속에서도 틈새 전략과 세계 전략을 구사했다. 1940년경까지는 인재와 지역의 측면에서 세계로 뻗어나가는 기업이었다. 그 당시 한국 기업으로서 유한양행만큼 큰 규모로 세계 경영을 펼친 기업은 없었다. 태평양 전쟁이 일어나지 않았고 남북 분단이 되지 않았다면 유한양행은 더욱 멀리 뻗어나갈 수 있었을 것이다. 유일한은 서번트 리더십의 리더 측면에서도 뛰어난 결과를 보여 주었다.

이 논문에서는 서번트 리더십을 자아실현이라고 정의하였다. 이에는 두 가지 의미가 있다. 하나는 서번트 리더십의 정의와 이론적 모델의 개발에 많은 혼란을 겪고 있는 학계에 새로운 가능성을 여는 변화가 될 수 있고 다른 하나는 직원들의 자아실현을 추구하는 경영 모델인 V이론과 개념적으로 일치하고 있어 V이론으로부터 이론적 모델을 원용해 올 수 있는 것이다.

# 참고문헌

고승희. (1994). "유한양행의 경영진들". (특집 유일한 연구) 「경영사학」. 제9집. 한국경영사학회.

김시우. (2017). 「민족 기업인 유일한은 독립운동가였다」. 서울: 올댓스토리.

김형석. (2016). 「유일한의 생애와 사상」. 서울: 올댓스토리.

노부호. (1999). 전략의 고리 : 경쟁력의 기본. Sogang Harvard Business 제17권 제5호. 서강대학교.

노부호. (2010). 유일한의 기업가정신과 경영. 「경영사학」(한국경영사학회). 25(4): 5–35.

노부호. (2011). 「통제경영의 종말」. 서울: 21세기북스.

노부호. (2017). 「V이론에 의한 제3의 경영」. 서울: 21세기비즈니스.

오재호. "인간 유일한전". 인천상의보 1972. 1. 10.

유승흠. (2019). 「유일한 정신의 행로」. 서울: 한국의학원.

유한양행. (1995). 「나라사랑의 참 기업인 유일한」.

이나모리 가즈오(신정길 역). (2010). 「왜 일하는가」. 서울: 서돌.

이나모리 가즈오(양준호 역). (2014). 「불타는 투혼: 침체와 불황에서 되살리는 투혼의 경영」. 서울: 한국경제신문사.

조성기. (2003). 「유일한 평전」. 작은 씨앗.

황명수. (1994). "유일한의 생애와 경영이념". (특집 유일한 연구) 「경영사학」. 제9집. 한국경영사학회.

Collins, J. & Porras, J. I. 1996. Building your company's vision. *Harvard Business Review*, Vol. 74(5): 65–77. 13p.

*Eva, Nathan; Robin, Mulyadi; Sendjaya, Sen; van Dierendonck, Dirk; Liden, Robert C. (February 2019). "Servant Leadership: A systematic review and call for future research". The Leadership Quarterly. 30 (1): 111-132.*

Frankl, V. E. (1992). *Man's search for meaning*, Boston. MA: Beacon Press.

Graham, J. W. (1991). Servant leadership in organizations: Inspirational and moral. *Leadership Quarterly*, 2: 105–119.

Greenleaf, R. K. (1970). The servant as leader. Newton Centre, MA: The Robert K. Greenleaf Center.

Greenleaf, R. K. (1977). *Servant leadership: A journey into the nature of legitimate power and greatness.* New York: Paulist Press.

Mann, A. & Dvork, N.; Employee recognition: Low cost, high impact; https://www.gallup.com/workplace/236441/employee−recognition−low−cost−high−impact.aspx; JUNE 28, 2016.

McGregor, D. (1960). *The human side of enterprise*, New York. NY: McGraw−Hill Book Co.

Reinke, S. J. (2004). Service before self: Towards a theory of servant−leadership. *Global Virtue Ethics Review,* 3:30−57.

Russell, R.F., and Stone, A.G. (2002). A review of servant leadership attributes: develop−ing a practical model. *Leadership & Organization Development Journal, 23*(3), 145−157.

Spears, L. C. (1995). Reflections on leadership: How Robert K. Greenleaf's theory of servant−leadership influenced today's top management thinkers. New York: Wiley.

Spears, L. (1996). Reflections on Robert K. Greenleaf and servant−leadership. *Leadership & Organization Development Journal, 17*(7), 33−35.

Thomas Publishing Company. A Brief History of Corporate Social Responsibility (CSR), https://www.thomasnet.com/insights/history−of−corporate−social−responsibility/#:~:text=Although%20responsible%20companies%20had%20already,as%20the%20father%20of%20CSR. Sep 25, 2019.

van Dierendonck, D. (2011). Servant leadership: A review and synthesis. Journal of Management, 37, 1228-1261.

van Dierendonck, D., & Nuijten, I. (2011). The servant leadership survey: Development and validation of a multidimensional measure. Journal of Business and Psychology, 26, 249−267.

IX.

# 한국사회와 서번트 리더십

임도빈

전통적인 한국사회에서는 서번트 리더십보다는 카리스마적 리더십이 대표적인 리더십 유형으로 받아들여졌다. 비록 덕치를 주장하지만, 윤리지도자를 주장하는 유교문화가 뿌리 깊게 내려져 있는 한국사회에 발전행정시대의 관주도의 문화가 더욱 고착화되었기 때문이다. 그러나, 민주화가 이뤄지고, 경제적 부가 어느 정도 축적된 오늘날, 우리 사회가 요구하는 리더십 유형이 달라지고 있다. 새로운 시대에 부응하는 서번트-리더의 가치가 부각되고 있으며, 이는 포용사회를 이루기 위한 중요한 열쇠이기도 하다. 서번트-리더는 공직사회에서도 절실히 요구되지만, 동네민주주의와 같은 우리 사회 곳곳의 생활 현장에서도 더욱 빛을 낼 수 있는 것으로 본다. 특히 정보화 혁명으로 비대면 실시간 정보교류가 일상화되고, 존경받는 리더가 없다는 인식이 사회적으로 확산된 만큼 권위적 리더의 설자리가 좁아져 가고, 서번트 리더십이 더욱 절실하다. 정보기술의 발달이 생활의 편리함을 가져온 것은 사실이지만, 이는 민주주의와 포용사회 발전에 큰 위협요인이기도 하다. 이 글은 한국적 상황에서 가능한 서번트 리더십의 본질에 대해서 다시 한번 고찰함과 동시에 한국 역사 속에서 서번트-리더와 근사한 예를 찾아봄으로써 서번트-리더의 요건을 명확히 하고, 향후 한국 사회에서 서번트-리더들이 곳곳에서 등장할 수 있도록 제안을 모색하고자 한다.

## 1. 시대가 바뀌었다

우리는 끊임없이 경쟁을 통하여 재화와 용역을 생산해왔고, 그렇게 이룩한 경제적 부 또한 경쟁력으로 그리고 과시적으로 소비해왔다. 그러나 2020년, 전세계 국가들은 지반이 모두 해수면 밑으로 가라앉는 것과 같은 혁명적인 변화를 겪었다. 즉, 인간이 전혀 경험하지 못했고 상상하지도 못했던 이상한 나라, 그리고 새로운 나라가 된 것이다. 필자는 이를 'Covid19 Land'라고 칭하려 한다.

Covid19 Land의 특징을 살펴보자. 우선, 사람과 사람 사이의 만남을 철저히 금지하는 나라이다. 활동내용 — 밥을 먹든, 술을 먹든, 아니면 싸우든, 사랑하든 — 은 아무 상관 없이, 사람간의 접촉 자체를 금지한다. '접촉 금지'라는 규칙을 어기면 독방에 갇히기도 하고 병원으로 실려 가기도 하며 (낮은 확률이기는 하지만) 경우에 따라서는 사망에 이를 수 있다.

그러나 시간이 지남에 따라 Covid19 Land 사람들은 조금씩 깨닫기 시작한다. 마스크를 쓰고 손을 자주 씻으면 그나마 사람간의 접촉이 가능하다는 것을. 비유적으로 말하자면, 가라앉은 해수면 위로 조금 올라오면 약간 숨통이 트이는 2층 구조의 나라가 된 것이다. 2층 세상에서 사람들은 대면 접촉은 피하되, 가림막을 하거나 인터넷 속 가상공간을 만들어 상호작용을 한다. 물리적 접촉 제한을 하더라도 불가피한 경우에는 5명, 50명, 100명 등 모일 수 있는 숫자를 제한한다. 이전에 없던 새로운 이동 규칙도 생겼다. 가령, 다른 집이나 건물로 이동할 때마다 체온 체크를 하고, 방문 기록표를 반드시 작성해야 한다. 나중에 누구와 접촉을 했는지 추적하기 위한 정보를 축적하는 것이다. 이렇게 바뀐 세상에서 사람들은 인간과 인간이 누구나 서로 만나 부대끼며, 희로애락을 즐기던, 과거에 가라앉기 전 세상에 대해서 커다란 향수를 느끼게 되었다.

해수면으로 가라앉기 전의 한국사회는 집단주의적 성향이 강하여, 혼자 있는 사람을 이상하게 생각할 정도였다. 누구나 어떤 집단에 속해 있었고 그 집단 내에서 다양한 역할을 수행했다. 그리고 여러 역할들 중에서 어느 조직을 외부에 대표하거나, 내부의 문제를 담당하는 사람을 리더라고 하였다.

그 시대 한국사회에서 오래되고 대표적인 리더 유형은 강한 카리스마형리더였다. 비교적 안정된 농경사회에서는 수렵사회에 비하여 사회변동이 적어서 지식을 축적한 문인이나 왕을 보좌하는 사람들의 영향력이 절대적이었다. 이런 전통이 계속되면서, 오늘날까지 공직자는 항상 리더십의 논의 대상이었다. 특히 정치적 리더십에 관한 많은 학술연구가 이루어졌다. 일반적으로 리더가 권위 있는 행동을 하고, 능력이 비범한 사람이 다른 사람들을 이끄는 것이 리더십이라고 받아들여졌다.

강감찬, 세종대왕, 이순신 등 전통적인 리더는 보통 국민들과는 한층 격이 높고 앞서 나가는 강한 리더였다. 이런 사고는 이미 교육이 보편화되지 않은 시대인 전통적인 농업사회에서 엘리트 중심의 사회의 지배적인 현상이었다고 할 수 있다. 사농공상의 계급 사회였던 조선시대에서 관존민비의 사상이 당연한 것으로 받아들여졌던 것이 대표적이다. 독립운동가들은 일제의 모진 핍박 속에서 자신을 희생하는 선구자이고, 보통 사람과는 다른 존재로서의 리더였다. 박정희 대통령 통치기간에 시작된 우리나라의 개발연대는 다시 한 번 강하고 권위주의적인 리더를 등장시켰다. 관주도의 경제 발전을 한 우리나라에서 '군대식 밀어붙이기' 리더십이 바람직하다고 여겨졌고, 많은 경우 공직사회에서 불가피한 유형의 리더로 인식되었다. 물론 이 시대의 모든 지도자들이 남을 짓밟는 권위주의적 리더였다고 치부해서는 안 된다.

그러나 우리나라가 눈부신 경제성장을 이루고, 교육수준의 향상과 민주화를 경험하면서 과거의 엘리트중심 사회운영방식은 도전에 직면하였다. 특히 군부정권에 대한 대대적인 의사표시인 87년 민주화운동 이후 우리 사회 곳곳에서 '권위빼기' 작업은 꾸준히 추진되어 왔다. 겉으로는 유교문화를 따라 상하관계에 맞추어 행동하지만, 속으로는 다른 생각을 하는 사람들이 많아지기 시작했다. 세대적인 측면에서는 배고픔을 겪지 않은 젊은 세대들이 주류를 차지하기 시작했고, 사상적인 측면에서는 개인의 자유가 속한 조직에 대한 충성보다 더 중요하다고 보는 사람들이 많아졌다.

이러한 변화들을 종합해보면, Covid19 Land가 되기 이전에 이미 한국사회 내부에는 이미 큰 변화가 일어나고 있었다. 세계에서도 보기 드물 정도로 짧은 기간 동안 사회의 여러 측면에서 민주화를 이뤄가는 우리나라는 내부에서도 엄청난 변화를 겪고 있는데 많은 사람들이 외면했을 뿐이다.

따라서 코로나가 오기 전까지 우리 사회 곳곳의 문제는 해결되지 않고 일부는 해결되었지만, 일부는 약화되고 누적되어온 측면도 있다. Covid19 Land가 되기 전까지 많은 구세대 사람들과 일부 신세대 엘리트층들은 사회 변화를 인식하지 못했거나, 인정하지 않으려 했다. 이런 변화를 가시적으로 앞당긴 것이 정보화혁명이다. 이전에는 신세대와 구세대를 구분하는 기준이 사고방식의 차이였다면, 이제는 스마트폰과 같은 스마트 장비를 얼마나 능숙하게 다루는지가 되었다. 태어날 때부터 스마트폰에 노출되고 스마트폰과 함께 젖먹이 시절을 지낸 디지털 네이티브(digital native) 세대가 등장하고, 이들은 여러 가지 측면에서 구세대와 완전히 다른 세계에서 살고 있다.

이는 또 다른 문제를 야기한다. 그것은 마치 WHO가 전 세계에 코로나 바이러스에 의한 전염병 확산을 경계하기 위해 '팬데믹'을 선언한 것과 비슷하다. 정보화 혁명으로 인한 급격한 정보 확산이 정보 감염 폭증 현상인 인포데믹(Infodemic)을 만든 것이다. 인포데믹은 팬데믹 못지않게 건강한 사회, 그리고 민주주의체제를 위협한다. 정보화와 민주화라는 두 수레바퀴가 굴러가며 만든 한국사회의 급격한 변화는 우리가 지녔던 리더십에 대한 고정관념을 근본적으로 바꾸기를 요구한다.


## 2. 서번트 리더십이란?

### 1) 엘리트 리더의 필요성

앞서 말한 조선시대의 관존민비 사상은 한국만의 얘기는 아니다. 이미 2,000년

전 플라톤은 쓰러져가는 아테네 사회를 보면서 저술한 그의 저서 「국가론」에서 철인(哲人)계층, 즉 사회를 리드하는 국가리더계급을 상정하고 있다. 이들은 사실상 결혼도 못하고, 최소한의 의식주를 해결하는 매우 절제되고 희생적인 사회계급이다(플라톤, 「국가론」).

이들은 오로지 공인으로서의 삶만 영위할 수 있었다. 그들은 결혼도 하지 못하고 무작위적인 만남으로 성욕을 해결하고 간소한 의식주를 향유할 뿐, 근본적으로 나라 전체를 위해 봉사하는 계층이었다. 이에 비하여 평민의 역할은 그저 인생의 향락을 즐기는 것이었다. 이러한 측면에서 바라볼 때, 플라톤이 그리는 국가리더는 평면들의 행복한 삶을 보장하기 위해 존재하는 넓은 의미의 서번트-리더이다. 즉, 이들은 개인적으로 누리는 것은 없고, 일생을 공익을 위해 (희생)봉사하는 사람들이다.

그러나 이들 철인계층은 평민과는 다른 지식과 비전이 있어야 한다. 플라톤이 '동굴의 비유'에서 말하는 것처럼, 동굴 밖의 세상을 나가본 철인들은 다시 동굴에 들어와서 일반 평민들을 이끄는 역할을 한다. 이들의 역할은 평민들이 편한 경제생활과 인생의 향락을 맘껏 즐기게 하는 것이었다.

오늘날 한국사회는 플라톤의 국가론이 묘사하는 무너져가는 아테네의 사회상과는 다르다. 그러나 한편으로 사회는 분열되고, 정치는 갈등을 해결하기보다는 더 부추기는 상황에 있음을 고려하면, 그렇게 다르다고 볼 수도 없다. 과거에는 지배층이 신분과 같이 평생 고착되었지만, 오늘날 사회에서 대부분의 장(長)들은 일생 중 일정한 임기동안 잠시 권력을 잡아 공적인 지위를 누린다. 이러한 현대의 개념에 비교하면, 플라톤의 철인지배계층은 개인적으로 누리는 것이 거의 없는 불쌍한 인생을 살았다.

흔히 '존경할 만한 어른이 없다'는 말을 듣게 되는데, 이것은 존중하거나 따를 만한 리더가 없다는 말과 같다. 오늘날 민주주의는 당연한 것이 되었고, 일반 국민들의 교육수준은 높아지고 정치 참여는 활발해졌다. 이러한 상황에서 공직자가 곧 리더라는 과거의 등식은 잘 성립하지 않는다. 현대의 일반 국민들은 사회를 앞장서서 변화시키는 엘리트리더가 출현하기를 고대하지 않는다. 오히려, '(소위)리더가 나보다 나은 게 무엇인가?'라는 시각으로 본다. 따라서 엘리트리더의 시대는 지났다고 할 수 있다.

선호되는 리더십의 스타일만 변한 것은 아니다. 리더십이라는 덕목, 혹은 자질이 필요한 영역이 넓어지고 있다. 이제 공공부문에 종사하는 사람은 물론이고 일반 국민들도 모두 리더가 되어야 한다. 즉 공공 리더십뿐만 아니고 민간 리더십도 필요하다. 관이 민을 이끄는 것이 아니라 같이 가는 소위 거버넌스 시대에 살고 있기 때문이다. 여기서 민간 리더십이란 모임에서 리더 역할을 하는 것만을 의미하는 것은 아니다. 이는 공적인 공간에서 공적인 일을 하는데 있어 더 포괄적인 차원의 행동 양식을 의미한다. 과거에 공중도덕을 지켜야 된다는 교육이 많이 이뤄졌던 것과 같이 초등학교 때부터 공중도덕을 가르치듯이 서번트 리더십에 대한 의식을 가르쳐야 된다. 이를 통해, 모든 국민들이 서번트-리더가 된다면 대한민국은 일등 국가가 될 수 있을 것이다.

## 2) 서번트-리더와 셰르파의 차이

논의를 더 진행하기 위해서 우선 서번트 리더십 혹은 섬김의 리더십의 개념을 명확히 할 필요가 있다. Serve(봉사하다, 섬기다)와 Lead(이끌다)는 그 어원상으로는 모순관계에 있는 단어이다. 남을 섬기는 종(servant)이 어떻게 남을 이끄는 사람(leader)이 된다는 말인가? 이런 의미론적 모순관계에 있는 두 단어를 붙여서 새로운 의미를 찾아야 할 필요가 있다.

경영학 분야에서 서번트 리더십의 개념을 처음 소개한 그린리프(Greenleaf, 1970)는 이 모순적인 용어를 헤르만 헤세의 「동방으로의 여행」 속 레오라는 인물을 통해 설명한다. 소설 속 여행자 그룹의 가이드 겸 심부름꾼인 레오는 여행 내내 존재감조차 없는 사람이었다. 웃음이 끊이지 않는 즐거운 여행을 즐기던 일행은 어느 날 레오가 사라진 이후 많은 어려움에 직면하게 된다. 그들은 그때서야 온갖 뒤치다꺼리를 해준 레오의 빈자리가 크다는 것을 알게 되었다. 그런데 더 놀라운 것은 나중에 남은 일행들이 종교모임에 갔더니, 거기에서 상당한 중책을 맡은 레오를 보게 된 것이었다. 레오는 여행 중 자신을 내세우지 않았지만, 이들 집단이 추구해야 할 (종교적) 가치를 가장 잘 알고 있었던 사람인 것이다.

그린리프가 강조하는 레오의 리더십은 전통적 리더와 다르다. 여행을 출발한 이후 한참 즐겁게 여행을 하는 동안에는 그 존재감조차도 없던 레오가 사라진 이후에 비로소 여행을 같이하는 사람들이 그 빈자리를 절실히 느끼게 되었다는 점에서 보이지 않는 리더이다. 가이드 레오는 목적지로 어떻게 가는지를 또 중간에 무엇을 봐야 되는지를 잘 알고 있었다. 단지 카리스마 리더와는 달리, 서번트-리더는 스스로 나서지 않고 지시하지 않고, 여행객들이 즐기고 하자는 대로 따라주면서 결과적으로는 목적지로 이끈다.

히말라야 산을 올라갈 때 등반객들을 돕는 세르파의 역할과 유사하지 않을까 한다. 체력도 좋아 등정에 필요한 짐도 짊어지고, 비교적 안전한 길도 알고, 위기 시에 대처하는 방법도 아는 세르파와 같은 것이다.

대부분 엘리트 리더들은 자신의 우월적 지위를 통해 지시적인 방법으로 구성원을 이끄는 경우가 많다. 플라톤이 말한 철인계급과 같이 그 사회가 지향해야 할 목표달성을 위해 필요한 지름길과 정답을 알고 있기 때문이다. 구성원들의 시행착오로 인한 손실을 줄이기 위해 모든 방법을 동원하여 효율성을 향상시킨다.

이에 비하여 서번트 리더십은 리더가 팔로워보다 우월한 지위를 차지하고, 마치 기관차가 객차(즉, 구성원)를 끌고 가는 것을 상정하지 않는다. 서번트-리더의 이러한 자세는 겸손함 이상의 태도 변화를 요구한다. 구성원들이 실수를 할 수 있다는 것을 이해하고, 이들이 거쳐야 될 과정을 충분히 경험할 수 있도록 해주는 것이 필요하다. 또한, 자신보다 나은 아이디어를 낸 사람이 있다면, 자기 자신의 생각을 접고 다른 구성원들의 얘기를 들어주는 자세도 중요하다. 결국 서번트-리더는 조직을 이끌어가는 과정에서 부분적으로 자신의 생각을 앞세울 수는 있으나, 전적으로 다른 사람을 앞에서 끌고 가는 리더는 아니다.

서번트 리더십은 경영학 분야, 그리고 선진국에서만 찾아볼 수 있는 것만은 아니다. 남아프리카의 줄루족이 사용하는 분투어에서 인사말인 "우분투(Ubuntu)"라는 단어가 있다. "우분투"는 '당신이 있기에 내가 있습니다'라는 뜻으로 넬슨 만델라의 평화, 화해, 공존의 의미를 포괄한다. 즉 이 단어는 서번트 리더십이 나온 남아공의 사회문화적 제도를 함축한다고 할 수 있다. 이는 우리나라의 경쟁 문화적 제도와는 다르다.

과거 우리나라의 초등학교 운동회나 야유회 등에서 목표점에 과자 등을 걸어 놓고, 1등으로 도착하는 사람만이 과자를 따먹을 수 있는 게임이 성행했던 적이 있다. 경쟁을 통하여 승자와 패자를 가르는 것이 이 놀이가 갖는 학습효과라고 할 수 있다. 그런데 남아공 아이들에게 이와 똑같은 놀이를 하니, 매우 상이한 결과가 나왔다고 한다. 경기시작 호루라기가 울리고 달리기를 잘하는 키 큰 아이가 빨리 뛰어나가는 것을 보고, 뒤에서 다른 아이들이 '우분투'를 외치기 시작했다. 즉, 이 단어를 통해 "네가 먼저 가면 여기 뒤처지는 아이가 희생되지 않느냐"라는 의미로 서로를 일깨웠다는 것이다. 결과적으로 모든 어린이들이 거의 동시에 도달하여 함께 과자를 먹었다는 일화가 있다. 남아공 줄루족의 일상생활에는 서번트 리더십을 발휘할 수 있는 제도가 마련되어 있던 것이다. 즉, 낙오자와 배려로 함께 하는 문화가 있는 것이다. "프로크루테스의 침대"와 같이 키 큰 사람을 침대에 눕히기 위해 다리를 자르는 기계적인 평등이 아니라, 달리기 실력차이를 인정하면서도 잘 달리지 못하는 친구를 배려하는 '포용'인 것이다. 이러한 점들을 고려할 때, 포용사회와 서번트 리더십은 밀접한 관계가 있다.

이 글에서 다루는 서번트 리더십은 히말라야 등반 도우미인 셰르파와 비슷한 부분도 있으나, 엄밀히 말하면 서로 다르다. 모든 등산객들의 로망인 히말라야 산맥은 길을 잃을 수도 있고, 산소부족으로 건강을 잃을 수도 있고, 산사태를 만나서 목숨을 잃을지도 모르는 매우 위험한 코스이다. 많은 경우 등반 팀들은 리더가 이미 있는 상태인데, 이들이 좋은 셰르파를 고용하면 그 위험도 줄어들고, 등반 성공 확률도 높아진다. 셰르파는 어떻게 하면 등반에 성공할 것인가(아니면, 어떻게 하면 실패하지 않을까)를 경험을 통해 가장 잘 안다는 점에서 서번트 리더십의 개념 중의 하나인 목표를 달성하는 방법을 안다는 특징을 지닌다.

그러나 셰르파가 반드시 서번트-리더인 것은 아니다. 가령, 히말라야를 그룹으로 등반할 경우, 셰르파가 한 명 이상이라는 점에서 이들을 리더라고 보기 어렵다. 또한 셰르파들은 사실상 이방인으로 대원들의 휴식시간 때 대화에 끼지 못한다는 점에서 이질적이다. 목표 달성에 대한 지식을 보유하고 있다는 점에서는 서번트-리더의 특징을 공유하지만, 구성원 간의 평등한 관계, 동질감 및 유대감 측면에서는 서번트-리더와 차이가 있다. 즉, 해당 사례는 포용사회와는 거리가 멀다.

더구나 셰르파는 우리의 실생활에서 자연적으로 부각되거나 나타날 수 있는 서번트－리더와는 다르다. 등반가 집단과의 계약관계이기 때문이다. 그리고 자본주의에 물든 얌체족을 구별하지 못하던 과거의 순진한 셰르파와는 달리, 오늘날의 셰르파들은 고용주인 등반팀으로부터 받는 대우를 저울질한다. 즉, 자신들과 대원들의 관계를 서비스를 거래하는 교환관계 내지 거래관계로 인식하여 지불액에 상응하는 정도만의 서비스를 제공한다. 심지어 부당한 대우를 한다고 생각하는 등반 팀에게는 해코지를 하고, 셰르파들끼리 서로 정보를 교환하여 특정 등반 팀과는 다시는 일을 하지 않는 사례도 있다고 한다. 겉으로는 서번트－리더로 보이지만, 실제로는 이런 유형의 리더도 많이 있을 수 있기 때문에 본고에서는 진정한 의미의 서번트로 본의를 집중하고자 한다.

### 3) 서번트-리더의 조건

리더의 유형은 다양하고 우리 사회도 많이 복잡해졌기 때문에, 우리나라에 필요한 서번트-리더는 무엇인가도 좀 더 깊이 살펴볼 필요가 있다. 그린리프는 서번트-리더란 결과가 좋을 것, 조직원의 행복, 그리고 모든 사람의 리더화라는 3가지 조건을 통하여 그 개념을 좀 더 명확히 했다(Greenleaf, 1970: 6).

첫째, 서번트 리더십을 발휘함으로써 좋은 결과가 도출되어야 한다. 즉, 서번트 리더십은 결과로 평가되는 리더십이다. 서구윤리관 분석틀로 볼 때, 서번트-리더는 절대적 선을 추구하는 칸트주의보다는 최대다수의 최대 행복을 추구하는 공리주의적 입장에서 그 조직에 이익이 되어야 한다(임도빈, 2002). 서번트-리더가 등장한 후, 그 조직이나 개인의 목표달성이 다 나빠진다면 리더의 필요성을 인정하기 어렵다. 그것이 사회 전체이건 기업 혹은 정부 조직이건 서번트 리더십을 통해 조직의 역량이 향상되고 진보되어야 하지 퇴보해서는 안 된다.

둘째, 서번트-리더가 있어 조직 구성원이 행복해야 한다. 즉, 리더십을 발휘하는 과정에서 구성원들이 행복해야 한다. 구성원이 불행하거나 고통에 시달린다면 서번트 리더십이 잘 발휘된 것이라고 보기는 어렵다. 위에서 언급한 첫 번째 조건인 결과가 좋은 것은 시간상으로 일정 시점이 지난 상태에서 가시적인 차원의 결과가 좋을 것을 요구한다. 이와 달리 이 두 번째 조건은 시간적으로는 과정 중에, 주로 비가시적(즉, 심리적인 행복)인 측면을 강조하는 것이다. 에베레스트 산을 등정하는 과정은 육체적으로 고통스러운 과정이지만, 팀원들이 힘을 합하고 서로를 배려할 때 육체적 고통이 잠시나마 잊히는 원리와 유사하다.

셋째, 서번트-리더는 자기 혼자 독야청청 리더의 위치를 누리는 것이 아니고, 구성원을 (서번트) 리더로 만드는 사람이다. 즉, 구성원이 다 같이 성장하게 이끄는 리더십이다. 보통의 리더는 외롭고, 한번 리더는 공식적 (리더) 자리에서 물러나도 여전히 리더로 인정받으며 살아간다. 그러나 서번트-리더는 그가 점한 조직에서의 위치에 관계없이 자신의 일이나 역할을 충실히 함과 동시에 다른 사람들에게 영향을 미치는 사람이다. 따라서 어떤 사람이 일정 시점에서 특정 '자리'에 있기 때문에 서번트-리더로서의 역할을 하였다면, 그는 진정한 서번트-리더라고 할 수 없을 것이다. 오히려 자신의 위치와 무관하게 서번트 리더십의 정신을 실천하는 사람, 그리고 그 정신을 조직 구성원 사이에 전파시키는 사람이 서번트-리더의 정의에 부합한다. 즉, 시간이 지나면서 그 리더를 롤 모델(role model)로 선정하고, 의식 중이든 무의식 중이든 리더를 모방하게 만드는 사람이 진정한 의미의 리더가 되는 것이다.

정말로 훌륭한 서번트-리더가 있는 조직은 그 구성원이 하나 둘씩 점차 서번트-리더로 성장하게 된다. 즉 전술한 세 번째 조건이 모든 사람이 성장을 하도록 하는 리더십이다. 서번트-리더는 어떤 높은 자리가 주어져야만 발휘되는 것이 아니기 때문에 그 조직의 구성원은 지위 고하를 막론하고 누구나 리더가 될 수 있다. 피라미드형 조직에서 승진해야 하는 것처럼 일정시점이 지나면 모든 사람이 서번트-리더로 되는 것은 불가능한 것이 아니고, 오히려 바람직한 것으로 본다. 다시 말하여, 한 사람의 뛰어난 서번트-리더가 그 조직 전체를 서번트-리더로 채우는 조직 변화를 일으키는 것이 가장 이상적인 상태라고 할 수 있을 것이다.

이런 관점에서 본다면, 동기부여이론 중의 하나인 조직시민행동(organizational citizenship behavior)이 서번트 리더십과 관계가 있다. 많은 기존 연구들은 서번트 리더십이 구성원의 조직시민행동을 높인다는 것을 확인하였다(Harwiki, 2016; Shim et al., 2016; Newman et al., 2017). 조직시민행동을 하는 구성원들은 자신이 조직의 주인이라고 생각하기 때문에 자신에게 주어진 임무를 완수할 뿐만 아니라 동료 구성원들을 돕고, 함께 나아간다. 이때 조직시민행동은 주어진 임무 범위 밖에서 일어나는 친사회적(prosocial) 행동이기 때문에 성과급과 같은 경제적 가치뿐만 아니라 사회적 가치(공정성, 상호 신뢰관계 등)를 창출하게 된다. 조직 구성원들은 자신이 신뢰할 수 있는 롤모델의 행동을 학습하고, 모방한다. 따라서 구성원들을 존중 및 배려하고 인간다움을 지향하는 서번트-리더의 행동은 구성원에게 훌륭한 역할모델이 되고 구성원들의 시민행동을 이끌어낸다.

## 4) 리더십의 발현: 제도인가 개인 특성인가

### (1) 개인 특성이라는 시각

리더와 리더십은 근본적으로 보면 한 개인의 특성을 나타내는 개념이다. 최근 학계에서 팔로워의 중요성이 대두되고 있지만, 우선 리더 없이 리더십을 논하기는 불가능하다. 이런 관점에서 막스 베버가 보는 소위 권력을 가진 지배자와 사회전체의 운영원리를 주목할 필요가 있다. 그는 권위(authority)라는 중심개념을 설정하고 사회구성원이 이를 인정하고 지지하는지에 대한 여부를 정당성(legitimacy)이란 변수로 설명하였다(Weber, 1919). 대부분의 국민이 심리적으로 인정하는 정당성이 리더의 카리스마에서 온다는 카리스마 리더십이 대표적인 예이다.

베버는 근대사회는 합리성을 증진시키는 방향으로 진화한다고 보았다. 그가 분석한 근대사회는 국민의 대표인 의회가 제정하는 법이 중심이 되는 법치주의 국가이다. 근대사회는 카리스마나 세습에 의한 지배자보다는 법적 정통성에 근거한 리더를 바람직한 것으로 보고 있다. 이는 법적 권위에 기반을 둔 리더는 개인의 생각이나 행동에서 벗어나 법적인 제약 속에서 활동할 수밖에 없다는 것을 의미하기도 한다. 즉, 서구에서 어떤 리더의 출현은 꼭 개인이 좌우하는 문제가 아니고, 그 리더가 탄생할 수 있는 사회적 분위기, 문화, 법치주의적 생태계 등이 뒷받침해줘야 한다는 것을 의미한다. 다시 말해서 리더는 신제도주의적 측면에서 볼 때, 제도를 통해 탄생할 수 있는 것이다.

그러나 단순히 법적인 근거에 의하여 임명된 공적인 기관장이 곧 훌륭한 리더라고 보기는 어렵다. 그 사람이 그 장의 자리에 임명되어 어떻게 활동하느냐에 따라서 팔로워들이 진심으로 받아들이는 리더인가 아니면 겉도는 리더인가가 결정될 것이다. 결국 리더로서 개인의 역량과 특성이 조직의 운영을 일부 좌우하게 되는 것이다. 가령, 많은 연구들은 친사회적 동기, 연민의 감정, 서비스 지향적 태도를 지닌 사람들이 그렇지 않은 사람들에 비해 서번트-리더가 될 가능성이 높다고 보고 있다(Eva et al., 2019).

우리나라의 공직사회도 예외는 아니다. 조직의 분위기나 상관이 뒷받침해 주지 않아도 빛이 나는 공직 리더도 있다. 대부분의 공직자들이 조직 속에 매몰되어 사는 것 같지만, 주어진 자리에서 조직의 궁극적인 목표를 달성하기 위해 헌신하면서 사는 사람도 있다. 숨어있는 봉사자 또는 넓은 의미의 리더라고 할 수 있다. 우리나라가 이렇게 발전한 데에는 오로지 각 조직을 맡은 고위직의 공이라고 보기는 어렵다. 낭중지추와 같이, 즉 마치 주머니(조직) 속의 송곳과 같은 사람들이 있다(임도빈 외, 2013). 그동안 한국정부에서 근무한 수많은 공무원 중에서 326명의 1차 후보로 압축한 후, 10명을 심층 분석한 연구에 따르면 사무관, 서기관 등 비교적 낮은 자리에서도 빛을 내는 사람이 있다. 물론 이들이 모두 본서에서 다루려는 서번트-리더라고 할 수는 없을 것이다. 그러나 궁극적으로는 그 조직을 바람직한 방향으로 이끌었다는 점에서 리더라고 하겠다.

### (2) 제도라는 시각

또 하나는 (서번트)리더의 등장은 개인보다는 조직, 환경, 역사, 제도 때문이라고 보는 시각이 있다. 특히 서번트 리더십이라는 개념은 리더와 팔로워의 권력 거리가 가까운 미국에서 탄생했기 때문에, 상대적으로 권력 거리가 먼 동양 국가에서 나타나기 어려울 수 있다(Eva et al., 2019). 예를 들어, 우리나라와 같이 급속한 경제성장의 패러다임이 오랫동안 지배하고 있는 사회는 특유의 경쟁적 분위기를 지니고 있다. 과도한 경쟁사회는 배제 사회이고, 서번트-리더가 등장하지 못하게 하는 가장 큰 장애물이다. 입시경쟁에서 남과 조금이라도 다른 방법으로 1점이라도 더 잘 받아야 좋은 대학에 가는 것을 어렸을 때부터 보고 자라난 세대가 오늘날 우리나라의 주류를 이루고 있다. 수단과 방법을 가리지 않고 남을 이기고, 권위주의적인 행태로 출세하는 사람이 있고 이들을 존경하거나 부러워하고, 적어도 겉으로는 복종하는 척하는 군대식 개발주의적 리더가 나타날 가능성 높은 분위기이다.

우리나라에서는 행정기관이 됐든 기업이 됐든 외형적으로 그 조직을 크게 성장시킨 사람을 영웅시하는 문화가 지배적이다. 과정에서 공정한 사회가 되기보다는 법의 허점을 이용하거나 남을 짓밟고 올라가는 사람이 소위 '출세'를 하게 되고, 이렇게 출세한 사람이 그 조직을 지배하는 리더 역할을 수행하는 경우가 종종 있었다. 정권의 입맛에 맞는 사람이란 곧 같은 사람이라도 '때'를 만나야 한다는 것을 의미한다. 이들은 책임보다는 권력을 행사하는데 더 급급하였고, 다른 사람들은 이를 용인하곤 하였다. 거꾸로 순수하고, 겸손하고, 직업세계에서 두각을 나타내지 못하는 사람을 '루저'로 낙인찍는 문화가 있기도 하다. 즉, 그 사회나 조직이 특정한 형태의 리더를 형성하거나 양성하는 측면이 있다. 좀 더 넓게 본다면 국가의 법치주의 실현 정도, 권위주의에 복종하는 정도, 성공을 보는 시각 등 그 사회의 (신)제도주의적 특성에 따라 특정 리더 유형이 나타날 가능성이 높아진다. 다시 말하면, 리더십은 제도의 문제라는 것이다.

서구의 문화에서는 공직이나 리더의 자리가 누리는 권리와 져야 할 책임은 양면의 동전과 같이 일치한다. 따라서 공직을 택한 사람들은 그만큼 희생과 책임이 있기 마련이다. 특권을 누리기보다는 사적인 시간의 희생부터 시작하여 모든 면에서 자기희생이 필요하다. 따라서 인사청문회가 무서워서가 아니고 무거운 책임 때문에 장관 등 중요한 공직을 맡아달라는 제의를 사양하는 사례도 종종 있다. 일정 이상의 리더십이 발휘되는 자리는 권위뿐만 아니라, 그에 따라 무거운 책무가 있다는 것을 그 조직구성원들은 물론이고 그 사회가 알고 있다는 점이 중요하다. 윤리 규정 등 법적인 규정도 완비되어 최소한의 의무를 지키지 않으면, 법적인 제제를 받기도 한다. 이 점에서 특정 유형의 리더가 출현하는 것은 그 사회의 제도적 특성이 작용한다는 것을 알 수 있다.

이와 대조적으로 동양에서는 공직을 개인의 것으로 인식하여 소수가 누리는 일종의 특권으로 인식하는 사회적 분위기 내지 문화가 있었다. 즉, 어떤 자리에 머무는 동안 권력과 명예는 물론이고 돈까지 따라오는 것이 당연시 여겨졌었다. '가문의 영광이다'라는 말이 그걸 잘 대변해준다. 어느 아들이 똑똑하여 과거에 급제하여 공직에 진출하면, 혹은 일을 열심히해서 부를 축적해 거부가 된다면, 자기 개인에 국한되는 문제가 아니고, 적어도 자기 가문의 명예이고 결과적으로 불쌍한 친척을 구제해주는 것을 당연시하였다. 즉, 1차 집단에 대한 책무를 강제하는 집단주의적 문화가 있었다.

그러나 더 포괄적인 일반 국민에 대한 책무라는 개념은 잘 뿌리내리지 못하였다. 국민에 '봉사'하는 자리, 공복, 즉 공공의 종이라는 개념은 잘 어울리지 않는 것이었다. 이런 전통이 우리나라에도 신제도주의적으로 남아 있는 것이다. 공직자가 승진을 하면 운전기사도 나오고, 비서도 나오고, 항공기도 비즈니스 석을 탈 수 있도록 출장비가 나오는 등 권력의 부산물로써 많은 것이 따라온다. 즉, 공직의 '사유화'와 같은 개념이 형성되어, 이를 잘 활용하는 사람은 남들이 부러워하는 리더가 되는 사회적 맥락이 형성되어 있었다.

나아가서 개발행정시기에는 법은 멀리 있거나, 관련 법 규정이 미비하여 여러 가지 오남용을 할 수 있는 여지가 많았다. 그 경우, 조직이 이를 적극 활용하여 되지 않는 일을 되게 만들 수 있었고, 그것이 곧 기관장의 업적이 되었다. 권력자들에게 줄을 대어 안 될 일도 되게 하는 것이 유능한 기관장으로 추앙받는 길이었다. 만약 위법이나 탈법이 문제시되어 처벌을 받게 된다면 조직의 한 사람이 희생자가 되어 모든 누명을 뒤집어쓰고, 기관장은 오히려 무사한 경우도 있었다. 그리고 그 조직을 위해 희생한 사람은 추후에 다른 방법으로 보상을 받았다. 이는 마치 조폭 문화를 연상시킨다. 여기에는 추가적으로 관을 이용하여 이익을 취하는 민간이 있는 경우가 많았다. 즉, 손바닥도 마주쳐야 박수가 쳐지는 것과 같은 이치이다. 이런 제도적 차원의 문제 때문에 지속적인 공직부패척결운동에도 불구하고, 부패 문제가 쉽게 해결되지 않았다. 이러한 사회는 공직자로 하여금, 검소하고 제자리에서 작고 정직한 결실을 맺는 것을 추구하기보다는 거품이 낀 거창한 것을 추구하도록 한다. 즉, 사회적 맥락이 행정조직의 리더에게 거품으로 가득 찬 가시적 성과를 조직에 가져오도록 강요하는 분위기였다.

### (3) 종합: 서번트 리더십에 관하여

톨스토이의 명작 '전쟁과 평화'를 보면, 나폴레옹이 없었다면 과연 오늘날의 프랑스가 있었을까, 그리고 표트르 대제가 없었다면 오늘날의 러시아가 있었을까라는 의문을 제기하며, 리더의 중요성을 강조하는 대목이 나온다. 그렇다면, '프랑스 혁명을 거친 후 프랑스 사회가 혼란을 겪지 않았다면 과연 나폴레옹이 쿠데타를 일으킬 생각을 했을까?'와 '표트르 대제가 정권을 잡을 당시 힘을 잃어가는 러시아의 상황이 없었다면 과연 그로 하여금 변장을 하여 유럽에 파고들어가 서구문물을 익힐 동기부여를 했을까?'하는 의문이 든다.

특정 리더의 등장이 남다르게 특출한 개인의 특성인가, 그 시대와 역사의 산물인가는 단정하기 어렵다. 리더십이론에서도 특성 이론과 상황 이론이 서로 대립된다. 양자 모두 어느 정도의 설득이 있기 때문이다. 양자가 모두 설득력이 있다는 것은 사회적 맥락이 특정 리더십 유형의 발현에 상당한 영향을 미칠 수 있다는 것이다. 즉, 개인의 특성과 제도는 어느 정도 상관관계가 있어서 상호작용할 것이라는 것을 알 수 있다. 그렇다면 그동안 우리나라에서 서번트-리더들이 주목받지 못했던 이유는 무엇인가에 대하여 고민해볼 필요가 있다. 즉, 서번트 리더십이 개념형성부터 시작하여 모든 것이 왜 서양에서 발달했는가의 의문이다.

앞에서 설명한대로, 우리나라와 같이 최빈국에서 불꽃 튀는 경쟁을 통하여 고도성장이 이뤄진 나라의 경우 서번트-리더가 발달하기 어려운 사회 맥락적 한계가 있다. 오히려 백성들을 이끄는 카리스마적 리더십이 주목받는 사회였다고 할 수 있다. 과거 우리나라의 사회적 맥락에서 개인 차원에서 남을 배려하는 사람이 리더로서 빛을 보기는 어려웠을 것이다. 물론 이러한 사회적 맥락에도 불구하고, 남을 배려하라는 교육 등을 통해 개인이 서번트-리더로 자라는 경우도 있었을 것이다.

우리나라에 비하여 서구에서는 노블레스 오블리주와 같은 서번트-리더와 유사한 사례가 존재한다. 특히 공직은 문자 그대로 특권보다는 봉사에 방점이 있는 공복(public servant)이라는 개념이 이미 발달해 있다. 고위공직자가 누리는 개인적 특권이나 혜택은 없고 오히려 사생활 시간이 줄어드는 등 희생이 크기 때문에 사양하는 경우도 많이 있다. 예컨대 특권이 많은 우리 국회의원에 비하여, 많은 유럽 국가의 국회의원은 보좌관이 한 명도 없고, 회식 등도 융통성 있게 쓸 수 있는 돈이 없는 경우도 많다. 의원들은 혼자서 자료도 찾고 발로 뛰어서 정책 관련 입안을 해야 하는 매우 피곤한 자리이다.

그리고 각 가정에서는 남을 배려하고, 도움이 필요한 사람들에게 베풀어야 하며, 인간은 모두 평등하다는 사상을 철저히 교육한다. 따라서 서번트-리더로 자랄 수 있는 토양이 마련되어 있다고 볼 수 있다. 물론 이런 시각이 마치 서구만의 특성인 것처럼 미화해서는 안 된다. 앞서 살펴본 남아공의 줄루족의 예와 같이 경쟁이 치열하지 않은 문화권에서 서번트 리더십이 함양될 수 있는 사회적 맥락이 존재하고 있다.

리더는 혼자 존재할 수 없고 팔로워와의 관계가 중요하며 특히 서번트 리더십은 다른 리더십 유형에 비해 리더가 조직과 제도의 영향을 많이 받는 리더십 스타일이다. 또한 서번트-리더는 개인적 인정 등 외부적 보상이 미약하거나 없을 경우도 많기 때문에, 이런 유형의 인간을 함양하는 사회적 맥락이 중요하다.

다른 한편으로는 권위적 리더십이나 카리스마적 리더의 설 자리가 점점 줄어드는 사회적 맥락도 서번트 리더십의 발현을 촉진하는 요인이다. 우리 사회는 1987년 민주화 이후 기존의 권위를 부정하는 사회적 변화를 겪어 왔다. 이러한 변화를 담아내고 좀 더 바람직한 방향으로 우리사회가 나아가기 위해서는, 개인이 서번트-리더가 될 수 있도록 노력하여야 하고, 한국 사회 전체가 서번트-리더를 양산할 수 있는 분위기가 되어야 한다.

## 5) 서번트 리더십이 필요한 또 다른 환경변화

### (1) 정보화 혁명과 리더

Covid19 Land가 되기 이전에도 이미 한국사회는 많은 변화를 겪어 오고 있었다. 과거 서구의 다른 나라들이 산업화를 먼저 이룩함으로써 우리는 늘 선진국을 따라잡기에 바빴다. 그러던 중, 비로소 우리나라가 1등을 할 수 있는 새로운 영역을 찾았는데, 그것이 정보화이다. 정보통신기술의 발달은 단지 과학기술의 발달만을 의미하는 것이 아니고, 이제는 많은 부분에서 우리 사회의 흐름과 방식을 통째로 바꿔 버리고 있다. 크고 작은 사회집단에서 인간 간 관계가 이루어지는 과정에서 정보화의 물결로 인해 한국 사회는 과거의 리더십이 작동하기 어려운 완전히 새로운 문법을 가지게 되었다.

과거의 리더는 팔로워보다는 어떤 내용이든 정보, 지식, 그리고 경험이 많은 사람이 되는 경우가 대부분이었다. 그러나 정보화 혁명은 이들 전통적 리더가 가지고 있는 자원이나 권력원을 바뀌게 되었다.

첫 번째 요소인 정보는 리더가 되기 위한 조건이기도 하지만, 리더가 된 이후 얻게 되는 경우가 많다. 대부분의 경우, 장(長)의 자리에 있으면 좋은 정보가 여러 통로로 온다. 흔히 '차마 다른 사람들에게 말을 하지 못하고 장에게만 얘기한다.'는 고급 정보도 올라온다. 이러한 행태는 오늘날에도 여전히 반복되고 있다. 그러나 사회가 투명화 되고, 정보화 되면서 이런 과거의 관행이 매우 취약한 상태가 되었다. 과거에는 이 정보가 일반 구성원에게 도달하는데 시간이 걸리는 경우가 많았다. 사람들의 귀를 통해서 전달되는 경우가 많은 때가 있었고, 언론매체가 대중에게 일방적으로 전달하던 매스미디어 시대가 있었다. 이제는 SNS와 인터넷 게시판 같은 전자 매체를 통해 순식간에 정보가 이동된다.

두 번째 요소인 경험은 조직의 크기와 무관하게 모든 리더의 조건이 된다. 조그만 사회를 이끄는 촌장(village)일지라도 그 조직에서 필요로 하는 경험을 가지고 있다. 소위 나이도 지긋하게 든 '어른'이 리더가 되는 문화가 있었다. 특히 어려웠던 시절의 경험은 리더의 역할을 수행하는데 많은 도움이 되었다. 그러나 이제는 과거의 경험이 필요 없거나, 오히려 방해가 되는 경우가 많이 생기게 되었다.

세 번째 요소인 지식은 보통 학자들이 생산하고 보급하는 것으로, 과학적으로 검증된 것이라는 점에서 앞서 언급한 정보와 구분된다. 전통적 리더는 크고 작은 조직을 운영하기 위해 비교적 교육을 가장 많이 받은 사람이 담당하였고, 이끄는 조직의 규모가 커지고 주어진 미션이 커질수록 다른 전문가의 도움을 받아 지식의 부족을 보완하였다. 각 분야의 내로라하는 학자들이 리더의 주위에 있었던 이유이다. 그런데 아무리 고도의 전문지식이라고 하더라도, 이제는 인터넷으로 쉽게 접할 수 있게 되었다.

요컨대, 우리나라에서 90년대 이후 역대 정부가 급격히 추진해 온 정보화 혁신은 누구나 국내뿐만 아니라 전세계와 정보의 실시간 소통을 가능하게 하였다. 이미 90년대에 대한민국 정부가 전세계에서 처음으로 정보통신부를 만들고, 정보화기금을 통하여 많은 예산을 투입하였으며, 관련 산업의 발전을 앞당기는 데 선봉에 섰었다. 나아가서 2000년대 스마트폰의 보급은 어디에서나 인터넷에 연결할 수 있는 소위 유비쿼터스 시대를 열었다.

이러한 정보화 혁명의 결과, 기존에 전통적 리더가 누렸던 정보, 지식, 경험의 독점상태에 엄청난 변화를 가져온 것이다. 그동안 소수의 사람들이 독점해온 지식과 정보를 모든 사람이 실시간으로 공유할 수 있게 되었다는 점에서 정보의 민주화가 이뤄진 것이다. 그것도 실시간으로 말이다. 따라서 리더가 팔로워에 비하여 지식과 정보가 많다는 과거의 전제는 사라지게 되었을 뿐만 아니라, 오히려 팔로워가 전통적 리더보다 더 정확하고 풍부한 정보를 더 많이 가지고 있는 경우도 생기게 되었다.

### (2) 빅데이터와 인공지능

앞서 서술한 정보화 혁명은 90년대 이후 '제 4차 산업 혁명'으로 명명되는 다른 차원의 변화를 다시 겪게 된다. 기존의 정보화 혁명이 제한된 범위에서 인간 활동에 도움이 되는 정보를 제공했다면, 제 4차 산업 혁명은 그야말로 기계와 인간의 역할 비중이 역전되는 것이 아닌가라고 의심될 정도로 큰 변화를 일으켰다. 가령, 정보화 시대에는 일부 조직이 정보생산을 하고, 부문과 부서 간 단절이 여전히 존재했는데, 이제는 이런 칸막이가 사라지고 있는 것이다. 4차 혁명이 시작되면서 자기도 모르는 사이에 정보가 수집되고, 여러 정보가 결합되어 새로운 정보가 되고, 이 정보가 유통이 되어 기존과 다른 용도로 활용되게 되었다.

4차 산업 혁명의 가장 혁신적인 요소 중의 하나는 국민 한 사람 한 사람의 일거수일투족이 빅데이터로 저장된다는 것이다. 카드를 사용할 때마다 무슨 상품과 서비스를 어디에서, 어떻게 구입했는지에 관한 정보가 저장된다. 병원 진료의 내용은 물론이고, 하루하루 맥박, 혈압, 걷는 거리, 체온 등 건강에 관한 기록도 저장된다. 나아가 대중교통을 이용하여 어디서 어디로 이동하였는지, 무슨 인터넷 기사를 검색했는지, 어떤 댓글을 달았는지 등도 모두 추적이 된다. 그야말로 각 개인의 모든 행동, 그리고 생각까지도 하나도 빼놓지 않고 통째로 축적된다.

이렇게 축적된 정보는 어떻게 결합하고, 가공하느냐에 따라 그 의미와 가치가 크게 달라진다. 과거 기술의 한계로 인해 전수 조사가 불가능했을 때 연구자들은 표본 조사를 통하여 통계적 추론을 하였다. 이때 표본을 통한 추론이 정확하기 위해서는 대표성을 확보하기 위한 과학적인 표본 수집 절차를 거쳐야 했다. 하지만 빅데이터의 등장으로 인해 표본을 통해 전체를 추정할 필요가 줄어들었다. 그동안 여론조사기관이 별도의 설문을 통하여 개인의 소비성향이나 의견을 취합하여 전체적인 경향성을 파악하였다면, 이제는 이런 조사 없이도 실시간으로 쉽게 결론을 얻을 수 있게 된 것이다.

이러한 경향은 그동안 리더가 장점으로 내세웠던 정보의 질과 양이 이제 더 이상 리더의 개인 점유물이 아니라는 것을 보여준다. 이를 기반으로 한 미래 예측, 즉 통찰력도 리더의 역량이 아닌 경우가 많아지게 되었다. 방대한 데이터를 기반으로 한 효율적인 의사결정 시스템이 개발됨에 따라 과거의 정보우위를 바탕으로 권력을 행사한 카리스마형 리더들의 설 자리는 점차 좁아지게 될 것이다.

지식생산을 하는 학자들의 연구 활동도 빅데이터와 인공지능을 통해 확실히 쉽고 빠르게 진행될 것이다. 대학이나 전문가의 연구 기능도 질적으로 완전히 다르게 바뀔 가능성이 높다. 전문 연구자들의 활동과 역할이 바뀌면서, 지식의 창출 기관으로서 지식인의 역할도 달라질 것이다. 그동안 각 분과 학문세계에서는 패러다임 경쟁을 통하여 살아남아야만 그 시대의 '참'인 지식으로 인정되었다. 즉, 비교적 폐쇄적인 지식 세계가 지식의 생산과 유통을 지배했다. 이렇게 살아남은 지식인 중 일부가 상아탑에 머물지 않고 현실세계에 나와서 참모가 된다. 즉, 전문가로서 축적한 지식을 활용하여 리더를 보좌하는 것이다. 이 때 리더는 참모에게 의존하여 지식을 선택적으로 흡수하고, 이 지식을 그 조직이나 사회를 리드하는데 활용한다. 따라서 과거 훌륭한 리더는 이런 전문가를 선별해서 잘 활용하는 사람이었다.

그런데 인터넷 시대에는 누구나 10분의 검색만으로도 그 분야의 지식을 어느 정도 습득할 수 있어서, 평생 특정분야를 연구한 학자와 손색없을 정도로 남에게 지식을 과시할 수 있게 되었다(Nichols, 2017). 더 나아가 조금 더 시간을 투자하면 누구나 마치 그 분야의 전문가인 양 지식을 창출하고 유통시킬 수 있게 되었다. 이러한 세태는 지식인 집단의 지식 독점 시대가 마감되는 것이라고 하겠다.

위와 같은 지식 독점 시대의 마감은 다양한 현실 사례에서 확인 가능하다. 가령, 최근 스웨덴의 권위 있는 성격분석가가 사실상 무자격자라는 것이 밝혀지면서 논란이 된 적이 있다. 토마스 에릭슨은 저서 『도무지 내 맘 같지 않는 사람들과 잘 지내는 법(Omgiven av idioter, 2014)』을 통해 인기를 얻었다. 그의 성격유형 분석론은 대규모 공공기관 인사 평가에 활용되기도 하였으며, 2019년 포브스(Forbes)에서 영향력 있는 저서로 선정되기도 하였다. 그러나 그는 이론의 과학적 기반을 제대로 설명하지 못하면서 의심을 받게 되었다. 그의 이력을 확인하기 위한 조사가 시작되었으며, 결국 그는 고졸 출신의 일반인임이 밝혀졌다. 이와 유사하게 우리나라에서도 4년간 매우 설득력이 높은 경제 분석가 황인태가 서울대 경제학과 출신이라고 주장하였지만, 고졸 출신이어서 출연정지를 당한 경우도 있었다.[1] 가장 최근에는 인기 한국사 강사인 설민석이 다수의 방송에서 전공과 무관한 분야의 전문가 행세를 하던 중 잘못된 정보를 제공하여 논란이 되기도 하였다. 언급된 사례들은 모두 전문가 행세를 하던 일반인이 발각이 된 경우지만, 현실에서 밝혀지지 않은 사례는 훨씬 더 많을 것으로 예상된다.

---

1) http://www.sisajournal.com/news/articleView.html?idxno=89348

### (3) 양극화와 확증편향

우리나라는 과거 70년 동안 괄목할 만한 경제성장을 이룩하였으나, 가난한 사람과 부유한 사람의 경제력 차이가 더 벌어지는 양극화가 심화되었다. 그동안 세계 여러 나라 정부가 자유주의적 경제정책을 펴왔는데, 이러한 정책은 실질적으로 자본 소득을 늘리는 결과를 가져왔다. 따라서 자유주의 경제 정책을 펼침으로써 가진 자에게 불로소득을 선물로 준 격이 되었다(피케티, 2013). 이와 더불어 추진된 정치민주화로 인해 우리나라 사람들은 과거 권위주의적 사고에서 탈피하여 더욱 공정과 평등의 잣대로 사회현상을 파악하게 되었다. 이 지점에서 자유주의적 시장 경제를 신봉하는 경제적 승자와 사회의 문제를 개인의 능력이 아닌 구조의 문제로 보는 비판적 시각이 대립하게 되었다. 즉, 정치 경제 현상을 보는 시각의 양극화도 더욱 극명하게 드러나게 된 것이다.

다시 말해, 똑같은 사회 현상, 정치 현상, 주택 문제, 환경 문제를 보지만, 그 원인과 심각성에 대한 시각이 완전히 다르게 나타나는 이데올로기 양극화가 심화되어 가고 있다. 같은 문제에 대하여 보수 신문인 조선, 중앙, 동아가 한겨레 등 진보성향의 언론과 완전히 다른 보도를 하는 것은 이제 일상화되어 있다. 그나마 종이 신문을 보는 사람들은 신문에 보도된 내용들을 일별할 수 있기 때문에 전날 일어난 전체적인 경향성을 조망할 수 있다. 하지만 스마트폰을 통하여 또는 인터넷을 통하여 기사를 검색하는 사람들은 자기가 관심 있는 기사만 볼 확률이 높아진다. 특히 포털 사이트들은 AI 기술을 활용하여, 기존에 클릭하여 본 기사와 유사한 기사가 우선순위로 떠오르게끔 한다. 따라서 이용자들은 부지불식간에 거의 같은 주제의 기사를, 같은 시각으로 반복하여 본다는 문제가 있다. 자기가 옳다고 믿는 것에 대하여 더욱 굳건한 믿음이 생기는 소위 '확증 편향(confirmation bias)'이 생기는 것이다.

나아가서 댓글이 달리고, '좋아요'를 누르는 사람들의 숫자가 올라가는 것을 보면, 확증 편향이 더욱 강화될 수밖에 없다. 네이버를 보는 사람들과 다음을 보는 계층이 다른 것이 바로 이런 양극화를 대변해 준다. 이것은 과거에는 보기 힘들었던 정보화

시대의 새로운 현상임이 틀림없다. 자신의 주관적 기준이나 판단이 아닌 다른 사람, 특히 많은 다수들의 생각을 맹목적으로 따라가는 것이다. 이처럼 인터넷으로 다수의 의견이 폭포수같이 퍼져가는 것을 정보 캐스케이드(information cascades)라고 한다.

이런 경향은 지식과 정보를 새로운 개인 매체인 유튜브에 의존하는 사람의 경우 더욱 커진다. 유튜브의 내용들은 그 세계에서 생존해야 하는 현실 때문에 다른 대중 매체에 비하여 더욱 과장되는 경우가 많다. AI는 각 개인이 자주 시청하는 콘텐츠를 모니터링하고, 이에 맞춰서 미래 시청 가능성이 높은 콘텐츠를 추천해 준다. 이처럼 계속해서 특정 주제에 대해 특정 시각에서 제작된 유튜브를 보면, 자신의 신념이 더욱 더 강해질 수밖에 없는 것이다.

악의적이든 무의식적이든 악성루머나 가짜 뉴스가 빠르게 퍼져 나가는 것도 이와 유사한 현상이다. 사람들은 평범하고 정상적인 것보다는 극단적인 것에 더 끌리는 경향이 있기 때문이다.[2] 마치 경제 분야에서 부자와 가난한 자 사이가 점점 멀어지 듯이, 생각이 다른 그룹 간에 생각의 차이는 점점 멀어지는 집단의 양극화(group polarization) 현상이 생기는 것이다.

이런 상황에서는 일시적으로는 가짜뉴스나 루머를 계속해서 생산하는 사람이 리더로 보일 수 있다. 이들은 윤리 의식이 강하지 않기 때문에, 자신이 생산한 정보를 믿는 사람들에게 미치는 해악에 대해서는 신경 쓰지 않는다. 옳지 않은 정보일수록 자극적이기 때문에, 마치 전염병과 같이 실시간으로 전세계를 통해 퍼져 나가는 인 포데믹이 되는 것이다. 정보를 더 자극적으로 만드는 방법은 특정인이나 상대방 진 영에 대한 분노심을 부추기는 것이다. 그 대표적인 전략이 상대방 측의 의도를 극화 하는 음모론(conspiracy theory)을 활용하는 것이다. 소설 같은 스토리를 생각해 내서, 또는 약간의 그럴듯한 사실(fact)의 단면을 활용하여, 마치 상대방이 미래에 어떠한 결과를 노리고 특정 행동을 하는 것처럼 꾸미는 것이 음모를 잘 믿는 사람들을 자극 하는데 가장 효율적으로 작동한다.

---

2) 서스타인(2009), 루머, 프리뷰

가짜 뉴스나 루머를 생산하는 사람들은 그들의 행위로 인하여 법적으로 처벌받지 않는 한 '아니면 말고' 식으로 행동할 것이다. 그러므로 건전한 상식에 의해 행동하는 시민들의 존재를 전제하는 민주주의를 파괴할 수 있는 위협적인 것이다. 그러나 언젠가는 총체적인 거짓말이 드러나서 문제가 리더로서의 지위를 잃을 가능성이 크다.

### 6) 트럼프와 최악의 민주주의

미국은 영국의 귀족 중심 체제와 정부의 억압을 피해 떠난 청교도들이 자유와 평등을 확실히 보장하기 위해 만든 국가이다. 하지만 영국으로부터 독립한 미국은 탄생 과정 자체에 이미 불평등의 요소를 내포하고 있었다. 그들이 땅을 뺏기 위해 몰아낸 원주민들과 값싼 노동력을 위해 노예로 혹사시킨 흑인들이 그 증거이다. 초기 정착 이후에는 아메리칸 드림을 꿈꾸는 이민자들이 몰려오면서 불법으로 국경을 넘어온 불법 이민자들이 미국 내 새로운 하층계층을 형성하여 현재의 계급사회를 완성하였다.

우리나라와 같이 작은 나라와는 달리, 광활한 땅에 수많은 인구가 사는 초대형국가를 어떻게 통치하느냐는 인류가 떠안은 난제이다. 중국의 공산당 일당이 사실상 안보문제를 중심으로 사회를 강력히 통제하는 중앙집권식 통제모델을 택했다면, 미국은 지방자치를 근간으로 하고 시장 메커니즘이 작동케 하는 대신 작은 정부를 추구하는 모델을 택하였다(임도빈, 2016). 중국은 어렸을 때부터 남다르게 뛰어난 인재를 선발하는 공산당원을 중심으로 통치계층을 만들었고, 미국은 주기적인 선거를 통해 크고 작은 공직을 맡기는 방식으로 유동적 엘리트 그룹을 만들었다. 중국의 중앙정치국 등 최고 통치기구는 형식상으로는 상향식으로 몇 번의 선거를 거치지만 실질적으로는 공산당원끼리 내부경쟁을 통해 권력층이 형성된다. 반면 미국의 연방정부는 각 주를 대표하는 인물로 대통령과 상하원이 선출되는 방식으로 이뤄지고 주기적 교체가 이뤄지도록 설계되어 있다(임도빈, 2016: 78)

미국의 시장주의적 모델은 자본주의가 꽃 피우는 대표적인 예시가 되어 많은 사람들의 부러움을 샀다. 양극체제인 동서냉전시대를 거쳐 공산권이 무너진 이후 세계화 시대는 미국 중심의 일극체제가 되는 느낌이 들 정도였다. 미국의 근린 생활수준의 리더나 연방정부의 리더 모두 개인적으로 훌륭한 엘리트가 많이 등장하여 더 좋은 나라를 만드는 데 기여하였다. 정당 차원에서는 공화당과 민주당이라는 양당이 교대로 집권하면서 한 정치 이데올로기가 오래 집권하는 데 따른 편식의 문제점을 비교적 잘 해결했다고 평가할 수 있다. 역량이나 리더십의 차이가 있기는 하였으나, 역대 연방대통령도 각각 나름대로 오늘날 미국이 전 세계의 주목을 받는 나라를 만드는 데 역할을 하였다.

45대 대통령 트럼프는 이러한 흐름을 벗어나는 예외였다. 트럼프 타워로 유명한 이 비즈니스맨은 대통령 당선이 되는 과정부터 석연치 않은 부분이 있었다. 트럼프 전 대통령은 당시부터 트위터로 많은 사람들과 직접 의사소통한다는 면에서 다른 많은 정치인과 달랐다. 트럼프는 대통령 취임 후에도 트위터와 페이스북을 통하여 자신의 생각을 지지자와 공유하는 식의 정치를 함으로써, 이전의 매스컴을 통하여 기자회견을 통해서 소통하던 '권위주의적' 대통령과는 차별화된 모습을 보였다. 짧은 메시지를 통하여 자신의 감정까지 포함한 생각을 전달함으로써 지지자들을 열광하게 하였다.

2020년 1월 코로나 바이러스가 세계를 강타하면서 트럼프의 정치와 리더십에 금이 가기 시작하였다. 언론을 통한 일일 브리핑에 직접 나서서, 마스크 착용도 권유하지 않았고, 각종 우려에도 낙관적 전망을 내놓았고, 자신의 업적만을 자랑하기에 바빴다. 그러나 확진자와 사망자 수가 급속히 늘어남에 따라, 트럼프의 대응방식에 의문을 제기하는 사람이 많아지고, 심지어 트럼프가 하는 말에 대해서 의심하는 사람도 점차 늘어나게 되었다. 그럼에도 불구하고, 11월에 있을 대선에는 큰 무리 없이 재선될 것으로 예측되었다. 미국의 국익을 우선한다(America First)라는 구호에, 미국인들은 만족하였고, 중국을 때리는 것에도 박수를 보내는 사람이 많았기 때문이다.

하지만 2020년 11월, 대선 선거인단 투표를 각주에서 개표함에 따라, 민주당 바이든 후보에게 상당한 표차로 패배했음이 드러나게 되었다. 그러나 코로나로 인하여 전례 없이 높은 참여율을 보인 부재자 투표를 두고 시간 연장, 우편 투표지 도착 시점 연장 등을 주 이유로 이번 대선은 불법선거라고 주장하기 시작하였다. 그는 여러 법원에 개표활동 집행정지, 무효소송을 제기하지만 계속해서 패하게 된다. 트럼프는 이러한 명백한 패배에도 불구하고 '저들이 우리 표를 훔쳐갔다'는 표현으로 불복을 표현하고, 지지자들과 소통하고 있었다. 이는 4년 전, 플로리다주 선거인단 선출 투표 시 박빙의 차이로 검표가 제기되었을 때, 힐러리 클린턴이 재검표를 포기하고 깨끗이 승복하는 모습과는 대조적이었다. 트럼프 전 대통령은 법치주의라는 개념도 없었고, 절차적 민주주의정신에 따라 선거에 패하면 깨끗이 물러나야 한다는 것은 생각하지도 않았던 것 같다. 끝까지 버텨보자는 심산이었던 것이다. 개표가 진행되는 가운데 미국 전역에서 시위가 일어나고, 부정선거 소송도 제기되고 있었다.

선거인단이 모여 바이든의 승리를 공식화하기 위한 날까지도 이미 워싱턴 D.C.에 도착한 트럼프 지지자들이 의사당 밖에서 트럼프가 승리한 것이라고 주장하는 시위를 하게 되고, 트럼프는 트위터로 이들이 애국자라고 치켜세웠다. 마침내, 2021년 1월 6일 미국의회에서 각주의 선거인단이 투표한 것을 카운트하여 공식화하는 형식적 행사에서 트럼프는 최악의 수를 두게 된다. 트럼프 지지자들이 의사당에 진입하여 폭력을 행사하고, 이를 저지하기 위해 연방국경수비대 1,100여 명이 동원된 것이다. 이를 진압하는 과정에서 5명이 숨지고, 52명이 체포되었다. 국민의 대표 기관이고, 미국 민주정치의 본원지라고 자랑하고 민주주의를 열망하는 각국 방문자의 성지로 여겨지는 Capitol Hill이 부도덕한 한 사람에 의해 치욕을 당한 것이다. 마지막 순간까지 트럼프는 '미국이 당신들을 영원히 기억할 것이다'라는 메시지를 올린다. 그 결과 현직 대통령임에도 불구하고, 트위터와 페이스북의 사용을 정지 당하는 수모를 겪는다. 1월 6일 미국 민주주의의 국치일 이후, 또 다시 2차 시도가 이뤄질 가능성을 차단하기 위해, 트위터에서 트럼프 대통령 계좌를 영구 정지시키는 조치를 1월 8일에 취하게 된다. 8,100만명 정도의 팔로워가 있는 그의 계정이 지지자들을 선동하여 또 다른 비극을 초래할지도 모르기 때문이다.

서번트 리더십의 요건 중의 하나가 팔로워와 평등한 입장에서 자주 직접 소통을 하는 것이라면 트럼프가 이에 해당한다. 팔로워, 즉 미국 국민들에게 이익(즉, 경제적 이익)을 더 증가시키는 결과를 가져왔다면 이것도 서번트 리더십의 한 부분을 충족시켰다고 할 수 있을지도 모른다.3) 그러나 정보화가 진행됨으로 가짜 뉴스로 확증편향이 생기는 사람들이 많아지고, 이들의 양극화가 미국을 반으로 분열시켰다. 즉, 트럼프는 겉으로는 서번트 리더십의 모습을 일부 갖춘 것 같지만 내면을 들여다보면 서번트-리더와 정반대의 모습이었던 것이다. 1월 6일 Capitol Hill 습격 사태는 인공지능, 스마트폰이 가져온 대표적인 폐해인 것이다. 이 사건을 계기로 미국이 민주주의의 가장 모범적 모델 중의 하나라는 말은 무색해졌다. 뒤집어서 얘기하면 스마트폰과 같은 정보혁명이 없었다면, 트럼프는 대통령에 당선될 수도 없었으며, 만약 당선이 되었다고 하더라도 그와 같이 통치를 할 수 없었을 것이다.

의사당난입이라는 급박한 위기 속에서도 진정한 서번트-리더는 있었다. 다른 팔로워와의 관계가 있지 않았기 때문에 굳이 리더라고 하기는 어려운 사례이기는 하다. 그것은 의사당 폭도가 난입했을 때 홀로 맞서 상원으로 진입하지 못하도록 했던 유진 굿맨이라는 상원건물 경비대의 부책임자이다.4) 자기의 직무를 충실히 수행했다는 점에서 높이 살만하다. 또한 각주의 선거인단이 투표한 투표함을 지킨 의회직원들도 서번트-리더에 준한다고 하겠다. 선거인단 투표결과를 개표하는 것은 각 주의 알파벳순으로 하는데, 폭도들이 들이닥쳐 알라배마와 알라스카 주의 투표결과 12개가 개표된 이후 중단된 상태였다. 미국의 선거인단 총수는 538명임을 감안할 때, 만약 이 순간에 투표함을 폭도들에게 빼앗겼다면 이 미국 민주주의 위기 사태가 어떻게 수습되었을지 염려되는 부분이다. 이를 지킨 직원들의 역할이 서번트-리더와 근접하지 않는가라는 생각이 든다.

---

3) 물론 트럼프가 무역 등에서 국익을 가져왔다고 보는 사람도 있지만, 미국의 장기적 이익에는 손해가 크다고 보는 시각도 있다.

4) 그는 바이든 취임식 이후 부통령 경호를 담당하는 자리로 승진 이동했다.

## 3. 한국적 서번트-리더의 사례

민주화와 정보화로 인하여 사회분열과 양극화라는 위험속에 살아가는 한국사회에서 한국적 서번트-리더를 기르는 것은 곧 포용사회로 나아가는 지름길이라고 하겠다. 그렇다면, 이 장에서는 실제의 인물들을 중심으로 한국적 사례를 살펴봄으로써 서번트 사회로 발전하는 방법을 탐색해 보기로 한다.

### 1) 비전과 가치관이 있어야: 우당 이회영 선생

서번트-리더란 비전이나 방향이 없이 그저 팔로워들을 섬기기만 하면 되는 것일까? 라는 질문을 할 수 있다. 그 공동체가 어떻게 발전해야 하는가에 대한 비전이 없는 리더는 더 이상 리더라고 할 수 없다. 아무 생각 없이 다른 사람을 배려하고 따르고 봉사하는 사람은 리더가 아니라 팔로워이기 때문이다. 다시 얘기해서 자신이 추구하는 이상적 상태나 방향에 대한 그림은 가지고 있어야 비로소 리더라 할 수 있고, 서번트-리더는 구체적인 실천 방법이 다른 리더십 유형과 다를 뿐이다.

그 나라가 처해있는 상황이 어려울 때는 물론이고, 설혹 큰 어려움이 없는 태평기에도 리더의 비전은 필요하다. '리드(lead)'라는 말속에 이미 어디로 향하여 이끄는 목표에 대한 비전이 있어야 한다는 것을 포함하고 있기 때문이다. 그러므로 그저 구성원(팔로워)들이 하자는 대로 따라서 하는 것은 진정한 의미의 리더라고 볼 수 없다.

임도빈(2003)은 사회구성원리라는 측면에서 이를 두 가지로 유형화한 바 있다. 해당 논문은 사회운영 모델을 하향식 의견 하달 모델과 상향적 의견 수렴 모델로 2분하고, 각각을 주피터 형과 헤라클레스 형으로 명명하였다. 주피터 형은 공직자의 역할을 전통적인 리더로 상정한다. 하향식 사회모델에서 공직자에게 기대하는 모습은 사회가 나아갈 방향을 아는 공익의 실현자 역할이기 때문이다.

이와 달리 헤라클레스 형의 요소가 배태된 국가는 미국과 같이 풀뿌리 민주주의를 상정하고, 공동체보다는 개인의 자유를 중시하는 문화가 있다. 우리나라는 주피터

〈표 1〉 사회운영 모델

|  | 주피터 형 | 헤라클레스 형 |
|---|---|---|
| 정책관련자 체계 | 피라미드식 공동체중심 | 역피라미드형, 개인중시 |
| 정보 및 의사소통유형 | 하향식 | 상향식 |
| 선, 진리의 존재여부 | 선험적으로 존재 | 사회에서 만들어지는 것 |
| 행정의 주요 방법 | 지시, 확인, 계획, 강행 | 공청회, 투표 |
| 공무원의 역할 | 미래예측, 전지전능 | 환경에 대응(의견수렴) |
| 한국의 대표적 예 | 판검사 | 관광버스 기사 |

형의 사회였지만 점점 헤라클라스 형의 상향적 사회운영 양태가 나타나고 있다. 관료적 통제가 내재되어 있던 과거와 달리, 민간이 주요 행위자가 되고, 관이 보조자가 되는 민간중심의 거버넌스 체제가 나타나는 것이 대표적인 예이다. 이런 헤라클레스적 사회나 조직일수록 서번트-리더가 많아야 배가 산으로 가는 현상을 막을 수 있다. 이런 사회에서 카리스마 리더는 받아들여지지 않기 때문에, 서번트-리더가 어디로 가야 한다는 목표점이 있거나 무엇이 바람직하다는 가치관을 가지고 있어야 한다. 만약 리더가 전혀 없이 공직자가 단순히 대중이 원하는 것을 파악하여 그대로 집행에 옮기는 수동적 역할에 머문다면 포퓰리즘적 사회가 될 가능성이 농후한 것이다.

그런데, 주피터식 사회라고 하더라도 공식적인 장(長)이 제대로 된 리더의 역할을 하지 못하고 그 사회가 구심점이 없이 퇴행하고 있다면, 서번트-리더의 역할이 더욱 중요해진다. 서번트-리더는 지위고하를 막론하고 누구나 될 수 있기 때문에 이런 상황에서 더욱 빛을 발할 수 있다. 서번트-리더는 공식적 리더가 그 사회 또는 조직을 방황하게 만들 때, 등대가 빛을 통해 선박들을 인도하듯 가치관을 창조하여 나아갈 방향을 제시해줄 수 있다.

그 대표적인 예로 구한말의 서번트-리더들이 있다. 필자는 이들이 있었기 때문에 대한민국이 맥을 잃지 않고 존속하고, 독립을 쟁취할 수 있었다고 생각한다. 구한말의 서번트-리더들은 20세기 초 우리나라가 일본의 식민지가 되었음에도 '국가의 중요성'이라는 확실한 가치관과 '언젠가는 반드시 독립할 것'이라는 비전을 가지고 있었기 때문에, 나라의 독립을 위해 행동하였다. 이들의 태도는 당시 평범한 사람들이 일제의 고묘한 회유, 강압, 당시 비관적 사회적 분위기 등을 역사적 '운명'이라는 이름 하에 수동적, 방관적으로 받아들였던 것과는 달랐다.

1910년 12월 30일 이회영의 6형제와 그 가족들이 전 재산을 팔아 독립운동을 하기 위해 만주로 망명 간 것은 서번트 리더십을 나타내는 한 사례이다. 이회영은 고종을 도와 이준 열사를 네덜란드 헤이그에 파견하여 한일합방의 부당성을 주장하도록 하는 등 우리나라의 독립을 지키기 위해 노력하였다. 그러나 이러한 노력이 실패로 끝나자, 60여 명의 가족과 노비들이 추운 겨울날씨에 서울을 떠나 대동강을 건너 신의주로 갔고, 다시 압록강을 건너서 만주 땅으로 망명을 하였다(김은식, 2010: 105).

평소에 우당 이회영의 서번트-리더적 면모를 보여주는 사례는 국가적으로 어려운 시기에 바로 노비문서를 모두 불에 태웠다는 것이다. 이때 자유의 몸이 된 노비들이 좀 더 편안히 살고자 했다면 일제에 협력하며 사는 것을 택했을 것이다. 하지만 많은 노비들이 망명길까지 우당 이회영을 따라가서 모진 고생을 하고, 만주에서 함께 독립운동에 참여했다는 것은, 평소에 우당 이회영 선생이 노비들을 평등하고 인간적으로 대우했던 대표적인 서번트-리더였음을 증명하는 것이다.

당시의 우당 이회영 선생은 "의정부에서 서울 명동까지 이 씨 집안 땅을 밟지 않고는 올 수 없다"는 말이 있을 정도로 부자였다고 한다. 모든 재산을 팔아서 만주로 떠나기 전, 일제가 눈치 채지 못하게 하기 위해 몰래 급매를 할 수밖에 없었다고 한다. 미처 팔지 못하여 버리고 간 땅도 있었다. 이 돈을 모두 모아보니 당시 돈으로 40만원 정도였는데, 백 년이 지난 오늘 날 기준으로 600억 원이 가까운 부와 명예를 누릴 수 있는 금액이었다(김은식, 2010: 109). 이것은 노블리스 오블리주의 한 형태라고 할 수 있다. 경기도 양주 일대에 100만 평이 넘는 논밭을 소유하고 해마다 6,000석이 넘는 곡식을 수확하는 거농이었기 때문이다. 이러한 면모들을 종합해볼 때, 우당 이회영 선생은 '대한독립'이라는 비전과 가치관을 갖고 자기희생을 통해 남을 섬긴 한국적 서번트-리더의 대표적인 인물이라고 할 수 있다.

## 2) 주어진 일을 충실히 한다: 이순신 장군과 장영희 교수

서번트-리더는 다른 사람에 대한 배려를 통해서만 가능한 것인가? 다른 사람을 짓밟거나 영향력을 직접적으로 행사하는 것은 리더가 아니라 착취자 내지 지배자이다. 카리스마적 리더는 이런 위험에 빠질 가능성이 있다. 따라서 서번트-리더는 적어도 팔로워가 자신과 동등한 자격이 있다고 믿는 전제가 있어야 시작할 수 있다. 오히려 자신이 다른 사람에 비하여 보잘것없다고 생각하는 겸손함이 요구된다고 하겠다. 따라서 서번트-리더는 카리스마적 리더에 비하여 특권 의식이 없는 사람이 될 가능성이 높다.

한걸음 더 나아가서, 서번트-리더는 곁눈질하지 않고 자신에게 맡겨진 자리(임무)를 충실히 지킨다. 그렇기 위해서는 특권 의식이 없고, 평등한 인간관계를 유지하면서 겸손함을 갖춰야 한다. 남을 짓밟을 생각을 하고, '혹시 더 나은 길이 없나'라는 생각에 사로잡힌 기회주의적 사람은 자신의 임무에 충실하기 어렵다. 무관으로서 이순신 장군은 주어진 불리한 상황에서도 오직 왜군을 물리친다는 본연의 임무수행에 충실하였다. 따라서 자신의 장점을 인식하여 그것을 평생의 소명(calling)과 같이 사는 사람도 서번트-리더가 될 수 있다. 평생 트로트 가수로서, 그리고 작곡가로서, 국민들의 아픈 마음을 감싸준 나훈아도 이 범주에 속한다고 하겠다. 이에 비하여, 자신의 조그만 유명세를 이용하여 정치에 입문한 사람이 얼마나 많은가를 보면, 이들의 가치를 인정할 수 있을 것이다.

고 장영희 서강대 영문과 교수도 오늘날의 시각으로 보면 서번트-리더였다고 할 수 있다. 그녀는 1952년 서울대학교 장왕록 교수의 딸이라는 점에서 소위 "금수저"로 태어났지만, 1살에 소아마비가 걸려 평생 불구의 몸으로 차별을 받으면서도 한없는 제자사랑을 보여주었다. 특히 장영희 교수는 장애인 차별을 법으로 금지하고 있는 오늘날과는 달리 장애인에 대한 차별이라는 극심했던 시절의 시련을 이겨내고 교수로서의 의무인 교육에 충실한 삶을 살아온 사람이었다. 특히 그녀의 제자들에 대한 사랑은 남달랐다고 한다. 세 차례의 유방암 발병에도 굴하지 않고, 교육과 재능기부를 하였고, 2009년 사망 시까지 제자들에게 장학금까지 주는 사랑을 베푼 서번트-리더였다.

장영희 교수는 객관적으로 보면 삶 자체가 너무 어려운 상황이었지만, 좌절하지 않고 오히려 차별을 극복하기 위해 용기를 냈다. 그리고 교육가로서 그리고 문학인으로서 본연의 임무를 다한 것이다. 그녀는 암 투병 중에도 고통을 무릅쓰고 강단에 복귀하여 학생들과 같이하려는 눈물겨운 노력을 하였다.

> "어쩌면 우리 삶 자체가 시험인지 모른다. 우리 모두 삶이라는 시험지를 앞에 두고 정답을 찾으려고 애쓴다. 그것은 용기의 시험이고, 인내와 사랑의 시험이다. 그리고 어떻게 시험을 보고 얼마만큼의 성적을 내는가는 우리들의 몫이다."~「내 생애 단 한번」 (p. 135)

여기서 잠시 장영희 교수가 서번트-리더로서 성장하는 데 계기가 된 사건도 주목할 필요가 있다. 장영희 교수는 대학에 진학하고 싶었으나, 당시 장애인에게는 시험볼 기회조차 주어지지 않았다. 그녀의 아버지가 가톨릭 교회가 설립한 서강대학교에 찾아가 영문과 학과장인 브루닉 신부에게 시험 볼 기회라도 달라고 부탁을 하게 된다. 이 말을 들은 브루닉 신부가 한 다음의 말이 당시 서구 종교에서는 당연한 평등과 배려가 담긴 서번트-리더십임을 알 수 있다.

> "무슨 그런 이상한 질문이 있습니까? 시험을 머리로 보는 것이지, 다리로 보나요? 장애인이라고 해서 시험보지 말라는 법이 어디 있습니까?"[5]

브루닉 신부도 신부로서, 그리고 학과장으로서 자신의 일을 충실히 수행한 서번트-리더라고 할 수 있다. 장애인에게 배타적이었던 한국사회와 상대적으로 포용적이었던 서구사회의 차이를 알 수 있다. 이제 한국사회는 브루닉 신부가 생각한 평등이

---

5) https://ko.wikipedia.org/wiki/%EC%9E%A5%EC%98%81%ED%9D%AC

법적으로 보장되는 정도로 발전해 왔다. 그러나 아직도 우리 사회의 곳곳에 많은 문제점이 도사리고 있다. 각자 제 자리에서 최선을 다하는 서번트-리더가 많아진다면 사회의 여러 고질적인 문제가 치유되게 될 것이다.

보통의 사람들은 주어진 것에 만족하기보다는 상황에 불평하고, 자포자기하며 적당히 사는 경우가 많다. 아니면 우리나라와 같이 경쟁이 치열한 사회에서는 남을 사랑하고 배려하기보다는 거꾸로 짓밟고 배신하는 등 온갖 수단을 가리지 않고 정상을 차지하려고 한다. 또한 어떤 자리가 주어지면 거기에 만족하지 않고 곁눈질하는 경우도 많이 있다. 대학 교수라는 특권적 자리에 있으면서, 정파적 정당정치에 깊이 간여하여 교육과 연구를 등한시하는 소위 '폴리페서'가 대표적인 예이다. 폴리페서에 비교한다면 장영희 교수는 서번트-리더의 대표적인 예라고 할 수 있다.

### 3) 말로 그치지 않고 행동해야: 이종욱 박사

서번트-리더는 자신이 이끄는 조직이나 사회가 필요로 하는 것에 대해서 변화를 시키기 위한 행동을 하는 사람이어야 한다. 자기 PR시대에 자신을 내세우고 싶어 하는 리더들이 말이 앞서는 경우가 많은데, 말보다는 행동이 앞서는 것이 바람직한 서번트-리더의 특성이라고 하겠다. 그렇다고 해서 달변인 사람은 서번트-리더가 될 수 없다는 것은 아니다. 이종욱 박사는 유머감각이 뛰어나고 명연설을 한 인물로 나와 있다. 그의 연설에는 진심이 담겨있었기 때문에 더욱 그의 의사가 잘 전달되고, 사람들에게 감동을 줄 수 있었다.

겸손한 마음으로 인류사회를 위해 행동으로 앞선 사례로는 WTO 사무총장(secretary general)으로 지내다가 순직한 고 이종욱 박사를 들 수 있다. 해방둥이로서 비교적 부유한 공무원인 아버지를 두고 서울에서 태어난 이 박사는 요즘 말로 하면 금수저에 가까운 삶을 누릴 수 있었다. 그러나 어렸을 때부터 공부로 학교에서 이름을 날리기 보다는, 세계여행, 대모험 등 큰 꿈을 얘기하기 좋아했고, 한양대에 진학한 후 진로를 바꿔서 서울의대에 들어가 친구들보다 늦게 의학공부를 하였다. 졸업

후 보건소 근무를 하면서, 성 라자로 마을의 한센병 환자들을 돌보았고, 그 와중에 거기서 봉사하던 레이코 여사와 결혼하여 부부가 모두 자신의 영화를 추구하기 보다는 남을 위한 삶을 살았다.[6] 그는 지구상의 어느 누구도 약을 구하지 못해서 목숨을 잃는 일이 있어서는 안 될 뿐만 아니라, 병원이 없다는 이유는 진단, 치료를 받지 못해서는 안 된다는 철학을 가지고 이를 실천한 인류 차원의 서번트-리더였다.

이종욱 박사는 1983년 피지에서 한센병 담당 의무관으로 일하면서 WHO와 인연을 맺게 되고, 국제기구에서 한국인을 찾아보기 힘든 2003년에 세계보건기구의 총책임자리를 맡게 된 것이다. 그는 1994년부터 WHO의 본부에 진출하여, 질병관리국장, 백신국장, 결핵국장을 거쳐, 마침내 사무총장이라는 총괄책을 맡게 된다. 소아마비 퇴치를 위해 노력했고, 결핵국장일 때는 결핵퇴치를 위해 그리고 사무총장이 된 이후에는 에이즈 치료를 위해 혼신을 힘을 다해 뛰어다녔다. 분주하게 세계를 누벼야 하는 국제기구의 고위직에게는 당연시 여기는 비행기 비즈니스석도 사양하고 항상 이코노미 클래스를 타고 다니며, 돈을 아끼는 데 모범을 보이고, 앞장서서 세계보건을 위해 가능한 모든 것을 행동으로 옮기며 세상을 변화시켰다. 남들이 가지 않는 길을 홀로 개척해서 나가며, "누군가는 그 일을 해야 하고 우리가 바로 그 누군가입니다"라는 명언을 남긴 것과 같이 행동을 중시하는 서번트-리더였다.

> "우리는 흔히 몇 년씩 지속되는 분쟁에서 민간인들이 희생되는 경우를 점점 더 많이 보고 있습니다. 고통을 가장 받는 사람들은 식량이나 깨끗한 물이나 의료처치를 받을 수 없게 된 사람들, 특히 여성이나 어린이나 만성질환 환자들입니다. 보건기구는 그런 식으로 목숨이나 건강을 위협받는 사람들을 대변해야 합니다(데스모드 에버리(이한중 역). 2013. 「이종욱 평전」. p.337. 서울: 나무와 숲)."

코로나로 전 세계가 충격을 받은 오늘날 WHO와 같은 국제기구의 중요성에 대해서 다시 인식하는 계기가 되었다. 그런데 코로나와 같은 중대한 긴급사태가 발

---

6) 이종욱 박사가 사망한 후에도 레이코 여사는 페루의 빈민지역에서 불쌍한 사람을 돕는 봉사활동을 하고 있다. 이 점에서 볼 때, 레이코 여사도 서번트-리더의 또다른 예라고 하겠다.

생할 때, 그 심각성에 따라 팬데믹 6단계 로드맵을 만들고, 이를 총괄할 위기관리 센터인 전략보건운영센터(SHOC)를 설치한 것도 이종욱 사무총장의 업적이다. 미래의 문제를 먼저 보고 대처하는 비전 있는 리더였던 것이다. 만약 이종욱 사무총장이 이런 준비를 하지 않았다면, 2020년 코로나 사태에 대해서 전 세계가 어떻게 대처했었을지 아찔한 마음이다.

### 4) 진실한 마음으로 봉사해야: 이태석 신부

카리스마형 리더들이 자신을 희생하기보다는 팔로워가 부러워할 특권을 누리는 것은 크게 이상하게 들리지 않는다. 이러한 유형의 리더들은 때로는 범인과 다르다는 점을 부각시키기 위해 인위적으로 자신을 미화하고, 심지어 영웅화 하는 방법을 사용할 수도 있다. 자신의 약점이나 단점을 숨겨야 할 필요가 있는 경우도 많다. 이 과정에서 자신이 여러 가지 특권을 누린다는 것을 대중에게 감추는 '위선적' 리더가 될 위험성도 있다. 물론 모든 카리스마적 리더가 이렇다고 단정해서는 안 된다. 전통적인 카리스마 리더는 계서주의적 혹은 권위주의적 인간관계를 전제하는 경우가 많은데, 이들도 자기희생을 할 수 있다.

그러나 서번트-리더가 팔로워가 누리지 못하는 온갖 특권을 독점한다면 진정한 리더가 되기 어렵다는 문제가 있다. 섬김의 리더십이라는 말이 의미하듯이 남을 섬기면서 동시에 특권을 누린다는 것은 잘 부합되지 않는다. 특권이라는 것이 물질적이거나, 가시적인 측면만을 의미하는 것은 아니다. 비가시적인 측면에서 자기 자신을 내세우고 싶어 하는 공명심이나, 작은 수준의 이기심이나 이익을 접어두고 자기를 희생할 수 있어야 공동체가 좋아질 수 있다.

가장 대표적인 얘는 '울지마 톤즈'[7]로 알려진 이태석 신부이다. 그는 아프리카에 가서 마더 테레사 수녀, 슈바이처 박사와 같이 자기의 모든 것을 바쳐서 희생한 고귀한 서번트-리더라고 할 수 있다. 어려운 삶을 살아가는 현장에 단기 방문하여, 선물

---

7) 2010년 9월에 개봉한 구수환 감독의 영화작품

을 증정하고 사진을 찍는 등 피상적인 봉사를 하는 자선가도· 많이 있음을 우리는 알고 있다. 이들과 달리 이태석 신부는 이들과 수년간 같이 먹고, 시간을 보내면서, 남수단의 어린아이들의 진정한 친구, 서번트가 되었다는 점에서 남다른 특성이 있는 것이다.

> "예수님이라면 이곳(수단)에 학교를 먼저 지으셨을까, 성당을 먼저 지으셨을까.
> 아무리 생각해봐도 학교를 먼저 지으셨을 것 같다. 사랑을 가르치는 거룩한 학교,
> 내 집처럼 정이 넘치는 그런 학교 말이다.(이태석 신부)"

종교적 도그마에 빠진 위선적 종교지도자도 간혹 볼 수 있는데, 이태석 신부의 이러한 생각은 서번트-리더로서 성서의 분석적 이해보다는 마음속에서 저절로 나오는 것이 아니었을까 한다. 남 앞에서 눈물을 흘리는 것을 수치라고 생각하는 딩카족의 문화에도 불구하고 이태석 신부의 죽음을 보고, 눈물을 흘리는 아프리카 어린이들의 모습을 가슴에 담을 필요가 있다. 그의 희생이 일파만파로 아프리카 사회를 변화시킨 것이다. 이는 희생을 통한 리더십 발휘라고 할 수 있을 것이다.

개인 차원에서 자기를 희생하여 남을 잘 섬기기만 하면 곧 좋은 서번트-리더냐는 의문을 제기할 수 있다. 즉, 서번트-리더가 되는 것이 개인의 덕성으로써 국한되는 것인가를 질문을 던질 수 있다. 천성적으로 남에게 나서기보다는 남에게 희생하고 봉사하는 사람들이 있는데, 이들도 서번트-리더의 조건을 갖추었다고 할 수 있다. 자선은 부자보다는 가난한 사람들이 더 많이 한다는 것을 보면 많은 생각을 하게 한다. 그러나 한 차원 더 나아가서 남아공의 우분투 사례에서 볼 수 있듯이, 서번트리더십이 제도화된 사회에서는 자동적으로 생성될 수 있도록 하는 것이 더 바람직할 것이다.

### 5) 생활 속의 리더: 나태주 시인

우리나라와 같이 서번트 리더십이 발현되기 위한 제도적 여건이 마련되지 않는

사회에서는 개인 차원의 서번트 리더십은 그 효과가 제한적일 수밖에 없다. 리더가 팀 내지 공동체 차원에서 서번트 리더십을 발휘하여 그 작은 사회에 변화가 일어난다면 그 효과가 몇 십 배로 커진다고 볼 수 있다. 다시 말해, 서번트 리더십의 발휘는 1대1 대인관계보다는 가족, 조직, 지역사회, 국가사회와 같은 점점 더 큰 공동체에서 이뤄지는 것이 더 바람직하다고 할 수 있다.

사회에서나 조직에서는 높은 위치에 있는 사람만 리더가 되는 것은 아니다. 자신의 주어진 위치에서 굳이 나서려고 하지 않고, 직업세계이든 아니면 다른 봉사세계에서 스스로 가진 재능을 남과 공유하는 것이 서번트-리더이다. 이런 관점에서 볼 때, 1945년에 태어나 43년간 초등학교 교사를 하면서 생활 속에 여운이 남는 잔잔한 시를 쓴 나태주 시인도 서번트-리더라고 할 수 있다. '시'라는 수단을 통하여 많은 사람들의 힘든 마음을 달래주고 희망을 북돋아 주었기 때문이다. 시인으로 출발하여 돈을 벌어 사업을 한다든지, 유명세를 이용하여 정치에 입문하여 활동을 하는 경우는 서번트-리더라고 보기 힘들다.

> "나는 나이가 들어 '용도가 폐기된 인간이다… 시를 통해 사람들에게 '서비스'하는 것이 아직도 내가 세상에 남아있는 이유일 것". … "시는 길거리에 버려진 것들, (세상에) 널려 있는 것들이다. 나는 그걸 주워다 쓰고 있을 뿐."[8]

나태주 시인은 교사로서 충실한 생활을 평생 하면서, 정년 이후도 여전히 시를 통하여 사람들의 메마른 정서에 한 줄기 봄비와 같은 존재가 되었다. '자세히 보아야 예쁘다. 오래 보아야 사랑스럽다. 너도 그렇다'와 같은 유명한 구절이 담긴 그의 대표작 '풀꽃'이 잘 알려져 있다. 짧지만 강렬한 메시지를 주는 시를 통하여 많은 사람들의 심금을 울린 것이다. 다음의 '아끼지 마세요'는 생활속의 서번트 리더십을 실천하는 행동강령이라고 하겠다.

---

8) 중앙일보 2019.12.13

아끼지 마세요

좋은 것 아끼지 마세요
옷장 속에 들어 있는 새로운 옷 예쁜 옷
잔칫날 간다고 결혼식장 간다고
아끼지 마세요
그러다 그러다가 철 지나면 헌옷 되지요

마음 또한 아끼지 마세요
마음속에 들어 있는 사랑스런 마음 그리운 마음
정말로 좋은 사람 생기면 준다고
아끼지 마세요
그러다 그러다가 마음의 물기 마르면 노인이 되지요

좋은 옷 있으면 생각날 때 입고
좋은 음식 있으면 먹고 싶은 때 먹고
좋은 음악 있으면 듣고 싶은 때 들으세요
더구나 좋은 사람 있으면
마음 속에 숨겨두지 말고
마음껏 좋아하고 마음껏 그리워하세요

그리하여 때로는 얼굴 붉힐 일
눈물 글썽일 일 있다 한들
그게 무슨 대수겠어요!
지금도 그대 앞에 꽃이 있고
좋은 사람이 있지 않나요
그 꽃을 마음껏 좋아하고
그 사람을 마음껏 그리워하세요.


성격 때문에 남의 기분을 좋게 하는 서번트-리더들이 있다. 기분이 나쁘다가도 그 사람과 같이 대화를 나누는 과정에서 힘이 솟는다면 그 사람은 '대화'라는 수단을 잘 습득한 서번트-리더인 것이다. 사람들을 행복하게 만듦으로써 그 사회를 따뜻하고 올바른 방향으로 이끄는 결과를 가져오는 것이다.

이 생활 속의 리더는 많은 함의를 가지고 있다. 자신의 사생활이 베일에 쌓인 카리스마형 리더가 아니라, 일상 생활 속에서 자연스럽게 나타나는 사람이기 때문에, 잠시 연출에 의해 리더로 부상되는 사람은 서번트-리더가 될 수 없다. 이미 주위 사람들과의 밀접한 접촉을 통하여 그 민낯을 보이는 리더가 정직하고, 진정한 리더이지, 가식과 위선에 의한 리더는 등장하기 어렵다.

## 4. 민주주의의 위기와 서번트 리더십

오늘날 서번트 리더십을 강조하는 이유는 좀 더 거시적인 차원에 있다는 점을 강조하면서 글을 맺고자 한다. 아주 먼 옛날 플라톤이 정치체제를 유형화한 것을 오늘날에도 인용할 수 있다는 점을 보면, 인간 사회의 변화는 외형적으로는 가능하나 본질적으로 불가능한 것이 아닌가 한다. 플라톤은 지배자가 누구인지에 따라 정치체제를 군주정, 귀족정, 민주정으로 나누고, 지배자의 수에 따라 전제국, 공화국으로 나누었다. 또한 그는 특정정치체제가 고인물과 같이 하나의 유형에 머무는 것이 아니라 상황에 따라 변화하게 된다고 주장하였다.

정치체제의 변화를 간단히 설명하면 다음과 같다. 군주제 하에서 폭군을 만나면 정치체제는 참주정이 되고, 권력이 지나치게 소수에 집중되면 귀족정은 과두정이 된다. 그리고 국민들이 무지하면 민주정은 중우정치로 흘러간다. 특히 민주정체가 잘못되면 중우정치가 된다는 통찰력은 많은 것을 시사한다. 대의 민주주의를 채택한 나라들의 리더가 제대로 역할을 하지 못할 경우 민주주의가 포퓰리즘으로 변하는 것을 볼 수 있다. 우리나라의 경우도, 예외는 아니다. 국민 교육 수준이 높고, 애국심도 높고, 모든 면에서 우월한 나라이지만, 빠른 경제성장과 정치민주화의 이면에 포퓰리즘적 정치로 변화하는 양상들이 보이기 때문이다. 전문가가 설 땅도 점점 좁아지고, 타인이 대한 불신이 증폭되는 경향이 있다. 양극화와 AI와 신기술의 발달로 사람들은 점점 인내심을 잃고 포퓰리즘의 소용돌이 속에 들어갈 가능성이 커졌다. 현실정치와 가상현실에서의 정치가 서로 보완적으로 작동하여 우리사회가 포용사회로 가야 하는데, 거꾸로 양극화가 심화되는 가운데 상대편 진영을 배제하는 배제사회로 가지 않나 염려스러운 면이 많이 있다.

배제사회가 심화되고, 이와 결합한 포퓰리즘적 정치가 되지 않도록 막는 것이 우리가 해결해야 할 가장 큰 과제이다. 또한 대의 민주주의를 채택한 나라들의 리더가 제대로 역할을 하지 못할 경우 민주주의가 포퓰리즘으로 변하는 것을 볼 수 있다. Covid19 Land로 전락한 이후, 우리가 그동안 얼마나 과도한 경쟁 속에서 과소비, 과잉정치화, 과잉생산 등 모든 것을 '과하게' 했다는 것에 대한 경종을 울리고 있다. 이 시대는 정치 지도자뿐만 아니라 모든 국민에게 남을 배려하고, 양보하고, 자신의 욕구를 절제하는 방향으로는 가치관의 변화를 요구하는 것이다. 즉, 시대에 맞는 서번트-리더의 등장이 필요하다.

서번트-리더는 타고날 수도 있고, 교육을 통해서 만들 수도 있겠지만, 사회 전체의 분위기가 서번트-리더를 양산하는 방향으로 바꾸는 것이 중요하다. 모든 사람이 서번트-리더가 된다는 것은 지나치게 이상적이다. 그러나 사회 구성원의 과반수 이상만이라도 서번트-리더가 된다면 사회는 자동적으로 포용사회가 될 것이다.

공직사회부터 변화를 해야 한다. 관이 민을 진심으로 섬기는 마음을 갖출 것이 절실해졌다. 국회의원 등 국민을 접촉해야 하는 선출직 정치인들은 물론이고, 임명직 공무원들도 패러다임이 바뀌어야 한다. 특히 양극화의 희생물이 될 수 있는 국민들을 상대로 하는 민원담당 공무원은 서번트-리더가 되어야 한다. 겸손하게 남을 섬기는 가운데, 서번트 리더십의 네 가지 조건을 충족시키기 위해 노력해야 한다. 비전을 가져야 하고, 곁눈질하지 말고 주어진 임무에 충실해야 하며, 이기적 유전자를 버리고 자기희생이 있어야 한다. 그리고 거창하게 말을 앞세우기 보다는 일상생활에서 작은 것부터 매일 실천해야 하는 리더가 되어야 한다.

카리스마적 리더와는 달리 누구나 서번트-리더가 될 수 있다. 누구나 일상생활 속에서 서번트-리더의 정신을 실천하면 되기 때문이다. 그러나 서번트-리더가 자신이 속한 작은 조직에 머물고, 거기서 봉사하는 것에 머문다면 그 효과는 제한적일 수밖에 없다. 진정한 서번트-리더는 전 인류적 시각에서 자신이 처한 생활 속에서 섬김을 실천하는 사람이어야 한다. 즉, 가족, 직장, 지역사회에 머물고, 봉사하는 사람보다는, 전 세계를, 그리고 인류를 생각하는 월드 리더가 되는 것이 중요하다. 우리 대한민국이 한반도의 작은 나라가 아니라, 세계사의 주인공이 되기 위해서 이런 근본적 변화가 필요하다.

# 참고문헌

김은식. (2010). 「이회영 – 내 것을 버려 모두를 구하다」. 서울: 봄나무.

데스몬드 에버리(이한중 역). (2013). 「이종욱 평전」. 서울: 나무와숲

임도빈. (2002). 행정윤리관의 분석틀 모색: 서양철학이론을 중심으로. <행정논총>. 40(3): 69–95.

_____. (2003). 한국 신공공관리론적 개혁에 대한 비판적 고찰. <한국행정논집>. 15(1): 1–24.

_____. (2016). 「개발협력시대의 비교행정」. 서울: 박영사.

임도빈 외. (2013). 「공직사회의 낭중지추」. 서울: 법문사.

피케티. (2013). 「21세기 자본」. 서울: 글항아리

Brown, M. E., & Treviño, L. K. (2006). Ethical leadership: A review and future directions. *The Leadership Quarterly.* 17(6): 595-616.

Eva, N., Robin, M., Sendjaya, S., van Dierendonck, D., & Liden, R. C. (2019). Servant leadership: A systematic review and call for future research. *The Leadership Quarterly.* 30(1): 111–132.

Greenleaf, R. K. (1970). *The servant as leader.* Cambridge, Mass: Center for Applied Studies.

Harwiki, W. (2016). The impact of servant leadership on organization culture, organiza – tional commitment, organizational citizenship behaviour (OCB) and employee per – formance in women cooperatives. *Procedia – Social and Behavioral Sciences.* 219(1): 283–290.

Newman, A., Schwarz, G., Cooper, B., & Sendjaya, S. (2017). How servant leadership influences organizational citizenship behavior: The roles of LMX, empowerment, and proactive personality. *Journal of Business Ethics.* 145(1): 49–62.

Nichols, T. (2017). *The death of expertise: The campaign against established knowledge and why it matters.* Oxford University Press: 정혜윤. 「전문가와 강적들」. 서울: 오르마.

Plato. (2014). THE REPUBLIC: 이환. 「국가론」. 서울: 돋을새김.

Weber, M. (1930). *Wissenschaft als Beruf.* 이상률. 「직업으로서의 정치」. 서울: 문예출판사.

Shim, D. C., Park, H. H., & Eom, T. H. (2016). Public servant leadership: Myth or pow – erful reality?. *International Review of Public Administration.* 21(1): 3–20.

# 찾아보기

# 저자 소개

## 안성호
한국행정연구원 원장을 맡고 있으며, 세종－제주자치분권발전특위 위원장으로 일하고 있다. 서울대학교에서 행정학 석사 및 박사학위를 받았으며, 대전대학교 교수와 부총장, 한국지방자치학회 회장, 지방분권개헌국민행동 공동의장 등을 역임했다. 『왜 분권국가인가』, 『양원제 개헌론』, 『현대리더십의 이해』, 『분권과 참여: 스위스의 교훈』, 『스위스 연방민주주의 연구』, 『한국지방자치론』, 『리더십철학(번역)』 등의 책을 출간하였다.

## 임도빈
현재 서울대학교 행정대학원 교수이며, 한국행정학회 회장, 서울대 행정대학원 원장을 역임하였다. 최근에는 정부 및 관료의 역할에 초점을 맞춰서, 각국의 정부경쟁력을 높일 방법을 연구하고 있다. 한국행정연구 편집위원장이고, PAR, J－PART 등 국제학술지 편집위원이다. 주요 국내외 학술지에 200여 편 가량의 논문을 발표하였다. 주요 저서로는 『행정학』, 『인사행정론』, 『한국행정조직론』, 『비교행정학』, 『The Two Sides of Korean Administrative Culture(2019)』, 『The Experience of Democracy and Bureaucracy in South Korea(2017)』 등이 있다.

## 신용하
서울대학교 문리대 사회학과를 졸업(1961)하고, 서울대학교 대학원에서 경제학 석사(1964)와 사회학 박사(1975)를 받았음. 서울대학교 교수(1965~2003)를 정년퇴임한 후, 한양대학교, 이화여자대학교, 울산대학교 석좌교수(2003~2018)를 거쳐서, 현재는 서울대학교 명예교수(2003~현재)와 대한민국학술원 회원(2012~현재)으로 있음. 『독립협회연구』, 『한국독립운동사 연구』, 『3.1운동과 독립운동의 사회사』, 『한국민족운동사연구』, 『신간회의 독립운동』, 『한국근대사회사연구』, 『한국의 독도영유권 연구』, 『고조선 국가형성의 사회사』, 『한국민족의 기원과 형성』, 『고조선문명의 사회사』 등 다수 저서가 있다.

## 노부호
현재 서강대학교 경영대학 명예교수, 21세기비즈니스포럼 공동대표이고 연구관심 분야는 경영혁신, 기업 및 국가 경쟁력이다. 서울대학교 공과대학 기계공학과를 졸업하고 동 경영대학원과 필리핀의 Asian Institute of Management에서 경영학 석사를 받은 뒤 Virginia Polytechnic Institute and State University에서 경영학 박사를 받았다. Indiana University에서 Fulbright 교환교수, 와세다 대학에서 Japan Foundation 객원교수로 연구를 하였고 국제연구단체인 Global Manufacturing Research Group을 창립하고 회장을 역임하였다. 주요 저서로는 『V이론에 의한 제3의 경영』, 『통제경영의 종말』 등이 있고 논문으로는 『한국의 비전과 정부역할(상, 하)』, 『7요소 리더십 모델과 이순신 장군』, 『성품과 가치 중심의 인간적 경영』 등 다수가 있다.

박재순
서울대학교 철학과를 졸업하고 한신대학교에서 신학 박사학위를 받고, 한신대 연구 교수를 지냈다. 한국씨알사상연구소 소장으로서 2008년 세계철학자 대회에서 '유영모, 함석헌 철학 발표회'를, 2009년 한일철학대회 '씨올철학과 공공철학의 대화'를 주관하였다. 저서로는 『다석 유영모의 철학과 사상』, 『함석헌의 철학과 사상』, 『삼일운동의 정신과 철학』, 『애기애타: 안창호의 삶과 사상』이 있으며, 논문으로 '도산 안창호의 마을공화국 철학'이 있다.

이준호
산업연구원 책임연구원과 현대경제연구원 인적자원실장 및 지방경제실장을 역임한 후 현재 나사렛대학교 경영학과 교수로 재직 중이다. 주요 연구 분야는 리더십과 기업가 정신으로서 우리나라 전통적인 문화 하에서 리더십, 성과주의 및 의사소통에 대해 집중해왔다. 저서는 『한일간 지방자치제도 비교연구』 외에 『헨리포드에서 정주영까지』 등을 통해 전경련 자유기업센터로부터 최우수작품상을 수상하였다. 사회봉사활동으로 산업통상부 재단법인 국제경영개발원 원장으로 미국 G.T.I.의 세계적인 리더역할훈련(L.E.T.) 프로그램을 국내에 전파하는 산파 역할을 해오고 있다.

박상철
독일 기센대학교에서 정치학 박사학위를, 스웨덴 고텐버그대학교에서 경제학 박사학위를 받았다. 스웨덴 고텐버그대학교와 일본 오까야마 국립대학교에서 교수로 재직하였으며 현재 한국산업기술대학교 교수이자 중견기업육성연구소장이다.

김한호
장로회신학대학, 독일 하이델베르그 대학에서 디아코니아 분야로 석사, 오스나 부룩 대학에서 실천신학 박사(Ph.D), 실천신학 안에서 디아코니아학(섬김학)을 전공하였다. 미국 ABSW 대학과 미주장신대학교, 한국에서 한일장신대학교, 장로회신학대학교에서 강의하였으며 지금은 서울장신대학교 겸임교수와 디아코니아 연구소장, 춘천동부교회 위임목사로 시무하고 있다.

이광훈
강원대학교 행정학과 부교수이며 서울대학교에서 사회학(학사) 및 행정학(석사)을 전공했다. 스위스 행정대학원(IDHEAP)에서 행정학 박사학위를 받았으며 스위스 로잔대학교(University of Lausanne) 방문교수를 역임하고 있다.

Jean-Loup Chappelet
스위스 로잔대학교(IDHEAP - Institut de Hautes Etudes en Administration Publique) 명예교수이며 University of Montpellier에서 박사학위를 받은 후 프랑스 대사관과 IOC에서 일했다. 주요 연구 분야는 공공 스포츠 관리·정책과 거버넌스, 올림픽 시스템의 지역화 및 국가화를 위한 공공전략 등이다. 국제 스포츠 과학 기술 아카데미(AISTS)의 이사이자 Pierre de Coubertin 위원회의 사무총장과 서울대학교의 초청교수를 역임했다.

세종리더십총서 제1호

# 왜 서번트 리더십인가

| | |
|---|---|
| 초판발행 | 2021년 6월 25일 |
| 편저자 | 안성호 · 임도빈 |
| 펴낸이 | 안종만 · 안상준 |
| 편 집 | 한두희 |
| 기획/마케팅 | 김한유 |
| 표지디자인 | 이미연 |
| 제 작 | 고철민 · 조영환 |
| 펴낸곳 | (주)**박영사** |
| | 서울특별시 금천구 가산디지털2로 53, 210호(가산동, 한라시그마밸리) |
| | 등록 1959. 3. 11. 제300-1959-1호(倫) |
| 전 화 | 02)733-6771 |
| f a x | 02)736-4818 |
| e-mail | pys@pybook.co.kr |
| homepage | www.pybook.co.kr |
| ISBN | 979-11-303-1313-9  93350 |

copyright©안성호 · 임도빈, 2021, Printed in Korea

＊ 파본은 구입하신 곳에서 교환해 드립니다. 본서의 무단복제행위를 금합니다.
＊ 저자와 협의하여 인지첩부를 생략합니다.

정 가     25,000원